Unter den großen Religion… unverhüllt als weltliche Ma… vom Propheten Mohammed … net so nicht nur eine Glaub… Geschichte und Kultur der Völker, die der Lehre des Propheten anhängen.

Der islamischen Geschichte ist in Europa bis in die neueste Zeit hinein selten die Einschätzung zuteil geworden, die ihr zukommt. Die einen haben sie unter dem Eindruck der Bilder aus Tausendundeiner Nacht in märchenhafter Verklärung gesehen, die anderen sie als bloßes Anhängsel der westlich-europäischen Geschichte gewertet. Dabei wird außer acht gelassen, wie reich das kulturelle Schaffen in der islamischen Welt des Mittelalters im Vergleich zum nachkarolingischen Europa oder auch zu Byzanz war, wie dynamisch sich der Handelsverkehr und das städtische Leben entwickelten: Bagdad zählte während der Jahre seiner höchsten Blüte mehrere hunderttausend Einwohner — zu einer Zeit, als es in den größten Städten Europas kaum mehr als 10 000 Menschen gab. In jeder islamischen Stadt fand man zumindest eine *Bibliothek* und eine *Schule: ein Beweis für die fortgeschrittene ›soziale Streuung‹ der Kultur. Und nicht zu bestreiten ist die Bedeutung des geistigen Erbes, das der Westen vom Islam empfing, besonders auf dem Weg über Spanien, wo beide Kulturen aufeinandertrafen.*

Professor Claude Cahen (Sorbonne), der Verfasser dieses Bandes, hat sich vor allem durch seine Arbeiten zur islamischen Wirtschaftsgeschichte internationalen Ruf verschafft. So nimmt auch in dieser Darstellung die Entwicklung von Wirtschaft und Handel einen breiten Raum ein. Daneben analysiert der Autor die Sozialstruktur der Städte und des flachen Landes, verfolgt die politisch-religiösen Bewegungen und beobachtet die Wandlungen der Kultur. Der politischen Geschichte wird dabei nichts von ihrem Gewicht genommen: ihr Verlauf vom Entstehen und Vergehen eines einheitlichen arabischen Reiches über die Herausbildung der Einzelstaaten bis hin zum Einbruch der Mongolen wird eingehend geschildert. Mit einem Blick auf die Anfänge des Osmanischen Reiches, dessen Aufstieg das Ende des klassischen Islams bedeutete, schließt das Buch.

Der Band ist in sich abgeschlossen und mit Abbildungen, Kartenskizzen, einer Zeittafel und einem Literaturverzeichnis ausgestattet. Ein Personen- und Sachregister erleichtert dem Leser die rasche Orientierung.

Die Geschichte des Islams findet in Band 15 der FISCHER WELTGESCHICHTE *ihre chronologische Fortsetzung bis zur Gegenwart.*

DER VERFASSER DIESES BANDES

Claude Cahen,

geb. 1909 in Paris; studierte in Paris an der Sorbonne, der École Normale Supérieure und der École Nationale des Langues Orientales Geschichte und Sprachen des Vorderen Orients. Agrégé d'Histoire 1932, Docteur ès Lettres 1940. Professor an der Universität Straßburg 1945–1959; seit 1959 Professor an der Sorbonne; 1967 Gastprofessor an der Universität von Michigan in Ann Arbor. Claude Cahen starb 1991.

Von Professor Cahens frühen Veröffentlichungen sind vor allem zu nennen: ›Le régime féodal de l'Italie Normande‹ (1940) und ›La Syrie du Nord au temps des Croisades‹ (1940). Nach dem Kriege beschäftigte sich Claude Cahen noch gelegentlich mit den Kreuzzügen, danach jedoch arbeitete er in erster Linie über Themen der allgemeinen und insbesondere der Wirtschaftsgeschichte des Islams. Er verfaßte die islamischen Kapitel in der ›Histoire Générale des Civilisations‹ (1953) mehrere Kapitel in ›A History of the Crusades‹ (1955 und 1962), ›Pre-Ottoman Turkey‹ (1968) und die nach J. Sauvaget völlig neu bearbeitete ›Introduction à l'histoire du monde musulman médiéval‹ (1982). Professor Cahen ist Autor von ›Mouvements populaires et autonomisme urbain dans l'Asie Musulman du Moyen Age‹ (1959) und ›Douanes et commerce dans les ports méditerranéens de l'Égypte médiéval‹ (1965) sowie mehrerer Aufsätze über Probleme der Wirtschaftsgeschichte und andere Themen in den Zeitschriften ›Revue Historique‹ ›Le Moyen Age‹, ›Arabica‹, ›Journal Asiatique‹, ›Bulletin de l'Institut Français d'Études Orientales de Damas‹ und anderen, z.T. gesammelt in ›Turcobyzantina et Oriens Christianus‹ (1974), ›Les peuples musulmans dans l'histoire médiéval‹ (1977), ›Makhzūmiyyāt‹ (1977) und ›Orient et Occident au temps des Croisades‹ (1983). Er schrieb verschiedene Artikel für die ›Enzyklopädie des Islams‹; 1957 wurde er Redaktor des ›Journal of the Social and Economic History of the Orient‹.

1945 wurde Claude Cahen mit dem Prix Schlumberger der Académie des Inscriptions et Belles-Lettres ausgezeichnet.

Fischer Weltgeschichte

Band 14

Der Islam I

*Vom Ursprung
bis zu den Anfängen
des Osmanenreiches*

Herausgegeben
und verfaßt von
Claude Cahen

Bearbeitet von
Gerhard Endreß

Fischer Taschenbuch Verlag

Aus dem Französischen übersetzt von Gerhard Endreß
Umschlagentwurf: Wolf D. Zimmermann
unter Verwendung eines Fotos vom Minarett der al-Mārdānī-Moschee in Kairo (erbaut 1338–1340)
Harald und Ruth Bukor zeichneten die Abbildungen 2, 13, 17.

Illustrierte Originalausgabe
mit 24 Abbildungen
Veröffentlicht im Fischer Taschenbuch Verlag,
einem Unternehmen der S. Fischer Verlag GmbH,
Frankfurt am Main, September 1968
Durchgesehene Ausgabe: Juli 1987

14. Auflage: Juni 2003

Wissenschaftliche Leitung: Jean Bollack, Paris

Druck und Bindung: Clausen & Bosse, Leck
Printed in Germany
ISBN 3-596-60014-6

INHALTSVERZEICHNIS

Bemerkungen zur Transkription 6
Einleitung 7
1. *Die Araber vor dem Islam* 9
2. *Mohammed* 13
3. *Die Gründung des arabisch-islamischen Reiches* 21
4. *Die Zeit der Umaiyaden (661–750)* 32
5. *Die Entwicklung in der Mitte des 8. Jahrhunderts und die ›abbasidische Revolution‹* 52
6. *Das erste abbasidische Jahrhundert* 65
7. *Der Aufstieg einer neuen Kultur* 120
8. *Wirtschaft und Gesellschaft der klassisch-islamischen Welt (8.–11. Jahrhundert)* 133
   I. Grundzüge der sozialen Struktur 133
   II. Die Wirtschaft des flachen Landes 142
   III. Wirtschaft und Gesellschaft der Städte 158
   IV. Der internationale Handel 177
9. *Die Armee und die politischen und sozialen Wandlungen von der Mitte des 9. bis zur Mitte des 10. Jahrhunderts* 197
10. *Die Entwicklung der politisch-religiösen Bewegungen von der Mitte des 9. bis zur Mitte des 10. Jahrhunderts* 208
11. *Die politische Zersplitterung der islamischen Welt* 224
   I. Der Westen 224
   II. Iran, Zentralasien und Iraq 234
   III. Das arabische Asien (ohne den Iraq) 252
   IV. Ägypten 257
12. *Der kulturelle Höhepunkt des klassischen Islams (von der Mitte des 9. bis zur Mitte des 11. Jahrhunderts)* 268
13. *Die neuen Reiche und die Entwicklung vom 11. bis zum 13. Jahrhundert* 284
14. *Von den Mongolen zu den Osmanen* 318
Schluß 341
Stamm- und Herrschertafeln 343
Zeittafel 346
Literaturverzeichnis (Stand: März 1987) 350
Verzeichnis und Nachweis der Abbildungen 364
Register 366
Nachträge und Berichtigungen (Stand: März 1987) 383

Die Umschreibung der orientalischen Wörter und Namen ist die in der Wissenschaft übliche. Geographische Namen werden im allgemeinen in der im Deutschen gebräuchlichen Form wiedergegeben, ebenso einige andere bekannte Namen und Begriffe. Das Register berücksichtigt jedoch auch abweichende Schreibungen (wie Hedschra neben Hiğra, Schia neben Šīʿa, ʿUmar neben ʿOmar u. dgl.).

Beachte:

č	tsch (wie in ›tschechisch‹)
ḏ	weicher Interdental (wie th in engl. ›this‹)
ḍ	emphatisches d
ġ	schnarrender Kehllaut (entspr. etwa deutschem nicht gerolltem Zäpfchen-r)
ğ	weiches dsch (wie j in engl. ›jungle‹)
ḥ	stimmloser Kehlpreßlaut
ḫ	hartes ch (wie in ›ach‹)
ï	dumpfes i (in türkischen und mongolischen Wörtern)
q	kehliges (velares) k
ṣ	emphatisches s
š	scharfes sch (wie in ›Schule‹)
ṯ	scharfer Interdental (wie th in engl. ›thing‹)
ṭ	emphatisches t
y	j
z	weiches s (wie in franz. ›zero‹)
ž	weiches sch (wie j in franz. ›jour‹)
ẓ	emphatisches ḏ
ʾ	fester Stimmeinsatz (wie im Deutschen vor anlautenden Vokalen und zwischen Vokalen, z. B. ›beʾenden‹)
ʿ	stimmhafter Kehlpreßlaut
ā, ī usw.	langes a, i usw.

Die ›emphatischen‹ – dumpfe, am Obergaumen bzw. an Schneidezähnen und Obergaumen gebildete – Laute sind ebenso wie q, ḥ und ʿ den semitischen Sprachen eigentümlich.
In den arabischen Namen ist *ibn* = ›Sohn des...‹, *abū* = ›Vater des...‹.

Einleitung

Im siebten Jahrhundert unserer Zeitrechnung waren mehr als zweihundert Jahre vergangen, seit das Römische Reich in seiner westlichen Hälfte samt der Kultur, die es darstellte, unter den Schlägen der Germanen zusammengebrochen war. Reich und Kultur überlebten jedoch in der östlichen, hellenisierten Hälfte, trotz der Einfälle der gelben Nomaden und der Slawen in Europa, trotz des in Asien immer wieder aufflammenden Krieges gegen die Sassaniden, die vom Aralsee über den Iran bis zum Iraq die Erben der antiken Reiche geworden waren. Die Perser waren gerade bis zu den Mittelmeerküsten Syriens und Ägyptens vorgedrungen, und wenn auch die Oströmer, die wir die Byzantiner nennen, sie schließlich zurückgeschlagen hatten, so waren doch beide Reiche von dem verzweifelten Kampf, den sie sich geliefert hatten, erschöpft. In dieser Epoche erschien der Islam.

Die Geburt und der Aufstieg des Islams nehmen sich wie ein Wunder aus. Ein bis dahin fast unbekanntes Volk hatte sich, von der Kraft einer neuen Religion getragen, geeint. Es eroberte in einigen Jahren das ganze Sassanidenreich und, mit Ausnahme des westlichen Kleinasien, alle asiatischen und afrikanischen Provinzen des Byzantinischen Reiches und war im Begriff, den größten Teil Spaniens, Sizilien und vorübergehend noch weitere Gebiete auf europäischem Boden seinem Besitz hinzuzufügen. Es klopfte an die Pforten Indiens und Chinas, Äthiopiens und des westlichen Sudan, Galliens und Konstantinopels; die ältesten Staaten brachen zusammen, und vom Syr-Darya bis zum Senegal verneigten sich die bestehenden Religionen vor einem neuen Glauben, zu dem sich heute über vierhundert Millionen Menschen bekennen. Die neue Kultur, die aus diesen Eroberungen hervorging, zählte zu den glänzendsten und sollte in mancher Hinsicht zur Erzieherin des Abendlandes werden, nachdem sie selbst einen großen Teil des antiken Erbes in sich aufgenommen und zugleich mit neuem Leben erfüllt hatte. Seit dreizehn Jahrhunderten ist die islamische Geschichte im Kriege wie im Frieden unaufhörlich mit der westlich-europäischen verbunden, unsere Kulturen sind auf demselben ursprünglichen Grund gewachsen, und wenn das, was wir daraus gemacht haben, schließlich weit auseinandergegangen ist, so kann ein Vergleich uns nur helfen, uns gegenseitig besser zu verstehen. Aus all diesen Gründen — und nicht nur, weil ein Mensch des zwanzigsten Jahrhunderts allen Völkerfamilien Verständnis entgegenbringen sollte, wie es bei Indien und China schon der Fall ist — muß die Geschichte der islamischen Welt in unserem Denken einen bedeutungsvollen Platz einnehmen, ist es unerläßlich, daß wir uns über eine Kulturbetrachtung erheben, die den Blick nur auf privilegierte Völker und Räume richtet. Wir müssen wissen, daß vor Thomas von Aquin, dem in Italien geborenen, Avicenna lebte, der aus Innerasien kam, daß die Moscheen von Damaskus und Cordoba vor den Kathedralen Frankreichs und Deutschlands erbaut wurden. Wir müssen uns frei machen von der Mißachtung, die wir den islamischen Völkern unserer Zeit entgegengebracht haben, weil sie im Verhältnis zu dem Europa des gewaltigen kulturellen und technischen Fortschritts in den Hintergrund getreten sind, wenngleich vielleicht nur vorübergehend. Ebensosehr allerdings müssen wir darauf bedacht sein, nicht in das andere Extrem zu verfallen, das heißt, wir dürfen die islamische Geschichte nicht mehr unter dem Eindruck irgendeines Trugbildes aus Tausendundeiner Nacht betrachten, wir dürfen sie nicht mehr als fremdartige, ungewöhnliche und abgelaufene Episode und als Gegenstand einer unbestimmten Sehnsucht sehen, sondern müssen sie als einen Teil der menschlichen Geschichte betrachten, die zwar nach ihren Schauplätzen und Epochen verschieden, im ganzen jedoch weithin ein und dieselbe ist.

Der Historiker schuldet freilich dem Leser den Hinweis, daß bei dem heutigen Stand der Dinge von der islamischen Geschichte kein so vollständiges Bild wie von der europäischen gegeben werden kann. Zunächst fehlen uns, von wenigen Ausnahmen abgesehen, für den Nahen Osten die Quellen, welche die Archive für die Geschichte des europäischen Mittelalters liefern, und eine noch so reiche Literatur kann keinen vollen Ersatz dafür bieten. Hinzu kommt, daß die historische Forschung für den Orient gegenüber der geschichtlichen Erschließung des Okzidents aus zwei Gründen um ein Jahrhundert zurück ist. Auf der einen Seite waren ja die europäischen Orientalisten zwangsläufig mehr Philologen als Historiker, und ihr Interesse war zuweilen mehr von politischen Umständen, ihre Fragestellung mehr von ›westlichen‹ Gesichtspunkten als von dem Verlangen bestimmt, den Osten um seiner selbst willen zu studieren. Bei den orientalischen Gelehrten auf der anderen Seite beginnt sich erst heute der Geist moderner historischer Forschung zu entwickeln. Die große Aufgabe besteht darin, eine Geschichte des Islams zu schreiben, welche die bisherige Kluft in der Geschichtsbetrachtung der ›Orientalisten‹ und der — man gestatte das Wort — ›Okzidentalisten‹ ausfüllt. Bis dahin können wir dem Leser nur sagen, daß das Bild des Islams, das wir zu geben vermögen, relativ unvollständig und mehr als jedes andere vorläufig ist.

1. Die Araber vor dem Islam

Daß die Araber in der Alten Welt weder völlig Fremde noch Neulinge waren, wäre weniger deutlich geworden, hätten sie darin nur eine ganz untergeordnete Rolle gespielt. Da sie nun aber im siebten Jahrhundert die volle Aufmerksamkeit des Historikers erzwangen, tritt diese Tatsache klar in das geschichtliche Bewußtsein. Seit mindestens anderthalb Jahrtausenden wohnten sie auf der arabischen Halbinsel, mit welcher ihr Name verknüpft ist. Ohne Zweifel hat ihr Land in einer weit zurückliegenden Vergangenheit einen freundlicheren Anblick geboten als heute, wo es fast in seiner Gesamtheit eine der schrecklichsten Wüsten unseres Planeten darstellt. Vielleicht waren zu Beginn unserer Zeitrechnung die Oasen darin noch etwas zahlreicher und ergiebiger. Im ganzen jedoch war Arabien schon damals das bevorzugte Land der kameltreibenden Nomaden, die weite Gebiete durchzogen, sehr ähnlich den modernen Beduinen, die ihre reinsten Nachkommen sind. Man muß jedoch von dem flächenmäßig überwiegenden Gebiet, wo sich von den Sandwüsten nur die ebenso unfruchtbaren basaltischen Hochebenen abheben, gewisse Randzonen unterscheiden: im Norden die Landstreifen, die an Syrien und Mesopotamien grenzen, im Osten Oman und vor allem den Jemen im Südwesten, wo das Hochrelief und die Nähe des Monsuns für Feuchtigkeit sorgen, eine Vegetation zulassen und Kulturen ermöglichen, die im übrigen Arabien — abgesehen von den Oasen — unbekannt sind. Bewässerungsanlagen, deren berühmteste der Damm von Ma'rib im Norden des Jemen war, unterstützten die Nutzbarmachung dieser bevorzugten Gebiete.

Man muß daher in der arabischen Gesellschaft der ersten Jahrhunderte unserer Zeitrechnung mehrere Elemente unterscheiden. In der historischen Entwicklung, die wir darzulegen haben, werden die Nomaden nicht die Hauptrolle spielen; sie bilden jedoch die Masse der Bevölkerung. Daneben gibt es eine Ackerbaubevölkerung in den begünstigten Zonen und eine kleine Zahl von Städten, deren Bewohner von der Landwirtschaft und vom Handel leben. Die allgemeine Kenntnis dieser Gesellschaft ist für das Verständnis der islamischen Geschichte unerläßlich, nicht allein, weil der Islam in Arabien geboren wurde, sondern weil die Kenntnis der vorislamischen Gesellschaft das Wesen der islamischen Gesellschaft selbst in weit höherem Maße erhellt, als das von der Vorgeschichte anderer Kulturen gesagt werden kann. In einem offenbaren Widerspruch haben die Muslime nie-

mals aufgehört, die Zeit der ›Unwissenheit‹ als das Goldene Zeitalter der arabischen Geschichte anzusehen, die Zeit, da die Tugenden ihrer Rasse sich am entscheidendsten entfalteten. Diese Haltung zeigt sich in einer Art Rassenmystik, und sie ergab sich zugleich aus der Notwendigkeit, die Sprache und die Überlieferungen des alten Arabien zu kennen, um die heiligen Texte des Islams verstehen zu können. Überdies läßt sich die Handlungsweise Mohammeds, der bestimmte Gebräuche geheiligt, andere verworfen hat, nicht begreifen ohne die Kenntnis der Gesellschaft, in der sie in Kraft waren.
Unsere Kenntnis des alten Arabien wandelt und erweitert sich in dem Maße, in dem sich das Gebiet der Erforschung öffnet. So wurde eine beträchtliche Anzahl von Inschriften entdeckt; zwar ist ihr Wert im Durchschnitt – außer im Süden Arabiens – gering, dennoch erhält ihre Gesamtheit Bedeutung angesichts der allzu spärlichen Angaben der klassischen Quellen, von denen dazu die wenigsten aus Arabien selbst stammen. Man unterscheidet dabei gemeinhin die Inschriften Südarabiens, die thamudischen Zentralarabiens, die ṣafaïtischen des Nordens, schließlich die nabatäischen der syro-mesopotamischen Grenzgebiete. Die nabatäische Gruppe ist in einem Alphabet geschrieben, das mit dem aramäischen verwandt ist und zu dem des klassischen Arabisch werden sollte; die thamudischen und ṣafaïtischen Inschriften verwenden das südarabische Alphabet, aber in nordarabischen Dialekten. Ferner haben verschiedene arabische Autoren in islamischer Zeit versucht, die Traditionen ihrer Vorfahren wiederzufinden, und die Ergebnisse der modernen Ethnographie können sehr häufig zu ihrer Deutung beitragen. Auf diesen Grundlagen können wir uns eine Vorstellung von der arabischen Gesellschaft unmittelbar vor dem Erscheinen des Islams bilden.
In Arabien ist also das beduinische Element das wesentliche. Die Beduinen waren in Stämmen organisiert, in denen sie keine andere Autorität als das moralische Schiedsrichteramt eines gewählten *šaiḫ* kannten und duldeten; ihre leidenschaftliche Freiheitsliebe kompensierten sie durch eine Stammessolidarität, die sie fast ständig zu Rache- oder Beutezügen veranlaßte und in Kleinkriege, Stamm gegen Stamm, verwickelte. Sich zu größeren und dauerhafteren Bündnissen zusammenzuschließen, vermochten sie jedoch nicht. Ihre Religion war sehr primitiv und kam den alten semitischen Glaubensvorstellungen nahe; hervorstechendster Zug war dabei die Furcht vor Dämonen aller Art. Der äußerst einfache Kult beschränkte sich auf gelegentliche Zusammenkünfte bei heiligen Steinen, auf Pilgerzüge, die, wie bei der Kaʿba von Mekka, mit Jahrmärkten verbunden sein konnten. – Im ganzen unterschied man die jemenitischen Stämme des Südens von den Nizāriden oder Qaisiden des Nordens; allerdings

hatten die Wanderungen zahlreiche jemenitische Stämme über ihr eigentliches Gebiet hinaus nach Norden in die Nachbarschaft von Verwandten geführt, die ursprünglich noch weiter nördlich gewohnt hatten. Diese Teilungen standen jedoch keineswegs dem unbestimmten Gefühl einer arabischen Einheit im Wege, die in einer gemeinsamen und schon recht entwickelten poetischen Sprache ihren Ausdruck fand. Die Dichter, unter denen Imra'alqais vielleicht der bekannteste ist, gaben dem, was die Gemeinschaft bewegte, eine Stimme, sie besangen weniger die Liebe als die Heldentaten des Lebens in der Wüste und die ›großen Tage der Araber‹, oder sie faßten die Regeln ihrer Lebensweisheit in schlichte Sätze. Die Eigenständigkeit dieser Werke, die auf spätere islamische Autoren großen Einfluß ausübten, ist schwerlich genau zu bestimmen, aber ihre Bedeutung ist nicht zu leugnen.

Indessen gab es in den Randgebieten Arabiens höher entwickelte Gesellschaftsformen. Im Jemen hatte, viele Jahrhunderte vor unserer Zeitrechnung, ein Königreich geblüht, von dort kam, wie die Überlieferung berichtet, die Königin von Saba. Später, zur Zeit der Römer, waren dann Fürstentümer entstanden, so das nabatäische von Petra östlich vom Toten Meer oder, kurzlebiger, aber berühmter, das der Fürstin Zenobia in Palmyra westlich des Euphrat (3. Jahrhundert). In der ›byzantinischen‹ Epoche schließlich kamen, allerdings nicht ohne Unterbrechungen, zwei Fürstentümer christianisierter Araber zu Bedeutung, der Ġassāniden und der Laḫmiden, das erste im Inneren Syriens unter dem Patronat Konstantinopels, das andere im Westen des unteren Euphrats als Vasall Ktesiphons, der sassanidischen Hauptstadt am Tigris. Noch aufschlußreicher ist, daß es dem Stamme der Kinda im fünften Jahrhundert in Arabien selbst gelungen war, unter seiner Führung eine wirkliche Föderation zu schaffen, was als erstes Zeichen einer politischen Entwicklung zu werten ist. Auch existierten in einigen Städten Ansätze zu aristokratischen ›Republiken‹ der wohlhabenden Karawanenhändler, besonders in Mekka, wo sie dem Stamme der Qoraiš angehörten. Allmählich hatte sich nämlich auf der arabischen Halbinsel der Handel ausgebreitet, ob er nun über das Rote Meer geführt oder mit Festlandkarawanen (die Schifffahrt auf dem Roten Meer war nicht ungefährlich) betrieben wurde. Besonders zu erwähnen ist die Landverbindung vom Jemen über den Ḥiǧāz nach Syrien. Rings um Arabien bemühten sich seit langem die Sassaniden und die Byzantiner, einander die Herrschaft über die Handelswege zu Lande und zu Wasser zu entreißen. Den Routen der Sassaniden, die vom Persischen Golf ausgingen, standen im Indischen Ozean die der Byzantiner gegenüber, und Byzanz versuchte, sie mit Hilfe der Äthiopier im Bereich des Roten Meeres und des Jemen auszubauen. Diese

Rivalitätskämpfe hatten nach und nach auf Arabien übergegriffen. Die Perser hatten die Äthiopier, die eine Zeitlang den Jemen beherrschten, in der zweiten Hälfte des sechsten Jahrhunderts von dort verdrängt, und der Verfall der Bewässerungsanlagen, die Wanderungen, die darauf folgten, die Unruhen, die um das Jahr 600 fast in allen Stämmen gärten, hingen vielleicht mit diesen Kämpfen zusammen. Dazu drangen fremde Einflüsse in Arabien ein, sowohl durch Vermittlung der Araber in den Grenzgebieten als auch durch das Entstehen christlicher und jüdischer Kolonien, wie der christlichen in Nağrān und der jüdischen in Yaṯrib, dem späteren Medina. So standen die Araber keineswegs mehr abseits, sondern im Vorfeld der großen Kulturen. Gewiß waren die Fremden, mit denen sie in Berührung kamen, keine Theologen, und in ihren religiösen Anschauungen spiegelte sich der Volksglaube des Orients in seinen verschiedenen Formen; dennoch brachten sie ein Element, das im Vergleich zu dem altarabischen Heidentum neu war. So mußte sich dieses, wie andere primitive Religionen vor ihm, fortentwickeln, und die soziale Unruhe konnte einen Zustand der Aufnahmebereitschaft für neue Ideen aufkommen lassen: Schon vor Mohammed gab es *Ḥanīf*en, die auf der Suche nach einer tieferen Religiosität und einer reineren Auffassung der Gottheit waren.
Dies also war die geistige, politische und soziale Umwelt, in der Mohammed geboren wurde.

Abb. 1: Seite aus einem Koran (9. Jahrhundert) in ›kufischer‹ Schrift, dem arabischen Schriftduktus der älteren Zeit

2. Mohammed

Von allen Religionsstiftern ist Mohammed wahrscheinlich derjenige, dessen Persönlichkeit am meisten historischen Charakter besitzt. Es fehlt freilich viel, daß wir von ihm mit aller wünschenswerten Genauigkeit und Sicherheit sprechen können. Wir kennen ihn vor allem aus zwei Quellen, auf die noch zurückzukommen sein wird, über die wir aber schon hier ein Wort sagen müssen, um die Art der Angaben, die sie uns liefern, deutlich zu machen. Die erste ist der Koran (*Qor'ān*), den die Muslime als die Offenbarung Gottes ansehen, ›vorgetragen‹ – das ist der Sinn des Wortes – von seinem Propheten. Aber erst nach dessen Tod wurde der Koran so niedergeschrieben, wie er uns überliefert ist, mit offenbaren Irrtümern, mit Lücken und mit einer Anordnung der Kapitel (Suren) und zuweilen sogar der Verse, die der ursprünglichen Folge nicht entsprechen kann. Die moderne Wissenschaft bemüht sich, die wahrscheinliche Ordnung wiederherzustellen; sie folgt dabei übrigens den großen Gelehrten des klassischen Islams selbst. Aber wie dem auch sei, der Koran enthält die Lehre des Propheten, aber fast nichts, was uns über sein Leben Aufschluß gibt. Unsere zweite Quelle stellt der

Hadīṯ dar, die Überlieferung. Es handelt sich hier um Worte und Ereignisse, die den Propheten betreffen und von denen man glaubt, daß sie von seinen Gefährten überliefert wurden. Gewisse *ḥadīṯe* ergänzen oder erläutern die Lehren des Korans, andere, und auf sie gründet sich die traditionelle Biographie des Propheten, die wir Ibn Isḥāq verdanken, berichten die wichtigsten Ereignisse seines Lebens. Aber viele *ḥadīṯe*, besonders die der ersten Kategorie, sind, was die muslimischen Gelehrten immer gewußt haben, umgestaltet oder völlig gefälscht worden; im Feuer der politisch-religiösen Kämpfe der beiden ersten Jahrhunderte des Islams mußten sie der einen oder der anderen der feindlichen Parteien als Argumente dienen. Jedenfalls macht es die äußerste Zerstückelung eben jener Teile des *Ḥadīṯ*, die authentisch sein können, fast unmöglich, sie als zusammenhängendes Ganzes wiederherzustellen. Wenn wir dies alles berücksichtigen, müssen wir zugeben, daß, so gewiß Mohammed eine historische Gestalt gewesen ist, doch alles, was wir von ihm wissen, unentwirrbar vermischt ist mit Zügen, die wenig geschichtlich sind. Die Kenntnis dieser traditionellen Züge hat unter einem bestimmten Gesichtspunkt dennoch nicht geringere Bedeutung als die Erforschung des historischen Bildes, da der gläubige Muslim sie immer für ebenso wahr gehalten hat und da die Art, wie er die Gestalt des Propheten verstanden hat, uns zwar manchmal vielleicht irreleitet, manchmal aber auch besser verstehen lehrt, wer Mohammed gewesen ist und was er bedeutet hat. Wir sind also berechtigt, die Biographie Mohammeds so zu vermitteln, wie sie sich aus der engen Verbindung von historischer Warheit und späterer Vision der Gläubigen ergeben hat.

Mohammed (Moḥammad), der gegen 570 in Mekka geboren wurde, gehörte zum Stamm der Qoraiš, aber zu einem Zweig, der bedeutungslos geworden war. Nachdem er sehr jung Vater, Mutter und Großeltern verloren hatte, wurde er von seinem Onkel Abū Ṭālib erzogen. Früh verdingte er sich in Handelskarawanen, die nach Syrien zogen, und führte darunter solche, die einer reichen Witwe namens Ḫadīǧa gehörten. Sie wurde seine Frau, obwohl sie wesentlich älter war als er, und er bewahrte ihr immer eine tiefe Zuneigung: Solange sie lebte, nahm er keine andere Gattin. Sie schenkte ihm sieben Kinder, von denen allein eine Tochter, Fāṭima, am Leben blieb und selbst Nachkommen hatte.

Als er sich seinem vierzigsten Lebensjahr näherte, hörte Mohammed die Stimme Allāhs zum erstenmal. Anfänglich in Sorge, das Opfer eines teuflischen Betruges zu sein, überzeugte er sich doch allmählich von der Echtheit der Offenbarung: Allāh hatte ihn ausersehen, sie den Menschen zu verkünden. Gegen 613 begann er zu predigen, in kurzen, angstvollen, erregten Sätzen, die ganz von dem Gedanken an den göttlichen Zorn und das nahe Gericht erfüllt waren. Er fand glühende Anhänger unter seinen nächsten Angehörigen, darunter seine Frau Ḫadīǧa und seinen jungen Vetter ʿAlī; dazu kamen Freigelassene fremder Herkunft, junge Leute und solche, die sich in schwierigen und gedrückten Lebensumständen befanden. Aber im ganzen stieß er bei den Qoraiš auf Widerstand, der teils auf verachtungsvoller Skepsis, teils auf der Furcht beruhte, Mohammed werde die religiöse oder kommerzielle Ordnung gefährden, der sie ihre Macht verdankten. Das Leben war hart für die kleine Gemeinschaft, und einige ihrer Mitglieder wanderten nach Äthiopien aus. Im Jahre 622 schließlich entschloß sich Mohammed, einem Ruf, so scheint es, jüdischer und arabischer Stämme der Stadt Yaṯrib zu folgen, die einen Friedensstifter suchten. Seine Übersiedlung nach ihrer Stadt, die dieser später den neuen Namen al-Medīna eintrug (›die Stadt‹, nämlich des Propheten), stellt jene Emigration, *hiǧra* (Hedschra), dar, welche die Muslime bald zum Ausgangspunkt ihrer neuen Zeitrechnung machen sollten. Von nun an nimmt Mohammed in Medina die Stellung eines Staatsoberhauptes im Kleinen ein. Die Suren seiner Verkündigung werden länger, und sie sind in höherem Maße den Problemen des irdischen Lebens in der menschlichen Gemeinschaft gewidmet. Es erübrigt sich hier, auf alle Episoden einzugehen, die uns die Überlieferung, mehr oder weniger gesichert, berichtet. Es ging Mohammed neben der Erfüllung seiner religiösen Aufgabe vor allem darum, für seine Emigrationsgefährten, die *muhāǧirūn*, und seine neuen Verbündeten von Yaṯrib, die *anṣār*, ein gemeinsames Leben in gutem Einverständnis zu sichern. Er mußte aber auch versuchen, eine Einheit des Glaubens zu schaffen: er betrachtete die ihm zuteil gewordene Offenbarung als Vollendung derjenigen, mit der Gott einst Mose und vor ihm Abraham, den gemeinsamen Ahnherrn der Juden und Araber, begnadet hatte. Nichtmuslime vermögen leicht einzusehen, daß die trotz aller Verschiedenheiten bestehenden Gemeinsamkeiten zwischen dem Koran und dem Alten Testament auf die Gespräche zurückgehen, die Mohammed und seine Freunde mit den ungebildeten Juden Medinas geführt haben. Mohammed konnte also hoffen, die Juden von Medina zu gewinnen. Als sich seine Bemühungen jedoch als vergeblich erwiesen, ließ er ihnen gegenüber Diplomatie und Härte zusammenwirken, um schließlich eine einheitliche medinensische Gemeinschaft herzustellen, sei es daß die Widerstrebenden starben oder daß sie ins Exil gingen.

Eine weitere Aufgabe, die Mohammed zu lösen hatte, bestand darin, das materielle Leben dieser Gemeinschaft zu sichern und sie moralisch im Kampf zusammenzuschweißen. Auch galt es, den Qoraišiten, welche die Bildung der feindlichen Zelle in Medina beunruhigte, so lange Widerstand zu leisten, bis sie in den neuen Staat eingefügt werden konnten. Die kriegerischen Zwischenfälle, von denen die Überlieferung so gern eingehend berichtet, setzten einerseits die alte Gewohnheit der Stammeskämpfe und Beutezüge fort, leiteten aber zugleich den *ǧihād*, den Heiligen Krieg der kommenden Zeit, ein. Mohammed scheute dabei nicht davor zurück, den geheiligten Friedensmonat des alten Kultes von Mekka zu mißachten, handelte es sich doch darum, die Ungläubigen zu bekämpfen. Auf die Dauer erkannten die Qoraišiten, ohne wirklich geschlagen worden zu sein, daß eine neue Macht entstanden war, mit der man sich verständigen mußte, wollte man nicht den Untergang des eigenen Handels herbeiführen. Der Waffenstillstand, der sich aus dieser Lage ergab, erlaubte es Mohammed, eine wachsende Anzahl befreundeter Stämme um sich zu sammeln und wichtige Oasen wie Ḫaibar im Norden und Naǧrān im Süden zu annektieren. Die Unterwerfungsverträge, die hier zuerst mit den Juden (wie in Ḫaibar und anderen jüdischen Kolonien) und danach mit den Christen (z. B. in Naǧrān) abgeschlossen wurden, sollten zum Vorbild werden für die Verträge mit den Nichtmuslimen, welche die großen arabischen Eroberungen begleiteten. In den Abmachungen mit den arabischen Stämmen zeichneten sich bereits die Umrisse zur Entwicklung einer islamischen Gesellschaft und Staatsbildung ab. Im Jahre 630 schließlich konnte Mohammed nach Mekka zurückkehren. Der alte Kult wurde abgeschafft, aber die Qoraišiten unterwarfen sich, und es gab keine Vergeltungsmaßnahmen. Die Anhänger hatten, wenigstens oberflächlich gesehen, in allen Teilen Arabiens außerordentlich zugenommen, als Mohammed im Jahre 632 in Medina starb.

Es ist für uns heute schwierig, einen Mann richtig zu beurteilen, der Stifter einer großen Religion wurde und doch zugleich tief in seiner Zeit verwurzelt war. Für den wahrhaft gläubigen Muslim ist er der Prophet Allāhs, der Mittler, der dazu ausersehen war, den Menschen die Offenbarung zu bringen. Trotz der Verherrlichung durch die spätere Überlieferung ist er nur ein Mensch, hervorragend, gewiß, aber doch ohne jeden göttlichen Charakter. Der Historiker kann die Beschuldigungen nicht mehr stützen, die aus den alten interkonfessionellen Polemiken hervorgegangen sind, und ebensowenig kann er für die religiöse Berufung Mohammeds noch die kindliche Erklärung einer epileptischen Krankheit geben. Er muß in diesem Mann eine der überragenden Persönlichkeiten sehen, die mit der Kraft der Leidenschaft und mit unbestreitbarer Aufrichtigkeit das moralische und geistige Niveau der Menschen ihres Lebenskreises zu heben suchten und die es verstanden, ihre Botschaft dem Charakter und den Überlieferungen dieser Menschen mit so viel Verständnis und politischem Talent anzupassen, daß sie Lebenskraft gewann. Zu spüren, wie die Größe der religiösen Inspiration mit dem Kampf gegen menschliche und auch ganz persönliche Schwierigkeiten einhergeht, muß uns zugleich rühren und Achtung abnötigen. Gewiß, einige Seiten seines Lebens mögen dem modernen Menschen auf den ersten Blick störend erscheinen. Die polemische Kritik hat immer wieder auf die Sinnlichkeit des Propheten hingewiesen und auf die neun Frauen, die er nach dem Tode Ḫadīǧas gehabt hat. Aber abgesehen davon, daß die arabische Mentalität nichts Schlimmes darin fand, die menschliche Natur so hinzunehmen, wie Gott sie geschaffen hatte, ist es gewiß, daß die Mehrzahl dieser Verbindungen einen politischen Charakter trug. Sie waren auch dazu bestimmt, das Einvernehmen mit einem Würdenträger oder mit einer Sippe herzustellen.

Die Grundzüge von Mohammeds Lehre und Werk, wie sie im Laufe von zwanzig Jahren seines prophetischen Lebens nach und nach Gestalt gewannen, klar und zusammenfassend darzustellen, ist nicht leicht. Der Koran, in dem die Offenbarungen nach äußeren Gesichtspunkten, nämlich ihrer Länge nach, aneinandergefügt sind, hat nichts von einer systematischen Abhandlung, und die Ausleger, die alten wie die modernen, sind sich über den Sinn sehr vieler Stellen nicht immer einig gewesen. – Die Offenbarung, die der Prophet, der Gesandte Gottes, vorträgt, ist für ihn im Kern dieselbe wie die Botschaft der früheren Propheten. Jesus wird als einer von ihnen angesehen, und so führt der Weg von Adam über Jesus zu Mohammed hin. Damit wird der Islam ausdrücklich in die Familie der beiden großen monotheistischen Religionen eingeordnet, die ihm vorausgegangen waren. Die Abweichungen, die zwischen den verwandten Überlieferungen der Bibel und des Korans bestehen, gehen nach islamischer Auffassung auf Änderungen zurück, die Juden und Christen an ihren heiligen Schriften vorgenommen haben. Mohammed jedoch ist ›das Siegel der Propheten‹, auf ihn wird keiner mehr folgen vor dem Ende der Welt, die Offenbarung ist vollendet.

Allāh, dessen Name vor dem Islam als der Name der mächtigsten Gottheit von Mekka bekannt war und eigentlich ›der Gott‹ bedeutet, ist jetzt Gott überhaupt, er ist vor allem absolut einzig, allmächtig und zugleich gerecht. Er hat die Welt geschaffen und den Menschen, dessen Geschichte nach einem Plan abläuft, der im ganzen dem der Bibel sehr nahe kommt. Auf dem menschlichen Leben lastet die Angst vor dem Gericht und die Sorge um die Seligkeit – ob freilich der Mensch sein Seelenheil durch seine Taten im Angesicht der göttlichen Gerechtigkeit erringen kann oder ob er gegenüber der Prädestination, die als notwendige Folge der Allmacht angesehen wird, ohnmächtig ist, kann der menschliche Verstand nicht entscheiden. Gott teilt den Menschen ein Gesetz mit, das ihnen die Pflichten auferlegt, die sie ihm gegenüber und gegeneinander zu erfüllen haben. Wir würden sagen, daß dieses Gesetz zugleich religiöser und sozialer Natur ist, aber diese Unterscheidung ist dem Islam fremd. Die Hauptpflicht gegen Gott ist der Glaube und die Unterwerfung unter seinen Willen – das ist der Sinn des Wortes *islām* –, und derjenige, der sich unterwirft, ist *muslim*. Gott fordert von den Menschen genau bestimmte Handlungen, die allerdings ohne die entsprechende Intention wertlos sind. Ihre Zahl wurde nach der Rückkehr nach Mekka allmählich auf fünf festgelegt: Das Gebet, oder genauer – denn dieses Wort gibt das arabische *ṣalāt* nur schlecht wieder – ein Bekenntnis der Unterwerfung, das möglichst oft gemeinsam vollzogen werden soll, das aber von keiner kultischen Feier, keinem Opfer mit übernatürlichem Charakter begleitet wird; das Almosen, *zakāt*, ursprünglich ein Akt der Solidarität zwischen Gläubigen wie auch der Reinigung vom Reichtum; die Pilgerfahrt, *ḥağğ*, nach Mekka, die islamisierte Form der alten heidnischen Pilgerfahrt; das vom jüdischen Beispiel inspirierte Fasten, *ṣaum*, im Monat Ramaḍān; das Glaubensbekenntnis »Es gibt keinen Gott außer Gott (*Allāh*), und Moḥammad ist der Gesandte Gottes« – vor Zeugen abgelegt, besiegelt es die Bekehrung zum Islam.

Was das Gesetz des sozialen Zusammenlebens anbetrifft, haben die ersten modernen Historiker Mohammeds zuweilen geglaubt, in ihm einen frühen Sozialisten sehen zu müssen, aber diese Auffassung resultiert aus einer falschen Optik. Wie alle Religionsstifter hat Mohammed keine soziale Doktrin, sondern eine moralische Forderung verkündet. Diese führte ihn zwangsläufig dazu, gewisse Züge der ihn umgebenden Gesellschaft zu bekämpfen, und er übte damit auf alle, die sich in ihr benachteiligt fühlten, eine erhebliche Anziehungskraft aus. Was Mohammed im Tiefsten wollte, war die Gemeinschaft, die durch ein starkes Gefühl der Solidarität und gegenseitigen Verantwortung zusammengehalten wird; ja oft ist heute noch für den Muslim der Bruch mit der Gemeinschaft die Sünde schlechthin. In seinen einzelnen Vorschriften, die wir hier nicht aufzählen können, ist Mohammed von der Gesellschaft, so wie er sie in der Wirklichkeit vorfand, ausgegangen, ohne dabei revolutionäre Maßnahmen zu ergreifen; aber ob es sich um die Familie, die Stellung der Frau, die Sklaverei oder das wirtschaftliche Leben handelte, überall hat er herrschende Mißbräuche zu mildern und eine gerechtere Ordnung durchzusetzen gesucht.

Wie es dieser letzte Abschnitt und wie es der Lebensbericht des Propheten selbst dartut, ist Mohammed im Unterschied zu Jesus und anderen Religionsstiftern gleichzeitig der Begründer eines Glaubens und der Organisator eines Staates gewesen. Zwar bleiben die Institutionen dieses Staates noch in ihren Anfängen, insbesondere sind die Finanzen, die aus freiwilligen Spenden der Gläubigen und aus der Kriegsbeute aufgebracht werden, kaum mehr als eine Familienkasse. Aber entscheidend ist, daß in der Geschichte Arabiens zum erstenmal ein einziger Mann bei fast allen Bewohnern seine Autorität durchzusetzen wußte. Entscheidend ist ferner, daß — im Gegensatz zur Geschichte des Christentums, wo Jesus im Rahmen des Römischen Reiches einen Glauben predigte, der dem Kaiser gibt, was des Kaisers ist — Mohammed in einer Gesellschaft, die vor ihm überhaupt keine Staatsvorstellung hatte, eine Religion und einen Staat in unlöslicher Verbindung miteinander schuf. Wir werden durch die ganze islamische Geschichte hindurch diesen Gegensatz zwischen der Konzeption zweier Mächte und der eines einzigen Gesetzes verfolgen können. Entscheidend ist noch ein letztes. Wenn auch der alte Stammesverband weiterbestand, so war ihm doch das Prinzip des neuen Staates, nämlich die Gemeinsamkeit der Religion, fremd und übergeordnet. Es bleibt zu erwähnen, daß die Umrisse des Neuen sich auch aus dem Verhalten der Muslime den Nichtmuslimen gegenüber ergaben; für die heidnischen Araber, denen die Offenbarung zunächst bestimmt war, gab es nur die Entscheidung zwischen Bekehrung und Tod; die Juden und Christen dagegen, die ihrerseits ›Schriftbesitzer‹ waren, d. h. über eine offenbarte heilige Schrift verfügten, konnten sich bekehren, mußten es aber nicht. Die Nichtbekehrten jedoch waren zur Unterwerfung und damit vor allem zu finanziellen Leistungen verpflichtet.

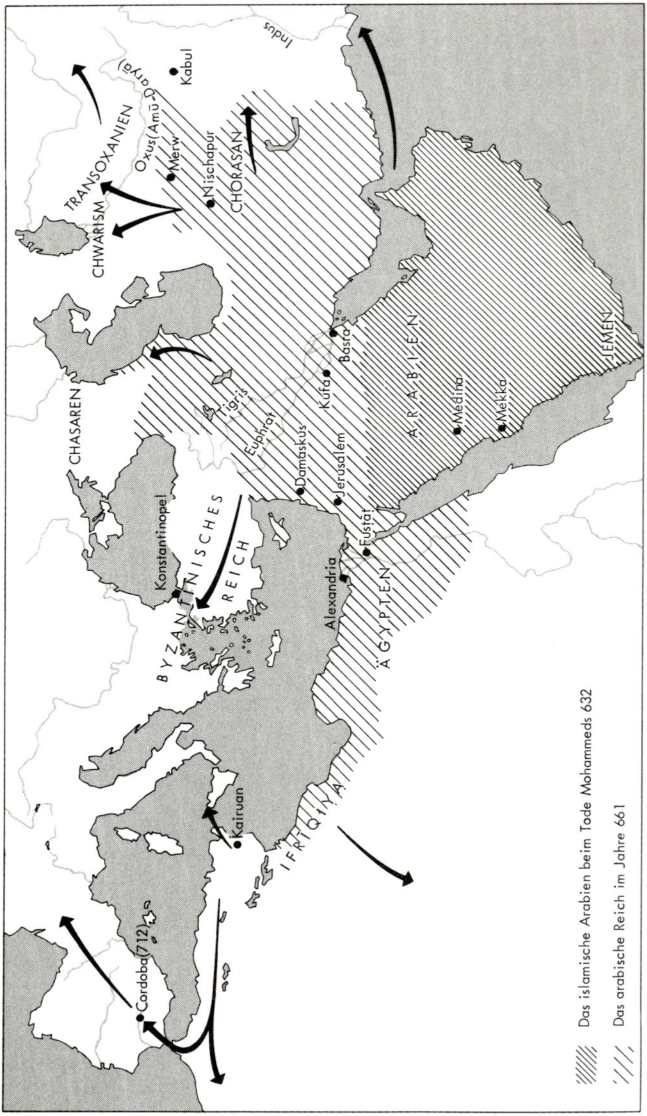

Abb. 2: Die arabischen Eroberungen im 7. Jahrhundert

3. Die Gründung des arabisch-islamischen Reiches

Es fehlte nicht viel, so wäre bei Mohammeds Tod sein ganzes Werk zusammengebrochen. Er hatte in keiner Weise für seine Nachfolge gesorgt. Ohne allzu große Schwierigkeiten scheinen sich seine Hauptgefährten darauf geeinigt zu haben, 632 Abū Bakr, bei dessen Tode 634 ʿOmar zum Oberhaupt zu ernennen, zwei Männer, die dafür bekannt waren, daß sie zu den engsten Vertrauten des Propheten gehört hatten. Sie waren nicht nur seit langem mit seinem Werk verbunden, sondern auch Väter zweier seiner Frauen (Abū Bakr war der Vater seiner Lieblingsfrau, der ganz jungen ʿĀʾiša); aber die Verwandtschaft im engeren Sinne gab nicht den Ausschlag. Die beiden Männer empfahlen sich durch ihre Fähigkeit zu politischem Handeln. Doch man muß sich darüber im klaren sein, daß ihre Macht von anderer Art als die Mohammeds war. Sie waren seine Stellvertreter, *ḫalīfa* (Kalifen), nicht mehr Propheten und Werkzeuge der Offenbarung selbst. Das Gesetz war gegeben, sie mußten es anwenden und das Gemeinwesen so regieren, daß das Gesetz befolgt wurde; aber höhere Autorität, es besser als irgendein anderer auszulegen, hatten sie nicht.

Das Hauptproblem bestand nunmehr darin, die Gefolgschaft der Stämme zu bewahren. Ihre Unterwerfung war noch sehr jungen Datums, ihr Gehorsam noch oberflächlich, und sie neigten zu der Anschauung, daß der Mohammed geleistete Eid sie nur seiner Person gegenüber verpflichtet habe und daß sie nun, da er tot war, zu ihrer alten Freiheit zurückkehren könnten; indessen folgten viele von ihnen — ein Zeichen der Zeit — anderen, ›falschen‹ Propheten. Ihre Empörung, *ridda,* wurde in wenigen Monaten durch die Tatkraft und das Geschick Abū Bakrs und der militärischen Führer, die er gegen sie entsandte, niedergeschlagen. Vor allem wurde ihre Unterwerfung durch das Werk der Eroberungen, das die beiden ersten Kalifen einleiteten, endgültig gesichert; denn die Stämme steuerten ihre Streitmacht bei und nahmen genau wie die Initiatoren an den ungeheuren Gewinnen teil, welche Erfolge dieser Aktionen alsbald einbrachten.

Das Verhalten des Propheten in seinen letzten Lebensjahren hatte die Verpflichtung deutlich gemacht, die Ungläubigen zu unterwerfen oder zu bekehren. Aber die gegen den Norden entsandten Expeditionen hatten die Grenzen Arabiens nicht überschritten. Abū Bakr und ʿOmar wußten zwar offenbar, daß es ein ›römisches‹ und ein ›persisches‹ Reich gab, die miteinander in

Kampf geraten waren, aber sie dachten gewiß nicht daran, sie zu zerstören. Erst die überraschende Offenbarung der Schwächen des Gegners und die ersten militärischen Erfolge spornten den Ehrgeiz der Muslime an und veranlaßten sie, fast bis zu den Grenzen der bekannten Welt vorzustoßen. Über diese Schwächen ist vieles gesagt worden. Sie hatten umfassendere Gründe als den kaum beendeten Krieg, der die Kräfte der beiden Reiche ohne Frage aufs äußerste angespannt und erschöpft hatte. Man denke nur an deren riesige Ausdehnung, welche sie Angriffen auf verschiedenen Fronten aussetzte und es unmöglich machte, überallhin rasche Hilfe zu bringen. Hinzu kam, daß ein ernstzunehmender Angriff durch die Araber, an deren Grenzen man bisher keine nennenswerte militärische Kraft einzusetzen brauchte, etwas Neues war. Entscheidend aber war, daß die unterworfenen Völker das Joch der Herrschaft als immer drükkender empfanden. Das Byzantinische Reich hatte die semitischen Völkerschaften in Asien und die Kopten in Ägypten keineswegs völlig assimilieren und hellenisieren können; sie erlebten vielmehr im fünften Jahrhundert mit der Ausbreitung des Christentums einen Aufschwung ihrer eigenen Kulturen und ›Nationalsprachen‹. Die Forderungen der Steuerbehörden und die Unpopularität der großen Grundherren, welche fast alle Griechen oder doch hellenisiert waren, verstärkten autonomistische Tendenzen, die gern eine religiöse Form annahmen; die westsyrischen Aramäer und die Kopten waren Monophysiten und wurden daher von der byzantinischen Staatskirche verfolgt oder unterdrückt, ganz zu schweigen von anderen wie den Nestorianern, die verbannt worden waren und bei den Sassaniden Zuflucht gefunden hatten. Auch diese selbst waren indessen durch eine soziale Krise gegangen, die im religiösen Kommunismus des Häretikers Mazdak im fünften bis sechsten Jahrhundert ihren Höhepunkt fand. Zwar nahmen sie die in Byzanz ungern gesehenen Nestorianer und Juden unter ihren Schutz, denn sie konnten sie so zu ihren Verbündeten machen. Dennoch blieben diese in einem Staat, dessen führendes Element, das iranische, in der Nationalkirche des Zarathustrismus oder Mazdaismus einen festen Rahmen gefunden hatte, Fremdlinge. Die Form des Staates blieb ziemlich locker gefügt, und in der Aristokratie der Provinzen war der Wille zur Autonomie stark. Den Grenzbewohnern Mesopotamiens und Syriens waren die Araber bekannt, denn hier hatten die monophysitischen Ġassāniden und die nestorianischen Laḫmiden am Rande des Byzantinischen und des Persischen Reiches Fürstentümer gebildet; daneben gab es andere Gruppen, die vor langer Zeit eingewandert waren. Die Einwohner dieser Gebiete pflegten die Araber mit freundlicheren Augen anzusehen als ihre Zentralregierung, die ihnen fremder war. Im übrigen war die Vorstellung, daß verschiedene Völker aufeinanderfolgende Offenbarungen empfangen könnten, durchaus geläufig, so daß die Kunde von einer den Arabern offenbarten Religion keinen Anstoß erregen mußte. Man konnte nicht voraussehen, welche Gefahr den bestehenden Religionen aus dem neuen, noch so wenig ausgebildeten und gefestigten Glauben erwachsen sollte. Die Kirchenväter hatten über den Islam noch nichts sagen können; ihm gegenüber verfügte daher der Klerus nicht über Argumente, wie er sie gegen die alten Häresien besaß.

Weder die Waffen der islamischen Araber noch ihre Taktik waren ungewöhnlich; das Kamel war ein ausgezeichnetes Lasttier zum Transport der Truppen, für den Kampf selbst aber untauglich, und das ›arabische Pferd‹ war ein seltener Luxus. Ihre Stärke lag in ihrer günstigen, relativ zentralen Lage zu den Grenzgebieten, gegen die sie ihre Angriffe richteten, und in der fast permanenten Verfügbarkeit ihrer Truppen, die aus Halbnomaden und freiwilligen Glaubensstreitern bestanden. Ihre Stärke beruhte aber auch auf der religiösen Begeisterung, welche bei denen, die sie anfangs noch nicht geteilt hatten, durch die gemachte Beute bald erregt und verstärkt wurde, brachte diese doch nicht nur unerhörten Gewinn, sondern auch den Beweis für den Beistand Allāhs. Ihnen standen schwerfällige und gleichgültige Truppen gegenüber (im Byzantinischen Reich fast ausschließlich Söldner), Truppen, die überdies durch innere Streitigkeiten und die Feindseligkeit der Bevölkerung demoralisiert waren.

Angesichts dieser Gegebenheiten erscheinen das Ausmaß und die Schnelligkeit der arabisch-islamischen Eroberungen nicht mehr als ein außerordentliches Wunder. Sie hätten nicht überdauert, wären sie nur das zufällige Ergebnis glücklicher Umstände gewesen, und das Geschaffene wäre wie andere ›Reiche‹ nach einigen Generationen zusammengebrochen. Das erste Land, das angegriffen und erobert wurde, war Syrien bis nach Kilikien hin, natürlich unter Einschluß Jerusalems. Die Hauptkämpfe waren um den Besitz von Damaskus entbrannt. Die Stadt hatte sich ein erstes Mal ohne eigentlichen Kampf im Jahre 635 ergeben und wurde endgültig nach dem Sieg der Araber über die große byzantinische Armee eingenommen, die Kaiser Herakleios im Herbst 636 an das Ufer des Yarmuk geschickt hatte, eines östlichen Nebenflusses des Jordan in der Nähe des Sees Genezareth. ʿAmr ibn al-ʿĀṣ vollendete in den folgenden Monaten die Eroberung Palästinas, und der Kalif ʿOmar konnte sich zum Gebet in die heilige Stadt Jerusalem begeben. Indessen brachte Abū ʿObaida die Eroberung des syrischen Kernlandes zum Abschluß; neben ihm hatte Ḫālid ibn al-Walīd die Kämpfe an dieser Front aufgenommen, nachdem er seine Streitkräfte von den Grenzen des Iraq herangeführt hatte. Die letzte byzantinische Bastion, Cäsarea in Palästina, fiel im Jahre 640.

Zu diesem Zeitpunkt waren schon mehrere Jahre vergangen, seit auch der Iraq erobert und gegen den Iran der Angriff eröffnet worden war. Nach anfänglichen Grenzkämpfen mit ungleichem Ausgang hatten starke arabische Kräfte unter dem Befehl von Saʿd ibn Abī Waqqāṣ im Frühjahr 636 über die Armee des Šāhānšāh Yazdegerd (Yazdkart) bei Qādisīya einen entscheidenden Sieg errungen, und bei der Einnahme seiner Hauptstadt Ktesiphon-Seleukia, die unter dem Islam den Namen Madāʾin (›die Städte‹) erhielt, war ihnen eine überaus reiche Beute in die Hand gefallen. Yazdegerd rettete sich nach dem Iran. Von Kampfbasen, die sie sich im Iraq geschaffen hatten, drangen die Araber in den Iran ein. In der Schlacht von Nihāwand 642 versuchten die Perser noch einmal, alle Kräfte des Landes zusammenzufassen, aber sie unterlagen. Die Ausdehnung des Landes und örtliche Widerstände verzögerten die Eroberung, aber zu einem organisierten, allgemeinen Abwehrkampf kam es nicht, und das ganze Stammland des Iran war unterworfen, als der unglückliche Yazdegerd 651 in der Provinz Merw im äußersten Osten ermordet wurde. Inzwischen waren von Syrien und dem Iraq her das obere Mesopotamien und schon ein Teil Armeniens besetzt worden.
Von Palästina aus überwachte ʿAmr Ägypten. ʿOmar zögerte, ihn in ein Land eindringen zu lassen, wohin er ihm im Fall einer Niederlage nur schwer schnelle Hilfe würde schicken können. Der Angriff begann Ende des Jahres 639, unterbrochen von den Perioden der Nilüberschwemmung. Das entscheidende Ereignis war die Belagerung der Zitadelle von Babylon (nicht zu verwechseln mit der alten Stadt dieses Namens im Iraq), das den Flußübergang oberhalb des Deltas beherrschte. Es kapitulierte 641 und wurde, nach dem Namen seiner Wallanlage *fossaton*, in Fusṭāṭ umgetauft; heute ist es im Stadtgebiet von Kairo aufgegangen. Nunmehr war der Weg zu der damaligen Hauptstadt Alexandria frei, wo Cyrus, in den arabischen Annalen unter dem rätselhaften Namen Muqauqis berühmt, als Bischof und Oberhaupt der Staatsführung regierte. Die Stadt war durch politisch-religiöse Parteiungen zerrissen, und Byzanz war bei der Masse ihrer Bevölkerung wenig beliebt. Sie ergab sich dem Feind nach dem Tode von Herakleios 642, und die byzantinischen Versuche, sie vom Meer aus zurückzugewinnen, waren zum Scheitern verurteilt. Schon hatten die Araber Vorstöße nach Pentapolis in der Cyrenaica und nach Oberägypten unternommen.
Wichtiger als das Detail einzelner Begebenheiten, von denen zwar manche in der Legende verklärt wurden, die aber im Rahmen eines knappen Bandes nicht ausführlicher dargestellt werden können, erscheint der Versuch, Grundlinien dieser Eroberungen und der Lösung der durch sie gestellten organisatorischen Aufgaben verständlich zu machen. Die Überlieferung neigt dazu,

im Kalifen ʿOmar den Schöpfer der meisten Institutionen zu sehen, die in der islamischen Welt entstanden. Dies kann für vieles nicht zutreffen, aber es konnte nicht ausbleiben, daß sich schon in der Zeit der Eroberungen die neue Ordnung herauszubilden begann.

Zuerst ist hier darauf hinzuweisen, daß den Bewohnern der eroberten Gebiete das Neue nicht als ein Bruch mit dem Bisherigen erschien. Die alten Dynastien waren gefallen oder entmachtet, aber daraus folgte nicht notwendig ein Umsturz in den Einrichtungen des täglichen Lebens. Die spätere Überlieferung hat aus Gründen, auf die wir noch zurückzukommen haben, allzu scharf unterschieden zwischen Gebieten, die ›mit Gewalt‹, und solchen, die ›durch Vertrag‹ unterworfen wurden. Im zweiten Fall, d. h. bei den meisten der großen Städte mit den zugehörigen Provinzen, wurden die Rechte und Pflichten der Einwohner durch die Kapitulationsbedingungen genau festgelegt. Auch wenn die uns davon überlieferten Texte nicht völlig gesichert sind, so stellen sie doch unzweifelhaft die Konzeption dar, nach der die Verwaltung des alten Kalifats verfuhr. In Wirklichkeit aber gab es gar nicht zwei grundlegend verschiedene Formen der Kapitulation, denn die neuen Herren übernahmen immer so weit wie möglich die bestehende Administration. Sie taten es nicht nur aus Gründen politischer Klugheit, sondern vor allem, weil sie, selbst Fremde und ohne Verwaltungskenntnisse, die einheimischen Beamten hätten ersetzen und die Einrichtungen hätten ändern müssen. Selbstverständlich übte die Besatzungsarmee die oberste Gewalt aus, sie hatte ihre eigene Organisation, und in ihre Hände statt in die der früheren Aristokratie flossen der Ertrag der Arbeit und die Steuern der Bevölkerung. Das ist alles, was sich zu Beginn geändert hat. So ist die arabische Eroberung, ein Vorgang von größter geschichtlicher Bedeutung, anfangs in ihren unmittelbaren Auswirkungen kaum spürbar geworden.

Was verlangte, was erzwang man von den Einwohnern? In Arabien war es seit der *ridda* selbstverständlich, daß jedermann Muslim zu sein hatte, ja man ging so weit, viele Juden und Christen zu vertreiben. Das hatte der Prophet in Medina selbst ja auch getan, wenn auch nur dort und nicht außerhalb Medinas. Jedoch für die anderen, jetzt gewonnenen Gebiete scheint den Eroberern nicht einmal der Gedanke an eine allgemeine Bekehrung gekommen zu sein. Was man verlangt, ist Unterwerfung, die zugleich Schutz bedeutet. Die Besiegten behalten also die Freiheit des Kultes, die nur dort, wo es Muslime gibt, begrenzt ist: Kundgebungen, die bei diesen Anstoß erregen könnten, sind untersagt; und sie behalten ihre eigenen Gesetze. Die Unterwerfung verpflichtet materiell zur Zahlung von Steuern, deren Höhe je nach den Umständen schwankt, die aber, wenn sie auch an einen neuen Herrn gehen, die Lebensumstände der Untertanen nicht merklich ändern. Diese Steuerzahlung, in der die Muslime die Anerkennung ihrer Oberhoheit sehen, erlaubt den Einwohnern, ihren Grundbesitz zu behalten; die Araber dürfen sich nur außerhalb dieses Besitzes niederlassen und Güter nur erwerben, wenn die Besitzer verschwunden sind oder wenn es sich um Staatsgüter handelt, die dem neuen Staat automatisch zugefallen sind. (Zumindest geht hierhin die Tendenz, wenn auch die Praxis anfangs nicht einheitlich gewesen sein wird.) Dazu kommen Treueverpflichtungen, die nur in der Zeit der Eroberungen selbst ihren Sinn hatten: den Muslimen Unterkunft zu gewähren, ihnen Auskünfte zu geben, dem Feind solche zu verweigern und ähnliches. Hinzu kam das Verbot, sich arabisch zu kleiden — verständlich, da die Eingeborenen natürlich keine arabische Kleidung trugen. Diese Klausel sollte freilich später, wir werden noch darauf stoßen, zum Präzedenzfall diskriminierender Kleidervorschriften umgedeutet werden (s. u. S. 140). Die bisher verantwortlichen einheimischen Führer blieben an der Spitze ihres Landes und hatten zweifellos sogar mehr Freiheit als unter dem früheren Staat.

Für die Araber war in diesem Augenblick etwas anderes von weit größerer Bedeutung: ihre eigene Organisation, denn Krieg und Expansion gestalteten ihre Lebensbedingungen tiefgreifend um. Die Beute übte natürlich große Anziehungskraft aus, die zu der Kraft des Glaubens hinzukam und sie festigte. Dabei unterscheidet der Brauch sehr bald zwei Kategorien der Beute, *ġanīma* und *fai'*. *Ġanīma* ist die bewegliche Beute, das Vieh, wovon sich nicht jeder nehmen kann, was er will, sondern die grundsätzlich von den Führern unter die Kämpfenden verteilt wird; ein Fünftel jedoch bleibt nach dem Vorbild des Propheten dem Fürsten vorbehalten. *Fai'* umfaßt alles andere, d. h. praktisch das Land und die daraus fließenden Einkünfte. Obwohl man sicher nicht ganz wörtlich nehmen darf, was später über die Diskussionen hinsichtlich der Nutzung des *fai'* zur Zeit 'Omars überliefert worden ist, wird man doch zugeben müssen, daß es solche gegeben hat. Seiner Beduinenmentalität entsprechend hatte der Araber den Wunsch, alles durch Eroberung Erworbene an die einzelnen verteilt zu sehen; das aber hätte von vornherein eine allgemeine Organisation, ja eine Staatsbildung überhaupt vereitelt. 'Omar und seine Ratgeber setzten es durch, daß der *fai'* der Gesamtgemeinschaft, auch der zukünftigen, zugute kam; also wurden, wie in den früheren Staaten, Steuern erhoben und daraus die Ausgaben für das Gemeinwesen bestritten. Darunter war im Augenblick der Sold für die Truppen, der zur Beuteverteilung hinzukam, die wichtigste. Es gab keine klare Trennung in Kämpfende und Nichtkämpfende, und obgleich natürlich nicht jeder mit der Waffe am Kampf teilnahm, war dies grundsätzlich jedermann möglich. Es wurde jedoch ein amtliches Register angelegt, worin alle Kämpfenden und alle, die im Islam eine hervorragende Stellung einnahmen, aufgeführt wurden. So entstand nach einem persischen Wort, das im Arabischen schon bekannt war, der *Dīwān*, der zuerst nichts anderes war als eine Liste der Berechtigten mit dem Betrag ihres Soldes. Dieser wurde nicht nach der militärischen Dienstleistung, sondern nach der Stellung berechnet, die der Betreffende in der Hierarchie der islamischen Rangordnung innehatte. An der Spitze stand die Familie des Propheten, es folgten seine Gefährten je nach dem Zeitpunkt, zu dem sie seine Anhänger geworden waren, und so ging es weiter bis hinunter zu den Frauen und Kindern, ja den nichtarabischen Klienten, die sich frühzeitig zum Islam bekehrt hatten.

Es bedarf keiner Betonung, daß sich die Araber in dieser kriegerischen Phase nicht mit der Bevölkerung vermischten und nicht in ihr aufgingen. Sie richteten sich in Garnisonen ein – dabei gab es zwei verschiedene Wege. Entweder ließen sie sich in den schon bestehenden Städten neben der einheimischen Bevölkerung nieder, weil das Land zu dicht bewohnt und zu stark urbanisiert war, als daß man anders hätte verfahren können. Hervorzuheben ist dabei lediglich, daß die Araber naturgemäß Gebiete am Rande der Wüste solchen nahe der Küste vorzogen. Oder sie gründeten am arabischen Ufer der großen Flüsse, die sie zu überqueren hatten, alsbald befestigte Heerlager aus denen sich später Städte entwickelten, die *amṣār* (Plural von *miṣr*). Hier blieben die Araber trotz des raschen Zustroms von Eingeborenen weitgehend das herrschende Bevölkerungselement. So entstanden schon unter ʿOmar Basra und Kufa im Iraq und Fusṭāṭ in Ägypten – Ausgangsbasen für die späteren Eroberungszüge, für die man mit der zunehmenden Entfernung die Truppen nicht mehr unmittelbar aus Arabien herbeiführen konnte. In Syrien wurden die Truppen schon früh für die Zwecke der politischen und finanziellen Verwaltung auf vier Distrikte, *ǧund* (Plural *aǧnād*), verteilt, die ohne Zweifel ungefähr den byzantinischen Provinzen entsprachen. Spuren einer solchen Aufteilung haben wir weder im Iraq noch in Ägypten und schon gar nicht in Iran.

Natürlich geben die Araber dem Leben der neuen Gemeinschaft die Grundlagen einer Organisation. Die Gouverneure jeder Provinz überwachen die besiegte Bevölkerung; sie beschäftigen sich zugleich »mit Krieg und Gebet«, Kultstätten werden errichtet, hier, indem man vorübergehend eine Kirche mit den Christen teilt, dort, indem man ein neues, noch einfaches Gebäude erbaut. Die *ʿurafāʾ* (Plural von *ʿarīf*, ›Sachverständiger‹ in Brauch und Recht) sind verantwortlich für die Verwaltung der Armee, und Vorläufer der künftigen Kadis beginnen, Streitigkeiten zu schlichten, während die ›Koranleser‹ die Worte Allāhs und seines Propheten den Gläubigen ins Gedächtnis rufen und damit den

religiösen Eifer am Leben erhalten. Der Kalif bleibt, trotz des großen Anteils an Beute und Steuern, der ihm zusteht, ein einfacher und zugänglicher Mann. Obwohl er kurze Zeit nach Jerusalem kommt, behält er seinen dauernden Sitz in Medina, der Stadt des Propheten. Aus all dem ergibt sich, daß die führenden Männer in den neuen Gebieten trotz strenger Kontrolle im ganzen weitgehende Selbständigkeit im einzelnen besitzen.
So einfach auch diese Organisation noch war, so wechselnd die Lösung der Aufgaben, so läßt sich doch deutlich erkennen, daß sie gegenüber dem Gemeinwesen der Zeit des Propheten starke Wandlungen des gesamten Lebens und folglich schwierige Probleme mit sich brachte. Die Ermordung ʿOmars durch einen persischen Sklaven (644) war vielleicht noch nicht mehr als ein persönlicher Racheakt, aber die unvermeidliche Krise sollte unter seinem Nachfolger ʿOṯmān ausbrechen. Die Bedeutung dieser Ereignisse für die weitere islamische Geschichte und die lebendige Erinnerung daran, die die Muslime bewahrt haben, verpflichtet uns, ausführlicher darüber zu berichten.
ʿOṯmān war keine große Persönlichkeit; trotzdem war seine Wahl naheliegend. Muslim der frühesten Zeit, mit dem Propheten durch Heirat verwandt, gehörte er darüber hinaus zu jener qoraišitischen Aristokratie, die, obwohl sie eine Zeitlang durch den Erfolg des Islams in den Hintergrund getreten war, dennoch in Mekka und in ganz Arabien die herrschende wirtschaftlich-soziale Macht geblieben war. Nach ihrem Anschluß an den Islam hatte der Prophet niemals die Absicht gezeigt, sie zu vernichten, und die Ernennung ʿOṯmāns zeugt in hohem Maße von der gegenseitigen Integration.
Niemand kann sagen, daß ʿOṯmān nichts für den Islam getan habe. Er war es, der die offizielle Redaktion des Korans ausarbeiten ließ, welcher bis dahin nur in Stücken und durch das unsichere und der Willkür unterworfene Gedächtnis einzelner überliefert worden war. Man hat ihm später, jedenfalls von gewissen Seiten, Änderungen und Streichungen vorgeworfen, aber nichts rechtfertigt diesen Verdacht. Wenn wir heute auch bedauern mögen, daß diese Arbeit nach unseren Vorstellungen nicht gewissenhaft und kritisch genug ausgeführt wurde, so kann man ihn nicht dafür tadeln, daß er in Zusammenarbeit mit den berufensten Genossen des Propheten eine Ausgabe geschaffen hat, die zur Wahrung der Einheit des Islams notwendig wurde. Das von ʿOṯmān geschaffene Werk ist bis auf unsere Tage der offizielle Text der islamischen Gemeinde.
Aber ʿOṯmān stand vor Problemen, die Bedeutendere als er auf lange Zeit kaum besser hätten lösen können. Wie sollte man in Medina selbst dem Sittenverfall steuern, den der durch die Eroberungen erlangte Reichtum mit sich gebracht hatte? Wie das Steuereinkommen zwischen den Provinzen und der Zentral-

regierung verteilen angesichts der Forderung der Araber in den eroberten Gebieten, daß alles an Ort und Stelle, also zu ihren Gunsten, ausgegeben werden müsse? Und auf welche Weise schließlich sollte man — diese Frage hing mit der eben berührten eng zusammen — die Amtsführung der halb autonomen Statthalter kontrollieren? ʿOṯmān sah sich veranlaßt, einige von ihnen abzuberufen, so den berühmten ʿAmr, den Herren von Ägypten. Der Gedanke, daß seine weit entfernten Vertreter ihm ergebener sein würden, wenn er möglichst viele von ihnen aus seiner Verwandtschaft aussuchte, lag nahe. So ernannte er zum Beispiel zum Statthalter in Damaskus, der Hauptstadt Syriens, Muʿāwiya, einen Mann, der uns dort bald begegnen wird. Dadurch aber setzte er sich dem Vorwurf des Nepotismus aus und verstärkte die Opposition all derer, die, zu Recht oder Unrecht, für ihre Karriere fürchteten. Zu seinen Feinden in Medina gehörten ʿĀʾiša, die noch junge Witwe des Propheten, und dessen Vetter und Schwiegersohn ʿAlī; in Ägypten waren es ʿAmr und andere. Zwischen den Vertretern der gegnerischen Gruppen kam ein Bündnis zustande, das schließlich im Jahre 656 unter noch ungeklärten Umständen zur Ermordung des alten Kalifen während des Gebetes führte. Wer dabei die Hauptverantwortung trug, welche Motive im Spiel waren, welche Zufälle mitwirkten, das alles läßt sich nicht genau ausmachen.
Sogleich nach dem Tode ʿOṯmāns setzte die siegreiche Partei die Ernennung des neuen Kalifen ʿAlī durch, doch war er in einer weit schwierigeren Lage als seine Vorgänger. ʿAlī war der Vetter und Schwiegersohn des Propheten, einer der allerersten Anhänger des Islams und gewiß einer der Vertrauten Mohammeds, und man hat später immer wieder betont, daß er durch seine Ehe mit Mohammeds Tochter Fāṭima der Vater der einzigen leiblichen Nachkommen des Propheten gewesen ist. Man kann nicht sagen, was geschehen wäre, wenn Mohammed einen Sohn gehabt hätte, aber so viel ist sicher, daß die Araber der erblichen Legitimation keine allzu große Bedeutung beimaßen. ʿAlī selbst hatte sich ja auch keineswegs in den Vordergrund gedrängt, obwohl er vielleicht mit der Wahl der ihm vorausgehenden Kalifen nicht einverstanden war. Was man jetzt in ihm sah, das war vor allem, neben dem tapferen Kämpfer, der er in seiner Jugend gewesen war, der Wissende, der den ›Brauch‹, die *sunna*, des Propheten verbürgte. Er hatte immer wieder die unverletzliche Achtung vor diesem Brauch gepredigt und im Namen eben dieses Brauches das Verhalten ʿOṯmāns getadelt und darum vermocht, die Unzufriedenen zu sammeln. Offenbar hatte er die Ermordung ʿOṯmāns nicht gewollt, aber er verurteilte sie auch nicht und behielt einige ihrer Urheber in seiner Umgebung, so daß er als Mitschuldiger erschien. Ganz gewiß aber war er kein großer Staatsmann.

Da ʿAlī im Unterschied zu seinen Vorgängern von einer Partei zum Oberhaupt erhoben worden war, konnte er nicht von allen anerkannt werden. So kam es zur ersten *fitna* (›Heimsuchung‹ durch den Bürgerkrieg), dem ersten Bruch der Gemeinschaft, der den Herzen der Gläubigen noch heute schmerzlich ist. Auf der einen Seite erhoben sich, gestützt auf ʿĀʾiša, die ʿAlī haßte, Ṭalḥa und Zubair, qoraišitische Führer aus Mekka, die in ihren Aufstand die Stadt Basra mit hineinzogen. Auf der anderen Seite scharten sich alle, die gemäß der arabischen Tradition für das Blut des ermordeten Kalifen Rache forderten, um seinen nahen Verwandten Muʿāwiya, den Gouverneur von Syrien, der nicht nur über die Quellen seiner reichen Provinz, sondern auch über die Gaben und Erfahrungen eines erprobten Politikers verfügte. Der erste Aufstand wurde ohne Schwierigkeit niedergeschlagen. Die Entscheidung war in der ›Kamelschlacht‹ gefallen, so genannt nach dem Kamel, von dem herab ʿĀʾiša die Kämpfenden anfeuerte. Immerhin sah sich ʿAlī gezwungen, Arabien zu verlassen und seine Anhänger um den anderen iraqischen *miṣr* Kufa, die zweite Festung nach Basra, zu scharen, die durch Generationen hindurch der Mittelpunkt der ʿalidischen Propaganda blieb. So kam es zu der Bewegung, die aus Arabien, der Wiege des Islams, eine Randprovinz machen sollte, die bald wieder in die frühere Armut zurückfiel.

Der andere Aufstand war sehr viel schwerwiegender, denn hinter dem Vorwand der empörten Frömmigkeit und der Pflicht zur Rache stand eine ganz andere politische Konzeption und eine neue Vorstellung von der Position, die Syrien, der Iraq und Arabien im Verhältnis zueinander einnehmen sollten. Mit anderen Worten: Hier ging es um einen Streit von Interessen. Im Sommer 657 kam es am mittleren Euphrat, zwischen Syrien und Mesopotamien, zur Schlacht von Ṣiffīn. Sie war noch nicht ganz entschieden, als die Syrer mit jener berühmt gewordenen, klug überlegten Geste Blätter aus dem Koran an die Spitzen ihrer Lanzen hefteten, so, als wollten sie ihren Abscheu vor diesem Bruderkampf bekunden: man müsse sich einem Gottesurteil unterwerfen, indem man, aus Achtung vor Gottes Gesetz, Schiedsrichtern die Entscheidung anvertraue. Unter dem Druck eines großen Teils seiner Anhänger, die von ihrem Recht überzeugt waren, sah sich ʿAlī genötigt, auf dieses Ansinnen einzugehen. Es handelte sich darum, ob man ʿOṯmāns Ermordung bei genauer Betrachtung seines Verhaltens rechtfertigen könne und ob also Muʿāwiya zu Recht oder zu Unrecht nach Rache dafür rufe. Jedoch waren nach Ṣiffīn die Stimmen nicht zum Schweigen gekommen, die es für Gotteslästerung erklärten, in einem Menschenurteil ein Gottesurteil zu suchen, und die, auf einen Koranvers gestützt, die Fortsetzung des Kampfes gegen die Rebellen verlangten. Indessen sahen sich diese Anhänger ʿAlīs

durch die Logik ihrer Argumentation gezwungen, sich von beiden Parteien loszusagen, daher ihr Name *Ḫāriǧiten* (›die Ausziehenden‹), der ihnen immer geblieben ist. So waren jene drei Parteien entstanden, die Jahrhunderte hindurch den Islam verkörperten: die Šīʿiten (Schiiten, Anhänger der ›Partei‹, *Šīʿa*, ʿAlīs bzw. der Familie des Propheten), die Ḫāriǧiten und schließlich diejenigen, die sich damals um Muʿāwiya gruppierten. Diese dritte Gruppe kann man in gewissem Sinne als Vorläufer der späteren ›Sunniten‹ bezeichnen, obwohl es damals gerade ʿAlīs Anhänger waren, die die Bewahrung der *sunna* am nachdrücklichsten für sich in Anspruch nahmen. Zwar konnte man die späteren Geschicke dieser Parteien 657 noch nicht voraussehen, aber ihr Ursprung liegt in den Ereignissen dieses Jahres, und wer ein richtiges Bild der islamischen Geschichte gewinnen will, muß sich dies vergegenwärtigen. Das Schiedsgericht von ʿAḏruḥ wies die Ansprüche beider Prätendenten zurück, aber es sprach ʿOṯmān frei, und die Tatsache, daß es ʿAlī damit Unrecht gab, hatte zur Folge, daß die Truppen Muʿāwiyas diesen selbst zum Kalifen ausriefen (658). ʿAlī glaubte, vor dem Kampf gegen ihn erst die Ḫāriǧiten unterwerfen zu müssen, und so kam es zu dem Blutbad von Nahrawān, das sein Ansehen weiter herabsetzte. Er verlor immer mehr an Boden, ohne daß man freilich mit Bestimmtheit sagen könnte, ob er Muʿāwiya schließlich unterlegen wäre — da wurde er 661 vor der Moschee in Kufa von einem Ḫāriǧiten, der seine Brüder rächen wollte, ermordet. Sein Tod sicherte der Familie der Umaiyaden und deren Haupt Muʿāwiya den Triumph.
Der Zeitraum, der 661 mit dem Beginn einer neuen Dynastie zu Ende ging, umschließt die Epoche, die in der ›sunnitischen‹ Tradition die Epoche der ›rechtgläubigen‹ Kalifen heißt, wobei diese Tradition alle Anschuldigungen, mögen sie von der einen oder von der anderen Seite erhoben werden, zurückweist. Demgegenüber lehnen es die Šīʿiten ab, ʿOṯmān, andere gar, den vier Nachfolgern des Propheten überhaupt irgendeine Rechtmäßigkeit zuzugestehen, daher erkennen sie keine der von diesen getroffenen Entscheidungen und Maßnahmen an. Für uns heute ist es klar, daß die Periode der Eroberungen naturgemäß Spannungen zwischen der neuen und der alten Welt des Islams mit sich brachte, die eine Wachstumskrise hervorrufen mußten. Die weitere geschichtliche Entwicklung beweist, daß trotz der vorübergehenden Stagnation der Eroberungen tatsächlich nur eine Glaubenskrise eingetreten war und daß die soeben unterworfenen Völker keinen Versuch unternahmen, die Zwietracht ihrer Überwinder zu nutzen und ihr Joch abzuschütteln. Sie nahmen es hin oder, schlimmer noch, hielten sich für unfähig, sich davon zu befreien.

4. Die Zeit der Umaiyaden (661–750)*

Die Regierungszeit der Umaiyadendynastie ist die Periode, in der sich das aus den arabisch-muslimischen Eroberungen hervorgegangene Reich organisiert. Aber es liegt in der Natur der Dinge, daß das Regime in einem Reich, das aus Eroberungen entstanden ist, sich rasch wandeln muß, da der Lebensstil sich ändert und die Bevölkerungen sich vermischen. Die Umaiyadendynastie wird scheitern, weil sie es nicht versteht, sich den neuen Erfordernissen genügend anzupassen.

Muʿāwiya behält, nachdem er Kalif geworden ist, den Sitz seiner Macht in Damaskus, inmitten seiner arabischen Getreuen Syriens. Von nun an tritt Arabien völlig in den Schatten, als hätte seine geschichtliche Rolle nur darin bestanden, der Menschheit einen Propheten und eine Armee zu geben, um dann in Vergessenheit zurückzusinken. Zweifellos verbleibt den heiligen Städten Medina und Mekka eine gewisse Bedeutung; denn hier behaupten sich eine Zeitlang einige der großen Familien, die durch die Eroberungen und durch die Einrichtung der Pilgerfahrt, die nun ›weltweiten‹ Zustrom findet, reich geworden sind. Dennoch verlagert sich der Mittelpunkt der islamischen Welt mehr und mehr von hier nach außen. Ferner wird der Einfluß der in Syrien wohnenden Araber, die byzantinische Traditionen in sich aufnehmen, immer stärker und drängt, zumindest in der Umgebung des Kalifen, den der ʿiraqischen Araber und der sassanidischen Tradition völlig zurück.

Äußerlich gesehen ist die umaiyadische Periode die Zeit, in der die arabischen Eroberungen zum Abschluß kommen. Gewiß haben wir solche noch im neunten Jahrhundert im Mittelmeerraum, andere vom elften Jahrhundert ab in Indien, später, aber unter ganz anderen Umständen, die Eroberungen der Osmanen, der Mongolen in Indien und andere. Trotzdem bleibt festzustellen, daß die Grenzen der klassischen islamischen Welt in der ersten Hälfte des achten Jahrhunderts gezogen werden, jener Welt einer sich entfaltenden Kultur, deren Vorbild in den später islamisierten oder eroberten Ländern nicht mehr erreicht wird.

Die Eroberungen folgen jetzt freilich einem anderen Rhythmus und lassen sich nicht mehr so leicht durchführen wie früher. Das Überraschungsmoment fehlt, die Entfernungen nehmen zu, Widerstandsbewegungen bilden sich, die Eroberer brauchen Ruhe-

* Vgl. die Herrscherliste am Schluß des Bandes.

pausen, und die inneren Schwierigkeiten verursachen Stockungen. Der Erfolg ist, von den verschiedenen Grenzen her gesehen, ungleichmäßig. Auf byzantinischem Gebiet, das die Syrer in erster Linie interessiert, ist der Vormarsch schwierig. Das liegt einmal an der geographischen Eigenart Kleinasiens, zum anderen am Charakter der Bevölkerung: sie ist nicht mehr semitisch und infolge ihrer gründlicheren Hellenisierung mit der Regierung in Konstantinopel fester verbunden. Es liegt nicht zuletzt aber auch an der Widerstandskraft dieser Regierung und ihrer Hauptstadt selbst. Zwar durchqueren arabische Expeditionen Kleinasien mehrere Male und hinterlassen in der Erinnerung und der Legende dauerhafte Spuren und bleibende Hoffnungen, aber die wirkliche Besetzung geht über den Taurus und gewisse Bezirke Armeniens nicht hinaus. Neu war, daß Muʿāwiya, von der alten syrischen Tradition unterstützt, eine Kriegsflotte geschaffen hatte, die bei Zypern und an den Küsten Kleinasiens eingriff. Von 674 bis 678 wurde sogar Konstantinopel selbst zugleich vom Land und von der See her angegriffen, aber vergeblich. Die Offensive wurde in den Jahren 717 und 718 wiederholt, auch diesmal ohne Erfolg. Schließlich sicherte ein byzantinischer Seesieg 747 für fast ein Jahrhundert die christliche Herrschaft im Mittelmeer. Das Byzantinische Reich bestand also, im Gegensatz zu dem der Sassaniden, fort, wenn auch geschwächt, zumal es zur gleichen Zeit die meisten seiner Besitzungen auf dem Balkan verloren hatte — der Zauber seines Ruhmes blieb immer noch wirksam. ›Rom‹ (sein Name war auf Konstantinopel übergegangen) schien unsterblich zu sein, und die jüngste Forschung hat deutlich dargetan, wie die Umaiyaden in den langen Zwischenphasen der Waffenruhe mit Byzanz, dessen Erben sie in Syrien geworden waren, auf vielen Gebieten zusammenarbeiteten.

Nach Osten war der Vormarsch, wenn auch unter Schwierigkeiten und mit langen Unterbrechungen, weitergegangen. Die Unterwerfung Irans wurde, mit Ausnahme des südkaspischen Randgebietes, vollendet, allerdings vermochten viele Bergstämme, wie die Kurden, Dailamiten und Balutschen, ihre Selbständigkeit zu bewahren. Jenseits Irans wurden vor allem auf dem Seewege vom Persischen Golf aus erfolgreiche Angriffe in das Indusbecken vorgetragen, jedoch in das Bergland des heutigen Afghanistan vermochten diese Expeditionen nicht einzudringen. Im Nordosten erstreckte sich jenseits des reichen Chorasan jenes Transoxanien (die Araber übersetzen den Namen mit *Māwarā'annahr*), das nacheinander die Herrschaft so vieler fremder Eroberer hatte über sich ergehen lassen, zuletzt die der Türken und Hephtaliten, und worin sich mancherlei Religionen vermischt hatten: Manichäismus, Buddhismus, nestorianisches Christentum. Dennoch hatte dieses Land seine Bedeutung als

Kreuzpunkt des Handels zwischen Osteuropa, Westasien und China nie verloren. Die Araber, die hier zuerst unter Qotaiba zu Beginn des achten Jahrhunderts eingedrungen waren, hatten ihre Herrschaft nur sichern können, indem sie zahllose örtliche Autonomien hinnahmen und anerkannten. Als sie den Jaxartes (heute Syr-Darya) erreicht hatten, standen sie der chinesischen Expansion gegenüber. Die Schlacht am Talās, ein Jahr nach dem Sturz der Umaiyaden, sollte für lange Jahrhunderte die Demarkationslinie zwischen den Einflußsphären der beiden Reiche diesseits und jenseits des Altai bestimmen.

Nach dem Westen hin, wo es keine ebenbürtige Macht gab, die Widerstand hätte leisten können, waren die arabischen Erfolge eindrucksvoller fortgeschritten, um allerdings auch hier schließlich zum Stillstand zu kommen. Seit dem Kalifat ʿOṯmāns war man von Ägypten aus über die Cyrenaica und Tripolitanien in die byzantinische Provinz Afrika, das spätere Ifrīqiya der Araber, vorgestoßen. Doch wirklich erobert wurde das Gebiet erst am Ende des siebten Jahrhunderts. In dieser abgelegenen, nicht hellenisierten Provinz konnte Byzanz seine Stellung nicht wirksam verteidigen, und Karthago fiel gegen 696. Die wahren Gegner der Araber waren die Berber. Die einzelnen Abschnitte des Kampfes, über die wir nur aus späten Berichten etwas erfahren, lassen sich nicht mehr genau erfassen. Der Wille zur Eroberung wurde bekundet, als ʿUqba gegen 670 im Inneren des Landes die ›Lager-Stadt‹ Kairuan (dies ist der Sinn des Wortes *qairawān*) gründete. Ein Teil der Berber unterwarf sich, ja wurde sogar bekehrt, aber viele andere, vor allem jene in den Bergen, leisteten lange Widerstand. ʿUqba wurde nach der Rückkehr von einem weiten Zug, der ihn vielleicht bis zum Atlantik geführt hatte, getötet (693), worauf die Berber sich unter Führung eines Mannes namens Kusaila zu einem Aufstand erhoben und die Araber bis zur Cyrenaica zurückwarfen. Mit großen Verstärkungen aus Ägypten und Syrien konnte Ḥasan ibn an-Nuʿmān ganz am Ende des siebten Jahrhunderts den Sieg des Islams erneuern und eines anderen berühmt gewordenen Aufstands Herr werden, des Aufstands der Kāhina, der wilden ›Prophetin‹ der Berber des Aurāsgebirges.

Im allgemeinen nahmen die besiegten Völkerschaften, da sie weder dem Islam angehörten noch kriegsgewohnt waren, nach ihrer Unterwerfung an militärischen Operationen grundsätzlich nicht teil, mochten sie auch durchaus zuverlässig sein. Ausnahmen werden uns jedoch von gewissen Grenzvölkern im Norden Syriens (den Mardaiten), in Transkaukasien und in Zentralasien wie auch hier im Westen berichtet. Bei den Berbern erschien es sogar, wollte man sie wirklich gewinnen, unerläßlich, sie intensiv an den Kriegen der Araber zu beteiligen. Das berberische Afrika war nur durch eine kurze Überfahrt von Spanien

getrennt, wo die westgotische Herrschaft durch innere Streitigkeiten, die Bedrohung von der byzantinischen Küste und Unruhen der mißhandelten Juden erschüttert war. Mūsā ibn Nuṣair, der Gouverneur von Ifrīqiya, dessen Amtsführung Ägypten gegenüber selbständig geworden war, hielt eine Invasion für möglich. Zuerst entsandte er seinen berberischen Klienten Ṭāriq; der Ort, an dem er landete, heißt seitdem Ǧabal Ṭāriq (Gibraltar), ›Berg des Ṭāriq‹. Er besiegte König Roderich ohne Mühe, dieser wurde getötet (711). Das übrige war nur noch ein militärischer Spaziergang, auf dem Ṭāriq, dann auch Mūsā, der mit einer großen arabischen Armee zur Unterstützung und Führung der Berber herbeigeeilt war, fast durch ganz Spanien vordrangen. Die Sieger raubten den Schatz von Toledo, erreichten und überschritten den Ebro; nur ein paar unbedeutende Fürstentümer in den Bergen der atlantischen Küste im Norden bewahrten ihre Unabhängigkeit.
Die Geschichte geht weiter, aber dennoch bleibt sie sich gleich. Kaum hatten sich die Araber und Berber in ihrem eroberten Besitz niedergelassen, begannen sie, darüber hinaus vorzustoßen. Oft im Bunde mit den pyrenäischen Völkerschaften, drangen sie in Südfrankreich ein und gelangten von dort sowohl über Narbonne und Carcassonne nach Osten bis zum Rhonetal als auch nach Norden zur Garonne und zum Herzen Frankreichs. Hier allerdings, in einem der arabischen Welt ganz fremden Land, war Widerstand möglich. Karl Martell, der Gründer der karolingischen Dynastie, trat den islamischen Truppen 732 in jener berühmt gewordenen und doch so schlecht bekannten Schlacht entgegen, die man gewöhnlich die Schlacht von Tours und Poitiers nennt. Obwohl es sich dabei nur um eine Grenzberührung handelte und die arabischen Einfälle noch einige Zeit weitergingen, ist man sich darüber einig, daß dieser Tag dem Vordringen des Islams in Europa Einhalt geboten hat.
Man hat oft bemerkt, daß die arabischen Eroberungen sich im ganzen in einem breiten Landstreifen entlang derselben Breitengrade vollzogen haben. Die Reihe der eroberten Länder bot, wenn auch nicht so sehr in der Nähe von Gebirgen, dieselben klimatischen Bedingungen wie das arabische Heimatland, vergleichbar mehr oder weniger großen Oasen mit der Landwirtschaft der heißen Zone zwischen Wüsten, die den Nomaden gerade eben zugänglich waren. Ohne die Bedeutung der geographischen Umstände zu überschätzen, darf man mit Gewißheit sagen, daß die Araber in Ländern, in denen sie ihre Lebensgewohnheiten nicht allzu sehr zu ändern brauchten, leichter kämpfen und heimisch werden konnten als anderswo und daß sich dort die Symbiose mit der eingeborenen Bevölkerung besser verwirklichen ließ. Später folgen wohl islamische Eroberungen in anderen klimatischen Zonen, aber sie führen niemals zur selben

Art der gesellschaftlich-kulturellen Organisation wie im Bereich des ›klassischen‹ Islams vom Syr-Darya bis zum Atlantik.

So sehr die umaiyadischen Kalifen an den äußeren Eroberungen interessiert waren, so waren diese doch nicht ihre Hauptsorge, da innere Schwierigkeiten sie viel dringlicher und anhaltender beschäftigten. Für Muʿāwiya war zwar die Aufrechterhaltung seiner Autorität und der öffentlichen Ordnung noch kein Problem. Während er die Regierung in Syrien selbst in der Hand behielt, übertrug er die nicht einfache Führung im Iraq ergebenen, aber selbständigen Gouverneuren (z. B. Ziyād ibn Abīhi, seinem vorgeblichen Bruder), die den Kampf gegen die Ḫāriǧiten zu führen hatten. Man mußte diese radikale Sekte bezwingen, nicht um eine Doktrin als solche zu unterdrücken, sondern weil ihr fanatischer Eifer, ihre Lehre durchzusetzen, vor allem in der Gegend um Basra eine Quelle ständiger Unruhe darstellte. Ihr Dogma erlaubte ihnen nämlich, nur dann den Kalifen anzuerkennen, wenn die Häupter der Gemeinde ihm übereinstimmend das Prädikat des besten Muslim zuerkannten, und es machte ihnen zur Pflicht, mit Gewalt eine Art Heiligen Krieges gegen die ›illegitimen‹ Kalifen zu führen. – Die Partei ʿAlīs verhielt sich im Augenblick ruhiger, da ʿAlīs ältester Sohn Ḥasan sich von Muʿāwiya hatte kaufen lassen und die anderen Mitglieder der Familie vorläufig zurückgezogen in Medina lebten; nur eine einzige kleine Aufstandsbewegung in Kufa mußte niedergeworfen werden. Aber die Situation änderte sich beim Tode Muʿāwiyas (680) von Grund auf.
Es gab bei den Arabern keine monarchische Tradition. Muʿāwiya hatte für seinen Sohn Yazīd den Boden bereitet, doch dieser wurde zwar von den Gebildeten geschätzt, war aber bei den Frommen und Strenggläubigen nicht angesehen; jedenfalls lag es nicht in seiner Macht, die Ansprüche derer zu beseitigen, die nun ihre Prätentionen geltend machten und die Zeit zur Nachfolge gekommen sahen. Ḥasan war gestorben, aber noch lebte in Medina sein jüngerer Bruder Ḥusain (›der kleine Ḥasan‹), Fāṭimas zweiter Sohn. Die Bewohner von Kufa riefen ihn, aber sie verstanden es nicht, eine wirksame Bewegung zu organisieren, und Ḥusain, ohne die Gaben eines politischen und militärischen Führers und nur auf die Rechtmäßigkeit seines Anspruchs gestützt, ließ sich mit einem kleinen Heer bei Kerbelāʾ am Eingang zum Iraq überraschen, wo er 680 das Leben verlor, ohne daß Yazīd eine Hand dazu rührte. So unbedeutend das Drama von Kerbelā im militärischen Sinne auch war –, vielen, die mehr oder weniger mit der Familie des Propheten sympathisierten, schnitt es tief ins Herz; denn hier hatte ein Abkomme des Propheten im Kampf gegen die ›Usurpatoren‹, die nun auch noch diesen Frevel auf sich geladen hatten, den Tod gefunden.

Es verlieh der Šīʿa den Glorienschein des Martyriums, der dem Islam bis dahin gefehlt hatte, und noch heute erneuern jedes Jahr in Iran, wo der Šīʿismus die offizielle Lehre geworden ist, volkstümliche Schauspiele, unseren mittelalterlichen Mysterienspielen vergleichbar, die Erinnerung an Ḥusain und die Geschehnisse von Kerbelā.
Gefährlicher und schwerwiegender aber erschien bald darauf der Anspruch ʿAbdallāhs, des Sohnes jenes Zubair, der sich schon gegen ʿAlī aufgelehnt hatte; er repräsentierte die qoraišitische Aristokratie, hatte Asyl in Mekka gefunden und wähnte sich sicher, denn ein Angriff auf die Heilige Stadt bot moralisch schwere Bedenken. Aber seine Anhänger wurden von umaiyadischen Truppen bei Medina besiegt, Mekka wurde belagert und dabei die Kaʿba in Brand gesetzt — ein weiterer Grund, die Umaiyaden der Gottlosigkeit anzuklagen. Darauf starben nacheinander Yazīd (Ende 683) und alsbald sein noch ganz junger Sohn Muʿāwiya II. (684), so daß die Syrer — von den anderen Teilen des Reiches ganz zu schweigen — nicht mehr genau wußten, wem sie nun gehorchen sollten. Die Frage wurde kompliziert durch die Rivalität der arabischen Stämme. Bekanntlich bestand eine traditionelle Teilung der Araber in jemenitische und qaisitische Stämme, und zwischen ihnen gab es eine nicht weniger traditionelle Blutrache. Ihre Bedeutung ist durch die Berichte der umaiyadischen Zeit zweifellos übertrieben worden, denn damals mußte die Höhe des Einsatzes die Erbitterung der Gegner verschärfen. Den Qaisiten stand in Syrien und Mesopotamien eine nunmehr von den Kalbiten geführte Partei gegenüber. Muʿāwiya hatte versucht, einen Zustand des Gleichgewichts zwischen ihnen herzustellen, aber Yazīd war der Sohn einer Kalbitin gewesen. Die Führer des umaiyadischen Regimes beschlossen nun, sich an Marwān, den alten Gouverneur von Medina und Sproß eines anderen Zweiges der Familie, zu wenden. Er wurde in Damaskus 684 zum Kalifen ausgerufen und starb schon 685, doch übernahm sein Sohn ʿAbdalmalik ohne Schwierigkeiten seine Nachfolge. Er, der erste wirkliche Herrscher des marwānidischen Zweiges, wurde zum zweiten Gründer des umaiyadischen Staates, sicher der fähigste Kopf der Dynastie, was die Verwaltung betraf.
Die Aufgabe, die ihn bei seinem Regierungsantritt erwartete, war nicht leicht. ʿAbdallāh ibn az-Zubair hatte seine Stellung verstärkt und Basra in seine Abhängigkeit gebracht. Die Qaisiten, unter Marwān in der Schlacht bei Marǧ Rāhiṭ empfindlich geschwächt, waren seitdem unversöhnliche Feinde und behinderten jede Bewegung, die von Syrien aus gegen den Euphrat gerichtet war; in Kufa wurden die Šīʿiten wieder aktiv, während in Arabien und an anderen Stellen die Ḫāriǧiten Unfrieden stifteten. Aber der Umstand, daß seine Gegner auch miteinander ver-

feindet waren, war für ʿAbdalmalik günstig, verstand er ihn nur zu nutzen.
Die Ḫāriǧiten waren nicht einmal unter sich selbst einig. Eine Gruppe, die vor allem in der Gegend von Basra vertreten war, begnügte sich damit, eine für einen Aufstand günstige Gelegenheit abzuwarten und inzwischen unter den ›Ungläubigen‹ zu leben. Andere aber, die sich um Ibn al-Azraq scharten, waren der Ansicht, man müsse nach dem Vorbild des Propheten eine ›Emigration‹ (*hiǧra*) in autonomes Gebiet unternehmen und von dort auf jede mögliche Weise zum Angriff gegen die ›Ungläubigen‹ vorstoßen. So entstand ein richtiges ḫāriǧitisches Reich, welches ganz Südarabien in der Flanke angriff und von wo aus einige Male sogar der persische Meerbusen überquert wurde, während die eigentlichen Azraqiten im Osten von Basra die Stadt Ahwāz heimsuchten und Iran durchzogen, andere bis in das Land um Mossul vordrangen. Ibn az-Zubair selbst und seinem Bruder Muṣʿab, der zum Gouverneur von Basra ernannt wurde, fiel es zu, den Kampf in diesen Gebieten zu führen. Aber die Ḫāriǧiten fügten sich selbst den größten Schaden zu; ihr fanatischer Starrsinn hatte zur Folge, daß sie viele Anhänger verloren, dauernd die Führer wechselten und die innere Spaltung vertieften. Trotzdem konnten sie erst nach Wiederherstellung der umaiyadischen Einheit endgültig besiegt werden. Im Augenblick brauchte sich ʿAbdalmalik jedoch nicht um sie zu kümmern, ja, da sie einen seiner Gegner in Schach hielten, leisteten sie ihm sogar ungewollt Hilfe.
Sein Kampf mußte sich einerseits gegen Ibn az-Zubair, auf der anderen Seite gegen Kufa richten. Dort war bei dem Tode Yazīds die Bewegung der ›Büßer‹ (*tawwābūn*) entstanden, so genannt, weil sie den an Ḥusain begangenen Verrat sühnen und rächen wollten – ein altes Motiv, das hier im Kampf für die Aliden neu in Erscheinung tritt. Aber diese Unruhen waren noch ohne größere Bedeutung, und den ›Büßern‹ wurde der Märtyrertod zuteil, nach dem sie vielleicht strebten. Sehr viel schwerwiegender und weitreichender waren die Folgen der Bewegung des Muḫtār, auf die wir um so mehr eingehen müssen, als man von ihr schon früh sehr verschiedene Deutungen gegeben hat. Ja, nicht einmal die Ereignisse selbst sind einhellig überliefert. Wir werden es noch öfter feststellen, müssen es aber schon hier klar aussprechen: Was wir von den politisch-religiösen Ereignissen der ersten Jahrhunderte des Islams wissen, ist erst sehr viel später von Männern niedergeschrieben worden, die, in die Parteienkämpfe ihrer Zeit verstrickt, unfähig waren, die wirklichen Umstände und Hintergründe der frühen Auseinandersetzungen darzustellen, wenn sie den Sachverhalt nicht gar wissentlich fälschten. Unsere Aufgabe, die wahre historische Situation herauszuschälen, ist schwierig, und wir sind weit

davon entfernt, behaupten zu können, die vorliegenden Ergebnisse seien endgültig. Über einige Punkte der Geschichte des Muḫtār jedoch können wir Sicheres sagen.
Al-Muḫtār, ein ehemaliger arabischer Diener ʿAlīs, war durchaus nicht mehr jung, als die Umstände ihn drängten, ins Rampenlicht der Geschichte zu treten. Ob er nun aus Überzeugung oder aus Ehrgeiz handelte, wie auch immer: er glaubte, daß der zaghaften und totgeborenen Versuche genug sei, daß man endlich etwas Wirksames für die Sache der Aliden tun und die Rache mit Umsicht und Tatkraft ins Werk setzen müsse. Er war der erste wahrhafte Führer, den die Aliden von Kufa hatten. Vom Willen zur Tat beseelt, wurde er jedoch durch die Konsequenzen fast zur Revolution geführt. Wir werden sehen, daß sich im Gefolge der arabischen Führer sehr viele einheimische Klienten, *mawālī*, befanden; aus ihnen rekrutierte man vermutlich zum großen Teil die Polizeitruppen, *šurṭa*, die neben der eigentlichen Armee in den Garnisonstädten und anderswo die Ordnung aufrechterhielten. Muḫtār war sich darüber im klaren, daß eine großangelegte Aktion nicht möglich war, solange man sich nur an die arabischen Führer von Kufa wandte, von denen nicht wenige schon betagt waren und zögerten; dazu waren sie verschiedener Meinung und auf alle Fälle wenig diszipliniert. Was man brauchte, war eine fest geführte, von Ergebung für ihr Haupt und von Begeisterung für die arabisch-islamische Sache erfüllte Truppe; sie mußte nicht unbedingt aus Arabern bestehen — warum also nicht aus Klienten der Araber, den *mawālī*, die gerade in Kufa zahlreich waren? Aber um sie anzuwerben, war es notwendig, ihre materielle Lage zu verbessern, ihnen guten Sold und einen Teil der Beute zuzusichern; das mochte zwar die arabischen Aristokraten beunruhigen, doch es blieb ihnen kaum eine andere Wahl. Die Anmusterung der *mawālī* brachte es, gewollt oder ungewollt, mit sich, daß man Vorstellungen und Gewohnheiten aufnahm, die mehr der Mentalität der Eingeborenen als der der Araber entsprachen, und so kam es zu gewissen Zeremonien, von denen die späteren Geschichtsschreiber ohne Verständnis und mit Empörung berichten. Was sich im Laufe der Entwicklung auf vielfache Art entfalten sollte, erscheint hier zum erstenmal in vollem Licht.
Aber nicht nur eine Organisation war notwendig, man brauchte auch einen Prätendenten. Die beiden Söhne ʿAlīs und Fāṭimas waren tot, so blieben als Aliden nur die Kinder, die ʿAlī nach Fāṭimas Tod von anderen Frauen gehabt hatte, an ihrer Spitze Moḥammad, der Sohn einer Frau namens al-Ḥanafīya. Die spätere šīʿitische Literatur, die nur die Abkommen ʿAlīs von Fāṭimas Seite zählt, erwähnt diesen Moḥammad nur am Rande; aber die Nachfolge über die weibliche Linie war den Arabern des 7. Jahrhunderts, wie erwähnt, keine vertraute Vorstellung, und

so konnten die Söhne ʿAlīs, von welchen Frauen auch immer, aber auch die Söhne anderer Verwandter des Propheten gleiche Nachfolgerechte beanspruchen. Moderne Historiker, die in dem Rückgriff auf Moḥammad ibn al-Ḥanafīya eine Erweiterung des Nachfolgerechts sehen wollen, verkennen, daß die Sammlung der Šīʿa um ihn ganz offenbar nicht von Zweifeln über die Rechtmäßigkeit seiner Nachfolge in Frage gestellt war, da es nun einmal keine älteren Brüder mehr gab; zumindest bestanden solche Zweifel nicht, soweit diese Sammlung von der Familie der Aliden selbst ausging. Wünschte aber Moḥammad auch einen Aufstand? Die Quellen geben keine völlige Klarheit darüber. Wie einst ʿAlī unter der Regierung der ersten Kalifen, mochte auch er denken, daß er ein Recht habe, über das Kalifat mitzubestimmen, aber nicht zwangsläufig selbst danach streben oder sich gegen die Einheit der Gemeinschaft erheben müsse. Er mochte es auch für ein Gebot der Klugheit halten, nicht das Leben aller wichtigen Männer der Familie durch Aktionen zu gefährden, die unter den schwierigen Umständen zur Ausführung nicht reif waren. Muḫtār verkündete, Moḥammad in Medina sei der Führer, der Imām; aber dieser selbst bewahrte große Zurückhaltung und verhandelte nur geheim, so daß wir über seine Haltung nichts Genaueres sagen können. Sicher ist allerdings, daß er überzeugte Anhänger hatte und auch mit Muḫtār in Verbindung stand, doch ebenso sicher ist, daß der umaiyadische Kalif ihn für ungefährlich hielt; denn nach dem Untergang Muḫtārs ließ er Moḥammad bis zu seinem Lebensende in Frieden.

Wie dem auch sei, der Aufstand machte Muḫtār zum Herrn Kufas sowie eines Teils von Mesopotamien. Er dauerte von 685 bis 687. Muḫtār verfolgte alle, die man für den Tod Ḥusains verantwortlich machte, unterstützt von seiner schrecklichen, mit Keulen bewaffneten Miliz, die man nach ihren Waffen *kāfirkubāt* nannte und die unter dem Befehl eines gewissen Kaisān stand. Dessen Name wurde später zur verächtlichen Bezeichnung der politisch-religiösen Kreise, welche sich auf die Tradition von Muḫtār und Moḥammad ibn al-Ḥanafīya beriefen (›Kaisānīya‹). Muṣʿab ibn az-Zubair war der Mann, der den Kampf gegen Muḫtār zu führen hatte und ihn schließlich besiegte. Die Unterlegenen wurden mit jener äußersten Grausamkeit niedergemetzelt, die wir so häufig im Gefolge sozialer Erschütterungen beobachten. ʿAbdalmalik war von einem Feind befreit, ohne sich kompromittiert zu haben.

Allerdings mußte er noch mit den Zubairiden fertig werden, die indessen weder nach Syrien noch nach Ägypten überzugreifen versucht hatten. Erst 689 glaubte ʿAbdalmalik die Zeit dazu gekommen. Im Jahre 692 errang er die entscheidenden Erfolge, und zwar zu gleicher Zeit gegen Muṣʿab im Iraq und ʿAbdallāh im Ḥiǧāz (Hedschas). Wenn es auch noch lange dauerte, bis die Ordnung wieder vollständig hergestellt war, und wenn auch der Abfall der Qaisiten den Machtbereich eingeengt hatte, so war doch die Rivalität um das Kalifat beseitigt und die Gesamteinheit des Reiches wiederhergestellt. Nun wurde es möglich, entscheidende Maßnahmen zu ergreifen, um die Verwaltung den veränderten Verhältnissen anzupassen.

Für diese Aufgabe konnte ʿAbdalmalik bedeutende Helfer gewinnen. Der bekannteste unter ihnen ist Ḥaǧǧāǧ ibn Yūsuf, der als sein Gouverneur im Iraq zu einer Art Diktator wurde, ein strenger und — dies war wohl unvermeidlich — gefürchteter Regent, zugleich ein hervorragender Organisator.

Mit einer ersten Reihe von Maßnahmen unternahm ʿAbdalmalik, ein Mann aus dem Ḥiǧāz, der spät nach Syrien gekommen war, den Versuch einer Arabisierung und Islamisierung, wie ihn Muʿāwiya in diesem Ausmaße nicht unternommen hatte und wohl noch nicht unternehmen konnte. Diese Bemühung erstreckte sich einmal auf die Verwaltungssprache. Bis dahin hatte ja die Verwaltung in allem, was die alteingesessene Bevölkerung betraf, ganz in den Händen einheimischer christlicher (in Iran zarathustrischer) Beamter gelegen; einer der berühmtesten war Sergius, Sohn des Unterhändlers bei der Übergabe von Damaskus und Vater des Hl. Johannes Damascenus. Das blieb noch lange so, aber nun erschien es notwendig, daß die Herren dieser einheimischen Beamten die Amtsführung auch verstehen und verfolgen konnten. ʿAbdalmalik gab Befehl, alle wichtigen Akten, besonders die der Steuerbehörde, ins Arabische zu übersetzen und von nun an das Arabische in allen Verwaltungsvorgängen zu benützen. Die ägyptischen Papyri zeigen, daß die Reform keine schnellen Wirkungen hatte, was auch nicht zu erwarten war, aber sie hatte begonnen und ging unaufhaltsam weiter.

Dieselbe Arabisierung vollzog sich in den staatlichen Wirtschaftsmonopolen. Seit der byzantinischen Epoche stellten, besonders in Ägypten, Spezialwerkstätten Papyrus her sowie Luxusstoffe, die in der arabisch-persischen Welt unter dem Namen *ṭirāz* bekannt waren. Diese Fabrikation hatte unter der arabischen Herrschaft nicht aufgehört, oder sie hatte wieder begonnen, und da das klein gewordene Byzantinische Reich nicht die Möglichkeit hatte, etwas Gleichwertiges herzustellen, bezog man diese Erzeugnisse weiterhin von Ägypten. Nun ordnete ʿAbdalmalik an, die herkömmlichen Aufschriften, denen man bislang ihre alte Form belassen hatte, zu arabisieren und zu islamisieren. Vergeblich protestierte der Basileus mit dem Hinweis darauf, daß es sich hier nicht nur um Fabrikate zum eigenen Gebrauch der islamischen Länder handle — sogar der nach christlichen Ländern exportierte Papyrus trug von nun an arabisch-islamische Zeichen. Diese Maßnahme hatte zwar zur Folge,

daß man von diesen Produkten in Europa weniger kaufte, aber man führte sie weiterhin ein, da man keinen Ersatz dafür hatte.
Die Hauptreform jedoch betraf das Geld. In der ersten Zeit nach der Eroberung hatte man die byzantinischen und sassanidischen Münzen, die in Umlauf waren, benützt. Dann hatte man die Münzprägung wieder aufgenommen und dabei im ganzen die bisherigen Münzarten samt den Bildern übernommen. Es herrschte jedoch die größte Anarchie, was den Wert der in Umlauf befindlichen Sorten anbetraf. ʿAbdalmaliks Bemühung richtete sich auf drei Punkte: Vereinheitlichung, Islamisierung und Arabisierung. Er schuf eine einzige Goldmünze, den *dīnār*, mit einem Gewicht von 4,25 Gramm in unserem Maß (etwas weniger als der byzantinische Goldsolidus hatte), und eine Silbermünze, den *dirham*, im Gewicht von sieben Zehntel der vorgenannten Einheit oder 2,97 Gramm Silber. Diese Münzen trugen arabisch-islamische Aufschriften ohne Bilder, daher ihr Name *manqūš* (›geprägt‹). Unter dieser Bezeichnung — sie machten daraus *mancus* — lernten die Italiener den neuen *dīnār* im Unterschied zum byzantinischen *solidus* kennen. Man hat vor kurzem nachweisen können, daß die erwähnten Gewichtsbestimmungen nicht einer zufälligen Überlegung entsprangen, sondern dem Willen, die neuen Einheiten den Gewichten des Ḥiǧāz anzugleichen. Es wäre gewiß falsch, zu glauben, daß die Münzen von nun an immer genau diesen Normen entsprachen; aber die islamische Welt hatte wenigstens ein Bezugssystem, das sich immer mehr durchsetzte, so daß der *dīnār* noch unangefochtener als der byzantinische *solidus* im internationalen Verkehr die Rolle einer Leitwährung spielen konnte, wie sie in unserer Zeit dem Dollar zugefallen ist.
Die anderen Probleme, vor die sich die umaiyadische Verwaltung gestellt sah, gehen über den Rahmen der Regierungszeit eines einzelnen hinaus. Nach traditioneller Auffassung stellt man der religionsindifferenten Haltung der umaiyadischen ›Könige‹ jene einzige rühmliche Ausnahme des ʿOmar ibn ʿAbdalʿazīz gegenüber, der nur kurze Zeit (717—720) Kalif war. Tatsächlich aber geht diese Gegenüberstellung auf die antiumaiyadische Propaganda der Šīʿiten und Abbasiden zurück. Die Umaiyaden waren im ganzen der Religion gegenüber keineswegs gleichgültig, aber zu ihrer Zeit hielt man das ›Räderwerk‹ des Apparates, der teilweise von den Byzantinern übernommen worden war, nur weiter im Gange und machte sich im Unterschied zu später noch keine Gedanken darüber, wie ein wahrhaft islamischer Staat regiert werden müsse. Was ʿOmar anbetrifft, so steht zwar seine persönliche Frömmigkeit außer Frage, aber wir wissen heute aus Quellen, daß er sich in seinem Verwaltungsgebaren viel weniger von den anderen Umaiyaden unterschied, als man lange Zeit angenommen hat.

Die Hauptprobleme, die sich später der abbasidischen Verwaltung stellen sollten, rührten von der gewaltigen Konversionsbewegung her, deren Beginn sich bereits unter den Umaiyaden klar abzeichnete und die im Verlauf weniger Jahrhunderte in einigen Ländern alle, sonst die Mehrzahl der Einwohner dem Islam zuführte. Man hat oft Erstaunen darüber geäußert, daß die Anhänger hochentwickelter und etablierter Religionen in dieser Weise sich einer noch wenig ausgebildeten und, wie man glaubte, tiefer stehenden zuwandten, und man meinte, dieses Phänomen nur durch den Druck sozialer und wirtschaftlicher Interessen erklären zu können. Sicher haben diese Faktoren mitgespielt, aber wir werden doch sehen, daß die Dinge wesentlich komplizierter waren und daß unmittelbare finanzielle Vorteile gar nicht zu erkennen sind. Natürlich hatte die einheimische Bevölkerung der eroberten Länder den Wunsch, sich der herrschenden Schicht mehr und mehr zu assimilieren, aber derselbe Wunsch hat die Christen des Abendlandes nie dazu geführt, ihren noch jungen Glauben für den der Germanen aufzugeben; im Gegenteil, die Sieger nahmen ihre Religion an. In Wahrheit war der Islam, obschon noch in seinen Anfängen steckend, geistig ebenso alt wie das Christentum oder das Judentum – wenn nicht für die Gelehrten, so doch für die Masse der Gläubigen; ja, auf diese übte er durch die Kraft seiner einfachen und geschlossenen Lehre eine besondere Anziehung aus. Viele waren der theologisch-politischen Spitzfindigkeiten müde, und jeder, der sich darum bemühte, konnte die alten Probleme im Lichte des neuen Glaubens wiederfinden und neu sehen. Das Bekenntnis zum Islam schloß natürlich das Bekenntnis zu seiner Rechtsordnung mit ein und bedeutete daher in vieler Hinsicht eine Änderung des sozialen Verhaltens. Aber der Islam erlegte den ehemaligen Christen nicht die Verpflichtung auf, etwa sofort polygam zu werden; das konnten ja auch die meisten Muslime aus guten Gründen gar nicht sein, während es die zarathustrische Aristokratie schon lange war. Indessen darf man die Schwierigkeiten bei Einzelbekehrungen nicht unterschätzen, denn die Konversion trennte den neuen Muslim von seiner bisherigen Gemeinschaft und war nur zu verwirklichen, wenn er in seiner neuen Gemeinschaft auch eine neue Existenzmöglichkeit fand.

Die bedeutendste Anzahl von Konvertiten stellte in der umaiyadischen Epoche die Gruppe der *mawālī* (Plural von *maulā*). So nannte man Leute, die zur Klientel (*walā'*) eines Schutzherrn gehörten – ein Patronatsverhältnis, das wir ähnlich in den meisten Gesellschaften der frühen Antike finden. Wir treffen es auch, obschon noch wenig entwickelt, im vorislamischen Arabien; hier kam es jedoch weniger einzelnen Vornehmen als einer Stammesgenossenschaft zugute, der sich einzelne Perso-

nen anschlossen, die aus dem einen oder anderen Grund stammeslos waren und sich, wollten sie eine Existenz finden, irgendwo eingliedern mußten. Außerdem gab es eine solche Einrichtung auch bei den Sassaniden in einer der germanischen Gefolgschaft verwandten Form und schließlich in individuelleren Spielarten in Byzanz. Die gegenseitige Anpassung und Verschmelzung dieser verwandten Gebräuche bildete kein großes Problem, doch kam in dem neuen *walā'* in ganz überwiegendem Maße der arabische Brauch zur Geltung.
Die *mawālī,* die unter den Arabern schon in der ersten Generation nach der Eroberung sehr schnell an Zahl zunahmen, waren zweierlei Ursprungs. Sie rekrutierten sich zunächst aus ehemaligen Kriegsgefangenen, denen man die Freiheit gab. Solche Gefangene kamen ja nicht aus einem feindlichen Ausland, da ihr Land unterworfen und besetzt war; außerdem war es infolge ihrer Zahl technisch und wegen ihrer Nationalität moralisch schwierig, sie auf die Dauer als Gefangene anzusehen und zu behandeln. Sie wurden daher im allgemeinen freigelassen; das aber hatte zur Folge, daß man sie sowohl durch ein Klientelverhältnis an sich binden wie auch zu einem mindestens äußeren Übertritt zum Islam veranlassen mußte. Die andere Gruppe der *mawālī* war anscheinend kleiner, aber vielfach sozial bedeutsamer. Sie bestand aus Eingeborenen aller gesellschaftlichen Stufen, wahrscheinlich gerade der höchsten Ränge, die aus freien Stücken eine *walā'*-Bindung mit einem arabischen Stamm oder nunmehr vor allem mit einem arabischen Vornehmen suchten, um in dem Umsturz der Ordnungen ihren alten Rang zu bewahren. Natürlich machte auch dieses *walā'*-Verhältnis die Konversion nötig, ob sie nun aus Überzeugung kam oder nicht.
Da die Araber zu diesem Zeitpunkt vor allem eine Armee darstellen, die in Garnisonstädten untergebracht ist, richtet sich der Zustrom der *mawālī* verständlicherweise besonders auf die Städte. Jede Person von Rang umgibt sich mit einer möglichst großen Zahl von Klienten, die ihr dienen, ihr gesellschaftliches Gewicht geben und ihrer Eitelkeit schmeicheln. Der Patron kommt, mehr oder weniger, für den Lebensunterhalt seiner Klienten auf. Welcher Art und wie stark ihr persönliches Band zu ihm auch ist, in den großen Zentren bildet sich zwangsläufig eine gewisse *mawālī*-Schicht heraus, mit einem eigenen Klassenbewußtsein, wie man es gut im Kufa des Muḫtār beobachten kann. Weil die *mawālī* von ihm abhängig sind, ermöglichen sie es ihrem Herrn, ›Politik‹ zu machen, die er freien und gleichgestellten Arabern gegenüber nicht würde durchsetzen können; und nur die Erfahrung und Sachkenntnis ihrer *mawālī* erlaubt es den landesunkundigen Herren, die Geschäfte der Einheimischen immer mehr zu beeinflussen und zu lenken. So ist es

nur natürlich, daß die Mehrzahl der Beamten, Angestellten usw. von den *mawālī* gestellt wird, und es kann nicht ausbleiben, daß sie eines Tages aus der Verbindung ihrer neuen Religion mit ihrer eigenen Geistesart einen entscheidenden Beitrag zur Entwicklung des Islams selbst liefern.

Selbstverständlich gab es *mawālī* von allen Rassen, so zum Beispiel in Nordafrika solche von den Berbern; dennoch gingen die meisten von ihnen aus den ehemaligen Untertanen der Sassaniden hervor, vor allem den Iraniern. Der Grund dafür ist nicht allein in deren eigentümlichen Traditionen zu suchen, sondern auch in der Weite des Landes und dem Umstand, daß sie, anders als die Byzantiner, nirgendwo Zuflucht finden konnten und naturgemäß eher als andere im *walā'* ihr Heil suchen mußten. Daher sind, wenn in den geläufigen Darstellungen von *mawālī* die Rede ist, fast immer Iranier gemeint. Dies ist außerordentlich wichtig für die Beurteilung der Rolle, welche die *mawālī* in der Entwicklung der arabisch-islamischen Gesellschaft und Kultur gespielt haben; soviel auch andere Kulturen beitrugen, der iranische Beitrag war unter den gegebenen Umständen der größte.

Vor gewissen Fehldeutungen muß man sich jedoch in acht nehmen. Man sieht in den *mawālī* häufig die Mittler zwischen ihrer einheimischen und der arabischen Kultur. In einem bestimmten Sinn sind sie es ohne Frage, aber dennoch darf man eines nicht vergessen: Sie wurden, von ihrem ursprünglichen Lebensbereich losgelöst und einer neuen Gesellschaft eingegliedert, dem Prozeß der Arabisierung und Islamisierung wohl oder übel unterworfen. Daher darf man sie nicht für Mittler zu den Kreisen halten, die ihrem überlieferten Leben noch anhingen und sich dem Islam verschlossen, den Kreisen, die in der umaiyadischen Epoche noch die Majorität ausmachten. Ganz ohne Zweifel aber waren die *mawālī* von nun an ein gewichtiges Element; die Geschichte des Muḫtār hat uns dafür ein gutes Beispiel geliefert.

Eine Reihe von Problemen anderer Art ergab sich aus der Verwaltung der Ländereien; zum Teil standen auch sie mit der Konversion in Zusammenhang. Ohne auf Einzelheiten der steuerlichen Einrichtungen einzugehen, die sich bequemer an späterer Stelle darstellen lassen, müssen wir doch schon hier auf einige hervorstechende Züge hinweisen. Der Landbesitz zerfiel unmittelbar nach der Eroberung im großen und ganzen in zwei Kategorien. Es gab das Land, das man den bisherigen Besitzern, die an Ort und Stelle geblieben waren, zur Bebauung gelassen hatte; sie mußten dafür die Grundsteuer, *ḫarāǧ*, abführen. Daneben gab es Land, das dem neuen Staat aus früheren Staatsgütern oder aus dem Privatbesitz verschwundener Eigentümer zugefallen war. Von diesem Land behielt der Staat einen Teil zu direkter Nutzung, aber die Hauptmasse vergab er in Parzellen, *qaṭī'a* (Pl. *qaṭā'i'*), als Erbpacht an prominente Leute, die für die

Bearbeitung verantwortlich waren und das Land praktisch wie Eigentum verwalteten und nutzten. Der Besitz solcher Güter, *ḍaiʿa* (Pl. *ḍiyāʿ*), entzog den Besitzer keineswegs der Aufsicht der allgemeinen Verwaltung und machte aus ihm nicht, wie man oft behauptet hat, einen feudalen ›Lehnsherrn‹. Er mußte wie jeder andere Muslim auf seine Güter Steuern zahlen. Der Besteuerung unterlagen insbesondere auch die Besitztümer, die er noch aus vorislamischer Zeit in Arabien hatte, die also nicht erst jetzt vom Staat verteilt worden waren. Der einzige Unterschied bestand darin, daß diese Steuer als Teil der auf den Grundbesitz erhobenen *zakāt*, Almosensteuer, angesehen wurde und daher ein ›Zehent‹ war, nicht aber wie die Grundsteuer, *ḫarāǧ*, der nichtmuslimischen Untertanen eine sehr viel höhere Abgaberate. Die Einkünfte des muslimischen Grundbesitzers bestanden in der Differenz zwischen dieser verhältnismäßig niedrigen Steuer, die an den Staat ging, und den Abgaben, die er von den sein Land bebauenden Pächtern erhielt, Abgaben, die ihrerseits der Grundsteuer gleichkamen.

Was aber geschah, wenn ein Nichtmuslim sich bekehrte? Auf den ersten Blick könnte man meinen, daß sich eine Bekehrung wegen der Steuererleichterung, die der Übergang von der Grundsteuer, *ḫarāǧ*, zum Zehnten, *zakāt*, mit sich brachte, sehr empfahl. Tatsächlich aber war ein solcher Übergang im allgemeinen gar nicht möglich. Die neue Regierung hatte von ihren Vorgängern das Prinzip der kollektiven Verantwortung der ländlichen Gemeinden für den Steuerertrag übernommen, und das Steueraufkommen, das eine Gemeinde zu entrichten hatte, konnte nicht aus individuellen Gründen geändert werden. So finden wir den einen Fall, daß der Übertritt zum Islam dem Konvertiten an Ort und Stelle überhaupt keinen materiellen Nutzen brachte und außerdem von seiner Umgebung moralisch verurteilt wurde; die Folge war, daß er in dieser Form sehr selten vorkam. Viel häufiger war der zweite Fall, daß der Bekehrte anderswo seinen Lebensunterhalt zu verdienen suchte und seinen Anteil an dem gemeinsamen Boden den Bauern überließ, die auf der Scholle blieben und sie weiter unter den herkömmlichen Bedingungen bearbeiteten. Es ist klar, daß unter diesen Umständen trotz der Anziehungskraft der Städte bei den Bauern ein starker Widerstand gegen solche Landflucht aufkam, die die Gemeinschaft belastete. Solange sie sich in Grenzen hielt, brauchte sie die Steuerbehörde nicht zu beunruhigen; als die zunehmende Abwanderung aber die Bebauung des Bodens und damit das Steueraufkommen gefährdete, wurde die Situation bedrohlich.

Dazu kam es in einigen Ländern schon gegen Ende des 7. Jahrhunderts. Vor allem in Ägypten flohen die Bauern aus ihren Dörfern in der Hoffnung, eine Zeitlang ohne Steuerabgaben leben zu können, da sie nun nirgends mehr registriert waren.

Das war ein alter koptischer Brauch aus byzantinischer Zeit, der damals noch nichts mit der Konversion zu tun hatte. Noch schlimmer aber war es im Iraq, wo sich im Zusammenhang mit der Konversion eine Massenflucht vom Land in die Stadt vollzog. Was sollte man tun? Der schreckliche Ḥaǧǧāǧ schickte alle, deren er habhaft werden konnte, einfach in ihre Dörfer zurück und verbot ihnen, sich zum Islam zu bekehren. Diese Konsequenz mußte freilich in den Augen eines frommen Muslims paradox erscheinen und veranlaßte denn auch bald ʿOmar ibn ʿAbdalʿazīz zu der Äußerung, Gott habe ihn als Missionar und nicht als Steuereinnehmer an seinen Platz gestellt. Andererseits konnte man unmöglich zulassen, daß der Staat jetzt, da die Eroberungen langsamer vorangingen, einen Teil seiner Einkünfte verlor. Man fand eine Lösung — wie man dazu kam, wissen wir nicht —, die zwar im Prinzip einfach war, sich aber in der Praxis nicht leicht handhaben ließ, da sie eine schwierige Klarstellung erforderte. Man unterschied auf der einen Seite den *Boden*, der endgültig in den Besitz der muslimischen Gemeinschaft übergegangen war, und, da er sich nicht ›bekehren‹ konnte, immer die Grundsteuer (*ḫarāǧ*) einbringen mußte, auch wenn sein Besitzer zum Islam übertrat; auf der anderen Seite den *Mann*, welchem die Bekehrung den Lohn finanzieller Entlastung einbrachte. Man unterschied also zwischen der Steuer, die zum Boden gehörte, *ḫarāǧ*, und der Kopfsteuer, *ǧizya*, die zur Person gehörte und im Falle der Konversion erlassen wurde, wobei der Staat nicht unbedingt etwas verlor, weil an die Stelle der Kopfsteuer die religiöse Pflicht der Almosensteuer, *zakāt*, trat. Diese Unterscheidung brachte in Ländern, wo die hergebrachte Art der Steuererhebung unter den früheren Regierungen eine entsprechende Regelung enthielt, keine Schwierigkeiten mit sich. Aber das war nicht überall so, und anscheinend mußte erst die abbasidische Zeit kommen, bis eine Vereinheitlichung des Steuerwesens gelang. Mochte auch die neue Regelung den steuerlichen Anreiz zur Bekehrung mindern, so erlaubte sie andererseits die gemeinsame Konversion ganzer Gruppen, ohne eine Auswanderung nötig zu machen.

Wenn auch die einheimischen, an Ort und Stelle gebliebenen Großgrundbesitzer nicht enteignet wurden, trat doch, aufs ganze gesehen, eine neue Aristokratie an die Stelle der alten; aber diese neue Aristokratie brachte, obschon von anderer Abkunft und Art, für ihre Untertanen keine wesentlichen Änderungen mit sich. Man hat gelegentlich von einer Befreiung der Bauern durch die arabische Eroberung gesprochen, doch nichts dergleichen ist belegbar. Die Pächter haben die Herren gewechselt, ihre Situation ist die gleiche geblieben. Neu sind nur gewisse Bemühungen, den Boden besser zu nützen. Die Ernten Ägyptens dienen nun nicht mehr der Versorgung Konstantinopels, son-

Abb. 3: Das Jagd- und Badeschlößchen Quṣair ʿAmra (›Schlößchen von ʿAmra‹), etwa 711–715 aus rotem Sandstein erbaut

dern gehen durch Trajans Kanal, der auf Befehl von ʿAmr ibn al-ʿĀṣ wieder ausgebaggert wurde, nach den heiligen Städten Arabiens. Die neuen Herren, deren Herz so sehr an der Wüste hängt, haben eine Vorliebe für die Gebiete, die daran grenzen und deren Bewässerungsanlagen sie fördern; dort wurden zahlreiche Umaiyadenschlösser freigelegt: natürlich sind es vor allem die Mitglieder der Dynastie oder die ihr Nahestehenden, welche die großen Güter aus Staatsbesitz bewirtschaften. Anderswo versuchen schon im umaiyadischer Zeit die Kalifen und ihre Gouverneure, sogar die alten Kanalsysteme wiederherzustellen oder auszubauen. Es ist charakteristisch, daß diese Politik, zum Beispiel unter dem Kalifen Hišām (724–743), im Iraq Klagen auslöst, weil hier Fronarbeit von Leuten verlangt wird, die keinen Vorteil davon haben. Die Ġūṭa von Damaskus, eine Zone besonders blühender Vegetation, erfährt natürlich eine intensive Bewässerung und Pflege.
Schon frühere arabische Fürsten hatten bedeutende Bauten errichtet; die Umaiyaden aber betätigten sich in großem Maßstab, wie es den Erben der Cäsaren und der Ḫosraus von Iran zukam, in verschiedenen Gattungen als imperiale Bauherren. Ihr Werk verdient, obwohl uns nur wenig davon erhalten ist, besonderes Interesse, denn die Eigenart dieser Bauweise verschwand in der Folgezeit. Es versteht sich, daß der Islam in mancherlei Hinsicht

neue architektonische Formen entwickelte: eine Moschee ist nicht das gleiche wie eine Kirche. Angesichts der mächtigen Bauwerke, die entstanden, fällt uns dennoch die Kontinuität auf zur kaiserlichen Kunst von Byzanz oder Ktesiphon bzw. zur Kunst der römischen Provinz in Syrien. Das gilt von den Moscheen, die von der christlichen Basilika wie von dem Gebetsraum in Medina inspiriert sind, und es gilt in noch höherem Maße von den Palästen. Überdies waren die Arbeiter Einheimische, die in der Tradition ihrer überlieferten Bauweise standen; es gab aber auch Spezialisten, die man in Zeiten des Friedens vom Kaiser in Konstantinopel kommen ließ. Die Kunst des Mosaiks, die im späteren Islam verschwand, ist hier noch in Blüte.

Unter solchen Bedingungen entstehen, um nur einige aus diesem oder jenem Grunde berühmte Bauwerke zu nennen, der zeitlichen Reihenfolge nach: ʿAmrs Moschee in Fusṭāṭ; in Jerusalem die Qubbat aṣ-Ṣaḫra (der Felsendom), zu Unrecht die Moschee ʿOmars genannt, und ihre Nachbarin, die Moschee al-Aqṣā, zwei Moscheen, die ʿAbdalmalik erbauen ließ, um den Rang Jerusalems als heiliger Stadt hervorzuheben (Anlaß war die Empörung Ibn az-Zubairs, die die Pilgerfahrten nach Mekka unterbunden hatte); ein wenig später die Moschee in Medina und die Große Moschee in Damaskus, die eine frühere Basilika Johannes des Täufers ersetzte. Nicht weniger berühmt war die ursprüngliche Moschee von Kairuan, die nicht mehr existiert, ebensowenig wie diejenigen der *amṣār*, der Grenzfesten Basra und Kufa, im Iraq.

Die Reste der umaiyadischen Paläste Syriens sind weniger gut erhalten. Wir nennen die bekanntesten: das Schloß von Mšattā (man hat lange darüber gestritten, ob es auf die vorislamischen Araber oder auf die Umaiyaden zurückgeht, aber heute weiß man, daß es den Umaiyaden zuzuschreiben ist); die Schlösser Qaṣr al-Ḥair al-Ġarbī und das namensgleiche Qaṣr al-Ḥair aš-Šarqī (das ›westliche‹ und ›östliche‹); schließlich den Palast von Ḫirbat al-Mafǧar. Von anderen haben wir durch Ausgrabungen der jüngsten Zeit Kenntnis erhalten. Wir werden noch von dem künstlerischen Charakter der Bauten zu sprechen haben, die wir hier nur als Zeugnisse der umaiyadischen Politik erwähnen.

Die umaiyadischen Kalifen haben sich ebensosehr für die Baukunst wie für die Literatur und für das geistige Leben ihrer Zeit interessiert, zumindest unter bestimmten Aspekten. Hier war die Situation vollkommen anders als in der bildenden Kunst. Während für diese das eigentlich arabische Erbe naturgemäß verschwindend wenig ins Gewicht fiel, waren die altarabischen Überlieferungen sowie der Geist des Islams für die Literatur von entscheidender Bedeutung. Die Beduinenpoesie blieb an den Höfen der Fürsten als Ausdruck romantischer Erinnerung im

Abb. 4: Qubbat aṣ-Saḫra, der Felsendom in Jerusalem; erbaut 689 bis 691/692

Schwange; ihr Leben hatte sich vom Beduinendasein gänzlich entfernt, so weit, daß man überhaupt nicht mehr mit Sicherheit unterscheiden kann, was in dieser Dichtung vorislamisch ist und was noch aus den ersten Generationen des Islams stammt. Jedoch kommen zu den alten Themen neue hinzu: das Lob des Fürsten, von dessen Gunst der Dichter lebt, das städtische Leben, die Parteienkämpfe. Drei Männer sind vor allem als Vertreter dieser Dichtung aus der umaiyadischen Zeit zu nennen: der syrisch-christliche Araber al-Aḫṭal und die rivalisierenden Muslime Ǧarīr und Farazdaq. Auch eine Liebespoesie entwickelt sich, die zum Teil beduinisch verhalten ist — so die Verse, welche nach der Legende Maǧnūn, der ›Wahnsinnige‹, an seine Geliebte Lailā richtete —, zum Teil sehr frei, wie in Damaskus und paradoxerweise in den heiligen Städten des Ḥiǧāz. Die Prosa bleibt in den Anfängen, aber von den Überlieferern des *Ḥadīṯ* ebenso wie von den Beamten der Verwaltung wird ein Instrument für die Zukunft geschmiedet. Daneben darf man natürlich die exemplarische Kraft, die vom Koran ausgeht, nicht unterschätzen. Hier ist die Verbindung mit der Überlieferung der einheimischen Nichtaraber noch sehr schwach. Diese und insbesondere ihre Kirchen setzen ihr eigenes geistiges Leben fort, das noch ganz aus den alten Quellen gespeist wird. Der Heilige Johannes von Da-

Abb. 5: Große Moschee in Damaskus, erbaut von dem Umaiyaden Walīd in den Jahren 706 bis 714/715

maskus, hoher umaiyadischer Beamter, bevor er sich als Mönch in das Kloster Mar Saba bei Jerusalem zurückzieht, ist der größte byzantinische Theologe einer Epoche, in der Byzanz trotz des Bilderstreits kaum bedeutende Köpfe hat, und selbstverständlich schreibt er in griechischer Sprache.

5. Die Entwicklung in der Mitte des 8. Jahrhunderts und die ›abbasidische Revolution‹

Nachdem die Aufstände Muḫtārs und Ibn az-Zubairs niedergeschlagen waren, schien die umaiyadische Macht gefestigt, und sie hatte fünfzig Jahre hindurch Bestand. Dann aber entstanden gegen 740 plötzlich – als Folge eines unterirdisch sich entwikkelnden Prozesses – neue Unruhen, die nach zehn Jahren nicht nur den Sturz der Dynastie und ihre Ablösung durch eine andere brachten, sondern auch eine tiefgreifende Wandlung des Regimes selbst nach sich zogen. Sicher haben die inneren Streitigkeiten der letzten Vertreter der Dynastie nach dem Tode Hišāms (743) die Katastrophe von 749/750 erleichtert und beschleunigt, aber die Umwälzung wäre nicht so heftig gewesen, wenn es sich nur um die Unzulänglichkeit einzelner Herrscher gehandelt hätte. Man hat die Ereignisse nicht immer auf dieselbe Weise gedeutet, und sie sind auch heute noch nicht völlig geklärt, doch lassen sich ihre Hauptlinien und die wichtigsten Begebenheiten herausheben.

Wir haben schon darauf hingewiesen, daß die Umaiyaden von der Beschuldigung der Gottlosigkeit, die ihre Gegner mit Eifer gegen sie erhoben und verbreiteten, freizusprechen sind. Was bestehen bleibt, ist die Tatsache, daß die Entwicklung soziale und religiöse Probleme aufwarf, denen sie nicht gewachsen waren, ohne daß man ihnen einen Vorwurf daraus machen könnte.

Seitdem der Orientalist J. Wellhausen zu Beginn unseres Jahrhunderts seinem berühmten Buch, das die erste wissenschaftliche Geschichte der Umaiyaden brachte, den Titel gab: ›Das Arabische Reich und sein Sturz‹, hat man immer wieder auf die nationalen und sozialen Gründe für den Sturz der Umaiyaden hingewiesen. Auch wußte man sehr wohl von den religiösen Bewegungen, mit denen sie sich auseinanderzusetzen hatten, aber man hat die Verbindung des einen mit dem andern nicht deutlich genug gesehen. In jener Sicht erschien die »abbasidische Revolution« vor allem als eine Folge der Unzufriedenheit der iranischen *mawālī*, die dann ihre Hauptnutznießer wurden. Sicher hat auch eine alidische Bewegung in ihr mitgewirkt, aber ihre eigentliche Stoßkraft kam anderswoher. Daher kann man die Dinge heute, will man genau sein, so nicht mehr darstellen.

Selbstverständlich lassen sich die sozialen Faktoren nicht leugnen; nur muß man sich über eines im klaren sein: Wenn sie Unzufriedenheit geschaffen und der Opposition Auftrieb gegeben haben, hat doch diese Opposition ihre Argumente ausschließlich in den Begriffen einer arabisch-islamischen ›Ideologie‹ zum Ausdruck gebracht.

Abb. 6: Plastik aus dem Palast Ḫirbat al-Mafǧar, erbaut gegen Ende der Umaiyadenzeit

Stellen wir zunächst fest, daß weder nationale Gründe noch interkonfessionelle Gegensätze eine Rolle gespielt haben. Sieht man von einigen sehr entlegenen Randgebieten in Zentralasien oder in der Berberei ab, so läßt sich in der umaiyadischen Epoche keine Revolte erkennen, die antiarabisch oder antiislamisch gewesen wäre, während es solche in der abbasidischen Zeit gegeben hat. Es wurden schon einige Gründe dafür genannt, aber man muß hinzufügen, daß die umaiyadische Herrschaft den fremden Völkergruppen im allgemeinen leicht erschienen sein muß, weil sie sehr locker gehandhabt wurde und den Provinzgouverneuren bzw. den eingeborenen Vasallen ein großes Maß an Selbständigkeit ließ. Darum war soziale Bedrückung zwar nicht ausgeschlossen, sie stand aber in einem ganz anderen Zusammenhang. Der Protest gegen eine solche Bedrückung konnte sich nicht gegen den Islam richten, sondern im Gegenteil gerade im Namen der sozialen Ordnung des Islams erhoben werden. Im religiösen Bereich herrschte volle Toleranz. Die Araber, die theologisch noch wenig geschult waren und sich einer zahlenmäßig weit überlegenen Bevölkerung gegenübersahen, behandelten alle Konfessionen mit derselben Indifferenz, so daß Glaubensrichtungen, die bisher unterdrückt waren, unerwartete Chancen erhielten.

Welches waren die möglichen Anlässe sozialer Unzufriedenheit? Sie waren offenbar nicht überall dieselben. In Arabien mochten Araber darüber unzufrieden sein, daß ihr Anteil an dem imperialen ›Kuchen‹ zu gering war; aus dem gleichen Grunde gab es Gegensätze zwischen den Arabern des Iraq, die auch in Iran und in Zentralasien saßen, und den Arabern Syriens, deren Einfluß bis nach Ägypten, dem Maghreb und Spanien reichte; schließlich gab es Rivalitäten zwischen den Stämmen, wiederum verstärkt durch die Höhe des Einsatzes. Ferner wirkten sich, auch dies unter den Arabern selbst, die Stagnation und der Wandel der Kriegführung aus. Der Krieg entfernte sich immer weiter von den zentralen Siedlungsbereichen der Araber; er interessierte daher nur noch einen Teil der Bevölkerung, vor allem die Grenzbewohner, und selbst für sie brachten die Beutezüge in jeweils dieselben Gebiete – Aktionen, die mehr und mehr an die Stelle der Eroberungen traten – wesentlich geringeren Gewinn. Große Feldzüge trafen auf stärkeren Widerstand, und so waren, vor allem bei Belagerungen, größere technische Aufgaben zu bewältigen, denen nicht alle Araber gewachsen waren. Der Krieg führte daher zunehmend zum Berufssoldatentum, damit aber zu neuen Schwierigkeiten; während nämlich die Löhnungen bisher nur gering zu sein brauchten, wurde nun, da die Kriegsbeute unzureichend geworden war, die Besoldung der Armee zu einem ernsten Problem. Die Armee kostete daher immer mehr Geld, was die Steuerzahler natürlich zu spüren bekamen. Auf der anderen Seite läßt sich erkennen, daß in den internen Stammeskämpfen eine alte Neigung der beduinischen Araber zur Anarchie wiederauflebte, eine Neigung, die von der Begeisterung für den Heiligen Krieg vorübergehend neutralisiert worden war. Die ḫāriǧitische Bewegung, die an sich mit derartigen Streitigkeiten nichts zu tun hat, ist für diesen Anarchismus nur ein leicht sich bietender Vorwand und erhält ihrerseits durch ihn einen besonderen Akzent.

Auch zwischen Arabern und Eingeborenen gibt es Schwierigkeiten, aber sie sind nicht nationaler, sondern sozialer Art. Nicht mehr, aber auch nicht weniger als zuvor haben die Bauern Anlaß, sich über die Großgrundbesitzer zu beklagen. Nur in Ausnahmefällen führt dieser Zustand spontan zu Aufständen, aber er kann dazu beitragen, daß Unzufriedene sich aufständischen Truppen anschließen; auf alle Fälle erklärt er die Passivität, mit der die Massen der ländlichen Bevölkerung jeden Wechsel der Regierung hinnehmen. Offenkundiger und unmittelbar gefährlicher ist die Unzufriedenheit bei den *mawālī*. Ihre Lage gegenüber ihren Schutzherren, dem Gesetz und den Steuerbehörden ist schwankend, ihr Ansehen geringer als das der alten Muslime, der Araber. Wiederholen wir es, sie sind weder antiarabisch noch antiislamisch, aber aufgrund der äußerst wichtigen Rolle, die sie in der arabisch-islamischen Gesellschaft und im Staat spielen, halten sie sich für berechtigt, Gewinn und Nutzen der öffentlichen Hand zu gleichen Teilen mit den Arabern zu beanspruchen. Es ist dies letzten Endes nur eine Konsequenz, die im Islam selbst begründet ist. Dieser wurde zwar zuerst den Arabern und in arabischer Sprache offenbart, aber er richtet sich ausdrücklich an alle Menschen; daher kann es zwischen Glaubensbrüdern Unterschiede nach der völkischen Herkunft nicht geben. Erinnern wir uns auch daran, daß viele Araber sich in ihren Kämpfen gegeneinander zu ihrer Sicherheit lieber auf *mawālī* denn auf ihre Artgenossen stützten. Hier herrschte so viel Unsicherheit und Mangel an politischem Gleichgewicht, daß die Waage eines Tages wie in jeder aus Fremderoberung hervorgegangenen Gesellschaft verhängnisvoll umschlagen mußte. Im Namen des Islams wurde die arabische Oberhoheit angegriffen. All das ist festzuhalten, aber ebenso richtig ist, daß in den Quellenberichten über die Bewegung, die zum Sturz der umaiyadischen Dynastie geführt hat, nichts Ausdrückliches darüber gesagt ist. Und wenn sich nicht sofort jemand erhob, um das angegriffene Regime zu verteidigen, so darf man nicht vergessen, daß der Aufstand von der Provinz, noch dazu von einer ganz besonderen, seinen Ausgang genommen hatte.

Alle Argumente der politisch-religiösen Ideologie kreisten um die Rechte der Familie des Propheten, Rechte, die ein immer größerer Teil der öffentlichen Meinung unterstützte; man rief nach Rache an denjenigen, die der Familie diese Rechte verweigerten und ihr Blut vergossen hatten. Wenn man auch soziale Klagen vorbrachte, so mit dem Tenor, daß die Macht nicht von ihrem rechtmäßigen Inhaber ausgeübt werde, und derselbe Vorwurf wurde um so nachdrücklicher erhoben, wenn es um Klagen über die religiöse Ordnung ging. Die Thronbesteigung des rechten Mannes werde, so sagte man, alle Schwierigkeiten lösen, weil Gottes Hand ihn leiten werde. Und der rechte Mann war von der Familie, das heißt, er war Araber.

Es ist schwierig, von Bewegungen und Ereignissen ein klares Bild zu gewinnen, die wir nur aus der Darstellung späterer, voreingenommener Autoren kennen. Diese Berichte urteilen aus dem Blickpunkt von Sekten, die eine ganz andere Entwicklung genommen haben. Einige Züge werden jedoch deutlich. Man kann nicht nachdrücklich genug betonen, daß für die ersten Generationen der islamischen Gemeinschaft das religiöse Grundproblem eine Frage war, die wir als politisch bezeichnen würden. Wir wissen, wie sehr diese Begriffe für einen Muslim ineinandergehen, aber in der historischen Situation, die wir hier betrachten, steht eine religiöse Überlegung ganz und gar im Vordergrund, selbst dann, wenn bei einigen andere Interessen mitspielen. Diese Überlegung bezieht sich auf die Frage, welche Eigenschaften der Mann besitzen müsse, den man als Haupt der Gemeinschaft anerkennen könne. Wie muß sich die Gemeinschaft ihm gegenüber verhalten, wie andererseits solchen Führern gegenüber, denen die notwendige Qualifikation fehlt? Der absolute Nachdruck, den der Ḫāriǧismus auf diese Frage legte, verlieh ihm Größe und Würde und führte ihm neben den Beduinen Menschen von hoher Geistigkeit zu. — Drei Haltungen zeichnen sich angesichts dieser Kernfrage ab.

Für die einen — es sind die Ḫāriǧiten — kann die Leitung der Gemeinschaft nur dem Mann zufallen, den Gott als den besten Muslim bezeichnet. Am Ausgangspunkt, am Abend der Schlacht von Ṣiffīn, weiß man nicht recht, wie er bezeichnet werden wird; erst die tatsächliche Übereinstimmung der hervorragendsten, ja der Konsensus aller Gläubigen soll in der Praxis die Entscheidung bringen. Dabei kommt man rasch zu der Folgerung, daß der ›beste Muslim‹ aus jeder beliebigen Familie genommen werden kann, sogar aus jedem Volk, so zum Beispiel auch von den Berbern. Jedoch schließt das Übergewicht der arabischen Beduinen *de facto* die Mehrheit der eingeborenen Nichtaraber (von den Berbern einmal abgesehen) vom Ḫāriǧismus aus. Die Fürstentümer der Ḫāriǧiten haben daher immer nur lokalen Umfang gehabt. Als die Überlegungen mehr in die Tiefe dringen, fragt man weiter nach den Kriterien, die den besten Muslim erkennen lassen, und findet: Entscheidend ist vor allem der Glaube, aber auch die Werke sind von Bedeutung, so daß eine Verfehlung die Absetzung zur Folge haben kann. Daraus folgt, dessen wird man sich nach und nach bewußt, daß der Mensch, repräsentiert im Ideal des Herrschers, Gott gegenüber für seine Handlungen verantwortlich ist. So wird dem Menschen vor der göttlichen Allmacht und der Prädestination im Rahmen seiner eigenen Verantwortung eine gewisse Freiheit gesichert. Dieses Ideal ist hoch, kompromißlos und in seinem Rigorismus nicht zu verwirklichen. Außerdem haben sich die Ḫāriǧiten zwar in Asyle der Reinheit zurückgezogen, manchmal auch in einem

Heiligen Krieg gegen die sündigen Muslime das Martyrium auf sich genommen, niemals aber sich bemüht, die Gesamtheit der islamischen Welt unter ihrem Regiment zu einigen.
Auch eine andere Partei hat zum Ziel, den besten Muslim zu finden, aber sie leitet daraus nicht automatisch das Recht ab, die Gemeinschaft durch den Aufstand gegen einen Führer zu spalten, der sich nicht als der beste Muslim erweist. Jedoch ist diese Gruppe von dem Gedanken geleitet, daß diese Qualität ausschließlich der Familie des Propheten* zugesprochen werden kann. Sie wurde von Gott auserwählt und durch eine Art fortwährender Offenbarung begnadet, zumindest aber in besonderer Weise erleuchtet, um die an den Propheten ergangene Offenbarung zu deuten. Dieser Grundgedanke gewinnt in verschiedenen Formen religiöser Lehre und politischer Konsequenz Ausdruck, unter denen die islamischen Häresiographen solche unterscheiden, die ›maßlos‹ sind, und andere, die es nicht sind. Zu den ›Radikalen‹ gehören diejenigen, die in der Verehrung eines Mannes so weit gehen, daß sie ihm wahrhaft übernatürliche Gaben, ja Teilhabe an der Gottheit zuschreiben. Es wird berichtet, daß ein bekehrter Jude, ʿAbdallāh ibn Sabāʾ, solche Vorstellungen von ʿAlī verbreitet habe, freilich gegen dessen Willen. Auch Moḥammad ibn al-Ḥanafīya wurde nach seinem Tode in ähnlicher Weise verehrt und andere nach ihm. Immer wieder trifft man auf die im Orient so verbreitete Idee eines Messias oder Mahdī: ʿAlī oder jener Moḥammad waren danach nicht wirklich gestorben, sondern nur ›verborgen‹; sie würden am Ende der Welt, das man als nahe bevorstehend ansah, wiederkommen und Gericht halten. Auch wenn man diese ›radikalen‹ Anschauungen nicht teilte, war es doch unabdingbar zu wissen, an welchen Eigenschaften und Zeichen das Oberhaupt der Gemeinde, der Imām, zu erkennen sei; denn der Imām ist mehr als ein bloß zeitlicher und irdischer Führer, er ist ein Mann, der die notwendige Tugend und das Wissen hat, seine Glaubensbrüder auf den ›rechten Weg‹ zu leiten. Einige meinten, daß sich eine solche Legitimation allein durch Studium oder durch Studium und den Kampf um die Macht erwerben lasse (vor allem die realistische Haltung Zaids in der zweiten Hälfte des Jahrhunderts, auf den wir noch zurückkommen müssen [s. u. S. 59, 73, 92], ließ einen solchen Schluß zu). Andere dagegen glaubten, ein so begnadetes Wesen sei der Notwendigkeit enthoben, politisch in Aktion zu treten, sondern müsse durch die Ausstrahlung seiner inneren Qualitäten wirken, die es lange und klug verborgen halten solle. Wesentlich für die Gläubigen blieb jedoch zu wissen, ob er ihr Imām sei, nur weil er als solcher von dem vorausgehenden designiert worden war, oder ob, sei es mit oder

* Vgl. hierzu die Übersicht ›Die Familie des Propheten‹ am Schluß des Bandes.

ohne solche Designation, gleichsam die prophetische Seele eines Imām auf den Nachfolger übergehe. Manche griffen also, zumindest in diesem Fall, auf die alten Vorstellungen der Seelenwanderung zurück.
Keinesfalls freilich, das ist zu unterstreichen, mußten diese Gedanken, mochten sie auch in gewissen Kreisen gängig und gültig sein, von den Männern gebilligt werden, als deren Diener die Prediger gesandt zu sein behaupteten. Die Aliden, die vor allem die *sunna*, den Brauch des Propheten, zu bewahren suchten, konnten über gewisse Neuerungen nur beunruhigt sein, so vorteilhaft sie ihnen vielleicht auch erschienen; denn sie entfremdeten ihnen solche, deren Sorge es war, die Reinheit des islamischen Glaubens zu erhalten. Da sich im frühen Islam noch keine anerkannte Orthodoxie herausgebildet hatte, war es schwierig, genau voneinander abzugrenzen, was rechtgläubig war und was nicht. Ideen, die dem Islam ursprünglich fremd waren, mußten ihm deshalb noch nicht entgegengesetzt sein, und es mochte taktisch klug sein, Anhänger nicht immer sogleich zu verurteilen, wenn man auch wußte, man würde sie später abweisen müssen.
Noch ein anderer Punkt verdient Beachtung. Die Verehrung gegenüber der Familie hatte sich zuerst vor allem auf ʿAlī bezogen, dann auf seine Söhne, ob sie Fāṭimas Kinder waren oder nicht. Aber die Araber kannten den Deszendenzbegriff einer geregelten monarchischen Nachfolge nicht und legten der Abstammung in der weiblichen Linie geringere Bedeutung bei. Ihre Vorstellung von der Familie des Propheten war daher weit und dehnbar, und als die Erinnerung und das persönliche Prestige der ersten Aliden verblaßten, konnte es nicht ausbleiben, daß verschiedene Personen sich als Imām ausgaben oder dafür gehalten wurden. Die einen waren zwar Nachkommen von ʿAlī und Fāṭima, aber die Nachkommenschaft vervielfachte sich, ohne daß man sich auf einen Prätendenten einigen konnte; so widersetzten sich zum Beispiel die Ḥasaniden den Ḥusainiden, unter denen wieder einige mit noch anderen rivalisierten. Daneben gab es eine weitere Gruppe von Anwärtern, die nicht einmal von ʿAlī abstammten, sondern lediglich von gleich nahen Verwandten des Propheten; sie gingen entweder auf Ǧaʿfar, den Bruder ʿAlīs, zurück, oder auf ʿAbbās, den Onkel des Propheten (auch Abū Ṭālib, ʿAlīs Vater, war ja ein Onkel Mohammeds gewesen). Sie erhoben ebenfalls Ansprüche, denn keiner der Aliden besaß genügend Persönlichkeit und Ansehen, um sich durchzusetzen. Später, als sich unter den Aliden offizielle ḥasanidische und ḥusainidische Linien gebildet haben, will die šīʿitische Literatur uns glauben machen, und es ist ihr lange Zeit gelungen, daß es immer legitime Imāme gegeben und daß jeder seinen Anspruch geltend gemacht habe, während die an-

deren nur Usurpatoren gewesen seien. In Wirklichkeit aber war es so, daß, ein wachsendes Prestige der Familie einmal vorausgesetzt, überhaupt keine geeinte Partei vorhanden war, die für sie hätte kämpfen können. Bei den meisten Gläubigen bestand nur die Hoffnung, daß die Familie, wenn der Zeitpunkt gekommen sei, den Streit der Linien würde überwinden und Einstimmigkeit herstellen können, um ihren gemeinsamen Kandidaten zu bestimmen. Man stößt aber auf außerordentliche Schwierigkeiten, die Ereignisse zu verstehen, wenn man sich an die traditionelle, von den Šīʿiten inspirierte Darstellung hält. – Neben den Šīʿiten muß man hier auch die Muʿtaziliten nennen, Vertreter einer Kompromißhaltung, die uns noch später begegnen (s. u. S. 87, 91 ff.).

Die dritte Richtung, die neben den Ḫāriǧiten und den Anhängern der Prophetenfamilie zu nennen ist, läßt sich nur schwer genauer bestimmen, ja eigentlich nur negativ im Gegensatz zu den anderen. Sie umfaßt diejenigen, die die spätere Polemik zusammenfassend als Murǧiʾiten bezeichnet (d. h. jene, welche das Urteil über das Imāmat des Herrschers ›aufschieben‹ und in Gottes Hand legen), und alle, die ohne doktrinäre Begründung das umaiyadische Kalifat eben nur akzeptieren. Mit einer solchen Hinnahme wurde, falls man sich dessen bewußt wurde, gleicherweise der Gedanke der Erwählung der Familie wie die Vorstellung eines ›besten Muslims‹ preisgegeben. Damit wurde auch in zwar undeutlicher, aber sehr nachhaltiger Weise darauf hingewirkt, daß die Rechtmäßigkeit eines unzweifelhaft gläubigen Kalifen nicht angetastet wurde, solange er das oberste Gut, die Einheit der Gemeinschaft, sicherte, mochte er sich in seinen Taten auch als fehlbar erweisen. Darüber hinaus konnte die Auffassung an Boden gewinnen, daß ein solches Oberhaupt in geringerem Maße für seine Handlungen verantwortlich sei, der Gedanke also einer stärkeren Prädestination. Außerdem wurde der Anspruch der Umaiyaden auf das Kalifat von späteren Gelehrten, vielleicht aber auch schon zu ihrer Zeit, als eine Art Rechtsanspruch des Stammes der Qoraiš überhaupt angesehen, der über die engere Familie hinausging; freilich schloß dieser Rechtstitel keine gottgegebene Überlegenheit über alle andern Muslime in sich.

So etwa stellt sich uns die soziale und geistige Situation um das Jahr 740 dar. Es hätte wenig Sinn, hier auf die verschiedenen kleinen Aufstände von Sekten und ihre Niederwerfung einzugehen, von denen die Quellen mehr oder weniger genau berichten. Hinzuweisen ist jedoch auf die stets wichtige Rolle der Stadt Kufa, wenn es auch ihren führenden Männern nicht gelang, ihre eigenen Kandidaten durchzusetzen. Zwei Persönlichkeiten müssen hier genannt werden: Zaid ibn ʿAlī ibn al-Ḥusain und ʿAbdallāh ibn Muʿāwiya. Zaid, der den später zu erwähnenden Zaiditen den Namen gab, inszenierte 740 einen Aufstand; dieser wurde zwar niedergeschlagen, doch erhielt sich eine Organisation von Anhängern, die in der nachfolgenden Zeit unter anderen Führern tätig blieben. ʿAbdallāh konnte rechtzeitig aus Kufa fliehen und sich von 746 bis 750 in Iran behaupten. Zaid stammt als Enkel des Ḥusain von ʿAlī ab und hatte den Ruf eines Juristen mit gemäßigt-šīʿitischen Anschauungen; ʿAbdallāh, einem Nachkommen Ǧaʿfars, warf die abbasidische Literatur ›radikale‹ und eigennützige Gedanken vor, aber vielleicht einfach nur deshalb, weil er von dem Führer des abbasidischen Aufstandes als gefährlicher Rivale hatte ermordet werden müssen.

Während die alidischen Bewegungen immer im Rampenlicht der politischen Bühne standen, ist die abbasidische Revolution erst ganz kurz vor ihrem Sieg in Erscheinung getreten; daher ist es schwer, sich von ihren Anfängen ein klares Bild zu machen. So viel können wir heute allerdings mit Bestimmtheit sagen, daß sie ihren Ausgang von den Anhängern Muḫtārs und Moḥammads ibn al-Ḥanafīya genommen hat, die der Katastrophe entronnen waren und sich um den Sohn des letzteren, Abū Hāšim, geschart hatten. Als dieser ohne Erben starb, erkannten sie nicht einen Aliden als Nachfolger an, sondern Moḥammad ibn ʿAlī, einen Abkommen von al-ʿAbbās, dem Onkel des Propheten. Die Abbasiden hatten bis dahin eine zwar ehrenvolle, aber neben den Nachkommen des Propheten und den anderen Aliden keineswegs überragende Rolle gespielt. Vielleicht hatten sie den einen oder anderen aus ihren Reihen politisch unterstützt, sich aber dann in Syrien ohne sichtbare Aktivität niedergelassen, und selbst nach dem Tode Abū Hāšims läßt sich noch nicht genau erkennen, welche Pläne sie hatten und wann sie eine Gelegenheit zu deren Verwirklichung erwarteten. Man darf jedoch annehmen, und das ist wesentlich, daß sie eine geheime Organisation aufbauten und so für die Familie arbeiteten, ohne den Namen ihres Imām preiszugeben. Daneben tritt noch ein charakteristisches Moment ihrer Organisation hervor: sie hatten erkannt, daß sie mit Hilfe der Prominenz von Kufa allein nie etwas erreichen würden. Der organisatorische Führer residierte zwar dort (unter dem Abbasiden, der nicht in Erscheinung trat); aber er war ein *maulā* unter anderen *mawālī*, und entscheidend war, daß die starke Bewegung, die er hatte schaffen können, in einer abgelegenen und doch bedeutenden Provinz entstanden war: in Chorasan (Ḫorāsān).

Da vorwiegend Chorasanier den Kampf führten und später seine Nutznießer waren, hat man in der abbasidischen Bewegung dieser Region eine antiarabische Aktion sehen wollen. Damit aber werden die Dinge zumindest sehr vereinfacht. Infolge der ständigen Rivalitäten zwischen den arabischen Stämmen hat es unzweifelhaft auch Araber in der Bewegung gegeben. Arabische Truppen waren sogar, weil man dort die militärische Expansion vorantreiben mußte, in Chorasan zahlreicher als irgendwo sonst in Iran; daher war dieses Gebiet sehr stark islamisiert. Nur dadurch war es möglich, Eingeborene für eine Sache zu gewinnen, bei der es in den politischen Zielen wie in der ideologischen Argumentation letzten Endes doch um ein rein arabisches Anliegen ging. Es bleibt hervorzuheben, das der Zustrom der *mawālī* die Kräfte des Unternehmens um ein Vielfaches verstärkte und ihm neue soziale Aspekte zu geben vermochte. Auch waren *mawālī* für den Prätendenten sehr viel verläßlichere und gefügigere Helfer als Araber, denen er mehr oder weniger auf gleicher Ebene hätten begegnen müssen. Andererseits hatte man dort der umaiyadischen Regierung leichter verborgen halten können, was sich entspann, und als sie es entdeckte, vermochte sie nur schwer darauf zu reagieren. Auch die Tatsache schließlich, daß es in Chorasan – im Unterschied zur Šīʿa der arabischen Länder – keine alidische Partei gab, erleichterte der neuen Partei die ungestörte Vorbereitung des Umsturzes sehr.

Nach dem Tode Hišāms (743) hatten die Kämpfe der Umaiyaden untereinander die Dynastie geschwächt. Der Sieger Marwān II., der Älteste der Familie, der aber mit Hišām nur entfernt verwandt war, fühlte sich in Damaskus nicht sicher und verlegte seine Residenz nach Ḥarrān unter die Qais, deren Hilfe er angerufen hatte. Dies bedeutete das Ende der herkömmlichen Bündnisse der Dynastie mit bestimmten Stämmen. Zugleich wurde damit die wachsende Bedeutung Mesopotamiens anerkannt, es wurden aber auch die sicheren Stützpunkte der umaiyadischen Macht aufgegeben. Die Ḫāriǧiten sowohl wie die Männer ʿAbdallāhs ibn Muʿāwiya machten Marwān die Hälfte des Reiches streitig. In dieser Situation brach der abbasidische Aufstand los.

Man hat über seine wahre Bedeutung viel diskutiert. Nach der traditionellen, von den Šīʿiten beeinflußten Darstellung haben die Abbasiden eine Bewegung organisiert, welcher die Šīʿiten in der Hoffnung auf Unterstützung ihrer Ansprüche Truppen und Ideologie lieferten; sie hätten sodann die Šīʿa, die errungenen Erfolge nützend, im letzten Augenblick verraten und selbst die Macht ergriffen. Es ist unmöglich, diese Version ohne Vorbehalte zu akzeptieren. In neuerer Zeit haben einige Forscher angesichts der mannigfachen und zuweilen ›radikalen‹ religiösen und politischen Richtungen, die in jener Zeit um sich griffen, in der abbasidischen Bewegung einen Aufstand von Ketzern gesehen, was aber ebensowenig stichhaltig erscheint. Wieder andere haben ihre Ideen mit der Lehre der Muʿtazila in Verbindung bringen wollen, die sich im ersten Jahrhundert der abbasidischen Regierung zur Blüte entfaltete. Das folgende Bild, das wir in

Abb. 7: Ruinen des Wüstenschlosses Uḫaiḍir südlich von Bagdad; das Bauwerk stammt aus der frühen Abbasidenzeit

großen Zügen entwerfen, dürfte, so glaube ich, den Ereignissen gerecht werden.

Es ist nicht zu ermitteln, auf welche Weise und in welchem Augenblick die abbasidische Partei in der Öffentlichkeit dazu überging, anstelle des Anspruchs der gesamten Familie des Propheten ein besonderes Recht der Abbasiden auf das Imāmat zu proklamieren. Möglicherweise hat es sich dabei um einen Gewaltstreich in letzter Minute gehandelt. Mindestens darf man annehmen (das würde die Möglichkeit eines solchen Gewaltstreiches erklären), daß die Abbasiden den Ansprüchen der Aliden mit der Behauptung entgegentraten, innerhalb der Familie gebe es keinen Gotterwählten mit übernatürlichen Gaben, sondern nur menschliche Wesen mit gleichen Rechten. Sie seien fehlbar, aber Gott allein könne über sie richten. Eine solche Haltung mußte alle verbinden und zusammenführen, denen die extreme Šīʿa suspekt war. Vor allem galt es, an der Tradition des Propheten festzuhalten und Rache zu üben an den Usurpatoren, die sich den Platz der Familie angemaßt und den Tod so vieler ihrer Mitglieder verschuldet hatten. Man kann die Bedeutung dieses Rufes nach Rache nicht genug betonen, denn er ist in der arabischen Überlieferung der gemeinsame Sammelruf, der alle einte, der Leitgedanke, welcher der Bewegung ihre

Kraft gab, was auch immer die Ideen der einen oder anderen Gruppe gewesen sein mögen.
Was aus der Bewegung geworden wäre, wenn sie nicht ihren genialen Organisator gefunden hätte, läßt sich nicht sagen. Aber sie fand ihn, und zwar in der Person Abū Muslims, eines iranischen Freigelassenen, der in Kufa aufgewachsen war. Es ist erstaunlich, daß wir über einen Mann, von dem die Geschichte so viel gesprochen hat und der in der Legende durch die Jahrhunderte hindurch lebendig geblieben ist, fast nichts Sicheres wissen. Es ist schwierig, seine eigene Einstellung genauer zu bestimmen. Gewisse Episoden aus seiner Jugend und sein Platz in den Anschauungen der Sekten, die sich unter dem Einfluß seiner Propaganda gebildet haben, geben der Vermutung Raum, daß er insgeheim eine andere Glaubenshaltung einnahm, als seine Herren erwarteten. Jedenfalls arbeitete er ebenso energisch wie skrupellos an der Festigung seiner Macht, sei es auch auf Kosten alter Parteigänger der Bewegung. Diese Macht setzte er voll ein, um den Sieg, den er vor Augen hatte, herbeizuführen: den Sieg seines direkten Herrn, des Abbasiden. Dabei beriet er sich weder mit Vertretern der Familie noch mit den Aliden. Weiter wissen wir, daß er aus den Chorasaniern aller sozialen Schichten begeisterte Scharen unter seine Fahne zu sammeln wußte und die Erhebung wie den darauf folgenden Feldzug mit ergebenen und tüchtigen Offizieren zu organisieren verstand. Überrascht und unfähig, ein Heer zu ernsthaftem Widerstand aufzustellen, wurden die umaiyadischen Führer in Iran in wenigen Monaten der Reihe nach überwältigt, und im Jahre 749 drang die Armee mit den schwarzen Fahnen in Kufa ein. Abū 'l-ʿAbbās, der kurz zuvor Oberhaupt der Familie geworden war, wurde zum Kalifen ausgerufen. Einige Monate später (750) fiel Marwān II., der nach Ägypten geflohen war. Man ließ alle lebenden Umaiyaden, angeblich zu einem Versöhnungsbankett, in Palästina zusammenkommen; sie wurden erbarmungslos niedergemacht, die Leichen ihrer toten Vorfahren wurden ausgegraben und geschändet. Ein einziger, der später in Spanien ein neues Reich begründete, vermochte zu fliehen.
Von einem Verrat in dem Sinne, daß die alidische Bewegung von den Abbasiden für ihre Zwecke mißbraucht worden wäre, kann keine Rede sein. Die abbasidische Partei hebt sich klar von allen alidischen Gruppen ab, und in Chorasan waren solche kaum vertreten. Gewiß gab es eine starke Welle der Sympathie für die Familie. Man wünschte, daß einer aus ihrer Mitte die Macht ausübe, aber man hoffte, er werde durch einstimmigen Beschluß ernannt werden; dazu kam es freilich nicht. Hier liegen die Gründe für den Verdacht, den wahrscheinlich die von Abū Muslim veranlaßte Hinrichtung Abū Salamas aufkommen ließ, des Mannes, der früher in Kufa mit dem Titel ›Wesir der Familie

Mohammeds‹ Haupt der Bewegung gewesen war. Die Abbasiden gaben vor, die Rache an den Umaiyaden im Namen aller ausgeübt zu haben, und auch die Aliden mußten nach ihrer Ansicht Genugtuung darüber empfinden. Sie aber, die doch unter sich keine Einigung hatten erzielen können, sahen die Schuld nicht in ihrer eigenen Unfähigkeit. Der Verdacht des Verrates sollte als dunkler Schatten auf der weiteren Geschichte der Abbasiden lasten. Diesen kam im Augenblick zugute, daß sie deutlicher, als die Aliden es getan hatten, zeigten, der Sturz der verhaßten Dynastie werde keinerlei Änderung in den Glaubensgrundlagen des Islams zur Folge haben. Ganz zu Unrecht hatte man angenommen, sie würden, einmal Sieger geworden, eine Änderung des Dogmas durchsetzen wollen. Eine solche Absicht hatten sie niemals gehabt.

6. Das erste abbasidische Jahrhundert

Die Bewegung, welche die Abbasiden* an die Macht getragen hatte, war Hand in Hand gegangen mit einer Propaganda, deren Geist immer weitere Kreise erfaßte. Sie war gerichtet gegen die Gottlosigkeit der Umaiyaden, die man für die allgemeinen, materiellen wie geistigen, Mißstände in Staat und Gesellschaft verantwortlich machte. Die erste Frage, die sich nach der Revolution stellte, lautete naturgemäß: Was ändert das neue Regime an dem bisherigen Zustand der Dinge, welche Übel werden abgestellt, welche Verbesserungen eingeführt?
Wir sahen, daß eine verhängnisvolle Schwäche der umaiyadischen wie vieler anderer Dynastien in der Ungewißheit der Nachfolge bestand. In dieser Hinsicht trat unter den Abbasiden kein Wandel ein, denn der Begriff der erblichen Monarchie, bei der die Macht vom Vater auf den ältesten Sohn oder einen anderen unter den nächsten Verwandten übergeht, ist der Mentalität des Vorderen Orients immer fremd geblieben, ja nicht einmal im benachbarten Byzanz vermochte er sich durchzusetzen. Man war sehr darauf bedacht, die Kollektivrechte einer Familie zu wahren, ließ aber der Wahl der Person großen Spielraum, und die damit gegebene Freiheit schuf im Verein mit der Polygamie komplizierte Verhältnisse. Der Unterschied zwischen der abbasidischen und der vorhergehenden Dynastie, der sich nach und nach herausbildete, war anderer Art. Aufgrund der von ihnen geltend gemachten hohen Auffassung von der Überlegenheit der Kalifenfamilie über alle anderen vermieden die Abbasiden Heiraten in Familien von Untertanen und damit neue Komplikationen. Sie nahmen nur noch Sklavinnen zu Konkubinen, und von den Söhnen Hārūns an waren fast alle Kalifen die Söhne von Sklavinnen — mit allen Folgen, die diese Regelung für die Reinheit des Blutes innerhalb der Dynastie haben mußte. Aber solche Folgen zog man kaum in Betracht, und für die Probleme der Nachfolge selbst hatten sie keine Bedeutung.
Eine kurze Darstellung berühmter Ereignisse soll die Schwierigkeiten, die sich ergaben, illustrieren. Auf Abū'l-ʿAbbās folgt sein Bruder al-Manṣūr, der sich gegen die Ansprüche ihres Onkels ʿAbdallāh durchsetzt und einen Vetter, ʿĪsā ibn Mūsā, desinteressiert, indem er ihm die Nachfolge in zweiter Linie nach seinem Sohn al-Mahdī verspricht. Der verpflichtet natürlich ʿĪsā ibn Mūsā zum Verzicht. Aber nun hat al-Mahdī zwei Söhne,

* Siehe die Liste der abbasidischen Kalifen am Schluß des Bandes.

Mūsā und Hārūn, und da Hārūn begabter ist und ihre gemeinsame Mutter Ḫaizurān ihn mehr liebt, bestimmt der Vater, daß auf Mūsā, seinen direkten Nachfolger, auf alle Fälle Hārūn folgen soll. Als Mūsā, unter dem Herrschernamen al-Hādī, Kalif geworden ist, betreibt er den Verzicht Hārūns zugunsten seines eigenen Sohnes und wirft Hārūn in den Kerker, aber er selbst wird ermordet, nicht ohne daß Ḫaizurān dabei ihre Hand im Spiele hat. Hārūn, genannt ar-Rašīd, sucht seinerseits zu seinen Lebzeiten die spätere Herrschaftsfolge seiner drei Söhne zu sichern und zu regeln; als Garantie überträgt er jedem von ihnen eine Provinzregierung: al-Amīn, dem zweiten, der aber Sohn einer freien Araberin und legitimen Gattin ist, gibt er fast alle arabischen Länder; al-Ma'mūn, dem ältesten, Sohn einer persischen Sklavin, überträgt er Iran; und dem dritten, al-Mu'taṣim, vertraut er die byzantinischen Grenzgebiete an. Die drei kommen dann auch zur Regierung, aber welche Dramen spielen sich dabei ab! Man sollte annehmen, daß das System wenigstens die Wahl des Fähigsten für die Nachfolge erlaubte. Aber wenn auch die meisten unter den ersten Abbasiden bedeutende Persönlichkeiten waren, so sind doch allzu viele ihrer Nachfolger Marionetten oder Kinder, die von den Mächtigen des Tages zu deren eigenem Vorteil auf den Thron erhoben werden. Hier liegt eine der Ursachen für den späteren Niedergang der Dynastie.

Die Schwäche der Umaiyaden hatte zum Teil aus den innerarabischen Stammesfehden hergerührt. Es gab keinen ersichtlichen Grund, warum der Beginn der neuen Dynastie daran etwas ändern sollte; die Qaisiten, die den letzten Umaiyaden unterstützt hatten, standen denn auch im allgemeinen in Opposition zu den Abbasiden. Dennoch verloren diese Streitigkeiten an Bedeutung, weil nunmehr die Chorasanier und nicht mehr die arabischen Stämme dem Regime das Hauptkontingent seiner Streitmacht stellten. So mochten diese sich zwar untereinander heftig befehden, aber gefährden konnten sie damit die Staatsführung nicht mehr; auch hatte, was dabei zu gewinnen war, sehr an Bedeutung verloren. — Neben der alten Rivalität arabischer Stammesgruppen hatte die Eifersucht der iraqischen gegenüber den syrischen Arabern dem umaiyadischen Regime erhebliche Schwierigkeiten bereitet. Die neue Dynastie, die von Kufa ausgegangen war und ihre Kraft aus Chorasan genommen hatte und weiter nahm, mußte sich naturgemäß im Iraq, in unmittelbarem Kontakt mit der iranischen Welt, niederlassen. Kufa selbst — die Hochburg der Aliden — erschien zu sehr gefährdet; so gründete al-Manṣūr, nach einigen Versuchen an anderen Orten, im Jahre 762 bei der verfallenen Sassanidenresidenz Ktesiphon am Tigris die neue Hauptstadt Bagdad, die bald zum politischen und geistigen Mittelpunkt des Reiches wurde. Aber deshalb schwanden die Gegensätze zwischen den

Provinzen nicht; sie verlagerten sich nur, denn nun nahmen Syrien und in zweiter Linie Ägypten (nicht zu reden von dem entfernten Spanien) in der Opposition zum Kalifat die Stelle ein, die der Iraq innegehabt hatte. Allerdings ist zu sagen, daß ihre relative Bedeutung in der islamischen Welt abgenommen hatte und bescheidener war als die des Iraq unter den Umaiyaden; erst später folgte eine Neubelebung. Daher war der Widerstand, den sie dem neuen Regime entgegensetzten, damals noch weniger gefährlich, als es die iraqische Opposition gewesen war.

Eine wirkliche ›nationale‹ Opposition gegen die arabische Herrschaft hat es, wie schon gesagt, in Iran nicht gegeben. Aber innerhalb der Hierarchie strebten die iranischen Elemente, die Bestandteil der islamischen Gesellschaft geworden waren, die *mawālī* und andere, nach einer ihrem tatsächlichen, wachsenden Einfluß entsprechenden Stellung, und dies um so offener, als sie sich dabei auf die Gleichheit unter den Gläubigen berufen konnten. Diese Bestrebungen waren in der Tat sehr erfolgreich, und es liegt auf der Hand, daß die Chorasanier zur mächtigsten Stütze der neuen Ordnung wurden und infolgedessen lange Zeit aus dem Wechsel der Regierung den größten Nutzen zogen. Dennoch darf man ihre Rolle nicht überschätzen noch glauben, die neue Situation habe von selbst alle Wolken zerstreut. Die gärende Unruhe, die die Revolution begleitet hatte, mußte weiter andauern, wenn die sichtbaren Ergebnisse nicht unmittelbar und vollständig den genährten Hoffnungen entsprachen. Die Chorasanier, die iranischen *mawālī* überhaupt, haben die Gleichstellung mit den Arabern in so hohem Grade erreichen können, daß hundert Jahre später die Bezeichnung *mawālī* außer Gebrauch kam, da ihr keine Wirklichkeit mehr entsprach. Trotzdem waren die Araber in ihren Heimatgebieten immer noch in der Mehrheit, und die herrschende Familie, die des Propheten, bestand aus Arabern. Gab es auch keine Spannungen mehr zwischen Untertanen und Herren, so blieb doch die Rivalität zwischen zwei Gruppen, und es sammelte sich Groll bei den Arabern, die ihrer Vorteile, insbesondere der militärischen Überlegenheit, verlustig gegangen waren. Die Gegensätze hatten sich ihrer Art nach gewandelt und umgekehrt, aber sie bestanden weiter und äußerten sich in mehrfacher Weise. Außerdem mußte der sehr viel ausgeprägtere islamische Charakter des neuen Regimes bei allen Nichtmuslimen Beunruhigung hervorrufen, wozu es unter den Umaiyaden keinen Anlaß gegeben hatte. Die Wirkungen blieben nicht aus.

Kein Wechsel der Dynastie, mochte er noch so revolutionär sein, hätte schon von sich aus die schwierigen sozialen und finanziellen Probleme lösen können, vor denen die Umaiyaden gestanden hatten. Wir werden später sehen, wie sie angepackt wurden. Für den Augenblick bleibt festzustellen, daß der Wechsel in der Staatsführung zwar gewisse soziale Schwierigkeiten gemildert, aber auch neue geschaffen und keinesfalls alle Übel beseitigt hatte. Wie schon die politischen und religiösen Gegensätze zwischen der Familie des Propheten und den Umaiyaden auf dem Boden gesellschaftlicher Unzufriedenheit gewachsen waren, so mußte die Fortdauer der Mißstimmung zwangsläufig neue politisch-religiöse Spannungen hervorrufen. Der Untergang der Umaiyaden, so offenkundig er war, genügte noch nicht, auch die Kräfte zum Verschwinden zu bringen, die sie gestützt hatten. Die Ḫāriǧiten, die bei den Umaiyaden nicht die Erfüllung ihrer Wünsche hatten durchsetzen können, hatten keine Aussicht, bei den Abbasiden mehr zu erreichen. Die Aliden aber, übergangen und enttäuscht, warteten nun darauf, bei dem geringsten Anlaß gegen die Abbasiden den Kampf aufzunehmen, den die Familie vordem — umfassender und heftiger — den Umaiyaden geliefert hatte.

Alle diese Überlegungen erklären, daß nun eine Reihe von Bewegungen und Aufständen einsetzt, die wir uns kurz vergegenwärtigen müssen. Wir stellen sie jedoch nicht chronologisch dar, weil daraus wenig Aufschluß zu gewinnen ist, sondern ordnen sie nach ihrer Eigenart.

Die erste, freilich nicht allzu große Gefahr, die die Abbasiden abzuwehren hatten, drohte ihnen, wie es zuweilen geschieht, von übereifrigen Freunden. Die Rāwanditen, deren Ursprung und Name im Dunkeln liegen, bezeigten der Familie von ʿAbbās dieselbe ›extreme‹ Verehrung wie andere zuvor der Familie ʿAlīs. Sie waren vor allem in Chorasan vertreten, wo sie die Propaganda für die Abbasiden anfänglich mit betrieben hatten, traten aber auch in Bagdad in Erscheinung. Doch ihr Extremismus führte sie nicht zu Erfolg und Macht; die Abbasiden, unter denen sich gerade jene mit dem größten religiösen Ernst von ihnen abgestoßen fühlten, ließen sie mit Stockschlägen bestrafen. Man hat gemeint, die Rāwanditen hätten nur die Bewegung weitergetragen, der die Abbasiden selbst angehört hatten, und diese hätten sich nach ihrem Sieg gegen sie gewandt. Wie schon gesagt, glaube ich nicht, daß man die Position der Abbasiden vor ihrer Revolution so, also im Sinne einer extrem-šīʿitischen Bewegung, auffassen darf.

Viel gefährlicher wurden ihnen andere ehemals Verbündete in Iran und Zentralasien, Verehrer Abū Muslims, den al-Manṣūr 755 ermorden ließ: sie weigerten sich, seinen Tod anzuerkennen. Es ist verständlich, daß er für viele, die ihm in Chorasan und darüber hinaus gefolgt waren und die außerordentliche Kraft seiner Persönlichkeit erfahren hatten, der eigentliche Führer geworden war, hatten sie doch den lange Zeit verborgen gehaltenen Imām, in dessen Namen man sie kämpfen ließ, niemals gesehen. Dazu blieb für viele dieser Anhänger, die sich in der Begeisterung des Aufstands bekehrt hatten, die eigentliche Unterweisung im islamischen Glauben noch zu leisten. So lag es nahe, daß sich mächtige Gruppen bildeten, die nach Rache für den ermordeten Abū Muslim riefen, ja, die erklären konnten, er sei gar nicht tot und werde bei dem nahe bevorstehenden Ende der Zeit zurückkommen. Ohne Frage hatten die hier entstehenden Bewegungen auch soziale und teilweise nationale Gründe, denn die Islamisierung und die Entwicklung, welche die abbasidische Verwaltung nahm, förderten naturgemäß, stärker als die umaiyadische Administration, partikularistische Tendenzen. Aber wie immer treten uns diese Bewegungen vor allem unter dem Aspekt eines religiösen Dogmas entgegen. Allen gemeinsam war die Neigung zu einem Synkretismus, der die alten Glaubensvorstellungen von der Nachfolge des Propheten, vom *Mahdī* und der Seelenwanderung aufnahm und weiterbildete. Unmittelbar nach Abū Muslims Tod hatte der zarathustrische Würdenträger Sindbād aus Nischapur Freiwillige aller Konfessionen gesammelt, um im Namen des wiederkehrenden Abū Muslim Iran zu erobern. Aber der unabhängige Fürst von Tabaristan, der ihn anfangs unterstützt hatte, bekam Angst vor den herannahenden abbasidischen Armeen, wandte sich gegen ihn und besiegte ihn. Ähnliche Bewegungen entstanden zur gleichen Zeit in Transoxanien um Isḥāq, den man den ›Türken‹ nannte, da er die Türken für den Glauben an die Sendung Abū Muslims gewinnen wollte, und um Ustādsīs in Herat. Die schwerwiegendste Erhebung spielte sich in den Jahren 776 bis 779 ab, war besser vorbereitet und stand unter der Führung eines Mannes, der als der Muqannaʿ, der ›Verschleierte‹, bekannt war, da er sich nie anders zeigte. Wahrscheinlich hatte er unter Abū Muslim gekämpft und später zur rāwanditischen Sekte von Merw gehört. Er glaubte, daß eine göttliche Wesenheit sich nacheinander in Adam, Seth, Noah, Abraham, Moses, Jesus, Mohammed, ʿAlī, Moḥammad ibn al-Ḥanafīya, Abū Muslim und zuletzt in ihm selbst verkörpert habe. Man hat behauptet, daß Zauberkünste ihm geholfen hätten, die einfachen Seelen der türkischen Bauern in Transoxanien zu verführen, was vielleicht darauf schließen läßt, daß hier soziale und ethnische Strömungen am Werk waren. Wie dem auch sei, er eröffnete einen Heiligen Krieg gegen die Muslime, die auf jede Weise niederzumachen erlaubt war, schloß seine Anhänger zu einer esoterischen Geheimsekte zusammen und beherrschte mehrere Jahre hindurch das flache Land. Als er schließlich in einer seiner Festungen eingeschlossen wurde, vergiftete er seine Frauen und beging Selbstmord, indem er sich ins Feuer stürzte. Aber seine Nachfolger, die Sekte der ›Weißgekleideten‹ (al-Mubaiyiḍa), gab es noch Jahrhunderte danach, wenn sie auch allmählich in spezifisch islamischen Häresien aufgingen. Wenn wir von der geringen mazdakitischen, also eindeutig außerislamischen Agitation in Aserbaidschan absehen, hat es außerhalb der Länder, die Abū Muslim gefolgt waren, keine Aufstandsbewegung gegeben. Freilich hat auch die zarathustrische Kirche, die synkretistische Strömungen nicht gutheißen konnte, diese in keiner Weise gefördert, ja sie soll sogar Abū Muslim veranlaßt haben, gegen eine dieser Gruppen, nämlich die von Bih-Āfrīḏ, dem Vorläufer des Ustāḏsīs in Herat, rücksichtslos vorzugehen.

Neben den vormals Verbündeten gab es natürlich die Feinde von eh und je. Niemand hatte im ersten Augenblick für die Umaiyaden zu den Waffen gegriffen, aber das bedeutete nicht, daß sie keinen Rückhalt gehabt hätten, und natürlich fanden jene, die unter dem neuen Regime zu Schaden gekommen waren, nachträglich vieles an der alten Dynastie zu rühmen. Manche gingen so weit, daß sie nun gar die Umaiyaden zum Gegenstand ›extremer‹ Verehrung machten. Verständlicherweise entstanden vor allem in Syrien, in Ägypten und unter den Kalbiten, wo die Umaiyaden von jeher ihre stärkste Gefolgschaft hatten, Unruhen. Nicht ganz geklärt sind die Hintergründe einer Revolte der libanesischen Christen, die 760 von einer byzantinischen Flotte unterstützt wurde; in den gewohnten Aufständen der Kopten oder in ihrer Steuerflucht darf man keinen Ausdruck einer politischen Opposition sehen. Aber in der Zeit von 780 bis 785 gelang es einem Nachkommen des Umaiyaden Marwān I., mit qaisitischen Truppenverbänden Oberägypten zu besetzen, und in Syrien schwelte von 790 bis 796 ein Aufstand, der so gefährlich war, daß Hārūn ar-Rašīd seinen Günstling Ǧaʿfar in Person entsandte, um ihn niederzuschlagen. Trotzdem gab es 803 eine neue Erhebung und später noch einzelne Unruhen bis zu der Revolte des Mubarqaʿ, des ›Verschleierten‹, im Jahre 840. Diese letzte ist freilich nicht mehr zu den syrischen Aufständen zu zählen, aber auch ihr Führer berief sich formell auf die Umaiyaden. Aus manchen Anzeichen läßt sich ganz allgemein entnehmen, daß eine beträchtliche Zahl von Muslimen sich weigerte, das Regime der Umaiyaden als unrechtmäßig zu verurteilen. Daher blieb es den Abbasiden verwehrt, deren Namen öffentlich im Freitagsgebet verdammen zu lassen, ja viele, wie der berühmte Theologe und Jurist Aḥmad ibn Ḥanbal, neigten bald dazu, beide Dynastien als rechtmäßig zu betrachten, da sie beide zum Stamm der Qoraiš gehörten. Die Legitimität des Stammes wurde über die geringeren Rechte einer Zweiglinie gestellt, und diese Auffassung erhielt später, im 11. Jahrhundert, durch den großen Theoretiker des öffentlichen Rechts Māwardī offizielle Anerkennung. In syrischen Kreisen war sogar der Gedanke verbreitet, daß einst ein Sufyānide, d.h. ein Umaiyade des ersten regierenden Hauses, zurückkehren werde (vielleicht galt die Legitimation der zweiten Linie, der Marwāniden, für schwächer). Das Andenken Yazīds, sei es an seine Person selbst oder sei es an ihn als den letzten nennenswerten Sufyāniden (sein Sohn war in jungen Jahren nach ganz kurzer Regierung gestorben), wurde in einem Maße hochgehalten und verehrt, daß er später – die genauen Umstände und Beweggründe sind freilich unklar – der synkretistischen Sekte der kurdischen Yazīdīs den Namen geben konnte, die ihn als deren Erneuerer ansahen. [Vgl. aber S. 383.]

Den politisch bedeutendsten Erfolg der Umaiyaden errang, wenn auch am äußersten Ende der islamischen Welt, in Spanien, ʿAbdarraḥmān, einer der ganz wenigen, die dem Blutbad von 750 entronnen waren. Es war ihm gelungen, nach Nordafrika zu flüchten, wo er insgeheim mit Arabern und Berbern Beziehung aufgenommen hatte. Er besaß die Gunst der Berber, denn wie andere Kalifen nach ihm hatte er eine Berberin zur Mutter, die seinem Vater von einem Gouverneur als Gabe zugesandt worden war. Im Jahre 755 landete er auf der Halbinsel. Die große Entfernung ließ abbasidischen Widerstand nicht zum Zuge kommen in einem Land, das an der Machtergreifung der neuen Dynastie keinerlei Anteil genommen hatte. Von 756 an war ʿAbdarraḥmān Herr fast ganz Spaniens, aber er begnügte sich damit, den bescheidenen Titel eines Emirs (*amīr*) anzunehmen, und brachte damit zum Ausdruck, daß er weder das Kalifat zurückerobern noch die prinzipielle Einheit der Gemeinschaft antasten wollte. So blieben alle Angriffe, die abbasidische Agenten im Bündnis mit gegnerischen Sippen im Lauf der nächsten dreißig Jahre gegen ihn unternahmen, vergeblich, und daher gab es seitdem in Spanien und bald, wie wir sehen werden, im Westen des Maghreb ein Stück der islamischen Welt, das vom Kalifat unabhängig war.

Die Ḫāriǧiten hatten den Abbasiden zwar durch die Schwächung des umaiyadischen Kalifats einen unfreiwilligen Dienst erwiesen, ihnen aber niemals Sympathien entgegengebracht. Es erstaunt daher nicht, daß sie auch jetzt immer wieder rebellisch werden: in Arabien, im Iraq, in Syrien, besonders aber im oberen Mesopotamien (einem ihrer Kerngebiete) und im benachbarten Kurdistan, selbst im fernen Chorasan. In Sīstān ließ sich 795 ein gewisser Ḥamza ibn Āḏarak zum ›Fürsten der Gläubigen‹, d. h. zum Kalifen ausrufen und erweiterte seinen Machtbereich bis nach Herat, wobei er, wie berichtet wird, die Armen gegen die Steuereintreiber beschützte; vergeblich ging Hārūn ar-Rašīd abwechselnd mit Gewalt und Diplomatie gegen ihn vor: erst 809 wurde er unterworfen. Bis in die Mitte des 9. Jahrhunderts blieben die Ḫāriǧiten im öffentlichen Leben ein beherrschendes Element; nicht durch das Kalifat, sondern durch eine vom Volk

ausgehende Aktion wurden sie schließlich bezwungen, wie wir noch sehen werden (s. u. S. 237).
Zahlreich waren sie ferner in Oman und gelangten infolge der maritimen Beziehungen auch in den arabisch-islamischen Kolonien Ostafrikas zu Einfluß, vielleicht noch andernorts. Aber ihre größten Erfolge errangen sie im Maghreb. Freilich waren sie dort vom Machtbereich des Kalifats zu weit entfernt, um eine direkte Wirkung dorthin ausüben zu können. Der Maghreb hatte an der abbasidischen Revolution keinen Anteil gehabt, aber die Wirren, die beim Wechsel der Macht entstanden waren, hatten den berberischen Ḫāriǧiten erlaubt, die Stadt Kairuan zu erobern und anderen Ḫāriǧiten in Tripolis die Hand zu reichen. Zwar mußten sie Kairuan wieder aufgeben, aber der Perser Ibn Rustam, den sie dort zu ihrem Führer erhoben hatten, zog sich nach dem inneren Maghreb zurück, wo er Tāhert gründete und 777 den offiziellen Titel eines Imām annahm. Andere, weniger bekannte ḫāriǧitische Fürstentümer entstanden um die gleiche Zeit in Siǧilmāsa unter dem Haus der Midrāriden, in Tlemcen und an anderen Orten. Wenn auch der Angriff der vereinigten Ḫāriǧiten gegen Kairuan 771/772 blutig abgewehrt wurde, so ist es den abbasidischen Machthabern doch nicht gelungen, die abgelegenen Fürstentümer zu unterwerfen, und 787 kam ein Friede mit Ibn Rustam zustande. Die berberischen Ḫāriǧiten, lebenskräftiger als ihre Vettern im Orient, sollten noch im 10. Jahrhundert große historische Tage erleben. Im 9. Jahrhundert umfaßt ihr Besitz wie ein Gürtel das ganze Randgebiet des Maghreb zur Sahara, ein Gebiet, dessen Bedeutung für den Handel wie für die Verbreitung des Islams unter den schwarzen Völkern sich später erweisen sollte. Sie gewinnen einen beherrschenden Einfluß auf ihre maghrebinischen Nachbarn, und es wird zu untersuchen sein, in welcher Weise die die Ursprünge des schwarzen Islams mit bestimmten. Bis auf unsere Tage hat sich eine Gruppe der Ibāḍīya, des in Nordafrika dominierenden Zweiges der Ḫāriǧiten, im südalgerischen Mzāb erhalten.
Eine ernsthafte Bedrohung für die Abbasiden bildeten diese verschiedenen Strömungen und Ereignisse nicht; sie waren alle nur lokaler Natur, spielten sich in entlegenen Gebieten ab und vermochten die wirklichen Anhänger der Familie nicht zu beirren. Gefährlich aber war die Gegnerschaft der Aliden, denn sie kam von Arabern, die ihnen räumlich nah und ideologisch verwandt waren. Zwar hatte man ʿAlīs Namen ohne Bedenken im öffentlichen Gebet einen ehrenvollen Platz gegeben, und man zahlte alidischen Edlen, die keinen Anstoß erregten, Pensionen. Wer aber diese vergoldete Ruhe nicht anzunehmen bereit war, mußte das Schicksal Abū Salamas vor Augen haben, des verdienstvollen Kämpfers für die Sache der Abbasiden, der den

Tod fand, als er für die Aliden eintrat; denn wie gegen ihn, ging man schonungslos gegen mögliche Prätendenten vor und scheute – auf die Gefahr hin, mit den Umaiyaden verglichen zu werden – auch den Vorwurf des politischen Mordes nicht. Unter Abū 'l-ʿAbbās war eine šīʿitische Bewegung in Transoxanien von Abū Muslim vernichtet worden, aber die heftigsten Angriffe kamen, wenigstens vor dem 9. Jahrhundert, noch aus Arabien selbst. Um die Zeit des abbasidischen Aufstandes scharten sich die Šīʿiten teils um den Ḥusainiden Ǧaʿfar aṣ-Ṣādiq, einen ›Gelehrten‹, der keine unmittelbare politische Aktion predigte und daher immer unangetastet blieb, teils um den Ḥasaniden Moḥammad ibn ʿAbdallāh, den man an-Nafs az-Zakīya, die ›reine Seele‹, nannte und als den *Mahdī* ankündigte; mehrfach wird überliefert, daß ihm sogar al-Manṣūr in seiner Jugend gehuldigt habe. Um ihn sammelten sich die Zaiditen, die anscheinend keinen direkten Nachkommen ihres Namensgebers in ihrer Mitte hatten; sie waren jedenfalls der Meinung, man müsse den Imām nach seinen besonderen Fähigkeiten im Kreis der alidischen Familien zu finden suchen. Im Gegensatz zu ihnen wollten die Anhänger der Ḥusainiden nur eine direkte Abstammung des Imām vom Propheten oder die Bestimmung des Nachfolgers durch den Vorgänger gelten lassen. Die zaiditischen Zirkel der Folgezeit haben sich daher vor allem ḥasanidischen, zum Teil aber auch ḥusainidischen Prätendenten angeschlossen.
Während die Männer um Ǧaʿfar aṣ-Ṣādiq vor allem um die Entwicklung und Formulierung des šīʿitischen Dogmas bemüht waren und damit in vieler Hinsicht in die Zukunft wirkten, arbeiteten die Leute des Moḥammad ibn ʿAbdallāh geduldig auf die Eroberung der Macht zur gegebenen Stunde hin, was uns überrascht, da sie sich ein Jahrhundert lang völlig ruhig verhalten hatten. Als die Abbasiden die Macht übernahmen, hatte sich Moḥammad versteckt, wohl gewahr, daß er mehr wußte, als der neue Kalif verzeihen konnte. Er hatte vom Jemen bis weit nach Osten, vielleicht sogar Indien, die notwendigen Verbündeten für eine Erhebung gesucht, die nur als ein plötzlicher Angriff von der arabischen Halbinsel aus gegen die Provinzen denkbar war; diesen Provinzen kam nunmehr trotz ihrer Randlage für das Schicksal des Islams eine entscheidende Bedeutung zu. Es ist möglich, daß die von al-Mansūr gegen Moḥammads ganze Familie entfesselte Jagd, der viele Familienmitglieder als Geiseln in den Kerkern Bagdads zum Opfer fielen, Moḥammad zu einer verfrühten Revolte genötigt hat. Sie brach 762 in den heiligen Städten aus, von dem berühmten Juristen Mālik ibn Anas als legal gerechtfertigt. Aber mochte Moḥammad auch die ›reine Seele‹ seines namensgleichen Vorfahren, des Propheten, haben, dessen organisatorisches Genie besaß er nicht; alles, was er vermochte, war Nachahmung äußerer Dinge, die keinen Er-

folg bringen konnten. Er wurde daher bald besiegt und getötet. Indessen hatte sein Bruder Ibrāhīm die Stadt Basra, ferner Chusistan und den Süden Irans zum Aufstand gebracht, wo die Abbasiden Fremde ohne Ansehen waren. Aber er handelte nicht entschlossen genug und wurde so von den abbasidischen Truppen, die vom Ḥiǧāz zurückkamen, ebenfalls vernichtet. Die Entmutigung der Aliden und die äußerst geschmeidige Diplomatie al-Mahdīs verhüteten eine Zeitlang neue Verwicklungen, aber unter al-Hādī setzten die Unruhen wieder ein. Dabei wurde ein Mann besiegt und getötet, der unter dem Namen Ṣāḥib (›der Mann von‹) Faḫḫ bekannt wurde, so genannt nach dem Ort seiner Niederlage, der zu einem Wallfahrtsort, einem kleinen Kerbelā', wurde. Andere Erhebungen folgten im 9. Jahrhundert, aber fast nur noch außerhalb Arabiens.
Auch die Aliden haben im äußersten Westen, der Zuflucht aller Opposition, ihre dauerhaftesten Erfolge errungen. In Spanien hatte 768 bis 777 der Aufstand eines falschen Aliden, des Berbers Ibn Šākiya, gezeigt, daß man die Achtung vor einem Nachkommen ʿAlīs politisch nützen konnte, aber er hatte keine Nachfolge gefunden. – In Dailam, einer kaum islamisierten Grenzprovinz südwestlich des Kaspischen Meeres, hatte der dem Untergang entronnene Alide Yaḥyā ibn ʿAbdallāh das Land aufzuwiegeln versucht und einen Samen gelegt, der später aufgehen sollte; aber er hatte sich schließlich unterwerfen müssen und starb im Gefängnis, weil man vergaß, ihm Nahrung zu bringen. Dafür aber war es seinem Bruder Idrīs gelungen, an den Grenzen der islamischen Welt Marokko einzunehmen und dort mit Hilfe von Arabern und Berbern, die den Gehorsam gegenüber Abbasiden und Ḫāriǧiten gleicherweise ablehnten, ein Fürstentum zu errichten, das dauern und wachsen sollte (789). Freilich sind dort nach den uns vorliegenden Quellen Spuren einer politisch-religiösen Ideologie, deren er sich vermutlich bedient hat, kaum faßbar, doch war die Achtung vor der Familie, die man in seiner Person verkörpert sah, sicherlich die Grundlage seiner Erfolge.
Zu all diesen Widerständen und Angriffen der Gegner aus Überzeugung kam die einfache Gehorsamsverweigerung von Grenz- und Bergbevölkerungen, die dem neuen Regime ebenso feindlich wie dem alten gegenüberstanden, kamen außerdem ehrgeizige Machenschaften und Unterschleife von Gouverneuren – man sieht, die abbasidische Dynastie regiert im Kampf mit steten Unruhen, überdies bedroht von offenkundigen separatistischen Bestrebungen, die zwar noch auf die Außenprovinzen beschränkt, darum aber nicht weniger aufschlußreich sind. Dennoch darf man in solchen Berichten von Episoden und Symptomen, wie wir sie in historischen und häresiographischen Werken finden, keine Darstellung des allgemeinen und alltäglichen Kli-

mas sehen. Man würde die Zeit, die als eine der Glanzpunkte menschlicher Kultur in die Geschichte eingegangen ist, völlig mißverstehen, wollte man nach Tatbeständen von begrenzter Bedeutung die Gesamtsituation beurteilen. Selbst heftige Auseinandersetzungen sind häufig nichts anderes als Geburtswehen, die durch die Konfrontation der den Geist des Glaubens verkörpernden Familien und Gruppen zu einer fortschreitenden Entwicklung auf den ›klassischen‹ Islam hin beitragen. Wenn die Konflikte ohne Zweifel härter sind als unter den Umaiyaden, so darum, weil die abbasidische Regierung entschiedener darauf bedacht ist, ihre politische und religiös-geistige Herrschaft im Sinne des Islams auszuüben, während die umaiyadische ihre großen Würdenträger gewähren ließ. Wir müssen hier die zwei Seiten ein und derselben Sache sehen, die nicht voneinander zu trennen sind.

Welche charakteristischen Züge trägt nun die Entwicklung unter den Abbasiden?
Wenn auch die abbasidische Revolution von unsicheren Elementen unterstützt worden sein mag, die dem Islam nur oberflächlich oder gar sonstigen Lehren anhingen — das abbasidische Kalifat steht unter dem Zeichen der Suche nach einer Organisationsform, die den Notwendigkeiten des Islams angemessener ist, als die umaiyadische Administration es war. Die abbasidische Familie macht nicht nur für sich geltend, im Sinne des Familienrechts die Erbin des Propheten zu sein — bei feierlichen Zeremonien trägt der Kalif die *burda*, den Mantel des Propheten —, sie erhebt auch Anspruch darauf, den Islam in einem höheren Sinne zu verkörpern; für sie ist der Kalif kein bloß zeitlicher König, *malik*, sondern der *Amīr al-mu'minīn*, der Fürst der Gläubigen, ja mehr noch, ihr *Imām*. Zwar versteht man dieses Wort nicht im Sinne der extremen Šī'iten, die den leiblichen Nachkommen des Propheten eine fortdauernde göttliche Erleuchtung zuschreiben; dennoch hat der Kalif, so glaubt man, als der *Imām* das Recht, dem göttlichen Willen gemäß nicht nur über die Körper der Gläubigen zu herrschen, sondern auch ihre Seelen im Gehorsam gegen das Gesetz zu führen. Wenigstens ist es so bis zur mu'tazilitischen Krise der islamischen Dogmatik, von der wir bald zu sprechen haben. Man kann sich sogar fragen, ob der Name al-Mahdī, den al Manṣūr seinem Sohn gab, nicht gegen die *Mahdī*-Prätentionen der ›Reinen Seele‹ Moḥammad ibn 'Abdallāh und anderer gerichtet war. Seit al-Manṣūr jedenfalls beansprucht die abbasidische Familie das alleinige Recht, das Kalifat auszuüben, und lehnt es ab, bloß als Erbin oder Gleichberechtigte neben anderen Zweigen der Familie des Propheten zu gelten.
Ihre höhere Stellung bekunden die Abbasiden sichtbar in der äußeren Organisation ihrer Hofhaltung und Lebensführung.

Auch die Umaiyaden hatten auf Repräsentation Wert gelegt, aber ihr Hof war verhältnismäßig einfach gewesen und hatte sie nicht eigentlich von den übrigen Sterblichen, zumindest nicht von der übrigen Aristokratie getrennt. In Bagdad geht es anders zu. Von Anfang an ist die ›Runde Stadt‹ des Manṣūr als eine dem Kalifen vorbehaltene, befestigte Residenz angelegt, wo sein Hof, sein Harem, seine Garde und die obersten Verwaltungsbehörden abseits vom Volk, das in die Vorstädte verwiesen wird, ihren Platz haben sollen. Die Macht der Dynastie ruht nicht auf der freien Anerkennung durch die arabische Aristokratie, sondern auf der ungeheuren Größe seiner Sklavendienerschaft und des Stabes privater Klienten; der Kalif heiratet keine Araberin, er wählt seine Frauen aus der großen Zahl seiner Sklavinnen. All das war schon als Keim im Beginn der Bewegung angelegt, es entfaltet sich organisatorisch aber erst am Ende des Jahrhunderts. Im Inneren dieser Residenz ist der Herrscher von höchstem Luxus umgeben; zu Zeiten führt er ein Leben des Genusses und mißachtet sogar das Weinverbot, dessen strenge Befolgung er doch von seinen Untertanen fordert. Der Zugang zum Fürsten wird beschränkt, wenn nicht außergewöhnliche Umstände vorliegen, und der Kammerherr (*ḥāǧib*), der die Audienzen regelt, wird zur wichtigen Staatsperson. Von Zeit zu Zeit jedoch, bei Festen, Siegesfeiern, Botschaftsempfängen, zeigt sich der Kalif inmitten eines unerhörten Prunkes und läßt die größte Freigebigkeit walten. Die Erhöhung des Kalifen durch die neue Sanktion seines Amtes führt, bewußt oder nicht, zur vorislamischen Form der orientalischen Monarchie zurück, vergleichbar vor allem dem Kaisertum des nahen Byzanz. All das bahnt sich unter den ersten Abbasiden deutlich an, kommt aber erst im 9. Jahrhundert, nun aber sehr schnell, zu voller Entfaltung.

Die herrscherliche und geistliche Sendung des Kalifen tritt öffentlich in Erscheinung, wenn er wie seine Vorgänger in der Moschee bei dem Freitagsgebet den Vorsitz führt, wenn er von Zeit zu Zeit in großartiger Weise Gericht hält oder, was jedoch immer seltener geschieht, glanzvolle Züge gegen die Ungläubigen unternimmt. Vor allem aber waltet er seines hohen Amtes dadurch, daß er das islamische Gesetz nach besten Kräften anzuwenden, genauer zu erforschen und seine Auslegung immer mehr zu entwickeln sucht. Darum bemüht sich freilich nicht er allein, eine ganze Epoche tut es. Aber al-Manṣūr ist es, der diese Bewegung recht eigentlich inauguriert, welche die späteren Abbasiden aufnehmen und zu nutzen verstehen. Jedem neuen Kalifen liegt es am Herzen, sie fortzuführen und ihre Richtung zu bestimmen. Die fortschreitende Entwicklung vollzieht sich vor allem in drei Bereichen, die sich gegenseitig ergänzen: im Recht, in der Theologie und – in loser Verbindung zu beiden – in der

Wirtschaft. Ihnen müssen wir jetzt unsere Aufmerksamkeit zuwenden.

Eine grundlegende Forderung der islamischen wie der alten jüdischen Gesellschaft ist die nach einer völlig gemäß Gottes Gesetz gestalteten sozialen Ordnung. Mit anderen Worten: Den römischen, vom Christentum teilweise übernommenen Begriff einer staatlichen Gesetzgebung, die zwar unter Gottes Hoheit steht, aber im einzelnen nicht jedesmal einer göttlichen Legitimierung bedarf, gibt es prinzipiell nicht. Grundlage jeder Entscheidung ist das ein für allemal gegebene Gesetz, das nur anzuwenden ist – der Kalif hat theoretisch keine andere Befugnis, als diese Anwendung zu sichern und im einzelnen zu regeln. In der Praxis muß es freilich eine gewisse Freiheit geben; die gesetzliche Doktrin bleibt gebunden, doch nicht alle realen Notwendigkeiten, die die Verwaltung eines ausgedehnten Reiches mit sich bringt, konnten im Koran berücksichtigt sein. Aber eine wahrhaft islamische Regierung wird den Spielraum der politischen Freiheit weitgehend beschränken oder doch so weit wie möglich dem Gesetz unterstellen, das zwar nicht geändert, dessen Auslegung aber im Hinblick auf die Erfordernisse des öffentlichen Lebens weiterentwickelt werden kann. Hierfür zu sorgen, ist Sache des Kalifen; dennoch hat nicht er allein die Pflicht und die Macht dazu. Nicht jeder kann sich rühmen, das Gesetz gründlich zu kennen, und wer immer Zeit und Nachdenken darauf verwandt hat, es besser kennen und verstehen zu lernen, darf für sich eine Mitwirkung an der Rechtsfindung beanspruchen, denn sie ist letztlich Aufgabe der ganzen Gemeinschaft. Das bedeutet praktisch, daß der Kalif mit den Spezialisten des *ʿilm,* der ›Wissenschaft‹, enge Verbindung halten und ihnen in seiner Regierung einen hervorragenden Platz einräumen muß. Dieselbe Konsequenz ergibt sich übrigens auch in den kleinen ḫāriǧitischen und šīʿitischen Staaten, selbst wenn, wie es in einigen der letzteren der Fall ist, nach der Theorie der Imām selbst als Quelle des Gesetzes angesehen wird.
Das Gesetz heißt *šarīʿa,* genauer gesagt, so heißt die Gesamtheit der kanonischen Gesetzesvorschriften, die in der gemeinschaftlichen Reflexion des Islams oft mehr Raum eingenommen haben als das Dogma. Die Gelehrten, die sich dem allgemeinen Studium der Wissenschaft des Gesetzes und seiner Prinzipien, *ʿilm,* widmen, sind die *ʿulamāʾ* (Pl. von *ʿālim*). Jene, die sich mehr den einzelnen Vorschriften der *šarīʿa* und ihrer Kasuistik zuwenden, sind die *fuqahāʾ* (Pl. von *faqīh*), und der Gegenstand ihrer Lehre heißt *fiqh,* ein Wort, das man häufig mit ›Recht‹ übersetzt, das aber über unseren europäischen Begriff des Rechts hinausgeht, da es die kultischen und sozialen Pflichten mit einschließt. Charakteristisch für das abbasidische Regime ist, daß

es dem *fiqh* und infolgedessen dem sich herausbildenden Stand der *fuqahā'* mehr und mehr Bedeutung zumißt.

Als die Abbasiden zur Macht kommen, ist der *fiqh* kaum erst ausgearbeitet, und dies ist zugleich einer der Gründe, weshalb die Umaiyaden sich noch wenig um ihn gekümmert haben: Sie stützten sich auf die vorhandenen Quellen der Rechtsfindung. Damals gab es altarabische Traditionen, dazu kamen Traditionen der besiegten Völker, die man, wenn man ihrer Ergebenheit sicher war, bestehen ließ – wir werden auf dieses Verfahren der individuellen Gesetzgebung noch zu sprechen kommen –, und es gab die beiden ersten ›Wurzeln‹ der islamischen Rechtsordnung, den Koran und den überlieferten ›Brauch‹, die *sunna* des Propheten. Diese beiden entschieden eine Reihe von Fällen und gaben eine allgemeine Orientierung, enthielten aber über das private Leben der Gläubigen hinaus nur ausnahmsweise genauere Vorschriften, die durch den fortschreitenden Aufbau des Reiches notwendig wurden. Solche spezielleren Bestimmungen entstanden erst nach und nach. Dabei hat man unter den Umaiyaden einerseits einheimische Traditionen einfach übernommen, andererseits haben die Kalifen oder ihre Gouverneure immer wieder die Initiative ergriffen und mehr oder weniger verbindliche Präzedenzfälle geschaffen. Natürlich lagen die neuen Vorschriften mehr auf dem Gebiet der Verwaltung und der Politik als auf dem des privaten Rechts, wo sich Traditionen verschiedener Gemeinschaften nebeneinander hielten. Dennoch hatte die Fortentwicklung der arabischen Lebensbedingungen zur Folge, daß man sich um eine Erweiterung und Differenzierung des Rechts in allen Sparten bemühte.

Die Richter (ar. *qāḍī*, ›Kadi‹) können anfangs bei der wachsenden Fülle und Schwierigkeit der Probleme nichts anderes tun, als selbst nachzudenken und ihre persönliche Meinung, *ra'y*, auszusprechen. Als dann auch Nichtaraber das Amt ausüben, stoßen sie zuweilen auf Probleme, die ihnen aus ihrer vorislamischen Vergangenheit vertraut sind und für die sie Lösungen kennen. Aber man ist sich der Gefahr widersprüchlicher Entscheidungen bewußt und sucht daher bald einen allgemeinen Konsensus der Rechtsgelehrten, *iǧmā'*, zu erreichen, doch hat er einen durchaus privaten Charakter und nichts von der Autorität, mit der etwa ein Konzil der katholischen Kirche durch den Mund geweihter Priester den Willen Gottes verkündet. Immerhin besitzt das Wort der *fuqahā'* in sehr vielen Fällen so viel bindende Kraft, wie sie von dem des Pfarrers einer protestantischen Kirche ausgeht. Aber naturgemäß handelt es sich in den ersten Generationen bei dem *iǧmā'*, auf den man sich beruft, nur um den Konsensus von Gelehrten, die in einer bestimmten Region wohnen; denn die Verkehrsschwierigkeiten sind zu groß, und es gibt noch zu wenige und nur unzulängliche Rechtsabhandlungen, die schriftlich verbreitet sind, als daß man sich laufend gegenseitig beraten und über gegensätzliche Meinungen diskutieren könnte. Gewiß setzt die Konvergenz der richterlichen Praxis den möglichen Divergenzen Schranken, und, allein vom Prinzip her gesehen, sollte der *iǧmāʿ* der islamischen Gemeinschaft im ganzen unfehlbar sein; tatsächlich aber entstehen infolge zufälliger Verschiedenheiten im Denken und mehr noch durch die Kompliziertheit der Probleme selbst regionale Gegensätze, die wesentlich sein können. Zu Beginn hält man sich vor allem an den *iǧmāʿ* der Lebenden, der aber zu wenig festgelegt, ja oft genug nicht einmal richtig bekannt ist und daher für die folgende Generation nicht verpflichtend bleiben kann. Joseph Schacht, der Forscher, der die Entstehungsgeschichte des Rechts am klarsten herausgearbeitet hat, spricht hier von der »lebenden Tradition«. Erst nach und nach bilden sich ›Schulen‹.

Infolge einer natürlichen Entwicklung wird nun eine neue Mentalität sichtbar, die sich im Übergang vom 1. zum 2. islamischen Jahrhundert, mit anderen Worten in der letzten umaiyadischen Generation, zu zeigen beginnt. Einerseits sucht man allgemeine methodische Richtlinien abzufassen, mögen sie auch unvollkommen sein; andererseits bemüht man sich, die vertretenen Meinungen nicht auf das unterschiedliche Ansehen lebender Gelehrter, sondern auf ältere Autoritäten zu gründen, die durch ihren Ruhm sanktioniert sind. So sucht man bald Bürgschaft bei den Gefährten des Propheten, und zwar jede Schule bei denen, die in ihrer Region heimisch waren — im zweiten Jahrhundert dann beim Propheten selbst, dem höchsten Richter in allen Fällen, wo die Meinungen der Gefährten auseinandergehen. Das heißt, man sucht im Corpus der überlieferten Worte und Taten des Propheten, dem schon erwähnten *Ḥadīṯ,* nach Präzedenzfällen. Manchmal hält man sich auch an große Wegbereiter, wie auf dem Gebiet des öffentlichen Rechts natürlich vor allem an den Kalifen ʿOmar.

Indessen hat man in der Zeit, da diese Rechtsgrundlagen erarbeitet wurden, sehr wohl gewußt, daß Teile des *Ḥadīṯ* bei der wachsenden Bedeutung, die ihm zukam, in den Parteikämpfen oder für sonstige Zwecke und Interessen oft genug erfunden, völlig gefälscht oder mindestens teilweise geändert wurden. Eine Kontrolle war sehr erschwert, um so mehr, als die Erfinder die Zuverlässigkeit ihrer angeblichen Gewährsleute betonten. Paradoxerweise ist daher sehr häufig eine Überlieferung, die auf den Propheten zurückgeführt wird, die jüngste und anfechtbarste. Die Aufgabe der modernen Forschung ist im Prinzip geklärt, im einzelnen aber noch kaum in Angriff genommen; sie besteht darin, sowohl den Inhalt der Traditionen als auch die Kette der Überlieferer zu prüfen und damit herauszufinden, ob sie für echt gehalten werden dürfen oder nicht. In Zweifelsfällen ist zu fragen, wo, wann und warum sie entstanden sind. Schacht, der die von dem großen ungarischen Orientalisten Ignaz Goldziher zu Anfang des Jahrhunderts begonnene Arbeit fortsetzte, kommt das Verdienst zu, diese Notwendigkeiten klar formuliert zu haben. Sicher ginge man zu weit, wollte man die Existenz einer echten und weit zurückreichenden Überlieferung überhaupt leugnen. Der Prozeß der Sammlung und Überarbeitung hat sehr früh begonnen und war recht uneinheitlich, denn nicht alle Überlieferungen eigneten sich dazu, als Präzedenzfälle und Argumente zu dienen, und die verschiedenen Teile des *Ḥadīṯ* waren daher Änderungen und Fälschungen nicht in gleichem Maße ausgesetzt. Aufs Ganze gesehen ist kritische Vorsicht unerläßlich, und viele islamische Gelehrte haben sie auf ihre Weise schon vom Mittelalter an geübt.

Das rasche Wachstum des *Ḥadīṯ* geht vor allem auf die ›Traditionarier‹ selbst zurück. Sie hielten den *ra'y*, die *opinio prudentium*, nicht nur für unzureichend, sondern für gefährlich. Die *Ḥadīṯ*-Gelehrten verlangten, daß jede juristische oder dogmatische Entscheidung auf wenigstens eine Tradition gegründet sein müsse. Die Kadis konnten freilich im *Ḥadīṯ* nicht für alle Probleme eine befriedigende Antwort finden. Da die Überlegenheit der Tradition des Propheten über die individuelle Meinung für einen Muslim aber schwer zu bestreiten war, stellten sich die *fuqahā'* auf den Boden der Traditionarier, beschränkten sich jedoch, da sie das positive Recht auf keinen Fall ändern wollten, auf vermittelnde Maßnahmen. Entweder rechtfertigten sie früher getroffene Entscheidungen je nach dem einzelnen Fall durch eine — wenn nötig erfundene — Tradition, oder sie stellten einer Tradition, die man ihnen vorhielt, eine andere, wahre oder falsche, entgegen; oder schließlich leiteten sie aus einem im *Ḥadīṯ* behandelten Fall Schlußfolgerungen für andere Fälle ab, die sich auf eine mehr weniger gesuchte Analogie gründeten. Diese letzte Methode der Analogie, *qiyās*, wurde neben dem Buchstaben des *Ḥadīṯ* und dem einfachen *ra'y* zu einer neuen Quelle des juristischen Denkens. Die allgemeine Bezeichnung für diese persönlichen Beiträge der einen oder der anderen Art, welche die ersten Rechtslehrer lieferten, ist *iǧtihād*, die ›Anstrengung‹ des eigenen Urteils; später aber wird die Autorität der Vorgänger maßgebend und ›die Pforte des *iǧtihād* geschlossen«.

In der Zeit, als die Abbasiden zur Macht kommen, beginnen sich ›Schulen‹ (arab. *maḏhab*) zu bilden. Die frühe Schule des Syrers al-Auzā'ī (gest. 774) kennen wir schlecht, denn da sie in Verbindung mit den Umaiyaden entstanden war, verlor sie unter den Abbasiden an Ansehen, und diese ließen es geschehen, daß ihre Arbeiten verschwanden. Zu größerer Bedeutung entwickelte sich die Schule von Medina, von der man glaubte, sie müsse — in der Stadt des Propheten — seinen Brauch und seinen Geist in besonderem Maße bewahrt haben. Ihr großer Lehrer ist Mālik ibn Anas (etwa 715–796), der ursprünglich der abbasidischen Bewegung fernstand, ja sogar in den Aufstand des Aliden Moḥammad ibn ʿAbdallāh verwickelt war, später aber zu den Kalifen al-Mahdī und Hārūn ar-Rašīd gute Beziehungen unterhielt. Sein Hauptwerk, der *Muwaṭṭa'* (›Der geebnete Pfad‹), ist in Nachschriften seiner Schüler erhalten und stellt eine systematische Sammlung der Traditionen des *Ḥadīṯ* dar, die in Medina anerkannt waren und der Rechtspraxis der Stadt als Grundlage dienen sollten. Der Mālikismus hat über Ägypten den ganzen islamischen Westen erobert, im Osten aber wenig Bedeutung gewonnen, ja sich nicht einmal in Arabien selbst behauptet.

Stifter der Schule, die mit dem abbasidischen Regime am engsten verbunden war und die man, obwohl sie dieser Schutzherrschaft ihr schnelles Aufblühen im *ganzen* Osten verdankte, die iraqische nennen kann, ist Abū Ḥanīfa (699–767). Er war kein Araber wie Mālik oder al-Auzāʿī, sondern ein *maulā* aus Kufa, dem es ein kleines Vermögen und seine bescheidenen Lebensansprüche erlaubten, seine ganze Kraft der Wissenschaft zu widmen, ohne ein öffentliches Amt zu bekleiden. Dies erklärt zum Teil den Charakter seiner Lehre, so wie seine Schüler sie uns überliefert haben. Sie ist besonders wegen ihrer theoretischen Stringenz in grundsätzlichen Fragen bemerkenswert, zuweilen wegen ihres Mutes zu kühnen Neuerungen; dennoch kam sie den konkreten Anforderungen des Richterberufes nicht immer in dem Maße entgegen, wie die Kadis es wünschten. Demgegenüber zeichnet sich gerade durch das Bemühen, die praktischen Probleme zu lösen, Abū Ḥanīfas bedeutendster Schüler Abū Yūsuf Yaʿqūb (715–798) aus, den Hārūn ar-Rašīd zum Oberkadi machte. Er verfaßte im Auftrag des berühmten Herrschers sein Hauptwerk, das *Buch von der Grundsteuer,* welches endlich eine den Bedürfnissen des Staates ebenso wie den Lehren der *šarīʿa* entsprechende Steuerpraxis herbeiführen sollte. Mit Abū Yūsuf und dem etwas jüngeren Šaibānī (gestorben 805) konstituierte sich eine Schule, die lange Zeit hindurch an der Aufgabe arbeitete, die bestehende Praxis mit den Interessen des Staates in Einklang zu bringen; freilich trug sie dafür Sorge, daß die Forderungen des Islams nicht geradezu verletzt wurden.

In der folgenden Generation hat die Persönlichkeit des Hāšimiten aš-Šāfiʿī (767–820), auch wenn einzelne seiner Lehrmeinungen auf Ablehnung stießen, am stärksten auf die Prägung des islamischen Rechts eingewirkt. In Palästina geboren, aber von Mālik, als dessen Fortsetzer er sich immer fühlte, in Medina ausgebildet, kompromittierte er sich nach dem Tode seines Lehrers durch seine Beziehungen zu dem Aliden Yaḥyā ibn ʿAbdallāh, dem Agitator von Dailam, und blieb sein Leben lang abseits der Macht; er lehrte vor allem in Syrien und Ägypten, wo sich seine Ideen am weitesten verbreiteten, bevor sie mit seinen Schülern im Wettstreit mit dem Ḥanafismus (der Schule Abū Ḥanīfas) auch im Osten Fuß faßten. Durch ihn erfährt die Arbeit der Traditionarier im Bereiche des *fiqh* ihre Krönung. Das *Kitāb al-Umm* (›Mutterbuch‹), seine ›Summa‹, ist die schöne, umfassende Darstellung einer Rechtslehre, die den *raʾy*, die selbständige Entscheidung, verbannt und ausschließlich auf dem durch logische Deduktion und Analogie, *qiyās*, interpretierten *Ḥadīṯ* beruht. Er unterzieht die Echtheit des *Ḥadīṯ* keiner strengen Kritik und räumt den Überlieferungen so viel Glaubwürdigkeit ein, daß er sogar die vagen Formeln des Korans mit ihnen zu erläutern sucht. Sein Einfluß wurde so stark, daß nicht einmal mehr die Ḥanafiten umhin konnten, ihre Lösungen auf den *Ḥadīṯ* zu gründen – damit war es um die lebende Tradition der alten Rechtslehrer geschehen. Das Recht wurde immer mehr zu einem abgeschlossenen Corpus, das nur noch im Detail Änderungen erfahren konnte. Wenn auch vor allem aš-Šāfiʿī diese Entwicklung herbeiführte, in seinen Schriften begründete und allgemein durchsetzte, sie war in jedem Falle normal und fast unvermeidlich.

Indessen fanden die Traditionarier, daß aš-Šāfiʿī auf die eine oder andere Weise der menschlichen Überlegung und Entscheidung immer noch zuviel Freiheit lasse. Aḥmad ibn Ḥanbal (780–855), der aus einer pro-abbasidischen Familie in Merw stammte, aber in Bagdad wirkte, wo er uns noch begegnen wird, bekannte sich zu einer Interpretation von Koran und *Ḥadīṯ*, die sich von ihrem wörtlichen Sinn so wenig wie möglich entfernen sollte. Er vertrat diese Auffassung jedoch ohne die rigorose Strenge derer, die sich später auf ihn beriefen. Er weigerte sich überdies – was man seine Schüler lange Zeit spüren ließ –, die Arbeit eines Juristen zu leisten; er war kein Systematiker und jeder normativen und autoritären Enge im Rechtsdenken abhold. Nach seiner Ansicht durfte man keine verbindlichen Entscheidungen fällen, die nicht ganz unbezweifelbar auf die heiligen Texte gegründet waren, woraus sich unter Umständen ein gewisser Liberalismus ergab. Man durfte nicht befehlen, was nicht klar geboten, und man durfte nicht untersagen, was nicht ausdrücklich verboten war. – Noch ausschließlicher wollte die Schule der Ẓāhiriten (von arab. *ẓāhir*, ›Wortlaut‹) die Gesetze aus dem offenbaren Wortsinn ableiten. Sie entstand in der Mitte des 9. Jahrhunderts und hatte später in Spanien hervorragende Vertreter, welche dieselbe Unnachgiebigkeit mit ähnlichem Liberalismus verbanden.

Aber zu gleicher Zeit weckte die steigende Bedeutung des *Ḥadīṯ* und sein schnelles Wachstum bei manchen Gelehrten das Be-

dürfnis, die Traditionen auf ihre Echtheit zu untersuchen. Zwar erscheint ihre Methode, die Zuverlässigkeit der Tradenten kritisch zu prüfen (jede Überlieferung war durch eine ununterbrochene Kette, *isnād*, von Bürgen zu stützen), im Lichte moderner Kritik weder als sehr stichhaltig noch als ausreichend, aber sie ist doch bezeichnend für einen neuen Geist und eine sinnvolle Absicht. Schon Ibn Ḥanbal ordnete in seinem *Musnad* die Überlieferungen nach ihren Gewährsmännern. Entschiedener und systematischer gingen al-Buḫārī, Muslim ibn al-Ḥaǧǧāǧ und andere in der zweiten Hälfte des 9. Jahrhunderts daran, die echten, die ›schwachen‹ und die falschen Stellen des *Ḥadīṯ* zu bestimmen und für den praktischen Gebrauch zu ordnen. Sie schlossen aus ihren Sammlungen, die für die Folgezeit kanonische Geltung gewinnen sollten, alles aus, was sie als unecht oder unsicher erkannt hatten.
Zur gleichen Zeit, in der sich diese Entwicklung vollzog, verloren die Rechtsschulen ihren eng begrenzten regionalen Charakter. Zwar sollte die Abgelegenheit des Maghreb und Spaniens dem Mālikismus, den Saḥnūn zu Beginn des 9. Jahrhunderts dorthin gebracht hatte, hier eine fast ausschließliche Geltung verschaffen, und in verschiedenen Gegenden herrschte die eine oder andere Lehrmeinung vor. Aber die Einheit des abbasidischen Reiches, ferner die Bevölkerungsmischung in den großen Zentren, der Aufschwung der Handelsbeziehungen, die Pilgerfahrten und anderes brachten die Schulen miteinander in Verbindung, und in Bagdad waren sie naturgemäß alle vertreten. Erst im 11. Jahrhundert freilich nahmen sie einen wirklich offiziellen Charakter an; die bedeutendsten sind Ḥanafiten, Mālikiten, Šāfiʿiten und Ḥanbaliten. Diese Namen zeigen, daß sie sich auf die Autorität eines Gelehrten beriefen, der die wissenschaftliche Arbeit geleistet hatte; sie zu prüfen und weiterzuführen erschien kaum mehr notwendig.
Eine ähnliche, wenn auch in mancher Hinsicht vielleicht etwas langsamere Entwicklung vollzog sich in den šīʿitischen Kreisen, welche der Orthodoxie, die sich erst allmählich konsolidierte, noch nicht entfremdet waren. Unter dem Namen Zaids, des 740 getöteten Aliden, ist ein Corpus Juris erhalten, das wohl nicht von ihm selbst verfaßt wurde, sondern auf die Arbeit von Schülern zurückgeht, die ihm aber mit einem gewissen Recht Anteil an der Urheberschaft zuschreiben konnten. Der Geist dieses Corpus steht, was die Probleme des *fiqh* angeht, durchaus in der Mitte zwischen den Schulen von Mālik und Abū Ḥanīfa.
Einige Folgerungen aus dem Gesagten verdienen hervorgehoben zu werden, da sie nicht immer klar gesehen wurden. Man hat oft behauptet, das islamische Recht sei eines der am wenigsten realistischen, aber dieses Urteil ist einseitig und ungenau. Es ist wahr, daß der *fiqh* nach seinen Grundgedanken auf einem

Ordnungsschema beruht, das die allgemeine Berücksichtigung verschiedener Gebräuche erschwert, aber ebenso wahr ist, daß er positive Bestimmungen enthält, die aus der Erfahrung des realen Lebens hervorgegangen sind. Gewiß hält er hier und da von der Entwicklung überholte Vorschriften fest, und er ignoriert in der Wirklichkeit des sozialen Lebens Tatbestände, die der Islam nur dulden, aber nicht anerkennen konnte. Richtig ist endlich auch, daß man nach der ›Schließung der Pforte des *iǧtihād*‹ die Lehren der Vorfahren übernimmt und oft mechanisch Formeln bewahrt, die in späteren Epochen völlig gegenstandslos werden. Dennoch bleibt festzustellen, daß die Rechtsentwicklung anfangs durchaus von der Realität ausgeht und ihren Problemen Rechnung trägt. Ganz besonders gilt dies von allen Aspekten des wirtschaftlichen Lebens. Der moderne Historiker darf daher den *fiqh* nicht von vornherein zurückweisen; er würde sich damit einer außerordentlich wichtigen Quelle berauben, denn wir besitzen, mit Ausnahme der ägyptischen Papyri, für die frühe Zeit keine schriftlichen Unterlagen. Allerdings muß er die verschiedenen Schichten freizulegen versuchen, in denen sich die Zustände und Ereignisse bestimmter Epochen oder Regionen niedergeschlagen haben.

Darüber hinaus kam es, da die Werke des *fiqh* aufgrund seiner Anlage schwierig zu benutzen waren, zur Entstehung literarischer Formen, die den Bedürfnissen des täglichen Lebens und seiner Rechtsprechung unmittelbarer entgegenkommen sollten und für uns daher von besonderem Interesse sind. Vom Beginn des 3. Jahrhunderts der Hiǧra an werden von den bedeutendsten Rechtsgelehrten Abhandlungen über *ḥiyal*, ›Rechtskniffe‹, verfaßt, in denen Methoden gezeigt werden, wie man den Buchstaben einer Vorschrift des *fiqh* mit der abweichenden Praxis in Einklang bringt. Wenig später werden die ersten *šurūṭ*-Sammlungen zusammengestellt, d. h. Formulare für die Abfassung schriftlicher Rechtsgeschäfte und Urkunden, die zwar nach der Theorie der *šarīʿa* nicht notwendig sind, in der gewohnheitsrechtlichen Praxis aber eine zunehmende Rolle spielen. Schließlich kommt es häufig vor, daß man bei schwierigen Problemen einen Rechtsgelehrten, *muftī*, konsultiert, der seinen Rat in Form eines Gutachtens, *fatwā*, niederlegt; Sammlungen solcher *fatwās*, die man später anlegt, sind interessant, da die hier erörterten Probleme des privaten Rechts die Ratsuchenden tatsächlich beschäftigt haben. Diese Literaturgattung nimmt bei den Ḥanafiten Innerasiens und den Mālikiten des Westens – dort unter dem Namen *nawāzil*, ›Fälle‹ – im hohen Mittelalter eine besondere Entwicklung.

Die Abbasiden haben, wie gesagt, ganz allgemein die Entstehung des *fiqh* gefördert und hielten Kontakt mit seinen hervorragendsten Vertretern, vor allem den Ḥanafiten. Die Entwick-

lung des Privatrechts kümmerte sie nicht, aber auf die des öffentlichen Rechts konnten sie genügend Einfluß nehmen. Jedoch hätten sie vielleicht bei diesem wie bei jenem lieber gar keine offizielle Kodifizierung gesehen, da diese dem Geist des Islams zu sehr widersprach: der Staat genießt dem Gesetz gegenüber kein Privileg. Die Sammlungen, die vom 3. islamischen Jahrhundert an entstehen, geben sich daher im allgemeinen durchaus privat, auch wenn die berühmtesten unter ihnen zu großem Ansehen gelangen und fast durchweg benützt werden. Für einzelne Fragen bekommt das eine oder andere Werk, wie z. B. Abū Yūsufs Buch über die Grundsteuer, fast offiziösen Charakter, da die Autorität des Kalifen dahintersteht. An anderer Stelle werden wir noch von verschiedenen Abhandlungen über die Verwaltungspraxis zu sprechen haben, die zwar nicht amtlich, aber doch von Beamten der Staatsverwaltung verfaßt waren. Doch erst in der Mitte des 11. Jahrhunderts finden wir in den *Ordnungen der Regierung* des Māwardī einen wirklichen Kodex des öffentlichen Rechts, der allerdings in der gesamten islamischen Literatur keinen Nachfolger gefunden hat.
Natürlich liegt es den Abbasiden am Herzen, neben der Entwicklung des Gesetzes auch die Rechtsprechung selbst zu verbessern; dazu sogleich Näheres.

Der Ausgestaltung des positiven Rechts entspricht eine mit ihr gleichlaufende und eng verbundene Bemühung um die religiöse und philosophische Weiterentwicklung des Islams. Leider ist deren Verlauf noch schwieriger darzustellen als das Wachstum und Werden des *fiqh*. Wir besitzen fast kein originales Werk der ersten Denker des Islams; wir kennen sie nur aus Widerlegungen oder bestenfalls aus späten Überarbeitungen, die Ausdruck einer vorangeschrittenen Entwicklung sind. Die Vorbehalte, mit denen wir die parteiliche Darstellung der frühen Šīʿa durch die Häresiographen aufzunehmen hatten, gelten ebenso für die ganze Geschichte des religiösen Denkens im ersten abbasidischen Jahrhundert. Wir können daher nur den Versuch machen, die großen Linien der Entwicklung zu zeichnen.
Man muß sich hier, wie bei der Betrachtung der umaiyadischen Epoche, gegenwärtig halten, daß dies nicht eine spekulative geistige Bewegung ohne Beziehung zu den aktuellen politischen Strömungen und Auseinandersetzungen ihrer Zeit war. Wenn auch die späteren Darstellungen hinter der abstrakten Doktrin die mit ihrer Entstehung verquickten politischen Ereignisse nicht immer sichtbar werden lassen, so sind diese darum nicht minder bedeutsam gewesen, und man darf sich von der schematischen Einteilung gängiger Lehrbücher nicht zu der Annahme verleiten lassen, die eine Bewegung gehöre ausschließlich der politischen, die andere nur der Geistesgeschichte an. Ganz beson-

ders gilt dies für die wichtigste theologische Bewegung des Jahrhunderts, die Muʿtazila.
Schon in der Zeit der Umaiyaden führte das öffentliche Leben besinnliche Geister dazu, Probleme von theologischer Tragweite aufzuwerfen. Gerade die kontemplativen Denker, die vor allem um die Vertiefung des Glaubens bemüht sind, insistieren auf solchen Fragen. Auf der anderen Seite bringen Konvertiten aus den alten Religionen Unruhe in den für sie neuen Glauben und andere Antworten auf die gemeinsamen Fragen, während zugleich Nichtmuslime aus Neugierde oder in polemischer Herausforderung nach den Lösungen forschen, die der Islam für einzelne Probleme zu geben hat. All diese Umstände beleben die Diskussion und führen zur Herausbildung einer islamischen Theologie, welche den Muslimen die Auseinandersetzung mit den sie umgebenden Konfessionen auf gleicher Ebene ermöglicht. Die Entstehung so vieler Gruppen und Richtungen, die verschiedene Lehren vertreten, hat auch politische Bedeutung, denn sie gefährdet die Einheit der Gemeinschaft. Das islamische Dogma ist noch nicht fest umrissen, und alle Ideen dürfen, so lange sie nicht zu Aufständen führen, frei geäußert werden. Weder Koran noch *Ḥadīṯ* geben ein dogmatisches System; sie sind nicht frei von Widersprüchen und liefern auf theologische Fragen keine verbindlichen Antworten.
Der Ausdruck, welcher das theologische Denken und Diskutieren im Islam bezeichnet und im weiteren Sinne zum Inbegriff der islamischen Scholastik und ihrer Vertreter geworden ist, verdient auch wegen seiner Bedeutungsentwicklung unser Interesse: *kalām*. Sein eigentlicher Sinn ist ›Rede‹, zu allererst in der Bedeutung ›Rede Gottes‹, Logos, ›Wort‹. In der realistischen Atmosphäre des antiken und mittelalterlichen Denkens, worin Wort und Existenz einander implizieren, führt das Gespräch über dieses dem Menschen im Koran mitgeteilte Wort zur Frage nach der Beziehung, die zwischen Gott und seinem Wort besteht. Ist es in seinem Wesen schon enthalten, oder hat er es zur Mitteilung erst geschaffen? Andererseits hat die antike und christliche Philosophie – in ihrer Tradition steht noch Johannes von Damaskus, der zur Umaiyadenzeit in Jerusalem lehrt – dem Logos zugleich den Sinn von ›Vernunft‹ gegeben, und so heißt ›sich mit dem Wort beschäftigen‹ auch ›sich mit der Vernunft beschäftigen‹; unter dem Einfluß dieser Auffassung bedeutet Studium des *kalām* daher auch, sich mit dem Inhalt des offenbarten Glaubens denkend auseinanderzusetzen. Wir dürfen die Vertreter dieses Studiums, die *mutakallimūn,* Theologen nennen, jedoch nicht vergessen, daß der Glaube für den Muslim grundsätzlich mit der Vernunft in Einklang steht. Anders als in der christlichen Philosophie gibt es hier den Zwiespalt zwischen Glauben und Vernunft in der Theorie also nicht.

Wir können nicht genau sagen, wie weit die dogmatische Entwicklung im Augenblick der abbasidischen Revolution gediehen war und welche Stellung die neue Dynastie anfangs zu den verschiedenen Gruppen und Schulen einnahm. Da abbasidische Kalifen die Doktrin der Muʿtaziliten – der Protagonisten spekulativer Dogmatik im Islam – später zum Staatsdogma erhoben und da andererseits die ersten Abbasiden mit Wāṣil ibn ʿAṭāʾ und ʿAmr ibn ʿUbaid, die als Väter der Muʿtazila galten, in Beziehung standen, glaubte man schließen zu dürfen, die Muʿtazila sei ihrem Ursprung nach die offizielle Ideologie der Abbasiden schon vor der Übernahme der Macht gewesen. Tatsächlich sollen Wāṣil (gest. 748/749) und ʿAmr (gest. 761) im Zusammenhang mit den politischen Ereignissen des frühen Islams gelehrt haben, daß es zwar notwendig in der ›Anfechtung‹, *fitna*, des Bürgerkrieges Schuldige gegeben habe (während die Gruppe der Murǧiʾiten es Gott anheimstellte, darüber zu befinden); es sei aber – entgegen dem Rigorismus der Ḫāriǧiten – nicht Sache des Menschen, über Schuld und Unschuld der Beteiligten im einzelnen Fall zu urteilen. Damit war die vorläufige Anerkennung jeder Dynastie zu rechtfertigen. Entscheidend war nach ihrer Ansicht, daß man sich um die Vervollkommnung im islamischen Glauben bemühte und die Erleuchtung erlangte, um den rechten Führer der Gemeinschaft zu wählen; einstweilen gebe es kein Privileg für bestimmte Personen. Damit begründeten sie eine distanzierte Haltung gegenüber den Aliden, die dieses Privileg ja für sich zu beanspruchen begannen. Dies kam den Abbasiden entgegen. Allerdings hatten die Abbasiden in enger Verbindung auch mit noch anderen als mit Wāṣil und ʿAmr gestanden, und diese ihrerseits pflegten wiederum mit ganz anderen Gruppen Beziehungen, vor allem den Zaiditen, mit denen sie viele Berührungspunkte hatten und unter denen sie später ihre treuesten Anhänger fanden. Auch die Muʿtazila war politisch aktiv gewesen, aber nicht im Sinne der Abbasiden, wenn sie auch in manchem mit ihnen übereinstimmen mochte. Ihr Stützpunkt war Basra, wo die Abbasiden viel weniger Rückhalt besaßen als in Kufa. Wenn, was aber nicht gesichert ist, Wāṣil und ʿAmr theologische Doktrinen vertreten haben, so lassen sich diese Lehren nur schwer von denen ihrer wahren oder vorgeblichen Nachfolger trennen. Auf alle Fälle aber ist es bedenklich, die ersten Abbasiden als erklärte Muʿtaziliten anzusehen.

Man befand sich ja in der Theologie wie auf anderen Gebieten des Denkens am Beginn einer großen Gärung, deren Hauptzentrum Basra war. Man wird die äußerst wichtige Rolle, die diese Stadt vor dem Aufstieg Bagdads gespielt hat, kaum genug betonen können; sie war sowohl Schmelztiegel der verschiedensten wissenschaftlichen und philosophischen Schulen als auch

Wirkungsfeld mannigfacher religiöser Richtungen. Hier lebte in der Mitte des 8. Jahrhunderts Ḥasan al-Baṣrī, den die Nachfahren einer ganzen Reihe von geistigen Familien übereinstimmend als das große Vorbild tiefer, maßvoller und vernunftgemäßer Frömmigkeit ansahen. Hier wurden die Probleme diskutiert, unter denen vor allem zwei immer mehr Bedeutung gewannen: die Frage der Erschaffenheit oder Unerschaffenheit (Präexistenz) des offenbarten Gotteswortes (Gibt es Attribute, die zur Einheit der göttlichen Essenz hinzukommen?) und die Frage nach dem Verhältnis von Glauben und Werken vor der göttlichen Gerechtigkeit (Gibt es einen Bereich menschlicher Freiheit gegenüber der göttlichen Allmacht?) — Probleme aller Religionen, die in das Stadium der Reflexion eintreten. *Qadar*, ›Macht‹, wurde zur Bezeichnung für die menschliche Freiheit, und Qadariten nannte man diejenigen, die daran glaubten. Es wird behauptet, die letzten Umaiyaden seien, außer einem, Antiqadariten und die Abbasiden daher Qadariten gewesen. Demgegenüber bringt man den Antiqadarismus (Determinismus) auch mit einem gewissen Ǧahm ibn Ṣafwān in Verbindung, den man zu den Murǧi'iten rechnet; er war Miturheber eines teils religiös, teils sozial begründeten Aufstandes in Chorasan, vor jenem des Abū Muslim, in dessen Sturz er mit hineingezogen wurde. Auf der anderen Seite soll Ǧahm, wie später die Muʿtaziliten, die Erschaffenheit des Korans gelehrt haben. Es ist aber zu fragen, ob nicht erst die Gegner der Muʿtazila den Namen Ǧahmiten für die Vertreter bestimmter Lehren aufbrachten und damit versuchten, die Muʿtaziliten als Nachfolger des verfemten Ǧahm zu kompromittieren; die Muʿtaziliten hätten sich dann erst zu ihrer Verteidigung als Erben von Wāṣil und ʿAmr bekannt. Aus all dem läßt sich zunächst nur erkennen, mit welcher Vorsicht die moderne Forschung hier zu Werke gehen muß; ferner, wie gering die Wahrscheinlichkeit ist, daß die ersten Abbasiden auf dem Boden einer Lehre standen, die sich mit Sicherheit erst später voll entwickelt und von anderen deutlich abgehoben hat. Der Gedanke einer ›offiziellen‹ Doktrin kann ihnen überhaupt nicht gekommen sein.

Aufschlußreich für die religiöse Situation der Zeit ist die Verfolgung der *zindīq*e unter dem Kalifen al-Mahdī (reg. 775–785). *Zindīq* hießen in der iranischen Tradition eigentlich die Manichäer und Mazdakiten, welche der offizielle Zarathustrismus verfolgt hatte und die daher großenteils nach Zentralasien ausgewandert waren. Nach der muslimischen Eroberung jedoch war die manichäische Propaganda überall wiederaufgelebt, denn der Islam stand als herrschende Macht den verschiedenen Lehren der Ungläubigen gleichgültig gegenüber, solange sie sich nicht gegen seine Herrschaft auflehnten, und im 8. Jahrhundert hatte sich im Iraq eine manichäische Kirche organisiert. Auch den

Mazdakiten werden wir noch begegnen. Was die islamische Polemik unter der Bezeichnung *zandaqa*, ›Zindīqentum‹, zusammenfaßt, ist vor allem das dualistische Bekenntnis zu einer Koexistenz der Prinzipien des Guten und des Bösen in der Welt. Da jedoch dieser Glaube von der zarathustrischen Kirche geteilt wurde, die bis kurze Zeit vorher die sassanidische Staatskirche gewesen und von den neuen Herren wohl oder übel den anerkannten Schriftreligionen gleichgestellt worden war, daher geduldet wurde, ohne je verfolgt worden zu sein, muß hinter der Verfemung der *zandaqa* ein anderes Motiv stecken. Dies könnte der Umstand gewesen sein, daß der Manichäismus, der im Unterschied zum nationalen Zarathustrismus eine universalistische Religion war, mit seinen Ideen im Verborgenen überallhin vordrang. Seinen Anhängern war es erlaubt, äußerlich jeder beliebigen Religion anzugehören, nur sollten sie diese nach ihren Vorstellungen auslegen oder aber nach außen hin den anderen Glauben bekennen, insgeheim dagegen dem Manichäismus anhängen. Der Dualismus hatte für die meisten Muslime etwas Schockierendes, da die Überzeugung von der absoluten Einheit Gottes der höchste Grundsatz des Islams ist. In Basra, auch in Bagdad trat aber der Manichäismus fast offen hervor; so wurde dem berühmten Dichter Baššār ibn Burd und dem Sohne des Abū ʿUbaidallāh, des Wesirs von al-Mahdī, ihr angeblicher Manichäismus zum Verhängnis, und noch manch anderen Muslimen warf man vor, ihm anzugehören. Wer kein Muslim war, konnte es also offen zugeben, aber wer vom Islam abgefallen war, wurde verfolgt. Dennoch bleibt zweifelhaft, ob die religiöse Beschuldigung das einzige Motiv der Verfolgung war. Wir wissen, daß der Kalif al-Manṣūr den bedeutenden Schriftsteller Ibn al-Muqaffaʿ unter der Anklage der *zandaqa*, in Wirklichkeit aber aus ganz anderen Gründen hinrichten ließ. Wahrscheinlich klagte man Leute des Zindīqentums an, die man ohne Angabe des wahren Grundes beseitigen wollte; und schließlich bezeichnete das Wort nichts anderes mehr als Gottlosigkeit überhaupt. Zu dem Glauben der *zindīq*e gehörte die Überzeugung von der Seelenwanderung, und man konnte somit denjenigen von den extremen Šīʿiten den Prozeß machen, die sich zur Metempsychose bekannten, wenn sie behaupteten, daß die prophetische Seele von einem Imām auf den nachfolgenden übergehe. Die Jagd auf Anhänger der Metempsychose konnte auch, wie in einem anderen Fall, ein Mittel des abbasidischen Kalifats sein, zusammen mit den gemäßigten Šīʿiten gegen die gemeinsamen extremistischen Feinde vorzugehen. Bei all dem dürfen wir annehmen, daß die zarathustrische Kirche es nicht ungern sah, wie der Islam sie von ihren Ketzern befreite — genauso willkommen war ihr der Kampf Abū Muslims gegen Bih-Āfrīḏ gewesen.

Alle oder doch fast alle Bewegungen, über die wir vom Beginn dieses Kapitels an gesprochen haben, treten unter der Regierung al-Ma'mūns (813—833) in ein neues Stadium; sie laufen aufeinander zu, bereichern und vermischen sich gegenseitig, nehmen neue Ideen auf und erscheinen schließlich in einem anderen Licht. Dieser Zeit müssen wir darum eine besonders ausführliche Betrachtung widmen.

Hārūn ar-Rašīd hatte den größten Teil seines Reiches unter zwei seiner Söhne geteilt: al-Amīn hatte mit dem Kalifat alle arabischen Länder, al-Ma'mūn, unter der Oberherrschaft seines Bruders, die iranischen Gebiete erhalten. Wollte Hārūn mit dieser Regelung die Familienstreitigkeiten und die Rivalitäten zwischen Arabern und Chorasaniern mildern? Jedenfalls trat das Gegenteil ein: Tatsächlich brachte die Teilung eine Spaltung mit sich. Hier war der arabische Westen unter der Leitung des Amīn, welcher Sohn einer Araberin und arabisch erzogen war, beraten von dem alten Wesir Faḍl ibn ar-Rabīʿ, einem arabisierten *maulā* — dort der iranische Osten unter der Führung des Ma'mūn, welcher Sohn einer Iranierin und iranisch erzogen war, beraten von dem noch nicht lange konvertierten Chorasanier Faḍl ibn Sahl, einem Schützling der Wesirsfamilie der Barmakiden. War zwischen den beiden Hälften des Reiches ein Zusammenstoß zu vermeiden? Nur, wenn die Brüder den Versuch gemacht hätten, in Frieden nebeneinander zu regieren. Aber Amīn ergriff Maßnahmen, seinem Bruder die Nachfolgerechte streitig zu machen, ihn nämlich an die zweite Stelle hinter den eigenen Sohn zu verweisen (810). Dem widersetzte sich Ma'mūn und demonstrierte seine Autonomie. Amīn erklärte ihn für abgesetzt: der Krieg brach aus. Aber die überlegene Kriegskunst gewann die Oberhand; bald hatte sich die chorasanische Armee, von deren Unterbefehlshaber Ṭāhir noch zu reden sein wird, ganz Irans bemächtigt, und es war ihr ein leichtes, die chorasanischen Kreise in Bagdad auf ihre Seite zu bringen. Amīn ruft Entsatz aus Syrien, doch es gelingt ihm nicht einmal, die Streitigkeiten unter den arabischen Stämmen, deren Hilfe er braucht, zu beschwichtigen; er wird in Bagdad eingeschlossen. So tapfer auch die in Eile bewaffnete Bevölkerung mit dem Mute der Verzweiflung kämpft, die Stadt fällt, und Amīn wird nach seiner Gefangennahme von Ṭāhir hingerichtet (813). Damit vollzieht sich zum zweitenmal eine Eroberung des Reiches von Chorasan aus, tiefgreifender als die erste, weil nun die arabische Hälfte von außen erobert wird und nicht einmal mehr zum Teil die Macht der neuen Herrschaft trägt.

Die Ereignisse der folgenden sechs Jahre mußten die Gegensätze verschärfen. Ma'mūn war nicht geneigt, den Sitz seiner Regierung in den unsicheren Iraq zu verlegen. Er ordnete Ḥasan ibn Sahl, den Bruder des Faḍl, nach Bagdad ab, aber dieser machte

sich dort unbeliebt, und so schien den Aliden die Gelegenheit zu neuen Revolten gekommen. Ibn Ṭabāṭabā und nach seinem Tode ein anderer Ḥasanide, für deren Sache der Beduinenführer Abū 's-Sarāyā kämpfte, andere in Arabien — alle wurden vernichtet, aber nun erhob der Aufstand im Kreise der Abbasiden selbst sein Haupt: unter Manṣūr, einem Onkel Ma'mūns und überlebenden Sohn Mahdīs.
Da kam (816) eine seltsame Nachricht aus Chorasan nach Bagdad: Ma'mūn hatte in Merw einem ḥusainidischen Aliden das feierliche Versprechen für seine Nachfolge gegeben, dem ʿAlī ibn Mūsā, genannt ar-Riḍā (›auf den die Familie sich einigt‹), Abkomme von Ḥusain in der fünften Generation vom Vater auf den Sohn, der in den Listen der späteren, ›imāmitischen‹ Šīʿa den Rang des achten Imāms einnimmt; er war bisher noch nicht politisch hervorgetreten, nur damals gerade das Haupt des ḥusainidischen Zweiges der Familie. Hatte Maʿmūn, ein aktiver und erfinderischer Geist, dazu noch jung und voller Ideen, gehofft, die feindlichen Vettern zu versöhnen und die Einheit der Familie des Propheten gegen die Extremisten durch eine alternierende Herrschaft ihrer Zweige wiederherzustellen? Die Hoffnung, die noch andere nach ihm hegten, erwies sich als Täuschung. Zuviele abbasidische Klienten waren besorgt, ihre Vorteile an alidische Klienten zu verlieren; darum drängten sie einen anderen Sohn Mahdīs, Ibrāhīm, zum Gegenkalifat. Zu gleicher Zeit brachen in Ägypten und Aserbaidschan Unruhen aus, welche die Anarchie im Iraq begünstigten. Ma'mūn beschloß, nach Bagdad zu ziehen und ʿAlī fallenzulassen. Unterwegs aber starben — nur allzu gelegen — sowohl Faḍl ibn Sahl, den man für die begangenen politischen Irrtümer verantwortlich machte, ermordet von Offizieren der Leibgarde, als auch ʿAlī ar-Riḍā selbst, dessen Grab später zur berühmten šīʿitischen Pilgerstätte Meschhed in Iran werden sollte, während Ḥasan ibn Sahl von Rivalen kaltgestellt wurde und Ibrāhīm es vorzog, unterzutauchen. Im August 819 konnte Ma'mūn in seine Hauptstadt einziehen. Zunächst wurde ʿAlī (der Stammvater) weiter von den Kanzeln als der ›beste Mann nach dem Propheten‹ gepriesen, und Ma'mūn wartete mehrere Jahre, bis er vom alidischen Grün zum abbasidischen Schwarz zurückkehrte. Er sah freilich ein, daß er andere Wege suchen müsse, wenn er die Politik der Einigung fortführen wolle. Damit kommen wir auf die Geschichte der muʿtazilitischen Episode zu sprechen, deren politische Zusammenhänge man lange Zeit nicht richtig gesehen hat.
Ma'mūn war nicht der Schöpfer der Muʿtazila. Diese hatte in Basra und Bagdad in den Diskussionen zahlreicher *mutakallimūn* Gestalt gewonnen, unter denen zwei Männer an hervorragender Stelle zu nennen sind: Abū 'l-Huḏail al-ʿAllāf und sein Schüler an-Naẓẓām, die zweifellos zu den größten Namen der

islamischen Geistesgeschichte zählten, wenn ihre Werke erhalten wären. Von Hārūn ar-Rašīd und al-Amīn abgelehnt, sahen sich die Muʿtaziliten auf die Seite al-Ma'mūns verwiesen, der sich sogleich nach seiner Ankunft in Bagdad einen der unnachgiebigsten unter ihnen, Ibn Abī Duwād, verband, indem er ihn zu seinem Großkadi machte. Aber seine Hinwendung zur Muʿtazila hatte noch andere Gründe. Die Versöhnung, die er zwischen den gemäßigten Gruppen der Familie des Propheten herbeiführen wollte, suchte er auf die gemäßigte alidische Konzeption des Imāmats zu gründen, von deren Verwirklichung, war die Vereinigung erst vollzogen, er sich selbst zu allererst Gewinn versprach; denn sie sicherte dem Kalifen das Recht, die Gemeinschaft allein aus der umfassenden Kenntnis ihres Gesetzes und ihres Glaubens zu leiten. Dann würde er eine Glaubenslehre allgemein verbindlich machen können — eben die muʿtazilitische, denn diese erlaubte dem Inhaber des Imāmats, war er mit den notwendigen Gaben für das Amt ausgestattet, seine Autorität mit größerem Nachdruck über den *iǧmāʿ* (Konsensus) der Gelehrten zu stellen. Dies wollten ja auch die Zaiditen, die man mit Recht die Hauptanhänger der Muʿtazila genannt hat. So hatte also Ma'mūn im Sinn, den Einigungsversuch, der in der Verbindung mit ʿAlī ar-Riḍā gescheitert war, mit Hilfe der Muʿtazila von langer Hand zu erneuern; einerseits erkannte er die Lehre der Zaiditen an und machte diese damit zu seinen Verbündeten, andererseits stützte er den Standpunkt, wonach das Imāmat dem Würdigsten zukomme, zu welchem Zweig der Familie des Propheten er auch gehöre. (Tatsächlich hat es, solange die Muʿtazila ihre führende Stellung behauptete, keinen zaiditischen Aufstand gegeben, aber mehrere bald nach ihrem Sturz.)

All dies besagt nicht, die Muʿtazila habe nicht auch, abseits von ihrer Verflechtung in die Politik, große geistesgeschichtliche Bedeutung gehabt. Weil die Muʿtaziliten strenge Denker sind, hat man sie im 19. Jahrhundert als Vorläufer des Freidenkertums bezeichnet, aber das Gegenteil ist richtig. Sie wollen nicht Wahrheit suchen, denn diese ist niedergelegt, durch die Offenbarung gegeben — sie wollen die Offenbarung verstehen, um sie zu rechtfertigen; und als sie zu beherrschendem Einfluß gekommen sind, zeigen sie größte Intoleranz. Was aber bleibt und im Islam über ihre Niederlage hinaus seine Spur hinterläßt, ist die Art und Weise, wie sie in der Überzeugung, Gott sei Vernunft und Glaube sei der Vernunft entsprechend, ihre Dogmatik auf die Vernunft gründen, das aber heißt notwendig: auf die menschliche Vernunft. Da sie die Vernunft zum Kriterium ihres Gottverständnisses machen, wird ihnen Gott zur abstrakten Idee des Einen und Absoluten, die zu solcher Reinheit erhoben wird, daß alles, was an Ihm konkret erscheinen und den totalen Unterschied zwischen Schöpfer und Geschöpf verwischen könnte, als blasphemisch gilt und beseitigt werden muß. Trotz Abweichungen in den Lehren der einzelnen Theologen läßt sich das Wesentliche ihrer Doktrin wie folgt zusammenfassen.

Ihr strenger Monotheismus ist charakterisiert durch die Ablehnung jeder anthropomorphen Beschreibung Gottes und durch die symbolische Auslegung der Koranstellen, welche die traditionsgebundenen Ausleger wörtlich nehmen. Gott hat Attribute, die aber nicht wirkliche Ideen sind, sondern nur die erkennbaren Äußerungen seines Wesens; er selbst kann mit den Sinnen nicht wahrgenommen werden.

Die Schöpfung: Gott, der Ewige, umfaßt zwar in seinem Denken alles, aber die konkrete Schöpfung existiert nur im Range eines Akzidens, sie ist nicht Essenz, sie läßt daher dem Menschen Willensfreiheit für sein Handeln. Die Offenbarung ist eine wichtige Realität, aber der Koran ist nicht ewig, sondern geschaffen; er muß, da er manchmal dunkel ist, durch die Vernunft erhellt werden. Das Dogma von der Geschaffenheit des Korans steht für die gewöhnliche Polemik im Mittelpunkt der muʿtazilitischen Lehre.

Gott als reine Vernunft kann nur Gerechtigkeit sein. Er läßt dem Menschen einen Spielraum freien Willens, woraus die Entstehung des Bösen erklärlich wird; die Frage nach der Daseinsberechtigung des Bösen aber ist nur auf menschlicher Ebene sinnvoll, denn Gott kann nur das Gute wollen.

Als Ungläubiger gilt derjenige, welcher bestimmte schwere Sünden begeht; die schwerste ist jede Art von Polytheismus, die Negation der göttlichen Einheit. Leichtere Sünden machen keine Ausstoßung aus der Gemeinschaft nötig noch erfordern sie, wenn es sich um einen Fürsten handelt, die Gehorsamsverweigerung seiner Untertanen — das bedeutet, sobald sich die Verbindung dieser Dogmatik mit den Abbasiden vertieft, Treuepflicht gegenüber der Dynastie. Aufgabe der Regierung ist es, ›das Gute zu befehlen und das Böse zu untersagen‹. Die Regierung muß also militant sein und das Bekenntnis zur muʿtazilitischen Doktrin, die ja das Gute darstellt, ›befehlen‹.

Aus dem Glauben an die Vernunft als das Kriterium der Wahrheit ergibt sich die Opposition der Muʿtaziliten gegen die zeitgenössischen Anhänger des *Ḥadīṯ*, ja die Vertreter des *iǧmāʿ* überhaupt.

Obgleich die Muʿtazila von Grund aus islamisch ist, untersuchen ihre bedeutendsten Lehrer doch auch die antike Wissenschaft und Philosophie auf gültige Erkenntnisse; ihr Wille zum rationalen Denken und zum Studium der realen Schöpfung führt sie bald zur Auseinandersetzung mit der hellenistischen Tradition, die in ihrer Umgebung noch lebendig ist. Im Zusammenhang damit steht die Tatsache, daß man damals begann, in größerem

Umfang Werke der griechischen Philosophie zu übersetzen, und nicht zufällig wird auch auf diesem Gebiet Ma'mūn einer der großen Initiatoren.

Zunächst proklamierte Ma'mūn (827), von Ibn Abi Duwād veranlaßt, das Dogma von der Geschaffenheit des Korans und richtete eine Art Inquisition ein, die *Miḥna,* deren Aufgabe es war, von den Kadis und anderen Würdenträgern des Islams den Eid auf dieses Dogma zu verlangen und diejenigen abzusetzen, die ihn verweigerten. Die beiden Nachfolger al-Ma'mūns, al-Muʿtaṣim (833–842) und al-Wāṯiq (842–847), ließen die *Miḥna* fortsetzen, weniger aus Überzeugung als in der Besorgnis, durch ein scheinbares Zurückweichen vor der Opposition das Kalifat zu schwächen; denn die Opposition war stark – sie stand vor allem hinter einem Theologen und Rechtsgelehrten, den wir schon genannt haben und dessen persönliche Integrität und Standhaftigkeit sein Ansehen erhöhten: Aḥmad ibn Ḥanbal. Die unnachgiebige Geistesaristokratie der Muʿtaziliten war unbeliebt, aber noch mehr fürchteten viele einen Intellektualismus in der religiösen Lehre, der dem einfachen Gläubigen für die Bedürfnisse des täglichen Lebens nichts zu geben vermochte. Was er brauchte, war weniger die absolute Reinheit einer abstrakten Lehre als eine Offenbarung, in die man unbedingtes Vertrauen setzen konnte. Dazu aber durfte man nicht Gott und sein Wort unterscheiden, man mußte die Texte so gelten lassen, wie sie waren; man sollte ihren gelegentlichen Anthropomorphismus nicht wörtlich nehmen, aber nach dem Wort Ibn Ḥanbals »ohne Wie« akzeptieren, d. h. ohne stringente Auslegung, die nur Zwietracht in der Gemeinschaft, das schlimmste Verbrechen, mit sich bringen mußte. Schließlich entsetzte im Jahre 849 der Kalif al-Mutawakkil den Ibn Abī Duwād seines Amtes, beendete die *Miḥna* und bekannte sich zu dem Dogma vom unerschaffenen Koran. Die Herrschaft der Muʿtazila hatte 22 Jahre gedauert.

Die Bilanz dieser Ereignisse liegt weniger darin, daß eine Lehre an die Stelle einer anderen trat, sondern daß Ma'mūns Plan, das Imāmat zur doktrinären Führung der Gemeinschaft zu autorisieren, gescheitert war. Von nun an ist das Kalifat, was den Glauben angeht, nur noch zur Übermittlung und Ausführung des *iğmāʿ* der Gelehrten befugt.

Indessen verschwindet die Muʿtazila nicht so schnell wie ihre offizielle Herrschaft. In gewissen Kreisen, in manchen Gegenden lebt sie jahrhundertelang weiter; sie bestimmt die Theologie der gemäßigten Šīʿiten und bringt noch manchen Denker von Rang hervor, unter ihnen az-Zamaḫšarī, der in der Mitte des 12. Jahrhunderts in Zentralasien wirkt (s. u. S. 218). Darüber hinaus bleiben ihre Probleme und ihre dialektische Methode lebendig, auch wenn ihre Lehren nun vor allem Gegenstand der Polemik

Abb. 8: Minarett der (im übrigen zerstörten) Moschee Sūq al-Ġazl, die in den Jahren 902–908 vom Kalifen al-Muktafī erbaut wurde. Eines der wenigen erhaltenen Baudenkmäler der Abbasidenzeit in Bagdad

sind; und obwohl sie den *kalām* nicht allein geschaffen hat, trägt er von nun an unauslöschlich ihren Stempel.
In der gleichen Zeit, da Ma'mūn den Islam auf seine Weise ideologisch verteidigte, mußte er seinen Herrschaftsbereich auch mit den Waffen schützen und ihm neues Gebiet erobern. In Chorasan waren, nach seinem Weggang, die Ḫāriǧiten sehr aktiv, wie auch im oberen Mesopotamien, dazu die Aliden im Jemen. In Ägypten zerfleischten die Qaisiten und Jemeniten einander; dadurch wurden die Kopten ermutigt, sich gegen die erhöhte Steuerlast aufzulehnen, und, schlimmer noch, einer Truppe von Exilspaniern gelang es, elf Jahre lang den Hafen von Alexandria in ihre Gewalt zu bringen. Es bedurfte der Intervention ʿAbdallāhs, des besten Generals (eines Sohnes des schon erwähnten Ṭāhir), dann al-Muʿtaṣims, des Bruders des Kalifen, und schließlich mußte Ma'mūn selbst eingreifen, um alle Unruhen und Aufstände blutig niederzuwerfen. Über all dem mußte das Kalifat den Westen sich völlig selbst überlassen. Auf der anderen Seite war der Kalif gezwungen, den Kampf gegen Byzanz wiederaufzunehmen; weder die letzten Umaiyaden noch die ersten Abbasiden hatten sich viel um diese Front gekümmert, da sie zu sehr mit den Schwierigkeiten im Innern beschäftigt waren. Man ließ es damit genug sein, daß die Grenzbewohner in jedem Sommer den gewohnten Beutezug nach Kleinasien führten. Hārūn ar-Rašīd hatte als erster darauf gehalten, wieder persönliche Feldzüge zu unternehmen, während er gleichzeitig in Nord- und Nordostsyrien und in der Ǧazīra (Nordmesopotamien) die Grenze nach Byzanz systematisch sicherte, indem er an der Front befestigte Distrikte (*ṯuġūr*, Sg. *ṯaġr* = ›Grenzpaß‹, ›Festung‹) und im grenznahen Land ›Schutzfesten‹ (*ʿawāṣim*) anlegte.
Auch al-Ma'mūn wollte sich im Heiligen Krieg auszeichnen. Er hatte dem Islam einen indirekten Vorteil verschafft, denn die ›Andalusier‹, welche er 825 endlich aus Alexandria vertrieben hatte, entrissen Byzanz die Insel Kreta, die ihren Nachkommen bis zur Mitte des nächsten Jahrhunderts verblieb. Er selbst unternahm eine Expedition nach Kleinasien, wo er plötzlich starb. Sein Bruder und Nachfolger al-Muʿtaṣim leitete 838 den letzten Feldzug eines Kalifen, der auf byzantinisches Gebiet führte.
Der Hauptfeind aber, gegen den Ma'mūn in den letzten Jahren seiner Regierung und nach ihm Muʿtaṣim zu kämpfen hatten, hieß Bābak; daneben machte ihnen auch Māzyār zu schaffen. Nach dem Tode Abū Muslims hatten sich, wie wir sahen, verschiedene synkretistische Bewegungen, die sich auf ihn beriefen, in Chorasan und in Zentralasien erhoben. Die anderen Teile Irans waren ruhig geblieben, jedoch hatten sich in Aserbaidschan, wo die Mazdakiten besonders zahlreich waren, und in den südkaspischen Provinzen, die tributpflichtig, aber dem Reich nicht eingegliedert und vom Islam noch kaum berührt waren, unter

Manṣūr so schwere Unruhen ereignet, daß er 759/760 seinen Sohn al-Mahdī selbst hatte hinschicken müssen. Neue Wirren sind im Jahre 810 zu verzeichnen. Und nun erscheint kurz darauf Bābak, genannt der Ḫurramī, d. h. einer neo-mazdakitischen Sekte, der Ḫurramīya, angehörig.

Bābak, der wahrscheinlich aus einer mazdakitischen Familie des Mittelstandes kam, wurde – die verklärende Legende läßt uns nicht mehr erkennen, wie es in Wirklichkeit dazu kam – der Führer seiner Glaubensgenossen im Berggebiet um al-Badd, nicht weit von Zinǧān. Er erscheint zugleich als religiöser Reformator und, dies vor allem, als Organisator und Mann der Tat. Die Erneuerung der Lehre ergibt einen Synkretismus der Art, wie er uns schon in Chorasan begegnete und in welchem noch die Erinnerung an Abū Muslim wirksam ist. Seine Aktion gewinnt Anhänger vor allem durch die sozialen Mißstände, die besonders drückend gewesen sein müssen, und durch die Erbitterung der Bauern gegen eine Handvoll arabischer Muslime, die einen großen Teil ihres Grund und Bodens besaßen. Von 816 bis 837 wirft er die Bauern gegen sie in den Kampf, zugleich gegen alle Dörfer, wo man ihnen Widerstand leistet. Ein Teil Aserbaidschans gerät unter der Wirkung des Terrors in Aufruhr, die Empörung greift bis nach Kurdistan über, mehrere Armeen des Kalifen werden vernichtet. Da schließlich beauftragt Muʿtaṣim den General Afšīn, einen iranisierten Fürsten aus Turkestan, mit der Führung des Krieges. Indem er die Provinz Stück für Stück zurückerobert, nach und nach Festungen wiederherstellt, die als Stützpunkte dienen, Spione einsetzt und Freiwillige zum Heiligen Krieg aufruft, vermag Afšīn endlich Bābak in Badd einzuschließen und sich seiner nach dramatischer Verfolgung zu bemächtigen: der Flüchtling wird verraten und von einem armenischen Lehnsherrn ausgeliefert. Vor den Augen Muʿtaṣims wird er hingerichtet (838), aber seine Sekte, oft benannt nach der roten Farbe, die sein Zeichen gewesen war, blieb noch über zwei Jahrhunderte nach seinem Tod in ganz Iran lebendig, und volkstümliche Romane hielten die Erinnerung an ihn wach. – Obwohl kein äußerer Zusammenhang festzustellen ist, beobachten wir, wie im Osten des Byzantinischen Reiches gleichzeitig mit der Revolte Bābaks eine der seinen in vieler Hinsicht vergleichbare Bewegung entsteht, die der Paulizianer – wir dürfen daraus auf ähnliche geistige und soziale Bedingungen schließen, die eine nähere Untersuchung verdienten.

Bābaks Aufstand war noch nicht beendet, als ein anderer im benachbarten Tabaristan ausbrach. Seit dem Kalifat des Mahdī waren dort im Gebiet der zahlreichen Lehnsherren der mazdäischen Aristokratie (in ihr war die Familie der Qāriniden eine der wichtigsten) in einigen Städten muslimische Garnisonen eingerichtet worden, und wohlhabende Muslime hatten große

Besitztümer erworben. Aber beim geringsten Anlaß wurden Muslime, besonders in den Berggebieten, von den Bauern ermordet. Einer der Qāriniden nun, Māzyār, der infolge von Familienstreitigkeiten bei Ma'mūn Zuflucht gesucht hatte, war äußerlich zum Islam übergetreten und wurde unter dem Titel eines *ispāhbād* (›Reitergeneral‹, die traditionelle Würde der Fürsten von Tabaristan) neben dem abbasidischen Gouverneur mit der Verwaltung seines Heimatlandes betraut. Aber vom Augenblick seiner Rückkehr an verfolgte Māzyār eine entschieden feindliche Politik, zwar nicht gegen den Islam selbst, jedoch gegen die eingewanderten Araber und muslimischen Iranier, gegen die konvertierten Eingeborenen, ja sogar gegen den abbasidischen Gouverneur. Außerdem rivalisierte er mit dem Sohn Ṭāhirs, Gouverneur in Chorasan, dem er hätte Tribut leisten müssen und der, obgleich unbezweifelbar iranisch, die gänzlich islamisierte und arabisierte Schicht der iranischen Gesellschaft vertrat. Muʿtaṣim hatte gegen Māzyār zunächst nichts unternehmen können, weil der Kampf gegen Bābak vordringlich war, aber nach dessen Tod entsandte er ʿAbdallāh ibn Ṭāhir gegen Māzyār, der übrigens Bābak zweifellos unterstützt hatte. Der Krieg besaß, zumindest nach den uns erhaltenen Berichten, ganz ausgesprochen den Charakter einer sozialen Auflehnung; die Bauern fielen über die muslimischen Grundbesitzer her und mordeten sie erbarmungslos hin. Māzyār wurde überwältigt und getötet (840), ohne daß Tabaristan freilich eine befriedete Provinz geworden wäre; der alte Widerstand lebte bald in neuen Formen wieder auf. Afšīn selbst wurde gleichfalls hingerichtet (841), unter der Anklage der Rebellion – er hatte Māzyār aus Eifersucht gegen die Ṭāhiriden eine Weile unterstützt – und der Ketzerei: er habe, nicht muslimischer, sondern buddhistischer Abstammung, insgeheim die Religion seiner Väter verehrt.

In derselben Epoche, in der die oben dargestellten schweren Probleme das Reich bedrängen, entwickeln und festigen sich all die Organe der Regierung, der Verwaltung und der Rechtsprechung, die von nun an für den ›klassischen‹ Islam charakteristisch sind. Gewiß haben auch die Umaiyaden und selbst ihre vier Vorgänger den Staat regiert und verwaltet, und die Einrichtungen, die wir unter den Abbasiden vorfinden, haben schon unter den letzten Umaiyaden Gestalt gewonnen. Aber im Vergleich zu später waren sie noch unvollkommen und im Fluß, und erst langsam führte die Entwicklung zu fortgeschrittenen und festeren Formen der Organisation.
Die umaiyadischen Kalifen befaßten sich mit den großen Fragen von hoher Warte und nahmen die eigentlich politischen und ihnen wichtig erscheinenden Aufgaben selbst in die Hand, überließen aber die zentrale Verwaltung einigen hohen Beamten und

die Administration der Provinzen Gouverneuren, die, an der Spitze eines eigenen, dem zentralen vergleichbaren Beamtenapparates, eine fast autonome Stellung besaßen. Natürlich ergaben sich, je nach der Persönlichkeit des Kalifen, gewisse Unterschiede in der Amtsführung. Die abbasidische Regierung dagegen schafft stärkere Zentralisierung und übt mehr Kontrolle aus; dies führt notwendig zu einem komplexeren Gefüge der Organisation. Dennoch bleibt zu Beginn der Kalif der absolute Herrscher, und nicht zufällig hat die Nachwelt so lebendige Erinnerungen an die großen Persönlichkeiten des abbasidischen Kalifats bewahrt: an al-Manṣūr, den eigentlichen Schöpfer des Regimes und unerbittlichen Politiker; an al-Mahdī, der sich dann, wie natürlich, mehr dem islamischen Werk des Friedens und der Gerechtigkeit widmete; an Hārūn ar-Rašīd, dessen Beliebtheit durch die Erzählungen aus Tausendundeiner Nacht bis auf unsere Tage überliefert ist, obwohl man ihm Taten zuschreibt, die manchmal legendär sind oder zwar als historisch, jedoch als das Werk anderer zu gelten haben. Wir wissen nicht, aus welchem Anlaß er den Namen Rašīd (›der dem rechten, rechtgläubigen Weg folgt‹) erhielt, aber gewiß ist, daß er ihn durch sein Denken und seine Taten verdient hat; spätere Geschlechter mögen dabei wohl auch daran gedacht haben, daß er die Fahne des Islams gegen die Christen hochgehalten und sich der Muʿtazila nicht gebeugt hatte. Im Westen kam Hārūn zu ungewöhnlicher Berühmtheit, weil er mit Karl dem Großen, den der Zufall der Geschichte zu seinem Zeitgenossen gemacht hat, Botschaften austauschte. Dennoch bleibt Ma'mūn, trotz der Härte, mit der er das Dogma der Muʿtazila durchzusetzen versuchte, in aller Augen die größte Gestalt der Dynastie; auch für die Entwicklung der Wissenschaft, Literatur und Kunst kommt ihm hervorragende Bedeutung zu.

Man neigt zu der Vorstellung, daß dem Kalifen stets ein Wesir zur Seite stand; und man wiederholt noch häufig, was man bei den muslimischen Autoren des Mittelalters gelesen hat, daß nämlich der Wesir im iranischen *vuzurg framāḏār*, dem Premier des sassanidischen Reiches, sein genaues Vorbild gehabt habe. Beide Behauptungen sind fragwürdig. In Wirklichkeit geben die mittelalterlichen Berichte, wenn sie vom *vuzurg framāḏār* sprechen, keine historisch brauchbaren Nachrichten über das iranische Amt, sondern — wissentlich oder nicht — ein Bild des späteren islamischen Wesirs: sie führen eine bestimmte Auffassung vom Wesirat auf alte iranische Tradition zurück, um ihr Gewicht zu verleihen, sind jedoch die einzigen Quellen für eine solche Verbindung, die mit der tatsächlichen Entwicklung nicht übereinstimmt. Auf der anderen Seite ist die persische Etymologie des Wortes *wazīr*, die man als ebenso selbstverständlich wie den persischen Ursprung des Wesirats ansah, unhaltbar: Goitein und

Sourdel haben bewiesen, daß das Wort arabisch ist und ursprünglich ganz unbestimmt einen Mann bezeichnet, ›der eine Last tragen hilft‹. Was das Amt selbst anbetrifft, so war es im Anfang nicht fest umrissen, forderte aber sehr viel mehr persönliche Dienstleistung als nur die Erfüllung von Verwaltungsaufgaben. Der erste ›Wesir‹ als Träger einer bestimmten, wenn auch noch sehr allgemeinen Funktion war jener Abū Salama, der als Führer der abbasidischen Propaganda den Titel ›Wesir der Familie Mohammeds‹ trug und, notwendig mit eigener Machtbefugnis versehen, die Eingaben der Gläubigen entgegennahm. Aber nach seiner Ermordung, als die Abbasiden Kalifen geworden waren, gab es keinen Nachfolger.
Wirken und Ansehen der ersten Herrscher, insbesondere Hārūns, sind in hohem Maße mitbestimmt durch ihre enge Verbindung mit der mächtigen Familie der Barmakiden. Der Ahnherr Barmak war buddhistischer Priester in Balch, dem antiken Baktra am oberen Amu-Darya. Sein Sohn Ḫālid, ein Muslim, spielte eine bedeutsame Rolle in der Armee Abū Muslims und bekleidete danach verschiedene hohe Ämter in der Regierung der drei ersten Abbasiden, so daß er seine Söhne zu Vermögen und Rang bringen konnte. Unter diesen ragte Yaḥyā hervor, der Erzieher Hārūns wurde; sein Sohn Ǧaʿfar war ein Milchbruder des Kalifen und damit, nach der Auffassung der Zeit, fast ein Mitglied der Familie. Hārūn sah in Yaḥyā immer einen zweiten Vater und überließ ihm praktisch die Regierung, die Yaḥyā mit seinen Söhnen Faḍl und Ǧaʿfar teilte; jener wurde Gouverneur in Chorasan, dieser war der intime Freund des jungen Herrschers. Aber man muß richtig sehen, worin die Macht Ḫālids oder Yaḥyās, vor allem diejenige Yaḥyās, begründet lag: darin, daß sie im weiteren Sinne zur Familie des Herrschers gehörten wie ein Vormund zu der seines Mündels und daß sie im Namen des Kalifen alle Geschäfte überwachten, die für ihn von Wichtigkeit waren. Dies bedeutet jedoch nicht, daß sie die Oberleitung der Verwaltung innehatten wie später der Wesir, wenn sie auch diesen Titel manchmal erhielten. Es konnte vorkommen, daß der Kalif einem von ihnen die besondere Aufsicht über den einen oder anderen Dienstbereich übertrug, aber nicht eigentlich aufgrund des Wesiramtes, sondern unabhängig davon – so wie früher schon Mahdī einen ›Wesir‹, den ersten, ernannt hatte: es sind noch Vorstufen des Wesirats, dessen Funktion sich allmählich herausbildet. Die Fortune der Barmakiden fand jedoch ein abruptes Ende: ganz plötzlich entledigte sich Hārūn im Jahre 803, und dies ist eins der berühmtesten Ereignisse der islamischen Geschichte, der gesamten Familie; Ǧaʿfar wurde hingerichtet. Unter dem Eindruck der Härte dieses unerwarteten Sturzes hat die Legende die Ereignisse und ihre Hintergründe mit viel Phantasie ausgeschmückt, aber dies darf nicht über die wahre

Ursache hinwegtäuschen, daß nämlich der Kalif angesichts der Allmacht und des wachsenden Reichtums der Familie die Geduld verlor.
Diese Macht war in der besonderen politischen Rolle der Familie begründet. Die Barmakiden waren Iranier, aber Iranier der Peripherie, nichtzarathustrischen Ursprungs wie viele Chorasanier, und hatten sich daher ohne Zweifel leichter assimiliert als die Zarathustrier, die tiefer in der sassanidischen Tradition verwurzelt waren. Ferner handelte es sich um Männer, deren Familie aufgrund ihrer privaten Stellung eine gewisse Autonomie in Chorasan besaß und zugleich im Iraq am Kalifenhofe einen hohen offiziellen Rang innehatte; sie genoß durch die Verbindung von ererbter und verliehener Macht eine Stellung, wie sie seinerzeit Abū Muslim bekleidet hatte — wenn auch Manṣūr diesen als gefährlich erkannten Versuch bewußt wieder aufgab — und wie sie später Ma'mūn am Ende seiner Regierungszeit der Familie der Ṭāhiriden gewährte, die dann ihr Regiment in Chorasan auf lange Zeit konsolidierte. Die Bindungen der Dynastie zu Chorasan machten solche Mittler notwendig, die aus der sehr großen Zahl ihrer Klienten ein Truppenaufgebot stellen konnten, das Bagdad ständig brauchte. Tatsächlich spielt die barmakidische Klientel sogar nach dem Drama von 803 noch eine Rolle. Einer aus ihren Reihen, Faḍl ibn Sahl, wird von Ma'mūn zu Beginn seiner Regierung in eine Stellung erhoben, welche der des Barmakiden Yaḥyā unter Hārūn gleichkommt, erhält formell den Titel Wesir, erlebt aber dann das gleiche Schicksal, als Ma'mūn ihn seinerseits fallenläßt. Erst in der Mitte des 9. Jahrhunderts bildet sich ein stabiles Wesirat, das nunmehr das Amt für die zentrale Leitung der Regierungsgeschäfte darstellt.
Diese Entwicklung ist eng verbunden mit dem Aufstieg einer sozialen Klasse, die im zweiten abbasidischen Jahrhundert den Höhepunkt ihrer Bedeutung erreicht, aber schon im ersten deutlich in Erscheinung tritt: der der *kuttāb* (Pl. von *kātib*). Ihr Name, wörtlich ›Schreiber‹, ›Sekretär‹, diente zur Bezeichnung der Beamten in allen Zweigen der Verwaltung. Solche hatte es natürlich auch unter den Umaiyaden gegeben; es waren meist Nachkommen von Eingeborenen, wobei die Syrer in der Zentralregierung naturgemäß in der Mehrheit waren, nicht aber in den östlichen Provinzen. Unter den Abbasiden waren die Rollen vertauscht: in der Zentralverwaltung saßen überwiegend arabisierte Iranier, daneben freilich auch Leute aus dem Iraq. In dem Maße, wie die Verwaltung ausgebaut wurde, nahm die Zahl der *kuttāb* und zugleich die Dimension und Vielfalt ihrer Aufgaben zu. Persönliches Interesse wie das Bedürfnis nach entsprechender technischer Ausbildung führten dazu, daß die *kuttāb*, im wesentlichen aus der Klientel einiger großer Familien von *mawālī* stammend, bemüht waren, ihre Ämter an Angehörige und

Verwandte weiterzugeben; auch war damit beträchtlicher Wohlstand und sozialer Einfluß verbunden. So bildet sich eine Art Kaste, die lange Zeit eine bedeutende politische Rolle spielt; sie ist in manchem den chinesischen Mandarinen vergleichbar und setzt im Vorderen Orient eine Tradition fort, die bis auf die Pharaonen und die Assyro-Chaldäer zurückgeht. Wenn die *kuttāb* jetzt auch in wachsendem Maße Muslime sind, so gibt es doch immer noch Nichtmuslime unter ihnen, vor allem Nestorianer aus dem Iraq (nicht zu reden von den Kopten in Ägypten); jedenfalls scheiden die Fragen, mit denen sie zu tun haben, und der Geist, den ihre Arbeit verlangt, die *kuttāb* deutlich von den Juristen im engeren Sinne, deren Bereich vor allem das Privatrecht ist. Daher entsteht zwischen den *fuqahā*' und den *kuttāb* ein geistiger und sozialer Gegensatz, den die entschieden islamische Orientierung des Regimes nicht ganz auszugleichen vermag und der etwas von dem Antagonismus zwischen ›weltlicher‹ und religiöser Haltung überhaupt in sich birgt. Die Kluft wird dadurch vertieft, daß es unter den *fuqahā*' und in anderen religiösen Ständen, obschon ihre volksmäßige Abstammung verschieden ist, eine größere Zahl von Unabhängigen, von Nicht-*mawālī* gibt, auch von Arabern — wenigstens in der Epoche, von der wir sprechen.

Eine genaue Darstellung der islamischen Staatsverwaltung in ihren verschiedenen Zweigen muß sich auf Quellen des 10. Jahrhunderts stützen. Aber die wesentlichen Züge lagen schon im 9. Jahrhundert fest; darum empfiehlt es sich, sie hier zusammenzufassen.

Selbst als sich die Funktion des Wesirs herausgebildet hat, gibt es noch kein ›Kabinett‹, keine Gruppe von Beamten, von denen jeder ein bestimmtes Ressort selbständig leitet. Die Verwaltung, sei es die unmittelbar zur Zentralregierung gehörige oder die in den Hauptstädten der Provinzen, ist gegliedert in eine Reihe von Dienststellen, und jede steht unter der Leitung eines verantwortlichen Mannes. Diese Dienststellen oder Büros sind unter dem persischen Namen *dīwān* bekannt, der die Zentralverwaltung in ihrer Gesamtheit wie auch jede ihrer verschiedenen Abteilungen bezeichnet. Die Reisenden aus dem Westen, die an den Grenzen mit dem *dīwān* in Berührung kamen, übernahmen das Wort in der Bedeutung ›Zollamt‹ (ital. *dogana*, franz. *douane*), während das Möbelstück, auf dem die Schreiber saßen, in Europa als ›Diwan‹ bekannt wurde. (Diwan als Bezeichnung für eine Sammlung von Gedichten geht auf die Grundbedeutung ›Liste‹, ›Aufstellung‹ zurück.)

Es hätte wenig Sinn und wäre auch kaum möglich, hier alle *dīwān*e aufzuzählen, denn ihre besonderen Namen und Befugnisse konnten nach Zeit und Ort recht verschieden sein. Doch wollen wir die wichtigsten herausgreifen und sie nach ihrer

Aufgabe und Organisation charakterisieren. Zu ihren Hauptmerkmalen gehört, was wir Bürokratie und ›Papierkrieg‹ nennen, die damals auch durch die beginnende Verbreitung des Papiers begünstigt werden. Sie regieren mit Hilfe einer Armee von Fachleuten, den *kuttāb*, die einen Stand bilden und den Wechsel von Kalifen und Wesiren überdauern. Ihre Bürokratie hält alle Vorgänge bis ins Detail schriftlich fest, und zwar nach technischen und stilistischen Vorschriften, die ihnen allein vertraut sind und ein Berufsmonopol sichern. Eine Sprache der Verwaltungskorrespondenz bildet sich heraus, *inšā'* genannt, und eine Diplomatik für die offiziellen, beglaubigten Urkunden (sie heißen *siǧill*, nach lat. *sigillum*), während ein bestimmtes numerisches System, *dīwānī*, das Finanzwesen beherrscht. Planvoll werden Archive angelegt, die man in allen notwendigen Fällen zu Rate ziehen kann. Die Großen des Regimes halten freilich ihre persönliche und die amtliche Korrespondenz nicht immer klar auseinander, und es kommt vor, daß sie ohne Unterschied Teile der privaten und der amtlichen Archive mit sich nehmen, wenn sie ausscheiden. Allerdings können die Unterlagen, die man für den Fortgang der Geschäfte braucht, im allgemeinen zurückgefordert werden, und unentbehrliche Dokumente wie Grundbücher und Steuerlisten pflegen an Ort und Stelle zu bleiben. Dennoch ist überraschend, wie wenig von den Archiven auf uns gekommen ist. Kriegerische Ereignisse und Katastrophen verschiedener Art können die Ursachen dafür sein, auch der Umstand, daß bei Verwaltungsreformen Bücher und Akten neu angelegt werden, so daß, was durch neue Bestimmungen überholt ist, beiseite gelegt wird. Zweifellos aber war vieles bis zur mongolischen Eroberung Bagdads (1258) und zur osmanischen Eroberung Kairos (1517) noch vorhanden.

Für das System der Kalifatsverwaltung in Bagdad besitzen wir eine wertvolle Quelle in einer Abhandlung von Qudāma ibn Ǧaʿfar (10. Jahrhundert), die, leider nur zum Teil erhalten, unter dem ungenauen Titel *Buch über die Grundsteuer* bekannt ist, aber über alle Gebiete der Administration Aufschluß gibt. Wir werden an anderer Stelle die wichtigsten Ämter der Finanzverwaltung betrachten, die das Räderwerk der Regierung in Gang halten. Daneben sind besonders hervorzuheben der *dīwān* der Armee, *ǧaiš*, mit seinen verschiedenen Abteilungen, und der *dīwān* der *rasā'il*, dem der politische und der administrative Schriftverkehr obliegt. An diesen ist der *barīd* angeschlossen (lat. *veredus*), meist mit ›Post‹ übersetzt; seine Einrichtungen werden zwar gelegentlich für private Transporte benützt, doch dient er in der Hauptsache dem Staate: einerseits übermittelt er den Beamten in der Provinz Befehle der Regierung, andererseits stellt er eine Art Sicherheitsdienst der Regierung dar; die lokalen Vertreter und ihre Spione leiten über das Netz des *barīd* alle

Informationen nach oben weiter, die für die staatliche Sicherheit oder auch nur für den Gang der Verwaltungsgeschäfte wichtig erscheinen.

Die Abbasiden haben die Institution des Kadi nicht geschaffen, aber sie haben sie weiterentwickelt, indem sie einmal die Kadis der Provinz möglichst selbst ernannten, um sie der Willkür der Gouverneure zu entziehen und ihre Befähigung besser prüfen bzw. — in der muʿtazilitischen Zeit — ihren Gehorsam besser kontrollieren zu können; ferner schuf Hārūn ar-Rašīd das Amt des Großkadi, das Abū Yūsuf als erster bekleidete. Dieser *qāḍī 'l-quḍāt*, ›Kadi der Kadis‹, ist keine höhere Instanz der Jurisdiktion, denn alle Kadis üben in gleicher Weise die volle richterliche Gewalt aus, und Berufung ist nur bei dem Kalifen bzw. bei dem Gouverneur als seinem Vertreter möglich. Er übt vielmehr eine personelle Oberaufsicht aus, da er bei der Eignungsprüfung der Bewerber den Kalifen vertritt und die Amtsführung der Kadis nach ihrer Ernennung überwacht. Möglicherweise wurde das Amt in Anlehnung an den *mōbeḏān-mōbeḏ*, das höchste Amt der zarathustrischen Staatskirche im sassanidischen Reich, geschaffen, dessen Titel das arabische *qāḍī 'l-quḍāt* genau entspricht.

Der Kadi wird von Ratgebern und Beisitzern unterstützt, deren wichtigste die ›Zeugen‹, *šuhūd* (Pl. von *šāhid*), sind. Dies sind nicht Tatzeugen im Sinne der modernen Justiz, sondern Personen, die für die Korrektheit des Verfahrens bürgen. Es ist dies keine Besonderheit des Islams, wie man oft meint; solche *testes* gab es seit dem spätrömischen Kaiserreich und in den christlichen Staatswesen, die auf das römische zurückgehen, während des ganzen Mittelalters. Auch dort versehen, wie im Islam, Persönlichkeiten von lokalem Rang, zum Beispiel Mitglieder der ›Kurie‹ in der späten Antike, dieses Amt. Aber im Islam kam man bald auf den Gedanken, aus Leuten bewährten Charakters einen festen Stab zu schaffen, ähnlich den Geschworenen der modernen Rechtsprechung. Die *šuhūd* bilden daher eine Art bürgerlicher Aristokratie. Dazu kommt, daß die Kadis bei der wachsenden Zahl ihrer Verpflichtungen einen Teil ihrer Aufgaben auf ihre Helfer, vor allem die *šuhūd*, übertragen.

Theoretisch ist der Beweis durch schriftliche Urkunden neben dem mündlichen Zeugnis im islamischen Prozeßrecht nicht zulässig; dies ist erklärlich in der Frühzeit einer Gesellschaft, in der die Kunst des Schreibens noch wenig verbreitet und entwickelt war. Praktisch aber wird das geschriebene Wort auch in der islamischen Rechtsprechung als zusätzliche Unterlage bald von großer Bedeutung und kann bei hinreichender Beglaubigung die mündliche Aussage sogar ersetzen. Daher kommen Formulare für juristische Vorgänge auf, und es bildet sich ein Stand von Notaren, die allerdings von den *šuhūd* nicht zu scharf zu scheiden sind. — Die Akten wurden im allgemeinen von der Justizverwaltung aufbewahrt, ohne daß den Betroffenen ein Duplikat zugestellt worden wäre, ein weiterer Grund dafür, daß sie weniger gut als in christlichen Ländern erhalten sind.

Wie groß auch die geistige und soziale Autorität des Kadi sein mag, um die Verfolgung der Schuldigen und die Vollstreckung der Strafen, die er verhängt, kann er sich nicht kümmern. Dies ist Sache der Polizei, *šurṭa*. Vom Beginn der arabischen Eroberung an dient sie dem Gouverneur als private Hilfskraft zur Aufrechterhaltung der öffentlichen Ordnung, entwickelt sich aber nach und nach in allen großen Städten zur wirklichen Polizei oder auch Miliz. Sie rekrutiert sich aus Einheimischen und steht neben der Armee, die nur in einigen Garnisonstädten vertreten ist. Zu der bewaffneten Unterstützung, die sie dem Kadi leistet, kommt außerhalb der *šarīʿa* die vorbeugende Strafgerichtsbarkeit, eine Aufgabe, die sie allein versieht.

In der Zeit der ersten Abbasiden entsteht die *ḥisba*, ein Amt, dessen Inhaber *muḥtasib* heißt (›der für die *ḥisba* sorgt‹). *Ḥisba* ist in einem sehr weiten Sinne die jedem Muslim obliegende Pflicht, zur Verbreitung des Guten und zur Bekämpfung des Bösen beizutragen, und für den Fürsten die Aufgabe, ›das Gute zu befehlen und dem Bösen zu wehren‹. Unter den Abbasiden aber beginnt das Wort ein besonderes Amt zu bezeichnen, welches schon unter den Umaiyaden bestand und dort einfach ›Überwachung des *sūq*‹ hieß, der Märkte und des örtlichen Handels. Die Aufgaben dieses Amtes wurden nun auf weitere Gebiete des öffentlichen Lebens ausgedehnt. Diese Marktaufsicht, die eine Einrichtung der antiken Städte fortsetzte oder wiederaufnahm, betraf damals hauptsächlich die öffentliche Ordnung und das wirtschaftliche Leben, und in den Städten vorislamischen Ursprungs, wo die Gewerbe des *sūq* von Nichtmuslimen ausgeübt wurden, brauchte der Inhaber des Amtes zunächst auch kein Muslim zu sein. Aber jetzt, da die Islamisierung beginnt und mehr und mehr Araber unter den Gewerbetreibenden sind, erscheint es notwendig, der Überwachung des öffentlichen Lebens einen islamischen Charakter zu geben. So bleibt sie nun einem Muslim vorbehalten und betrifft nicht nur die dem islamischen Gesetz entsprechenden Vorschriften für die Märkte, sondern soll dafür sorgen, daß alle Äußerungen des gemeinschaftlichen Lebens dem Bild einer wahrhaft islamischen Gemeinschaft entsprechen. Die *ḥisba* kümmert sich nun auch um die regelmäßige Teilnahme am Gottesdienst, um Sitte und Anstand der Männer und Frauen in ihren Beziehungen zueinander, um die Beachtung der Vorschriften, welche die Rechte der Nichtmuslime einschränken, und um anderes mehr. In den großen Städten hat der *muḥtasib* häufig Untergebene. Man hat in seinem Amt zuweilen eine Art städtischer Gendarmerie für die

Kaufleute sehen wollen, das — wenn auch mit starken Einschränkungen — einzige städtische Amt, das der Islam kennt. Gewiß lassen sich seine Funktionen nur in der Stadt ausüben, aber er ist dem Kadi unterstellt oder beigegeben, der ein Beauftragter des Kalifen ist: beide sind keine städtischen Beamten. Jedenfalls geht aus allen Quellen hervor, daß die vordringliche und tägliche Aufgabe des *muḥtasib* darin besteht, das Gewerbe und den kleinen Handel zu überwachen. Zu diesem Zweck stellt man später die Regeln und technischen Vorschriften der *ḥisba* in Handbüchern zusammen.

Eine andere Institution der Rechtsprechung, die den Abbasiden wohl nicht ihre Entstehung, aber ihre Entfaltung und Organisation verdankt, ist die sogenannte Jurisdiktion der *maẓālim*, des ›Unrechts‹, d. h. die Abstellung von Mißbräuchen. In Prinzip handelt es sich dabei um das auf bestimmte Fälle angewandte Recht auf höchstrichterliche Entscheidung, die dem Kalifen oder seinem Vertreter vorbehalten ist; es ist auf Fälle beschränkt, die außerhalb des eigentlichen Geltungsbereiches der *šarīʿa* liegen und bei denen die Kompetenz des Kadi ungenügend erscheint. Dieses Gericht wird angerufen, wenn die Schwachen vor dem Machtmißbrauch der Großen, ja des Staates selbst, z. B. der Steuerbehörde, Schutz brauchen, wenn es gilt, einer Maßnahme Nachdruck zu verleihen, wofür die Autorität des Kadi nicht ausreicht, zuweilen sogar, wenn eine Ungerechtigkeit des Kadi wiedergutzumachen ist. Schon an die Umaiyaden und die ersten beiden Abbasiden waren Hilferufe in dieser Richtung ergangen, aber nicht zufällig bezieht sich die erste ausdrückliche Erwähnung der *maẓālim* auf den Kalifen al-Mahdī. Die Jurisdiktion ist zwar ihrem Geist nach an die *šarīʿa* gebunden, in Wirklichkeit jedoch ist ihre Ausübung weitgehend dem freien Ermessen des Souveräns überlassen; der *fiqh* sagt wenig darüber. Nach der öffentlichen Meinung ist es der gute Kalif, der gute Gouverneur, der gute Fürst, welcher der *maẓālim*-Gerichtsbarkeit einen großen Teil seiner Zeit und Arbeit widmet, und viele erbauliche Geschichten werden darüber berichtet.

Niemand hat freilich je behauptet, daß alles zum besten stand. In gewissen frommen Kreisen wurde gern geäußert, »die Hölle sei mit Kadis gepflastert«, und strenggläubige Muslime weigerten sich, dieses Amt zu übernehmen, um der unvermeidlichen Kompromittierung zu entgehen. Im übrigen war es für den einfachen Mann sicher schwierig, mit seiner Klage bis zum *maẓālim*-Gericht vorzudringen; doch wenn man dessen Ohr erreichte, durfte man einen gerechten Spruch erwarten. Einflußreiche Leute konnten die Beschwerden leicht abfangen lassen oder sich an den Klägern rächen. Aber man darf die Mängel der Justiz nicht einseitig nach der Kritik der Moralisten beurteilen, und alles in allem hat sich die Institution des Kadi, vergleicht man sie mit der

Rechtsprechung anderer Kulturen, durch die Zeiten hindurch als eine der dauerhaftesten Schöpfungen des Islams bewährt.
In den Provinzen strebt die abbasidische Regierung nach besserer Kontrolle des Beamtenapparates. Sie vermehrt die Aufgabenbereiche und Befehlsstellen, läßt die Gouverneure nicht zu lange im Amt und fordert genaue Rechenschaftsberichte; diese Maßnahmen verlangen wiederum eine Vermehrung des Personals in der Zentralverwaltung.
Die gleiche Bemühung um bessere Organisation und Überwachung zeigt sich im Gerichtswesen. Hier ergibt sich aber eine Zwischenstellung des Beamten zwischen weltlicher und geistlicher Funktion. Zwar wird der Kadi von dem Kalifen, dem höchsten Richter, bestimmt, aber da sein Wirkungsbereich die Anwendung des Gesetzes dort fordert, wo es mit Politik am wenigsten zu tun hat, behält er gegenüber der Staatsmacht eine gewisse Unabhängigkeit. Seine Stellung ist der des zarathustrischen *mōbeḏ* vergleichbar, dem entsprechenden Amt im sassanidischen Reich, entfernter auch der des christlichen Bischofs in vielen mittelalterlichen Staaten. Wenn man die Listen der verschiedenen Beamten und hohen Funktionäre des Reiches prüft, stellt man fest: So vielfältig auch die Möglichkeiten waren, mehrere Ämter in einer Hand zu vereinigen, niemals wird ein im engeren Sinne richterliches Amt zugleich mit einer politischen Funktion in der Armee, im Finanzwesen, nicht einmal mit der Leitung des Gebetes, derselben Person übertragen. Auch die Finanzquellen, die zur Unterhaltung dieser verschiedenen Ämter dienen, sind grundsätzlich nicht dieselben.
Die Kenntnis des Steuerwesens im abbasidischen Staat und bei seinen Nachfolgern ist wichtig. Einmal stand der Ausbau des Finanzwesens im Mittelpunkt der Aufmerksamkeit und der größten Anstrengungen von seiten der muslimischen Verwaltung; zum anderen aber haben wir in den Dokumenten und Handbüchern der Finanzverwaltung wichtige, oftmals die einzigen Quellen, die uns Aufschluß über die Erscheinungsformen, Verhältnisse und Wandlungen des wirtschaftlichen Lebens — vor allem der Landwirtschaft — geben können.
In der ersten Zeit der Eroberungen hatte die Beute zur Entlohnung und zum Unterhalt des Heeres und der anderen Einrichtungen des entstehenden Staates reiche Mittel geliefert, die noch keiner zentralen Organisation durch die Regierung bedurften. So hatte die Finanzverwaltung eigentlich nur darin bestanden, daß man von den einheimischen Steuereinnehmern, so gut es ging, die Abgaben eintreiben ließ, die unter dem früheren Regime gezahlt worden waren, nur daß sie jetzt arabische Bezeichnungen trugen. Aber die Organisation eines ausgedehnten und komplexen Staates hatte in Verbindung mit dem Rückgang, dann dem völligen Stillstand der Eroberungen gründlichere

Maßnahmen und allmähliche Anpassung an die neuen Verhältnisse notwendig gemacht. Wir haben schon gewisse Probleme der umaiyadischen Zeit kennengelernt. Eine genauere Untersuchung zeigt, daß das neue Regime Einheit der Prinzipien mit großer Mannigfaltigkeit der Praxis verband. Dies lag einmal daran, daß sich die Eroberung in den einzelnen Gebieten unter verschiedenen Bedingungen vollzog — deren Auswirkungen allerdings mit der Zeit geringer wurden —, zum anderen aber und vor allem an der Verschiedenheit der örtlichen Traditionen, die wiederum von den Eigentümlichkeiten der geographischen Verhältnisse abhing. Man hat diese Unterschiede nicht immer genügend beachtet und ohne die nötige Vorsicht verallgemeinert, was nur für ein Gebiet zutrifft.

Erinnern wir uns, daß das Steuersystem zu Beginn auf der grundlegenden Unterscheidung der Konfession beruhte. Es gab Muslime, die nur zu dem Almosen des Gläubigen, *zakāt* oder *ṣadaqa,* verpflichtet waren, und es gab Nichtmuslime, die eine Kopfsteuer auf ihre Person, *ǧizya,* und die Grundsteuer auf ihren Landbesitz, *ḫarāǧ,* entrichten mußten. Aber wir sahen schon, daß der Bodenbesitz auch dann noch mit dem *ḫarāǧ* belastet blieb, wenn der Eigentümer zum Islam übergetreten war, und daß diese Grundsteuer später auch in den Gebieten, wo im ersten Jahrhundert nur eine wenig differenzierte Abgabe erhoben worden war, von der Kopfsteuer (die im Falle der Konversion entfiel) genauer unterschieden wurde. Die Maßnahmen der Abbasiden brachten hierin keine Reform; sie sollten vor allem dazu dienen, das System zu vereinheitlichen, es im Hinblick auf die gewachsenen Einnahmen funktionsfähig zu erhalten und in technischen Einzelheiten zu verbessern. Gleichzeitig war man bemüht, Normen aufzustellen, die sowohl den Grundsätzen wie den Präzedenzfällen des Islams gerecht wurden — denken wir an Abū Yūsuf, dessen Tätigkeit unter Hārūn ar-Rašīd von besonderer Bedeutung war.

Das Steuersystem gründete sich auf den Boden, denn er war die wichtigste und zuverlässigste Einnahmequelle. Hier sind nun zu unterscheiden: auf der einen Seite die Güter, auf denen die *zakāt* ruhte, hier einem Zehnten (*ʿušr*) entsprechend, und zu denen der von Anfang an muslimische Besitz wie auch die ihm gleichgestellten *qaṭāʾiʿ* (›Domänen‹, s. u. S. 149 u. 203) gehörten (beide standen unter der gemeinsamen Verwaltung des *dīwān* der *ḍiyāʿ*, d. h. der Domänen) — auf der anderen Seite das höher besteuerte *ḫarāǧ*-Land. Von den zehntpflichtigen Gütern erhob man im Prinzip den Zehnten der Ernte, während die *ḫarāǧ*-Güter einer weniger einheitlichen Regelung unterworfen waren. Der Unterschied kam daher, daß die beiden Arten der Besteuerung nicht auf der gleichen Ebene angewandt wurden, der *ḫarāǧ* wurde meist von kleinen Bauern erhoben, der Zehnte dagegen

von Großgrundbesitzern, die ihrerseits von den Pächtern Abgaben erhielten. Die Großen entrichteten einen ›Zehnten‹, der in Geld umgerechnet und häufig pauschal, nicht in der Höhe eines genauen Zehnten, geleistet wurde.
Die Grundsteuer konnte auf zweierlei Weise berechnet werden. Entweder wurde sie entsprechend der Ernte und nach einem bestimmten Satz erhoben, welcher der Güte des Bodens und der Art der Bewirtschaftung entsprach, war also von vornherein variabel; diese Steuer hieß *muqāsama*, ›Teilung‹, nämlich in einer bestimmten Proportion. Oder die Steuerleistung war festgelegt, sei es nach Flächeneinheiten, sei es nach Einheiten des Flächenertrags — in beiden Fällen berücksichtigte die Steuer aber noch den Ausfall der Ernte —, manchmal auch nach den Arbeitsbedingungen; die Bezeichnung dieses Verfahrens, insbesondere der Berechnung nach der Bodenfläche, war *misāḥa*, ›Vermessung‹. Keines der beiden Systeme hatte den absoluten Vorrang. Das System, die Steuerleistung mit gewissen Korrekturen nach der Fläche festzusetzen, war im sassanidischen Staat ein Jahrhundert vor der arabischen Eroberung eingeführt worden, da das vorher geübte Verfahren der proportionalen Naturalleistung zu wenig stabil erschienen war und Transportschwierigkeiten mit sich gebracht hatte. Dennoch kehrte man in der Provinz Bagdad, offenbar auf Wunsch der Besteuerten, teilweise zur *muqāsama* zurück, weil die Zahlung in Bargeld den Bauern zum übereilten Verkauf seiner Ernte zwang und ihn Spekulanten auslieferte, weil ferner das Naturalsystem für die Versorgung größerer Städte am vorteilhaftesten war (für Pächter war es übrigens die Regel). Wir werden sehen, daß die Vorteile, die die Naturallieferung für die kleinen Bauern besaß, die Entwicklung eines *talǧi'a* genannten Verfahrens begünstigte: Land in die Protektion eines Mächtigen zu geben, der dann die Steuerzahlung besorgte (*patrocinium fundorum*, vgl. u. S. 155). Später, als der kleine Grundbesitz abnahm und das Militär, das an Naturalabgaben interessiert war, seinen Einfluß stärker geltend machte, wurde diese Gepflogenheit noch verbreiteter. Trotzdem blieb die *misāḥa* in vielen Provinzen Irans und Syriens das Übliche; auch in Ägypten, wenngleich hier die Abgaben zum Teil in Naturalien, auch dann allerdings nicht in Proportion zum Ertrag, sondern nach festen Sätzen entrichtet wurden. Der Tarif der festen Steuer wurde offenbar so berechnet, daß er im Durchschnitt der proportionalen Abgabe gleichkam; diese entsprach ungefähr den Abgaben der Pächter, denn sie wurde ja grundsätzlich als Tribut der Anerkennung gegenüber dem umfassenden Besitzanspruch der islamischen Gemeinschaft verstanden. Der Steuersatz hing hauptsächlich von der Art der Landbebauung, von der Fruchtbarkeit des Bodens und der Bewässerungsart ab. Ein Gut, das künstlich bewässert werden mußte, wurde im

allgemeinen halb so hoch besteuert wie eines mit natürlicher Bewässerung. Der *ḫarāǧ* betrug ein Fünftel bis ein Drittel, höchstens aber die Hälfte der Ernte.

Bei dem *muqāsama*-Verfahren wird die Ernte auf die Dorftenne gebracht, wo der Steuereinnehmer seinen Anteil entnimmt und jeder Bauer das Seine erhält. Genauso ist es in Fällen, wo auch der Zehnte von der Ernte selbst genommen wird; dabei läßt der Gutsbesitzer die Steuer von dem Pächter abführen, dessen eigene Abgabe an den Grundherrn um das gleiche Maß gesenkt wird. Komplizierter liegen die Dinge bei der festen Steuer, die nach Flächen- oder Ertragseinheiten berechnet wird. Hier müssen Kataster angelegt und Vermessungen vorgenommen werden, einmal der Parzellen überhaupt, sodann der bebauten Flächen nach der Nutzungsart, falls die Bewirtschaftungsweise nicht im voraus von Staats wegen verfügt wird, wie es in Ägypten infolge der Nilüberschwemmungen üblich war. Der theoretische Steuerwert jeder Einheit war die *ʿibra.* Sie konnte natürlich nicht jedes Jahr von der tatsächlichen Steuerleistung erreicht werden, diente aber bei Konzessionen und vor allem für Etatplanungen als Richtschnur. Zusätzliche Kosten verursachten die Notwendigkeiten der Organisation im einzelnen, so die Vermessungsarbeiten, das Wiegen der Naturallieferungen, das Prüfen und Wechseln bei Bargeldzahlungen, daneben die Reisen der Beamten; diese Kosten wurden nicht bei der Vorausberechnung der Steuerbeträge einkalkuliert, sondern sie mußten durch eine Zusatzsteuer aufgebracht werden. Diese war für den einzelnen geringfügig, ergab aber im ganzen eine merkliche Verbesserung des Steueraufkommens. Eine besonders wichtige Rolle spielte der Prüfer und Wechsler, *ǧahbaḏ,* der häufig aus den großen Summen, die durch seine Hände gingen, Nutzen zog, indem er sich als Bankier betätigte (er ist aber zu unterscheiden von dem *ḍāmin,* auf den wir sogleich zu sprechen kommen).

Oft sorgte der Staat selbst für die Erhebung der Steuern unter der Leitung des Finanzgouverneurs des Distrikts, des *ʿāmil.* Aber häufig erwies es sich als praktisch bzw. notwendig (wie in allen mittelalterlichen Staaten), einen Steuerpächter zu beauftragen, den *ḍāmin* (von *ḍamāna,* ›Pacht‹). Der Pächter war ein reicher Privatmann, der gegen eine bestimmte Provision alles Nötige zur Eintreibung der Steuer übernahm und dem Staat die vereinbarte Summe im voraus zahlen mußte; diese lag unter dem Steueraufkommen selbst, dafür war sie für den Staat in ihrer Höhe gesichert. Der Vertrag wurde im allgemeinen auf zwei oder drei Jahre geschlossen und ließ keine Änderung im Modus der Besteuerung zu. Das Verfahren darf nicht mit anderen, der Steuerpacht ähnlichen Methoden der kollektiven Steuerzahlung, wie der *qabāla* und der *muqāṭaʿa,* verwechselt werden. Das Wort *qabāla* bezeichnete anscheinend verschiedenartige Usancen, z.B.

die Zahlung einer Pauschalsumme durch einige große Domänen in Ägypten, die ohne vorherige Vermessung angesetzt wurde. Aber häufiger handelte es sich um folgenden Brauch: In einem Dorf, wo den Bauern die sofortige Zahlung schwerfällt, legt ein angesehener Mann die Summe vor, die er später zurückerhält. Man sieht, daß der Rahmen viel enger ist als bei der Steuerpacht, die für eine ganze Provinz vergeben wird, und die Einkünfte des Staates werden durch die *qabāla* nicht verringert, denn wenn der Vorschießende einen kleinen Nutzen hat, so durch private Abmachung zwischen ihm und den Bauern. Was die *muqāṭaʿa* anbetrifft, die man wegen der gemeinsamen Wortwurzel *q-ṭ-ʿ* häufig mit dem *iqṭāʿ* (Verleihung einer staatlichen Domäne, *qaṭīʿa*, s. u. S. 149 u. S. 203) verwechselt hat, so besteht sie darin, daß einer Persönlichkeit in besonderer Stellung die Eintreibung einer Pauschalsumme übertragen wird, die auf unbegrenzte oder zumindest lange Zeit vereinbart ist. In diesem Fall kümmert sich der Staat nicht darum, was die Untergebenen des Nutznießers — oft handelt es sich um das autonome Oberhaupt eines schwierigen Distriktes oder Stammes — tatsächlich zahlen. Es gab auch Fälle von Steuerermäßigung, ja völliger Befreiung, *īġār*, so bei kleinen Gütern nach einer wirtschaftlichen Katastrophe oder bei ganzen Bezirken als Entgelt für entsprechende Vorausleistungen des Privilegierten, dem die Bewohner natürlich die gewöhnliche Steuer weiter zu zahlen hatten.

Auch das Vieh der Seßhaften war mit Steuern belegt, aber im allgemeinen war der Viehbesitz Sache der muslimischen Nomaden und also der *zakāt* unterworfen, in diesem Falle einer Proportionalsteuer vom Bestand jeder Gattung (dabei gab die Möglichkeit, Tierarten gegeneinander aufzurechnen, einen gewissen Spielraum in der Auswahl) — hier haben wir also eine Kapitalsteuer. Die Nichtmuslime hatten die Kopfsteuer zu zahlen, daneben Sonderabgaben, etwa für den Handel. Die gesamte Steuerlast war schwer, und die Abgaben konnten trotz des ausgeübten Druckes, der manchmal bis zu schweren Repressalien ging, nicht immer voll entrichtet werden. Unter besonderen Umständen gewährte die Verwaltung Ermäßigung, sonst aber beschränkte sie sich darauf, die Rückstände zu verbuchen und zu dem Soll des folgenden Jahres hinzuzurechnen; oft war die Gesamtschuld schließlich nicht mehr abzutragen, so daß man alle Rückstände durch einen Vergleich liquidieren mußte.

Die Steuer, besonders die in Lebensmitteln entrichtete, wurde gewöhnlich zu mehreren Terminen und dann zu den entsprechenden Erntezeiten eingezogen. Während die Termine der festen, vom Bodenertrag unabhängigen Steuern dem offiziellen islamischen Mondjahr angepaßt waren, wurde die eng mit der Landwirtschaft verbundene Grundsteuer natürlich dem Ablauf des Sonnenjahres gemäß entrichtet. Dies ergab eine komplizierte

Dualität der Steuerjahre. Im östlichen Teil des Reiches war das Sonnenjahr das persische Jahr, in Syrien das syro-byzantinische, in Ägypten das koptische, und so gab es noch andere. Der offizielle Beginn des Steuerjahres wurde 894 nach dem persischen Kalender auf den 11. Juli festgelegt; 961 beschloß man, um eine Verschiebung in der Zählung gegenüber dem (etwa 11 Tage kürzeren) islamischen Mondjahr zu vermeiden, alle 32 Jahre ein Jahr zu überspringen. In Ägypten begann das Jahr mit dem September, wenn die Überschwemmung zurückging und die landwirtschaftliche Arbeit begann.

Man hat manchmal gemeint, die Kopfsteuer der Nichtmuslime sei mehr von symbolischer Bedeutung denn eine wirkliche Belastung gewesen, aber das trifft, trotz dem progressiven Tarif des Steuergesetzes, nur für die Reichen zu. Wir haben schon erwähnt, wie die alte vorislamische Kopfsteuer, wo sie bestanden hatte, in der *ǧizya* ihre Fortsetzung fand und wie sich aus der in den Anfängen der Eroberung erhobenen Globalsteuer, besonders nach den Bekehrungen zum Islam, die eigentliche Grundsteuer auf der einen Seite und die Personalsteuer der *ǧizya* auf der anderen heraus entwickelten. An gewissen Orten wurde die *ǧizya* kollektiv erhoben und nach einem mittleren Satz berechnet, so z. B. in einem großen Teil Ägyptens, und zwar dort mit zwei *dīnār* pro Kopf, unabhängig von den Richtlinien, die man für die Einzelzahler anlegte. In anderen Teilen des Reiches, besonders im östlichen, war die *ǧizya* nach dem Vermögen gestaffelt. Die Armen zahlten zwölf *dirham* (anderswo einen *dīnār*), die Wohlhabenderen vierundzwanzig *dirham* (bzw. zwei *dīnār*), die Reichen achtundvierzig *dirham* (bzw. vier *dīnār*) – lokale Unterschiede gab es natürlich immer. Für den Armen bedeutete dies den Lohn einer zehn- bis zwölftägigen Tagelöhnerarbeit, bei höherem Grundlohn infolge besserer Leistung weniger. Aus den Quellen geht jedoch hervor, daß die Gesamtheit der Angehörigen einer Religionsgemeinschaft für die *ǧizya* aufzukommen hatte, d. h. die Reichen zahlten für die wenigen Begüterten mit. Während die Grundsteuer von dem Steuerpflichtigen, wo er auch wohnte, am Ort des Bodenbesitzes entrichtet werden mußte, konnte die personenbezogene *ǧizya* an jedem beliebigen Ort bezahlt werden. Ursprünglich mußte der Steuerpflichtige alles dort bezahlen, wo er anfangs registriert war, aber oft flüchtete er beim Herannahen des Steuereinnehmers in der Hoffnung, irgendwo sonst seinen Lebensunterhalt zu finden; dort stand er dann eine Zeitlang in keiner Steuerrolle und war praktisch unauffindbar. Die Zahl dieser Steuerflüchtigen, *ǧawālī*, war so groß geworden, daß die Verwaltung die Konsequenzen zog und sie nach Möglichkeit jeweils dort registrierte, wo sie sich aufhielten, und den ursprünglichen Wohnort benachrichtigte. Dies war so sehr die Regel geworden, daß in den meisten Urkunden diese Steuer statt mit dem gesetzlichen Namen *ǧizya* nur noch *ǧawālī* genannt wird. Die Lage des *ǧizya*-Pflichtigen war trotzdem nicht unbedingt schwerer als die des Muslims, der ja die *zakāt* zahlen mußte, wovon der Nichtmuslim als solcher ausgenommen war.

Die *zakāt* ist uns schon in der Form des Zehnten begegnet, der auf Land- und Viehbesitz ruht. Daneben werden in den amtlichen Berichten die beweglichen Güter erwähnt, vor allem solche, die als Handelsware eine Rolle spielen (Güter des privaten Gebrauchs sind frei). Grundsätzlich werden auch sie besteuert durch eine nach dem Handelswert der Gegenstände berechnete Abgabe aus dem Bestand, dem Vermögen. Aber die Praxis ist schwierig zu fassen, weil hier eine ganze Menge von Einzelabgaben hineinspielen, über die wir nicht genügend unterrichtet sind: Steuern auf bestimmte Handelsgeschäfte, staatliche und städtische Zollgebühren, Schutztaxen, Mieten für Werkstätten und Läden und anderes mehr. Wir werden auf solche Abgaben beim Großhandel noch zu sprechen kommen; die anderen lassen sich nicht im einzelnen darstellen, da sie nach Ländern und Zeiten sehr verschieden waren, in Ägypten natürlich am zahlreichsten. Die Juristen brandmarkten alle diese Abgaben, die sie als illegal betrachteten, mit dem Namen *mukūs* (›Schaden‹, ›Betrug‹). Besonders bei den Kaufleuten waren sie verhaßt, denn diese waren mehr als die Landbevölkerung von ihnen betroffen. Herrscher, die auf den Ruf der Frömmigkeit großes Gewicht legten, schafften sie bei ihrem Regierungsantritt ab, konnten aber nicht umhin, sie später wieder einzuführen. Im Kern geht es, dies wird immer wieder deutlich, um ein Strukturproblem: ein Staat, der von seinem Ursprung her fast ausschließlich auf Einnahmen aus Landbesitz gegründet ist, will in einer Periode des handwerklichen und kommerziellen Aufschwungs auf den Gewinn aus den neuen Quellen nicht verzichten, aber das widerspricht seinem Wesen. Niemals ist das abbasidische Regime mit diesem Problem ganz fertig geworden.

Zu den genannten Steuerquellen kamen noch folgende hinzu: der Fünfte von ›Schatzfunden‹ und Beutegut, die Erbschaftssteuern, die Liegenschaften ohne Erben, die Staatsgüter sowie die Industrie- und Handelsmonopole, daneben Geschenke und der Besitz, den man von zu reich gewordenen hohen Beamten oder einfach von Leuten mit allzu auffälligem Vermögen konfiszierte.

Es versteht sich von selbst, daß eine so hochentwickelte und komplexe Steuerorganisation einen differenzierten und gut funktionierenden Verwaltungsapparat notwendig machte. Er war nicht denkbar ohne viel Bürokratie und Schreibarbeit, die von Schreibern und sachkundigen Buchhaltern ausgeführt wurde.

Sehr vieles war schriftlich niederzulegen: Grundbuchfakten, Register der Steuerveranlagung (*qānūn*), der tägliche Zahlungsstand, die Gesamtabrechnungen, die Bilanz von Einnahmen und Ausgaben, die Quittungen für die Besteuerten und dergleichen mehr. Wir wissen auch, daß die Verwaltungen umfangreiche Archive anlegten, worin alle notwendigen Informationen nach Wunsch zu finden waren. Bei all dem bediente man sich, wenigstens bis ins 12. Jahrhundert, in Ägypten der griechischen, in Bagdad der *dīwānī*-Ziffern. Es ist bemerkenswert, daß sich die ›arabischen‹ Ziffern in Verwaltung und Handel erst im 19. Jahrhundert durchgesetzt haben, aber die Familien der spezialisierten Beamten waren daran interessiert, am Alten festzuhalten, und außerdem paßte das Dezimalsystem mit dem Münz- und Geldwesen der islamischen Wirtschaft schlecht zusammen.
Ein Problem gaben die Geldüberweisungen auf, die beträchtlich waren und daher für die Verwaltung (wie für die Kaufleute) Schwierigkeiten und Risiken mit sich brachten. Man beschränkte sie auf ein Mindestmaß, indem man die örtlichen Ausgaben auf die örtlichen Einnahmen anrechnete, so daß man darüber nicht mehr abzurechnen brauchte. Dieses Verfahren wurde dadurch ermöglicht, daß die Dienststellen der Zentralverwaltung in den Provinzgouvernements ihre genauen Entsprechungen hatten. (Hier lag freilich auch einer der Gründe, warum sich manche Gouverneure bald ohne Schwierigkeit selbständig machen konnten.) Andererseits trat das der Regierung zu überweisende Geld nicht selbst in Erscheinung, weder in bezug auf die laufenden Inkassobeträge noch in seiner Gesamtheit. Die verantwortlichen Beamten schickten der Regierung Zahlungsbelege, die es ihr ermöglichten, ihre Einnahmen zu übersehen, und die sie in dringenden Fällen an Kaufleute in Zahlung gaben, welche sich bei der Abwicklung ihrer Geschäfte dann nur an die örtlichen Kassen zu wenden brauchten. Auch das Steuerpacht-System war in dieser Hinsicht vorteilhaft, gleichzeitig verschaffte es Kaufleuten mehr flüssige Mittel, als sie durch ihren bloßen Handel besessen hätten.
Wir können nicht alle Finanzdienststellen der Zentralregierung aufzählen; sie haben außerdem gewechselt, und ihre gegenseitige Verflechtung ist uns nicht genügend bekannt; einige Hinweise müssen genügen. Erinnern wir uns, daß man zwischen *ḫarāǧ*-Gütern und Zehnt-Gütern scharf unterschied – jene unterstanden der Zuständigkeit des *dīwān al-ḫarāǧ*, auch ›Sonnen-*dīwān*‹ genannt, diese waren dem *dīwān* der *ḍiyāʿ* oder ›Mond-*dīwān*‹ unterstellt (der eine rechnete nach dem Sonnen-, der andere nach dem islamischen Mondjahr ab). Da das Münzsystem und infolgedessen die Geldstücke in der östlichen und westlichen Hälfte des Reiches nicht dieselben waren, besaßen die betreffenden Dienststellen der Regierung zwei große regio-

nale Abteilungen. Andere Ämter beschäftigten sich mit besonderen Einnahmequellen; so oblag ihnen etwa die Verwaltung der Monopole oder die der konfiszierten Güter, die genügend Selbständigkeit behalten mußten, damit sie eventuell zurückgegeben werden konnten. Für jeden *dīwān* der Finanzverwaltung gab es einen *zimām,* d.h. ein für die Rechnungsprüfung verantwortliches Amt, neben ihm Büros, in denen die grundsätzlichen Entscheidungen getroffen wurden und die organisatorische Einzelarbeit zu leisten war. Später wurde, zuerst in Iran, dann im größten Teil der islamischen Welt, der Ausdruck *zimām* durch die Bezeichnung *istīfā'* ersetzt; der Träger des Amtes hieß *mustaufī.* Die Einführung des *zimām* wird dem Kalifen Mahdī zugeschrieben.

Der weitaus überwiegende Teil der nicht an Ort und Stelle ausgegebenen Einnahmen wurde der Staatskasse, *Bait al-Māl,* zugeführt; ihr war eine Reihe von Magazinen (*maḫzan*) angegliedert, in denen die Naturallieferungen, die Monopolerzeugnisse des Staates, Geschenke und anderes gelagert wurden. Vom öffentlichen Schatzamt unterschied man das private (*ḫāṣṣ*) des Kalifen; dort wurden die Einkünfte aus seinen Gütern und privaten Geschäften, aus gerichtlichen Geldstrafen, aus Konfiskationen und anderen Quellen aufbewahrt und verwaltet. Aus dem privaten Schatz nahm der Kalif die Mittel für großzügige Spenden, aber daraus unterstützte er auch die allgemeine Staatskasse in Krisenzeiten oder in dringlichen Fällen (der vorgelegte Betrag wurde später zurückerstattet). Doch nicht alle Steuereinkünfte flossen in dieselbe Kasse. Grundsätzlich sollte die *zakāt* ausschließlich Zwecken der Frömmigkeit und des öffentlichen Wohles dienen, und zwar in dem Gebiet, wo sie aufgebracht wurde. Das gleiche galt für die Einnahmen aus den *waqf* genannten Gütern (frommen Stiftungen, s. u. S. 150), die der Staat kontrollierte.

Was die Ausgaben anbetrifft, so wurden sie einmal von dem ›*dīwān* der Ausgaben‹ angewiesen, der die Gehälter der Beamten und Staatsbeauftragten zahlte, zum anderen von einzelnen Dienststellen, die ein spezielles Budget verwalteten; unter ihnen stand die Armee an allererster Stelle. Meistens konnte eine Zahlungsanweisung erst erfolgen, wenn der Vorgang von mehreren Dienststellen, die sich auf diese Weise gegenseitig kontrollierten, registriert und genehmigt worden war.

In der besten Zeit des abbasidischen Kalifats bzw. Wesirats war man bestrebt, genaue Haushaltspläne aufzustellen. Man ging so weit, ein Gutachten, das sich nur auf ägyptische Verhältnisse bezog, fälschlich zu verallgemeinern, und glaubte dann, die Regierung könne den Betrag der notwendigen Einnahmen im voraus bestimmen und danach die von den Provinzen, von den Gemeinden, schließlich von den einzelnen jeweils aufzubringenden Steuern festsetzen. Das erwies sich als unmöglich. Nur in

Abb. 9a: Islamische Münzen. Oben: Dirhams *der Umaiyaden-Dynastie, 722 und 725; unten: Vorder- und Rückseite eines* dīnārs *des Abbasiden-Kalifen al-Wātiq (842-847), Gepräge aus Ṣanʿā, 843*

Ägypten war an all den Orten, wo über den Anbau vom Staat verfügt und die Steuer im voraus festgelegt wurde, ebenso bei den *qabāla*-Gütern (s. o. S. 110), eine Vorausplanung durchführbar. Sie war es auch – außerhalb Ägyptens – in jenen Distrikten, wo die Steuer nach festen Einheiten und nicht proportional vom Ernteertrag berechnet wurde. Wir sprechen hier natürlich von der Grundsteuer. Auch die *ǧizya* war im voraus kalkulierbar, denn die Geburten und Todesfälle wurden registriert, und so kannte man die Zahl der Besteuerten; von Kindern, Greisen, Frauen und Geistesgestörten wurde keine *ǧizya* erhoben. Dagegen ließen sich die anderen Einkünfte nicht im voraus berechnen. – Diese Vorbehalte vorweggenommen, können wir von vier abbasidischen ›Budgets‹ sprechen, die im letzten Jahrhundert von Alfred von Kremer genauer untersucht wurden und als

Abb. 9b: Islamische Münzen. Oben: Vorder- und Rückseite eines dirham *des Abbasiden-Kalifen al-Muqtadir (908–932); unten: Vorder- und Rückseite eines Medaillons des Muqtadir*

glaubwürdig gelten dürfen. Nur ist zu beachten, daß die drei älteren Haushaltspläne eine größere Anzahl von Provinzen betreffen als der jüngste und detaillierteste, der aus einer Zeit stammt, da sich schon mehrere Provinzen selbständig gemacht hatten. Die früheren unterscheiden Goldprovinzen und Silberprovinzen, der letzte, der des Wesirs ʿAlī ibn ʿĪsā aus dem Jahre 919, verbucht alles in Gold.

Nach diesen Voranschlägen war die Gesamteinnahme, die in der zweiten Hälfte des 8. Jahrhunderts über 400 Millionen *dirham* betragen hatte, im Anfang des 10. Jahrhunderts auf 14,5 Millionen *dīnār* zurückgegangen, was damals einem Wert von 210 Millionen *dirham* entsprach. Vergleicht man, so weit dies angängig ist, die Provinzen untereinander, so scheinen die Einnahmen etwa gleich geblieben zu sein; die Verringerung des

Gesamtbetrages geht also auf die territoriale Einbuße zurück. Da diese dem Staat auch wieder Kosten ersparte, hätte das Budget im Gleichgewicht sein müssen; doch war es das nicht. Offenbar hat der Verlust einiger Provinzen der Zentralregierung einen Teil der Überschüsse geraubt, die sich früher in der Staatskasse sammelten, während umfangreiche militärische Aufgaben — der Kampf gegen separatistische Bewegungen, gegen den Aufstand der Zanǧ (s. u. S. 137) und andere Unruhen — eine Senkung der Ausgaben verhinderten. Um so mehr mußte man die verbliebenen Provinzen für Ausgaben belasten, die ihnen keine Vorteile brachten, was wiederum — *circulus vitiosus* — den autonomistischen Tendenzen noch stärkeren Auftrieb gab. Auch verursachte die Armee, selbst bei gleichbleibender Stärke, immer höhere Kosten. Man hätte auf die Einnahmen des Handels zurückgreifen müssen, aber entsprechende Bemühungen wurden offenbar mit wenig Geschick vorgenommen und stießen auf Widerstände, die den Vertretern der Macht besonders ungelegen waren, weil sie aus den Städten kamen. Nicht die wirtschaftliche Lage führte den Staat in die Finanzkrise, sondern seine Unfähigkeit, sich der wirtschaftlichen Entwicklung anzupassen.

Der Staat besaß natürlich das Münzmonopol. Das eigentlich islamische Münzwesen hatte sich am Ende des 7. Jahrhunderts herausgebildet. Seine Basis waren, wie schon dargelegt (s. o. S. 42), zwei gesetzliche Richtmünzen: der Gold-*dīnār* im Gewicht von etwa 4,25 Gramm und der Silber-*dirham* im Gewicht von $^{7}/_{10}$ *dīnār* oder 2,97 Gramm. Wohl gegen Ende des 9. Jahrhunderts setzte die juristische Theorie das Wertverhältnis zwischen Gold und Silber auf zehn zu eins fest, so daß ein *dirham* $^{7}/_{100}$ *dīnār* und umgekehrt ein *dīnār* $14\,^{2}/_{7}$ *dirham* gleichkam — in der tatsächlichen Wechselpraxis war jedoch der *dirham* weit weniger wert. Wir können nicht mit Gewißheit sagen, wie es vor dem 10. Jahrhundert stand; wahrscheinlich hat das Tauschverhältnis ziemlich geschwankt, aber meist zugunsten des Goldes. Andererseits vermochte, selbst nach dem Beginn des 10. Jahrhunderts, kaum ein islamischer Staat zu einem stabilen Währungssystem zu gelangen, worin das Geld seinen gesetzlich festgelegten Wert auch wirklich besaß, denn die Entwertung des Geldes ging stetig weiter. Gold- und Silberwährungen lösten im Zahlungsverkehr einander ab, und die amtlichen Werte dienten zeitweilig nur noch als Buchgeld. Häufiger noch kam es vor, daß verschiedenartige Münzen nebeneinander im Umlauf waren, so daß man sie wiegen mußte, statt sie nach ihrem Nennwert zu zählen, und wer Bankeinlagen machte, mußte sein Geld in derselben Münzart zurückverlangen, in der er es eingezahlt hatte.

Eine Besonderheit des islamischen Geldsystems war sein doppelter Monometallismus: vor dem Islam war es so gewesen, daß die Sassaniden wegen der Silbervorkommen in ihrem Gebiet nur

Silbermünzen prägten, während Byzanz eine Goldwährung besaß. Die islamische Eroberung änderte seltsamerweise an dieser Situation wenig; in Iran und im Iraq bezahlte man weiterhin fast ausschließlich in Silber, in Syrien, in Ägypten und im Maghreb fast nur in Gold, und zwar sowohl im öffentlichen wie im privaten Zahlungsverkehr. Nur in Bagdad, wo Geld aus den zwei Teilen des Reiches zusammenströmte, waren beide Münzarten vertreten, freilich wurden sie ohne organische Verbindung und festen Wechselkurs nebeneinander benutzt. Die Folge dieses Systems war, daß es in Goldländern nicht genug Münzen mittleren Wertes gab. Hier prägte man daher Halb- und Viertel-*dīnāre* (aus dem Viertel-*dīnār* entstand später der berühmte sizilianische Goldtari), ja man half sich sogar, wenn nötig, indem man die Münzen mit dem Messer durchschnitt. Für die kleinsten Münzen des täglichen Gebrauchs benützte man als Einheit häufig die *ḥabba*, die auf $1/60$ oder $1/72$ *dīnār* veranschlagt wurde, und für die etwas größeren rechnete man vielfach nach *qīrāṭ*, einem 24stel *dīnār*. Die konkrete Münze, in Kupfer oder Bronze, war der *fals* (aus lat. *follis*); die Pluralform *fulūs* ist sogar in das französische Argot eingedrungen.
Man hat Untersuchungen darüber angestellt, wie sich der schwankende Ertrag im Abbau der Silberbergwerke auf den Geldverkehr ausgewirkt haben könnte, aber mit Gewißheit läßt sich heute darüber noch nichts sagen. Sicher ist nur, daß seit dem Ende des 10. Jahrhunderts aus vielfältigen und noch wenig geklärten Gründen das Silber überall neben dem Gold in den Hintergrund tritt, um dann – außer in Ägypten – fast völlig zu verschwinden. Auch Spanien, das – eine Ausnahmeerscheinung im Westen – die Silberwährung bis ins 10. Jahrhundert beibehielt, wird dann ein Goldland. Im 13. Jahrhundert kehrt sich die Tendenz um, offenbar im Zusammenhang mit den politischen und kommerziellen Zeitumständen.

7. Der Aufstieg einer neuen Kultur

In der bewegten und vielschichtigen Epoche, von der wir gesprochen haben, bildet sich die Kultur heraus, welche man von nun an mit Recht die arabisch-islamische nennt. Die Logik unseres Berichtes brachte es mit sich, daß wir an anderer Stelle bereits die politisch-religiösen Richtungen und Gruppen der Zeit dargestellt haben, darunter auch die Muʿtazila, die unter allen am meisten vom Verstand bestimmt ist und eine Wende im theologischen wie im philosophischen Denken bringt. Die Auswirkung dieser Bewegungen aber erstreckt sich auf alle Formen des geistigen Lebens. Sehr viele Äußerungen, die dem oberflächlichen Blick eines modernen Betrachters als rein literarisch oder philosophisch erscheinen, geben sich dem, der tiefer dringt nach Sinn und Ursprung, als Frucht jener geistigen Strömungen und der davon ausgelösten Diskussionen zu erkennen. Manche Autoren, die wir zunächst nur für Schöngeister halten mögen, beziehen doch offen Stellung in jenen Auseinandersetzungen. Wir können hier nicht noch einmal darauf eingehen, glauben aber, daß man diese Kräfte keinesfalls vernachlässigen darf.

Arabisch-islamisch nannten wir die im 9. Jahrhundert aufgeblühte Kultur. Arabisch zuerst, freilich keineswegs in dem Sinne, daß Nichtaraber nicht in hervorragendem Maße daran teilgenommen hätten. Sie – vor allem und am frühesten die Iranier – haben vielmehr einen so bedeutenden Beitrag geleistet, daß man zuweilen gemeint hat, die Araber hätten fast überhaupt keine entscheidende Rolle in der islamischen Kultur gespielt, höchstens im engen Kreis der Schöpfungen, die unmittelbar auf altarabische, vorislamische Traditionen zurückgingen. Arabisch ist diese Kultur gleichwohl deshalb, weil die bis dahin sprachlich getrennten Völker sie nun auf der gemeinsamen Basis der arabischen Sprache aufbauen halfen. Arabisch schrieben auch Autoren, die sich gegen die arabische Hegemonie wandten. Zweifellos ist das Arabische – ehedem die Sprache einfacher Beduinen – an seiner Aufgabe gewachsen, und es hat sie in bewundernswerter Weise erfüllen können. Anders als die meisten germanischen Eroberer haben die Araber ihre Sprache nicht gegen die der unterworfenen Völker aufgegeben, sondern diese die arabische Sprache gelehrt und daraus ein Instrument von universeller Geltung gemacht. Zwar war sie die Sprache der Herrscher und die Sprache der islamischen Offenbarung, aber ohne ihre besonderen Qualitäten und ihre schöpferische Kraft hätte sie dieser verbindenden Funktion nicht gerecht werden können. Gewiß hatte an der islamischen Kultur noch anderes Erbe bedeutenden Anteil, und Christen, Juden, Iranier und andere arbeiteten daran mit. Islamisch müssen wir sie deswegen nennen, weil im islamischen Lebenskreis die gemeinsame Kultur, zu der alle beitrugen, Form gewann, während das christliche oder jüdische Denken seinen konfessionellen Partikularismus bewahrte. Dabei standen Arabisierung und Islamisierung nicht auf gleicher Ebene nebeneinander. In Syrien und Ägypten hat sich die christlich gebliebene Bevölkerung vielerorts ziemlich rasch arabisiert; auf der anderen Seite wurden einige iranische Völker zwar weitgehend islamisiert, aber nur die Eliten erlernten das Arabische, während die Massen der Sprache der Vorfahren weitgehend treu blieben und so ihre Wiederbelebung vom 10. Jahrhundert an möglich machten.

Die Mittelpunkte der Kultur, die sich seit der Mitte des 8. Jahrhunderts entwickelte, waren die iraqischen Städte, deren Einfluß auf die Diskussion juristischer und dogmatischer Fragen wir schon gewürdigt haben. Vor allem ist Basra zu nennen, denn aus dieser Stadt sind im Laufe einiger Generationen viele der Ideen gekommen, die dann weltweite Verbreitung fanden. Dort lebten Araber und Iranier nebeneinander — Araber, die darauf bedacht waren, den Ruhm der Vorfahren ebenso wie die Tradition des Propheten hochzuhalten, und Iranier, die ihre eigene Kultur bewahrten und zugleich versuchten, unter dem Islam, den sie angenommen hatten, eine neue und angemessene Stellung zu gewinnen. Der Aufstieg Bagdads hat nicht alles in kürzester Zeit geändert. Hier kam es zu denselben Kontakten, aber die rapid anwachsende neue Bevölkerung war geistig noch wenig geformt und begnügte sich damit, die aus Basra, daneben auch aus Kufa kommenden Ideen aufzunehmen. Erst im 9. Jahrhundert wird Bagdad die überragende geistige Metropole, in der die an anderen Orten geborenen Gedanken umgeschmolzen und weiterentwickelt werden. Dieser Vorgang wird von zwei neuen Faktoren beeinflußt, die es in Basra nicht gegeben hatte: dem Hof des Kalifen und der aufsteigenden Klasse der *kuttāb* (›Sekretäre‹, vgl. o. S. 101). Der Hof schafft einen künstlichen Lebensstil mit Kurtisanen, Sängerinnen, Wein, mit Harems- und anderen Intrigen; aber er zieht auch die Dichter an durch die reichen Pensionen, die der Lohn klug formulierter Lobreden sind und einen Unterhalt sichern, der sonst mühsam verdient werden muß. Wie schwer war dieser Verlockung zu widerstehen, mochte man auch noch so wenig am Leben des Hofes teilnehmen, noch so wenig seinen Geschmack billigen. Die *kuttāb* andererseits stehen in engerer Verbindung mit den übrigen Schichten der städtischen Bourgeoisie, aber sie haben darum nicht weniger Korpsgeist und beruflichen Stolz; jeder ist bemüht, sich vor den anderen durch gelehrtes Wissen hervorzutun und möglichst

vielseitige, wenn auch oberflächliche Kenntnisse zu erwerben. Auch ihre Gunst vermag, den Literaten ist das sehr wohl bewußt, zu Ehren und Einnahmen zu verhelfen. Die anderen Gesellschaftsschichten der Stadt nehmen ebenfalls auf ihre Weise am kulturellen Leben teil, zumindest die bürgerliche, in mancher Hinsicht sogar das einfache Volk; aber auf seine Entwicklung im ganzen nehmen sie wenig Einfluß. Die neue Geisteskultur formt sich in den Kreisen des Hofes und der *kuttāb*, und dem *kātib* dient eine neue Literatur des Wissens, das er braucht: allem voran das Handbuch der Schreibkunst, das ihn zum vollendeten Stilisten macht, sodann die Enzyklopädie der Kenntnisse, welche der ›Mann von Welt‹ aufweisen soll — ein Extrakt der iranischen und hellenistischen, der arabischen und islamischen Traditionen, die zusammen mit *Ḥadīṯ* und Dichtung die ›neue Bildung‹, den *adab* (›Lebensart, feine Bildung‹) begründen.
Auf die ethnische und soziale Rivalität zwischen den *kuttāb* und ihrer arabischen Umgebung geht zum großen Teil jene Bewegung zurück, die unter dem Namen *Šuʿūbīya* (›Nationalismus der nichtarabischen Völker‹) bekannt geworden ist und bis in die Mitte des 9. Jahrhunderts heftige Polemiken auslöste. Die iranischen *kuttāb*, stolz auf ihre lange Tradition in der Regierungsführung und auf ihre alte Kultur, waren sich der Stellung wohl bewußt, die sie in der Regierung des Reiches ebenso wie in der neuen, wenn auch islamisch-arabischen Kultur einnahmen. Sie protestierten daher gegen den Anspruch der arabischen Aristokratie auf eine geistige Führungsstellung, die ihr nicht mehr zukam; umgekehrt fühlten sich nunmehr Araber herausgefordert und suchten, um den Eindringlingen entgegenzutreten, die Werte der alten arabischen Tradition, soweit möglich, neu zu Ansehen und Geltung zu bringen. Jedenfalls beobachten wir zu gleicher Zeit den Zustrom nichtarabischen kulturellen Erbes. Vor allem in den Gebieten, wo Iranier und Araber dauernd zusammenleben, vollzieht sich dieser Prozeß. Zwar mögen auch in den anderen Ländern die *kuttāb* aus Einheimischen hervorgehen, aber in der ›Provinz‹, weitab vom Zentrum des Kalifats, bleibt der Bereich ihrer Wirksamkeit begrenzt. So trifft man dort höchstens Ansätze von Bewegungen, die der *Šuʿūbīya* vergleichbar wären, sei es, daß die eigene Vergangenheit nicht so ruhmvoll wie die iranische war, sei es, daß sie in Vergessenheit geriet. Als einen solchen Ansatz zur Sammlung ›nationaler‹ Traditionen bei den Landbewohnern Mesopotamiens darf man vielleicht die *Nabatäische Landwirtschaft* des Ibn Waḥšīya (s. u. S. 144) ansehen oder die Wiederbelebung der pharaonischen Vergangenheit in den Legenden der christlichen Kopten. Aber alles das ist sporadisch und ohne Kraft, und auch das griechisch-römische Erbe ist, obgleich es die islamische Wissenschaft tief beeinflußt hat, niemals unter ›nationalen‹ Aspekten gesehen worden. Der

Westen dagegen ist zu spät in die islamische Gemeinschaft eingetreten und hat an die römische Vergangenheit eine zu schlechte Erinnerung bewahrt, als daß er von daher zum Arabertum eine Rivalität empfunden hätte; alles, was die Spanier in der Folgezeit verlangen, ist die Möglichkeit, an der aus dem Osten zu ihnen kommenden Kultur und Bildung mitschaffend teilzunehmen.

Die Dichtung wurzelt vor allem in der arabischen Tradition; teils setzt sie die Poesie der umaiyadischen Zeit fort und pflegt die Formen der beduinischen Überlieferung, teils geht sie auf ihre Erneuerung aus und sucht aus der Erfahrung der Gegenwart ›moderne‹ Themen. Arabischer Stolz, Sinn für das Fremdartige und die romantische Sehnsucht der Höflinge nach einem natürlichen Leben haben der alten Dichtung ihre Anhänger bewahrt. Überdies ist sie ein Repertoire seltener Wörter und schwieriger Ausdrücke und liefert so das Belegmaterial zur Erklärung des Korans; daher sind es vor allem arabische Philologen, die sich um eine systematische Sammlung der vor- und frühislamischen Poesie bemühen, und die Nichtaraber folgen ihrem Beispiel, um ihre Kompetenz als Kenner des Arabischen zu beweisen. So haben uns Zeitgenossen der Abbasiden die Diwane der alten Dichtung erhalten, die ohne sie verlorengegangen wären, aber sie haben sie auch mit jüngeren Versen im Stil der alten vermischt, so daß wir oft nicht mehr unterscheiden können, was zu Recht und was zu Unrecht den alten Dichtern zugeschrieben wird. Die berühmtesten Anthologien jener Dichtungen und Nachahmungen sind die von Abū Tammām (806–845) und al-Buḥturī (821–897); beide Sammlungen tragen den Titel *Ḥamāsa* (›Tapferkeit‹, nach dem Thema des ersten Kapitels) und werden noch heute in allen arabischen Schulen gelesen. Die neue Dichtung hat indessen bekanntere und interessantere Werke hervorgebracht. Den alten, erhaben-feierlichen Metren der *qaṣīda* zieht man nun häufig leichtere Rhythmen, wie den *rağaz*, und kürzere Formen vor. In diesen neuen Schöpfungen hören wir nicht mehr von Kamelen, von Stammesheldentaten und der fernen Geliebten in der Wüste – jetzt singt man von Palästen, Gärten und Jagden, man feiert den Wein und die Liebe zu gefälligen Sängerinnen und schönen Knaben. In den Versen des alternden Dichters finden wir aber auch Besinnung und Gewissensumkehr. Die menschlichen Leidenschaften und Intrigen sorgen dafür, daß Panegyrik und beißende Satire nebeneinander zu finden sind. Der bedeutendste Vertreter der neuen Dichtung ist ohne Frage Abū Nuwās (gest. um 815), der vertraute Freund Hārūn ar-Rašīds. Schon Baššār ibn Burd, 784 unter der Anklage des Manichäismus hingerichtet, hatte den neuen Stil vorbereitet; seine Dichtung zeigt religiöse Unruhe, aber zugleich einen vulgären Ton. Abū 'l-ʿAtāhiya wurde berühmt durch den asketischen Teil seines Werkes; bei ʿAbbās ibn al-Aḥnaf treffen wir auf die ungewöhnliche Thematik einer ›höfischen Liebe‹, die ihm später in Spanien Schüler zuführte. Aus der zweiten Hälfte des 9. Jahrhunderts sind zu nennen Ibn ar-Rūmī, der Sohn eines gefangenen Byzantiners und einer Perserin, in dessen Werk die Erfahrung eines harten Lebens leidenschaftlichen Ausdruck findet (er wird in unseren Tagen mehr geschätzt als zu seiner Zeit), und der Kalif für einen Tag Ibn al-Muʿtazz, der neue Formen fand, um die erlesenen Genüsse eines aristokratischen Lebens zu besingen. Trotzdem bewahrte seltsamerweise gerade die alte Poesie ihre Lebenskraft am längsten, während die ›moderne‹ das 9. Jahrhundert nicht überlebte, weil auch sie in ihren Themen erstarrte und weil sie wegen der Gleichgültigkeit vieler Dichter gegen religiöse Verbote von den Frommen verpönt wurde. Dazu kam, daß mit ihrer künstlichen Sprache und didaktischen Art nur selten echter Gefühlsausdruck zu verbinden war. Man könnte, wie bei dem analogen Phänomen in Byzanz, auch hier von einem neuen Alexandrinismus sprechen.

Die Prosa ist uns natürlich zugänglicher als die Poesie. Sie war ganz am Ende der umaiyadischen Epoche in Erscheinung getreten. Ihr erster bedeutender Autor war Ibn al-Muqaffaʿ, der vor allem Werke der indischen und iranischen Literatur aus dem Mittelpersischen ins Arabische übertrug; al-Manṣūr hat ihn unter dem Vorwand des Manichäismus grausam töten lassen. Aber der eigentliche Schöpfer der arabischen Prosa und vielleicht der größte, gewiß der vielseitigste Schriftsteller der arabischen Literatur überhaupt ist al-Ǧāḥiẓ (um 776–868). Dieser Vorkämpfer für eine arabische Kultur war nicht reinblütiger Araber, sondern Enkel eines Negers. Er war kein wirklich originaler Denker, und keine von den zahlreichen Disziplinen, in denen er sich bewegte, verdankt ihm entscheidende Fortschritte; aber, wie viele Köpfe unserer Renaissance, besaß er einen leidenschaftlichen Drang, alles in sich aufzunehmen und von allem zu sprechen. Er war Essayist, fast könnte man sagen Publizist, Polemiker, Dilettant, der auch gelegentlich den brillanten Bluff nicht scheute, und Sophist; er war zugleich ein glänzender ›Journalist‹ und großartiger Zeuge seiner Zeit, war leidenschaftlicher Gegner der *Šuʿūbīya* und verleugnete darin und in seiner Neigung zur Muʿtazila nie, daß Basra ihn in seinen Lehrjahren geprägt hatte. Seine bekanntesten Werke sind das *Buch von der Beredsamkeit und der Stilkunst* sowie das *Buch der Tiere.* Im ersten stellt er in einer umfangreichen Anthologie – zugleich mit dem ersten Versuch einer poetischen Theorie – die rhetorische und dichterische Kunst der Araber dar und hebt ihren Rang gegenüber den Ambitionen der *Šuʿūbīya* hervor. Das ›Tierbuch‹ ist weniger eine Zoologie als eine Sammlung von Geschichten und Versen aller Art über Tiere mit zahllosen Digressionen von der Naturgeschichte bis zur

Metaphysik. Dazu kommen kleine Abhandlungen über die Gesellschaft seiner Zeit wie das *Buch der Geizigen* (geistreicher Spott des Arabers über den Geiz der Nichtaraber, wiederum gegen die *Šuʿūbīya* gerichtet!), der *Traktat über die Türken*, Abhandlungen über die Kaufleute und den Handel, über die Christen und die Juden und anderes aus Theologie und Geschichte, sozialem Leben und Naturwissenschaft — kaum ein Thema ist ausgelassen. Die kommenden Generationen bemühen sich, seinem Vorbild nahezukommen, ohne jedoch die Universalität seiner Interessen zu erreichen.

Weniger geistvoll und umfassend, aber in seinem Einfluß auf die folgenden Generationen vielleicht noch bedeutender war Ibn Qutaiba (828–889); vielseitiger, als man lange Zeit glaubte, ist er in das Gedächtnis der Nachwelt doch vor allem eingegangen als Führer im *adab* (s. o. S. 122) für alle seine Zeitgenossen, die auf einen geschliffenen Stil und edlen Anstand Wert legten. Schon zu Lebzeiten hatten Ǧāḥiẓ und Ibn Qutaiba Nacheiferer. — Die arabische Literatur ist wortreich und entbehrt der strengen Formen, sie kennt weder epische noch dramatische Dichtung und kommt mehr aus dem Kopf als aus dem Herzen. Dennoch steht sie, sieht man vom Fernen Osten ab, seit dem 9. Jahrhundert weit an der Spitze der Literaturen ihrer Zeit, und zwar nicht nur im Vergleich mit dem karolingischen Abendland, sondern auch gegenüber Byzanz, das sich eben erst aus einer zweihundertjährigen Erstarrung zu lösen begonnen hat, ebenso im Verhältnis zu der christlichen, der mazdäischen und der jüdischen Literatur des Orients, die einem allzu engen Konfessionalismus anheimgefallen waren.

Zu der Literatur im engeren Sinne, wie sie von Ǧāḥiẓ und Ibn Qutaiba vertreten wird, kommen die Werke der ›arabischen Wissenschaften‹, denen diese beiden Autoren übrigens keineswegs fremd gegenüberstanden. Wir sprachen schon von den Werken auf dem Gebiet der religiösen und dogmatischen Gelehrsamkeit, und in enger Verbindung damit stehen Grammatik und Geschichtsschreibung. Daß hier eine Verbindung zur Grammatik und Lexikographie bestand, mag seltsam erscheinen, doch lieferten diese das zum Verständnis des Gotteswortes notwendige Rüstzeug. Zur Erklärung des Korans sammelte man alle Texte, vor allem die alte Dichtung, in der traditionellen Sprache des Ḥiǧāz (dort, in Mekka und Medina, war ja der Koran entstanden); daraus entwickelte man die Normen des reinen Arabisch und schuf so ein Leit- und Musterbild der ›klassischen‹ Sprache für Gegenwart und Zukunft. Diese Arbeit wurde im 8. Jahrhundert von den beiden großen rivalisierenden Grammatikerschulen in Kufa und Basra geleistet, deren Ergebnisse Bagdader Gelehrte im 9. Jahrhundert zusammenfaßten. Sehr bezeichnend ist, daß nicht ein Araber, sondern ein Iranier, Sībawaihi von Basra (gest. um 800), unter diesen Gelehrten die hervorragendste Stellung einnimmt; er mußte mehr als ein Araber das Bedürfnis nach dem systematischen Studium einer Sprache empfinden, die nicht seine Muttersprache war. Der lexikographische Ertrag der damals geleisteten Arbeit, die von den Generationen der Erben kompiliert und erweitert wurde, ist auch heute noch fast die einzige Grundlage unserer arabischen Lexikographie.

Auch die Geschichtsschreibung verdankt dem Selbstbewußtsein und dem Streben nach einer Selbstdarstellung des Islams die Hauptanstöße, auch wenn sie bald den Anschluß an die iranische Tradition findet, der sie nacheifert. Sie wird nicht nur von ›weltlichem‹ und rein sachlichem Wissensdrang getragen, sondern sie will das Leben, *sīra,* des Propheten wieder lebendig machen und die Taten der ersten Führer des Islams ins Gedächtnis zurückrufen, damit sie künftigen Generationen als Vorbild und Maßstab dienen können. Hier begegnen sich also die Bemühungen um die Sammlung der Traditionen vom Propheten, des *Ḥadīṯ,* und die ›historiographische‹ Forschung; ihre Arbeitsmethode in der Sammlung der Zeugnisse, ihre Kritik der Bürgen und das Bestreben, den genauen Wortlaut der Überlieferungen zu bewahren, sind dieselben. Die bedeutenden Geschichtswerke des frühesten Islams sind die *Sīra* von Ibn Isḥāq (gest. 767), deren Neubearbeitung durch Ibn Hišām (gest. 834) noch heute die offizielle Biographie des Propheten ist, und die *Maġāzī* (*Kriegszüge des Propheten*) von al-Wāqidī (gest. 822), ferner die *Ṭabaqāt* (*Buch der Klassen*) von Ibn Saʿd (gest. 854), worin die Lebensbeschreibungen der ›Gefährten‹ und ›Nachfolger‹ nach Generationen geordnet verzeichnet sind. Daneben sammelt man Fakten der arabischen ›Antike‹, man hält die großen ›Kampftage‹ der Stämme fest und stellt die Genealogien zusammen (die, soweit sie die Anrechte auf Pensionen belegen, praktisch bedeutsam sein können); in diesen Disziplinen macht sich besonders Hišām al-Kalbī (gest. 819) verdient. Andere Autoren wiederum verzeichnen den Ablauf der Ereignisse mehr im einzelnen und in annalistischer Reihung bis auf ihre Zeit, oft unter Beschränkung auf bestimmte Gegenden oder Städte, und tragen so die Elemente einer Geschichte der islamischen Gemeinschaft von ihrem Beginn an zusammen. Unter diesen Historikern lassen sich Schulen in Medina, in Syrien und im Iraq unterscheiden; dabei erhält natürlich die iraqische, die z. B. durch al-Madāʾinī (gest. 840) hervorragend vertreten ist, nach dem abbasidischen Siege ein besonderes Gewicht. Manchmal suchen die Verfasser ihren Herrscher zu unterhalten und zu erbauen, häufiger allerdings wollen sie die Anschauungen einer sozialen oder religiös-politischen Gruppe darlegen und deren Ansprüche begründen. Im wesentlichen dieselben Aspekte der Betrachtung und die gleichen Methoden finden wir noch in der zweiten Hälfte des 9. Jahrhunderts, in dem die Meisterwerke entstehen: das *Buch der Eroberungen* von al-Balāḏurī (gest. 892) über den Siegeszug des Islams im ersten Jahrhundert; die *Eroberung Ägyptens und des Maghreb* von Ibn ʿAbdalḥakam, ein Buch aus der Mitte des 9. Jahrhunderts über dasselbe Thema, das die Ereignisse in Ägypten und im Westen ausführlich berichtet; ferner die zusammenfassenden Darstellungen der islamischen Geschichte von Ibn Qutaiba und – mit šīʿitischer Tendenz – von al-Yaʿqūbī und Abū Ḥanīfa ad-Dīnawarī, unter denen die letztere der vorislamischen Geschichte von Iran einen bemerkenswert breiten Raum gewährt. Ihren Höhepunkt aber finden all diese Bemühungen in der monumentalen Kompilation von aṭ-Ṭabarī (839–923) – er war zugleich als Traditionarier angesehen –, die für die Nachwelt die ›Geschichte‹ schlechthin werden sollte. Seine umfangreichen *Annalen der Propheten und Könige* sind eine chronologisch geordnete Sammlung aller Überlieferungen, welche der Verfasser über die Ereignisse der islamischen Geschichte von den Ursprüngen bis zu seiner Zeit ausmachen konnte. Nach dem Verfahren der *Ḥadīṯ*-Literatur nennt er die Reihe der Gewährsleute einer Nachricht und gibt deren Text zumeist im vollen Wortlaut wieder; seine Sammlung hat also hohen dokumentarischen Wert, und ihr Ansehen macht es erklärlich, daß ältere Werke von geringerer Bedeutung, die ihr als Quelle gedient haben, verlorengegangen sind.

So entsteht aus sporadischen Anfängen eine Literatur eigenen Ranges, der *taʾrīḫ* – eigentlich ›Chronographie‹, die Datierung in Annalenform –, die Geschichtsschreibung. Betrachtet man die Zeit vor dem Islam, so muß auffallen, daß nur die ›Tage der Araber‹ (die großen Kampftage), die halblegendäre iranische Geschichte und Episoden der biblisch-koranischen Mythologie dargestellt und chronologisch koordiniert werden; während man in anderen Zweigen der Wissenschaft so viel von den Griechen entlehnte, wird hier, abgesehen von der Erwähnung Alexanders des Großen und seiner Eroberung Asiens, von den Griechen nichts gesagt. Ebenso ist es natürlich mit den Römern, die selbst bei westlichen Autoren kaum Erwähnung finden.

Während alle diese ›Wissenschaften‹ als arabisch gelten dürfen, geht doch gleichzeitig mit ihrer Entwicklung eine leidenschaftliche Bemühung um das antike Erbe einher, soweit es im Islam Aufnahme finden kann. Diese Entdeckung und ›Renaissance‹ der griechischen Philosophie und Wissenschaft hat in einem Maße auf den Islam eingewirkt, daß man zuweilen geneigt war, seiner geistigen Welt jede Originalität abzusprechen. Dies bleibt zu untersuchen; Originalität schließt das Verlangen, von den Früheren zu lernen, nicht aus, sondern kann es sogar verstärken. Aber selbst wenn dem Islam die eigene schöpferische, geistige

Kraft gefehlt hätte, so wäre seine Rolle in der kulturellen Geschichte der Menschheit darum nicht minder bedeutsam; denn ihm ist es vor allem zu danken, daß Europa das antike Erbe, dem es entfremdet worden war, seinerseits wiederentdecken und aufs neue beleben konnte.

Gewiß haben die Araber erkannt, daß manche Anschauungen des antiken Denkens mit ihrem Glauben nicht zu vereinbaren waren, und die frommen Muslime haben diese Gefahr bald gesehen. Aber der Drang, Methoden und Erkenntnisse der Alten zu studieren, wurde an und für sich keineswegs als glaubensfeindlich empfunden. Man war vielmehr überzeugt, daß in jeder tieferen Einsicht, mochte sie auch vor der vollen Offenbarung gewonnen worden sein, etwas Gültiges sei; während dieser Gedanke ins Christentum nur schwer Eingang findet, sind für den Muslim Glaube und Vernunft keine prinzipiellen Gegensätze. So konnten auch die Konvertiten aus ihren alten Kulturen einen Beitrag zur geistigen Durchdringung des neuen Glaubens leisten, und es bestand bei den Muslimen kein Zweifel darüber, daß die Kenntnisse und Gedankengänge der Weisen vergangener Zeiten der Vertiefung ihres eigenen Glaubens nur zugute kommen könnten. Daher darf es uns nicht erstaunen, daß gerade in den Kreisen der Muʿtazila die Beschäftigung mit der antiken Philosophie am eifrigsten gefördert wurde, und es ist bezeichnend, daß der Kalif al-Maʾmūn, welcher der muʿtazilitischen Lehre anhing und sie schließlich zum Staatsdogma erhob, in seinem *Bait al-Ḥikma* (›Haus der Wissenschaft‹) die systematische Übersetzung der antiken Meisterwerke und die ersten Ansätze einer wissenschaftlichen Renaissance entscheidend förderte.

Natürlich ist hellenistisches Denken nicht erst unter den Abbasiden in die arabische Welt eingedrungen. Die frühesten Einflüsse hatten sich schon im alten Arabien gezeigt. Die arabische Eroberung hatte auf kulturellem ebensowenig wie auf sozialem Gebiet einen Bruch in der Tradition der eingeborenen Bevölkerungen, die sich nach und nach zum Islam bekehrten, verursacht. Erinnern wir bei dieser Gelegenheit daran, daß die Einäscherung der Bibliothek in Alexandria durch die Araber eine Legende ist, die in der Zeit der Kreuzzüge gegen die Muslime aufgebracht wurde! Auch blieben über trennende politische Grenzen hinweg zwischen Völkern, die demselben Kulturkreis angehörten, Verbindungen möglich. So hat der größte ›byzantinische‹ Theologe des 8. Jahrhunderts, Johannes von Damaskus, immer unter Muslimen gelebt; daher kann man zwischen seinen Gedanken und denen der frühen *mutakallimūn* (s. o. S. 86) Parallelen feststellen, die zu viel Übereinstimmung zeigen, um zufällig sein zu können. Freilich darf man nicht außer acht lassen, daß sich der Austausch bei im unmittelbaren Kontakt miteinander lebenden Völkern oft nur mündlich und auf allen Bildungsstufen voll-

zieht, so daß aus den alten Kulturen auch sehr viele volkstümliche Formen und Vorstellungen, nicht nur Gedanken ihrer höchsten Geistesvertreter übernommen wurden.
Diese Gedanken fanden durch Übersetzungen der antiken Werke in den Kreisen der gebildeten Muslime und der Gelehrten Eingang. Freilich empfingen diese nicht das gesamte antike Erbe. Schon in den Schulen der späten Antike, wie jener von Alexandria, hatte eine Sichtung und Bearbeitung stattgefunden, und in den christlichen Kreisen hatte man in noch höherem Maße ausgewählt und das wichtig Erscheinende in Kompendien exzerpiert. Andererseits hatte die nichthellenische Bevölkerung des Orients vor dem Islam angefangen, bedeutende Werke der Antike in ihre Sprachen zu übersetzen, vor allem ins Syrische, manchmal ins Mittelpersische (Pehlevī), und diese Arbeit ging gleichzeitig mit den Übersetzungen ins Arabische auch unter der islamischen Herrschaft weiter. Sehr oft wurden daher von den Übersetzern, welche für arabische Auftraggeber arbeiteten, nicht die griechischen Texte unmittelbar ins Arabische übertragen, sondern Übertragungen nach den bereits vorliegenden, leicht zugänglichen syrischen Versionen angefertigt; denn die Übersetzung von der einen semitischen Sprache in die andere war einfacher, und die Kenntnis des Syrischen war unter den (meist christlichen) Übersetzern Syriens und Mesopotamiens natürlich verbreiteter als die des Griechischen. Erst in der zweiten Phase der Übersetzertätigkeit, als die Methoden verfeinert und die Ansprüche gestiegen waren, bemühte man sich um die griechischen Werke selbst, da man die Mängel einer doppelten Übertragung erkannt hatte. Ob nun aber das Griechische über das Syrische oder direkt ins Arabische übersetzt wurde, immer ergaben sich aus der großen strukturellen Verschiedenheit der semitischen und der indogermanischen Sprachen erhebliche Schwierigkeiten. Hinzu kam, daß die Übersetzer über keine Wörterbücher verfügten; dennoch muß man überall, wo man Original und Übersetzung vergleichen kann, über die Qualität der geleisteten Arbeit erstaunt sein. Auch sind uns einige im Original verlorengegangene antike Werke einzig durch die Vermittlung des Arabischen erhalten geblieben.
Die Übersetzer sind vorwiegend syrische Christen oder Konvertiten, nur die Übersetzungen ins Pehlevī und aus ihm stammen von Zarathustriern oder Männern zarathustrischer Herkunft. Unter den Christen spielen die (ostsyrischen) Nestorianer Persiens und Mesopotamiens die größte Rolle, teils weil sie schon unter den Sassaniden in solcher Arbeit Erfahrung gesammelt hatten, teils weil sie mit den Abbasiden im Iraq in engerer Verbindung standen. Zu ihnen kommen noch einige (westsyrische) Monophysiten, nicht aber die Kopten und schon gar nicht die Bewohner des Westens, welche die im Orient entstandenen Ver-

sionen benutzten und auch aus dem Lateinischen nichts übertrugen. Von den zahlreichen Übersetzern können wir nur einige der bedeutenden nennen, an ihrer Spitze den Arzt Ḥunain ibn Isḥāq, der durch philologische Methode und sprachliche Meisterschaft die Kunst der Übersetzung zu einer vor und nach ihm nicht erreichten Höhe brachte. Er war der Sohn eines christlichen Arabers, eines Apothekers in Ḥīra, der ehemaligen Hauptstadt der Laḫmiden, und wurde von Mutawakkil an das *Bait al-Ḥikma,* die von Ma'mūn gegründete Akademie, berufen, wo er bis zu seinem Tode (873) wirkte und Schüler ausbildete, die sein Werk fortsetzten. Unter ihnen war sein Sohn Isḥāq, der sich vor allem um die Übertragung philosophischer Werke verdient machte. Neben Ḥunain sind als Übersetzer und Mäzene, besonders auf dem Gebiet der Mathematik und Astronomie, die drei Brüder Banū Mūsā zu nennen, Chorasanier; sie brachten den Mathematiker Ṯābit ibn Qurra (gest. 901) nach Bagdad, einen Gelehrten aus Ḥarrān im oberen Mesopotamien (dort hatte sich die ›heidnische‹ Sekte der Sabier erhalten, welche die antike Astrologie, Astronomie und Mathematik pflegte). Nennen wir noch den melkitischen Syrer Qusṭā ibn Lūqā aus der zweiten Hälfte des 9. Jahrhunderts, ferner die nestorianische Familie der Boḫtīšūʿ, in der das Amt des Direktors der medizinischen Akademie im persischen Gondēšāpūr erblich war, welche von der sassanidischen Epoche bis ins 11. Jahrhundert unserer Zeitrechnung bestanden hat; seit dem 8. Jahrhundert waren Mitglieder der Familie in Bagdad tätig. Für die Übersetzungen aus dem Pehlevī ist der schon mehrfach erwähnte Ibn al-Muqaffaʿ (gest. 759) der Initiator und unübertroffene Meister geworden. Ihm ist vor allem eine arabische Übersetzung der Fabelsammlung *Kalīla und Dimna* zu verdanken, einer persischen Bearbeitung des indischen *Pañčatantra,* die durch die ganze christliche Welt ging und z. B. auch von La Fontaine benutzt wurde; ferner übertrug er ein persisches Geschichtswerk, das später sowohl den Historikern arabischer Sprache wie auch dem neupersischen Nationaldichter Firdausī Ende des 10. Jahrhunderts als Quelle diente.

Die Übersetzungen erstrecken sich nicht in gleicher Weise auf alle Schöpfungen des antiken Geistes. Die griechische Literatur im engeren Sinne ist praktisch ausgenommen, und die griechische Geschichte ist nur durch jenen Alexanderroman des Pseudo-Kallisthenes vertreten, der in fast alle Sprachen Europas und Asiens übersetzt wurde. Was am spätantiken Erbe der griechischen Kultur interessierte, waren die Gebiete, welche für die eigenen Probleme noch brauchbare Wege und Lösungen lieferten, d. h. Philosophie (ohne jene Kapitel, die den neuen Religionen allzusehr widersprachen), Medizin und Naturwissenschaften. In dem iranischen kulturellen Vermächtnis, welches zuweilen auch das indische vermittelte, suchte man weniger nach wissenschaftlichen Werken, die meist auf griechischen Ursprung zurückgingen, sondern nach historisch-mythologischer Überlieferung und all jenen lehrhaften Erzählungen und Abhandlungen, die unter dem Islam die Gattung der ›Fürstenspiegel‹ begründeten. Wenn auch volkstümliche Elemente des Judentums unbestreitbar die Quellen des Islams bereichert haben, so blieb doch die jüdische Literatur selbst zu sehr abseits, und aus dem Hebräischen ist, soweit man sehen kann, nichts übersetzt worden. Es ist vielmehr so, daß die geistige Anregung des arabischen Islams das jüdische Denken bald aus dieser Isolierung herausführt.

Es hätte wenig Sinn, die übersetzten Werke im einzelnen aufzählen zu wollen, doch erscheinen einige genauere Angaben notwendig. Etwa seit dem 10. Jahrhundert war der arabisch-islamischen Welt fast das gesamte Werk des Aristoteles zugänglich, einschließlich einer sogenannten *Theologie* (in Wahrheit eine Paraphrase von Teilen der *Enneaden* Plotins), deren Widersprüche zu den anderen Schriften den muslimischen Philosophen sehr zu schaffen machten. Übersetzt waren auch einige Dialoge Platons, die man allerdings durch die Augen der spätantiken Neuplatoniker sah, ferner Schriften der Neuplatoniker selbst: Plotin in der genannten *Theologie des Aristoteles;* Proklos — auf seinen *Elementen der Theologie* beruht die auch im lateinischen Mittelalter als *Liber de Causis* berühmte Schrift; die neuplatonischen Aristoteleskommentatoren; schließlich Johannes Philoponos, der letzte große Vertreter der Schule von Alexandria vor der arabischen Eroberung, dessen Naturphilosophie zwischen Christen und Muslimen eingehend diskutiert wurde. Schließlich lagen einige Werke der Stoiker und der Neupythagoreer sowie gnostische Schriften in arabischen Übersetzungen und Auszügen vor. Unter den Namen von Platon und Aristoteles wurde auch allerlei apokryphes (populärphilosophisches und okkultes) Schrifttum verbreitet. So konnte Aristoteles, nach der Legende der ›Wesir‹ Alexanders, im Volksglauben zu einer Art Zauberer werden. Von den arabischen Philosophen wurde auch sein Werk aus der Schau später, meist neuplatonischer Kommentare interpretiert, und wie diese versuchte man, seine Philosophie mit der platonischen in Einklang zu bringen; man glaubte, daß zwei so hervorragende Geister nicht in einem wirklichen Gegensatz zueinander stehen könnten.

Auf dem Gebiet der Medizin übersetzte man alle erreichbaren Werke der großen, auch für die Araber maßgeblichen Ärzte Hippokrates und Galen samt ihren Fortsetzern, und die *Materia Medica* des Dioskurides wurde das Grundwerk der Arzneikunde und pharmazeutischen Botanik. In den Naturwissenschaften übertrug man zahlreiche Schriften von Euklid, Archimedes, Ptolemäus und anderen Autoritäten der Mathematik, der Astronomie, der Mechanik und Geographie; daneben die Bücher der Astrologen, Traumdeuter, Physiognomiker, Alchimisten, und schließlich landwirtschaftliche und volkswirtschaftliche Traktate, wie den *Oikonomikos* des Bryson. Aus dem Pehlevī hatte man auch astronomische Tafeln übernommen, die auf indische Darstellungen zurückgingen.

Natürlich ging mit der Übersetzung die Entwicklung selbständigen Denkens und Forschens Hand in Hand. Die nun in arabischer Sprache zugänglich gewordenen Werke mußten bedeutende Anregungen geben, und andererseits hatten die theologischen, philosophischen und naturwissenschaftlichen Bemühungen der Muslime selbst das Interesse auf die Leistungen der Griechen gelenkt und daher die Übersetzertätigkeit vielfach erst veranlaßt. So ist al-Kindī (gest. um 870), der erste ›Philosoph der Araber‹, ein Zeitgenosse von Ḥunain ibn Isḥāq, und er hat selbst Übersetzungen in Auftrag gegeben und überarbeitet. Derselbe Ma'mūn, der so viele Übersetzungen anregte, ließ auch eine neue Berechnung des Erdmeridians vornehmen. Die eigentliche Entfaltung der neuen Philosophie und Wissenschaft kann freilich erst bei der Darstellung der nachfolgenden Zeit richtig gewürdigt werden. Aber die Idee der Philosophie tritt schon in der Mitte des 9. Jahrhunderts deutlich hervor; das Wort für Philosophie wird bezeichnenderweise aus dem Griechischen entlehnt: *falsafa*. Darunter versteht man den Zweig des Denkens, der (ohne gegen den Islam gerichtet zu sein) nach seinem Inhalt, nach seinen Methoden und Quellen außerhalb der ›islamischen Wissenschaft‹ steht. Damit beginnen sich nebeneinander und unverwechselbar zwei Geistesströmungen zu entwickeln, deren eine dem religiösen, deren andere mehr dem profanen Bereich angehört.

8. Wirtschaft und Gesellschaft der klassisch-islamischen Welt (8.—11. Jahrhundert)

In der abbasidischen Epoche bilden sich die Gesellschaft und die Kultur heraus, die man unter dem Begriff des ›klassischen Islams‹ zusammenfassen kann. Sie entstehen aus der Berührung und Vermischung zwischen Arabern, die durch ihre Eroberungen eine Wandlung erfahren, und der eingeborenen Bevölkerung der eroberten Länder, deren überlieferte Lebens- und Denkformen durch den Islam umgeprägt werden. Selbstverständlich bekehren sich nicht alle zum Islam, und bis heute ist ein Teil der Bevölkerung anderen Religionen treu geblieben. Überall jedoch, wo dies der Fall ist, haben wir es mit mehr oder weniger abgeschlossen lebenden örtlichen Gemeinschaften zu tun; die Majorität dagegen wird von der gemeinsamen Bewegung des Neuen ergriffen und unterliegt der Ausstrahlung einer Führung, die trotz aller Weiterentwicklung der Ursprünge ein islamisches Regime ist und bleibt.
Wir werden im folgenden einige gemeinsame Aspekte des sozialen Lebens im Ganzen der Gesellschaft betrachten, danach die besonderen wirtschaftlichen und sozialen Probleme des ländlichen wie des städtischen Lebens. Schließlich werden wir die Entwicklung verfolgen, die vom 11. Jahrhundert an eine tiefgreifende Wandlung der Gesellschaft zeitigt.

I. GRUNDZÜGE DER SOZIALEN STRUKTUR

Die Keimzelle der Gesellschaft ist natürlich die Familie. Es ist nicht so oft die beduinische Großfamilie, welche die Vertreter mehrerer Generationen und die Klienten umfaßt, obwohl sich manche ihrer Lebensformen auch in der aristokratischen Stadtfamilie erhalten haben; es ist vielmehr die Familie im engeren Sinn, die sich unter den neuen Lebensbedingungen aus dem großen Verband herausgelöst hat. Sie steht (ungeachtet der Reste matriarchalischer Vorstellungen, die der Forscher nachweisen kann) unter der Herrschaft des Mannes; dennoch besitzt die Frau, wenn sie auch vor dem Gesetz immer als minderjährig gilt, fest umrissene Garantien ihrer materiellen Existenz. Das Recht des Mannes, vier Frauen zu ehelichen, hat zur Folge, daß die Gattin nicht selten verstoßen wird, aber sie hat in gewissen Fällen auch das Recht, die Scheidung zu verlangen. Unberührt von der Beschränkung der gesetzlichen Eheschließungen blieb die Freiheit des Mannes, Verbindungen mit Sklavinnen einzugehen oder homosexuelle Beziehungen zu unterhalten, worin die aus der Antike stammenden Sittenanschauungen eine fast normale Ergänzung der ehelichen Verbindungen sahen. Jedoch war die Versorgung mehrerer Frauen aus finanziellen Gründen nur der Aristokratie möglich, und soweit kein Frauenüberschuß herrschte, waren der Polygamie schon von der Zahl her enge Grenzen gesetzt. Gegen gewisse Sekten wurde von Zeit zu Zeit die Anklage erhoben, sie predigten die Frauengemeinschaft; wenn solche Praktiken tatsächlich bestanden, dürfen wir allerdings vermuten, daß darin der Protest gegen einen Frauenmangel zum Ausdruck kam, der die Folge des aristokratischen Privilegs war. Die Polygamie gab es in allen nichtchristlichen Gesellschaften des Vorderen Orients; sie war, entgegen einer heute weitverbreiteten Anschauung, dem Islam ebensowenig eigentümlich wie die halbklösterliche Einsperrung der Frau. Natürlich war die Abschließung bei dem ärmeren Volk auf dem Lande wie in der Stadt, wo die Frau arbeiten mußte, weit weniger streng als in der Aristokratie, die über Sklaven und Eunuchen verfügte.

Fassen wir nun die islamische Gesellschaft als Ganzes ins Auge, so tritt als besonders charakteristisches Merkmal hervor, daß die juristische Theorie und weithin auch die tatsächlich geübte Praxis zwischen dem einzelnen und der Gesamtgemeinschaft der Gläubigen keine vermittelnden Körperschaften kennt und allen Gläubigen Gleichheit vor dem Gesetz zugesteht. Eine ständische Ordnung, wie sie im mittelalterlichen und absolutistischen Europa bestand, oder eine Hierarchie anderer Art gab es grundsätzlich nicht. Hierarchien hatte es in Byzanz gegeben, ständische Klassenordnungen im sassanidischen Reich, und das Bewußtsein höherer und tieferer Rangstufung konnte daher bei der Bevölkerung jener Länder nicht von heute auf morgen verschwinden, aber es lief dem Geist des Islams völlig zuwider. Ausgenommen von diesem Prinzip der Gleichheit war natürlich – wie in allen orientalischen Staaten der Zeit – das Sklaventum. Bestimmte Familien hatten zwar in den altarabischen Stämmen aufgrund ihrer moralischen Autorität eine Art Adel dargestellt, und entsprechende Anschauungen hatten sich bei den Beduinen noch erhalten. Aber im Islam erkennt man, nachdem die Erinnerung an die Gefährten des Propheten verblaßt ist, einzig und allein der Familie des Propheten einen gewissen ›Adel‹ zu, einer Familie, die mit der Zeit auf Tausende von Personen angewachsen ist. Selbst wenn die beiden Linien miteinander im Streit liegen, so bleibt es doch selbstverständlich, daß die Ṭālibiden (Nachkommen Abū Ṭālibs, des Vaters von ʿAlī) und die Abbasiden Pensionen erhalten, von der *zakāt* befreit sind und das Privileg einer selbständigen Rechtsprechung genießen, die einem eigenen *naqīb* (›Anwalt‹) untersteht, wenngleich auch für sie das allen gemeinsame Gesetz gültig ist. Die Mitglieder der Familie heißen *šarīf*; die Aliden unter ihnen tragen den besonderen Titel *saiyid*. Es bedarf keiner Betonung, daß ihre materiellen Lebensbedingungen zu unterschiedlich sind, als daß man sie im ganzen als Adelsschicht bezeichnen könnte. Nur in den beiden heiligen Städten nehmen sie infolge ihres besonderen Ansehens häufig eine herrschende Stellung ein.

Wie in allen Gesellschaften des hohen Mittelalters, die christliche nicht ausgenommen, gibt es im Islam eine unterste Schicht von Sklaven; allerdings erhält sich die Sklaverei hier länger als im christlichen Staat. Die vom Islam wie von der christlichen Kirche verkündete Gleichheit aller Menschen vor Gott erlegt den Sklaven gegenüber Pflichten auf, führt aber nicht zur Abschaffung der Sklaverei. Beide Religionen verbieten, Glaubensgenossen zu Sklaven zu machen, wenn auch die Bekehrung nicht notwendig die Freilassung nach sich zieht. Indessen sind die Lebensbedingungen der Sklaven nicht unter allen Religionen dieselben. – Der Sklave ist eine Sache, die man besitzt und veräußern kann, und er schuldet seinem Herrn absoluten Gehorsam, er ist aber auch Person, und wenn er geringere Rechte hat als ein Freier, so wird dies durch geringere Verantwortung ausgeglichen. Er muß anständig behandelt werden, und in Fällen schwerer Mißhandlung steht ihm die Freilassung zu. Nach dem herrschenden Brauch kann er unbeschadet des obersten Eigentumsrechtes seines Herrn über seine Ersparnisse mit einer gewissen Freiheit verfügen, ja sogar ein Unternehmen leiten. Der Sklave darf sich verheiraten; seine Kinder bleiben Sklaven wie er selbst, aber sie können unter einem Alter von sieben Jahren nur zusammen mit der Mutter verkauft werden. Anders als die Sklavin eines christlichen Herrn muß die islamische, wenn ihr Herr es will, ihm als Konkubine dienen, und er hat sie häufig in ihrer Jugend zu diesem Zweck erworben. Die Kinder einer solchen Verbindung werden aber als Freie geboren, und ›die Mutter eines Kindes‹ – dies die offizielle Bezeichnung – kann nicht verkauft werden, sondern wird beim Tode ihres Herrn frei. (Dies ist in der christlichen Gesellschaft nicht möglich, denn hier sind außereheliche Verbindungen gesetzlich verboten.) Der Herr darf seine Sklavinnen nicht zur Prostitution mißbrauchen, noch darf er Beziehungen mit anderen als den eigenen unterhalten.

In Strafsachen gilt, daß der Verlust eines Sklaven oder der ihm zugefügte Schaden dem Herrn ersetzt werden muß; wird der Sklave selbst schuldig, so wird er bestraft, Blutgeld oder andere Geldstrafen muß jedoch sein Herr zahlen, und da die Verantwortlichkeit des Sklaven geringer gilt, ist auch die Strafe niedriger, wenigstens formell. Sklaven können rechtlich keinerlei politische und religiöse Funktion ausüben. Da aber die Herren von ihrer eigenen Autorität soviel sie wollen auf jene übertragen können, sind die Sklaven einer bedeutenden Persönlichkeit, be-

sonders natürlich die eines Fürsten, mächtiger als viele Freie, und später kommt es vor, daß sie selbst zu Fürsten aufsteigen.
Die Freilassung gilt als verdienstlicher Akt, der dem Gläubigen empfohlen wird. Sie wird meist testamentarisch verfügt, vor allem dann, wenn der Sklave Muslim geworden ist (dies ist übrigens die Regel). Bringt er die nötigen Mittel auf, so hat er das Recht, seine Freiheit zu kaufen, und häufig werden die Bedingungen der Freilassung durch einen Vertrag, die sogenannte *mukātaba,* im voraus vereinbart. Natürlich bleibt der Freigelassene zu einem gewissen Entgegenkommen gegenüber seinem ehemaligen Herrn verpflichtet, und so spielt er in dessen ›Klientel‹ eine nicht unwichtige Rolle. Bedenkt man die Häufigkeit der Freilassungen und die Tatsache, daß Kinder einer Sklavin mit ihrem Herrn Freie sind, so wird verständlich, daß die Zahl der Sklaven immer wieder von außen ergänzt werden muß. Da niemand durch Verschuldung zum Sklaven werden kann, bleibt als einzige Quelle der Krieg oder die Beschaffung von Menschen aus ›Kriegsland‹, d.h. aus dem nichtislamischen Ausland, wo man Kinder ihren Angehörigen abkauft oder sie ihnen ohne Gegenleistung nimmt. Als die Eroberungszüge zum Stillstand kommen und die Grenzen sich festigen, geht die Zahl der berberischen, ›fränkischen‹, byzantinischen (*rūmī*), indischen und anderen Sklaven zurück; nur die Grenzbewohner, die immer wieder ihre Beutezüge unternehmen, sind davon nicht betroffen. Im ganzen sind es nur drei große Zonen, aus denen sich die islamische Welt mit Sklaven versorgt: das schwarze Afrika, das türkische Steppenland Zentralasiens und der slawische Osten Europas. Die aus diesen verschiedenen Gebieten kommenden Sklaven werden nicht alle für die gleichen Aufgaben herangezogen. Die Schwarzen eignen sich vor allem für häusliche Arbeiten, die Frauen sind häufig Konkubinen und Ammen; die Slawen dienen der Aristokratie in verschiedenen Stellungen, und man läßt sie gern von Spezialisten zu Eunuchen machen; die Türken schließlich werden besonders als Soldaten geschätzt. Junge Mädchen können eine sorgfältige Ausbildung erhalten, um die Großen mit ihrem Tanz und ihrem Gesang zu erfreuen. Sklaven von hohem Wert werden im allgemeinen bald freigelassen. Als Europa mächtiger wurde, kam es durch seine Seepiraten in den Besitz muslimischer Sklaven, aber im hohen Mittelalter war dies selten — die großen Sklavenherren waren die Muslime. Im Westen waren Juden und Venezianer die Lieferanten, solange die benachbarten Slawen nicht zum Christentum bekehrt waren, aber im Bereich des Islams handelte es sich überall um muslimische Sklavenhändler.
Es ist nicht leicht, die materielle und geistige Situation der Sklaven in den islamischen Ländern — vergleicht man ihre Lage mit der in den umliegenden Staaten — genau zu beurteilen. Sicher

gab es große Unterschiede, und es kam auch zu Fluchtversuchen. Selbst die Armen hatten oft wenigstens einen Sklaven, der ihre Armut teilte, während die Reichen ihren Sklaven nicht selten Ämter mit großen Vollmachten übertrugen. Vor allem muß man den ganz und gar häuslichen Charakter der Sklaven hervorheben, der auf seine Weise ein Mitglied der Familie ist. Wenn seine Erinnerungen an die ferne Kindheit verblaßt sind und die Verbundenheit mit seinem meist armen und rückständigen Heimatland sich gelockert hat, identifiziert er sich bald mit den Interessen und Geschicken dieser Familie, zumal sie ihn schließlich freilassen und zu einem Mitglied der islamischen Gemeinschaft machen wird.

In der landwirtschaftlichen Arbeit gibt es normalerweise keine Sklaven; freilich kommt die Situation des Bauern häufig der des Sklaven nahe. Aber Sklavenwirtschaft nach der Art römischer Latifundien, aus denen die Anhänger eines Spartacus kamen, war sehr selten. Gerade hier brachte das 9. Jahrhundert allerdings eine berühmt gewordene Ausnahme, doch müssen wir betonen, daß es sich wirklich um eine Ausnahme handelte. Im unteren Iraq wünschten Großgrundbesitzer aus den Kreisen der Regierung, ein bis dahin unbebautes Niederungsgebiet zu entwässern und zu denitrieren, um ertrag- und zukunftsreiche Kulturen, wie z.B. Pflanzungen von Zuckerrohr, anzulegen, mit denen sich der normale bäuerliche Anbau nicht befaßte. Dies versprach Gewinn, da der Markt von Bagdad nahe war und der Handel über den Indischen Ozean lockte. Man konnte sich hier leicht mit Sklaven versorgen, den Zanǧ (›Negern‹) aus dem östlichen Afrika (dort bewahrt noch der Name der Insel Sansibar, arab.-pers. Zanǧabār, die Erinnerung an sie), und hatte so Arbeitskräfte, die unter den Bauern nicht zu bekommen waren. Zu großen Arbeitsmannschaften zusammengefaßt, lebten sie in der äußersten Armut und mußten, von erbarmungslosen Aufsehern bewacht, unter furchtbaren Bedingungen arbeiten. Dabei kam es zu jener dem Aufstand des Spartacus vergleichbaren Revolte. Führer der Sklaven war ein gewisser ʿAlī ibn Moḥammad, der sich, zu Recht oder zu Unrecht, als Alide und Zaidit bezeichnete und dem Aufstand seine Idee und Organisation gab; über die rein politischen Tatsachen hinaus wissen wir leider zu wenig. Jedenfalls beherrschten die Zanǧ von 869 bis 883 Teile, ja zeitweise das ganze Gebiet des unteren und mittleren Iraq, ebenso Chusistan und vorübergehend auch Basra. Die Bewegung war gut organisiert und führte zur Bildung einer eigenen Regierung. Manche Umstände kamen ihr zustatten, so die Natur des Landes, das von Kanälen durchzogen war, die heimliche Hilfe der Bauern und die Tatsache, daß die Regierungstruppen zur gleichen Zeit in Iran gegen andere Gegner kämpfen mußten. Die Auseinandersetzung wurde auf beiden Seiten mit Erbitterung geführt und endete schließlich mit der fast völligen Vernichtung der Zanǧ; dennoch hatten sie insofern einen Sieg errungen, als ihr Kampf zu einer dauernden Schwächung des Kalifats beitrug. Sie hatten nämlich einer anderen Gruppe von Aufständischen, den Qarmaten, in dieser Gegend den Weg gebahnt (s. u. S. 213); außerdem wurden offenbar von nun an keine Latifundien mehr mit Sklaven bewirtschaftet. Die Geschichte der Zanǧ wurde von Männern aus ihren Reihen niedergeschrieben, doch fielen diese Berichte der Vernichtung anheim; immerhin beweist ihre Abfassung, daß nicht nur Ungebildete der Bewegung angehörten.

Sieht man von der Sklaverei ab, so kennt der Islam, wie gesagt, nach dem Gesetz keine sozialen Unterschiede des Standes, und ebenso fremd sind ihm volksmäßige Unterscheidungen im diskriminierenden Sinn; dafür allerdings existieren die konfessionellen Schranken, denen das Gesetz notwendig Geltung verschaffen muß. Ein engerer nationaler Zusammenhalt innerhalb der vom Islam unterworfenen Länder besteht nicht, wenn auch etwa die Iranier mit Stolz ihre Tradition hochhalten und die Ägypter ein gewisses Nationalbewußtsein bewahren. Wohl aber gibt es Partikularismen, die in bestimmten Völkerschaften wie den Kurden in Iran und im Iraq, den Dailamiten in Iran, den Berbern im Westen sehr stark sein können, und es gibt regionalen Separatismus, der später zu lokalen Dynastien führt und durch die ungleichmäßige Verbreitung der arabischen Sprache verstärkt wird. Es erscheint seltsam – selbst bei einer Gesellschaft, in der sich viele Rassen berühren –, daß sich alle Gruppen ein bleibendes Gefühl der Zusammengehörigkeit erhalten; so gibt es in einzelnen Städten besondere nationale Viertel, z. B. ein türkisches in Bagdad, ein spanisches in Fes. Aus all dem läßt sich erkennen, daß in den islamischen Ländern keine Rassendiskriminierung bestand. Mochten auch die alten Araber auf die Reinheit ihres Blutes (wo es sie gab) stolz gewesen sein, so lehnten sie doch Verbindungen mit Sklavinnen keineswegs ab, und je häufiger es nun zu solchen Verbindungen kam und je zahlreicher die Heiraten zwischen verschiedenen Völkerschaften des islamischen Reiches wurden, desto weniger konnte sich irgendein Rassenstolz entwickeln. Wohl haben Gruppen existiert, die sich nicht einzufügen vermochten, wie die Zigeuner, die von Indien eingewandert waren und nach Byzanz abgeschoben wurden; auch andere, die sich besser anzupassen wußten, wurden verachtet, aber doch niemals ausgestoßen. Es kam sogar dazu, daß Schwarze über eine weiße Bevölkerung herrschen konnten, und niemand kam auf den Gedanken, darin eine Erniedrigung zu sehen.

Dagegen bringt die Religion tatsächlich eine gesetzliche Diskriminierung mit sich, weil der islamische Staat gegenüber Nichtmuslimen Unterschiede im Privatrecht und einschränkende Maß-

nahmen geltend macht. Um die Situation richtig zu beurteilen, muß man nach Zeit und Ort unterscheiden und darf den Buchstaben des Gesetzes nicht mit der Wirklichkeit verwechseln. Wenn auch die Bekenner nichtislamischer Religionen den Muslimen nicht völlig gleichgestellt waren, ließ doch der Islam den anderen Religionen, zuerst dem Judentum und dem Christentum, dann auch dem Zarathustrismus und später noch anderen Konfessionen, sehr viel Schutz angedeihen, solange sie seine Oberherrschaft anerkannten und ihn nicht gefährdeten. (Eine Ausnahme waren Sekten, gegen welche die Mitglieder der großen Religionen selbst gelegentlich die muslimischen Herren ins Feld schickten.) Diese vom Staat garantierte Protektion (die sogenannte *ḏimma*) war nicht allein politisch begründet – es war unmöglich, Gemeinschaften zu verfolgen, die oft in der Mehrheit waren –, sondern auch theologisch gerechtfertigt: Judentum, Christentum und andere Religionen wurden nicht als feindliche Kräfte angesehen, sondern eine gewisse Teilhabe an der Offenbarung der höchsten Wahrheit wurde ihnen zuerkannt. Wir haben schon hervorgehoben, daß Christen und Zarathustrier ihrerseits der muslimischen Herrschaft niemals aus Glaubensgründen feindlich gegenüberstanden. Gewiß hat es etwa vom 9. Jahrhundert an eine interkonfessionelle Polemik gegeben, die auf beiden Seiten mehr dem Zweck diente, die eigene Gemeinde im Glauben zu bewahren und gegen den Abfall zu wappnen, als dem, die Gegenseite zu bekehren. Aber wenn diese Polemik auch einem Kriegsgegner gegenüber zur ›moralischen Aufrüstung‹ gehörte, vollzieht sie sich doch nun, im Innern eines befriedeten Landes, im wesentlichen in freier Diskussion, und wir werden noch bei mancher Gelegenheit darauf hinweisen können, wie stark die gegenseitige Durchdringung der Religionen die Gesellschaft des Vorderen Orients geprägt hat. Das soziale Gewicht der herrschenden Religionsgemeinschaft führt freilich dazu, daß Konfessionen, die in der Frühzeit des Islams noch eine deutliche Mehrheit besaßen, durch Konversion in die Minderheit geraten, ja sogar völlig verschwinden, und so wirkt das Gesetz einzig darin den anderen Konfessionen entgegen, daß es dem Konvertiten verbietet, zu seiner ursprünglichen Religion zurückzukehren: der Renegat wird mit dem Tode bestraft.
Die finanzielle Benachteiligung der Nichtmuslime wog für den einfachen Mann schwer, verhinderte aber nicht die Bildung großer Vermögen. Die rechtliche Zurücksetzung stellte eine Sicherheitsgarantie für die Muslime, aber keine Demütigung der Andersgläubigen dar. Sie erstreckte sich auf Angelegenheiten des privaten Rechts und konnte in allen Fällen wirksam werden, wo ein Muslim einem Nichtmuslim gegenüberstand, hielt jedoch Nichtmuslime keineswegs davon ab, von sich aus die islamische Gerichtsbarkeit anzurufen. Das abbasidische Regime ist aus einer

zum Teil von pietistischen Motiven getragenen Bewegung hervorgegangen, und wenn es auch die vom Islam gegebenen Versprechen achtet, so ist es andererseits bestrebt, ihren Umfang und ihre Auswirkungen abzugrenzen und den Islam gegen Ansteckung durch Andersgläubige zu schützen. Seit Hārūn ar-Rašīd werden daher von Zeit zu Zeit gegen die *ḏimmīs* (so heißen die Andersgläubigen als Nutznießer der islamischen Schutzherrschaft, *ḏimma*) Beschränkungen verordnet, wie man sie ähnlich, wenn auch unter anderen Umständen, schon in der Epoche der Eroberungen erlassen hatte. So erlegt man ihnen z. B. die Pflicht auf, zur Unterscheidung von den Muslimen bestimmte Kleidungsstücke (unter anderem einen Gürtel, *zunnār*) zu tragen, und verbietet ihnen, die gleichen edlen Pferde zu benutzen, höhere Häuser als die Muslime zu bauen und dergleichen mehr. In Wirklichkeit werden aber diese Maßnahmen immer nur an einzelnen Orten und vorübergehend angewandt, und häufig sind sie nur ein Vorwand, um der Steuerbehörde durch Freikauf der Betroffenen zu einem Gewinn zu verhelfen. Hierher gehört auch dies: Nach der damals geltenden Lehre erlaubte der *fiqh* zwar die Unterhaltung kultischer Gebäude, verbot aber die Errichtung neuer Bauwerke, doch zahllose Beispiele beweisen, daß man durch Bestechung immer die Erlaubnis zu solchen Bauten erhalten konnte. Natürlich kommt es auch zu Ausbrüchen von Intoleranz von seiten des Volkes, zuweilen als Reaktion auf den Mißbrauch der Macht durch einen einzelnen oder auf eine äußere Katastrophe, aber im ganzen sind solche Fälle selten und wiegen nicht schwerer als die Spannungen zwischen den islamischen Sekten untereinander; jedenfalls haben die jüdischen und paulizianischen Minoritäten im Byzantinischen Reich jener Zeit mehr zu leiden. Die Bekleidung religiöser Ämter im engeren Sinn, ebenso militärischer Funktionen und selbstverständlich die Ausübung politischer Macht ist Nichtmuslimen untersagt. Anders steht es in der Verwaltung. In Syrien und Ägypten finden wir hier fast nur Christen und Juden (im Iraq ist ihr Anteil geringer), und die Zahl muslimischer *kuttāb* nimmt zwar zu, aber noch amtieren sie nahezu immer neben anderen; selbst jüdische und christliche Wesire hat es gegeben. Im täglichen Leben halten natürlich die Menschen gleicher Religionen zueinander, und in manchen handwerklichen Berufen ist die eine oder die andere besonders vertreten; dennoch gibt es weder ein Getto noch ein Monopol. Erst am Ende des Mittelalters bahnt sich wie in Europa eine Degradierung der Andersgläubigen an. Man hat aufgrund von Ereignissen einer späteren Zeit dem Islam eine wesenhafte Intoleranz vorgeworfen, von der das christliche Europa unberührt gewesen sein soll, aber das ist eine — bewußte oder unbewußte — Entstellung der Wahrheit.

Trotz alledem vollziehen sich Wandlungen in den unter muslimischer Herrschaft lebenden nichtislamischen Gemeinschaften. Ihre Zahl nimmt ab, und ihre weitgehende Trennung von den anderen Staaten, wo ihre Religionen vertreten sind, vertieft sich; damit wächst die Kluft zwischen der überkommenen kirchlichen Sprache, wo sie sich erhält, und der arabischen, die zur allgemeinen Kultursprache wird. Dort jedoch, wo das Arabische sogar in die kirchliche Literatur eindringt, vollzieht sich eine Entfremdung von der Tradition der Vorfahren. Alles das trägt bei zu einem Schrumpfungsprozeß, der die religiösen Minderheiten erfaßt, und führt sie in eine zunehmende Isolierung. Die Christen bekehren sich in größerer Zahl in der Stadt als auf dem Land, so daß die verbleibenden christlichen Gemeinden einen mehr ländlichen Charakter annehmen und häufig eine recht bescheidene Bildung besitzen. Die Juden dagegen, die in talmudischer Zeit noch Bauern in Mesopotamien oder Syrien, aber auch schon in der Minderheit waren, leben nur noch in Städten und gehen städtischen Berufen nach. – Zu welcher Religion sie auch gehören, den Muslimen gegenüber bemühen sich die Nichtmuslime, ihre Stellung zu festigen; aus diesem Bestreben heraus erfinden sie Privilegien, die Mohammed oder die ersten Kalifen ihnen verliehen haben sollen, und zur Wahrung ihrer Rechte schaffen sie juristische Handbücher wie die sogenannten Syrisch-Römischen Rechtsbücher und verschiedene mazdäische Werke. Indessen sind, wie schon gesagt, die Beziehungen zwischen den Muslimen verschiedener Richtungen, obwohl sie miteinander in Verbindung stehen, oft schlechter als jene zu den Angehörigen anderer Religionen.

Die sozialen und konfessionellen Unterschiede, die wir angeführt haben, treten deutlich in Erscheinung; daneben gibt es andere Gruppen mit weniger klaren Konturen. Gesprochen haben wir schon von der Bedeutung, die der Schicht der *mawālī* zukommt; sie wird nach und nach von der Gesellschaft absorbiert, was aber bleibt, sind die Klientelen aus Freigelassenen und anderen, die unter verschiedenen Formen in der islamischen Geschichte wie schon in der Spätantike eine beträchtliche, im einzelnen aber schwer zu bestimmende Rolle spielen.

Nicht geringen Einfluß auf die Geschichte kleiner Gruppen wie auch der islamischen Gemeinschaft im ganzen hat das Bewußtsein der sozialen Solidarität, die *ʿaṣabīya*. Wir wissen Genaueres darüber durch die berühmte Analyse, die der Geschichtssoziologe Ibn Ḫaldūn (1322–1406) am Ende des Mittelalters davon gegeben hat. Er beschreibt verschiedene Formen der *ʿaṣabīya*, angefangen bei dem Gemeinschaftsgeist, der die Mitglieder eines Beduinenstammes oder einer städtischen Partei verbindet, bis hin zu dem umfassenden Gemeinschaftsbewußtsein, das, trotz mancher Zwistigkeiten, alle zusammenhält, die zur großen muslimischen Gemeinschaft, zur *umma*, gehören. In solchen Gemeinschafts-

bindungen ruht nach Ibn Ḫaldūn die Kraft, in ihrem Verfall die Schwäche eines Staates. Angesichts einer Gesellschaft wie der islamischen ist diese Theorie besonders einleuchtend. Obwohl ein Kalif und eine hochentwickelte Verwaltung die Regierung führen, sind sie im Volksbewußtsein nicht die Quellen des Gesetzes, stellen sie in einem tieferen Sinne nicht die oberste Autorität des Staatswesens dar. Dies ist um so weniger der Fall, als später Herrscher ohne wirkliche Legitimität zur Macht kommen, die überdies ihrer volksmäßigen Herkunft nach ihren Untertanen fremd sind. Das Staatsoberhaupt, könnte man sagen, steht ›außerhalb‹ der Solidarität der Untertanen. Sie gehorchen ihm wohl oder übel, aber zusammengehörig fühlen sie sich nur untereinander. Die *umma* steht unter der Obhut der *umma* selbst, getragen von einer irrationalen Solidarität, deren politische Auswirkungen uns im Verlauf der islamischen Geschichte noch begegnen werden.
Die mannigfaltige soziale Differenzierung, von der wir ein Bild zu geben versuchten, ist im allgemeinen von der wirtschaftlichen Situation unabhängig; dennoch hat diese natürlich, als ein Faktor unter anderen, einen gewissen Einfluß auf die soziale Schichtung. Allerdings müssen wir hier die Verhältnisse in den Städten und auf dem flachen Land gesondert betrachten, nicht wegen irgendwelcher ›wesensmäßigen‹ Unterschiede, sondern weil einfach die Realität Stadt und Land überaus deutlich voneinander abhebt.

II. DIE WIRTSCHAFT DES FLACHEN LANDES

Infolge des Mangels an archivalischen Quellen sind wir über das wirtschaftliche und soziale Leben nur sehr ungenügend informiert. Vor allem außerhalb der Städte fehlt es an schriftlichen Quellen, und daher ist unsere Kenntnis der ländlichen Verhältnisse besonders mangelhaft. Auch nach dem großen Aufschwung des internationalen Handels und dem Aufblühen der Städte bleibt zwar für die islamische Welt wie für den Westen das Land die Hauptquelle des Reichtums, aber im Unterschied zu dort ist die islamische Stadt das einzige Zentrum der Verwaltung und der Kultur. Darum haben wir zureichende Unterlagen nur für die Städte, und die Quellentexte gehen auf die Bewohner des flachen Landes nur insoweit ein, als die Städter ihnen begegnen, d. h. im Blick auf deren Aufgaben und Bedürfnisse. Diese Quellen geben daher ein einseitiges und äußerliches Bild. Dennoch sind wir auf sie angewiesen, wenn wir uns von dem außerstädtischen Leben eine Vorstellung machen wollen. Indessen kommt uns der Umstand zu Hilfe, daß sich die Landwirtschaft im Lauf der Jahrhunderte nur sehr langsam fortentwickelt hat; die Verhältnisse in den am wenigsten entwickelten islamischen Ländern der Gegenwart erlauben daher in mancher Beziehung Schlüsse auf die Zustände jener Zeit. Wir können also das Bild der heutigen Verhältnisse zu den Urkunden der Vergangenheit in Beziehung setzen, solange wir uns vor übereilten Schlußfolgerungen hüten.

Die islamischen Territorien erstrecken sich im ganzen entlang denselben Breitengraden, und trotz allen Verschiedenheiten ist ihnen dies gemein, daß einerseits Wüstenzonen und deren Randgebiete, andererseits mehr oder weniger große Oasen ihr Gesicht bestimmen. Erhebungen sorgen für eine Differenzierung der verschiedenen Landregionen, wo große oder kleine Flächen sich zur Nutzung eignen, Winter- und Sommerernten oder beide möglich sind, Boden- oder Weidewirtschaft getrieben werden kann. Der Waldbestand, damals noch nicht so schwach wie heute, zeigt nur im Randgebiet des Kaspischen Meeres Dichte, ferner an der Schwarzmeerküste (die später infolge der türkischen Eroberung Kleinasiens ebenfalls islamisch wird).

Der Mangel an bebaubarem Land zwang die Bewohner der islamischen Gebiete von altersher zu einer kombinierten Boden- und Weidewirtschaft; es ist jedoch sicher, daß man die Möglichkeiten der Weidewirtschaft im Altertum nur unvollkommen nutzte. Die Entwicklung zu einer intensiveren und rentableren Landwirtschaft hatte schon vor der arabischen Eroberung im ›Fruchtbaren Halbmond‹ eingesetzt, angeregt übrigens durch arabische Einwanderer. Die arabische Eroberung beeinträchtigte diese Anstrengungen weniger, als man glauben könnte, nicht weil die Stämme aufgehört hätten, regelmäßig ihren Standort zu wechseln, sondern weil sie die bebauten Gebiete respektierten und weil viele Araber, nun Soldaten und Städter geworden, das Nomadenleben aufgaben. Gewiß drangen Beduinen in die iranische Hochebene, ja bis Innerasien und Ägypten vor (im Westen sieht man sie kaum vor dem 11. Jahrhundert). Man muß aber sorgfältig unterscheiden zwischen der ersten arabisch-islamischen Eroberung, die im ganzen die vorgefundene wirtschaftliche Struktur unangetastet ließ, und der westlichen Expansion der arabischen Nomaden im 11. sowie dem östlichen Einfall der Mongolen und Türken im 13. Jahrhundert, die schwere Erschütterungen brachten. Man darf der früheren Invasion nicht – wozu Ibn Ḫaldūn neigte – den Vorwurf machen, den nur die späteren verdient haben. Neben den Arabern gab es kleinere Gruppen anderer Nomaden, z. B. Kurden und Berber, und es gab neben den bedeutenden Stämmen kameltreibender Nomaden auch kleine wandernder Schafzüchter. Sowohl unter den arabischen als auch unter den berberischen und anderen Nomaden waren solche, die in der Stadt oder auch als Ackerbauer seßhaft wurden.

Für den Ackerbau der Seßhaften ist, auf die Dauer betrachtet, die arabische Eroberung sicher nicht ohne Folgen geblieben; dabei verdankt er technisch den Arabern, die keine Landwirte waren, kaum irgendwelche Fortschritte. Vergleichende Studien fehlen bisher, obwohl es eine umfangreiche Literatur zur Landwirtschaft in arabischer Sprache gibt. Deren frühestes Zeugnis ist die *Nabatäische Landwirtschaft* von Ibn Waḥšīya (gegen 900); aber sein Werk kam bei den Modernen als ›Fälschung‹ in Mißkredit, weil er vorgibt, ›chaldäische‹ Schriften zu übersetzen und weil er neben gewöhnlichen landwirtschaftlichen Verfahren auch Zauberrezepte beschreibt. Man bezweifelte, daß die Methoden, von denen er berichtet, der mesopotamischen Tradition entsprächen – als ob die ›nabatäischen‹ Bauern (d. h. die Bewohner Mesopotamiens, welche in der vorislamischen Tradition standen) nicht ganz selbstverständlich bei ihrer Landarbeit auch magische Bräuche geübt hätten. Der Verfasser hat sich, ganz im Geist der *Šuʿūbīya*, ein durchaus ernstzunehmendes Ziel gesetzt: angesichts der Islamisierung und Verstädterung seiner Zeit will er eine Summe der überlieferten bäuerlichen Kultur geben. Etwa gleichzeitig wurde ein hellenistisches (*rūmī*) Handbuch des Landbaus übersetzt, verwandt den griechisch-römischen Geoponika, die man damals in Byzanz aus der landwirtschaftlichen Literatur der Antike zusammenstellte. In späterer Zeit haben sich vor allem Spanier auf diesem Gebiet ausgezeichnet, doch darf man ihnen keine Priorität als Verdienst anrechnen, die sie selbst nie beansprucht haben. Diese Werke, in denen Buchgelehrsamkeit und Praxis nicht immer genau zu trennen sind, behandeln natürlich mehr die Wirtschaft der großen Güter als die der kleinen Bauern, und für die Zwecke der großen Domänen wurden wohl auch die astronomisch-liturgischen Landwirtschaftskalender geschaffen. Der berühmteste dieser Kalender ist wiederum spanischen Ursprungs: der ›Kalender von Cordoba‹ – aber auch er hatte, obwohl er schon in der Mitte des 10. Jahrhunderts entstand, Vorbilder im Orient. Einen genaueren Einblick in die wirkliche Praxis, wenn auch unter einem besonderen Gesichtspunkt, geben uns die Abhandlungen über die Steuern. Da die ägyptische Landwirtschaft schon seit langem Sache des Staates und daher weitgehend reglementiert war, sind die wichtigsten einschlägigen Werke in Ägypten entstanden.

Vor einer genaueren Darstellung der Landwirtschaft in den islamischen Ländern des Mittelalters müssen wir die Frage erörtern, wie weit die frühere Bewirtschaftung dieser Länder unter dem Islam umgestaltet wurde. Die eingeführten Neuerungen können verschiedener Natur gewesen sein. Wirklich neue Arten und Techniken der Bebauung hat es selten gegeben; in viel höherem Maße wurden einzelne Anbaumethoden und Bodenfrüchte aus Gebieten des islamischen Reiches, wo sie schon

Abb. 10: Wasserräder bei Hama (Syrien), wie sie schon im Mittelalter Verwendung fanden

lange bekannt waren, in andere eingeführt; schließlich wurden traditionelle Formen der Bodenkultur weiterentwickelt.
Ein schwieriges Problem war fast überall die Wasserversorgung, und die Güter unterschieden sich in erster Linie darin, ob sie künstlich bewässert werden mußten und konnten oder nicht. Daher hatte man seit früher Zeit im Orient verschiedene Geräte zum Heben und Transportieren des Wassers entwickelt, vom Ziehbrunnen, wo ein Schwingbaum einen kleinen Eimer mit Wasser emporhob, bis hin zum Räderwerk mit Schöpfeimern, dem Elevator, der das Wasser der Flüsse oder Kanäle zum Uferland beförderte. Durch den Islam wurden diese Geräte im Westen Europas verbreitet. Ebenfalls seit dem Altertum wurden Kanalsysteme entwickelt und gepflegt; die kleinen Zuführungskanäle unterhielt der einzelne Landbesitzer, die großen wurden von der öffentlichen Hand getragen. Die Trassierung, Unterhaltung und Speisung der Kanäle erforderten besondere Techniken, von denen spezielle Lehrbücher Zeugnis ablegten, und verlangten zugleich eine gewissenhafte Verwaltung. Beide Dynastien, die Umaiyaden wie die Abbasiden, verwandten in Syrien und im Iraq viel Sorgfalt auf diese Arbeit, nicht ohne daß es immer zu Klagen der Bauern kam, die zur Fronarbeit herangezogen wurden. Die Gebiete Innerasiens

waren für ihr Bewässerungssystem berühmt, insbesondere Ferghana (am mittleren Jaxartes); aber genauso könnte man die Güte der Anlagen in vielen anderen Regionen rühmen, so derjenigen in Iran, im Iraq und im übrigen Mesopotamien, in Syrien, in Ifrīqiya (Tunesien) und die der *huertas* (›Gärten‹) Andalusiens. In Iran und im Maghreb gab es unterirdische Kanäle, die das Wasser vor Verdunstung schützten, und in Iran möglicherweise sogar richtige Stauwerke. In Ägypten lagen die Verhältnisse und Aufgaben etwas anders, denn hier ging es vor allem um die Nutzung der periodischen Nilüberschwemmungen; der berühmte Nilmesser von Fusṭāṭ registrierte jedes Jahr ihre Höhe, und danach bestimmte die Verwaltung über die Verwendung der angelegten Wasservorräte, die in Bassins am Flußufer verblieben, regelte die Bebauung der bewässerten Gebiete und setzte die zu zahlenden Steuern fest. Überall erlaubten einfache, aber wirksame Vorkehrungen, die Wasseranteile unter die Berechtigten angemessen zu verteilen. Natürlich setzte die Unterhaltung eines solchen Systems eine strenge Disziplin der öffentlichen Ordnung voraus; ein Versagen schon an einer einzigen Stelle konnte Katastrophen herbeiführen, deren Überwindung lange Zeit in Anspruch nahm. Im großen und ganzen hat es solche Katastrophen vor den militärischen Invasionen des späteren Mittelalters nicht gegeben, und die öffentliche Meinung urteilte hart über die Truppen, welche die lebenswichtigen Anlagen beschädigten, die auch den Siegern gute Dienste geleistet hätten. Der Wassermangel erklärt auch, daß die Wohngebiete dicht und konzentriert besiedelt waren, wobei außerdem das Bedürfnis nach Sicherheit eine Rolle spielte.

Was die Ernährung angeht, steht der Vordere Orient traditionsgemäß mehr dem getreideanbauenden Westen nahe als dem von Reis sich nährenden Osten. Weizen und Gerste (die letztere für das Vieh) waren fast überall die beiden Hauptgetreidearten, die auf dem wasserarmen Boden der Ebenen gute Erträge brachten. Nur in Ägypten nahm der Anbau von Reis, der anscheinend nicht vor dem Islam von Indien herüberkam, so sehr zu, daß man Reis sogar nach dem Iraq exportierte; auch im islamischen Westen war die Reiskultur bekannt, blieb aber hier die Ausnahme. In den warmen Zonen, wie in Schwarzafrika, gediehen Hirse und Sorghum (Moorhirse).

Zu industrieller Verarbeitung wurden zahlreiche Nutzpflanzen gezogen. Die Fasern von Hanf, Flachs und Baumwolle dienten, wie auch die Schafwolle und die Seide des Seidenwurms, der Textilproduktion. Der Flachs Ägyptens war besonders geschätzt, daneben gewann die Baumwolle dort wie in Syrien an Boden; auch Chusistan lieferte einen ausgezeichneten Flachs. Die Papyrusstaude blieb mit ihrer einträglichen Verwertung ein Monopol Ägyptens, bis im 10. Jahrhundert auch hier das Papier eindrang.

Papyrus wurde seit der islamischen Eroberung ferner in Sizilien produziert und nach Italien verkauft. Das Zuckerrohr, das zur Zeit der Eroberung an den Ufern des Persischen Golfs bekannt wurde, war unter dem Islam in allen warmen Landstrichen, wo der Boden flach war und bewässert werden konnte, verbreitet. Die Anlage und Unterhaltung von Zuckerrohrplantagen erforderte Mittel, über welche die kleinen Bauern nicht verfügten, und war ein risikoreiches Unternehmen. Zuckerrohr wurde daher vor allem auf den Gütern der Großgrundbesitzer und den Staatsdomänen angebaut, so im unteren Iraq, in Chusistan, in Ägypten, an der syrischen Küste und in Südspanien. Fast überall, jedoch mit Vorrang in Iran, kultivierte man Farb- und Duftpflanzen: Veilchen, Rosen, Jasmin, Narzissen, Safran, Indigo, Henna, jemenitischen Weihrauch und anderes, teils auf freiem Feld, teils in Gärten. Zu erwähnen sind schließlich Ölpflanzen wie der Sesam, ferner Garten- und Feldbohnen, Erbsen und Linsen, Salate, Gurken und Melonen, die der Kartoffel ähnliche Kolokasie – alle Arten von Gemüse also, die man in Gartenkulturen vor den Städten anpflanzte.

Der Gartenbau stellte seine eigenen Anforderungen; hier brauchte man mehr Wasser als beim Feldbau, kombinierte mehrere Kulturen (Gemüse und Blumen unter Bäumen) und grub den Boden mit dem Spaten um, während die großen Felder gepflügt wurden. Die Obstbäume standen, je nach Art, in Gärten oder auf unbewässerten Plantagen. Die wichtigsten Sorten waren Äpfel, Birnen, Pfirsiche (iranischer Herkunft), Granatäpfel, Quitten, Zitronen, auch Orangen, die aber erst später Verbreitung gewannen. In den warmen Zonen wurde unter dem Islam die Dattel immer mehr geschätzt und angebaut und bildete oft die Hauptnahrung der Armen. Obwohl den Muslimen der Weingenuß durch das religiöse Gesetz verboten war, gab es viele Weinreben; frische Trauben und Rosinen wurden in großer Menge genossen und von Nichtmuslimen auch zu Wein gekeltert. Schließlich lieferte der Ölbaum der Mittelmeerländer das Öl.

Viehzucht trieben nicht nur die Nomaden, sondern auch die seßhaften Bauern. Rinder hielt man vor allem als Hilfe bei der Feldarbeit, wichtiger aber waren die Schafe, die Wolle, Milch, Käse und Fleisch lieferten. Esel und Maultiere brauchte man für den Transport von Lasten und Männern (nicht Frauen); Schweine waren vom Islam verpönt und wurden in den Gegenden, wo es noch einige gab, von den Muslimen verabscheut. Indessen spielte die Viehzucht eine geringere Rolle als in Europa, denn obwohl man die Tiere bei der Feldbestellung und bei dem Betrieb der Wasserhebemaschinen heranzog, benötigte sie der Orient doch weniger als der Westen, wo mehr schwerer Boden zu bearbeiten war; auch Dünger wurde, außer in Gebieten, wo Nomaden ihn billig lieferten, kaum benutzt. Wichtig für die Ernährung war die Geflügelzucht, die von Jagd und Fischfang ergänzt wurde. Der Seidenwurm wurde anfangs nur am Kaspischen Meer gezüchtet, nach und nach aber auch in anderen Gebieten, so in Iran, in Syrien, in Sizilien und in Spanien. Die Bienenzucht war sehr verbreitet, aber trotzdem mußte man Honig und Wachs aus den slawischen Ländern einführen.

Der schwere Räderpflug diente zwar, wie es scheint, an manchen Orten der Bearbeitung des fetten Bodens, war jedoch ebensowenig wie heute das übliche Gerät der Bodenbearbeitung, da man, vom Umgraben der Gärten abgesehen, die Erde meist nur mit dem mittelmeerischen räderlosen Hakenpflug auflockerte. In den Gärten gab es gewöhnlich zwei, von schnellreifenden Früchten sogar drei Ernten im Jahr. Dagegen ließ man die unbewässerten Felder meist ein oder zwei Jahre brachliegen; in Ägypten erlaubte allerdings die Fruchtbarkeit des Bodens eine wesentlich intensivere und reichere Nutzung, und stellenweise gab es auch sonst noch Boden von ähnlicher Güte. Wir dürfen annehmen, daß viele Dörfer das Land, natürlich nicht die Gärten, nach ›Schlägen‹ kollektiv bearbeiteten, d. h. man wechselte auf bestimmten Landstücken den Anbau in fester Folge. Die Bewirtschaftungseinheit entsprach häufig, wie bei den kleinen Gütern im Westen, der Arbeitskraft einer Familie oder eines Gespannes. – Windmühlen gab es zwar in einigen Bezirken Irans und Spaniens, sie waren aber im ganzen selten; Wassermühlen dagegen, deren Verbreitung in der späten Antike eingesetzt hatte, waren überall zu finden, wo es Flüsse und Bäche gab, ja es wurden sogar solche verwendet, die auf den Flußläufen schwammen. Sie dienten mehr zum Betrieb der Zucker- und Ölkeltern auf den großen Gütern als zur Mehlgewinnung für den Hausgebrauch; dazu pflegte man Mühlsteine zu benutzen.

Die gesetzlichen Bestimmungen für den Landbesitz und die Landbearbeitung sind in Rechtsbüchern niedergelegt, die aber den tatsächlichen Verhältnissen nur unvollkommen gerecht werden. Erinnern wir uns kurz, wie der Landbesitz nach der Eroberung geregelt war. In den Städten Arabiens und in einigen seiner Oasen gab es private Güter (*milk*) in muslimischem Besitz. Nach der Ordnung, die sich unter den Kalifen des ersten islamischen Jahrhunderts herausgebildet hatte, war muslimischer Privatbesitz außerhalb Arabiens grundsätzlich unmöglich, denn dort waren die Güter entweder vom Staat übernommen oder der Familie der ehemaligen Eigentümer gegen Zahlung von Steuern belassen worden. In Wirklichkeit war es aber doch zu privatem Erwerb von Grundbesitz gekommen, z. B. im oberen Mesopotamien, weil in den zwei, drei Generationen mangelnder Organisation die Kontrolle fehlte oder auch weil man in besonderen Fällen von Amts wegen Ausnahmen zuließ. Für diese

Güter mußte natürlich die jedem Muslim auferlegte *zakāt* entrichtet werden, die auf Grundbesitz als ein Zehnter von der Ernte erhoben wurde. Die meisten Liegenschaften waren jedoch Privatgüter in der Hand der Erben ihrer früheren, eingeborenen Besitzer, oder sie wurden Staatsgüter, *ṣawāfī*.

Das Land, das den einheimischen Bewohnern überlassen blieb, unterlag dem *ḫarāǧ*, in dem die Grundsteuer des vorangehenden Regimes weiterlebte. Er war jedoch in den Augen der neuen Herren die tributäre Anerkennung des obersten Eigentumsrechts (*rakaba*) der islamischen Gemeinschaft über die immobile Beute der Eroberungen, den *fai'*: diese Güter wurden von ihr als eine Art *waqf*, eine ›Stiftung‹ mit religiöser Garantie, zum dauernden Nutzen der kommenden Generationen treuhänderisch verwaltet. Deshalb blieb der Boden, wie oben schon dargelegt, auch dann mit dem *ḫarāǧ* belastet, wenn der Inhaber zum Islam übergetreten war. Dieser konnte aber, mochte er Muslim sein oder nicht, in jeder Weise über das Land wie über eigenen Besitz verfügen.

Bei den Staatsgütern waren zwei Kategorien zu unterscheiden: diejenigen, deren direkte oder mittelbare Nutzung sich der Staat selbst vorbehielt (sie unterstanden, wie man sagte, dem *Dīwān*), und jene, die er unter bestimmten Bedingungen einzelnen, manchmal auch körperschaftlichen Nutznießern überließ. Zu den Staatsgütern zählte auch das *ḥimā*-Land, eine Einrichtung des alten Arabiens, die sich unter dem Islam erhalten hatte: dies waren ›geschützte‹ Reservate (eigentlich Kultstätten), die nicht in Privatbesitz kommen durften, sondern dem Nutzen des Stammes oder der Gesamtgemeinschaft dienen sollten. Bodenbesitz dieser Art gab es natürlich auch in den eroberten Ländern, besonders in den Wüstengebieten; aber mit der Weiterentwicklung der juristischen Anschauungen wurden diese Ländereien als Staatsgüter behandelt, und man erkannte dem Staat das Recht zu, sie entweder zu behalten oder gegen eine Pauschalsumme an Einzelpersonen bzw. an Stämme zu vergeben.

Staatseigentum waren vorzüglich, wie unter den früheren Herrschern auch, die Landstraßen und die großen Verkehrsadern der Städte, ebenso die wichtigen Flüsse und Kanäle mit ihrem Uferland. Aber es gab auch landwirtschaftliche Staatsdomänen, vor allem in Ägypten; genaugenommen konnte in diesem Land infolge der strengen administrativen Überwachung aller Bereiche der Landwirtschaft kaum noch von privatem Eigentum die Rede sein, und einige Juristen waren der Meinung, daß es hier überhaupt kein richtiges *ḫarāǧ*-Land gebe, da der von den Bauern gezahlte *ḫarāǧ* nur der Zins sei, den ein Pächter dem Staat entrichte.

Die Güter, die der Staat an Private unter eigentumsähnlichen Bedingungen vergab, hießen *qaṭīʿa* (Pl. *qaṭāʾiʿ*). Hierüber sind falsche

Vorstellungen entstanden, weil man diese Einrichtung mit einer späteren, dem *iqṭāʿ* (von derselben Wortwurzel, s. u. S. 203), verwechselte, dazu die letztere fälschlich als ›Lehen‹ auffaßte. Die *qaṭīʿa* ist nach dem Grundsinn des Wortes ein vom Staatsbesitz ›abgeteiltes‹ Gut. Sie wird, meist auf unbegrenzte Zeit, an einen Muslim vergeben, der praktisch alle Rechte eines muslimischen Grundbesitzers genießt, aber auch alle seine Pflichten und Lasten zu tragen hat. Obwohl er Rechte eines Eigentümers erhält, ist er doch kein ›Gutsherr‹, denn seine Eigentumsrechte leiten sich allein aus seiner Verpflichtung ab, den Boden zu bestellen. Er soll »die tote Erde mit Leben erfüllen«, womit nicht gesagt ist, daß er sie selber bearbeiten muß; es ist seine Sache, tüchtige Leute zu ihrer Bestellung zu finden und für die notwendigen Arbeitsbedingungen zu sorgen. Gelingt ihm dies nicht, wird ihm das Land genommen und einem besseren Landwirt übertragen. Er ist wie jeder andere Gutsbesitzer an die üblichen Anweisungen und Kontrollen der staatlichen Verwaltung gebunden und muß wie jeder Muslim den Zehnten zahlen. Die *qaṭīʿa* umfaßt manchmal eine sehr ausgedehnte Landfläche, manchmal aber nur eine kleine Parzelle des Dorfgebietes, ja sie kann auch aus einem städtischen Grundstück bestehen, von dem der Inhaber gerade eben mit Anstand zu leben vermag. Wie man sieht, gleicht nichts von alldem einem Lehen, auf welchem der von Steuern befreite Lehnsherr alle Vollmachten besitzt. Eine ähnliche Einrichtung im spätantiken Recht römischer Tradition stellte das Erbpachtgut (Emphyteuse) dar. Da die Besteuerung der *qaṭīʿa* und des muslimischen Grundbesitzes (*milk*) die gleiche war, gehörten sie beide zur Finanzverwaltung des *dīwān* der Domänen, *dīwān aḍ-ḍiyāʿ*; ihm stand der *dīwān al-ḫarāǧ* gegenüber, dem die Verwaltung der *ḫarāǧ*-Güter oblag.

Auf der anderen Seite hat sich durch Gewohnheit bald eine andere Form des Bodenbesitzes, der *waqf* oder *ḥubus* (*habous*), entwickelt. Auch hier muß man sich vor Verwechslungen hüten, da dasselbe Wort verschiedene Dinge bezeichnet. In der Regel ist der *waqf* (eigentlich ›Stiftung auf Dauer‹) eine Schenkung, die als frommes Werk unter den Schutz des Gesetzes gestellt wird und darin besteht, daß der Besitzer seine Verfügungsgewalt über ein Gut aufgibt und es bestimmten Nutznießern als unwiderrufliche Zuwendung überschreibt. Zugute kommen diese Schenkungen entweder Privatpersonen oder öffentlichen Institutionen und Zwecken. Im ersten Fall handelt er sich um Einzelpersonen, Nachkommen des Stifters etwa, oder um eine Gruppe von Armen und Bedürftigen, für die ein Verwalter die Geschäfte führt, über dessen Einsetzung der Schenkende bestimmt (er selbst kann der erste Verwalter sein). Dabei soll der *waqf* meist als Familienstiftung den Fortbestand des Gutes sichern, d. h. er soll verhindern, daß das Gut durch die Erbteilung zerstückelt und um den Anteil der Töchter vermindert wird, da diese ihre Mitgift bei der Heirat in die neue Familie einbringen. Die Stiftung kann aber auch dem Wunsch entspringen, das Gut dem Zugriff des Staates zu entziehen, wenn Konfiszierung oder irgendeine Manipulation droht. Im zweiten Fall geht der *waqf* an religiöse oder gemeinnützige Institutionen wie Moscheen und ihre Schulen, Krankenhäuser und Karawansereien und dient dem Bau von Brücken, Wasserleitungen und ähnlichen öffentlichen Einrichtungen. Hier entspricht der *waqf* in hohem Maße den Schenkungen gläubiger Christen an ihre Kirche. Diese zweite Art gewann am Ende des Mittelalters beträchtliche Bedeutung, als man die beschenkten Institutionen durch die Sanktion des *waqf* gegen die Unzulänglichkeit oder die Habgier einer herabgekommenen Staatsführung sichern wollte, war aber verhältnismäßig selten in der abbasidischen Epoche, in der diese Einrichtungen noch weniger zahlreich waren und aus dem normalen Staatsetat unterhalten wurden. Mag der *waqf* nun von der einen oder anderen Art sein, als echte und endgültige Schenkung kann er grundsätzlich nur mit Landgütern aus uneingeschränktem Privatbesitz vorgenommen werden; allerdings gewöhnt man sich daran, Güter aus Eigentum und solche aus Nutzungsbesitz gleichzustellen, soweit sie dieselben Rechte umfassen. Neben der Stiftung von Immobilien gibt es solche von anderem wertbeständigem Vermögen oder Vermögenseinkommen. Im Iraq waren die *waqf*-Güter normalerweise ländliche Liegenschaften, aber gelegentlich auch städtische Grundstücke. In Ägypten war es anscheinend infolge der besonderen Art der Bodenbewirtschaftung erst im 12. Jahrhundert nach der Eroberung des Landes durch die Aiyūbiden, die an das östliche System gewöhnt waren, erlaubt, landwirtschaftlichen Besitz in *waqf* umzuwandeln. Da die rein private Verwaltung der *waqf*-Güter schnell zu Mißbrauch geführt hatte, wurden sie in ihrer Gesamtheit unter die Aufsicht des Kadis gestellt und später manchmal sogar unter eine selbständige Abteilung des *Dīwān*, der dann seinen Anteil vom Gewinn erhob.

Der individuelle Besitz, sei es *milk* oder sei es eine *qaṭīʿa*, wird nach islamischem Erbrecht unter die erbberechtigten Kinder verteilt; auch die Töchter, sogar entfernte Verwandte werden berücksichtigt. Es ist daher unmöglich, einen großen Besitz auf die Dauer zusammenzuhalten, und wenn auch das Spiel der Erbteilungen und Heiraten einen gewissen Ausgleich schafft, so bleibt doch der Grundbesitz auf alle Fälle sehr beweglich. Der *waqf* dagegen legt ihn fest, und er hindert sogar den Fortschritt der Arbeitstechnik, da einerseits die vom Stifter getroffenen Bestimmungen beachtet werden müssen und zum anderen die Vielzahl der Nutzungsberechtigten nur ungern ihre Zustimmung zu Änderungen in der Bewirtschaftung gibt, da diese ja zunächst

Kosten verursachen. Diese Konsequenzen konnten in einer Zeit, da das *waqf*-Land noch wenig umfangreich und die Entwicklung langsam war, noch nicht deutlich in Erscheinung treten, wurden aber mit dem Beginn der Neuzeit bedeutsam.

Zur Verbesserung des Ertrages wurde indessen, wie schon erwähnt, in den Dörfern *de facto* eine in ›Schläge‹ aufgeteilte Kollektivwirtschaft betrieben. Nach dem Ausgang des Mittelalters handelt es sich häufig auch um Kollektiveigentum, *mušāʿa*; aber schon vorher scheint solches existiert zu haben. Als Übergangsstufe gab es wohl das persönliche Besitzrecht auf einen ›Schlag‹, der aber wechselte.

Welche Eigentumsform auch vorlag, der Besitzer bewirtschaftete sein Gut entweder selbst, wenn es ein kleiner Betrieb war, oder er stellte Pächter und Arbeiter ein, wenn er eine größere Zahl von Arbeitskräften benötigte oder wenn er das Gut nicht selber bewohnte. In dem Verhältnis zwischen dem Landeigentümer und den abhängigen Bauern, die das Land für ihn bearbeiteten, kennt das islamische Recht drei Hauptformen: *muzāraʿa, musāqāt* und *muġārasa*. Da die erste Form die bei weitem verbreitetste ist, nennt man im allgemeinen alle Pächter *muzāriʿ*. Die *muzāraʿa* ist ein Pachtvertrag der einfachsten Art: der Eigentümer stellt das Land und das Saatgut, das Vieh und die nötigen Geräte, der *muzāriʿ* seine Arbeitskraft und manchmal einen Teil des Hausrats. Den Wirtschaftsertrag teilen sich beide, aber ihr Anteil ist verschieden; er richtet sich nach der Fruchtbarkeit des Bodens und dem jeweiligen Beitrag der Vertragspartner. Meist war es so, daß dem Pächter, der nur die Arbeitsleistung beisteuerte, lediglich ein Fünftel der Ernte zustand. – Die *musāqāt* ist, wie das Wort sagt, ein Bewässerungsvertrag. Es handelt sich dabei um Pflanzungen, für welche der Besitzer die Maschinen der Bewässerungsanlagen, manchmal auch die Arbeitstiere stellt, während dem Pächter die Bearbeitung obliegt. Hier erhält jeder die Hälfte vom Ernteertrag, denn die Mühe und die Verantwortung des Pächters sind erheblich größer als beim einfachen Landbau. – Die *muġārasa* schließlich ist ein Vertrag über die Anlage einer neuen Kultur: der Grundbesitzer stellt einem Partner Boden zur Verfügung, den dieser bebauen muß; wenn die Pflanzung einen normalen Ertrag abwirft, wird der Boden – hier also nicht die Ernte – im vorgesehenen Verhältnis aufgeteilt.

Dem islamischen Recht widerstrebt jeder Vertrag auf lange Dauer, der hinfällig werden muß, wenn die Voraussetzungen entfallen; ebenso widerstreben ihm Verträge, in denen die Verpflichtungen und Leistungen nicht genau festgelegt sind. Daher billigten die Theoretiker solche Vereinbarungen wie die eben erwähnten nicht. Bei der *muzāraʿa* halfen sie sich durch die Annahme, daß der Vertrag auf einige Jahre abgeschlossen sei

und erneuert werden könne. Diese Gepflogenheit ging auf Verhältnisse der vorislamischen Zeit zurück; die Pacht wurde in der überwiegenden Zahl der Fälle stillschweigend auf unbegrenzte Zeit verlängert. Der Eigentümer konnte zwar den Pächter entlassen, und unter bestimmten Voraussetzungen konnte auch dieser das Pachtverhältnis aufsagen, aber das eine wie das andere geschah nur in seltenen Ausnahmefällen.
Das Recht und der tatsächliche Brauch kannten noch andere Vertragsformen, Arbeitskräfte in Dienst zu nehmen, aber dabei handelt es sich fast nur um Saisonarbeit in den Vorstadtgärten. Häufig ließen sich bürgerliche Besitzer ihre Gärten von Lohnarbeitern bestellen; daneben hatten sie natürlich ihr ständiges Dienstpersonal. Es kam auch vor, daß jemand gegen eine feste Summe, nicht gegen Leistung einer Naturalabgabe, Boden zum Bebauen pachtete und die notwendigen Geräte und Materialien dazu stellte. Dies glich einer Pacht auf Zeit, scheint aber nicht sehr häufig gewesen zu sein.
Wie aus alldem schon hervorgeht, paßt die Wirklichkeit schlecht in das juristische Kleid; daher können wir mit Hilfe des geschriebenen Rechts nicht alle Probleme, die sich tatsächlich ergaben, klären. Die gesetzliche Pflicht zur Zahlung der Kopfsteuer, *ǧizya*, führte zu dem Problem der Steuerflucht; es war davon unter dem Aspekt der Konversionen der Frühzeit bereits die Rede. Die ›Flüchtigen‹ wurden von der Steuerbehörde verfolgt, oder sie durften – in späterer Zeit – an ihrem neuen Wohnsitz bleiben, wenn sie dort die Steuern zahlten oder zahlen ließen, die sie am alten Wohnort schuldig waren. Die Folge ist eine dingliche Bindung an den Boden, die den kleinen Bodenbesitzer unmittelbar betrifft, die ferner von der staatlichen Steuerbehörde erwirkt wird und somit Sache des öffentlichen Rechts ist – sie ist keine private Gebundenheit eines ›leibeigenen‹ Pächters an den Grundherrn. Wir haben hier eine Form von Zinspflicht, die es seit der Antike gab. Es konnte aber auch zu einer privaten Abhängigkeit kommen, ohne daß die persönliche Freiheit des Betroffenen, der kein Sklave war, grundsätzlich in Frage gestellt wurde; es konnten nämlich Umstände eintreten, die den kleinen Bauern dem großen Grundbesitzer gegenüber in eine Dauerverschuldung brachten, ob er sein Pächter war oder nicht. War er Pächter und in Verzug mit den fälligen Abgaben oder vermochte er als unabhängiger Steuerpflichtiger das von einem reichen Grundherrn vorgelegte Geld nicht zurückzuzahlen, so blieb ihm kein anderer Weg, als seine Schuld durch Arbeitstage abzutragen, die er selbst oder seine Familie ohne Entgelt leistete. Wenn er flüchtete, konnte er gesucht und zurückgebracht werden. Wir haben es hier mit einer Erscheinung zu tun, die vielen mittelalterlichen Gesellschaften gemein war. Sie führte schließlich zu jener formellen Bindung an den Boden, die sich am Ende

des Mittelalters unter allgemein veränderten Bedingungen durchsetzte, jedenfalls in gewissen Ländern wie Ägypten und im mongolischen Iran. In der abbasidischen Epoche jedoch scheint die Anziehungskraft der Städte zu stark gewesen zu sein, als daß man alle ›Flüchtigen‹ auf dem Land hätte halten können, und das Angebot an Arbeitskräften war groß genug, so daß Grundbesitzer oder Fürsten Bauern anwerben konnten, wenn sie ihnen bessere Bedingungen als der Nachbar boten.

Ein anderes Problem, über das uns die Rechtsbücher keinen Aufschluß geben können, ist die Frage, wie sich die Zahlen der kleinen und der großen Grundbesitzer, der kleinen und der großen Güter, der Bauern mit eigenem Besitz und der Pächter zueinander verhielten. Man ist heute allgemein der Ansicht, daß der kleine Grundbesitz beim Erscheinen der Araber überall im Rückgang begriffen war. Die Eigentümer wechselten, aber es gibt keinen Beleg dafür, daß die Pächter von gestern die Grundbesitzer von heute wurden. Doch man darf die rückläufige Entwicklung nicht überschätzen. Der bäuerliche Grundbesitz, der persönliche wie der kollektive, mußte sich zwar dauernd vor dem Zugriff privater und staatlicher Macht verteidigen, hat sich aber in einigen Ländern bis auf unsere Tage erhalten, in den anderen jedenfalls bis zum Ende des 10. Jahrhunderts. Im großen und ganzen lassen sich vier Kategorien von Landbesitz unterscheiden. Zunächst gibt es den ganz kleinen bäuerlichen Besitz. Eine Stufe darüber stehen die Güter des kleinen Landadels, der *dihqān*e des ehemaligen sassanidischen Reiches. So heißen sowohl, wie in Chorasan, kleine Fürsten bestimmter Bezirke als auch, wie im übrigen Iran und vor allem später ganz allgemein, ländliche Standespersonen, die von ihren bäuerliche Nachbarn kaum unterschieden sind. Normalerweise sind es Landeigentümer mit Gütern von einer gewissen Ausdehnung und Bedeutung, und oft fungieren sie daher als Dorfoberhäupter mit amtlichen Vollmachten, ohne daß jedoch das ganze Dorf zu ihrem Besitz gehören müßte. Denselben Stand, wenn auch unter anderem Namen, finden wir in den Gegenden mit byzantinischer Tradition. An dritter Stelle ist der Grundbesitz der Städter zu nennen, der sich an Bedeutung von dem eben beschriebenen kaum abhebt; seine Herren wohnen jedoch in Städten und lassen ihr Land durch andere bebauen, ohne selbst dabei mitzuwirken. Diese Art des Grundbesitzes ist natürlich höher entwickelt und besser organisiert als der Landbau der entlegenen Provinzen, nicht zu reden von der intensiven Bewirtschaftung der Gärten, die in der Stadt oder in ihrer unmittelbaren Umgebung liegen. Schließlich gibt es die riesigen Güter der paar hundert Aristokraten alten und neuen Adels. Diese Grundherren sind in der frühen Zeit arabische Führer, an deren Stelle später Chorasanier oder Türken treten, hohe Staatsbeamte, vor allem aber ›Prinzen von Geblüt‹ aus der umaiyadischen bzw. abbasidischen Dynastie oder einer der späteren dynastischen Familien. Die Ausbreitung dieser Form des Grundeigentums bedroht schließlich nicht nur die bescheideneren Landgüter, sondern auch die der *dihqāne* und der reichen Bürger. Wohin die Entwicklung geht, ist deutlich zu sehen, doch wird sie durch die ständigen Erbteilungen und die sich daraus ergebende Beweglichkeit des Landbesitzes aufgehalten; wir werden sehen, durch welche Umstände sie vom 10. Jahrhundert an beschleunigt wird. Im Augenblick investieren erfolgreiche Kaufleute ihre Gewinne noch ebenso selbstverständlich in Landbesitz wie die Mitglieder der höheren Staatshierarchie.

Eine Institution oder vielmehr ein Brauch, der die Entwicklung mit vorantreibt, ist die sogenannte *talǧi'a*, die im Recht selbst kaum definiert ist, in der Wirklichkeit aber eine große Rolle spielt. Wir haben schon auf die Bedeutung der persönlichen Klientelen hingewiesen; diese Einrichtung hatte in der *talǧi'a* eine ›dingliche‹ Entsprechung. *Talǧi'a* oder auch *ilǧā'*, ›Empfehlung‹, hieß die Praxis, daß ein Rangniederer sich und seinen Landbesitz unter den Schutz eines Höheren stellte, der dieses Land auf seinen Namen eintragen ließ und von nun an als Mittler zwischen seinem Schützling und der Steuerbehörde fungierte. Natürlich verlangte er als Gegenleistung Kapitalabgaben, die ihm als Eigentum zufielen und sich wie Eigentum weitervererbten. Dies Verfahren lief letzten Endes auf einen Steuerbetrug hinaus, aber da sich nach außen hin keine nachweisliche Änderung der Besitzverhältnisse ergab, konnte der Nutznießer von der Behörde juristisch nicht belangt werden. Der seinem ›Schutz‹ empfohlene Boden ging also auf rasche und einfache Weise in den Besitz des Patrons über. Im allgemeinen war es durchaus möglich, daß der Schutzbefohlene bei der Verbindung anfangs einen Vorteil hatte, denn der Schutzherr, der besser als er mit der Steuerbehörde fertig zu werden wußte, konnte ihm bei der Festsetzung des Zinses entgegenkommen und ihm eine bewegliche Zahlweise in Naturalien gestatten, so daß er sich besser stand als bei der vorher gezahlten Steuer. Aber natürlich gab es auch *talǧi'a*-Übereignungen, die unter Zwang abgeschlossen wurden, und niemand konnte eine *talǧi'a* rückgängig machen, wie sehr er es auch wünschen mochte.

Grundbesitzer, die nicht auf ihrem Gut wohnten, setzten einen Verwalter (*wakīl*) ein, dazu oft eine Anzahl untergeordneter Beamter, welche die Arbeit überwachten, die Abgaben einzogen und sich um die Mühlen und Gerätschaften kümmerten. Normalerweise kamen die Sklaven nur in solcher Funktion aufs Land, nicht, wie schon betont, zu einer Sklavenwirtschaft im engeren Sinn; trotzdem sei an den wichtigen Ausnahmefall der Zanǧ erinnert (s. o. S. 137).

Nach dem Gesagten liegt auf der Hand, daß die arabische Eroberung für die Verhältnisse auf dem Land (wir werden sehen, daß es in der Stadt ebenso ist) zunächst keinen harten Einschnitt und daher keinen großen Unterschied zwischen den Untertanen des Islams und ihren etwa auf byzantinischem Gebiet gebliebenen Vettern mit sich gebracht hat. Ein wirklicher Umbruch zeichnet sich erst ungefähr im 11. Jahrhundert ab. Trotzdem hat der Aufschwung des Handels und der städtischen Wirtschaft sicher seine Auswirkungen auf das flache Land gehabt. Der Fernhandel und die städtischen Absatzmärkte steigern die Nachfrage sowohl nach den gängigen Lebensmitteln als auch nach feineren und neuartigen Erzeugnissen. In der Spekulation mit bestimmten Kulturen Gewinn zu suchen, ist freilich mehr dem Großgrundbesitz als dem einzelnen Bauern von Nutzen. Auf und mit dem Lande gibt es keinen wirklichen, dem städtischen vergleichbaren Warenaustausch, der seinen Bewohnern Profit würde bringen können. Das Land liefert seine Produkte zum großen Teil in Form von Steuern und Abgaben und nicht auf dem Handelsweg. Jedenfalls schickt die Stadt dem Lande kaum mehr als den Steuereinnehmer und den Gendarmen. Bei seinen geringen Bedürfnissen ist das Dorf wirtschaftlich autark: es stellt seine einfachen Werkzeuge, Möbel und Kleidungsstücke selbst her, und selbstverständlich baut es seine Häuser, die zwar nicht alle gleich sind, aber doch fast alle aus Strohlehm bestehen. Trotz dem ungewöhnlichen Loblied Ibn Waḥšīyas und den platonischen Erklärungen einiger Philosophen, die es griechischen Vorbildern nachtun, wird der Bauer verachtet und verspottet. Neben dem Wort *fallāḥ* (›Pflüger‹) finden wir bezeichnenderweise die Benennung *ʿilǧ* (›Wildesel‹), und wenn man die Klassen der menschlichen Gesellschaft behandelt, nimmt man, wie schon in der sassanidischen Literatur, die Bauern aus: sie sind nur Tiere.
Natürlich würde man vergeblich suchen, wollte man im Mittelalter nach bewußten Äußerungen eines Klassenkampfes der Bauernschaft gegen ihre Unterdrücker ausschauen. Trotzdem gibt es im Vorderen Orient wie zur gleichen Zeit in Europa Bauernaufstände, zum Beispiel jenen im oberen Mesopotamien unter den ersten Abbasiden, von dem uns der Jakobit Dionys von Tell-Maḥrē in seiner syrischen Chronik berichtet. Sie sind ohne Ausnahme zum Scheitern verurteilt und werden grausam niedergeworfen. Aber nicht zufällig liefern die Bauern die Hauptstreitmacht bei dem Aufstand eines Māzyār und bei der politisch-religiösen Bewegung der Qarmaṭen (s. u. S. 213). Auch das Bandenwesen der Kurden und anderer Stämme ist eine Form des sozialen Protestes.

Zur Nutzung des Landes durch den Ackerbau kommt die Gewinnung von Bodenschätzen, die von der städtischen Industrie

verarbeitet werden. Die vom Islam eroberten Länder besitzen keine für den Bergbau besonders ergiebigen Vorkommen, Ägypten und die semitischen Länder so gut wie überhaupt keine. Dieser Mangel hat dazu geführt, daß man anderswo danach suchte und außerdem bemüht war, durch einen kommerziellen Kreislauf für Ausgleich zu sorgen. So vermochten die verhältnismäßig schwachen Bodenvorkommen, die heute lächerlich gering erscheinen, den damaligen Bedürfnissen zu genügen.
Hinsichtlich der Arbeitstechnik können wir über die Fortschritte, die im Bergbau der islamischen Zeit vielleicht gemacht wurden, noch gar nichts sagen. Natürlich arbeitete in den wichtigen Bergwerken eine große Belegschaft, mehr Lohnarbeiter als Sklaven; häufig waren es Bauern aus der Umgebung, doch schwankte ihre Zahl. Das Eigentumsrecht über die Bergwerke gehörte im allgemeinen dem Besitzer der Bodenoberfläche, die von dem Abbau natürlich mehr, als es beim modernen Bergbau der Fall ist, in Mitleidenschaft gezogen wurde. Immerhin war man in der Lage, tiefe Grubenschächte anzulegen, so z. B. in den alten Quecksilberminen Spaniens. Meist aber trieb man für den Abbau waagrechte Stollen in Abhänge oder Berge. Auf den Förderertrag der Bergwerke erhob der Staat einen Fünften, wie ihm überhaupt auf jede Entdeckung von ›Schätzen‹ diese Abgabe zustand. Es gab auch staatliche Bergwerke, die aber meist verpachtet wurden. Von mineralogischen Schriften der islamischen Literatur sind uns nur solche erhalten, die Edelsteinen und anderen wertvollen Mineralien gewidmet sind. Sie haben daher geringeren Umfang als das vielseitigere landwirtschaftskundliche Schrifttum.
Iran und die angrenzenden Gebiete (mit dem oberen Mesopotamien, daneben Kleinasien, das später hinzukommt) waren im Osten die an Bodenschätzen reichsten Länder. Dort gab es, in größerer oder kleinerer Menge, fast alle damals bekannten Metalle. Die Goldvorkommen waren jedoch von geringer Bedeutung im Vergleich mit dem Silber, das im Umkreis des Hindukusch reichlich gefördert und mit der Zeit als Münzmetall maßgeblich wurde. Die Eisen-, Zink-, Blei- und Kupfervorkommen waren klein und lagen verstreut — viel Kupfer gab es aber im oberen Mesopotamien, was zum Aufschwung der dortigen Industrie beitrug. Der östliche Iran lieferte verschiedene Edelsteine, die schon auf die Nachbarschaft Indiens hindeuten. In kleineren Mengen gab es überall Mineralsalze, vor allem das Steinsalz, welches dem mittelmeerischen und übrigen Meersalz Konkurrenz machte. Das Erdöl des Kaspischen Meeres war bekannt, es diente häuslichen Zwecken und dem Militär zur Herstellung von Brandgeschosesn (›Naphtha‹).
In den semitischen Ländern und in Ägypten gab es keinen nennenswerten Bergbau unter Tag; aber Ägypten lieferte einige

wichtige Mineralien, die an der Oberfläche gewonnen wurden: das nubische Gold aus dem Wādī al-ʿAllāqī (zusammen mit jenem, das aus dem westlichen Sudan in den Maghreb eingeführt wurde, stellte es den Hauptbestand des islamischen Goldes im Mittelalter); Alaun und Natron, die man zum Färben und zu anderen Zwecken benützte und die vom Staat in Monopol gefördert wurden (Alaun war Gegenstand eines großen internationalen Handels). Auch in Südarabien wurden Edelsteine und etwas Gold gewonnen. Dann muß man allerdings bis in den Westen gehen, um wichtige Bergbaugebiete mit Bodenschätzen verschiedener Art anzutreffen. Nordafrika, besonders Ifrīqiya (Tunesien), das seit der römischen Zeit dem Niedergang anheimgefallen war, erlebte eine neue wirtschaftliche Blüte; dort wurden — zum Teil erst neuentdeckte — Vorkommen von Silber, Eisen, Blei und Antimon abgebaut. Spanien produzierte Silber, Eisen, Kupfer, Zinn, Blei, Steinsalz und hatte das Monopol für Quecksilber, das für die Alchimisten so wichtig war.
Natürlich hatte man in verschiedenen Ländern Steinbrüche, die vor allem Baumaterial lieferten. In Spanien gab es Marmor; in Iran und Mesopotamien nahm man dagegen meist gebrannte oder ungebrannte Ziegelsteine zum Bauen. — Die Kohle war bekannt, aber im Vergleich zu heute kaum von Bedeutung, außerdem wenig verbreitet; in waldreichen Ländern heizte man statt dessen mit Holzkohle und brennbarem Buschwerk. Nach den Bergwerken und Steinbrüchen müssen wir schließlich noch die Perl- und Korallenfischerei erwähnen: nennen wir die berühmten Perlen vom Persischen Golf und die Korallen an der tunesischen Küste, am Roten Meer und am Indischen Ozean.
Im ganzen dürfen wir sagen, daß der große Aufschwung des Handels und die Absatzmärkte in den Städten zu einer Förderung des Bergbaus in den islamischen Ländern des Mittelalters geführt haben, die zumindest einen quantitativen Fortschritt bedeutete.

III. WIRTSCHAFT UND GESELLSCHAFT DER STÄDTE

Das islamische Recht, das keine Unterschiede der Person kennt, schließt jede Sonderstellung sowohl der Stadt als Körperschaft wie ihrer Bürger als Stand aus. Aber wenn der Stadt auch vom Gesetz keine privilegierte Stellung eingeräumt wird, nimmt sie doch in der Gesellschaft und Kultur des mittelalterlichen Islams einen so bedeutenden Platz ein, daß es berechtigt und notwendig erscheint, sie im einzelnen unter all ihren Aspekten zu betrachten. Überdies berührt und entscheidet das islamische Recht vor allem Fragen des städtischen Lebens, während es die speziellen Probleme des flachen Landes weitgehend ignoriert.

Der Umfang, in dem die Städte der islamischen Länder gegenüber den europäischen der gleichen Jahrhunderte wuchsen und an Bedeutung gewannen, hat die Geister seit jeher beeindruckt, ja man hat mitunter das tatsächliche Ausmaß übertrieben. Die arabischen Eroberungen haben überall dort, wo es vorher keine dichte städtische Besiedlung gab, neue Städte ins Leben gerufen, die zuerst nur einfache Lager waren, sich aber schnell zu wichtigen Zentren voller Betriebsamkeit entwickelten. Neue Metropolen kamen hinzu: Bagdad mit den Abbasiden, Fes mit den Idrīsiden Marokkos, Kairo mit den Fāṭimiden Ägyptens und noch andere. Alte Städte wie Damaskus und Cordoba erreichten eine Ausdehnung, die sie nie zuvor besessen hatten. Allerdings waren Ausdehnung und Ablauf der Urbanisation nach Gegenden sehr verschieden. Einige Gebiete, wie Syrien, hatten ihre Möglichkeiten im Rahmen der damaligen Lebensbedingungen schon voll ausgeschöpft — Damaskus ist ein Sonderfall, da es unter den Umaiyaden Reichshauptstadt war. Andererseits darf uns der Großstadtcharakter mancher Städte wie Bagdad und Kairo nicht zu der Annahme verleiten, daß alle Städte zu solchen Dimensionen anwuchsen; ferner dürfen wir nicht vergessen, daß weite Strecken in Mesopotamien, Iran, Ägypten und im Maghreb ganz und gar ländlich blieben. Auch gibt es in der Geschichte der Städte Höhepunkte und Krisen, die oft mit ihrer politischen Stellung verknüpft sind; so sinken zum Beispiel mehrere ehemals wichtige Städte des Maghreb, sogar Samarra vor den Toren Bagdads und, nach der umaiyadischen Epoche, Damaskus in Syrien zur Bedeutungslosigkeit herab. Schließlich ist der Fall nicht selten, daß die Entstehung neuer Städte mit dem Absterben älterer erkauft wird: Bagdad verdrängt Ktesiphon, Kairuan Karthago. Daher bedeuten Neugründungen nicht notwendig einen Zuwachs an städtischen Siedlungen überhaupt.
Trotz aller Wandlungen im Lauf der Geschichte ist die Stadt für die Araber, wie sie es für die Griechen und Römer war, stets die Grundlage ihrer Herrschaft gewesen. Waren auch die meisten ihrer Vorfahren noch ausschließlich Beduinen — die seßhaften Nachkommen ziehen das städtische dem bäuerlichen Leben vor, so daß die Bearbeitung des Bodens der unterworfenen Bevölkerung überlassen bleibt. Ebenso unbestreitbar ist, daß die islamische Welt im Vergleich zu Europa, wo kaum ein paar Städte über zehntausend Einwohner hinaus anwachsen, eine beträchtliche Zahl wirklicher Städte besitzt, einige von riesigem Umfang. Man hat für die Bevölkerung Bagdads zuweilen Ziffern genannt, für die man keinerlei Beweise erbringen kann, aber sicher war sie, wie später in Kairo, größer, als man nach dem Umfang der Wirtschaft vermuten sollte. In seiner Blütezeit beläuft sich die Einwohnerzahl Bagdads auf Hunderttausende, und nur Konstan-

tinopel läßt sich mit ihm vergleichen, das gerade noch zum Orient rechnet, vielleicht noch einige Städte im Fernen Osten.

Charakteristisch für die islamische Stadt sind zwei Dinge: die große Moschee und die Märkte. Handelt es sich um eine Provinzstadt, darf der Gouverneurspalast nicht fehlen. Auch die Befestigung mit Wällen und Burg gehört nach muslimischer Vorstellung zu einer richtigen Stadt, und tatsächlich ist sie vielfach vorhanden. Es ist schwierig, sich von einer islamischen Stadt des hohen Mittelalters ein anschauliches Bild zu machen, da es fast keine Ausgrabungen und keine ausführlichen Angaben in den literarischen Quellen gibt. Natürlich kann man dort, wo heute eine Stadt steht, kaum Ausgrabungen vornehmen, aber zweifellos haben die Archäologen den Ruinen der Antike stets mehr Interesse als denen aus dem Mittelalter entgegengebracht. Nur eine einzige Stadt ist in Ausgrabungen großen Stils ans Licht gekommen (leider sind die Veröffentlichungen darüber noch unvollständig): das verlassene Samarra in der Nähe Bagdads, das besonders günstige Bedingungen bot. Aber Samarra, eine fürstliche Residenz, ist nicht typisch für alle islamischen Städte; ohnehin gab es trotz gemeinsamer Züge fraglos bedeutende Unterschiede in Anlage und Baucharakter zwischen Städten im Jemen, in Aserbaidschan, in Transoxanien oder in Spanien. Ebensowenig darf man sich die abbasidische Stadt nach dem Bild vorstellen, das wir in den bis heute erhaltenen Teilen alter islamischer Städte vor Augen haben. Wir müssen vielmehr fragen, welche Entwicklung im Lauf des Mittelalters zu diesem Stadttypus hingeführt hat, andererseits, in welchem Maße die islamische Stadt auf vorislamische Formen zurückgeht.

Man hat bei den islamischen Städten — wie auch sonst gelegentlich — versucht, zwischen ›geplanten‹ und ›gewachsenen‹ zu unterscheiden; als dritte und größte Gruppe stehen neben den neuen islamischen Städten jene aus vorislamischer Zeit. Aber so deutlich diese Unterschiede im Anfang gewesen sein mögen, so schnell verwischen sie sich danach. Auch eine Neugründung kann nach vorgegebenem Muster angelegt sein, vor allem aber wird sie sich der allmählich gewachsenen Stadt um so mehr angeglichen haben, je mehr Bevölkerungselemente verschiedener Herkunft in sie einströmten und je vielfältiger die Funktionen der Stadt wurden. Gewiß gab es Städte in Arabien, in denen Araber mit den Lebensformen und Erfordernissen der Stadt schon vertraut geworden waren, aber wir haben keinen Grund anzunehmen, daß die jemenitische Stadt, nicht einmal, daß das Vorbild Mekkas für die Entwicklung der Städte in den eroberten Ländern maßgeblicher gewesen sei als die Tradition dieser Länder selbst. Auch die *amṣār* der Grenzgebiete, aus neuen Notwendigkeiten entstanden, hatten sich nicht an ein schon bestehendes arabisches Modell anlehnen können.

Da die ersten islamischen Jahrhunderte der Antike zeitlich noch nahe sind und da die arabische Eroberung im ganzen friedlich verlief, kann uns eine Kontinuität zwischen dem antiken und dem islamischen Städtebau des Vorderen Orients nicht in Erstaunen setzen. Paradox könnte gleichwohl einem Kenner der Versuch erscheinen, eine Beziehung herzustellen zwischen der geometrischen Anlage und gepflegten Ordnung der klassisch-antiken Stadt und der ungeordneten Vielzelligkeit der islamischen Stadt, die noch nicht von den Wandlungen der modernen Zeit berührt war. Ebensosehr müßte eine solche Kontinuität den Historiker überraschen, der davon ausgeht, daß die antike Stadt durch ihren städtischen Geist und ihre städtische Struktur geprägt war, während in der islamischen jede stadtautonome Institution fehlte. Der gleiche Gegensatz läßt sich im Verhältnis zur städtischen Gemeinde des mittelalterlichen Westens aufzeigen. Aber diese Gegenüberstellungen werden der Entwicklung nicht völlig gerecht, vor allem treffen sie nicht jene Aspekte der urbanen Tradition, in denen die tatsächlichen Verbindungen bestehen. Als die Araber ihre Eroberungen ausführten, waren die hellenistischen oder römischen Kolonien schon seit geraumer Zeit keine neuen Städte mehr; ihre ursprüngliche Anlage war gestört, ihre alten Zentren waren durch weniger klar gegliederte Vorstädte erweitert worden. Außerdem waren viele östliche Städte gar nicht das Werk griechisch-römischer Städtebauer. Umgekehrt darf man nicht glauben, die Verwaltung der islamischen Zeit habe sich über Planung und Ordnung des Städtebaus gar keine Gedanken gemacht, habe in Bagdad, Damaskus, Kairo oder anderswo nicht die alten Regelungen beachtet oder Fragen der Neuorganisation bedacht. Verschiedene Fälle beweisen das Gegenteil. Im übrigen darf man nicht vergessen, daß die spätrömischen und byzantinischen Zentralregierungen die autonomen Vertreter der Stadtverwaltungen fast völlig durch ihre eigenen ersetzt, die Städte in die Provinzverwaltung eingegliedert, ja sogar den alten Metropolen ihre Bezirke und Ressorts entzogen hatten; wenn das umliegende Land auch von der Stadt aus verwaltet wird, so ist es ihr darum doch nicht unterstellt. Die Araber hatten also keineswegs die antike Stadt vor Augen, sondern große, zentralistische Staaten, die allen lokalen Autonomien feind waren. Was die nach Ausdehnung und Lebensdauer recht begrenzten europäischen Stadtgemeinden anbetrifft, so konnten sie entstehen, weil kein straff organisierter Staat da war, und sie gingen in ihm auf, sobald er sich konstituierte. Es hat keinen Sinn, Realitäten miteinander vergleichen zu wollen, die aus ganz verschiedenen historischen Situationen erwachsen und daher inkommensurabel sind. Will man im Rahmen des Möglichen Parallelen ziehen, so kann nur ein Vergleich zwischen Bagdad und Konstantinopel oder zwi-

schen den kleinen islamischen Städten und den entsprechenden italienischen Gemeinwesen des hohen Mittelalters, von denen wir Genaueres wissen, zu einem sinnvollen Ergebnis führen.
In den neugegründeten großen Städten waren ursprünglich einzelne Viertel bestimmten Einwohnern vorbehalten: Volks- oder Stammesgruppen, militärischen Einheiten oder Muslimen mit ihrem *qaṭā'i'*-Besitz; diese topographische und zugleich ethnische Anordnung bewahrt die Verhältnisse der frühen Zeit. Die öffentlichen Wege samt den anliegenden Läden und ein großer Teil des städtischen Bodens (vor allem in Kairo) gehörten im allgemeinen dem Staat, dazu Grundstücke, Geschäfte und andere Liegenschaften, die er verpachtete. Sache der Verwaltung war die Sorge für die öffentlichen religiösen und kommunalen Gebäude, die Konzessionierung von Gewerbe- und Handelszweigen, die Wasserversorgung für Privathäuser wie für die öffentlichen Bäder (*ḥammām*), die Unterhaltung von Kanälen und Brunnen ebenso wie die Beschäftigung von Wasserträgern, manchmal auch die Sauberhaltung der Straßen, die zum Teil der Aufsicht des Marktaufsehers (*muḥtasib*) unterstand. Daß viele Städte in recht abgeschlossene und sogar feindliche Viertel zerfielen, ist sicher, aber diese Entwicklung konnte unabhängig von der ursprünglichen Anlage und Planung eintreten. Auch bestand die Neigung (die sich nach und nach immer mehr durchsetzte), um die Hauptstraßen herum eine Vielzahl kleiner Sackgassen zu schaffen; selbst jene allein für den Durchgangsverkehr offenen Hauptstraßen waren häufig eng und schwer passierbar. Alle diese Eigenheiten mögen mit der verschiedenartigen ethnischen und konfessionellen Zusammensetzung der Stadtbevölkerung zusammenhängen, auch mit der Bildung der Klientelen, aber viele ihrer Merkmale finden wir auch in den meisten größeren Städten des christlichen Mittelalters.
Vom islamischen Haus kann man kein einheitliches Bild geben, das für alle klimatischen Zonen oder gar für alle sozialen Schichten gültig wäre — denken wir nur daran, daß in Bagdad und Kairo mehrstöckige Häuser bis zu sechs Etagen keine Seltenheit waren. Der Schriftsteller al-Ǧāḥiẓ erzählt sehr amüsant von den Streitigkeiten zwischen einem geizigen Mietsherrn und den Bewohnern seines Hauses, und wir wissen, daß die Hausverwalter auf der Hut sein mußten, damit die Mieter nicht Türen und Teile der Bedachung mitnahmen, denn Holz war knapp und kostbar. Die vornehmeren Häuser waren niedriger; sie waren um einen Hof mit Brunnen herumgebaut und nach der Straße zu fast völlig geschlossen, dagegen weit geöffnet auf dem flachen Dach, wo man die Frische der Nacht genoß. In den kalten, feuchten und waldreichen Ländern hatte man jedoch auch Häuser mit schrägem Dach. Die Kaufleute von Sīrāf am Persischen Golf, wo es keinen Wald gab, bauten ihre Häuser mit dem Holz, das

Abb. 11: Auf dem Dach eines Hauses in Kairo (17. Jahrhundert); im Hintergrund eine Moschee der Mamlūkenzeit

ihre Schiffe von den Inseln mitbrachten (den Wassermangel wußten sie durch eine unterseeische Süßwasserquelle auszugleichen). Im allgemeinen waren die städtischen Häuser aus Ziegelsteinen gebaut und mit Kalk oder anderem Material verputzt. Möbel waren wegen des Holzmangels selten, dafür bedeckte man den Boden mit Teppichen, auf denen man arbeitete, speiste, nicht selten auch schlief; bei den Reichen dienten die Teppiche außerdem zum Schmuck der Wände.

Die sozialen Schichten der Stadt sind von wechselnder Größenordnung und Proportion, aber einige Hauptgruppen lassen sich regelmäßig unterscheiden. Mitten unter der Bevölkerung und doch zugleich über ihr stehen das Militär und die Schreiber (*kuttāb*) der Verwaltung, welche die Regierung vertreten; in den Hauptstädten finden wir neben ihnen natürlich den Hof. An der Schwelle der abbasidischen Epoche ist der ethnische und soziale Unterschied zwischen Soldaten und Sekretären noch recht gering; sie stammen aus denselben Volksschichten, und das Einkommen der Militärs ist nicht allzu hoch. In dem Maße, wie sich die volksmäßige Zusammensetzung und die wirtschaftliche Lage der Armee wandeln (s. u. Kap. 9), nimmt der Abstand zwischen den beiden Gruppen zu, und die *kuttāb* bilden allmählich gegenüber der Militäraristokratie und dem kleinen Kreis des ›Blutadels‹ eine ›bürgerliche‹ Gruppe (dies freilich nur nach ihrer wirtschaftlichen und sozialen Stellung, nicht in einem institutionell-ständischen Sinne). Auf gleicher Stufe stehen die Vertreter der Religion, des Gesetzes und der islamischen Wissenschaften, also Theologen, Richter und Gelehrte. Daran schließen sich ohne deutlichen Klassenunterschied die Handwerker und Kaufleute aller Art an, unter denen es alle Stufen des Wohlstandes von den größten bis zu den kleinsten Vermögen gibt. Und schließlich finden wir die große Masse der armen Habenichtse ohne feste Existenzgrundlage, die meist nur von der Mildtätigkeit anderer leben oder von ihrer engeren oder loseren Zugehörigkeit zu einer Klientel. Der Aufstieg der kaufmännischen Bourgeoisie geht dem des Militärs parallel; obwohl das Bürgertum schließlich vom Militär überflügelt wird, behält es in der klassisch-islamischen Epoche seine Bedeutung: eine wichtige und charakteristische Tatsache, die wir bei einem Vergleich mit den europäischen Verhältnissen im hohen Mittelalter hervorheben müssen.

Viele Religionen, darunter insbesondere das östliche Christentum, verurteilen mehr oder weniger offen das Streben nach irdischem Gewinn; in jedem Falle messen sie ihm geringeren Wert bei als der Bemühung um geistige und sittliche Vervollkommnung und betonen die Gefahren, die es mit sich bringt. Daß die modernen islamischen Völker in ihrer Entwicklung hinter Europa zurückgeblieben sind, hat vielfach der Ansicht Vorschub geleistet, der Islam sei seinem Wesen nach dem wirtschaftlichen Fortschritt feindlich. Nichts liegt der Wahrheit ferner. Grundsätzlich ist der Islam des Glaubens, daß der Mensch aus dieser Welt, die Gott ihm gegeben, seinen Unterhalt und darüber hinaus seinen persönlichen Nutzen ziehen dürfe, wenn er sich dabei vor Mißbrauch hüte und zuerst seine Pflichten gegen Gott erfülle. So offenkundig das Verlangen nach materiellem Gewinn zu Verfehlungen führen und moralische Gefahren mit sich bringen kann, so ist es doch nicht an sich verwerflich; im Gegenteil, es ist Pflicht des Menschen, durch Arbeit für sich und seine Familie zu sorgen und seine Lage nach Möglichkeit zu verbessern. Der Prophet war selbst in seiner Jugend Kaufmann, und obwohl er natürlich nach dem Empfang der Offenbarung in seiner neuen Berufung jene Tätigkeit aufgeben mußte, hat er diese Vergangenheit niemals verleugnet und nie die Gefährten getadelt, die durch ihren kaufmännischen Fleiß zum Wohlstand der Gemeinschaft beitrugen. Wohl warnten gewisse Kreise der islamischen Mystiker vor dem Besitz und Gewinn im Diesseits und verurteilten mit ihrem Ruf nach Askese auch den Handel und Wandel der Kaufleute, aber gegen diese dem Islam an sich fremde Haltung hat sich lebhafter Widerspruch erhoben. Schriften aus bürgerlichem Milieu und solche aus ḥanbalitischen Kreisen, die dem einfachen Volke nahestanden, haben nicht nur den von der Mildtätigkeit anderer lebenden Müßiggang der Mystiker verdammt, sondern auch das Recht und die Pflicht zu nutz- und gewinnbringender Arbeit aus Texten wie den überlieferten Aussprüchen des Propheten begründet. Die entgegengesetzte Einstellung hat erst in späterer Zeit eine nennenswerte Anhängerschaft gefunden, als der Niedergang der islamischen Wirtschaft bei vielen Menschen zur Verachtung weltlicher Güter, zur Entmutigung und zur Angst vor dem göttlichen Zorn führte. In der Epoche des wirtschaftlichen Aufstiegs, der die islamische Welt vor dem Erwachen Europas kennzeichnet, zweifelt man nicht daran, daß Gott auf seiten des Kaufmanns ist, des gläubigen und vielleicht auch des ungläubigen. Fatalismus als eine Macht, die den Menschen zur Passivität verführt, ist dem Wesen des islamischen Glaubens fremd. Der Glaube an eine göttliche Vorbestimmung hat nicht notwendig eine fatalistische Lebenshaltung zur Folge: man denke nur an den ›Fatalismus‹ der calvinistischen Protestanten, die so entscheidend zum Aufschwung des modernen Kapitalismus beigetragen haben! Man hat in diesem Zusammenhang auch die Furcht und die Strenge des Islams gegenüber ›Neuerungen‹ angeführt, aber selbst die Unnachgiebigsten haben in der mittelalterlichen Epoche in ihre Verurteilung der auf Lehre und Gesetz bezogenen Neuerungen niemals solche der Technik einbezogen. Nur eine Tatsache ganz anderer Art hat dem technischen Fortschritt wirklich im Wege gestanden, daß nämlich die Arbeitskraft der Sklaven so leicht zu haben war; aber dies ist ein wirtschaftlicher Umstand, der mit dem Charakter des Islams nichts zu tun hat. Mag er auch die Bemühungen um technischen Fortschritt gehemmt haben, keinesfalls hat er das Streben gemindert, im Rahmen der vorhandenen technischen Mittel zu wirtschaftlichem Erfolg zu kommen. Wenn dagegen immer wieder die Meinung vertreten wird, die Suche nach wirtschaftlichem Fortschritt widerspreche dem Wesen des Islams, so muß man dem auf das entschiedenste entgegentreten. Der Widerspruch zwischen manchen Aspekten und Auffassungen der Lehre und der wirklichen Denk- und Lebensweise ist nicht größer und nicht geringer als beim Christentum, das ja auch in bestimmten Phasen seiner Geschichte seine Lehre der Entwicklung anpassen mußte und konnte. – Auf Einzelprobleme wie den umstrittenen Geldverleih gegen Zinsen kommen wir später zurück (s. u. S. 194).

Die materielle Kultur der Stadt ist bisher nicht angemessen untersucht worden. Wollen wir nun, nach unserer Skizze der Landwirtschaft, ein Bild von Arbeit und Technik bei den handwerklichen Berufen der Stadt geben, können wir daher keine annähernd vollständige Darstellung liefern, sondern müssen uns auf Beispiele und wichtige Einzelfälle beschränken. Auch der Kunst und dem Kunsthandwerk wollen wir eine eigene

Betrachtung widmen. – Zunächst einige grundsätzliche Bemerkungen. Man kann nur darüber erstaunt sein, daß neuere Handbücher zur Geschichte der Technik kaum etwas oder gar nichts über die technische Entwicklung in den islamischen Ländern sagen. Es ist nicht in Abrede zu stellen, daß die meisten der damals bekannten und überhaupt möglichen Entdeckungen und Erfindungen vor dem Erscheinen des Islams gemacht wurden, auch daß unter seiner Führung keine sensationellen Neuerungen hinzukamen. Fraglos sind Fortschritte denkbar, die im Rahmen rivalisierender Konkurrenz ihre Bedeutung gehabt hätten, und auf alle Fälle hat die Geschichte der Technik die Verbreitung der damaligen technischen Kenntnisse und Errungenschaften zu untersuchen – hier darf das Gebiet des Islams nicht außer Betracht bleiben. Wie in der Landwirtschaft hat die islamische Welt auch im modernen Handwerk mindestens zu allgemeinerer Anwendung bestimmter Techniken beigetragen, die bis dahin nur in begrenzten Bereichen und Ausmaßen geübt wurden.

Nennen wir vor allem das Papier, das nicht nur weithin verbreitet, sondern auch verbessert wurde. Die Erfindung kam aus China und wurde, wie uns überliefert wird, den Muslimen durch Gefangene bekannt, die bei der Schlacht am Talās im Jahre 751 in ihre Hände fielen. Wie genau auch diese Angabe die Einführung des Papiers bezeichnen mag, soviel ist sicher, daß in Samarqand die erste und auf lange Zeit berühmteste Papierfabrik der islamischen Welt in Betrieb war. Es ist möglich, daß die Herstellung schon unter den Barmakiden bis nach Bagdad vordrang; dann erreichte sie Ägypten, wo sie im 10. Jahrhundert den Papyrus verdrängte, und im gleichen Zeitraum den islamischen Westen, um von hier aus nach dem christlichen Europa vorzustoßen. Die politische Zerstückelung des Reiches mußte eine schnelle Vermehrung der Werkstätten begünstigen. Die Bedeutung, die dem Erscheinen des Papiers zukommt, ist groß, wenn auch im einzelnen schwer zu umreißen. Es ist praktischer als der körnige Papyrus, wirtschaftlicher und glatter als das dicke und unebene Pergament; daher hat es sicher großen Anteil daran, daß die Bürokratie des Regimes gewaltig zunahm, daß ferner das Buch und mit ihm die städtische Bildung allen Ständen des Volkes leichter und allgemeiner zugänglich wurde. In der Geschichte der Kultur kommt dem Papier in dieser Hinsicht der gleiche Rang wie dem Buchdruck zu.

Auf anderen Gebieten sind, behält man die Proportionen im Auge, nicht minder wichtige Erzeugnisse bzw. Techniken zu nennen: die Herstellung des ›Damaszener‹ Stahls, der auch in Cordoba gemacht wird und in Wirklichkeit indischen Ursprungs ist; die kunstvolle Be- und Verarbeitung des Kupfers; die großen Fortschritte in der Glasbläserei und Keramik; die reiche Fortentwicklung der Textilindustrie, von der noch heute eine Reihe von Stoffnamen zeugt. Denken wir auch an die Schuhfabriken Cordobas, deren Ruhm in dem französischen Wort *cordonnerie* fortlebt, und an die spätere Lederverarbeitung in Marokko, die *maroquinerie.* Schließlich sei der Herstellung von Parfums, Farben, Seifen und anderer Produkte Erwähnung getan. Trotz des hohen Standes dieser Industrien ist festzustellen, daß uns für sehr viele handwerkliche Produktionszweige keine Lehrbücher ihrer Technik erhalten sind, und es hat solche vielleicht gar nicht gegeben. Man muß bedenken, daß im islamischen wie im christlichen Mittelalter, aber auch in der Antike, Wissenschaft und Technik getrennte Wege gingen, daß sie den Bund, zu dem sie in der Neuzeit bestimmt sind, noch nicht geschlossen hatten. Die damalige Naturwissenschaft, die auch Aufgaben der Praxis einschließen konnte, sich aber doch vor allem auf theoretische Überlegungen gründete (erst die Neuzeit kennt das Experiment!), interessierte sich wenig für die meist empirischen Entdeckungen des Handwerks. Wohl konnten Wissenschaft und Technik gelegentlich zusammenwirken, aber es ist selten und zufällig geschehen. Da ferner nur der Gelehrte schreiben konnte, sind wir lediglich durch indirekte und verstreute Hinweise über die Technik der Handwerker informiert und sehr oft überhaupt erst durch die Untersuchung von erhaltenen Mustern ihrer Produktion.

Die handwerkliche Arbeit bleibt noch fast ganz in der Phase der Einzelherstellung, das heißt, jeder Handwerker fabriziert für sich allein einen Gegenstand oder ein wichtiges Teilstück eines größeren; die handwerklichen Geräte lassen keine ineinandergreifende Kollektivarbeit zu. In den großen Städten läßt sich jedoch schon ein bemerkenswerter Grad von Arbeitsteilung feststellen, der eine weitgehende Spezialisierung der Berufe bedingt, ganz besonders bei der Herstellung von Nahrungsmitteln. Andererseits verlangt z. B. im Textilgewerbe die Anfertigung von Stoffen eine Reihe von aufeinanderfolgenden Arbeitsvorgängen, die stets von verschiedenen Handwerkern ausgeführt werden: Spinnern, Webern, Walkern und Färbern. Dann folgt die Verarbeitung der Stoffe durch die Schneider. Auch in Fällen, wo mehrere Handwerker dieselbe Arbeit ausführen, tun sie es oft nicht bei sich zu Hause, sondern in einer gemeinsamen großen Werkstatt, wo ihnen das notwendige Material gestellt wird. Weil uns die Unterlagen dazu fehlen, können wir nicht sagen, in welchem Maße die Textilhandwerker von den Stoffhändlern, *bazzāz,* wirtschaftlich abhängig waren; im Westen, wo die technische Situation ähnlich war, war dies bald deutlich der Fall. — Auf die Organisation der Staatswerkstätten werden wir sogleich eingehen (s. u. S. 172).

In der Regel beschäftigt der Meister Lehrlinge und einige Sklaven; Lohnarbeit ist die Regel, sogar der Sklave erhält Lohn, wenn er, was häufig der Fall ist, von einem andern Meister ausgeliehen wird, der dann einen Teil des Lohnes einbehält. Lohnempfänger finden wir ebenfalls bei den öffentlichen Arbeiten, die auf Rechnung des Staates gehen, obwohl man offenbar, vor allem in den frühen Zeiten, die Arbeiter dafür vielfach requirierte, wie zahlreiche ägyptische Papyri bezeugen; auch das erste Bagdad wurde zum Beispiel auf diese Weise gebaut. Im Iraq betrug der Lohn eines ungelernten Tagelöhners etwa zwei *dirham* pro Tag, was dem Preis von fünf *raṭl* oder zwei Kilogramm Brot entsprach. In Ägypten, sicher auch in Innerasien, waren die Preise und Löhne niedriger. Die Bezahlung war manchmal völlig unzureichend; lesen wir doch zum Beispiel, daß der Patriarch Dionys von Tell-Maḥrē bei einem Besuch in Tinnīs in Ägypten für die Textilarbeiter eine Aufbesserung durchsetzte (wir wissen nicht, wie lange sie vorhielt). Vorkommnisse aus der Zeit der Būyiden in Bagdad beweisen, daß die Zahl der Arbeiter, die in der Textilindustrie unmittelbar oder mittelbar tätig waren, in die Tausende ging. Übrigens war die Spinnerei, wie bei den meisten Völkern, vor allem Sache der Frauen.

Vom Textilgewerbe abgesehen, verkauft der Handwerker seine Erzeugnisse im allgemeinen selbst und arbeitet oft in seinem Laden vor den Augen des Publikums. Daneben gibt es Einzelhändler, die importierte Waren fremder Produktion absetzen, wogegen sich die Großhändler kaum je mit dem Verkauf auf dem innerstädtischen Markt befassen. Dies besagt, daß die wirtschaftlich-soziale Trennungslinie nicht zwischen Handwerkern und Kaufleuten, sondern zwischen den kleinen Handwerkern und Markthändlern auf der einen und den großen Import- und Exportkaufleuten auf der anderen Seite verläuft; diese Abgrenzung ist sogar institutionell festgelegt (s. u. S. 191).

Über die berufsständische Organisation, ihre Form und ihre Gliederung im einzelnen, können wir heute noch keine genauen Angaben machen. Zwar wird allgemein angenommen oder vorausgesetzt, daß es im Islam immer berufliche Genossenschaften gegeben habe, lange bevor man sie in Europa kannte — so wie solche in der neueren Zeit in den meisten islamischen Ländern tatsächlich existieren. Aber jede Analogie zwischen Neuzeit und Mittelalter, zwischen europäischen Zünften und islamischen Korporationen steht auf schwachen Füßen, solange die wirklichen Verhältnisse nur oberflächlich bekannt sind. Wir dürfen nicht von Beziehungen zwischen Epochen und zwischen Ländern ausgehen, die erst zu beweisen sind. Gewiß gab es berufliche Organisationen, auch Organisationen mit der engen Bindung kollektiver Solidarität, aber offen ist die Frage, ob die Organisation staatlich oder autonom war, d. h. ob sie dem römischen Muster glich oder dem Zunftwesen der europäischen Städte. Umgekehrt wäre zu ermitteln, ob in erster Linie der berufliche Rahmen für den Zusammenschluß und die Solidarität der bestehenden Verbindungen verantwortlich war und ob hier also der Beruf auch das außerberufliche Leben der Mitglieder in hohem Maße bestimmte; dann erst haben wir es ja mit einer echten Berufsgenossenschaft zu tun, wie sie zeitweilig gegen Ende des europäischen Mittelalters in den Zünften existiert hat. Prüft man die spärlichen Quellen daraufhin, so scheint sich allerdings zu zeigen, daß es im klassischen Islam Zünfte im strengen Sinne so gut wie nicht gegeben hat. Zwar geht im späten Mittelalter die Tendenz dahin, aber die besondere Entwicklung dieser Zeit, ihre Ursachen und Erscheinungsformen müssen berücksichtigt und von den Verhältnissen der klassischen Epoche unterschieden werden.

Daß es von der Frühzeit des Islams an Formen beruflicher Organisation gegeben hat, ist zuverlässig erwiesen. Sie waren schon unter der byzantinischen und sassanidischen Herrschaft vorhanden, und die arabische Eroberung hat, wie wir immer wieder betonen mußten, die vorgefundenen Einrichtungen nicht grundlegend verändert. In unserem Falle haben wir zahlreiche unzweideutige Belege dafür, daß sie nicht – was denkbar wäre – allmählich verschwunden sind, sondern fortbestanden. In den islamischen Städten waren wie in den christlich-mittelalterlichen die einzelnen Berufe in bestimmten Stadtgebieten ansässig, und oft ist es auch heute noch so. Ein bedeutender Orientalist hat sogar behauptet, man könne die alte städtische Topographie nach der modernen Verteilung der Berufe auf Straßen und Viertel rekonstruieren, so unverändert sei sie geblieben. Ganz trifft dies allerdings nur für jene Ausnahmefälle zu, bei denen nicht größeres Wachstum oder starke Schrumpfung noch sonstige Veränderungen infolge politischer und wirtschaftlicher Umwälzungen und der natürlichen Wandlungen des Stadtbildes für manche Gewerbe einen Wechsel des Standorts mit sich gebracht haben. Im allgemeinen verfügt die Textilbranche über ein eigenes großes Lagerhaus, dessen Bezeichnung *qaisarīya* (›kaiserlich‹) seinen antiken Ursprung bezeugt. Es liegt meist in der Nähe des Stadtzentrums, nicht weit von der großen Moschee, wo sich auch die reichen Geschäfte, z. B. die der Goldschmiede, und die Banken befinden. Das Lebensmittelgewerbe ist in den größeren Städten zuweilen schon in mehreren Vierteln vertreten. Die Umschlagplätze liegen natürlich in den Vorstädten oder an den Toren, denn sie dienen ja dem Verkehr mit der Außenwelt, ob es sich bei den Partnern nun um ländliche Nachbarn, um Beduinen oder um Großstadtkaufleute von weit her handelt.

Die Aufsicht über Handel und Gewerbe war in der abbasidischen Zeit, wie wir schon sahen (s. o. S. 105), Sache des *muḥtasib*. Die Aufgaben und Befugnisse seines Amtes, der *ḥisba*, sind uns aus spanischen und syrisch-ägyptischen Handbüchern genauer bekannt. Freilich stammen die frühesten Werke dieser Art für

Spanien aus dem 11., für Syrien und Ägypten aus dem 12. Jahrhundert und lassen den Geist veränderter Regierungsweisen erkennen. Über die Gepflogenheiten der früheren, der ›klassischen‹ Zeit besitzen wir keine Fachliteratur, mit Ausnahme einer kleinen Monographie aus einem zaiditischen Fürstentum in Tabaristan, die eine sehr primitive Wirtschaftsform spiegelt. Wir müssen daher in den mehr oder weniger speziellen Werken des *fiqh* aus dem Osten und Westen darüber Aufschluß suchen, was man der staatlichen Kontrolle glaubte unterstellen zu müssen und wie man die *ḥisba,* die Überwachung des Marktes, handhabte. Kontrolliert wurde vor allem das korrekte Vorgehen bei der Abwicklung der Geschäfte. Dazu wurden an erster Stelle die Maße und Gewichte sowie der Feingehalt der Münzen geprüft. Ferner wurden die Erzeugnisse auf ihre Qualität untersucht, und gewisse für den Export bestimmte Waren erhielten sogar von dem Kontrolleur einen amtlichen Stempel als Gütezeichen. Auch bei Hungersnöten griff der *muḥtasib* ein: durch Kontrollen suchte man privates Hamstern zu unterbinden, Geldstrafen bei Preiswucher und rationierte Beschickung des Marktes aus den staatlichen Vorratslagern sollten die Teuerung aufhalten, und im äußersten Falle wurden Höchstpreise behördlich festgesetzt. Grundsätzlich gilt jedoch der Preis als gottgewollt und ist daher im allgemeinen frei. Das Gesetz vertritt also in diesem Falle deutlich die Interessen der Kaufleute. Nichtsdestoweniger macht die öffentliche Meinung den Kalifen dafür verantwortlich, daß alle seine Untertanen gut versorgt werden.

Aus den Quellen geht hervor, daß sich die Stellung des *muḥtasib,* sei es unmittelbar oder über den Kadi, auf die Autorität der Behörde gründet, daß er also ein Beamter des Staates, kein Funktionär der privaten Wirtschaft ist. Selbstverständlich muß er – im allgemeinen ein Jurist – genügend Sachkenntnis und moralisches Ansehen besitzen, damit er von den Berufsständen anerkannt wird. In den großen Zentren stehen ihm, jedenfalls in der Zeit der *ḥisba*-Handbücher, als Untergebene Fachleute für die einzelnen Berufe zur Seite (im Westen heißen sie *amīn,* im Osten *ʿarīf*); diese kommen fast zwangsläufig aus den jeweiligen Berufen, werden aber von dem *muḥtasib* ernannt. Wir haben es also grundsätzlich nicht mit einer echten genossenschaftlichen, sondern mit einer behördlichen Einrichtung zu tun.

Bei der Auffassung, daß in der Tat ›Berufsgenossenschaften‹ oder ›Zünfte‹ im engeren Sinne bestanden hätten, pflegt man sich auf die Untersuchungen Louis Massignons zu berufen, der diese Überzeugung wiederholt vorgetragen hat, wenn er auch den Beweis im einzelnen schuldig blieb. Er stützte sich auf die Tatsache, daß es in der neueren Zeit Zünfte gegeben hat und gibt und daß deren Organisationsform Ähnlichkeiten mit den *futūwa*-Gruppen des Mittelalters (s. u. S. 173) und den esoterischen Geheimbünden der Ismāʿīliten (s. u. S. 211) aufweist. Er glaubte, derartige Bünde seien bei den städtischen Arbeitern verbreitet gewesen und insgesamt auf die späte abbasidische Zeit vom 10. Jahrhundert an zurückzuführen. Es ist uns nicht möglich, den Gedanken und Schlußfolgerungen des großen Orientalisten zu folgen. Die Analogien, von denen er ausgeht, sind nicht stichhaltig, denn jede Gesellschaft schafft zur Lösung ihrer Gemeinschaftsprobleme derartige Organisationsformen, die auch ohne Abhängigkeit voneinander eine gewisse Ähnlichkeit zeigen; zum Nachweis einer historischen Kontinuität genügen die vorliegenden Zeugnisse nicht, und aus späten Angleichungen und Vermischungen dürfen wir nicht auf gemeinsamen Ursprung schließen. Dagegen muß uns in den immerhin recht umfangreichen Quellenberichten über innere Störungen des städtischen Lebens auffallen, daß die beteiligten Organisationen nicht beruflicher Art sind und daß auch sonst einzelne Berufszweige im Rahmen des sozialen Lebens fast niemals erwähnt werden. Es drängt sich daher der Schluß auf, daß in den beruflichen Körperschaften des späten Islams das Ergebnis einer jüngeren Entwicklung vorliegt, deren Ursachen und Auswirkungen noch genauer zu klären sind, daß wir dagegen für das hohe Mittelalter eine vom Staat geregelte Organisation annehmen müssen, welche die antike Tradition fortsetzt. Sicher gab es auch damals schon Zusammenschlüsse und Verbände, aber sie standen mit dem Beruf in keinem unmittelbaren Zusammenhang.

Aus dem Fehlen beruflicher Korporationen dürfen wir nicht schließen, daß man sich der sozialen Bedeutung des Berufes und der persönlichen Berufszugehörigkeit nicht lebhaft bewußt gewesen sei, im Gegenteil. Schon der Name eines Mannes kann den Beruf bezeichnen. In der Reihe von Namen, die der Araber trägt, finden wir nach dem persönlichen und dem genealogischen einen ›Zunamen‹, der die Stammeszugehörigkeit oder die lokale Herkunft, ebenso häufig aber den Beruf angibt. Der Namenskatalog enthält daher eine ganze Reihe von Berufsbezeichnungen. Freilich würde uns eine Aufstellung solcher Namen kein genaues Bild der Gesellschaft vermitteln. Die Berufsnamen, die uns bekannt sind, gehören ja Leuten, die uns in der Literatur begegnen; diese sind aber im allgemeinen Gelehrte und Literaten, die selten niedere Berufe bekleiden (oder aber – denn so mancher übt als Brotberuf ein einfaches Handwerk aus – sich scheuen, ihren Beruf zu nennen, wenn er wenig angesehen ist). Überhaupt ist das umfangreiche biographische und historische Schrifttum, welches Informationen dieser Art vermittelt, eine Gelehrtenliteratur. Eine Gesellschaft, in welcher der Kaufmann immerhin eine wichtige Stellung einnahm, hat uns Zehntausende von Gelehrtenbiographien überliefert, aber keine einzige, die

von einem Kaufmann in dieser seiner Eigenschaft berichtet. – Auch verachtete oder verfemte Tätigkeiten hat es gegeben. Manche Gewerbe hatte erst der Islam verpönt, z. B. das des Weinhändlers, andere waren seit jeher verrufen, wie das des Taubenzüchters, der von den Dächern die Frauen beobachten konnte, oder das des Webers, der einen schlechten Geruch an sich hatte (dergleichen konnte ein Heiratshindernis sein).
An einer Stelle läßt sich sogar der Ansatz einer berufsgebundenen Gruppensolidarität beobachten. Das islamische Strafrecht verlangt bei Kapitalverbrechen häufig als Blutgeld eine Buße zugunsten der Gemeinschaft, welcher der Getötete angehörte. Dies ist in vielen Fällen der Stamm; doch es kann auch der Staat sein, wenn die Personengruppe des Betroffenen, wie vor allem die Armee, dem *Dīwān* unterstellt ist (die Zahlung geht dann an den Fiskus); es kann aber auch die Berufsgemeinschaft sein, wenn er zu keinem anderen Verband zählte. Wir dürfen mit gutem Grund vermuten, daß diese Vorschrift selten wirksam geworden ist, aber wir wissen von Fällen, in denen die Berufsgruppe zu diesem Zweck in Funktion trat; allerdings ereigneten sie sich im Innerasien des 13. Jahrhunderts und stehen also schon im Zusammenhang mit jener späteren Entwicklung, die noch genauer untersucht werden muß.
Die Gewerbe, von denen wir bisher gesprochen haben, waren privater Natur, wenn sie auch staatlicher Kontrolle unterlagen und bei einigen von ihnen Steuern in Form von Gratislieferungen ihrer Erzeugnisse gezahlt werden mußten. Aber es gab auch staatliche Monopolgewerbe und Staatsbetriebe, so bei den öffentlichen Bauarbeiten, in den Waffenfabriken für Heer und Marine, in der Papyrusherstellung und natürlich bei der Münzprägung. Ferner gehört hierher der *ṭirāz*: dieses persische Wort bezeichnete Verfahren und Erzeugnisse der höfisch-staatlichen Feinweberei, schließlich auch die Werkstätten selbst, in denen wie in den Frauengemächern des byzantinischen Palastes schwere, meist gold- und silberbestickte Luxusstoffe hergestellt wurden, ausschließlich bestimmt für die Prunkgewänder des Fürsten und seiner hohen Würdenträger oder für die Ehrengewänder, die er ausländischen Herrschern verlieh. Die meisten der uns erhaltenen Proben, auch die in der Literatur beschriebenen Stücke, stammen aus Ägypten, aber zweifellos stellte man ebenso wertvolle Gewebe in Bagdad selbst und in Chusistan her, und als das Reich in autonome Teile zerfiel, erhielt jede Hauptstadt ihren *ṭirāz*, so im Westen Kairuan, Palermo und Cordoba. Wir haben schon darauf hingewiesen (s. o. S. 41), daß auf den Stoffen, die an ausländische Fürsten gesandt wurden, wie auch auf dem exportierten Papyrus etwa vom Jahre 700 an die arabischen Warenzeichen mit ihren islamischen Bekenntnisformeln erschienen und daß es dabei zu erheblichen Schwierigkeiten kam. Die viel-

leicht berühmteste Werkstätte des *ṭirāz* war in Tinnīs an der östlichen Mündung des Nils; neben ihren dem Staat vorbehaltenen Erzeugnissen fabrizierte sie nichtmonopolgebundene feine Stoffe, die an reiche Privatleute verkauft wurden und so dem Staat Gewinn brachten.

Obwohl der ›Mittelstand‹ im Verhältnis sicher größer war als in manchen neuzeitlichen Ländern des Orients, wo der auffallendste Reichtum unmittelbar neben der größten Armut steht, gab es zweifellos auch in den mittelalterlichen Städten des Vorderen Orients eine recht große Anzahl von Menschen, die keinem richtigen Beruf nachgingen, sondern von kleinen Gelegenheitsarbeiten oder der Mildtätigkeit eines Reichen lebten, der sich auf diese Weise eine Klientel zu allerlei Diensten zu schaffen suchte. Ohne Zweifel spielten sie in verschiedenen städtischen Wirren eine Rolle, vor allem in Zeiten der Hungersnot. Andere Unruhen gingen auf die Notlage bestimmter Berufe zurück; das war zum Beispiel der Fall, als die būyidische Regierung am Ende des 10. Jahrhunderts durch ihren Plan zur Einführung einer Steuer auf Seidenstoffe einen Aufruhr in der Seidenindustrie auslöste, oder dann, wenn — wie so manches Mal — Unzufriedenheit und Angst eine Schließung der Märkte, wir würden sagen, einen Streik der Händler bewirkte. Im allgemeinen aber traten Gärung und Unruhe im Volk nicht so unmittelbar in Erscheinung. Es ist hier der Ort, von den Bünden und Aktionen der *futūwa* zu sprechen, deren Namen wir schon mehrfach erwähnten.

Die Untersuchung und Beurteilung der *futūwa* wird dadurch erschwert, daß die in Frage kommenden Quellen in zwei völlig heterogene Kategorien zerfallen. Auf der einen Seite geben uns Chroniken, gelegentlich auch andere erzählende Berichte Beschreibungen von dem äußeren Verlauf der Unruhen, hinter denen die *futūwa* stand; auf der anderen Seite besitzen wir rein lehrhafte Darstellungen ihrer Ideen und Satzungen ohne konkreten, lebendigen Bezug. Die bisherigen Untersuchungen haben sich vor allem an die doktrinären Darstellungen gehalten und dabei die soziale Wirklichkeit vernachlässigt; diese einseitige Perspektive mußte trotz der Fülle des vorgelegten Quellenmaterials Fehlurteile ergeben. Das Wesentliche kann man heute wohl folgendermaßen zusammenfassen.

In der vor- und frühislamischen arabischen Welt hießen *fityān* (Sg. *fatā*; entspricht etwa lat. *iuvenis*) junge Männer, die den Inbegriff hoher Mannestugend, so wie sie die herrschende Anschauung auffaßte, verkörperten: höchste Werte der Tapferkeit und des Edelmutes, die als persönliche Haltung des einzelnen unabhängig sind von jeder sozialen Gruppe und den Lehren einer Religion. Vom 9. Jahrhundert an heißt dieses Tugendideal *futūwa*, es steht neben der *murūwa*, die den reifen Mann (*mar*ʾ) auszeichnet.

In der Gesellschaft, die aus der arabischen Eroberung hervorgeht, beginnen sich jedoch bald – offenbar besonders im Iraq und in Iran – *fityān* in Gruppen zusammenzuschließen, für die es in der altarabischen Zeit kein Vorbild gibt. Diese jungen Männer stammen aus ganz verschiedenem sozialem und volksmäßigem Milieu und gehören im Anfang möglicherweise auch verschiedenen Religionen an. Jenseits familiärer Bindungen – meist sind es Unverheiratete – und ohne Ansehung des Berufes (auch wenn sie einen solchen ausüben) und der Stammeszugehörigkeit tun sie sich zusammen, um in einer Atmosphäre der Solidarität und der Freundschaft ein gemeinsames, durch selbstlose Kameradschaft erleichtertes und erhöhtes Leben zu führen. Der Rahmen ihrer Bruderschaft greift über die einzelne Stadt hinaus und verbindet die Anhänger von Ort zu Ort untereinander. Freilich läßt sich schwer vorstellen, daß sich in jeder Stadt eine ansehnliche Zahl zusammenfand, welche das ideale Gemeinschaftsleben voll verwirklichte. In der Darstellung mancher Quellen sind die *fityān* friedliche Leute; nach anderen aber gab es (nicht auf dem Land, aber in fast allen Städten des früheren sassanidischen Reiches) militante Gruppen junger Männer, die offenbar mit demselben Stolz wie die ›Sansculotten‹ der Französischen Revolution ein Schimpfwort zum Ehrennamen für sich erhoben: *ʿayyārūn*, ›Vagabunden‹, d. h. Männer, die außerhalb des Gesetzes stehen. Daneben werden ihnen in polemischen Berichten noch andere verächtliche Bezeichnungen beigelegt, deren wechselnder Gebrauch die Identifikation der einzelnen Gruppen erschwert. Oft sind es arme Teufel, ohne festen Beruf oder in einem der niedrigsten Berufe tätig, manchmal aber auch Handwerker oder ähnliches, und in Zeiten des Zerfalls der staatlichen Autorität treten sie aus dem Dunkel hervor, um über die Viertel der Reichen durch Raubzüge einen Terror auszuüben, von dem die Opfer sich durch ein ›Schutzgeld‹ freikaufen können. In anderen Fällen werden solche Banden von den Führern rivalisierender Parteien angeworben, um deren Streitmacht zu unterstützen. Man würde diese ›Banditen‹ mit den zuvor erwähnten idyllischen *futūwa*-Bünden kaum in Verbindung bringen, wenn nicht zahlreiche zuverlässige Quellen bezeugten, daß die *fityān* sehr oft *ʿayyārūn* sind und daß umgekehrt die *ʿayyārūn* auch *fityān* genannt werden. Bei genauerer Betrachtung erkennt man, daß die einen wie die anderen am Rande oder außerhalb der gesetzlichen Ordnung stehen und daß sie beide durch eine interne Solidarität zusammengehalten werden. Selbst die ›friedlichen‹ *fityān* gestatten den Diebstahl im Interesse ihrer Vereinigung; und wenn auch die *ʿayyārūn* offenbar nicht alle in engster Gemeinschaft leben, so ist doch ihr Denken und Handeln immer von Gemeinschaftsgeist getragen. Das Ideal der *futūwa* ist in vollem Maße wohl nur selten erfüllt worden, aber im weiteren Sinne des Wortes

gehören alle diese Bünde der *futūwa* an und sind alle ihre Mitglieder *fityān*.
Welches sind die geistigen Grundlagen, welches ist der Rahmen ihrer Vereinigungen? Es ist nicht das religiöse Moment, der Glaube, der sie zusammenführt; in Bagdad zum Beispiel, gibt es außerhalb jeder Doktrin stehende Gruppen. Auch die Annahme einer gegenseitigen Durchdringung zwischen der *futūwa* und der šīʿitischen Sekte der Ismāʿīlīya ist abwegig; zufällige Begegnungen und Analogien bestehen zwar, beweisen aber keine ursprüngliche Abhängigkeit. Eher läßt sich eine Kooperation zwischen *futūwa* und Ḥanbalismus (der von Aḥmad ibn Ḥanbal begründeten juristisch-dogmatischen Schule) erkennen, denn dieser wird im 10. Jahrhundert in Verbindung mit dem einfachen Volk (aus dem viele Mitglieder der *futūwa* kommen) zu einem agitatorischen Element. Aber unabhängig von lokalen und individuellen Zielen verkörpern die *fityān* eine grundsätzliche Auflehnung gegen überkommene Autoritäten, welcher Art sie auch sind. Gewiß stehen lokale Zielsetzungen in den Städten – dem eigentlichen Bereich der *futūwa* – oftmals im Vordergrund. Hier ist die *futūwa* an inneren Streitigkeiten und Unruhen beteiligt, die überall auftreten, über deren Motive uns jedoch je nach dem Anlaß, der ihrer äußeren Rechtfertigung dient, ganz verschiedene Angaben vorliegen. Sie können als Kämpfe zwischen islamischen Glaubensrichtungen, zwischen Klientelen oder auch Stadtvierteln erscheinen, und mehrere Beweggründe können sich miteinander verbinden. In jedem Fall aber ist ein zur Auflehnung drängender Gruppengeist am Werk, den die Autoren *ʿaṣabīya* nennen (vgl. o. S. 141): die Solidarität einer Gemeinschaft, die hier außerhalb der etablierten Ordnung steht und sich gegen deren Regierung wendet. Wir haben keinen Anhalt dafür, daß der Zusammenschluß zu den *futūwa*-Bünden von einzelnen Berufsgruppen ausgegangen ist; ihre Solidarität greift über jede enge soziale Gruppe hinaus. Erst nach dem 14. Jahrhundert können wir das Aufkommen beruflicher Gilden beobachten, die der *futūwa*, wenn vielleicht auch nur äußerlich, nahestehen, und auch dann nur auf türkischem und iranischem Gebiet.
In der Regel wurden die *fityān* in den Städten, wo Militär stand, schließlich beseitigt. Zumindest wurden sie in den Schatten gedrängt; dort wirkten sie freilich unangreifbar weiter, um bei der ersten Gelegenheit wieder hervorzutreten. Aber in militärfreien Städten konnten sie auf dem Wege über die Organe der öffentlichen Ordnung, vor allem durch Unterwanderung der Polizei, zu dauerndem Einfluß kommen. Die Polizei (*šurṭa*) setzte sich meist aus Einheimischen zusammen, so daß sie nicht nur Organ des Staates zur Aufrechterhaltung der Ordnung war, sondern, im Bewußtsein der Solidarität mit einer regierungsfeindlichen Bevölkerung, auch an der Spitze lokaler Unruhen und

Autonomiebestrebungen stehen konnte. Natürlich versuchte die Regierung, zuverlässige Leute in ihren Dienst zu stellen; oft waren es ›reumütige‹ *ʿayyārūn*, die zur Ordnung zurückgekehrt waren. Häufig aber ließen sich die *fityān*, wenn möglich, selbst in die *šurṭa* aufnehmen, sowohl um ihren Lebensunterhalt zu verdienen als auch um sich vor der Verfolgung durch die Polizei zu sichern. Da es in den kleineren und mittleren Städten guten Bürgern nicht wohl anstand, den Beruf des Polizisten zu ergreifen, fiel diese Funktion vielerorts gänzlich den *fityān* zu, genauer gesagt: diese bildeten anstelle der Polizei eine Art Miliz, und so vermochten sie sehr häufig das öffentliche Leben zu beherrschen. Um die Mitte des 9. Jahrhunderts brachte eine *fityān*-Bewegung gar eine neue Dynastie zur Macht, die der Ṣaffāriden in Sīstān.

Aus späteren Epochen hören wir, daß die *futūwa*-Bünde Initiationsriten vollzogen, die es in der eigentlichen abbasidischen Zeit sicher schon gegeben hat, wenn uns auch Einzelheiten darüber erst aus jüngerer Zeit bekannt sind. Die Initiationszeremonie verlangte, daß der Adept von einem Bürgen eingeführt wurde und mit der Gemeinschaft aus einem Pokal trank. Der *fatā* erhielt sodann eine Hose und einen Gürtel besonderer Art – die echten *fityān* erkannten sich an ihrer Kleidung, wenigstens dann, wenn es ihnen gut schien, sie öffentlich zu tragen. Jede Gruppe stand unter der Ägide eines Schutzherren aus der frühesten Zeit, von dem ihr Haupt über viele Zwischenglieder hinweg seine Abstammung herleitete. Oft war es ʿAlī, nicht als Ahnherr der Šīʿa, sondern weil er als das Vorbild des *fatā* im alten Sinne galt; auch Salmān, nach der Überlieferung der iranische Barbier des Propheten, war beliebt (auf ihn beriefen sich daher gern die iraqisch-iranischen Handwerker).

Es ist indessen wahrscheinlich, daß die Organisation der *fityān* in abbasidischer Zeit noch sehr unstet und lose, ja anarchisch war. Gegen das Jahr 1000 bahnt sich jedoch eine Wandlung an, die durch eine gegenseitige Beeinflussung von Mystik und *futūwa* charakterisiert wird; zugleich übt die *futūwa* auf gewisse Kreise der Gebildeten, vor allem der Aristokratie, ihre Anziehungskraft aus. Sie erfährt dabei ihrerseits eine geistige Verfeinerung und beginnt infolgedessen, ihre Gedanken literarisch darzustellen, freilich in einer abstrakten, doktrinären Weise, die ihre soziale Herkunft und politische Tätigkeit weitgehend verschleiert – so erklärt sich die Verschiedenartigkeit unserer Quellen. Wir wollen hier nur die Richtung dieser Neuorientierung andeuten und später im Rahmen der sozialen und geistigen Gesamtentwicklung darauf zurückkommen.

Wir haben gesagt, daß *fityān* im engeren Sinne nur in den Bereichen mit sassanidischer Vergangenheit anzutreffen sind, woraus man trotz ihres alten arabischen Namens auf eine ursprünglich eher iranische als arabische Tradition geschlossen hat. Tatsächlich stoßen wir in der neupersischen Literatur vom 11. Jahrhundert an auf die persische Bezeichnung *ǧavānmardān*; das Wort bedeutet ebenfalls ›junge Männer‹ und wird arabisch mit *fityān* übersetzt. Die Träger dieses Namens bildeten damals unter der iranischen Nobilität der *futūwa* ähnliche Vereinigungen. Bis jetzt besitzen wir jedoch in den eigentlich sassanidischen und vorsassanidischen Quellen keine Bestätigung ihres iranischen Ursprungs. Auch in den ehemals byzantinischen Provinzen, zumindest in Syrien und in einem kleinen Teil Ägyptens, findet sich eine Institution, die den *fityān* vergleichbar ist: die *aḥdāṯ*. Der Name (in dieser Bedeutung nur in und um Syrien gebraucht) heißt wiederum ›junge Leute‹, doch handelt es sich dabei um mehr offizielle und offenkundig mehr ›bürgerliche‹ Milizen, die man übrigens den *ʿayyārūn* gern gegenüberstellt und die, wie es scheint, keine ausgeprägte Ideologie und keine initiatorische Organisation wie die *futūwa* besaßen. Dessenungeachtet brachten die *aḥdāṯ* den Willen der städtischen Bevölkerung, auch gegen den Fürsten, zum Ausdruck. Im 11. und 12. Jahrhundert war ihr Führer, der *raʾīs*, gestützt auf eine starke Klientel, in Städten wie Aleppo und Damaskus als eine Art Bürgermeister anerkannt. Obgleich man bei den *aḥdāṯ* keine Neigung zu Parteikämpfen findet, mögen doch zwischen ihnen und den byzantinischen Demen Beziehungen bestanden haben. Solche Demen existierten, als die arabische Eroberung einsetzte, z. B. noch in Antiochien und in Alexandria, und sie glichen, obwohl man sie vor allem als ›Zirkusparteien‹ kennt, eher einer Miliz. Auch in den kleinen italienischen Städten des hohen Mittelalters gab es Milizen. Trotz aller Verschiedenheit in ihrer politischen und religiösen Orientierung darf man wohl von einer gewissen Verwandtschaft der sozialen Funktion sprechen. – Die Vermutung liegt nahe, daß es in den Städten des islamischen Westens ähnliche Erscheinungen gegeben hat, aber hierüber können wir noch nichts Gültiges sagen.

IV. DER INTERNATIONALE HANDEL

Es ist allgemein bekannt, daß dem weitgespannten Handelsverkehr der islamischen Länder, dem inneren wie dem äußeren, große Bedeutung zukam. Dennoch ist er bisher nur in einzelnen und nicht immer wesentlichen Details untersucht worden; manche Darstellungen tragen noch einen halb legendären Charakter – in ihnen geistern noch die Märchen aus Tausendundeiner Nacht und ist Sindbad der Seefahrer Inbegriff des muslimischen Kaufherrn. Ja selbst über die tatsächliche Ausdehnung und Auswirkung dieses Handels gehen die Meinungen noch entschieden auseinander.

Hinzu kommt, daß man das Thema meist etwas einseitig im Hinblick auf die Beziehungen zu Europa behandelt hat, denn es waren fast nur europäische Historiker, die ihm größere Aufmerksamkeit und gründliche Studien gewidmet haben. Die Debatte wurde durch das berühmte Buch des belgischen Historikers Henri Pirenne *Mahomet et Charlemagne* eröffnet. Ihm zufolge hat der Islam, dem Handel selbst feindlich, die alte wirtschaftliche Einheit der Mittelmeerwelt zerstört. Durch die Schließung des westlichen Mittelmeers habe er den Ost-West-Handel unterbunden und sei schuld daran, daß sich die europäische Wirtschaft auf rein agrarischer Basis um die Länder des Nordwestens neu organisiert habe. So fruchtbar das Buch durch die Untersuchungen, die es anregte, auch war, so wenig läßt sich von seinem Inhalt heute noch aufrechterhalten. Der Niedergang des Mittelmeerhandels hatte, wie sich unschwer zeigen ließ, schon vor der arabischen Eroberung begonnen. Auch nachher kam es niemals zu einem völligen Abbruch der Handelsbeziehungen, und dort, wo unleugbar eine Wendung eintrat, waren viele andere Faktoren mit im Spiel. Umgekehrt haben Sture Bolin und Maurice Lombard sogar versichert, daß im Gegenteil viele Züge der europäischen Wirtschaftsstruktur ohne rege Beziehungen zum Islam nicht zu erklären seien, ja daß Europa den Aufschwung, den es von der karolingischen Zeit an nahm, dem Islam verdanke. Auch diese Thesen sind mangels genügender Beweise nicht vorbehaltlos anerkannt worden. Wie die Behauptungen Pirennes berücksichtigen auch sie die Unterschiede der Schauplätze und den Wandel der Zeiten zuwenig und kommen daher zu voreiligen Folgerungen. Vor dem Blick auf umfassende Zusammenhänge muß die sorgfältige Analyse des Entwicklungsganges und der historischen Bedingtheit der einzelnen Ereignisse stehen. So bleibt uns nichts anderes übrig, als mit der Untersuchung vorsichtig von neuem zu beginnen.

Das Vorurteil, der Islam sei dem Handel feindlich, haben wir schon richtiggestellt. Aber hat die arabische Eroberung durch ihre politischen und militärischen Auswirkungen dem Handel zunächst nicht doch geschadet? Sicher hat sie gewisse Handelswege unterbrochen, obwohl die Verbindungen von Byzanz nach Syrien und Ägypten nur in den recht seltenen Zeiten wirklichen Kriegszustandes abgeschnitten waren. Auf der anderen Seite wurden die alten Handelsbeziehungen durch neue ersetzt — anstelle Konstantinopels mußten zum Beispiel die heiligen Städte versorgt werden —, so daß die Bewohner der Gebiete, die in den islamischen Machtbereich übergegangen waren, nicht ohne Absatzmärkte blieben. Gewiß konnte der Untergang des Hofes von Ktesiphon erst durch das Aufblühen Bagdads nach mehr als einem Jahrhundert wirklich ausgeglichen werden; dafür hat die Hofhaltung der mehr zerstreut wohnenden arabischen Fürsten

einen gewissen Ersatz geboten. Kurz, wenn eine Krise eintrat, so war ihre Lösung nur eine Frage der Anpassung, und tatsächlich war die Handelstätigkeit spätestens gegen 800 nicht nur wiederhergestellt, sondern ausgedehnter als je zuvor. Unsere Unterlagen sind zu dürftig, als daß wir die Etappen dieser Neubelebung unter den Umaiyaden verfolgen könnten; ohne Zweifel aber blieben zumindest die alten Traditionen auch in dieser Zeit stets lebendig. Zwar mußte sich der Handel neu orientieren und hat sich dabei einzelnen Gebieten stärker als vormals zugewandt, andere vernachlässigt — auch die politischen Ereignisse sind dabei nicht ohne Einfluß gewesen; aber die Gründe solcher Verlagerungen sind nicht im Wesen des Islams zu suchen.
Gegenüber den anfänglichen Schwierigkeiten hat man die Vorteile geltend gemacht, die durch die politische Einheit des islamischen Reiches gegeben waren, und betont, wie hinderlich vorher der Einschnitt der byzantinisch-sassanidischen Grenze gewesen war. Das ist richtig, dennoch darf man daraus keine falschen Schlüsse ziehen. Einmal hat der Handel auch die politische Zerstückelung des 10. und 11. Jahrhunderts überlebt, und zum anderen garantierte die politische Einheit an sich die wirtschaftliche noch nicht. Wir werden zu prüfen haben, in welchem Maße man von einer solchen wirklich sprechen kann, dürfen aber schon jetzt sagen, daß die politische Einigung weder eine Vereinheitlichung der Maße und Gewichte noch eine völlige Abschaffung der regionalen Brückenzölle im Gefolge hatte. Die Einheitlichkeit der Sprache brachte natürlich Erleichterungen, aber ihre Entwicklung brauchte Zeit, und viele Kaufleute haben ihre Geschäftsreisen ohne Kenntnis des Arabischen unternommen. Die Einheit des islamischen Gesetzes ist dagegen im Bereich des Handels kaum wirksam geworden, denn die reisenden Kaufleute gehörten verschiedenen Konfessionen an, und die islamische Rechtslehre sagte sehr wenig über den großen Handel. Soweit Einhelligkeit bestand, fußte sie auf einem Gewohnheitsrecht aus vorislamischer Zeit, das fortlebte und mit dem Wachstum des Handels allgemeinere Geltung erhielt. Überdies trat hier die umfassende Einheit des Reiches zurück gegenüber den engeren Beziehungen zweier oder auch dreier großer Gebiete, die um das Mittelmeer, den Indischen Ozean und, zwischen beiden, um die großen kontinentalen Straßen gelagert waren.
Die Hauptdrehscheibe des Handelsverkehrs ist vom Ende des 8. Jahrhunderts an der Iraq. Wir können daher bei der Beschreibung der wichtigsten Handelsstraßen ohne weiteres von hier ausgehen. — Die Straßen, die den Persischen Golf mit den Ländern am Indischen Ozean oder dem ferneren Nordosten und Osten verbinden, halten ein erstes Verkehrsgebiet zusammen. Sie bilden weithin ein in sich geschlossenes Ganzes, setzen aber natürlich zum Teil auch die vom Mittelmeer kommenden Stra-

ßen nach Osten fort. Es ist hier darauf hinzuweisen, daß die Verbindungen zwischen Mittelmeer und Indischem Ozean im klassischen Altertum ihrer damals noch geringeren Zahl entsprechend vor allem über das Rote Meer verliefen; wir haben davon gesprochen, daß kurz vor dem Erscheinen des Islams Byzanz mit Hilfe Äthiopiens versucht hatte, diesen Zustand wiederherzustellen, um den West-Ost-Handel unter seine Kontrolle zu bringen. Dagegen zog der sassanidische Staat viel Verkehr zum Persischen Golf hin, war doch dieser Weg, seitdem der Handel nicht mehr nach Rom, sondern nach Byzanz orientiert war, wenn nicht politisch, so doch geographisch viel naheliegender. Erst vom 11. Jahrhundert an blühten die wichtigsten Zentren aufs neue am Mittelmeer und gaben dem Roten Meer seinen alten Vorrang zurück. Lange Zeit hindurch aber genossen die Kaufleute aus dem ehemals sassanidischen Bereich eine Führungsstellung, die auch durch die umaiyadische Regierung nicht ernstlich erschüttert worden war, denn diese hatte keine Veranlassung, Handelsware nach einem der mediterranen Umschlagplätze zu leiten. Seit der Gründung und während der unbestrittenen Schlüsselstellung Bagdads war ihre Position im ganzen Vorderen Orient besonders stark. Die an diesem Handel beteiligten Seefahrer waren zum Teil Araber aus dem Iraq oder aus Oman, vor allem aber waren sie Iranier, obgleich ihnen häufig Basra als Heimathafen diente, und die Spuren dieser persischen Vorherrschaft lassen sich nicht nur bis nach Indien und darüber hinaus deutlich verfolgen, sondern sogar nach dem Jemen und Ostafrika hin.

Bis um die Jahrtausendwende sind Basra und Sīrāf die wichtigsten Verschiffungshäfen im Persischen Golf. Basra, genauer der alte sassanidische Hafen Obolla, der jetzt mit der neuen Metropole Basra verbunden war, hatte den Nachteil, daß die Schiffe bei ihrer Annäherung an die Euphratmündung eine lange Fahrt durch die Untiefen am Rande des Golfes machen mußten (freilich war das Mündungsgebiet noch nicht so ausgedehnt wie heute: das Schwemmland hatte die Küstenlinie noch nicht so weit vorgetragen) dafür ersparte diese Route den Kaufleuten, die Bagdad auf dem kürzesten Wege erreichen wollten, eine beschwerliche Festlandsreise. Sīrāf war ein viel besserer Hafen, führte aber eher nach Iran als zum Iraq und lag an einer heißen und unwirtlichen Küste. Viele Schiffe, deren Heimathafen Sīrāf war, gingen indessen über Basra wieder in See, wenn sich günstige Geschäfte boten. Kaufleute oder Seeleute aus Sīrāf sind es jedenfalls, denen wir die wichtigsten frühen Dokumente über die Geschichte des Handels im Indischen Ozean verdanken.

Vom Persischen Golf wandten sich die Schiffe nach den Häfen des westlichen Indien und nach Ceylon. Viele machten dort Endstation; wenige strebten weiter nach Norden zum Golf von Bengalen, aber eine ganze Reihe nahm direkten Ostkurs auf die Halbinsel Malakka, deren Haupthafen Qalā nordwestlich des heutigen Singapur gelegen war. Wer von dort auf dem Wege über die indochinesischen Häfen oder unmittelbar zum Norden nach China weiterfuhr, erreichte Kanton – weiter wagte sich in der Regel niemand. Sowohl um der Sicherheit wie um des Handels willen vermied man es, zu lange auf hoher See unterwegs zu sein, ohne einen Hafen anzulaufen; aber der Monsun war bekannt, und vor allem bei der Rückkehr gelangten die Schiffe nicht selten mit seiner Hilfe von Indien direkt nach Arabien oder Ostafrika, bevor sie wieder in den Persischen Golf zurückkamen (ähnlich machten es, mehr im Süden, die Malaien). – Die Lage des fernöstlichen Handels änderte sich allerdings, als am Ende des 9. Jahrhunderts die Angehörigen der muslimischen Kolonie von Kanton infolge innerchinesischer Unruhen einem Massaker zum Opfer fielen. Lange Zeit hindurch blieb die direkte Verbindung beeinträchtigt; aber die Chinesen kamen nach Qalā, und so entstand hier der bedeutendste Umschlagplatz zwischen dem Nahen und dem Fernen Osten.

Über die Tätigkeit der Kauf- und Seeleute vom Persischen Golf in Ostafrika, denen sich die Unternehmer des Jemen hinzugesellten, sind wir weniger gut unterrichtet. Sicher scheint zu sein, daß sie die Festlandsküste bis zum heutigen Sansibar (dessen Name persisch ist – vgl. o. S. 137) besuchten, auch – wir wissen nicht seit wann – die Komoren und den äußersten Norden von Madagaskar; die Haupthäfen waren vermutlich Kilwa und Mogadiscio. Regionale Beziehungen bestanden zwischen den Jemeniten und den Äthiopiern oder Somalis; ihre Schiffe fuhren hinauf bis nach Ǧidda, dem Hafen Mekkas, aber wenige drangen bis in den nördlichsten Teil des Roten Meeres vor. Dagegen befuhren es die Ägypter in seiner ganzen Länge, wenn auch dieser Verkehr vor dem Ende des 10. Jahrhunderts nur unbedeutend gewesen sein kann. Zahlreicher waren die ägyptischen Schiffe, die nur bis Ǧidda kamen, um die heiligen Städte mit Lebensmitteln zu versorgen, und die entweder von der Nordküste oder von oberägyptischen Häfen wie ʿAiḏāb ausliefen; dorthin wurden die Güter mit Karawanen durch die Wüsten gebracht. Über den Jemen hinaus haben nur wenige Ägypter ihren Weg zur See genommen.

Kaufleute, denen es nicht genügte, ihre Waren nach Bagdad zu bringen, und andere, welche von Süden und Westen nach Bagdad zogen, um dort Importgüter einzukaufen, hätten den Norden der arabischen Wüste nur unter großen Schwierigkeiten durchqueren können. Sie umgingen daher, ob sie nun nach Ägypten oder zu den syrischen Häfen gelangen wollten, in jedem Falle die Wüste und reisten über den ›Fruchtbaren Halbmond‹. In der byzantinischen Epoche war Antiochien in Nord-

syrien der nördliche Endpunkt dieser Wege. Aber der Aufstieg und das Wachstum von Damaskus zog die Handelswege mehr nach Süden; die Routen erreichten jetzt das Meer bei Tyrus oder Tripoli, später bei Akka und schließlich (am Ende des Mittelalters) in Beirut. Andere Karawanen reisten vom oberen Mesopotamien nach Kleinasien und gelangten über Melitene (Malatya) oder über Kilikien und den Taurus nach Konstantinopel.
Im Mittelmeer blieben die zwei größten Häfen Konstantinopel, noch außerhalb des islamischen Bereiches gelegen, und auf der anderen Seite Alexandria – dort schifften sich die Händler zuweilen zur Rückreise nach Syrien ein. Die byzantinische Politik, die den Islam nicht hatte zurückdrängen können, arbeitete seit der Mitte des 8. Jahrhunderts darauf hin, den wirtschaftlichen Gewinn, den er aus seinen Eroberungen zog, soweit wie möglich zu begrenzen. Sie versuchte, die Kaufleute an Konstantinopel oder doch an andere byzantinische Häfen zu binden und ihnen den Verkehr mit Häfen zu verwehren, die außerhalb der Kontrolle des Basileus lagen. Dies war eine der Ursachen für den unbestreitbaren Rückgang der direkten Handelsbeziehungen zwischen dem Osten und dem christlichen Westen zum damaligen Zeitpunkt. Im 9. Jahrhundert wurde jedoch – gewiß zum Teil eine Reaktion auf diese Politik – die byzantinische Seemacht zurückgedrängt, als Muslime die zentralen Inseln, vor allem Sizilien und Kreta, einnahmen und von dort das Mittelmeer beherrschten. Daß von nun an syrische und kretische Seeräuber die griechische Küste angegriffen, daß Maghrebinier und Spanier nach Unteritalien einfielen, wo sie dreißig Jahre lang Bari besetzt hielten, ja daß sie bis zur Südküste Frankreichs vordrangen und von ihren Schlupfwinkeln bei La Garde-Freinet in den Bergen, die seitdem die maurischen heißen, länger als ein Jahrhundert die Alpentäler bis in die Schweiz heimsuchten – all das beweist, daß Byzanz seine Macht im Westen eingebüßt hatte, und es zeigt ferner, daß allenthalben der Widerstand gegen den Islam (wie gegen Normannen und Ungarn in der gleichen Zeit) zum Erliegen gekommen war. Aber das Aufkommen des Seeräuberunwesens bezeugt auch, daß die Handelsbeziehungen über das Mittelmeer unzureichend waren, und dafür kann es nurmehr wirtschaftliche Gründe gegeben haben, von denen wir sogleich sprechen werden (s. u. S. 183 f.).
Nichtsdestoweniger ist der Ost-West-Verkehr auf anderen Wegen weitergegangen; die Waren konnten von Konstantinopel über Griechenland und die Adria (trotz der dalmatinischen Piraten) nach Norditalien, vor allem nach Venedig gelangen, und ebenso entwickelten sich Beziehungen zwischen dem Maghreb und Süditalien, hier besonders mit Amalfi (das bezeugt unter anderem die Einführung des Wortes *mancus* für das islamische Geld auf der Halbinsel – s. o. S. 42), wie auch zwischen Spa-

nien und dem karolingischen Frankreich. Obwohl die nordafrikanische Küste in ihrer östlichen Hälfte ein unfreundliches Gesicht zeigte, war zwischen Ägypten und dem Maghreb bzw. Spanien ein lebhafter Schiffsverkehr im Gange, und dies über alle politischen Risse hinweg, die sich zwischen den islamischen Ländern des südlichen Mittelmeeres auftaten.

Zu den Seewegen kamen die Landwege. Von denen, welche die beiden Meere miteinander verbanden, haben wir schon gesprochen. Es gab andere, die von den Küstenländern des Mittelmeers, sogar von Marokko aus durch die Sahara zum Sudan führten. Aber die wirtschaftlich bedeutendsten Landverbindungen waren seit vorislamischer Zeit um Innerasien herum geschaffen worden. Die einen verliefen von den zentral- und ostasiatischen Ländern über Nischapur, Raiy (beim heutigen Teheran) und Hamadān nach Bagdad wie vormals nach Ktesiphon, und sie brachten die Chorasanier nach Mekka, denn sie mündeten in die Pilgerstraßen Arabiens. Die anderen stießen über Buchara und Ferghana hinaus auf den alten Seidenstraßen nach China vor; hier reisten manche muslimischen Kaufleute bis zu den chinesischen Städten, aber noch öfter begegneten sich die Händler aus beiden Reichen auf dem Wege. Ein dritter Handelsweg schließlich führte von Innerasien über Chwarism zum Wolgagebiet, wo man mit den Normannen zusammentraf. Münzfunde liefern den Beweis, wenn es seiner bedürfte, daß diese Route gegenüber den direkten Verbindungen zwischen Mesopotamien und Rußland bevorzugt wurde, weil letztere wegen der Unwegsamkeit des Kaukasus und des dauernden Kriegszustandes zwischen den Muslimen und dem Staate der Chasaren (nördlich des Gebirges) schwierig und gefährlich waren. Aber die Erzeugnisse Zentralasiens erreichten über Nordiran auch das Schwarze Meer bei Trapezunt und wurden von dort zu Wasser und — an den Gebirgszügen Armeniens und Anatoliens entlang — zu Lande nach Konstantinopel transportiert. Hier wurden sie von anderen Normannen, den Warägern von Kiew, zusammen mit den byzantinischen Produkten eingehandelt.

Es muß uns auffallen, daß Westeuropa als Partner in diesem Bilde fehlt. Es gab, wir erwähnten es, Verbindungen zwischen Spanien und Frankreich, aber sie scheinen ausschließlich von den Juden diesseits oder jenseits der Grenze unterhalten worden zu sein. Warum trifft man keine Orientalen, wo sie doch im Altertum und ebenso im hohen Mittelalter nach dem Westen kamen? Selbst im innerislamischen Verkehr gingen zwar Maghrebinier nach dem Osten, aber die Orientalen nicht nach dem Westen. Diese hatten ja den Handel keineswegs aufgegeben, aber sie zogen andere Gebiete vor. Man hat den religiösen Gegensatz zu Europa dafür verantwortlich machen wollen, aber die Muslime besuchten auch das christliche Konstantinopel und

andere nichtislamische Länder. Für die östlichen Christen indessen konnte der Glaube kein Hinderungsgrund sein, mit dem christlichen Europa Handel zu treiben, und dasselbe gilt für die Juden, die es auf beiden Seiten gab. Es ist denkbar, daß die westlichen Länder — wie die Byzantiner und die Chinesen — den zu Schiff kommenden Kaufleuten das Betreten des Landesinneren untersagten; die Muslime hielten es später ebenso, als die europäischen Christen ihre Häfen anliefen (nicht dagegen die Völker der russisch-asiatischen Steppe und des Sudans in Afrika, wo es an der behördlichen Organisation fehlte). Fest steht jedoch, daß sogar die französischen und norditalienischen Mittelmeerhäfen von den orientalischen Kaufleuten so gut wie ignoriert wurden. Es gibt dafür eine Erklärung: der wirtschaftliche Anreiz war zu gering, und soweit man überhaupt an einem Warenaustausch interessiert war, zog man es vor, sich der Landwege in Italien, Spanien und Mitteleuropa zu bedienen, welche die islamischen und die christlichen Länder unmittelbar miteinander verbanden und in den Händen der Kaufleute dieser Länder waren.
Offenkundig ist jedenfalls, daß die Mittelmeerkaufleute und die des Indischen Ozeans zwei getrennten Bereichen angehörten, die kaum ineinander übergriffen. Für den Handelsverkehr zu Lande lassen sich die Grenzlinien nicht so eindeutig festlegen, aber es scheint, daß es von Rußland nach China keine direkten Verbindungen gab. Zwar findet man im 11. und 12. Jahrhundert Händler, die vom Maghreb nach Indien fahren, doch es sind islamische Untertanen, niemals Fremde, und auch sie machen keine Geschäfte, die beide Gebiete einbeziehen, sondern unternehmen in Wirklichkeit zwei aufeinanderfolgende Reisen. Aus dem 9. Jahrhundert ist uns eine mögliche Ausnahme bekannt: die sogenannten Rāhdāniten, jüdische Händler, auf die wir gleich zurückkommen (s. u. S. 185).
Nach unserer Skizze der Handelswege wollen wir einen Blick auf die Menschen werfen. Wir haben schon erwähnt, daß es Gebiete größerer und geringerer Aktivität gibt. Charakteristisch ist, daß am Handel alle Religionen beteiligt sind: Muslime Christen, Juden und Zarathustrier, Buddhisten in Zentralasien und manchenorts Manichäer. Aber sie nehmen nicht nur alle daran teil, sie arbeiten und reisen auch zusammen, durch keine Schranken getrennt. Eine bezeichnende Geschichte, mag sie wahr oder erfunden sein, berichtet von islamischen Kaufleuten, die einem jüdischen Kaufmann, dem Unrecht geschehen ist, empört zu Hilfe eilen. Im Indischen Ozean reisen Inder, vielleicht auch Chinesen auf denselben Schiffen wie Muslime (natürlich gibt es auch solche, die eigne Schiffe benützen). Unterschiede bestehen jedoch zwischen Seeleuten und Kaufleuten. Die Seeleute sind Araber, Perser, Inder, alle von den Ufern des Indischen Ozeans, aber auch Chinesen und Malaien in den entfernteren Gewässern

des Ostens und Südostens; von den Ufern des Mittelmeers kommen die Syrer, Maghrebinier und Spanier. Wir wissen dagegen mit einiger Sicherheit, daß Juden und orientalische Christen in beiden Meeresgebieten im allgemeinen Kaufleute, aber keine Seeleute waren, obgleich von jüdischen Schiffen (sind es europäische Juden?) zur Zeit Karls des Großen die Rede ist.
Berühmt geworden ist eine Gruppe jüdischer Kaufleute, von denen der Postmeister und Geograph persischer Abstammung Ibn Ḫordāḏbeh um die Mitte des 9. Jahrhunderts berichtet und deren Erwähnung er mit jener der ›russischen‹ (normannischen) Kaufleute verbindet, die nach Bagdad kommen. Er nennt sie *rāhdānīya*, ein Name, der zu mancherlei Hypothesen Anlaß gegeben hat, im Persischen aber nichts anderes als ›Wegekundige, Fernfahrer‹ bedeutet. Nach seinen Angaben brechen diese Juden vom christlichen oder islamischen Westeuropa auf, durchqueren auf vier verschiedenen Routen die ganze islamische Welt und gelangen bis nach China; es gelingt ihnen, da sie zu mehreren sind, sich in allen Sprachen zu verständigen, deren sie auf ihrem Wege bedürfen. Zwei ihrer Reisewege gehen über See, schließen natürlich, wo nötig, Landstrecken ein: der erste passiert die Landenge von Suez und das Rote Meer, der andere Syrien, Mesopotamien und den Persischen Golf. Die beiden übrigen sind Landwege. Der eine verfolgt mit Karawanenstraßen die Richtung des zweiten Seeweges, der letzte umgeht über Mitteleuropa das Byzantinische Reich im Norden, durchquert Südrußland und den chasarischen Staat, gelangt dann zum Kaspischen Meer und berührt vor dem Eintritt in den chinesischen Einflußbereich islamischen Boden nur in den Provinzen Zentralasiens. Man hat eingehend die Schwierigkeiten erörtert, vor die uns die Lektüre des Berichtes mit seinen möglichen Anachronismen stellt. Ungewöhnlich wäre ein Unternehmen, das zwischen dem Mittelmeer und dem fernen Asien eine Brücke schlägt, seltsam ein rein jüdischer Verband, wo alle sonstigen Nachrichten auf Zusammenarbeit aller Konfessionen beim Handel hinweisen — dazu fehlt jegliche Bestätigung in der europäischen wie in der übrigen islamischen Literatur. Man wird zwar das Zeugnis Ibn Ḫordāḏbehs nicht im ganzen als unglaubwürdig zurückweisen dürfen, aber gut daran tun, ihm in manchen Einzelheiten nur bedingten Wert zuzugestehen. — Über die (vielfach gewandelte) Situation des 11. und 12. Jahrhunderts informieren uns authentische Dokumente aus der Geniza von Kairo (Geniza heißt der Aufbewahrungsort der Synagoge für Bücher und Schriftstücke); sie berichten auch über den Handelsverkehr der maghrebinischen Juden mit Ägypten und dem Indischen Ozean, aber hier ist von einer Sonderstellung der Rāhdāniten nicht mehr die Rede.
Wir können hier nicht auf alle einzelnen Umstände der Reisen auf den verschiedenen Routen eingehen. Hervorzuheben ist in

bezug auf die Seefahrt, daß die Unterschiede im Schiffsbau des Mittelmeers und des Indischen Ozeans sehr groß und viel einschneidender waren, als die geringe räumliche Entfernung vermuten lassen sollte, die über Suez oder auf dem Wege von Basra zur syrischen Küste leicht überbrückt wurde. Anders als im Mittelmeer und in den chinesischen Gewässern (ganz abgesehen von den Einbaumkanus der Malaien) wurden die Planken der Schiffe im Indischen Ozean nicht durch Nägel, sondern durch Seilwerk und Verteerung der Fugen zusammengehalten. Man hat sich schon im Mittelalter darüber gewundert, und der Volksglaube hat diesen Brauch mit der Legende von einem unterseeischen Magnetberg erklärt, der die Nägel anziehe und so die Schiffe zerstöre. Möglich, daß ein gefugtes Schiff im Sturm und beim Aufprall gegen ein Riff geschmeidiger und widerstandsfähiger war als das von Nägeln gehaltene; wahrscheinlich aber geht der Brauch nur darauf zurück, daß sich die dortigen Schiffsbauer ursprünglich – später wurde dann die traditionelle Bauweise beibehalten – die Faser für die Taue leichter beschaffen konnten als Eisennägel, die außerdem rosteten. Die Schiffe des Indischen Ozeans wurden häufig mit Teakholz gebaut oder mit dem Holz der Kokospalme, die auch die Faser für Taue und Segel lieferte; zuweilen benutzte man auch Dattelpalmen, z. B. zur Herstellung von Masten. Sieht man von der Dattelpalme ab, die vor allem um ihrer Früchte willen gepflanzt wurde und daher nur begrenzt verfügbar war, so stößt man auf die merkwürdige Tatsache, daß diese Hölzer – gerade die besten Sorten – an kaum einer Stelle des islamischen Bereiches wuchsen und daß daher Schiffahrt und Seehandel zunächst völlig auf die Einfuhr des grundlegenden Baustoffes aus Indien oder Ostafrika angewiesen waren. Oft wurde das Holz in ganzen Stämmen herbeigeschafft, die man hinter den Schiffen herflößte; oft ließ man aber auch die Schiffe nach einheimischer Tradition in den Ländern bauen, mit denen man in Handelsverkehr stand, besonders auf den Archipelen der Lakkadiven und Malediven, die so reich an Palmen waren, daß die Bewohner allein von deren Ertrag leben konnten.

Das dreieckige, sogenannte ›lateinische‹ Segel (die Bezeichnung beruht auf einer Verwechslung, deren Ursprung wir nicht kennen) wurde anstelle des viereckigen Mittelmeersegels zuerst im Indischen Ozean benützt, und zwar schon vor dem Islam. Mit ihm konnte man in heftigen Stürmen geschmeidiger manövrieren, wenn auch die Kunst des Lavierens bei Gegenwind noch nicht entwickelt war. Das Achterstevensteuer taucht erst ungefähr im 13. Jahrhundert in dem einen oder anderen Seegebiet auf; über seine Geschichte wissen wir nichts. Um dieselbe Zeit wird in beiden Meeren der Kompaß in den Dienst der Schiffahrt gestellt; sein Prinzip war den Chinesen seit langem vertraut,

aber auch hier ist uns die Geschichte der praktischen Nutzung unbekannt. Bis zum Ende des Mittelalters orientierten sich die Seeleute, wenn sie nicht in Sichtweite der Küste segelten, durch Beobachtung der Gestirne, nach deren Stand sie mit Hilfe des Astrolabs in der überlieferten Weise die Breiten- und Längenpositionen bestimmten und Messungen ausführten, die in Anbetracht der einfachen empirischen Verfahren erstaunlich genau waren. Mnemotechnische Handbücher der Nautik gab es vielleicht schon länger, aber erhalten sind uns nur die Schriften von Ibn Māğid, einem Zeitgenossen Vasco da Gamas (um 1500).
Auch im Mittelmeer war die Beschaffung des Bauholzes für die Schiffe ein Problem, denn in den anliegenden islamischen Ländern war das Holz knapp (wenn auch weniger rar als heute) und für diesen Zweck im allgemeinen nicht geeignet. Man suchte vor allem Nadelhölzer zu verarbeiten, die Ägypten vorzugsweise aus dem Golf von Alexandrette kommen ließ. Manchmal kaufte man auch von Italienern fertige Schiffe, oder man benützte Teile von fremden Schiffen, die zu Schaden gekommen waren. Man hat vermutet, daß die islamische Schiffahrt später der europäischen gegenüber zum Teil deshalb ins Hintertreffen geriet, weil die Holzbeschaffung schwierig war; aber man sollte diesem Umstand nicht zuviel Gewicht beimessen, denn der Bedarf war nicht übermäßig groß, und auch mit der Schiffahrt anderer Länder ist es abwärts gegangen, ohne daß derartige Ursachen eine Rolle spielten. Wir werden noch sehen, daß auch beim Islam andere Faktoren den Ausschlag gaben.
Für den Güterverkehr zu Lande benützte man hauptsächlich Tiere, vor allem das Kamel. Die Kunst des Straßenbaus war im Orient wohl bekannt, aber im allgemeinen begnügte man sich mit unbefestigten Wegen, weil der Transport auf dem Rücken der Tiere praktischer erschien als auf Wagen, obwohl manchmal auch Fuhrwerke benutzt wurden. Relaisstationen waren in jedem Falle nötig, und die Füße der Tiere konnten sich jedem Gelände besser anpassen als die Räder der Wagen, auch Furten und andere Hindernisse ohne Schwierigkeit nehmen, und da man das Schulterkummet nicht kannte, vermochten sie die Frachten leichter zu tragen als zu ziehen. Natürlich hat man auch solide Wege durch das Gebirge geführt, Brücken über die Flüsse und Schiffsbrücken über die großen Ströme geschlagen. An Halteplätzen zwischen den Tagesstrecken, besonders auf Routen, die nicht zu einer Stadt hinführten, waren Rast- und Lagerhäuser entstanden, die wir mit einem späteren türkischen Namen Karawansereien nennen, und sie hatten mit dem Aufschwung des Handels an Zahl zugenommen. — Ob zu Wasser oder zu Lande, niemals reiste man allein. Seefahrt war nicht zu allen Jahreszeiten möglich, so daß sich von selbst eine stärkere Konzentration der Unternehmungen ergab; zu Lande war man ungebundener, aber

dessenungeachtet machten die Sicherheit und die Notwendigkeit gegenseitiger Hilfe bei Unfällen die Aufstellung von Geleitzügen erforderlich. Auch wurde die Aufgabe der Verwaltung auf diese Weise erleichtert. Die Waren liefen so zu bestimmten Zeiten in größerer Menge ein und wurden auf einem behelfsmäßigen Markt angeboten. Ein Sonderfall war die Pilgerfahrt, die nach den Vorschriften von Kaufleuten wie auch von Militär begleitet werden mußte.

Die gehandelten Güter waren von großer Vielfalt. Keineswegs war der Handel des ›Morgenlandes‹, wie es populäre, aber auch ernsthafte Werke immer noch darstellen, einzig auf wundersame Gegenstände und Schätze aus Tausendundeiner Nacht beschränkt. Zwar hätten so gefährliche und langwierige Reisen (die Hin- und Rückfahrt über den Indischen Ozean nahm fast ein Jahr in Anspruch) niemanden verlockt, wäre nicht die Aussicht auf einen märchenhaften Gewinn damit verbunden gewesen, und im Bereich dieser Wünsche und Hoffnungen bewegen sich nicht nur die Erzählungen über den legendären Seefahrer Sindbāḏ, sondern auch die halb historische Beschreibung der *Wunder Indiens* durch den Kapitän Buzurg ibn Šahriyār aus Sīrāf (10. Jahrhundert). Sie haben einen nüchternen ökonomischen Hintergrund: der Fernhandel konnte sich nur lohnen, wenn er Waren einschloß, deren Preis im Vergleich zu Gewicht und Umfang hoch war, also Luxusartikel oder doch Waren von sehr hohem Wert. Aber es ging dabei keineswegs nur um solche Produkte – die Kunden brauchten ebensosehr andere, mehr alltägliche Dinge und Lebensmittel, deren gleichbleibender Absatz gesichert war und das Risiko der anderen Artikel ausglich. So beruhte der Fernhandel auf der Verbindung der beiden Kategorien, der einfachen Waren, die den Schiffsraum füllten und die Frachtkosten deckten, wie der wertvollen, die den Gewinn erhöhten.

Neben dem Außenhandel gab es den interregionalen Handel, d. h. vor allem den ständigen Austausch von Konsumgütern (Lebensmitteln und Industrieerzeugnissen) und den Transport der Güter von den Erzeugern zu den großen Bedarfszentren. Getreide und bestimmte Metalle wurden vom oberen Mesopotamien nach Bagdad gebracht, Lebensmittel verschiedener Art aus ganz Ägypten nach Kairo verschifft, dort auf dem Tigris, hier auf dem Nil. Was nun den eigentlich internationalen Handel angeht, so muß man die Waren zunächst nach ihrer Bestimmung unterscheiden: Konsumgüter; Rohstoffe und Geräte, die der handwerklichen Produktion dienten; Arbeitskräfte; schließlich Waren des Transithandels. Die Menge und die Proportion dieser Güter waren für das allgemeine wirtschaftliche Gleichgewicht von großer Bedeutung und konnten je nach Ort und Zeit recht wechselnd sein.

Von der Warte der islamischen Zentren aus gesehen, läßt sich von Waren des Imports und solchen des Exports sprechen; wir wollen sie kurz betrachten und nach dem Verhältnis von Ein- und Ausfuhr fragen. Der Import, der aus dem Indischen Ozean und noch entfernteren Bereichen zu den islamischen Küsten kommt, bringt natürlich wertvolle Dinge: Edelsteine, besonders auch unregelmäßige, sind hier zu nennen, vor allem aber Gewürze (darunter der besonders begehrte Pfeffer), ›Spezereien‹, die in erster Linie der Ernährung, aber auch der Pharmazie, der Fabrikation von Parfum und Schönheitsmitteln dienen. Kostbare Hölzer werden zum Teil für ähnliche Zwecke gebraucht; andere gehen in die Kunsttischlerei – daß man Holz auch für den Schiffsbau importiert, haben wir schon erwähnt. Gelegentlich werden wohl Fabrikate wie Porzellan, Seidenstoffe, vielleicht auch feine Papiersorten eingeführt, aber sicherlich selten genug, denn unter den damaligen Bedingungen waren so empfindliche Gegenstände nur schwierig zu befördern. Auch Eisen, Zinn und ähnliche Metalle, ferner Reis und Fisch werden gehandelt, manchmal nur von einer Etappe zur anderen transportiert, wo neue Frachten an ihre Stelle treten. In umgekehrter Richtung – zum Export nach Indien oder China – gehen Korallen und Elfenbein, die im westlichen Teil des Indischen Ozeans bzw. in Ostafrika gewonnen oder aus dem Mittelmeergebiet importiert werden, und den gleichen Weg nehmen Öl, Salz, Datteln, Perlen aus dem Persischen Golf, schwere, aber begehrte Stoffe und anderes. Auf dem Mittelmeer läßt man aus dem islamischen oder christlichen Westen Metalle, Eisen vor allem, schwere Stoffe und Holz nach dem Osten kommen; von einer Etappe zur anderen werden Öl, Weizen, gesalzene Fische gehandelt; Alaun, feine Stoffe, Metall- und Glasfabrikate, auch Gewürze sind Waren, die im Transitverkehr weiterverkauft werden. Aus den nördlichen Ländern bezieht man Honig, Wachs, Pelzwaren, ferner Sklaven auf dem Land- wie auf dem Seewege, aus den südlichen wiederum Sklaven, daneben vor allem Elfenbein. – Einigen der genannten Beispiele kommt besondere wirtschaftliche Bedeutung zu. Wenn reine Konsumgüter wie der Pfeffer im Bild des islamischen Handels fehlten, so wäre dies zwar ein Verlust, könnte aber die produktive Tätigkeit der islamischen Länder nicht in Frage stellen. Ganz anders steht es mit der Einfuhr von Sklaven und von Rohstoffen (Eisen und Holz), die der islamischen Wirtschaft ihre Voraussetzungen und ihr Gepräge geben: der Import billiger Arbeitskraft und die Verarbeitung importierter Rohstoffe zu Produkten von höherem Wert charakterisieren eine Art ›kolonialer‹ Wirtschaft, deren Lieferant unter anderem Europa und deren Nutznießer der Islam ist. Der Gewinn bleibt freilich in Maßen, denn die erzielte Produktion wird nur in bescheidenem Umfang an die auswärtigen Lieferanten abgesetzt. Allmählich neigt sich zudem die Waage nach der anderen Seite; vom 11. Jahrhundert an liefert der Westen keine Sklaven mehr, und er kommt in den Besitz von Alaun und damit in die Lage, eine Textilindustrie zu entwickeln, deren Erzeugnisse er nach dem Orient zu verkaufen beginnt. Andererseits nimmt der Transithandel zu und überwiegt gegen Ende des Mittelalters den Absatz der eigenen Produktion, ein Umstand, der eine Änderung der Handelsrouten und damit schwerwiegende Folgen nach sich zieht. Im hohen Mittelalter scheint das Verhältnis zwischen Export und Transit jedoch gesund gewesen zu sein.

Zur Beurteilung der Relation zwischen Export und Import fehlt uns leider jede statistische Unterlage, so daß wir nur einige allgemeine Feststellungen treffen können. So seltsam es uns, die wir in modernen Wirtschaftsbegriffen zu denken gewohnt sind, erscheinen mag: kein mittelalterlicher Staat ist um eine günstige ›Außenhandelsbilanz‹ bemüht. Die Tendenz geht im Gegenteil dahin, den Import stärker als den Export zu fördern. Da sich die mittelalterliche Produktion in Grenzen hält, fürchtet man nicht Absatzschwierigkeiten, sondern die Gefahr des Mangels. Alles, was wichtig und erwünscht erscheint, kaufen zu können — darauf beruhen Macht und Wohlstand. Hätte freilich der Islam (wie das wirtschaftlich erwachende Europa) den Einkauf nur durch den Verkauf eigener Erzeugnisse ermöglichen können, so hätte er den Export wohl entschiedener betrieben, aber Geld war genügend vorhanden. Die muslimischen Kaufleute reisten wie einst die römischen mit barer Münze über den Indischen Ozean und bezahlten damit, was sie aus dem Verkauf ihrer Waren nicht bestreiten konnten. Sie nahmen Säcke voll Gold und Silber mit, manchmal auch Wechselbriefe, denn beides erschien handlicher und vielseitiger verwendbar als ein Übermaß an Waren. Beim Handel, mochte er nach Ost oder West gehen, suchte man also den Gewinn (in Abhandlungen zur Wirtschaft wird es ausdrücklich gesagt) nicht im Überschuß des Verkaufs eigener über den Einkauf fremder Waren, sondern in der Preisspekulation. Man war bestrebt, billig einzukaufen — wo auch immer —, um anderswo teurer zu verkaufen.

Wie der Staat eigene Güter und Werkstätten besaß, so hatte er auch Handelsmonopole, verschieden je nach Ländern. Das System (der sogenannte *matǧar*, eigentlich ›Handel‹, ›Handelslager‹) war in Ägypten mit seiner Staatswirtschaft besonders entwickelt und regelte hier die Eisen- und Holzeinfuhr auf der einen, die Alaunausfuhr auf der anderen Seite. Der Alaunexport sollte um die Mitte des Zeitalters (vorher hören wir davon nichts) verhüten, daß die für den Schiffsbau und die Waffenherstellung unerläßlichen Eisen- und Holzkäufe nicht schließlich zu einer Geldverknappung führten, denn die Goldvorkommen begannen sich zu erschöpfen. Im Iraq, wo es keine derartige Tradition gab, endeten die Bemühungen der Būyiden um die Einführung eines ähnlichen Systems mit einem Fehlschlag. Auch außerhalb der Monopole hatten Staatskäufe, oft zu amtlichen Festpreisen, den Vorrang; diese Privilegien schädigten natürlich den freien, privaten Handel, und es kam zu Protesten der Kaufleute. Im Ausgang des Mittelalters treffen wir das Problem von neuem.

Wenn die Kaufleute in einem Hafen, einem Grenzort oder auch einer großen Stadt innerhalb des islamischen Territoriums anlangten, konnten sie ihre Waren nicht nach Belieben ausladen und anbieten, noch durften die Interessenten frei und unmittelbar zu Geschäften mit ihnen zusammenkommen. Ein solcher direkter Verkauf war streng untersagt (erst im ausgehenden Mittelalter kam er etwas in Brauch), denn der Außenhandel großen Stils und der Einzelhandel bzw. der Kleinvertrieb handwerklicher Erzeugnisse auf dem einheimischen Markt waren scharf voneinander geschieden. Die importierenden Kaufleute oder staatliche Beamte brachten die Waren zunächst in ein Lagerhaus, den *funduq* (von griechisch *pandokeion*, im Italienischen *fondaco*); dort wurden sie genau registriert, und es konnten — hier lag der Vorteil des Systems für den Staat — alle darauf zu zahlenden Zollabgaben und Handelssteuern entweder sogleich erhoben oder für die Zahlung nach erfolgtem Verkauf festgesetzt werden. Im allgemeinen wurden sodann die Waren an die Käufer, es waren vor allem Einzelhändler, versteigert. Hier setzte die Vermittlung des *simsār* ein, des Maklers (ital. *sensal*), dessen Hilfe den auswärtigen Kaufleuten fast unentbehrlich war, wenn sie Land und Sprache, Gebräuche und Preise nicht kannten. Auch im Kleinhandel, selbst bei den Geschäften auf dem örtlichen Markt, dem *sūq*, pflegte übrigens ein Makler die Verbindung zwischen Verkäufer und Käufer herzustellen.

Welche Abgaben auf die Einfuhr zu zahlen waren, ist uns, von Ägypten abgesehen, im einzelnen nicht genügend bekannt. Sie bestanden nicht eigentlich aus Zollabgaben, sondern aus Handelssteuern und Gebühren für die Entladung und Registrierung der Fracht und sonstige Dienste; ihre Höhe schwankte nach der Art der Waren und dem Umsatz der Kaufleute und lag zwischen zwanzig und dreißig Prozent. Auf der anderen Seite gab es Exportabgaben, die den Kaufmann benachteiligten, der nicht genug importiert hatte. Nach dem *fiqh* hätten die vom Ausland kommenden Kaufleute eine Abgabe zu entrichten gehabt, deren Höhe von der Konfession und der politischen Zugehörigkeit abhing: der ausländische Nichtmuslim sollte (Byzanz hielt es den Muslimen gegenüber entsprechend) zehn Prozent vom Wert der Ware zahlen, der *ḏimmī* (Nichtmuslim unter islamischer Herrschaft) nur fünf Prozent und der Muslim zweieinhalb Prozent. Die Praxis ist aber offenbar anders gewesen. In bezug auf den

Muslim wird die Anschauung vertreten, daß seine Abgabe mit der *zakāt* abgegolten ist, die er nur einmal im Jahr zu entrichten hat. Internationale Handelsverträge senkten, jedenfalls seit dem 10. Jahrhundert, die Abgaben mit Rücksicht auf gegenseitige politische Beziehungen oder den Bedarf an bestimmten Waren. Auch scheint an den binnenländischen Grenzen (anders als in den Häfen) von jedem Kaufmann auf alle vom Ausland kommenden Güter einheitlich ein Zehnter erhoben worden zu sein. Wie auch immer die genaueren Bestimmungen waren: hätten die Muslime erhebliche Vorteile genossen, so wäre schwer erklärlich, warum sich ihnen immer mehr ausländische Händler anschlossen, sie endlich sogar verdrängten, denn nichts deutet darauf hin, daß Fremde ihre Waren unter dem Namen eines islamischen Partners einführen konnten.

Wir wiesen schon darauf hin, daß im *fiqh* merkwürdig wenig über den großen Handel gesagt wird; das beweist, daß dieser auf vor- und außerislamischen Traditionen beruhte. Zwar ist von Gewohnheiten und Einrichtungen die Rede, deren sich der Handel bedient, aber wir finden keine näheren Angaben zu ihrer Rolle in der Praxis. Trotzdem müssen wir den Versuch machen, einige dieser Gewohnheiten zu erläutern, denn für die vergleichende Handelsgeschichte sind sie von großer Bedeutung.

Schwierigkeiten für die Kaufleute wie für die Steuerbehörde schuf der Transport von Geldmitteln. Häufig führte man, wie erwähnt, neben den Waren Bargeld in Münzen mit sich, und ebenso mußten Steuergelder verschickt werden. Die Geldsäcke nahmen zwar geringen Raum ein, aber ihr Transport schloß beträchtliche Risiken in sich, und man suchte nach Mitteln, solche Sendungen auf ein Minimum zu beschränken. So gab es die Zahlungsanweisungen der Steuerbeamten (vgl. o. S. 114), die oft *sakk* genannt wurden (daher unser Wort ›Scheck‹). Schon die Antike hatte Kreditverfahren entwickelt, die das islamische Mittelalter übernehmen und vervollkommnen konnte, deren Gebrauch es auf alle Fälle wesentlich erweiterte. Das wichtigste Mittel des bargeldlosen Zahlungsverkehrs war der Wechselbrief (dies die übliche, wenn auch nicht ganz zutreffende Übersetzung); die Rechtsbücher nennen ihn mit dem arabischen Wort *ḥawāla* (›Überweisung‹), aber in der Praxis war er unter dem persischen Namen *suftağa* bekannter. In dem hier angewandten Verfahren übergab A dem B einen Brief und bat darin einen Dritten, C, dem B bei seiner Ankunft eine bestimmte Summe vorzulegen, die A im umgekehrten Falle wieder erstatten werde; so verfügte B am Zielort seiner Reise über die notwendigen Mittel, ohne daß er Bargeld dorthin hatte mitnehmen müssen. Das Verfahren war vorteilhaft, aber doch nur begrenzt anwendbar, denn A und C mußten sich ja persönlich, zumindest brieflich, kennen; es handelte sich also um die Vereinbarung eines geschlossenen und auf einige Orte beschränkten Personenkreises. Zudem erforderte dieser Geschäftsverkehr eine ständige Korrespondenz, worin die Beteiligten einander über den Stand ihrer gegenseitigen Guthaben informierten. Aus dem Basra des 11. Jahrhunderts ist uns ein anderes Verrechnungssystem bekannt, wir würden es heute Clearing nennen: die Kaufleute machten Einlagen bei einer Art Bank, und der wechselseitige Zahlungsverkehr geschah durch schriftliche Überweisungen. Wir wissen nicht, ob das Verfahren häufiger angewandt wurde, nur, daß die Anweisung gewöhnlicher Bankeinlagen für Zahlungen an Dritte im allgemeinen verboten war, außer im Falle ausdrücklicher und beglaubigter Anordnung.

Noch vor alledem aber erhob sich für den Kaufmann das Problem, wie er zu dem nötigen Kapital kommen könne, und dem ›Kapitalisten‹ stellte sich die nicht minder schwierige Frage, wie es nutzbringend anzulegen sei. Nur in Sonderfällen handelte ein Kaufmann ausschließlich mit seinen eigenen Waren, in der Regel machte er Geschäfte für andere. Für die Verbindung zwischen Kapital und Arbeit gab es vor allem zwei Formen. Die eine ist die *širka,* die eigentliche Kapitalgesellschaft: Kapital und Handelsgut gehörten mehreren Besitzern, und der Gewinn wurde nach vereinbarter Quote unter ihnen geteilt. Interessanter ist die *muḍāraba* oder der *qirāḍ,* verwandt mit der italienischen *commenda* des späteren Mittelalters und zu ähnlicher Perfektion entwickelt. Hier erhielt ein Kaufmann von einem Kapitalgeber Geld, das er gewinnbringend anlegen mußte; vom Profit erhielt er sodann einen Anteil. Diese Praxis war auch in Byzanz und unter den Juden bekannt, aber es darf als sicher gelten, daß sie von den Muslimen feiner ausgebildet und geschickter gehandhabt wurde, so daß der reisende Kaufmann gegen das immer erhebliche Risiko des Unternehmens wirksamer geschützt war. Die *muḍāraba* beruht auf dem Umstand, daß das Gesetz nur Darlehen in Geld, nicht aber in Waren zuließ. Diese Einschränkung (an die man sich in der Praxis nicht immer hielt) bedeutete, daß die Darlehenssumme zur Vermeidung jeglichen Risikos als Geldbetrag vereinbart wurde; aber sie untersagte dem Kaufmann niemals, sich die empfangene Summe, ob sie nun in Bargeld ausgezahlt wurde oder nicht, in Waren umwandeln zu lassen. Das gleiche gilt dann für die *commenda* der Italiener – hier kam freilich der Umstand hinzu, daß der Mangel an barem Geld im Westen das Darlehen in Form der Ware selbst, immer natürlich zu festem Preis, mehr und mehr zur Regel machte.

Leute, die in Geschäften oder anderer Gründe wegen verreisen mußten, oder auch Reiche, die – im Blickpunkt der Öffentlichkeit – nicht all ihr Geld bei sich zu Hause aufbewahren wollten, deponierten es an verschiedenen Stellen. Sie konnten die Treuhänder ermächtigen, es zu benützen, aber nach strengem Recht mußte das Geld in den hinterlegten Stücken selbst zurückgegeben werden – verständlich bei der Unregelmäßigkeit der Münzen. Ebenso war es mit den Pfändern.

Im Prinzip untersagte der Islam, wie alle mittelalterlichen Religionen, das Zinsdarlehen, den ›Wucher‹, arabisch *ribā*. Welche Bräuche oder Mißbräuche die ersten Muslime eigentlich verbieten wollten und aus welchen tieferen Gründen, läßt sich schwer sagen; die Nachwelt wandte das Verbot auf veränderte Umstände an, so daß sich die ursprüngliche Intention nicht mehr genau erkennen läßt, auch verfälscht die Anwendung europäischer Terminologie ein wenig die Sachlage. Der Islam hat, wie wir sahen, grundsätzlich nichts dagegen, daß arbeitendes Kapital Ertrag bringt. Verurteilt wird die Ausbeutung der Armut durch Wucher, wenn z. B. ein Sack Datteln dem Eigentümer ohne Risiko und eigene Arbeit zwei Säcke einbringen soll, verurteilt wird in jedem Fall ein überhöhter Zinssatz auf Darlehen. Die Ausweitung der Vorschrift hat die Verleiher behindert, aber auch hier hat man Mittel und Wege gefunden, sie in fast legaler Weise zu umgehen: durch Scheinkäufe, durch Schuldverschreibungen, die mehr als die empfangene Summe bescheinigten, und ähnliche Praktiken.

Allgemein läßt sich sagen, daß der *fiqh*, der den kleinen Handel bis ins einzelne regelte, um nicht nur jede Unredlichkeit, sondern auch jedes Risiko auszuschalten, den Erfordernissen des Groß- und Fernhandels, aus dem Wagnis und Ungewißheit nun einmal nicht zu verbannen waren, schlecht entsprach. Dennoch besteht kein Anlaß zu einseitiger Kritik. Die *muḍāraba* begegnete dem Risiko des Kaufmanns besser als die entsprechenden Verfahren von Byzantinern oder Juden, und jüdische Kaufleute legten oft Wert auf die Feststellung, daß sie islamische Vertragsformen benützten. Man sieht daraus, daß sogar Nichtmuslimen das islamische Gesetz und die islamische Praxis zuweilen als ein Fortschritt gegenüber früheren Zeiten bzw. umliegenden Ländern erschien.

Die ›Bankgeschäfte‹, von denen wir gesprochen haben, wurden nicht von hauptberuflichen Bankiers ausgeführt. Weder in der islamischen noch in der christlichen Welt gab es bis zum Ende des Mittelalters eine Trennung zwischen Bankier und Kaufmann in der Weise, wie wir sie heute kennen. Da war zunächst der *ṣairafī*, der Geldwechsler, daneben der *ǧahbaḏ* (vgl. o. S. 114), dem als Finanzbeamten des Staates der Geldwechsel und die Münzkontrolle anvertraut waren. Auf der anderen Seite stand der wohlhabende Kaufmann, der aufgrund seines verfügbaren Kapitals und der Sicherheiten, die er bot, Einlagen entgegennehmen und Darlehen vergeben konnte; aber auch Persönlichkeiten aus anderen Zweigen des Wirtschaftslebens konnten Geschäfte dieser Art machen. Diese waren dem *ṣairafī* nicht untersagt, aber er

scheint sich relativ selten damit befaßt und dann nur geringere Summen umgesetzt zu haben. Der Fall, daß jemand verschiedene Tätigkeiten zugleich ausübte, ist bezeugt, war aber doch die Ausnahme.
Man hat den Gedanken geäußert, daß die Entwicklung des Kaufmannswesens im Islam des Mittelalters eine Ursache für den Aufschwung der ›jüdischen Bank‹ gewesen sei, und hat als Beispiel die beiden jüdischen Großbankiers Aaron und Phineas angeführt, die im abbasidischen Staat um das Jahr 900 eine bedeutende Rolle spielten. Angeblich konnte man diese Bankiers als Nichtmuslime mit Geschäften beauftragen, die vom islamischen Recht verurteilt wurden. Nun durfte man zwar nach allgemeiner Auffassung den Anhängern anderer Religionen durchaus manches hingehen lassen, was den eigenen Glaubensgenossen verboten war, aber das mosaische Recht untersagte den Geldverleih auf Zins im strengen Sinne genauso wie der Islam. Auf der anderen Seite zogen die Juden, wie schon bemerkt, in der abbasidischen Epoche immer mehr in die Städte; naturgemäß suchten sie als kleine Minorität die Protektion der Staatsgewalt. So konnten ihre internationalen Beziehungen, die den Christen infolge der Kirchenspaltung fehlten, dahin wirken, daß die Juden sowohl Handelsgeschäfte machten als auch die Aufgaben einer Staatsbank übernahmen. Dennoch darf man keineswegs, wie es heute gern geschieht, ›Jude‹ mit ›Bankier‹ geradezu gleichsetzen; diese Gleichung hatte unter anderen Gegebenheiten ihre Berechtigung, aber nicht in der abbasidischen Zeit. Damals gab es Juden in allen städtischen Berufen, von den bescheidensten bis zu den angesehensten, und auch die Kaufleute unter ihnen widmeten sich mehr dem Handel mit Waren als ausgesprochenen Geldgeschäften. Umgekehrt kennen wir aus der Zeit der Aaron und Phineas durch mannigfache Zeugnisse die Namen christlicher, zarathustrischer und muslimischer Bankleute. Muslime waren die Māḏarā'īs – während der ersten Hälfte des 10. Jahrhunderts die Finanzherren Ägyptens – und die drei Brüder Barīdī, die zur gleichen Zeit in Basra eine ähnliche Rolle spielten und in Chusistan eine nahezu autonome Macht darstellten.
Eine konfessionelle Statistik des Wirtschaftslebens zu geben ist nicht möglich, wesentlicher ist auch die Frage, wie die private und die mehr oder weniger offizielle Tätigkeit dieser Leute ineinandergreifen. Folgende kurze Feststellungen mögen die Verflechtung des Reichtums aus dem Handel, aus dem Grundbesitz und aus dem öffentlichen Dienst oder aufgrund des staatlichen Rangs charakterisieren. Die Kaufleute legen ihre Gewinne zum Teil wieder im Handel an, zum Teil aber auch, der Sicherheit wegen, in Boden- und Hausbesitz. Umgekehrt bewirtschaften die großen Grundbesitzer ihre Güter im Hinblick auf die Absatzmöglichkeiten des Handels und investieren selbst im

Handel durch *qirāḍ* (s. o. S. 193) oder auf andere Weise einen Teil ihrer Gewinne. (Dabei fragen sie nicht danach, ob der Kaufmann, der ihre Geschäfte wahrnimmt, ihr Glaubensbruder ist oder nicht.) Die Grundherren sind oft hohe Beamte oder Offiziere der Armee; ihr Besitz liegt also schon im Bereich der Staatsmacht, erst recht dann, wenn es sich um Mitglieder der herrschenden Familie oder um den Kalifen selbst handelt. Andererseits haben wir gesehen, daß der Staat sich oft an Kaufleute oder sonst Begüterte wendet, um ihnen Steuerbezirke zu verpachten, oder sei es auch nur, um Geld von ihnen zu leihen. Für den Kaufmann sind solche Verbindungen infolge der Begehrlichkeit der führenden Kreise und ihrer wechselnden Zahlungsfähigkeit nicht ohne Risiko, dennoch kommt er im ganzen auf seine Rechnung. Er verfügt über Summen, die weit über seinem persönlichen Besitz liegen, und streicht den mit diesen Geldern erzielten Gewinn in seine Tasche. Diese Verquickung des privaten und öffentlichen Kapitals (man findet sie bei den großen italienischen Bankiers im Ausgang des Mittelalters wieder) ist für eine bestimmte Phase in der kommerziellen Entwicklung charakteristisch.

Man hat aus heutiger Sicht viel über die Frage diskutiert, in welchem Maße die Wirtschaft des mittelalterlichen Islams kapitalistisch zu nennen sei. Die Antwort hängt vor allem davon ab, was man unter Kapitalismus verstehen will. Die treffendste Formulierung hat wohl Maxime Rodinson, einer der besten Kenner der Materie, gegeben. Nach ihm besitzt der mittelalterliche Islam unbestreitbar einen ›kapitalistischen Bereich‹, ist indessen nicht in seiner gesamten Wirtschaft kapitalistisch zu nennen. Dieser Bereich liegt wesentlich im Handel, nicht in der Industrie, in welcher der europäische Kapitalismus wurzelt. Man darf ihn weder unterschätzen noch zu hoch bewerten; die Macht der Kaufleute ist nicht zu leugnen, ebensowenig aber die Tatsache, daß im Laufe der Kämpfe des 10. und 11. Jahrhunderts die militärische Macht, die wirtschaftlich auf dem Grundbesitz beruht, die Oberhand gewinnt. Gewiß spielen die Kaufleute weiterhin eine große Rolle, aber sie stehen an zweiter Stelle und im Dienst der Militärs, die sie ausbeuten, wenn es ihnen gefällt. Eine sachgerechte Darstellung des islamischen ›Kapitalismus‹ darf auch diese Phase nicht übergehen.

9. Die Armee und die politischen und sozialen Wandlungen von der Mitte des 9. bis zur Mitte des 10. Jahrhunderts

In den vorausgehenden Kapiteln hatten wir immer wieder Anlaß, über das erste abbasidische Jahrhundert hinausblickend die tiefen Wandlungen anzudeuten, denen das Regime im Laufe des zweiten Jahrhunderts der Dynastie unterlag. Sie gingen zum guten Teil von der Armee aus; wir haben diese bisher außer Betracht gelassen, müssen aber jetzt einiges über sie sagen.

Die Armee der Eroberungszeit bestand ausschließlich aus Arabern, Kämpfern des Heiligen Krieges, denen ein Teil der Beute und eine Rente zustand. Da die Beute beträchtlich war und viele der Männer ihrem Stamm mehr oder weniger verbunden blieben und so keine staatliche Versorgung beanspruchten, waren die Kosten der Kriegführung gering. Die Hauptwaffe war die Begeisterung, der einzige technische Vorteil über den Gegner war die Beweglichkeit – zwei Dinge, die nichts kosteten. Doch hatte sich von dem Kalifat der Umaiyaden an vieles geändert, wie es unvermeidlich war: die Entfernungen lockerten die Bande zwischen den Kämpfenden und ihren Stämmen, die Eroberungen wurden schwieriger, die Kampfformen aufwendiger, der Gewinn geringer. Dementsprechend fiel eine geregelte Besoldung mehr und mehr ins Gewicht. Zudem standen die Araber nicht mehr allein, denn man hatte in der Berberei, in Zentralasien, im nordwestlichen Iran, in Kilikien und anderswo eingeborene Grenzbewohner für die Armee angeworben. All das machte eine kompliziertere militärische Organisation notwendig.

Unter den Abbasiden trat die Rolle der Araber, wie in allen Bereichen, so auch im Militär zurück. Die abbasidische Revolution beschleunigte hier eine unaufhaltsame Entwicklung und gab ihr zugleich eine besondere Richtung. Die Armee, die ihr vor allem zum Sieg verholfen hatte, war die chorasanische, und da sie ihren Platz behielt, verloren die Araber ihre anfangs überragende Stellung in der Kriegführung und ihren früheren Anteil am Gewinn. Die Ereignisse in der Regierungszeit al-Ma'mūns hatten das Mißtrauen des Kalifen gegen die Araber verstärkt; sein Nachfolger al-Muʿtaṣim ließ in Ägypten offiziell keine Araber mehr anmustern, und auch an der byzantinischen Grenze wurde ihre Rekrutierung beschränkt. Nicht daß die arabischen Truppen überhaupt verschwunden wären, aber es kam zu einer Trennung zwischen der regulären Armee, die vorwiegend aus Chorasaniern bestand, allein im *Dīwān* registriert war und daher allein Sold empfing, und den Grenzfreiwilligen des Heiligen Krieges, die nur von ihrer Beute lebten, von der Re-

gierung mehr und mehr ignoriert wurden und sich ihrerseits immer mehr von ihr lösten. Von der Armee der Eroberer, dem Mutterboden der Aristokratie, fiel so ein guter Teil der Araber ins Beduinenleben und in die Armut zurück.
Ursachen und Wirkungen dieser Entwicklung waren aber nicht allein volksmäßig-politischer, sondern auch technischer Art. Die arabische Kriegführung beruhte wesentlich auf der kämpferischen Leistung des einzelnen und kannte weder schwere Bewaffnung noch taktischen Einsatz von Bogenschützen noch gar den Belagerungskrieg. Daher genügte sie zur Verteidigung und Erweiterung des großen Reiches nicht mehr, um so weniger, als jetzt in ganz Eurasien die schwere Reiterei eine wachsende Rolle spielte. Die Chorasanier dagegen hatten aus alter Tradition eine ausgebildete Kriegskunst bewahrt. Sie kannten berittene Bogenschützen, die es bei allen Grenzbewohnern Zentralasiens, den seßhaften wie den wandernden, gab, und sie kannten auch die Taktiken der Zermürbung und die Techniken der Belagerungsmaschinen und des ›griechischen Feuers‹ (Brandgeschosse aus Naphtha). Alles das konnte nur eine Berufsarmee, wie es die chorasanische jetzt war, gründlich erlernen und beherrschen.
So gibt es von nun an zwei Heere oder vielmehr ein einziges reguläres Heer und daneben lokale Truppen, die außerhalb von ihm stehen. Die im *Dīwān* registrierte Armee ist jetzt straff organisiert und unterliegt einer strengen Aufsicht. Die Abhandlung des Qudāma über die Staatsverwaltung vom Beginn des 10. Jahrhunderts gibt uns ein lebendiges Bild aller Überwachungsmaßnahmen von den Identitätskontrollen bis zur Überprüfung der Ausrüstung; auch über die Verhältnisse im fāṭimidischen Ägypten unterrichtet uns eine entsprechende Schrift. Die Angehörigen dieser Armee sind die einzigen, die ›wahrhaften‹ Soldaten, *aǧnād,* und allein dieser Truppe mit ihrer Kriegsmaschinerie neben der individuellen Bewaffnung gebührt der Name Armee (*ǧaiš, ʿaskar*). Zu ihrer Ergänzung läßt man zuweilen, aber nur aus besonderen Anlässen, Freiwillige (*muṭṭauwiʿa*) zu, meist Männer, die es vorgezogen haben, sich von Räuberbanden oder von den *ʿayyārūn* zu lösen. Sie werden schlechter und nur vorübergehend besoldet, auch beschränkt sich ihr Einsatz auf Deckungsoperationen. Für die Ausbildung der ständigen Armee geht man daran, die alten griechischen und iranischen Schriften über die Kunst der Feldschlacht und der Belagerung zu übersetzen oder zu bearbeiten, und die Strategen der Armee sind stolz darauf, alle Regeln der Kriegskunst zu kennen. Auch beginnt man, die Armbrust zu benützen, die wahrscheinlich in Zentralasien im 8. oder 9. Jahrhundert erfunden wurde und die zwar nicht so leicht zu handhaben war wie der Bogen, dafür aber von stärkerer Wirkung dort, wo man sie einsetzen konnte. Weiter verbesserte man für eben diese Armee die schweren Waffen

wie z. B. die Wurfschleuder, die Wurfmaschine und das ›griechische Feuer‹ und Techniken wie den Belagerungsturm.
Die Verwaltung der Grenzgebiete hatte in Kleinasien insbesondere Hārūn ar-Rašīd neu organisiert (s. o. S. 96), und durch die Errichtung von Festungen hatte er ihre Verteidigung gesichert. Hier und anderswo unternahmen die Grenzbewohner und Freiwillige jeder Herkunft immer wieder ihre kurzen Beutezüge als andauernde Fortsetzung des Heiligen Krieges, ohne dabei noch Eroberungsabsichten zu verfolgen. Die Grenzbesatzungen einiger größerer Orte von besonderer Bedeutung wie Tarsus lebten von frommen Stiftungen der Gläubigen; die anderen, die mit arabischen oder sonstigen Stämmen verbunden blieben, von ihrem Bodenbesitz oder Herden. Sie sind vergleichbar jenen Soldaten mit kleinem Grundbesitz, die Byzanz wie zuvor Rom an den Grenzen angesiedelt hatte. Zwar gab es Unterschiede diesseits und jenseits der Grenze, was die Institutionen und die Religion anbetraf, kaum aber im täglichen Leben der Menschen, die zwischen zwei muslimischen Überfällen friedlich zusammenlebten und sich nach Sitte und Lebensführung in jeder Weise nahestanden. Einen lebendigen Eindruck von der Atmosphäre dieser Grenzgebiete haben das byzantinische Epos vom Helden Digenes Akritas und die arabischen Ritterromane über ʿOmar an-Nuʿmān oder den Saiyid al-Baṭṭāl bewahrt. – Auf islamischer Seite hießen diese Männer *ġāzī* (von der arabischen Bezeichnung des Beutezugs, *ġazwa,* daher unser Wort Razzia). In Zentralasien, wo sie den Türken gegenüberstanden, hatten solche Grenztruppen schon unter den vorislamischen Iraniern oder Sogdiern existiert. Nun aber gab es diese Truppen an allen Grenzen, z. B. im Sudan, wo sie besonders zahlreich waren. An gefährdeten Punkten der Grenze schlossen sie sich gern zu halb religiösen, halb kriegerischen Gemeinschaften zusammen, die in klösterlichen Forts, *ribāṭ*s lebten. Aus den Bewohnern der sudanesischen *ribāṭs, al-murābiṭūn,* sollte im 11. Jahrhundert die Dynastie hervorgehen, die wir nach der spanischen Form dieses Wortes die Almoraviden nennen.
Schließlich unterhielt der Staat (aber auch einzelne Seeräuber taten es) vor allem im Mittelmeer Kriegsflotten, die durch einen Küstendienst unterstützt wurden.
Indessen vollzog sich im zweiten Viertel des 9. Jahrhunderts in der eigentlichen Armee des Kalifen eine Umschichtung, die in der natürlichen Entwicklung der Dinge lag, im einzelnen aber das Werk desselben Muʿtaṣim war, von dem die erwähnte Zurückdrängung der Araber in der Armee ausging. Muʿtaṣim war den Chorasaniern nicht im gleichen Maße wie Maʾmūn verbunden; während Maʾmūn der Familie von Ṭāhir selbständige Befehlsgewalt übertragen hatte, um sich ihrer militärischen Unterstützung im Iraq zu versichern, mochte Muʿtaṣim so weitgehende

Autonomie eines Gouverneurs gefährlich erscheinen, denn sie konnte nicht nur die Truppenaushebung in Frage stellen, sondern auch zu einer Bedrohung für ihn selbst werden. Er suchte dagegen zur Sicherung seiner Herrschaft eine ihm vorbehaltlos ergebene persönliche Garde zu schaffen, die nicht mehr aus Söldnern, sondern aus Sklaven bestehen sollte; diese mußten möglichst in jungem Alter erworben und aufgrund ihrer militärischen und moralischen Eignung ausgewählt werden und sollten infolge ihrer Herkunft mit den innerislamischen Parteikämpfen nichts zu tun haben. Es erschien gut, sie aus einer noch heidnischen und kriegerischen Bevölkerung zu nehmen und sie zugleich zu bekehren; in Frage kamen die Dailamiten der südkaspischen Berge und vor allem die Türken Zentralasiens, deren mehr oder weniger islamisierte Vettern aus Ferghana (dorther stammte z. B. der General Afšīn) sich durch Ausdauer, Mäßigkeit, Disziplin und Tüchtigkeit als berittene Bogenschützen ausgezeichnet hatten, Eigenschaften, die der zeitgenössische Schriftsteller al-Ǧāḥiẓ an ihnen rühmt. Die türkischen Sklaven wurden durch Händler, die speziell in den Grenzgebieten der russisch-asiatischen Steppe tätig waren, erworben und stellten von nun an in allen Ländern des islamischen Ostens und manchmal auch Westens ein beherrschendes und unersetzliches Element der Armee dar. Die Offiziere wurden zwar im allgemeinen freigelassen, blieben ihrem Herrn aber in einer Weise ergeben, die sehr viel persönlicher war als der Gehorsam der Chorasanier.
Die Schaffung dieser Armee durch Muʿtaṣim führte zugleich zu einer anderen wichtigen Neuerung. Der Kalif fühlte sich in unmittelbarer Nähe der dauernden Unruhen unter dem Pöbel Bagdads und der Parteikämpfe, in die auch die Chorasanier hineingezogen wurden, nicht sicher genug. Dazu fürchtete er die Kontakte zwischen der Stadt und seiner neuen Armee: er wollte Auseinandersetzungen verhüten, die in schwere Zusammenstöße ausarten konnten, und war vor allem um die Moral seiner neuen Truppe besorgt. Daher beschloß der Kalif im Jahre 836, Bagdad zu verlassen und sich (wie später Ludwig XIV. in Versailles außerhalb von Paris) eine neue Hauptstadt zu schaffen; er ging nach Samarra, das eine Tagesreise stromaufwärts von Bagdad lag. Für das gesellschaftliche Leben blieb Bagdad die Hauptstadt, aber ein halbes Jahrhundert lang war Samarra der Regierungssitz der Kalifen. Später wurde die Residenz wieder aufgegeben; ihre Überreste sind daher für die Archäologie von besonderem Interesse, denn die abbasidische Anlage ist hier reiner und vollständiger erhalten als in Bagdad.
Die Reform der Armee hatte jedoch auch Wirkungen, die von Muʿtaṣim nicht beabsichtigt waren. Zunächst einmal brauchte es Zeit, bis einzelne Fürsten sich auf Truppen mit einheitlich türkischer Zusammensetzung stützen konnten; was vorerst entstand,

Abb. 12: Minarett (die ›Malwīya‹) der Großen Moschee von Samarra, erbaut Mitte des 9. Jahrhunderts

war ein Nebeneinander heterogener Teile, die um Gewinn und Vorrang kämpften. Sogar unter den türkischen Offizieren selbst entwickelten sich Rivalitäten, und diese griffen auf die Truppen über, die sich ihren direkten Vorgesetzten enger verbunden fühlten als dem Kalifen. Da die Offiziere an Ort und Stelle bleiben wollten, um nicht einem Rivalen das Feld zu überlassen, ergab sich aus der Schaffung der neuen Armee schließlich eine paradoxe Folge: der Krieg nach außen kam zum Erliegen. Weil das Militär samt seinen Streitigkeiten dem Volk fremd war, wurde es zu einem Fremdkörper, und das Regime selbst, dessen politischer Führungsstab aus der Armee hervorging, wurde zu einer Fremdregierung, die man mißbilligte und nur eben ertrug.

Vor allem aber wurde das unmittelbar erstrebte Ziel am wenigsten erreicht. Da die Stärke des Kalifen auf der Kraft seiner neuen Truppe beruhte, wurde er seinerseits von ihr abhängig, und sie lernte bald, ihre Position auszunutzen. So sehen wir, wie sich das prätorianische Abenteuer des römischen Kaiserreiches wiederholt und auch hier zur Allmacht des Militärs führt. Als Mutawakkil, der Nachfolger Muʿtaṣims, auf Anstiften eines seiner eigenen Söhne von einem hohen türkischen Offizier ermordet wird (861), kann niemandem mehr verborgen bleiben, daß die Armee das Kalifat beherrscht. Beim Tode eines Kalifen sind es von nun an die einflußreichsten Offiziere, die mangels einer genauen Nachfolgeordnung aus der Dynastie den Bewerber aussuchen, von dem sie aufgrund seines Charakters, seiner Jugend und der Verpflichtungen, die ihm die Umstände seiner Ernennung auferlegen, die größte Willfährigkeit ihren materiellen Wünschen gegenüber erwarten können. So kommt der Augenblick, da Mustaʿīn, der zweite Nachfolger Mutawakkils, die Residenz Muʿtaṣims wieder verläßt und nach Bagdad flieht, um dort vor seiner Armee Schutz zu suchen. In Samarra wird Muʿtazz zum Kalifen ausgerufen, und eine schreckliche Belagerung Bagdads ist die Folge. Mustaʿīn wird hingerichtet (866), aber bald darauf auch Muʿtazz, da er seine den Truppen gegebenen Versprechungen nicht halten kann (869). Der ständige Wechsel und die Schwäche der Regierungen begünstigten die Aufstände der Zanǧ, der Qarmaṭen und anderer, und so kann der Kalif weniger als je den unentbehrlichen Truppen die Stirn bieten. Die Tatsache, daß Muʿtamid 892 wieder Sitz in Bagdad nimmt, ändert daran nichts – die Türken waren schon vor ihm dort eingezogen.

Im Bewußtsein ihrer Machtstellung erhöhte die Armee ihre Forderungen weiter. Je mehr aber die Kosten für die Unterhaltung des Heeres stiegen, desto weniger war der Staat in der Lage, die Stärke der Armee der durch die Loslösung östlicher und westlicher Provinzen verminderten Größe seines Territoriums anzupassen. Berechnungen aufgrund der überlieferten Dokumente haben gezeigt, daß vom ordentlichen Etat des abbasidischen Staates um 900 – er betrug, wie wir sahen, etwa 14 Millionen *dīnār* – rund die Hälfte an die Armee ging. Wie sollte man diese Summe Jahr für Jahr aufbringen, wo doch die Einkünfte der Staatskasse keineswegs regelmäßig eingingen? Wäre es gelungen, Ordnung in die Verwaltung zu bringen, hätte dies eine Hilfe, aber keine Lösung bedeutet. Die Militärgouverneure verlangten die selbständige Verwaltung eigener Provinzen, um über deren finanzielle Mittel verfügen zu können. Dies System gefährdete den Zusammenhalt des Reiches, hatte allerdings den Vorzug der Vereinfachung, da so jeder Befehlshaber für Unterhalt und Einsatz seiner Armee zu sorgen hatte; man mochte hoffen, daß die Vielzahl der Führer ihren Ehrgeiz in Schranken halten würde. Auf diese Weise erhielten Ibn Abī 's-Sāǧ und Aḥmad ibn Ṭūlūn den Befehl über die Randprovinzen Aserbaidschan und Ägypten, und es dauerte nicht lange, bis sie sich von der Zentralregierung lossagten.

Das Problem, den materiellen Ansprüchen des Militärs nachzukommen, stellte sich auf niederer wie höherer Ebene, im zentralen *Dīwān* so gut wie bei den autonom gewordenen Gouverneuren. Man hatte das Defizit der Staatskasse zunächst ausgleichen können, indem man an die Militärs mit Vorrang *qaṭāʾiʿ*-Güter verteilte (s. o. S. 149), die aus dem öffentlichen Landbesitz genommen wurden, solange es solchen gab; aber die Verleihung dieser Güter war in der Regel endgültig und erblich, und so war der Bestand bald erschöpft. Statt dessen begann man, zur Vergabe an die Offiziere *ḫarāǧ*-Boden in zehntpflichtiges Land umzuwandeln, in der Weise, daß man ihnen das Steueraufkommen der Bewohner (den *ḫarāǧ*) zuwies, auf das sie selbst, wie auf sonstige Einkünfte auch, nur den Zehnten zu entrichten hatten. In Ägypten blieb dieses System, sieht man von gewissen Besonderheiten der ägyptischen Wirtschaft ab, bis ins 12. Jahrhundert in Brauch. In anderen Fällen ging man auf das Anerbieten der Offiziere ein, die Steuern eines Verwaltungsdistrikts in Pacht zu nehmen und sich mit dem (oft erheblichen) Überschuß zu begnügen. War ein Militärführer zum autonomen Herrn einer Provinz geworden, so war es die Armee, die sich durch ihn den Vorrang ihrer Forderungen sichern konnte, und die anderen mußten darauf warten, daß die Armee, die ja nun die gesamte Verwaltung übernommen hatte, die Kosten des zivilen Haushalts beglich.

Der Verteilung von *qaṭāʾiʿ* der neuen Art, die man jetzt mit dem Abstraktum *iqṭāʿ*, ›Konzession‹, bezeichnete, reiht das Militär in die Bodenaristokratie ein. Zwar hebt der *iqṭāʿ* das Eigentumsrecht des vorhergehenden Besitzers *de jure* nicht auf, sondern überträgt lediglich einer Privatperson das Recht auf die Steuereinnahmen, die grundsätzlich dem Staat zustehen. Aber es liegt auf der Hand, wie sehr der Erwerb des Landes, gesetzlich oder nicht, dem *muqṭaʿ* (dem Nutznießer des *iqṭāʿ*) erleichtert wird. Selbst dort, wo er sich im juristischen Sinne nicht zum Eigentümer macht, gewinnt er dem vorigen Besitzer gegenüber eine so starke Stellung, daß dieser jetzt nur noch auf dem Papier Besitzer, in Wirklichkeit aber dem *muqṭaʿ* hörig ist. – Die Offiziere kümmerten sich um ihre Distrikte nur, um zu ihren Einkünften zu kommen, und wenn diese auch nur im geringsten nachließen, woran die auf Ausbeutung bedachte Verwaltung oft selbst schuld war, verlangten sie den Tausch gegen einen anderen Distrikt; zum anderen konnte der Staat seinerseits mit dem Wechsel der Sklaven (denn Sklaven waren ja die türkischen Militärs) auch den *muqṭaʿ* wechseln, und damit wurde das Risiko eines Anspruches auf erblichen Besitz weiterhin geringer. Diese beiden Umstände verhinderten, daß ›Lehnsherrschaften‹ entstanden. Unvermeidlich dagegen bildete sich eine Fremdaristokratie und mit ihr eine Art von militärischem Kolonialismus, der zwar nicht einem fremden Staat diente, aber doch einer sozialen Schicht, die keine Wurzeln mehr in der eingeborenen Bevölkerung hatte.

So konsolidierte sich allmählich das Regime, das man als ein Regime des *amīr al-umarāʾ* (›Emir der Emire‹, Oberbefehlshaber der Armee) bezeichnen kann und das längst begonnen hatte, bevor der Chef der Prätorianer diesen Titel offiziell trug. Zuerst verliehen wurde er dem Eunuchen Muʾnis; er hatte den Kalifen Muqtadir (908–932) im Kampf gegen den Aufstand seines Dichter-Vetters Ibn al-Muʿtazz gerettet und war schon seit dem Jahre 908 der eigentliche Herr das Kalifats. Im Besitz einer iranischen Provinz, deren Erträge speziell dem Unterhalt seiner Truppen dienten, lenkte er fünfundzwanzig Jahre hindurch die innere und äußere Politik der Kalifen, ernannte und entließ Wesire, ja die Kalifen selbst, bis Qāhir, dem er zum Kalifat verholfen hatte, die letzte Möglichkeit des Souveräns ergriff, ihn absetzte und hinrichten ließ (933). Muʾnis war ein Mann von großer Intelligenz und ein geschickter Regent, der die Erfordernisse einer gesunden Verwaltung kannte. Diejenigen aber, die ihm mit dem Titel ›Emir der Emire‹ nachfolgten, brachten die zwölf Jahre von seinem Tode bis zum Einzug der Būyiden in Bagdad damit zu, sich die Reste des Staatsschatzes streitig zu machen und sich durch ihren Machtkampf, wie ehedem die römischen Prätorianer, gegenseitig zu vernichten.

Aber nicht nur die Armeen der Kalifen bekämpften sich auf diese Weise. Von dem Augenblick an, da Söldner und Sklaven, die nur einem Manne Gehorsam schuldeten, den Vorrang im Heer erhielten, war für jeden Abenteurer der Weg frei, dem es mit Glück gelang, sich eine Heeresmacht zu schaffen – so wie es später in Italien mit den Condottieri der Fall war. Aus solchen Anfängen stiegen nicht nur mehrere kleine Dynastien auf, sondern auch die bedeutendste unter jenen, die sich im 10. und 11. Jahrhundert die Beute des zerfallenen Kalifats streitig machten: die Būyiden. Im Verlaufe dieser Entwicklung konnten sogar die eingeborenen, kriegerisch gearteten Völkerschaften einzelner Regionen als militärische Klientel ehrgeiziger Männer wieder zu unerwarteter Bedeutung kommen, zum Beispiel die Beduinen des Fruchtbaren Halbmonds, die Berber und die Kurden. So entstanden andere Dynastien: die arabischen Ḥamdāniden in Mesopotamien und Nordsyrien und kleinere Fürstentümer, die sich in die Stammländer der Dailamiten und Kurden teilten. Im Osten hat sich jedoch kaum eine der verschiedenen Dynastien aus eigener Kraft behaupten können — auch sie brauchten türkische Sklaven. Die militärische Hegemonie, welche die Türken im Osten übernahmen, wurde im Westen vor dem 13. Jahrhundert von Schwarzen und Slawen ausgeübt, allerdings nie mit solcher Ausschließlichkeit, denn einerseits waren diese hier gleichmäßiger in den zivilen und militärischen Ämtern vertreten, andererseits stellten auch die Eingeborenen, zumindest die Berber in Spanien, weiterhin einen starken Anteil am Berufssoldatentum; so wurde die radikale Trennung vermieden, die für den Osten charakteristisch ist. Dort bleibt von nun an die politisch-militärische Karriere den (mehr oder weniger eingebürgerten) Fremden vorbehalten, und daneben gibt es zwei verschiedene zivile Laufbahnen, die der *kuttāb* und der *ʿulamāʾ*.

Es muß paradox erscheinen, daß die abbasidische Verwaltung in dieser Epoche den Höhepunkt ihrer Entwicklung und offenbar auch den höchsten Grad von Autonomie erreichte. Sie war in der Tat stark geworden, hatte den Kräften des politischen Zerfalls erfolgreich entgegengewirkt, und der Niedergang der Macht des Kalifen war ihrer Stellung und Tätigkeit zugute gekommen. Die Vorherrschaft der Armee ließ keine starke Kalifenpersönlichkeit zu, verlangte jedoch, damit die materiellen Ansprüche befriedigt werden konnten, eine tüchtige, vom Kalifen relativ unabhängige Administration. Daher wurde dem Wesir, der anfangs nur der allgemeine Ratgeber und persönliche Beauftragte des Kalifen gewesen war, nun die oberste Leitung aller Verwaltungsressorts übertragen. Demgemäß geht er nicht mehr aus dem Kreis der Diener oder Vertrauten des Fürsten hervor, sondern aus der Aristokratie der *kuttāb*, deren Laufbahn in dieser Stellung ihre Krönung findet. Aber wie bei den Militärführern entstehen auch bei den *kuttāb* Cliquen und Interessengruppen, deren jede ihre Klientel bildet, und häufig ist ein solcher Verwaltungsclan mit einem militärischen eng verbunden, zuweilen auch mit einer Familie der religiösen Hierarchie. Daher werden unter ihnen ebenfalls Kämpfe ausgetragen, Wesire kommen nach

schweren Auseinandersetzungen zu Fall und ziehen ihre Klientelen mit sich, so daß die Verwaltung von heftigen Erschütterungen heimgesucht wird. Der Wesir ist im Grunde eine Art Unternehmer, der sich seine Untergebenen im Dienst der Regierung heranholt und sie wieder entläßt — sie kehren nur allzu gern zurück, wenn er sie von neuem beruft. Zumindest einige der Wesire waren hervorragende Leute, insbesondere die beiden Rivalen ʿAlī ibn ʿĪsā und Ibn al-Furāt, die das Wesirat in der Zeit des Emirs Mu'nis abwechselnd bekleideten.
Die Grundlage des Wesirats blieb jedoch schwach. Bei der Führung der Regierungsgeschäfte mußte der Wesir sowohl das Vertrauen des Kalifen wie auch das Wohlwollen des jeweiligen Oberhauptes der Armee besitzen und sich ihre Gunst trotz der Geldforderungen des einen wie des anderen, die er nicht immer sogleich erfüllen konnte, zu bewahren verstehen. Was konnte für beide vorteilhafter sein, als sich seiner zu entledigen und sich an seinem Privatvermögen schadlos zu halten? Solange Mu'nis lebte, blieb dem Wesirat eine gewisse Festigkeit und Würde, aber nach ihm kam eine Zeit der Anarchie. Als die Būyiden auf ihre Weise die Ordnung wiederherstellten, wurde das Amt des Wesirs von neuem zu echter Geltung gebracht, erhielt aber auch einen völlig neuen Charakter, denn nun hatte es selbst in der Theorie keine Verbindung mehr mit dem Kalifat.
Das Kalifat ist im Prinzip ein von Gott zur Anwendung seines Gesetzes übertragenes Amt. Tatsächlich aber ist es bald von der Höhe der Theokratie herabgesunken und gegenüber den Gewalten der realen Macht in den Hintergrund getreten, die von nun an, obwohl das Kalifenamt dem Titel nach bis zum Jahre 1924 besteht, allein das Feld beherrschen. Anders ist zum Beispiel im benachbarten Byzanz, das wirtschaftlich, sozial und kulturell so manche verwandten Züge aufweist, der Basileus ein souveräner Herrscher geblieben, ohne daß je ein selbstherrlicher ›Wesir‹ oder ›Emir der Emire‹ neben ihm in Funktion trat. Das liegt daran, daß der Basileus ganz allgemein von seiner Stellung her in einer glücklicheren Lage war; er wurde, römischer Tradition entsprechend, vom Heer auf den Thron erhoben und stand daher — wenigstens zu Beginn der meist recht kurzlebigen Dynastien — auf einem starken Fundament säkularer Macht. Sein Amt konnte durch die religiöse Weihe geheiligt werden, war aber in seiner Wurzel nicht religiösen Ursprungs. Als die Macht der Emire sich festigte, als sie ›Sultane‹ ihrer Provinzen wurden, kamen sie der byzantinischen Regierungsform sehr nahe. Das Besondere der islamischen Staatsauffassung war die Idee einer von göttlichem Geist erfüllten und einer Familie übertragenen Macht, die folglich im Prinzip nicht beseitigt werden konnte. Wohl aber konnte man diese Macht praktisch so sehr aushöhlen, daß sie nur noch Theorie und Repräsentanz war, und eben dies

ist, wie bei dem japanischen Mikado, eingetreten. Das islamische (wie vor ihm das mosaische) Ideal eines Staates, in dem das göttliche Gesetz Gestalt gewinnt, scheiterte an den harten Realitäten dieser Welt. Gewiß regierten auch die neuen Herren in dem Bestreben, rechtgläubige Muslime zu sein und das islamische Gesetz zu verwirklichen, aber sie besaßen von vornherein keine Autorität und Vollmacht zu ihrem Amt. Statt dessen kam ihnen nur die alte Regel zugute, daß die Menschen zum Wohl des Ganzen oft ein Übel ertragen, weil Auflehnung Schlimmeres bedeuten würde — an die Grundlagen des Islams selbst rührten diese Herrscher ja nicht.

10. Die Entwicklung der politisch-religiösen Bewegungen von der Mitte des 9. bis zur Mitte des 10. Jahrhunderts

Die sozialen Veränderungen, von denen wir im vorigen Kapitel gesprochen haben, werden von geistigen Wandlungen begleitet, die auf ihre Weise, ohne daß ein direkter Zusammenhang sichtbar würde, einen Zustand der Gärung, der Milieu- und Klassengegensätze verraten und selbst wieder auf die politische Struktur der islamischen Welt zurückwirken.

Die antiislamischen oder synkretistischen Sekten, die im 8. Jahrhundert, wie oben dargestellt, vor allem in Iran eine Rolle spielen, verschwinden von der Mitte des 9. Jahrhunderts an entweder vollkommen, oder sie leben fortan nur noch in kleinen, verborgenen Gruppen ohne Einfluß. Aber nicht alle ihre Mitglieder werden nach ihrer Bekehrung treue Anhänger der abbasidischen oder ›sunnitischen‹ Orthodoxie. Einerseits setzt sich zwar der Islam endgültig durch, und sogar das Christentum und der Zarathustrismus (weniger das Judentum, das ohnehin eine kleine Minorität bildet) gehen, vor allem im Laufe des 10. Jahrhunderts, sehr wesentlich zurück, wenn man von bestimmten Gebieten absieht. Andererseits schließt sich jedoch ein stellenweise beträchtlicher Teil der neuen Muslime nicht dem offiziellen Islam, sondern oppositionellen Sekten an, deren missionarische Aktivität intensiver ist. Eine dieser Gruppen, die im frühen Islam von größter Bedeutung war, verliert allerdings von nun an jeden öffentlichen Einfluß: die Ḫāriǧiten, die zu Ende des 9. Jahrhunderts im Orient nur noch in Oman und Ostafrika eine gewisse Rolle spielen. Im Maghreb sind sie länger – bis zu dem Aufstand des Abū Yazīd, des ›Mannes mit dem Esel‹ (s. u. S. 229) – von Bedeutung geblieben, aber seit der Mitte des 10. Jahrhunderts ziehen sie sich auch dort in versteckte Gemeinden zurück und sind schließlich nur noch im südalgerischen Mzab anzutreffen, wo sie heute wieder hervortreten. Der Rückgang dieser Bewegung, die einmal breite Volksschichten zu beeindrucken und für sich zu begeistern vermocht hatte, kann überraschen, ist aber vielleicht damit zu erklären, daß sie ihre Anhänger im Osten vor allem unter den Beduinen, im Westen allzu ausschließlich unter den Berbern gefunden hatte. Zudem hatte aber wohl im Osten ganz einfach der Umschwung der Zeit, im Westen die Konsolidierung und politische Organisation ihrer Gruppe die revolutionäre Dynamik der Ḫāriǧiten verbraucht. Jedenfalls finden wir revolutionären Geist fortan bei anderen, vor allem šīʿitischen Sekten und sogar bei einigen Sunniten.

Alle Gruppen der Šīʿa sehen in ʿAlī den rechtmäßigen Nachfolger des Propheten und leiten ihre Legitimation von einem seiner Nachkommen ab; die Geschichte der Šīʿa ist daher aufs engste mit der alidischen Familie* verbunden.
Von einer ersten šīʿitischen Familie, jener, die sich auf Zaid beruft, haben wir schon gesprochen; zwar ist Zaid der Enkel Ḥusains, doch die Imāme der Zaidīya sind fast ausschließlich Ḥasaniden, da die Ḥusainiden andere Auffassungen haben. Wie wir sahen, unterscheiden sich die Zaiditen in der Lehre, sieht man von der Wahl des Imāms ab, sehr wenig von der ›sunnitischen‹ Gruppe, wie sie in den Abbasiden vertreten ist. Nach ihrer Anschauung muß der Imām ein Alide sein, doch schließt sein Amt nicht von vornherein Erblichkeit und göttliche Erleuchtung ein; er muß sich des Imāmats durch Wissen und kriegerische Tüchtigkeit würdig erweisen. Nach Zaids Tod (740) traten die Zaiditen unter den ersten Abbasiden in mehreren Aufständen hervor; unter dem Regime der Muʿtazila, der sie nahestanden, verhielten sie sich ruhig, wurden aber darauf wieder aktiv. Sie hatten nicht die Absicht, das Kalifat in ihre Hand zu bringen, aber sie strebten nach einer günstigen Gelegenheit, in begrenzten Gebieten eine Zuflucht für ein eigenes Staatswesen zu gewinnen. Auf die Dauer gelang ihnen dies, wie wir noch sehen werden, nur in Tabaristan und im Jemen. Der eigentliche Begründer der zaiditischen Dogmatik ist al-Qāsim ibn Ibrāhīm ar-Rassī in der ersten Hälfte des 9. Jahrhunderts. Ebenfalls auf zaiditische Abstammung, wenn auch nicht so sehr auf die zaiditische Lehre, beruft sich im dritten Viertel desselben Jahrhunderts der Führer des Zanǧ-Aufstandes — ein Beweis dafür, welche soziale Resonanz die Zaidīya durch die bloße Tatsache einer oppositionellen Haltung in gewissen Kreisen auszulösen vermochte.
Die anderen Šīʿiten, die eine größere und anhaltendere Rolle spielten, sind dem ḥusainidischen Geschlecht verbunden und entwickeln allmählich die — den Arabern ursprünglich fremde — Idee einer rechtmäßigen Erbfolge, die vom Vater auf den Sohn übergeht; als Imām gilt das Haupt der Zweiglinie, ob es seinen Anspruch öffentlich erhebt oder nicht. Wenigstens geht diese Folge bis zur schicksalhaften Zahl Zwölf (ʿAlī und Ḥasan eingeschlossen). Der zwölfte Imām hingegen bleibt für immer ›verborgen‹, ja die Sekten der Šīʿa, die ihn nicht anerkennen, bestreiten sogar, daß er je geboren wurde. Von 873, dem Todesjahr des elften, bis 939 haben vier ›Mittler‹ behauptet, mit dem Imām in Verbindung zu stehen und seine Weisungen stellvertretend zu erfüllen. Dann aber wird auch diese Hoffnung hinfällig, und auf die ›kleine‹ *ġaiba* (›Abwesenheit‹, ›Verborgenheit‹) folgt die große *ġaiba*, die erst vor dem Ende der Zeiten

* Die Genealogie ihrer Imāme ist in der Übersicht am Schluß des Bandes dargestellt.

aufhören wird, wenn der Imām als der *Mahdī* (›der Rechtgeleitete‹) — eine messianische Gestalt — zurückkommt, um die Gerechtigkeit wiederherzustellen. Das Ende der Zeiten aber, so glaubt man, stehe nahe bevor. Praktisch folgt daraus: Da es keinen rechtmäßigen Imām gibt, der die Führung der Gemeinschaft übernehmen kann, muß man die tatsächlichen Regierungen gelten lassen, und weiter müssen, da kein erleuchteter Imām die Offenbarung und das Gesetz fortführt, die Gelehrten aufgrund der Unterweisungen der ersten Imāme das überlieferte Gesetz studieren. Die Situation der Šīʿa kommt damit jener des ›sunnitischen‹ Dogmas recht nahe. In diesem Kreis also, den man nach seinen zwölf Imāmen gewöhnlich die imāmitische oder ›Zwölfer‹-Šīʿa nennt, ist man mehr darauf bedacht, die Gemeinschaft der Glaubensbrüder materiell und geistig zu heben, als die Auflehnung gegen das bestehende Regime zu betreiben. Zwar hat es später Aufstände gegeben, die sich auf diese Doktrin beriefen und daraus ihren Nutzen zogen; dennoch kann man kaum sagen, die Aufständischen hätten in ihrem Namen gehandelt. Die Lehre hingegen wird in den Zeiten politischer Ruhe weiterentwickelt und den veränderten Umständen angepaßt. Das passive Verhalten der Anhänger findet nun seine Rechtfertigung in der Aufforderung zur *taqīya,* dem Rat, in einer feindlichen Umgebung kluge Zurückhaltung, ja Verstellung zu üben. Nach dem Scheitern aller Bemühungen um politische Macht sollte damit eine Wiederholung der Katastrophen vermieden werden, aus denen die Gemeinde geschwächt und ohne Gewinn hervorgegangen war. Insbesondere der Imām muß um jeden Preis gerettet werden, denn er empfängt vor aller Aktion seinen Teil der göttlichen Erleuchtung und ist daher eine Persönlichkeit von höchstem Rang. Hiermit rechtfertigt man wiederum für die Vergangenheit passives Verhalten und begründet für die Gegenwart die ›Abwesenheit‹ des Imāms. — Die Imāmiten bekleiden in Bagdad einflußreiche Stellungen; viele von ihnen haben sich im Handel, in der Landwirtschaft oder in Staatsämtern ein Vermögen erworben. Andererseits gewinnen sie, besonders in Mesopotamien und Nordsyrien, einen großen Teil der halbnomadischen Araber für sich, die bis dahin zum Ḫāriǧismus neigten, schließlich gewisse Kreise der iranischen Bevölkerung, städtische Kaufleute und Dailamiten vor allem (s. u. S. 243). Doch muß man sich von dem falschen Schluß freimachen, die imāmitische Šīʿa sei, weil sie seit dem 16. Jahrhundert in Iran die offizielle Glaubenslehre ist, schon im Mittelalter dort allgemein beheimatet gewesen.

Auch wenn diese Lehre ›radikal‹ erscheinen mag, weil sie den Imām, einen verborgenen dazu, über die gewöhnlichen Menschen hinaushebt, ist sie doch praktisch maßvoll, denn in der Politik predigt sie eine Haltung des Abwartens und der Besonnenheit. Von gleicher Art, aber schärfer noch ist der Kontrast zwischen extrem-šīʿitischer Lehre und politischem Quietismus bei einer anderen Sekte, den Nuṣairiern. Zwar hat sie niemals große Bedeutung gewonnen, ist aber doch erwähnenswert, weil sie noch heute besteht und weil sie aus der Umgebung der sogleich zu betrachtenden Ismāʿīlīya stammt. Das Geheimnis, mit dem sich die Nuṣairier immer umgeben haben, hat manche Diskussionen über ihr wahres Wesen ausgelöst, und sie haben dadurch stärkeres Interesse als größere, aber weniger esoterische Sekten auf sich gezogen. Da ihr Name ›kleine Christen‹ bedeuten kann, aber auch dem alten Namen einer nordsyrischen Tetrarchie ähnelt, in deren Gebiet sie heute zahlreich vertreten sind, hat man sie mit beidem in Verbindung gebracht, von anderen, noch schwächeren Hypothesen nicht zu sprechen. In Wahrheit aber geht der Name zurück auf Ibn Nuṣair, den Initiator und ersten Theologen dieser Richtung. Er trat um 860 als autorisierter Mittler des zehnten Imāms, ʿAlī an-Naqī, und von dessen Sohn Moḥammad auf (nicht dieser, sondern sein Bruder gilt bei der ›Zwölfer‹-Šīʿa als elfter Imām, während der zwölfte von den Nuṣairiern nicht anerkannt wird). Möglicherweise war Ibn al-Furāt, der Großwesir des Kalifen al-Muqtadir, einer der hohen Würdenträger der Sekte; jedenfalls war sie zu seiner Zeit im Iraq zu Hause. Sie hat dann offenbar bei den Fürsten der ḥamdānidischen Dynastie in Obermesopotamien und Nordsyrien Eingang gefunden und vermochte sich von daher in den nordsyrischen Bergen an der byzantinischen Grenze eine Zuflucht zu sichern, als sie Angriffen ausgesetzt war; dort besteht sie unter den Namen Anṣārier oder ʿAlawiten noch heute. In der neuen Umgebung inmitten einer Bevölkerung, die einen besonderen, dem Islam fremden Charakter bewahrt hatte, mußte sie neue, synkretistische Züge annehmen, die ihren Ursprung nicht mehr klar erkennen ließen. Jedenfalls war im 10. Jahrhundert das bestimmende Merkmal ihres Glaubens allein die außergewöhnliche Stellung ʿAlīs: er wurde als Inkarnation der Gottheit verehrt und weit über Mohammed selbst erhoben.

Wir kommen schließlich zu den Ismāʿīliten. Heute gibt es von ihnen nur noch kleine Gruppen wie die Drusen in Syrien und Palästina und die Nizārī des Agha Khan in Syrien, Persien und Indien; diese unterscheiden sich freilich sehr von ihren Vorfahren. Im 10. und 11. Jahrhundert aber stellten sie die weitaus bedeutendste Bewegung des šīʿitischen Islams dar und verursachten starke Unruhen im ganzen Reich. Lange Zeit war ihre Geschichte und Lehre der wissenschaftlichen Forschung fast ebenso schwer zugänglich wie die der Nuṣairier. Die Sunniten, denen die Ismāʿīlīya schlechthin ein Greuel war und die sie schließlich nahezu vernichteten, haben alles darangesetzt, ihre Spuren auszulöschen; so verfügten wir lange Zeit nur über die

Zeugnisse ihrer Feinde, deren Absicht, so bedeutend und aufrichtig diese Männer gewesen sein mögen, doch nicht dahin gehen konnte, dem Standpunkt und der Religiosität der Ismāʿīliten gerecht zu werden, zumal auch sie ihrer Gemeinschaft die Weihe des Esoterischen zu geben suchten. Aber seit einer Generation ist eine große Zahl ismāʿīlitischer Bücher ans Tageslicht gekommen, Schriften, die im Jemen, in Zentralasien, in Indien acht Jahrhunderte lang verborgen lagen. Ihre schwierige Bearbeitung ist noch lange nicht abgeschlossen, aber sie hat bereits gesicherte Ergebnisse gezeitigt, welche frühere Auffassungen als überholt erscheinen lassen. Ein weiteres Problem ergab sich daraus, daß die ismāʿīlitische Dynastie der Fāṭimiden, die in Ägypten und Syrien zu großer politischer Macht gekommen war, der Bewegung eine neue Richtung gab und ihre Ursprünge überdeckte. Die fāṭimidischen Schriften, fast die einzigen, die erhalten sind, können daher nur mit Vorbehalt als Quellen für die frühe Geschichte der ismāʿīlitischen Bewegung herangezogen werden.

Die Ismāʿīlīya hat ihren Namen von Ismāʿīl, einem der Söhne des sechsten Imāms Ǧaʿfar aṣ-Ṣādiq. Als er noch vor seinem Vater um 760 starb, erkannte sie seinen Sohn Moḥammad als rechtmäßigen Anwärter auf die Nachfolge an, während die Imāmiten Ismāʿīls Bruder Mūsā al-Kāẓim und seine Nachkommen als die legitimen Imāme verehrten. Warum es eigentlich zu dieser Spaltung kam, läßt sich nicht genau ermitteln. Vielleicht hatte der bloße Umstand, daß Ismāʿīl vorzeitig starb, einige zu dem Schluß geführt, daß er nicht zum Imāmat gekommen sein könne, und sie hatten daher ihre Stimme auf seinen Bruder übertragen. Wie auch die Ausgangssituation gewesen sein mag – jedenfalls blieb eine Gruppe Ismāʿīl treu und entwickelte eigentümliche Anschauungen, die vielleicht auf ihn zurückgehen und sowohl Ǧaʿfar als auch den Erben der ›offiziellen‹ Linie fremd sind. Ihre Lehre soll ursprünglich von einem Manne namens Abū 'l-Ḫaṭṭāb formuliert, dann von ʿAbdallāh ibn Maimūn al-Qaddāḥ, dem Führer der Bewegung in der zweiten Hälfte des 8. Jahrhunderts, weiter ausgebildet worden sein. Wir müssen jedoch zugeben, daß wir von Leben und Lehre der Sekte, bevor sie plötzlich im letzten Viertel des 9. Jahrhunderts mit starker missionarischer und politischer Aktivität in Erscheinung tritt, keine authentischen Nachrichten haben. Ja, wir wissen nicht einmal, ob sie vorher als solche wirklich existiert hat, ob nicht vielleicht die Bewegung sich erst bei ihrem öffentlichen Auftreten nachträglich auf Ismāʿīl berief.

Zunächst steht die Frage nach dem rechtmäßigen Imām noch im Zentrum der neuismāʿīlitischen Lehre. Sieben Imāme werden gezählt; mit dem siebten trennt sich die Sekte von der Zwölfer-Šīʿa, weshalb man sie oft als ›Siebener-Šīʿa‹ bezeichnet. Der letzte in dieser Reihe ist Moḥammad, der Sohn Ismāʿīls, von dem die anderen Šīʿiten nichts wissen und der sich bis zum Ende der Tage ›verborgen‹ hat. Nach dem Glauben gewisser Zweige der Ismāʿīliten hat es noch weitere Imāme gegeben, aber Namen und Reihenfolge sind unklar, und es scheint darüber auch keine Einigkeit geherrscht zu haben. Es ist nicht einmal sicher, ob in der Genealogie der Imāme neben den natürlichen nicht auch ›spirituelle‹ Nachkommen angenommen wurden, deren Reihe über ʿAbdallāh ibn Maimūn führte. Da sich der Imām nur einer verschwindend kleinen Zahl von Eingeweihten offenbart, tritt praktisch nur sein Stellvertreter, *ḥuǧǧa* (›Zeugnis‹), in Erscheinung, und offenbar weiß man gar nicht immer, ob man es mit dem Imām oder mit dem ›Zeugnis‹ zu tun hat. Ins volle Licht der Öffentlichkeit wird der Imām erst bei seiner eschatologischen Wiederkunft als der *Mahdī* oder *Qāʾim* treten, aber trotzdem hat bis dahin jede Generation ihren rechtmäßigen Imām. Mit der Entwicklung der Imāmatslehre taucht ein für die Zukunft bedeutungsvoller Gedanke auf, der aber mit den erwähnten gnostisch-synkretistischen Strömungen der Zeit in Verbindung steht. Danach gilt jeder Imām gleichsam als Wiedergeburt eines der sieben großen Propheten der menschlichen Geschichte: Noah, Abraham, Moses, Jesus, Mohammed, ʿAlī und Moḥammad ibn Ismāʿīl. Manche glauben, daß dieser letzte nicht gestorben, sondern noch immer (im Gebiet von Byzanz) lebend gegenwärtig sei. Was Mohammed für alle offenbart hat, erhält durch Moḥammad ibn Ismāʿīl seinen geheimen tieferen Sinn. Wenn Moḥammad damit auch hinter dem siebten zum *Mahdī* ausersehenen Imām an Bedeutung zurücktritt, so steht er doch im Gegensatz zu der nuṣairischen Vorstellung höher als ʿAlī. Zwar sind die Ismāʿīliten Aliden, was die Übertragung des Imāmats betrifft, bleiben aber ›Mohammedaner‹: wie es heißt, stellen sie das Prinzip *mīm* (Buchstabe M) über das Prinzip *ʿain* (erster Buchstabe von ʿAlīs Namen).

Die Lehre der Siebener-Šīʿa suchten ihre Anhänger, wahrscheinlich in Verbindung mit einem im syrischen Salamīya verborgenen Imām, im letzten Drittel des 9. Jahrhunderts im Jemen und in Syrien zu verbreiten, und zwar in geistig anspruchsloser Form, so daß aus ihrer Tätigkeit recht wenig Literatur hervorging. Im Iraq wurde die Bewegung in der Phase ihres ersten Aufschwungs von einem gewissen Ḥamdān Qarmaṭ geführt, und der Name ›Qarmaṭen‹ hat sich erhalten. Aber der Sinn des Wortes Qarmaṭ – es ist nabatäisch-aramäischen Ursprungs – ist dunkel; wir können daher nicht entscheiden, ob Ḥamdān ›Qarmaṭe‹ war oder ob die Qarmaṭen seinen Namen angenommen haben. Jedenfalls wandte sich seine Propaganda, die sogleich nach der Vernichtung der Zanǧ einsetzte, vor allem an die bäuerliche und halbbeduinische Bevölkerung der iraqisch-arabischen Grenzgebiete und offenbar auch an die Überlebenden jener Kreise, die — über die ›Schwarzen‹ hinaus — von den Führern der Zanǧ gewonnen worden waren. Man hat den Gedanken geäußert, daß Ibn Waḥšīyas *Nabatäische Landwirtschaft,* die in diesem Augenblick erschien, auf ihre Weise die Opposition der ›Nabatäer‹ zur bagdadischen Gesellschaft zum Ausdruck gebracht habe, und es ist möglich, daß Ibn az-Zaiyāt, dem Ibn Waḥšīya seine Schrift diktiert haben will, mit einem bekannten alidischen ›Extremisten‹ identisch ist. Das muß nicht bedeuten, daß die *Landwirtschaft,* die einen ganz anderen Zweck verfolgte, ein qarmaṭisches Werk war, zeigt aber, daß die qarmaṭische Bewegung in jenem Milieu einer verbreiteten und vielgestaltigen Opposition Wurzel faßte. Jahrelang waren die Qarmaṭen im Iraq um den Euphrat herum die wirklichen Herren, und sie behielten dort auch dann noch großen Einfluß, als sie, aufs ganze gesehen, schon niedergeworfen waren. Man darf sich jedoch von dem sozialen Hintergrund der Bewegung kein falsches Bild machen. Aus sporadischen Äußerungen in ismāʿīlitischen oder der Ismāʿīlīya nahestehenden Werken und aus vereinzelten ungewöhnlichen Vorkommnissen, die sich in Bagdad oder anderswo zugetragen haben, hat man schließen wollen, daß die Ismāʿīlīya bei der Bildung islamischer ›Berufsgenossenschaften‹ eine wichtige Rolle gespielt habe; wir haben aber schon bei der Darstellung des Berufslebens darauf hingewiesen, daß es für diese Theorie keine stichhaltigen Argumente gibt. Den Gedanken weiterführend hat man sodann in der qarmaṭischen Bewegung den Ausdruck eines ›Klassenkampfes‹ gesehen. Ohne Frage hat sie von ihrer Basis her einen sozialen Charakter, aber ihrem historischen Zusammenhang nach gehört sie weniger in das Kapitel der Kämpfe eines städtischen ›Proletariats‹ gegen die herrschende Schicht als vielmehr in die Reihe jener ›messianischen‹ Bewegungen, deren es im Mittelalter unter der Landbevölkerung aller Regionen so viele gegeben hat. Der soziale Bezug geistiger Bewegungen ist unbestritten, aber wir dürfen uns nicht von oberflächlichen und halbwahren Argumenten dazu verleiten lassen, mit den Begriffen der modernen Soziologie eine fragwürdige Analogie zwischen jenen Ereignissen und den Erscheinungen moderner Gesellschaften herzustellen. — In der Folgezeit blieb das eigentliche Qarmaṭentum (auf andere ismāʿīlitische Gruppen werden wir noch zu sprechen kommen) in den iraqisch-syrischen Grenzgebieten und an mehreren Stellen Arabiens stark vertreten. In Bahrain bildeten die Qarmaṭen sogar einen kleinen Staat, der bis etwa 1075 bestand. Auch diese Staatsgründung hat zu verfrühten Spekulationen Anlaß gegeben; wir wissen nichts darüber, ob sie bewußt aufgrund spezifisch ismāʿīlitischer Lehren und Prinzipien erfolgt ist, denn keine der erhaltenen ismāʿīlitischen Schriften enthält Gedanken zu einer sozialen Neuordnung. Dieser Staat war demokratisch, d. h. er beruhte auf dem

Grundsatz der Gleichheit und weitgehender Gütergemeinschaft, und man hat daher von einem qarmaṭischen ›Kommunismus‹ gesprochen. Abgesehen davon, daß diese Demokratie wie alle antiken ›Republiken‹ die Sklaverei zuließ, haben wir es mit einer kleinen, homogenen Gesellschaft unter sehr einfachen wirtschaftlichen Lebensbedingungen zu tun; was man hier verwirklichte, muß kein allgemeines, auch für andere Verhältnisse entworfenes Programm gewesen sein.

Gleichfalls im Ismāʿīlitentum liegt der Ursprung der fāṭimidischen Dynastie, die im 10. Jahrhundert in Nordafrika, dann in Ägypten und Syrien zur Herrschaft kam. Als ihr Begründer trat um das Jahr 900 ein Mann namens ʿUbaidallāh auf, welcher der Mahdī zu sein behauptete oder, nach anderen Aussagen, der Imām, welcher den Mahdī ankündigte. Er gab sich als Nachkomme von Moḥammad ibn Ismāʿīl aus; ihm als dem Haupt der ismāʿīlitischen Gemeinde sei die derzeitige Generation Gehorsam schuldig. Als angeblicher Nachkomme ʿAlīs betonte er aber, daß er nicht nur durch eine Seitenlinie (wie die Abbasiden und andere) oder durch Verschwägerung (wie ʿAlī selbst) mit dem Propheten verwandt sei, sondern von Fāṭima, der Tochter des Propheten und Gattin ʿAlīs, selbst abstamme, daß er also – im Gegensatz zu den Abbasiden – ein Fāṭimide sei. So steht er am Beginn der Dynastie, die unter dem Namen Fāṭimiden in der Geschichte bekannt wurde, obwohl mehrere andere, z. B. alle zaiditischen Imāme, ebenso Fāṭimiden waren, ohne es jedoch in dieser Weise hervorzukehren. Wenn aber ʿUbaidallāh auch bei manchen Verkündern der ismāʿīlitischen Lehre Zustimmung fand, die durch ihre Mission seinen Weg bereiteten, so doch nicht bei allen, und die Qarmaṭen verharrten in einer Zurückhaltung, die trotz der gemeinsamen Feindschaft gegen die Abbasiden kaum überwindbar war und zu Zeiten bis zum offenen Bruch ging. Die ismāʿīlitische Bewegung ist also nichts weniger als einmütig, und man darf, wir wiederholen es, nicht auf alle ihre Zweige übertragen, was nur für eine, wenn auch politisch sehr starke Richtung gilt.

War es Zufall, daß man einen so begabten Missionar wie Abū ʿAbdallāh nach dem Maghreb schicken konnte, in ein Land, das dem Šīʿismus nie geneigt war? Aller Wahrscheinlichkeit entgegen gewann er dort in berberischem, der aġlabidischen Regierung feindlichem Milieu für die Ismāʿīlīya glühende, wenngleich ungebildete Anhänger. Oder war es Absicht, daß ʿUbaidallāh seinen Missionar in dieses neue und recht entfernt liegende Gebiet entsandte, um der ismāʿīlitischen Mission im Jemen und der Propaganda der Qarmaṭen, auf deren Unterstützung er sich nicht verlassen konnte, ein Gegengewicht zu geben? Jedenfalls hatte sein Unternehmen raschen Erfolg, und seit 909 entfaltete sich im östlichen und mittleren Maghreb die Macht der fāṭimidischen

Dynastie, die sechzig Jahre später Ägypten eroberte und von dort ihre Herrschaft zurück nach dem Orient, d. h. nach Palästina und Syrien ausdehnte. Wir erwähnen diese politische Entwicklung zunächst nur, um folgendes verständlich zu machen: Die fāṭimidischen Gegenkalifen, die sich erst von fern, dann unmittelbar vor die Notwendigkeit gestellt sahen, die Abbasiden zu bekämpfen, mußten eine Doktrin zu schaffen suchen, die einerseits die erbliche Legitimation ihres Anspruchs auf das Kalifat fest begründete, ihnen andererseits aber die Möglichkeit gab, die im Orient verstreuten ismāʿīlitischen Elemente zu sammeln. Diese hatten ja die wichtige Aufgabe, die zu bekämpfenden Staaten durch ihre Propaganda von innen her zu schwächen. Wir können hier auf die schillernde und schwer zu interpretierende Literatur der Fāṭimiden nicht eingehen; auf Ausläufer der Bewegung, die sich im 11. Jahrhundert selbständig machten, kommen wir zurück (s. u. S. 265 f.). Wir nennen im Augenblick nur zwei bekanntere Namen, den eines literarischen Werkes und den eines Schriftstellers. Das Werk ist eine philosophische Enzyklopädie, bestehend aus Abhandlungen einer Gruppe iraqischer Denker aus der zweiten Hälfte des 10. Jahrhunderts, die sich *Iḫwān aṣ-Ṣafā,* ›Brüder der Reinheit‹, nannten. Diese Männer standen zweifellos mit der Ismāʿīlīya in Verbindung, ihr Ton ist aber so maßvoll und ihre Gedanken sind so weit gespannt, daß die Sammlung ihrer *Briefe* von Autoren der verschiedensten Richtungen benutzt werden konnte. Eine der eindrucksvollsten Gestalten der ismāʿīlitischen Šīʿa ist der iranische Dichter, Philosoph und Reisende Nāṣir-e Ḫosrau aus der Mitte des 11. Jahrhunderts, der jedoch mit den Fāṭimiden in Ägypten keinen dauernden Kontakt unterhielt; in seinen philosophischen Schriften versuchte er, eine Harmonie zwischen griechisch-gnostischen und und islamisch-ismāʿīlitischen Anschauungen herzustellen.

Die ismāʿīlitische Theologie dieser zweiten Periode, vor allem das fāṭimidische Denken, zeigt immer stärker den Einfluß der neuplatonischen, neupythagoreischen und gnostischen Philosophie, welche die islamische Welt seit dem Ende des 8. Jahrhunderts kennengelernt hatte. Hier aber ist sie nicht mehr bloß Sache eines kleinen Kreises von Philosophen, sondern wird zum Glaubensbekenntnis der Anhänger einer großen Sekte. Ihre Organisation verlangt jedoch eine graduelle und geheime Initiation. Nicht alle Mitglieder der Gemeinde werden in die tiefere Auslegung der Lehre eingeweiht; um Anstoß zu vermeiden, paßt sie sich in ihren äußeren Formen den verbreiteten Glaubensrichtungen und kultischen Gewohnheiten an, und nur eine kleine Gruppe erfährt ihre eosterische Deutung. So kommt es auch, daß die ismāʿīlitischen Schriften, die wir besitzen, nicht in allen Punkten der Lehre miteinander übereinstimmen. Auf den sozialen und politischen Einfluß des faṭimidischen Ismāʿīlismus

werden wir im Zusammenhang mit der Geschichte des fāṭimidischen Staates noch eingehen, müssen aber hier darauf hinweisen, daß die Ismāʿīlīya im Gegensatz zu anderen Sekten über eine geheime Armee von Missionaren verfügte, die im ganzen Osten von großer Bedeutung waren, im Westen allerdings offenbar keine bleibende Wirkung ausgeübt haben.
Angesichts all dieser Bewegungen fällt es schwer, von einer sunnitischen ›Orthodoxie‹ zu sprechen, die ihnen mit gleichem Gewicht und eigenem Gesicht gegenübergestanden hätte. Ihre Rolle bestand eher darin, der Verführung durch jene entgegenzuwirken. Wir dürfen jedoch trotz dem Auftreten so vieler Heterodoxien (oder auch unter dem Einfluß moderner Kritik) nicht aus dem Auge verlieren, daß die ›Sunna‹ immer die Mehrheit der islamischen Bevölkerung vertrat, daß sie ebenso kraftvolle Denker hatte wie die Šīʿā und andere Richtungen und daß sie keineswegs nur konservativ dachte, so wenig wie die anderen nur revolutionär. Nach den Krisen des vorausgegangenen Jahrhunderts geht es den Sunniten mehr um Gleichgewicht und um Ausgleich in den strittigen Fragen und damit um die Konsolidierung der bis dahin gewonnenen Ordnung in Glauben, Recht und Staat als um die Suche nach neuen Wegen. Die Rechtswissenschaft bemüht sich um größere Sicherheit und Genauigkeit: allgemeine Handbücher werden verfaßt, der Unterschied der Prinzipien (*uṣūl*) und der Anwendungen (*furūʿ*) wird herausgearbeitet und die Kasuistik verfeinert. Meist bleiben dabei Fragen des öffentlichen Rechts, welche die Regierung betreffen, außer Betracht, doch gibt es eine bedeutende Ausnahme: die *Statuten der Regierung* von al-Māwardī (11. Jahrhundert), ein Werk, das unter besonderen politischen Umständen (vgl. u. S. 252) entstand. Die juristischen Schulen präzisieren ihre Standpunkte in systematischer Arbeit, und die Ḥanbaliten, die sich zunächst als reine Traditionalisten gaben, erlangen als die vierte der großen Schulen Anerkennung. Von nun an muß man bei der Ernennung eines Kadi darauf achten, aus welcher Schule er hervorgegangen ist, um der Bevölkerung seines Amtsbereiches Rechnung zu tragen.
Die Theologie konnte den Problemen, welche die Muʿtazila aufgeworfen und in ihrem Sinne gelöst hatten, nicht ausweichen; selbst wenn man deren Doktrin in ›orthodoxen‹ Kreisen ablehnte, konnte man ihre Methoden, Argumente und Erkenntnisse nicht ignorieren. Man suchte also nach Wegen der Vermittlung, um die ›Irrtümer‹ der Muʿtaziliten zu vermeiden, aber doch alle die Elemente ihrer Lehre und vor allem ihrer Methode zu bewahren, die keinen Anstoß erregten. Anders gesagt: Man war bemüht, alles in die Orthodoxie aufzunehmen, was sie in der Auseinandersetzung mit der Muʿtazila stärken konnte. Diese Reform der orthodoxen Dogmatik wurde gleichzeitig in Zentral-

asien von al-Māturīdī (gest. 944), dessen Wirkungsradius jedoch beschränkt blieb, und im Iraq von al-Ašʿarī (874—935) geleistet. Ašʿarīs Lehre wurde nach mancherlei Auseinandersetzungen die halboffizielle Theologie des sunnitischen Islams, so wie die des Thomas von Aquin es für die römisch-katholische Kirche wurde. Für Ašʿarī, dem wir übrigens eine sehr aufschlußreiche Darstellung der verschiedenen islamischen Sekten verdanken, kann Gott sehr wohl Attribute haben, wie der schlichte Glaube es verlangt; aber es kommt ihnen seinem Wesen gegenüber keine selbständige Wirklichkeit zu. Die Muʿtaziliten dagegen waren der Ansicht, daß die Annahme solcher von Gottes Wesen unterschiedener Attribute der Doktrin von Gottes absoluter Einheit widerspräche. Der Koran ist — auch hier modifiziert Ašʿarī den Standpunkt der Muʿtazila — ewig in seiner Substanz, ganz im Sinne des traditionellen Glaubens, aber der Text des offenbarten Wortes ist erschaffen. Gottes Allmacht läßt dem Menschen durchaus die Freiheit der Willensentscheidung im einzelnen Fall, dennoch bleibt sie die letzte Ursache aller Handlungen, denn sie allein schafft im Menschen die Fähigkeit, eine Handlung auszuführen. Alles das mag uns heute als ein Streit um Worte erscheinen, verrät aber den Willen, den naiven Glauben und das kritische Denken in Einklang zu bringen, einen Willen, welcher der Muʿtazila gefehlt und ihr Scheitern in erster Linie verursacht hatte. Muʿtaziliten gibt es indessen auch weiterhin, und sie behalten in šīʿitischen Kreisen ihren Einfluß; noch im 12. Jahrhundert treffen wir sie in Zentralasien (hier lebt az-Zamaḫšarī, gest. 1144, dessen scharfsinniger Korankommentar auch in orthodoxen Kreisen Eingang fand), doch hat sich ihre Lehre in manchen Punkten gewandelt. In Spanien hatte Ibn Masarra (gest. 931) mit einiger Verspätung gegenüber dem Orient eine eigene Form des Muʿtazilismus eingeführt, die sich aber nicht hielt. Das religiöse Denken wurde hier von den Mālikiten beherrscht, deren kleinliches Rechtsdenken den Geistern zuwider war, die mehr Achtung vor den grundlegenden Schriften des Islams und eine Rückkehr zu den Quellen forderten. In diesem Sinne ist, wie zuvor Ibn Ḥanbal, auch Ibn Ḥazm, der große Denker und Dichter aus Cordoba in der ersten Hälfte des 11. Jahrhunderts, zu sehen.

Der Ḥanbalismus selbst, der bis dahin nur im Iraq stärker vertreten war, übte dort sowohl auf das religiöse Denken wie auf die politische Ideologie breiter Volkskreise erheblichen Einfluß aus. Man darf nicht meinen, daß alle Unzufriedenheit der Armen und Rechtlosen, soweit sie nach ideologischer Äußerung drängte, in den heterodoxen Sekten ihr Sprachrohr fand. Zwar sind in einigen Sekten der extremen Ismāʿīlīya solche Gedanken enthalten, aber sie fehlen fast ganz in der Literatur der Fāṭimiden, deren Imām es ja zum regierenden Staatsoberhaupt gebracht hatte. In Bagdad aber wirft das einfache Volk der von der Šīʿa mehr oder weniger geprägten Bourgeoisie gerade ihre ›Neuerung‹ vor — schwerster Tadel, den man erheben konnte. Die soziale Unruhe im Volk und die Rückkehr der Theologie zu den Quellen sind hier, wie sehr oft im Mittelalter, eng miteinander verbunden. Im Namen des Ḥanbalismus begehrt das Volk Bagdads zu Beginn des 10. Jahrhunderts auf, als es sich unter dem Einfluß des Agitators Barbahārī den Umsturzbestrebungen der Armee und anderer Gruppen anschließt.

Aufs Ganze gesehen zeichnet sich aber etwa vom Ende des 10. Jahrhunderts an in den dogmatischen Diskussionen eine gewisse Müdigkeit ab; man stellt fest, daß kein Erfolg der einen oder anderen Bewegung ein wahrhaft islamisches Regime zur Herrschaft gebracht hat und daß die Uneinigkeit in der Gemeinschaft nur immer neue Zwietracht sät. Diese Reaktion ist der ›Orthodoxie‹ natürlich günstig; dennoch ist sie organisatorisch nicht ohne weiteres zur Bildung gemeinsamer Grundsätze und Ziele nutzbar zu machen, denn eben dies charakterisiert ja die ›Orthodoxen‹ anfangs, daß sie, anders als die oppositionellen Sekten, nicht in Gruppen organisiert sind, sondern außerhalb solcher Gruppen stehen und daß der abbasidische Staat seit dem Fall der Muʿtazila keine einheitliche offizielle Doktrin mehr besitzt. Während die Fāṭimiden in Kairo gegen Ende des 10. Jahrhunderts mit der Azhar-Moschee eine berühmte Hochschule gründen, während dann sogar die Šīʿiten von Bagdad eine ähnliche Einrichtung schaffen, beschränken sich die abbasidischen Kalifen darauf, lediglich in offiziellen, von den Šīʿiten gegengezeichneten Kommuniqués die Nichtigkeit der fāṭimidischen Genealogie zu proklamieren. Indessen entsteht in Zentralasien und im östlichen Iran der Gedanke, Schulen zur Förderung der Orthodoxie einzurichten und hierfür einen orthodoxen Lehrkörper heranzuziehen. Einige werden unter den Sāmāniden und den Ġaznawiden ins Leben gerufen, und in den folgenden Jahrhunderten entwickelt sich diese Institution, die *madrasa* (Medrese), zu beträchtlicher Bedeutung.

Mögen die vorgenannten Bewegungen auch über ihre dogmatische Intention hinaus den schlichten Glauben und die soziale Unzufriedenheit ansprechen, eines ist ihnen doch allen gemeinsam: sie bemühen sich — dies um so stärker, je gründlicher die Auseinandersetzungen einzelnen Fragen nachgehen — um Wissen und Erkenntnis und wenden sich, mögen sie uns heute auch recht irrational erscheinen, an den Verstand und das logische Denken. Aber auch im Islam gab es Vertreter einer anderen religiösen Haltung, und so erhoben Männer ihre Stimme, denen das Streben nach sittlicher Reinheit und die unmittelbare Vereinigung des Herzens mit Gott wichtiger waren als die dogmatische Formulierung der Lehre. Es waren die Mystiker, die man

nach der einfachen Wollkutte (*ṣūf*), welche die Asketen unter ihnen trugen, bald allgemein Ṣūfīs nannte.
Die dogmatische, rational argumentierende Seite der islamischen Literatur hat die Anschauung begünstigt, das Ṣūfītum sei ein vom Christentum oder vom Buddhismus herrührendes Korrektiv, da der Islam aus sich heraus etwas Derartiges nicht hätte entwickeln können. Selbstverständlich haben die Muslime die christlichen Mönche gekannt und von den buddhistischen Asketen gehört. Ebenso gewiß hat die nichtarabische Bevölkerung, die sich zum Islam bekehrte, bestimmte von den Vätern überlieferte Formen religiöser Verehrung und Kontemplation bewahrt. Aber fraglos enthält auch der Islam selbst Elemente, die eine Entwicklung in dieser Richtung möglich machten. Der Prophet selbst gab als Empfänger der Offenbarung ein Beispiel, dessen Einmaligkeit keineswegs eine Nachfolge auf dem Wege intuitiver Gotteserkenntnis ausschloß, und gewisse Koranstellen oder *ḥadīṯe* ließen eine entsprechende Deutung zu. Im Anfang freilich waren die einzigen Muslime, auf die als Vorfahren sich die ›Mystiker‹ berufen können, jene Männer, die angesichts des Wohllebens und des Sittenverfalls der oberen Klassen (Erscheinungen, die nach der Eroberung des Reiches zutage traten) Entsagung, Lauterkeit und Hingabe an Gott predigten und übten. Andere mögen wohl zugleich eine Reinigung ihrer religiösen Vorstellungen gesucht haben und von daher den Gedanken mancher früher Muʿtaziliten nahegekommen sein. Der Mann, zu dem sie alle – Mystik wie *kalām* – als dem großen Ahnherrn aufsahen, war Ḥasan al-Baṣrī (›von Baṣra‹), der 728 starb. Er zog sich nicht aus der Welt zurück, sondern führte ein tätiges Leben im Kreise seiner Mitmenschen, und wir finden bei ihm weder eine Theorie vom mystischen Einswerden mit Gott noch überhaupt eine antiintellektuelle Haltung. Was er wollte, war: aufrichtig und rechtschaffen leben und seine Freunde zu einem ebensolchen gottwohlgefälligen Leben führen. Auch Ibn Ḥanbal, ein Jahrhundert später, war ein Asket dieser Art, nur war er nach seinen Erfahrungen mit der Muʿtazila mißtrauischer hinsichtlich der Abwege, auf die eine ›intellektuelle‹, spekulative Theologie führen konnte.
In der Epoche Ibn Ḥanbals tritt jedoch ein neuer Typus des Mystikers hervor. Wir begegnen nun Männern, die angesichts unfruchtbarer Gelehrtenstreitigkeiten durch ihre Lebensführung zum Ausdruck bringen, daß wahrer Glaube allein in der Ergebenheit des Herzens besteht, die sich um solche Nichtigkeiten nicht kümmert. Gegenüber der Askese eines traurigen Verzichtes erhoffen und empfinden diese Männer die Freuden der Vereinigung mit Gott. Diese sehr persönliche Glaubenserfahrung findet bei manchen ihren Ausdruck in glühenden Dichtungen, deren Bilder dem Bereich irdischer Liebe und Trunkenheit entliehen

sind und die in Symbolen und Gleichnissen eine Theorie des mystischen Lebens, der Auslöschung des Ich im göttlichen Sein, vermitteln. Wir können nicht viele Namen anführen, müssen aber den Iraqer al-Muḥāsibī (781—857) nennen, ferner den Ägypter Ḏū 'n-Nūn (gest. 861) und Iranier Abū Yazīd (Bāyezīd) Bisṭamī (gest. 875). — Bei den führenden Männern des abbasidischen Regimes und des offiziellen Sunnismus waren die Ṣūfīs nicht beliebt, welche weltliche Ehren verachteten, die Verderbnis der Höfe geißelten und, schlimmer noch, mit ihrem Beispiel bewiesen, daß religiöses Leben unabhängig von den offiziellen Kultformen bestehen kann. Es kam zwar vor, daß sich das Volk über das Bettelwesen gewisser — wahrer oder falscher — Asketen entrüstete, aber im ganzen verehrte es diese Männer, die seine Beschwerden auf der Straße anhörten, die Reichen tadelten und den allgemeinen Klagen besser als die armen Habenichtse beredten Ausdruck zu geben vermochten. Auch Wundertaten schrieb man ihnen zu. Selbst die Söhne vornehmer Familien gesellten sich zu ihnen, sei es aus Widerwillen gegen die Dekadenz ihrer Kreise oder in Abkehr von einem ausschweifenden Leben.

Es gab jedoch Formen des Ṣūfismus, in denen man den Keim religiöser Verirrung sehen mußte. Im Bewußtsein seiner unmittelbaren Verbindung mit Gott konnte der Ṣūfī zu der Überzeugung gelangen, selbst ein Prophet zu sein; dies aber war für den Sunniten, der in Mohammed den letzten der Propheten sah, ein ebenso schockierender Gedanke wie für den Šīʿiten, der nur dem Imām die Gabe göttlicher Erleuchtung zuerkannte. Gewisse Äußerungen der mystischen Ekstase, in denen der Ṣūfī zum Ausdruck brachte, wie vollkommen Gott von seinem Ich Besitz ergreife, konnten als Identifizierung mit Gott ausgelegt werden. So glaubt man, Ḥallāǧ halte sich mit seinem berühmten »Ich bin die Wahrheit« für Gott selbst (arab. *ḥaqq*, ›Wahrheit‹, ist auch ein Name Gottes). Der Islam ist kaum je intolerant gewesen, wenn nicht politische Ziele und Konsequenzen auf dem Spiele standen. Aber gegen das Jahr 900, als das Kalifat so vielen Angriffen aller Art ausgesetzt war, wurde die politische Führung mißtrauisch. Ḥallāǧ hatte sich durch mancherlei Reden und Freundschaften der Verbindung zu den Qarmaṭen verdächtig gemacht und wurde von einem Gericht, in das man sorglich auch Šīʿiten berufen hatte, verurteilt und 922 gekreuzigt. Sein eigenes Verhalten dabei rief bewußt die Erinnerung an den Prozeß Jesu wach. Danach schieden sich die Mystiker oft in Gegner und Anhänger Ḥallāǧs und seiner Auffassung mystischen Glaubens. Die meisten waren freilich weder willentlich Ketzer noch strebten sie nach dem Martyrium. Die Generationen nach Ḥallāǧ bemühten sich vor allem darum, die mystischen Lehren zu erläutern und die öffentliche Meinung von der Tugend und dem reinen Streben der ›Heiligen‹ zu überzeugen. Hier finden wir al-Qušairī (gest. 1072), der die ṣūfische Theologie der sunnitischen Dogmatik (im Sinne Ašʿarīs) annäherte, und Abū Nuʿaim (gest. 1038) mit seinem biographischen *Lexikon der Frommen und Heiligen*. Schließlich gab es exzentrisch Überspannte wie die Malāmaṭīya, die vorgaben, sich in der Verachtung alles dessen, was nicht Gott sei, zu üben, und dabei bewußt die Gebote der menschlichen Moral verletzten. Aber auch Gemäßigtere nahmen zumindest den Gesetzen der Obrigkeit gegenüber eine Oppositionshaltung ein, die sie in die Nähe der *futūwa* rückte – diese wollte ja ebenfalls, wie wir sahen, dem Leben einen höheren Sinn geben. Die allgemeinen Umstände begünstigten, wie wir auch später feststellen werden, die Neigung zur Mystik, und gegen Ende des 11. Jahrhunderts hatte der Ṣūfismus sowohl in der Schultheologie als auch in der Volksmeinung gewonnen. Der große Denker al-Ġazālī (gest. 1111) erklärte zwar, das Herz begehe ohne Führung durch die Vernunft Irrtümer, aber noch ausdrücklicher hob er hervor, daß die Vernunft nur das dürre Skelett einer Religion hervorbringe, wenn sie nicht von der Kraft des Herzens Leben empfange.

Gleichzeitig entwickelte der Ṣūfismus organisatorische Formen des Zusammenlebens und damit auch einen Schutz gegen Exzesse von Sonderlingen. Ursprünglich hatten die Mystiker oder Asketen für sich allein gelebt. Aber Schüler scharten sich um sie, und darüber hinaus gewannen sie Anhänger, die nach dem Vorbild des einen oder anderen eine mystisch-asketische Lebensführung suchten. Es entstanden also, wenn auch noch keine religiösen Orden, so doch Schulen und Traditionen. Es gab auch hier Menschen, die in einer Gruppe zusammenlebten, und mit dem Bewußtsein der Solidarität, das dabei zur Geltung kam, war ein weiterer Weg zur *futūwa* gegeben. So sehen wir denn, wie jetzt zum erstenmal in den Kreisen der Mystiker (z. B. bei dem schon erwähnten Qušairī) eine *futūwa*-Literatur aufkommt, in der mystische Themen im Mittelpunkt stehen. Auch werden in den ṣūfischen Gemeinschaften als Übungen der mystischen Versenkung bestimmte Praktiken entwickelt, die sich verbreiten und feste Formen annehmen, z. B. der *ḏikr*, die unaufhörliche Anrufung Gottes; manchmal kommen Musik und Tanz hinzu und schaffen Voraussetzungen zur Ekstase. Obgleich der Ṣūfismus überall Eingang fand und an Bedeutung noch stetig wuchs, hatte er doch zunächst in Iran seine größte Verbreitung und Durchbildung gefunden. Zu welchen besonderen Ausprägungen er hier und in Anatolien gelangte, werden wir im Zusammenhang mit der mongolischen und der türkischen Eroberung zu betrachten haben (s. u. S. 327, 333 f.).

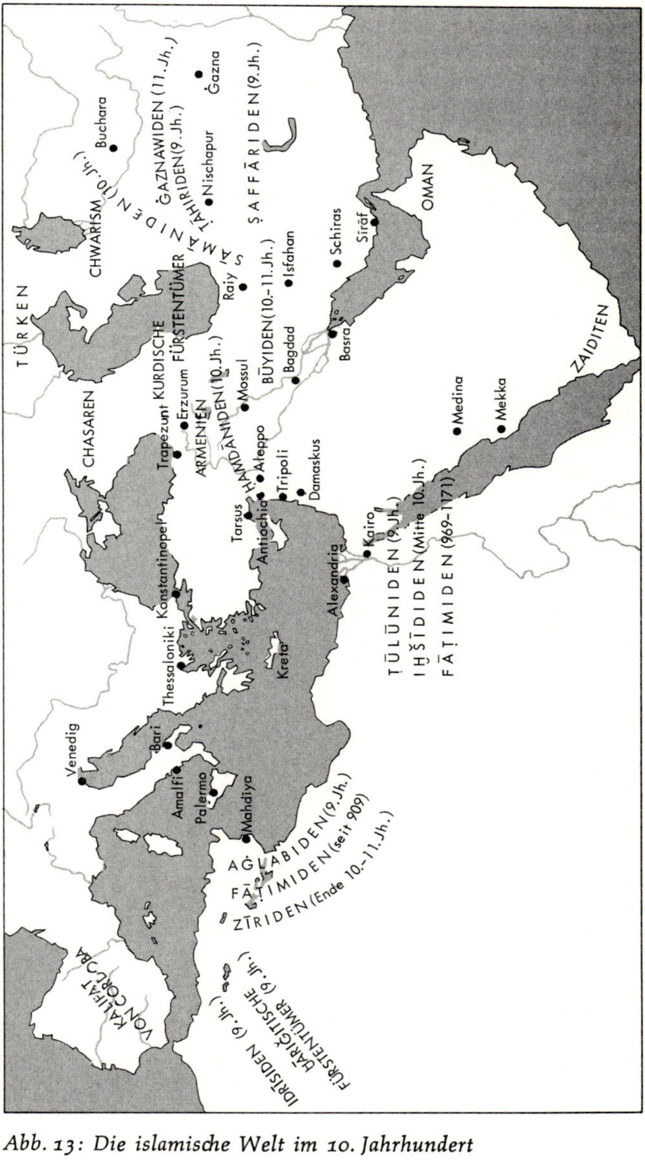

Abb. 13: Die islamische Welt im 10. Jahrhundert

11. Die politische Zersplitterung der islamischen Welt

Die Periode der politischen Emanzipation vom Bagdader Kalifat setzt in den einzelnen Ländern zu verschiedenen Zeiten ein: schon in der Mitte des 8. Jahrhunderts im Westen, in der Mitte des 9. in Zentralasien, unterschiedlich im 9. und 10. in den anderen Ländern. Die Entwicklung erreicht in den meisten Regionen im 10. Jahrhundert ihren Höhepunkt, und infolge ihrer Eigenart und Vielfalt ist diese Epoche besonders schwer darzustellen. Die Verwandtschaft der Institutionen und der sozialen Formen sowie der Zusammenhang des geistigen Lebens bleiben zu eng, als daß man nicht mehr — gegenüber anderen Gesellschaften und Kulturen der Zeit — von der einen islamischen Welt sprechen könnte. Freilich sind die regionalen Besonderheiten nie zuvor so deutlich in Erscheinung getreten, gewiß hat die Entwicklung nie so nahe an ›nationale‹ Staaten herangeführt, und wenn die islamischen Länder des Ostens, Ägyptens und Zentralasiens auch trotz aller Risse noch ein Ganzes bilden, so beginnt sich doch, obwohl noch in Verbindung mit ihnen, im Westen eine neue Einheit zu konstituieren. Wir müssen daher die politischen Ereignisse der verschiedenen Bereiche nacheinander darzustellen versuchen, können dann aber der kulturellen Entwicklung eine Gesamtbetrachtung widmen. Im 11. Jahrhundert jedoch kommt der Zeitpunkt des Umschwungs, da, nach einer Periode allmählicher Veränderungen, die Türken im Osten und die Almoraviden im Westen große politische Gebilde einer neuen Art ins Leben rufen.

I. DER WESTEN

Wir sahen schon, wie sich der äußerste Westen des islamischen Reiches vom Osten löste. Bereits in der Mitte des 8. Jahrhunderts hatte ein Umaiyade, ʿAbdarraḥmān, der dem Blutbad der abbasidischen Revolution entronnen war, im ganzen arabisch-berberischen Bereich Spaniens, der damals noch keine organische Einheit bildete, Anerkennung als Emir gefunden. Darauf gründeten die Ḫāriǧiten in Siǧilmāsa, Tlemcen und Tāhert (Tiaret) unabhängige Fürstentümer, und schließlich machte sich der Alide Idrīs zum Herrn des islamischen Marokko (789). Daneben hat es andere, weniger bedeutende Versuche lokaler Autonomie gegeben, von denen wir wenig wissen. Die einzige Reaktion, zu der sich das abbasidische Kalifat schließlich angesichts dieses gefährlichen Zerfalls aufraffte, geschah im Zuge der Neuorganisation der Grenzgebiete durch Hārūn ar-Rašīd, der aus Tunesien und dem östlichen Teil des heutigen Algerien die Provinz Ifrīqiya als selbständige Grenzmark schuf und Ibrāhīm ibn al-Aġlab damit betraute. Die Dynastie der Aġlabiden stellte zwar, vom Westen gesehen, die Verbindung zum Osten her und repräsentierte die Hoheit des abbasidischen Kalifats, dem sie theoretisch untergeordnet war, gelangte aber in Wirklichkeit zu völliger Autonomie. So entglitt etwa von 800 an der ganze Westen der politischen Führung Bagdads.

Die Geschichte der ḫāriǧitischen Fürstentümer kennen wir leider nur schlecht. Gewiß sind sie in ihrer lokalen Machtentfaltung wie auch für den Handel und die Expansion des Islams über die Sahara hinaus zum Sudan von Bedeutung gewesen. Obschon der Gründer des Fürstentums Tāhert, des wichtigsten unter ihnen, ein Perser (ʿAbdarraḥmān ibn Rustam) und obgleich die ḫāriǧitische Lehre arabischen Ursprungs war, stützte sich seine Regierung sehr viel mehr als die Aġlabiden in Ifrīqiya auf die Berber, zu denen antiaġlabidische Araber hinzukamen. Im Prinzip war sie eine Wahlmonarchie, tatsächlich aber scheint sie immer erblich gewesen zu sein. Notwendig war freilich, daß der Imām durch einfache Lebensführung, Zugänglichkeit und gründliche Kenntnis des Gesetzes seine Befähigung tätig bewies und sich die Achtung seiner Untertanen verdiente; auch nahm zwischen Volk und Herrscher der Stand der ›Gelehrten‹ (*ʿulamāʾ*) eine maßgebliche Stellung ein. Von den verschiedenen im Osten entstandenen ḫāriǧitischen Zweigsekten hatten die Ibāḍiten den Westen erobert; sie standen ursprünglich in der Mitte zwischen den extremen Terroristen und den ›Pazifisten‹, aber auch sie wurden im Westen als Massenbewegung gemäßigt und friedfertig. Sie waren tolerant gegen Nichtmuslime, schlossen Frieden sogar mit den Aġlabiden und verwandten ihre ganze Kraft auf die innere Organisation des Landes und die Entwicklung des Karawanenhandels der berberischen Nomaden. Außerhalb des ibāḍitischen Islams, aber von ihm beeinflußt und auf gleicher sozialer und kultureller Ebene, gab es sogar – ein Gegenstück zu den iranischen Häresien – berberische Gruppen wie die Bergwāṭa, die, wenig islamisiert und gar nicht arabisiert, einen berberischen Koran predigten.

In Marokko hatte Idrīs, dem Aliden-Massaker von Faḫḫ (786) entkommen, das Fehlen einer dominierenden Macht genutzt und die Grundlagen zu einem Fürstentum gelegt, das nach seinem Tode durch seinen Sohn Idrīs II. Ausdehnung und Kraft erhielt. Auch hier bestand die Bevölkerung natürlich vor allem aus Berbern, war aber dem Prestige der alidischen Familie zugänglich; die Idrīsiden gaben in dem noch kaum urbanisierten Land den alten römischen Hauptort, das halbverfallene Volubilis,

auf und gründeten die neue Stadt Fes. Sie war anfangs nur von Kairuanern und Andalusiern bewohnt, sollte aber rasch ein wichtiges Zentrum der Arabisierung Nordafrikas und seiner islamischen Kultur werden. Man hätte erwarten dürfen, daß die Idrīsiden die šīʿitische Lehre förderten, aber sie hielten nur am Gedanken der auserwählten Familie fest, und, soweit wir es beurteilen können, hat es in Marokko niemals eine alidische Gruppe gegeben, die sich mit der Šīʿa des Ostens fest zusammengehörig fühlte. Man fragt sich, welcher Art die ›muʿtazilitischen‹ Gruppen gewesen sein mögen, die uns hier und da bezeugt sind, ob auch sie vielleicht – man erinnert sich der Beziehungen der Muʿtazila zu den Zaiditen – šīʿitisch orientiert waren. In der Mitte des 9. Jahrhunderts ließen Streitigkeiten und Erbteilungen unter den Idrīsiden Marokko in einen Zustand der Zersplitterung zurückfallen, den erst die almoravidische Eroberung des 11. Jahrhunderts überwand; dennoch hatte die politische Auflösung die bis dahin entwickelte materielle und geistige Kultur nicht beeinträchtigt. Nur war man stärker der Rivalität verschiedener Kräfte von außen – ibāḍitischer, aġlabidischer und vor allem ›andalusischer‹ Einflüsse – ausgesetzt.
Ifrīqiya, in höherem Maße arabisiert und islamisiert, bildete indessen den mächtigsten Staat im Maghreb. Wohl war die öffentliche Ordnung im Spannungsfeld der verschiedenen arabischen und berberischen Gruppen nicht immer leicht aufrechtzuerhalten. Darin lag, neben dem Handelsinteresse, einer der Gründe dafür, daß die Aġlabiden gegen das byzantinische Besitztum Sizilien zu Felde zogen und es im Laufe des 9. Jahrhunderts (unter Beteiligung spanischer Freiwilliger) eroberten, ferner, freilich nicht für lange, Süditalien bis Bari. So lenkte man – wie schon im Jahrhundert davor mit der Eroberung Spaniens – die Unruhe schaffenden Elemente unter dem Vorwand des Heiligen Krieges gegen die Ungläubigen in eine andere Bahn. Die Einnahme Siziliens gelang erst nach einem halben Jahrhundert als Ergebnis einer Folge kleiner Handstreiche und Intrigen, führte aber in und um Palermo zu einer lebendigen islamischen Kultur, welche die normannische Eroberung des 11. Jahrhunderts überdauern sollte.
Um ihre Macht nach innen zu sichern, hielten sich die Aġlabiden eine schwarze Garde, so wie die Abbasiden eine türkische, in deren Mitte sie von nun an – ähnlich wie der Kalif in Samarra – in dem Schlosse ʿAbbāsīya außerhalb Kairuans lebten. Das Jahrhundert ihrer Macht ist die Zeit, in der das seit der Eroberung halb anarchische Land zu staatlich organisiertem Leben findet. Es gibt noch Christen, die lateinisch sprechen (die Griechen sind verschwunden), aber sie haben nie eine große Rolle gespielt, und nach dem 11. Jahrhundert ist auch von ihnen nichts mehr zu finden. Von größerer Bedeutung für Wirtschaft und

Kultur ist die jüdische Gemeinde von Kairuan. Vor allem aber wird Kairuan mit seiner großen, unter den Aġlabiden erweiterten Moschee eines der wichtigen Zentren der islamischen Kultur des Westens. Die überragende Gestalt der Stadt aus dieser Zeit ist Saḥnūn (gest. 854), Jurist und Schüler Māliks, der nicht nur eine grundlegende Darstellung des mālikitischen *fiqh* verfaßt hat, sondern auch als Lehrer und Organisator die Doktrin Māliks im Westen verbreitete, so daß sie bald die Entwicklung des Rechtswesens in ganz Nordafrika und im islamischen Spanien entscheidend bestimmte. Sie hat ihr Monopol dort bis heute bewahrt.

Die aġlabidische Epoche brachte auch einen wirtschaftlichen Aufstieg mit sich, wie ihn Nordafrika seit der römischen Herrschaft nicht mehr gesehen hatte. Wichtige Bewässerungsanlagen werden wieder instandgesetzt oder neu geschaffen, und zum Getreide- und Gemüsebau, zur Viehzucht und zur Nutzung des vorhandenen Waldes kommen Öl- und Obstbaumplantagen hinzu. Bodenvorkommen, die den Römern zum Teil unbekannt geblieben waren, liefern Eisen, Blei, Antimon, Kupfer und damit, neben der Ausbeute der Korallenfischerei, Rohstoffe für eine Industrie, deren Erzeugnisse nach dem Sudan, nach Ägypten, Italien und anderen Ländern exportiert werden. Eine *ṭirāz*-Weberei (vgl. o. S. 172) ist in Kairuan in Betrieb und bald eine zweite in Palermo. Nach Sizilien, das an der Aufwärtsentwicklung teilnimmt, werden die Papyrusherstellung und die Zucht des Seidenwurms eingeführt. Kairuan wird die große Drehscheibe des Handels, sowohl nach Osten und Norden durch die Vermittlung der tunesischen Häfen wie auch — auf dem Karawanenwege — nach dem Sudan. Das Gold, vor allem aus den Ländern am Niger kommend, bildet die Grundlage einer soliden Währung. Zugleich entwickeln sich die Städte und umgeben sich mit einem Festungsgürtel; auch an der Küste legt man Forts (*ribāṭ*) an, die defensiven wie offensiven Zwecken dienen. Eindrucksvolle Bauten zeugen von der Macht und dem Reichtum der Dynastie. — Die Steuerlast indessen ist schwer, und die ursprünglichen Gegensätze werden durch den allgemeinen Aufschwung oft ebensosehr verschärft wie in anderen Fällen gemildert. Das kommt den Fāṭimiden zugute, als sie zu Anfang des 10. Jahrhunderts die Aġlabiden stürzen. Aber weder unter dem fāṭimidischen Regime noch dem ihrer Vasallen, der Zīriden, tritt in Ifrīqiya vor dem 11. Jahrhundert ein merklicher Wandel ein.

Wir haben oben gezeigt, wie sich die Fāṭimiden auf dem Boden der ismāʿīlitischen Bewegung zu Imāmen und Kalifen aufwarfen, und wir haben die Umstände erwähnt, die eine aus dem Osten kommende Propaganda zunächst in den Maghreb führten. Abū ʿAbdallāh, ein Missionar des ›Mahdī‹ ʿUbaidallāh, hatte 894 eine Pilgerreise genutzt, um mit den berberischen

Ketāma von Kleinkabylien Verbindung aufzunehmen. Die Ketāma waren keine Šīʿiten, aber Gegner der Aġlabiden und leicht für die Idee eines neuen Regimes zu gewinnen, dessen militärische Stütze sie sein sollten. Mit Glück durchgeführte Überfälle bestärkten ihren Eifer, und weitere Bundesgenossen fand man unter den Pietisten auf aġlabidischem Gebiet, denen Steuerbefreiungen versprochen wurden. Im Jahre 909 nahm Abū ʿAbdallāh die Stadt Kairuan ein. ʿUbaidallāh jedoch, infolge der Niederlagen der Qarmaṭen oder durch ihre Feindseligkeit zur Flucht gezwungen, kam schließlich — Genaues wissen wir darüber nicht — nach Siǧilmāsa auf ḫāriǧitisches Gebiet, aber ohne seinen Missionar Abū ʿAbdallāh, und wurde dort festgehalten. Abū ʿAbdallāh konnte ihn jedoch noch im Jahre 909 befreien und führte ihn im Triumph nach Kairuan. Hier wiederholte sich das Schicksal Abū Muslims: auf dem Gipfel des Erfolges wurde das Verhältnis zwischen Herr und Diener durch Mißtrauen getrübt, Abū ʿAbdallāh wurde ermordet. (Zum Ahnherrn einer Sekte ist er jedoch, im Gegensatz zu Abū Muslim, nicht geworden.)
So machte die Gunst der Umstände ʿUbaidallāh zum Herrn eines maghrebinischen Staates, der Ifrīqiya und den zentralen, bisher ḫāriǧitischen Maghreb umfaßte. Niemals indessen verloren die im Osten geborenen Fāṭimiden, der Erwartung ihrer orientalischen Parteigänger entsprechend, ihr Hauptziel aus dem Auge: den Sturz des abbasidischen Kalifats. Ihre Aufgabe war es daher einmal, im Maghreb eine wirtschaftliche und militärische Macht zu schaffen, um die Eroberung des Ostens in Angriff nehmen zu können, und zum anderen, ihre innere Stellung so zu festigen, daß die äußere Zielsetzung nicht gefährdet wurde. Nachdem allerdings die ersten Angriffe auf Ägypten gescheitert waren, mußten sich die Fāṭimiden vorläufig — sechzig Jahre lang — als maghrebinisches Regime etablieren.
Es scheint, daß man einen Augenblick daran gedacht hat, die ismāʿīlitische Glaubenslehre offiziell durchzusetzen und zu verbreiten. Aber bald mußte man erkennen, daß der Mālikismus in den großen Zentren zu fest verwurzelt war, als daß man ihn auf einmal hätte beseitigen können. So ließ man die Zeit wirken, ohne Gewaltmaßnahmen und Verfolgung, und nur die Umgebung des Herrschers war im strengen Sinne ismāʿīlitisch. Außerdem sah ja die ismāʿīlitische Doktrin selbst Stufen der religiösen Initiation vor, und die Fāṭimiden scheinen denn auch niemals eine totale Bekehrung ihrer Untertanen unter staatlichem Druck geplant zu haben.
Es kam also nicht zu einer religiösen und ebensowenig zu einer sozialen Revolution. Den siegreichen Berberstämmen fielen natürlich merkliche materielle Gewinne zu, aber eine allgemeine Senkung der Steuern konnte für eine Regierung, die auf Eroberungen ausging, nicht in Frage kommen. So unternahmen

unzufriedene Berber, welche den Ketāma feind waren und noch dem Ḫāriǧismus anhingen, unter der Führung des ›Mannes mit dem Esel‹, Abū Yazīd, einen furchtbaren Aufstand; es war die letzte ḫāriǧitische Erhebung, und der Kampf gegen diese Bedrohung von innen beanspruchte um die Mitte des 10. Jahrhunderts Jahre hindurch alle Kräfte des fāṭimidischen Staates. Wenn die Steuerlast im ganzen hingenommen wurde, so darum, weil es wirtschaftlich aufwärtsging und dies eben auch der Politik des Regimes zu danken war.

Von Anfang an haben die Fāṭimiden keinen Zweifel daran gelassen, daß sie mehr sein wollten als eine kleine Lokaldynastie, die dem abbasidischen Kalifat ihre Gefolgschaft oder ihre Anerkennung überhaupt verweigerte. Sie haben sich gegen die abbasidischen Kalifen selbst zu Kalifen erklärt (was den spanischen Umaiyaden dazu veranlaßte, den gleichen Anspruch zu erheben). Damit wollten sie ihre ausschließliche Berechtigung und Berufung zum Imāmat über die islamische Welt zum Ausdruck bringen, und die Lage ihrer neuen Hauptstadt Mahdīya zum Meere hin unterstrich ihre Prätention. In Nordafrika und Sizilien ernteten sie die Früchte der wirtschaftlichen Entwicklung, die unter den Aġlabiden begonnen hatte; nach dem Sudan hin standen die Ibāḍiten ihren Karawanenzügen nicht mehr im Wege; in Italien gab das Erwachen der südlichen Häfen wie Amalfi den Auftakt zu einem wachsenden Handelsaustausch, und die interkonfessionellen politischen Verbindungen, die sich hierdurch anbahnten, beförderten ihrerseits die wirtschaftlichen Beziehungen. Im Jahre 969 endlich schienen die vereinigten Kräfte stark und Ägypten schwach genug, um den entscheidenden Vorstoß zu ermöglichen. Der Freigelassene Ǧauhar, ein Slawe (oder Sizilianer), der von einem siegreichen Feldzug in Marokko zurückkam, wurde mit der Leitung des Angriffs beauftragt und führte ihn zum Erfolg.

Die Fāṭimiden verlegten nun ihren Sitz vom Maghreb nach Ägypten in die neugegründete Hauptstadt Kairo. Auch ihr Weggang rief keine Revolution hervor; sie vertrauten das Land einem Führer der Ṣanhāǧa-Berber an und verstanden es, sich seine Lehnstreue zu bewahren, obwohl sie ihn infolge der Entfernung selbständig regieren lassen mußten. So entstand die Dynastie der Zīriden, die sich über zwei Jahrhunderte mit wechselndem Glück behauptete. Trotzdem verlor freilich die Ismāʿīlīya in ihrem Bereich an Einfluß, und in dem Bestreben, ihre Beziehungen zu den noch immer mächtigen mālikitischen Führern zu verbessern, lösten die Zīriden in der Mitte des 11. Jahrhunderts ihre Abhängigkeit von Kairo, die ihnen keinen Gewinn mehr brachte. Ihr Staat war durch die Trennung von ihren Vettern, den Ḥammādiden, geschwächt worden; diese hatten sich zu Herren eines dem heutigen Ostalgerien entsprechenden Gebietes gemacht und dort die Qalʿat Banī Ḥammād (›Ḥammādidenburg‹), eine befestigte Stadt, erbaut, wo wichtige, bis heute fortgeführte Ausgrabungen gemacht werden konnten. Aber ihre Wendung gegen die Fāṭimiden stürzte die Zīriden in eine ungeahnte und für ganz Nordafrika bedeutungsvolle Katastrophe. Die fāṭimidische Regierung, zu anderen Maßnahmen außerstande, lenkte Nomadenstämme von der ägyptisch-saharischen Grenze, die ihr dort lästig waren, nach Nordafrika. Die Folgen waren verheerend: in wenigen Jahren richteten die Hilāl-Beduinen in Ifrīqiya, langsam aber sicher auch in weiten Teilen des übrigen Nordafrika den Ackerbau zugrunde, trieben die Menschen der Städte in den Schutz ihrer Mauern und zwangen die Bewohner der Häfen, ihr Glück als Seeräuber zu suchen. Zugleich begannen die Italiener, den Muslimen die militärische und kommerzielle Herrschaft über das Tyrrhenische Meer zu entreißen, und die hilālische Anarchie machte alle Ansätze zu fruchtbaren Handelsbeziehungen auf neuer Basis zunichte. Die politische Macht der Zīriden zerfiel am Ende völlig, und ihre letzten Vertreter waren nur noch dem Namen nach Herrscher in einem kleinen Bereich.

Seit Ibn Ḫaldūn ist es Tradition, die mittelalterliche Geschichte Nordafrikas in zwei durch die Invasion der Banū Hilāl getrennte Perioden einzuteilen und den arabischen Nomaden alle Schuld für den Ruin zu geben, der nach der Epoche der Blüte eine bis in die Moderne reichende Zeit des Verfalls einleitete. Die Kontraste sind nicht zu leugnen, wenn auch die Ereignisse im einzelnen sowie der größere historische Zusammenhang des Geschehens einer genaueren Untersuchung bedürften. Man hat mit Recht darauf hingewiesen, daß die hilālische Invasion solche Wirkungen nur haben konnte, weil das System, auf welches sie traf, Risse und Schwächen barg. Man darf auch nicht vergessen, daß der Maghreb einem erwachenden christlichen Abendland gegenüberstand; andererseits muß man das Phänomen der Hilāl vor einem weiteren Hintergrund sehen: Überall in der islamischen Welt macht sich zu jener Zeit, wenn auch in unterschiedlichem Ausmaß, eine fortschreitende Beduinisierung bemerkbar. Auch im Osten werden wir ihr noch begegnen; dort freilich sind die Folgen weniger schwerwiegend, und erst der Einfall der Mongolen läßt sich in seiner Auswirkung mit dem der Hilāl vergleichen. In Ägypten selbst waren diese Stämme übrigens nicht die Ursache des Niedergangs. Erst eine vergleichende Betrachtung wird die besonderen Umstände der maghrebinischen Entwicklung ins rechte Licht rücken.

Nach schwierigen Anfängen wird nun das islamische Spanien, wenn es auch am Ende des Mittelalters an das Christentum zurückfällt, das wichtigste Land des westlichen Islams, eines der

wichtigsten der islamischen Welt überhaupt und in einem gewissen Grade ein zweiter Pol seiner Kultur. Die Gründe dieses Ranges liegen in seiner Größe, in der Mannigfaltigkeit seiner Bevölkerung, schließlich in seinen trotz manchen leeren Zonen beträchtlichen Mitteln und Reserven. Für unsere Darstellung wie für die allgemeine Geschichte ist Spanien von besonderem Interesse, denn in seiner islamischen Epoche und noch einige Zeit nach seiner Wiedereroberung durch die Christen kam es hier in den letzten Jahrhunderten des Mittelalters zu den fruchtbarsten kulturellen Kontakten zwischen dem Islam und Europa, das bei seinem Erwachen oder Wiedererwachen von der islamischen Wissenschaft ein reiches Erbe empfängt, um dann seinerseits die Führung zu übernehmen.
Das islamische Spanien heißt in der arabischen Literatur der Andalus, umfaßt aber ein weit größeres Gebiet als das heutige Andalusien. Seine Bevölkerung besteht aus Arabern, die vor allem in den Städten sitzen, Berbern, die vorzugsweise in den Berggegenden wohnen, ferner Alteingesessenen und importierten Sklaven. Die Eingeborenen stellen natürlich die große Mehrheit; die Unterschiede zwischen den Westgoten und Sueben, den Eroberern des 5. Jahrhunderts, und den romanisierten Iberern, mit denen sie verschmolzen, waren verschwunden. Viele haben sich bald bekehrt; ihre Nachkommen, man nennt sie *muwallad*, stammen oft aus Mischehen und sind im 10. Jahrhundert von den Muslimen rein arabischer Herkunft nicht mehr zu unterscheiden. Im Umkreis der alten Hauptstadt Toledo waren jedoch viele dem Christentum treu geblieben, und trotz des Ruhmes, den die ›Märtyrer von Cordoba‹ (9. Jahrhundert) in der Polemik erlangten, muß man feststellen, daß die spanischen Christen im ganzen noch mehr Toleranz erfuhren als jene in den östlichen Ländern des Islams. Ihr Christentum erhielt durch die politische Spaltung einen spezifischer ausgeprägten Charakter als in der Vergangenheit; viele unter ihnen haben sich sprachlich und kulturell rasch arabisiert oder lebten in zwei Sprachen und Kulturen: die Mozaraber (arab. *mustaʿrib*, ›arabisiert‹), denen als kulturellen Mittlern nach Europa große Bedeutung zufiel. Den von den Westgoten mißhandelten Juden war die arabische Eroberung willkommen gewesen; auch sie sollten, obgleich etwas später, eine ebenso wichtige, noch zu erläuternde Rolle spielen. Von den Sklaven sind vor allem jene zu nennen, unter denen die Regierung einen Teil ihrer Beamten, Eunuchen und Soldaten aussuchte. Dies waren hier vor allem Slawen, die durch Juden aus Mitteleuropa und durch Italiener von der Adria importiert wurden, wenigstens bis um die Jahrtausendwende, denn danach wurde dieser Handel durch das Gebiet christlicher Länder hindurch infolge der Christianisierung der Slawen unterbunden.

Abb. 14: Cordoba, Große Moschee; Innenansicht (10. Jahrhundert)

Wir können hier kein umfassendes Bild der spanisch-islamischen Kultur und ihrer Beziehungen zu anderen islamischen Ländern geben. Der interessierte Leser kann darüber alles Wissenswerte in E. Lévi-Provençals grundlegendem und unentbehrlichem Werk *Histoire de l'Espagne musulmane* finden. Diese Kultur trägt ebensosehr den Stempel individueller, unverwechselbarer Eigenart, wie sie durch ihr orientalisches Erbe und ihre ständige Verbindung mit dem Osten von Grund aus geprägt ist. Es unterliegt keinem Zweifel, daß der Ackerbau, wenn auch ohne revolutionäre Umgestaltung seiner aus römischer Zeit überlieferten Formen, unter dem Islam durch die Einführung neuer Mittel und Methoden, durch den Bau von Bewässerungsanlagen sowie durch die Kundschaft der Städte starke Förderung erfährt. Aus der islamischen Epoche stammen die andalusischen *huertas* (›Gärten‹) und die *norias* (durch Schöpfräder bewässerte Kulturen) an den großen Flüssen, und wenn man auch der spanisch-arabischen Literatur über die Landwirtschaft keine allzu große Originalität beimessen darf, so ist es doch kein Zufall, daß sie hier zu reicher Entfaltung kommt. Die Bergwerke, in denen Silber, etwas Gold, Eisen, Zinn und Quecksilber gefördert werden, sind weithin bekannt, ebenso einige Edelsteinbrüche und die Korallen- und Ambrafischereien. Städte entwickeln sich, darunter Cordoba, das als Hauptstadt des islamischen Spanien an die

Stelle von Toledo tritt und – mit seinem prächtigen Palast und seiner berühmten Großen Moschee – eine Metropole ersten Ranges wird. Hier geht der Einfluß orientalischer Kunstformen, die durch Kenner wie den berühmten Musiker Ziryāb vermittelt werden, mit der Überlieferung und dem Charme Andalusiens in einer vielgestaltigen Bevölkerung eine lebendige Verbindung ein. Der große Handel bringt das Wachstum von Häfen wie Alméria an der Südostküste mit sich, in dessen Nähe für eine Weile (Mitte des 10. Jahrhunderts) die eigentümliche Seerepublik Pechina aufblüht. Auf die Bedeutung ›andalusischer‹ Literatur und Kunst kommen wir noch zu sprechen.

An der Spitze des Ganzen stand ein Herrscher, der bis zum Eingang des 10. Jahrhunderts nur den Titel ›Emir‹ (›Kommandant, Gouverneur‹) trug. Natürlich erkannte er das abbasidische Kalifat nicht an, vermied es aber, die Spaltung der Gemeinschaft offen zu proklamieren und damit von sich aus Konflikte heraufzubeschwören. Als sich freilich zu Beginn des 10. Jahrhunderts im Maghreb die fāṭimidische Dynastie erhob und mit dem Anspruch auf das Kalifat ihrerseits die Spaltung offenbar machte, blieb dem Herrscher über Spanien, der ein Feind der Fāṭimiden und ihnen an Macht überlegen war, keine andere Wahl, als ebenfalls den Kalifentitel anzunehmen. Diesen Schritt vollzog im Jahre 929 ʿAbdarraḥmān III. an-Nāṣir, der mächtigste Vertreter der Dynastie.

Obwohl die politischen Institutionen des islamischen Spanien denen des Orients im ganzen ähnlich sind, unterscheiden sie sich doch in manchen Einzelheiten. So bleibt insbesondere das Wesirat, das sich im Osten späterhin zu einer Schlüsselstellung entwickelt hat, im Westen immer ein untergeordnetes und in seinen Funktionen nicht fest umrissenes Amt. Die überragende Stellung nimmt hier der *ḥāǧib* ein, der ›Kämmerer‹, der ursprünglich ebenfalls aus der persönlichen Dienerschaft des Herrschers hervorgeht. Doch hat es in Spanien und im Maghreb niemals jene fast vollständige Trennung zwischen Armee und Zivilbevölkerung, zwischen militärischer und ziviler Laufbahn gegeben wie im Orient. Der *ḥāǧib* konnte unter einem schwachen Souverän außerordentliche Bedeutung gewinnen und neben seinen Vollmachten über die Verwaltung, die denen des östlichen Wesirs gleichkamen, auch im Militär eine wichtige Position einnehmen (entsprechend dem *ḥāǧib* im Osten, der aber seit dem 10. Jahrhundert nur militärische Funktionen hatte). So ist es zu erklären, daß der berühmte *ḥāǧib* al-Manṣūr – der Almanzor der christlichen Heldengedichte, die von seinen ständigen Eroberungs- und Beutezügen zu berichten wissen – am Ende des 10. Jahrhunderts nahe daran war, eine eigene Dynastie nach Art der karolingischen Hausmeier oder der japanischen Shōgune zu begründen.

In dem großen und unwegsamen Territorium des islamischen Spanien konnte es kaum ausbleiben, daß die von Beginn an gefährdete Einheit allmählich erschüttert wurde. Streit und innere Schwierigkeiten schwächten das Regime der umaiyadischen Dynastie wie auch der Söhne al-Manṣūrs, und der Verfall der Zentralgewalt ließ Rivalitäten zwischen einzelnen Regionen und sozialen Gruppen zu offenem Kampf ausbrechen. Als die Umaiyaden im Jahre 1031 abtraten, zerfiel daher Spanien in eine Vielzahl lokaler Fürstentümer, und das 11. Jahrhundert wurde zur Epoche der *Mulūk aṭ-Ṭawā'if*, der ›Regionalkönige‹, die teils berberischer oder altarabischer Abstammung waren, von denen einzelne aber auch auf islamisierte Eingeborene oder weiße Sklaven zurückgingen. Wie im Orient bedeutete diese Zersplitterung jedoch nicht das Ende, sondern nur eine größere Streuung des kulturellen Lebens: Sevilla, Granada, Valencia und andere Städte wurden geistige Zentren, die zum alten Cordoba hinzukamen. Aber die politische Widerstandskraft dieser kleinen Fürsten war naturgemäß gering. Als der christliche Westen zu erwachen begann, nützte er die Situation, um — schon vor den nach Osten gerichteten Kreuzzügen — seine ›Reconquista‹ einzuleiten, welche die spanischen Muslime dann zwingen sollte, einen fremden Beschützer zu Hilfe zu rufen. Es war der Almoravide (s. u. S. 308), der zum Herren Marokkos geworden war und von 1086 an die politische Einheit Spaniens und Nordafrikas mit Ausnahme Ifrīqiyas unter seiner Herrschaft wiederherstellte.
So wichtig die Geschichte des islamischen Westens ist und uns erscheinen mag, auch den bestinformierten islamischen Geschichtsschreibern des Orients ist sie fast unbekannt. Der Westen nimmt vom Osten, aber der Osten interessiert sich kaum für die Geschicke der so weit entfernten Länder, mochten sie ursprünglich auch Teile des Ganzen sein.

II. IRAN, ZENTRALASIEN UND IRAQ

Wie wir schon sahen, kann man die Bedeutung der asiatischen Länder, Chorasan und der Nordosten Irans mit einbegriffen, für die Geschichte des mittelalterlichen Islams kaum genug hervorheben. Ihnen verdanken die Abbasiden den Aufstieg zur Macht und in der Folgezeit die Hauptkraft ihrer Armee, einen Teil ihrer Verwaltungsbeamten und eine hervorragende Zahl von Schriftstellern und Gelehrten. Auch werden sich jene, die dort wohnen und von dorther kommen, ihrer führenden Stellung bewußt, und ihre Rolle in der *Šu'ūbīya* legt von ihrem neuen Selbstbewußtsein den Arabern gegenüber beredtes Zeugnis ab. Mögen gewisse Kreise auch noch Hoffnungen hegen auf eine Wiederherstellung der politischen und religiösen Verhältnisse der vorislamischen Zeit, ihre Zahl ist klein, und die tragenden Bevölkerungsschichten haben sich endgültig mit einer Zukunft im Rahmen der neuen islamischen Kultur abgefunden und sind bereit, daran mitzuwirken. Aber der Staat und die Kultur, an denen sie mitarbeiten, bieten den führenden Kräften zugleich die Möglichkeit, eigenen Charakter und nationalen Zusammenhalt zu bewahren, und darin liegt der Keim zu politischer Emanzipation. Zwar sind die Entfernungen innerhalb des Orients geringer als die Distanz zum Okzident, und so bleiben die gegenseitigen Beziehungen und Einflüsse hier immer viel stärker als die zwischen dem Osten und dem westlichen Mittelmeer; dennoch strahlt der Geist der Emanzipation, der im Westen zur Bildung einer ganzen Reihe selbständiger Staatswesen führt, ein halbes Jahrhundert später ebenso nach Osten aus und erreicht schließlich sogar die Kernländer des Kalifats. Obgleich Bagdad auf arabischem Boden liegt, schließt sich der Iraq in vieler Hinsicht, vor allem politisch, an Iran am engsten an, und so können wir beider Geschichte gemeinsam betrachten.

Im äußersten Iran vollzieht sich die Loslösung von der Zentralregierung schrittweise. Wir erwähnten schon, wie Hārun ar-Rašīd dort seinen Sohn Ma'mūn als selbständigen Herrn einsetzte, der in Chorasan residierte und den Chorasaniern die Eroberung des Kalifats verdankte. Aber das Land hatte sich an eine eigene Führung gewöhnt, und als Ma'mūn es notgedrungen verlassen mußte, machte er seinen General Ṭāhir, der ihm den Sieg erfochten hatte, zum Gouverneur über Chorasan und Zentralasien. Die Ṭāhir auferlegten Treuepflichten waren geringfügig, und obgleich die Herrschaft nur auf Lebenszeit verliehen war, wurde sie nach seinem Tode auf seine Söhne vererbt. Trotzdem bleibt das Kalifat mit den Ṭāhiriden eng verbunden, denn beide sind voneinander abhängig. Zwar schaffen sich die Abbasiden unter Muʿtaṣim eine türkische Armee, welche die chorasanische zum Teil ersetzt und ein Gegengewicht zu ihr bildet, aber nach wie vor führen die Ṭāhiriden das Kommando über die Bagdader *šurṭa*, die noch immer aus Chorasaniern besteht. Damit tragen sie die Verantwortung für die öffentliche Ordnung im Herzen des Kalifats, und sie halten an diesem Amt fest, denn als offizielle Machtstellung schützt es gegen mögliche Rivalen, ja gegen einen politischen Kurswechsel der Kalifen selbst. Als ihre Hauptstadt wählen sie anstelle von Merw nunmehr das näher bei Bagdad gelegene Nischapur.

Das Gebiet der Ṭāhiriden umfaßt im Süden die Provinz von Herāt, die auf dem iranischen Plateau eine gewisse Einheit bildet, im Westen die südöstliche Randzone des Kaspischen Meeres. Im Osten erstreckt es sich bis zum Oberlauf des Amu-Darya (des alten Oxus, arab. auch Ǧaiḥūn) am Fuße des Hindukusch; hier ist die alte Hauptstadt Balch (Baktra) wirtschaftlich und kulturell immer noch von Bedeutung. Nach Nordosten umgreift die ṭāhiridische Macht das ganze Māwarā'annahr (Transoxanien), das obere Sammelbecken also der Ströme und Flüsse aus der Gebirgskette, welche die islamische Seite Zentralasiens von der chinesischen trennt. Hier liegt an den Ufern des Zarafšān das antike Sogdien mit der alten Hauptstadt Samarqand und dem jüngeren Buchara. Im äußersten Norden zählt noch Ferghana zum islamischen Herrschaftsbereich, aber nicht mehr der Unterlauf des Syr-Darya (Yaxartes, Saiḥūn), an dessen Ufern noch nomadisch-heidnische Türken wohnen. Von ganz besonderer Bedeutung ist die riesige Oase Chwarism, die vom Delta des sich in den Aralsee ergießenden Amu-Darya gebildet, aber von allen bewohnten Zonen ringsum durch die Wüste getrennt wird. Alle diese Länder besitzen fruchtbare Becken mit reicher Bodenkultur, die von hohen Gebirgsketten umgeben sind wie auch von weiten Steppen, in denen nomadisierende Hirten leben. Auch werden sie alle von den wichtigen traditionellen Handelsstraßen durchquert, von denen schon die Rede war. — In diesem großen Gebiet finden wir die verschiedensten Religionen vertreten, einschließlich der Lehre der Qarmaṭen, die anscheinend allen Glaubensrichtungen eine gewisse Gültigkeit zugestanden. Die aus der Bewegung Abū Muslims hervorgegangenen Sekten leben nur noch in kleinen Zellen auf dem Lande. Der einst in Iran dominierende Zarathustrismus hat im Norden niemals festen Fuß fassen können, wo neben seinen Anhängern noch die so vieler anderer Lehren ihr Recht behaupteten: Buddhisten; Manichäer, die ihren Brüdern in den türkischen Ländern die Hand reichten; Nestorianer und sogar Christen der monophysitischen oder der griechischen Kirche; schließlich Juden, die mit ihren chasarischen Glaubensgenossen am Kaukasus in Verbindung standen. Doch kann es keinen Zweifel darüber geben, daß der Islam, ganz besonders in der Aristokratie, die Oberhand gewonnen hat. In scheinbarem Widerspruch ist sein endgültiger Sieg fast überall mit der politischen Befreiung verbunden. So wie die neuen Muslime während der Anfänge des abbasidischen Staates nach ihrer Bekehrung dort zum einflußreichsten Element geworden waren, so gibt es nach der nationalen Emanzipation, welche die regionale Autonomie im Rahmen des Islams als möglich erweist, keinen politischen Grund mehr zu religiösem Widerstand. Zwar ist dieser Islam dogmatisch keineswegs einheitlich, aber deutlich nimmt die abbasidische Orthodoxie gegenüber dem Šīʿismus die führende Stellung ein. Daher ist die ḥanafitische Rechtsschule am stärksten vertreten, wenngleich die Šāfiʿiten einen gewissen Einfluß gewonnen haben. In sozialer Hinsicht verteilen sich Ansehen und Macht auf mehrere Gruppen: die Aristokratie der *mawālī*-Nachkommen (zu der Ṭāhir

gehört), die ländliche *dihqāne* (s. o. S. 154), ferner die Kaufleute und Gelehrten der zahlreichen Städte.
Ein ganz anderes, eigenes Gesicht hat Sīstān, das dem heutigen unteren, an Iran grenzenden Afghanistan entspricht. Seine Lebensader ist das Tal des Hilmand mit seinen beiden Hauptstädten Bust und Zaranǧ. Obwohl Pässe notfalls die Verbindung mit dem östlichen Chorasan und dem Indusbecken herstellen, ist der Islam in das Gebirge weder als religiöse noch als politische Kraft eingedrungen; den unteren Indus hat er auf dem Seewege erreicht. Abseits der großen Handelsstraßen gelegen, ist das Land für die abbasidische Regierung von geringem Interesse, die denn auch eingewanderte ḫāriǧitische Beduinen dort völlig hat gewähren lassen. Gegen die Ḫāriǧiten, aber auch gegen die untätige abbasidische Regierung bildet sich unter den städtischen *ʿayyārūn* eine Bewegung, deren Führung ein ehemaliger Handwerker übernimmt: Yaʿqūb ibn Laiṯ, genannt aṣ-Ṣaffār, ›der Kupferschmied‹. Das von ihm gegründete Fürstentum ruht offenbar auf städtisch-demokratischer Grundlage; leider fehlen zu einer genaueren Untersuchung seiner Struktur die Quellenunterlagen. Yaʿqūbs Energie und wohl auch die Hilfe verwandter Elemente führen dazu, daß die Ṣaffāriden im Jahre 873 den Ṭāhiriden Chorasan entreißen. Weniger Erfolg haben sie im südlichen Iran, wo es ihnen nicht gelingt, zu ihrem Vorteil mit den aufständischen Zanǧ zusammenzuwirken. Zu Anfang des 10. Jahrhunderts müssen sie allerdings in Chorasan eine völlige Niederlage hinnehmen; der neuen Macht der Sāmāniden, *dihqān*e aus Transoxanien, die dort die Nachfolge der Ṭāhiriden angetreten haben, sind sie nicht gewachsen und müssen auch in Sīstān deren Oberhoheit anerkennen. Dennoch bleiben die Ṣaffāriden als lokale Vasallen der Sāmāniden bis zur ġaznawidischen Eroberung am Ende des 10. Jahrhunderts die Herren in Sīstān, ja sie überleben sogar den Mongolensturm und spielen bis ins 15. Jahrhundert eine Rolle.
Da allzu viele historische Werke Zentralasiens und Irans verlorengegangen sind, ist uns die Geschichte der ṭāhiridischen, ṣaffāridischen und sāmānidischen Staaten nicht genügend bekannt, zumal sie von den Bagdader Geschichtsschreibern kaum und nur dann berührt wird, wenn sie im Iraq oder dem näher gelegenen Iran Rückwirkungen auslöst. Doch lassen sich Umrisse festhalten, insbesondere für die sāmānidische Dynastie, welche die längste Lebenskraft bewies und bis zum Ende des 10. Jahrhunderts von ihrer Hauptstadt Buchara Transoxanien und Chorasan beherrschte.
Das Ende der unmittelbaren Kalifatsgewalt bringt keinen scharfen Einschnitt, sondern ihre Einrichtungen bestehen unter den neuen Regierungen im großen und ganzen weiter. Der Hauptgewinn der Unabhängigkeit liegt nicht so sehr in der Tatsache,

daß die neuen Herren aus dem Lande selbst kommen, sondern vor allem darin, daß sie ihre Bemühungen auf ihr Land konzentrieren; wenn schon die Steuerlast nicht erleichtert werden kann, wird nun wenigstens das Geld im Lande selbst ausgegeben. Die übergeordnete abbasidische Souveränität besteht im Prinzip fort und tritt noch in der Namenspräsenz des Kalifen auf den Münzen und in der *ḫuṭba*, dem öffentlichen Freitagsgebet, in Erscheinung, aber Ṣaffāriden und Sāmāniden und später die Ġaznawiden fügen ihren eigenen Namen hinzu. Als die Zeit kommt, da das Kalifat sich vor seinen šīʿitischen Beschützern, den Būyiden, beugen muß (s. u. S. 246 ff.), verlieren seine Weisungen bei seinen orientalischen ›Statthaltern‹ jedes Gewicht, wenn diese auch nun mit um so größerem Nachdruck den Titel eines *maulā amīr al-muʾminīn*, eines Klienten des Fürsten der Gläubigen, für sich beanspruchen und gleichsam zu verstehen geben, daß von ihnen letzten Endes die rechtgläubige Befreiung kommen wird.
In seinem Lande nennt sich der Fürst lediglich Emir, wie es auch die Männer seiner Stellung im Westen tun. Aber, und dies soll seine volle Autonomie zum Ausdruck bringen, an die Spitze der gewöhnlichen Administration von *kuttāb* stellt er, der Sāmānide zumindest, seinen Wesir; einer der berühmtesten von ihnen war der gelehrte, auch als Autor bekannte Ǧaihānī (um 900). Die islamische Legitimation der Fürsten gründet sich auf die Investitur, die der Kalif ihnen nicht verweigern kann, aber die Sāmāniden und sogar die Ṣaffāriden lassen sich überdies eine sassanidische Genealogie anfertigen. Hervorzuheben ist, daß sie es stets verstanden, ihre Nachfolge (wie die Kalifen, aber im Unterschied zu anderen Dynastien) einem Sohn oder anderen Verwandten allein zu sichern. Ihre Regierungsorgane entsprechen denen des alten Regimes, doch tragen sie zum Teil andere Bezeichnungen, die für uns insofern Interesse haben, als sie später auf die Türken übergehen und sich mit deren Eroberungen fast über die ganze islamische Welt verbreiten, so der Titel *mustaufī* für den Direktor des *zimām*, des obersten Rechnungshofes. Besonderes Gewicht hat das Amt des *amīrdād*, des Oberhauptes der Justiz, dem die Kadis und die Rechtsprechung der *maẓālim* (s. o. S. 106) unterstellt sind. Auch scheint es eine recht fest gefügte Beamtenhierarchie zu geben, in der die Höchstgestellten den Titel *ʿamīd* (›Stütze, Säule‹) tragen. Die Provinzen unterstehen zum Teil der Zentralverwaltung selbst, zum Teil, so Chorasan im engeren Sinne, unabhängigen, aber absetzbaren Militärkommandanten. Diese Gouverneure sind, wie schon seit den Anfängen des Islams, örtliche Machthaber aus alteingesessenen Erbdynastien oder auch, wie die Chwarism-Šāhs, aus jüngeren Familien. Die Armee besteht, wenigstens zu Beginn, noch weitgehend aus einheimischen Truppen und ist daher verhältnismäßig leicht zu finanzieren, ohne daß etwa das System des

iqṭāʿ übernommen werden muß. Mit der Nähe der Grenzen wächst die Bedeutung der *ġāzī*s der Grenzfesten (*ribāṭ*), die hier oft aus denselben Kreisen wie die *ʿayyārūn* hervorgehen.
Ohne Zweifel ist die sāmānidische Epoche das Goldene Zeitalter in der Geschichte des islamischen Zentralasien, vielleicht das glücklichste überhaupt im Laufe der Jahrhunderte. Über den Ackerbau, die Montanwirtschaft, den internationalen Handel und ihre gegenseitigen Verflechtungen haben wir oben in größerem Rahmen gesprochen und brauchen das dort Gesagte hier nur durch einige Bemerkungen zum sāmānidischen Handel zu ergänzen. Die Handelswege laufen sternförmig nach den islamischen Zentren in Iran und im Iraq, nach China im Osten und nach der eurasischen Steppe wie nach den Wolgagebieten im Nordwesten. Die letztgenannte Route ist durch den Gesandtschaftsbericht des Ibn Faḍlān (vgl. u. S. 277) gut bekannt geworden. Wie weit nach Westen sind die Muslime aus Innerasien vorgedrungen? Man ist auf heute russischem Gebiet, ganz besonders nach der Ostsee hin und rings um sie herum, auch in Schweden also, auf sehr bedeutende Funde vorwiegend sāmānidischer Silbermünzen gestoßen (auch die Münzen des Kalifats haben ja nur durch die sāmānidischen Kaufleute dorthin kommen können), aber sie haben trotz zahlreichen Diskussionen noch keine ganz befriedigende Erklärung gefunden. Die Funde stammen vor allem aus der ersten Hälfte des 10. Jahrhunderts und hören etwa um das Jahr 1000 auf. Sie umfassen bis heute mehr als 100 000 Stücke gegenüber einigen wenigen, die im übrigen Europa gefunden wurden, und legen von einer außerordentlichen Entwicklung der Handelstätigkeit Zeugnis ab. Man hat von dem ›islamischen Gold‹ gesprochen, das Europa ›überschwemmt‹ habe, aber dieses ›Gold‹ (in Wahrheit Silber) wurde fast ausschließlich im östlichen Europa gefunden und nur ausnahmsweise weiter nach Westen zu. Ferner lassen diese Funde lediglich Rückschlüsse auf den europäischen Handel zu, denn soviel ist sicher, daß die muslimischen Kaufleute selbst niemals so weit vorgedrungen sind. Das zusammengetragene Geld beweist nur, daß man es hortete, nicht aber, daß man damit Handel trieb – wir müssen bedenken, daß gerade in jener Zeit die ›normannischen‹ Invasionen nach Rußland stattfanden. Wir meinen also: Die fraglichen Münzfunde bezeugen, daß die islamischen Kaufleute bis nach Mittelrußland vordrangen; sie reisten auf den großen Strömen, die ebenso von den normannischen Barken befahren wurden (von diesem Vordringen berichten auch die arabischen Geographen). Die Erklärung dafür, daß diese Münzen weiter nach Nordwesten wanderten, ist nicht mehr im Handel zu suchen, sondern wir müssen an Kriegsbeute oder Tribute denken. Auch so haben wir noch Beweise eines ausgedehnten Handels vor uns, bei welchem die islamischen

Kaufleute zum großen Teil in barer Münze zahlten. Daraus ergaben sich Währungsprobleme, auf welche vielleicht die noch nicht völlig geklärte Geschichte der *ġiṭrīfī-dirhams* (so genannt nach einem Gouverneur von Chorasan) ein Licht wirft: sie wurden bereits zur Zeit von Hārūn ar-Rašīd geprägt, um, wie es heißt, dem Abfluß des Silbers zu steuern, doch waren sie noch Jahrhunderte hindurch im Umlauf.

Natürlich mußte der Handel das Wachstum einer ganzen Reihe von Städten fördern; sie besitzen einen befestigten Kern, *šahristān*, dem nun größere Vororte zuwachsen, und sie gewinnen durch die Errichtung von Moscheen, Schulen, Bädern, Karawansereien, Grabmälern und anderen Bauten. – Die leidenschaftliche Bewegtheit des sozialen und geistigen Lebens äußert sich unter anderem in Parteikämpfen, die in den iranischen Städten besonders heftig gewesen zu sein scheinen. Nicht weniger bedeutsam ist die kulturelle Entwicklung, von der noch die Rede sein wird. Erwähnen müssen wir schon hier, daß im Bereich der Sāmāniden die neupersische Literatur aufblüht, die in Firdausī, dem Homer der Iranier, unter den Ġaznawiden ihren ersten Höhepunkt erreicht; auch gehen aus den Ländern des Nordostens im 10. und 11. Jahrhundert ungewöhnlich viele Gelehrte aller Geistesgebiete hervor, von denen nur die beiden berühmtesten genannt seien: der Philosoph und Arzt Ibn Sīnā (Avicenna) und der universale al-Bīrūnī. Von der Kunst ist uns nur weniges gut erhalten, doch ihr Beitrag gewinnt später besondere Bedeutung, denn in diesem Raum gehen die iranische und die türkische Welt ihre schöpferische Verbindung ein.

Der sāmānidische Staat war dem Untergang geweiht, weil der äußere Druck durch andere Völker gefährlich zunahm, vor allem aber, weil dieser Druck auch hier – wie schon im engeren Bereich des Kalifats – den Prozeß einer militärischen Umbildung beschleunigte. Die wachsende Unruhe der Türken an der nördlichen Grenze ihres Staates zwang die Sāmāniden, das Kontingent türkischer Sklaven in ihrer Armee erheblich zu verstärken, um ihnen entgegenzutreten. Dies wurde um so nötiger, als sich die Türken auf der anderen Seite zum Islam bekehrt hatten: man konnte nun keine *ġāzī*s mehr im Heiligen Krieg gegen sie kämpfen lassen. Auch brauchte man Truppen, um von Chorasan aus den Kampf gegen die Būyiden zu führen. Die neue Armee war teuer, was der politisch-religiösen Opposition Nahrung für ihre Polemik gab, außerdem war sie ebensowenig diszipliniert wie das türkische Heer in Bagdad. Beim Tode des Sāmāniden ʿAbdalmalik (961) geschah es in Balḫ, daß sich Alptigin, einer ihrer Generale, empörte. Da er sich im Lande nicht halten konnte, zog er in die Berge des heutigen Afghanistan und eroberte das noch kaum islamisierte Fürstentum von Ġazna, das die Wege von Sīstān und Chorasan nach dem Indus kontrollierte. So ent-

stand durch eine Erweiterung am Rande des islamischen Gebietes ein Fürstentum, dem für die kommenden zweihundert Jahre eine große Zukunft beschieden sein sollte. Nach Alptigins Tod wählte zunächst die Armee seine Nachfolger (wie es dann auf längere Dauer bei den berühmteren Sklaven-Herrschern Ägyptens, den Mamlūken, oder jenen in Indien der Fall war), bis im Jahre 977 auf diese Weise Sebüktigin an die Macht kam, der zum Begründer einer Dynastie wurde.
Sebüktigin erkannte, daß er einem Militärstaat nur durch Eroberungen Bestand geben konnte. Er lenkte diese Aktivität in eine neue, aber von Alptigin gewiesene Richtung, nämlich in das Grenzland nach Indien, womit er zugleich den *ġāzīs* wieder eine Aufgabe stellen konnte. Auf der anderen Seite nutzte er in geschickter Weise die schwierige Lage der Sāmāniden, die den Angriff der türkischen Qaraḫaniden abzuwehren hatten: er ließ sich Chorasan abtreten und erhob sich damit zu einer iranischen Macht. Sein Sohn Maḥmūd (998–1030), einer der berühmtesten Herrscher des Islams, führte sein Werk erfolgreich fort und machte aus dem ›ġaznawidischen‹ Staat den bedeutendsten des islamischen Ostens seiner Zeit. Im Norden, wo die Sāmāniden verschwunden waren, dehnte er seine Macht nach allen Seiten bis zum Amu-Darya aus, Chwarism einbegriffen. Zuerst hatte er mit den Qaraḫaniden, die die Herren Transoxaniens geworden waren, ein Bündnis geschlossen, dann aber aus ihren Familienstreitigkeiten Vorteil gezogen und Chwarism annektiert. Auf der iranischen Hochebene kämpfte er gegen die Būyiden, eroberte Raiy und Hamadān und dachte schon daran, das Kalifat von seinen šīʿitischen Schutzherren zu befreien. Bei seiner Mit- und Nachwelt berühmt geworden ist er jedoch vor allem durch seine indischen Eroberungen, welche die nachhaltigste geschichtliche Bedeutung gewinnen sollten. Sie gingen nicht ohne Schwierigkeiten vonstatten, und Feldzug auf Feldzug wurde notwendig; aber die Zersplitterung der brahmanischen und buddhistischen Staaten und ihre militärische Unterlegenheit erleichterten das Unternehmen, und die Lockung der märchenhaften Beute, die in den Tempeln zu finden war, tat das ihre. Bis zu seinem Tode fügte Maḥmūd seinem Herrschaftsbereich folgende Gebiete ein: das gesamte Indusbecken mit dem Pandschab, das Ganges- und Ǧamna-(Yamunā-)becken bis nach Kanauǧ, dazu die Küste des Indischen Ozeans bis Guǧarāt (dies allerdings mußte er fāṭimidischen Agenten streitig machen). Er verfuhr dabei gegenüber allen, die sich unterwarfen, mit Nachsicht. So begann die Geschichte der islamischen Expansion nach Indien, die zu Beginn der Neuzeit mit der politischen Unterwerfung des ganzen Subkontinents abgeschlossen wurde. Bis auf unsere Tage jedoch sind die im Anfang des 11. Jahrhunderts erworbenen Gebiete im Norden die Hauptbastion des Islams geblieben, ein Land, das den

Muslimen von alters bekannt war und dessen Geographie ihnen die Orientierung und die Ausübung ihrer Herrschaft leicht machte. Die Ġaznawiden mußten freilich erfahren, daß die ungeheuren Eroberungen das Gleichgewicht ihrer Besitzungen ins Wanken brachten. Als die Selǧūqen sie von der iranischen Hochebene vertrieben, fanden sie in Indien eine bessere Zuflucht und größeren Reichtum als in Ġazna, bis sie in der Mitte des 12. Jahrhunderts auch dort von einer Dynastie verwandter Herkunft verdrängt wurden.

Die Türken unserer Tage berufen sich gern auf das ġaznawidische Reich als den ersten ›türkischen‹ Staat, weil der Fürst und seine Armee türkisch waren und weil der Staat in Iran ohne Bruch in den der Selǧūqen überging. Doch ist zu bedenken, daß der Staat Maḥmūds, anders als die späteren türkischen Staaten, nicht von einem türkischen Volk getragen wurde; seine Armee gehörte mit dem türkischen Heer der Abbasiden in eine Kategorie, und entsprechend läßt sich dieser Staat noch eher dem ṭūlūnidischen (s.u. S. 258) vergleichen. Die administrativen Einrichtungen blieben, besonders in den alten islamischen Territorien, die des sāmānidischen Staats, und wenn die fortan selǧūqische Beamtenschaft von Maḥmūd herangebildet wurde, so heißt dies nicht, daß sie neu war, sondern daß die Selǧūqen in vieler Hinsicht beim alten blieben. Davon abgesehen ist Ġazna natürlich nicht das Buchara der Sāmāniden. Unvermeidlich tritt der militärische Charakter des Regimes stark hervor: die Armee, worin Inder, Kurden und Afghanen zu den Türken, Elefanten zu den Kamelen und Pferden kommen, hat die stärkste Stellung und die größten Vorteile. Doch verhütet die reichliche Beute, daß die dem Staat zukommenden Abgaben ihm durch Verleihung von *iqṭāʿ*-Gütern an das Militär entzogen werden. Andererseits nimmt Maḥmūd im Gegensatz zur sāmānidischen Toleranz eine militant sunnitische Haltung ein und stützt sich dabei auf dieselben Kreise, die nach ihm den Selǧūqen den Erfolg sichern. Er zerstört die šīʿitischen Bibliotheken in Raiy und tritt als Verteidiger des Kalifats und der abbasidischen Orthodoxie auf. Kulturell setzt der Hof zu Ġazna die Tradition des Hofes von Buchara fort, nicht jedoch dessen Liberalismus. Avicenna geht daher nach Chwarism, schließlich zu den Būyiden, und Firdausī entzweit sich mit Maḥmūd. Gleichwohl darf Maḥmūd stolz darauf sein, unter anderen auch al-Bīrūnī gehalten zu haben, dessen Arbeit über Indien er anregt. Von allgemeiner Bedeutung ist, daß die Machtausdehnung dieser türkischen Dynastie, die über kein geistiges Erbe in türkischer Sprache verfügt, auch das in Iran wenig gesprochene Arabisch nicht kennt, zu einer weiteren Iranisierung des Ostens führt, welche sich auch auf die indischen Länder erstreckt. Schließlich war Maḥmūd ein großer Bauherr, und wenn auch von seinen Bauten wenig geblieben ist, zumindest der Palast von Laškari-Bāzār bei Ġazna, den D. Schlumberger wiederentdeckt hat, ist — vor allem seiner Fresken wegen — für unsere Kenntnis der islamischen Kunst und ihrer Entwicklung von größtem Wert.

Die historischen Geschicke führen die Länder des zentralen und westlichen Iran sowie des Iraq im 10. Jahrhundert zusammen und bringen sie in Gegensatz zum östlichen Iran; dennoch dürfen wir sie natürlich nicht als undifferenzierte Einheit sehen. Neben dem Iraq lassen sich im großen vier iranische Bereiche unterscheiden: Südiran, Zentraliran, das Gebiet im Süden des Kaspischen Meeres, schließlich Aserbaidschan und Kurdistan.
Menschliche Siedlungen befinden sich auf der iranischen Hochebene — von einigen Oasen abgesehen — mehr auf einer breiten Peripherie als in dem fast wüstenhaften Inneren. Die belebteste Zone liegt zwischen dem unteren Rand der südkaspischen Gebirgskette und den kurdischen Bergen, weil hier die große Verkehrsstraße von Chorasan nach Bagdad verläuft. Diese ganze Provinz, die im Süden noch Isfahan einschließt, trägt zu jener Zeit den Namen al-Ǧibāl, ›die Berge‹. Hier hatten natürlich Islam und Arabertum fester als sonst irgendwo in Iran Fuß gefaßt, obgleich die beduinischen Araber nur in einigen Gegenden des Wüstenrandgebietes vertreten waren, so z. B. in Qumm, das infolgedessen ein šīʿitisches Zentrum darstellte.
Die südkaspischen Provinzen, von Gurgān im Osten über Māzandarān (oder Ṭabaristān) bis nach Gīlān im Westen, waren immer von der Hochebene isoliert, denn die trennenden Berge des Elburz waren schwer zu überqueren; sie schieden das hochgelegene, trockene und im Winter kalte inneriranische Plateau von den warmen, feuchten und ungewöhnlich waldreichen Niederungen. Aufgeteilt in eine Menge kleiner Täler, die untereinander nur wenig Verbindung hatten, war das Land für eine politische Zersplitterung prädestiniert, und es bestanden verschiedene kleine Dynastien nebeneinander (zum Teil in Lehnsabhängigkeit von einer der großen Mächte), darunter der früher erwähnte Rebell Māzyār und das Haus des Ispāhbād von Ṭabaristān, die Bāwandiden. Die abbasidische Herrschaft war dort immer wenig gefestigt gewesen, und bis in die Mitte des 9. Jahrhunderts hatten sich fast ausschließlich die alten Religionen erhalten. Als man aber dem Druck des um sich greifenden Islams nicht mehr widerstehen konnte, nahm man willig die šīʿitischen, abbasidenfeindlichen Sendboten auf, die selbst natürlich lieber in einem noch unberührten Milieu als vor einer seit alters islamischen Bevölkerung predigten. Dieselbe Mission erreichte die Dailamiten des Gebirges südlich Gīlān, bekannt seit dem Altertum als eigenartige und unzugängliche Bergstämme. Da sie nicht wie die Bewohner der Küstenebenen von Landwirtschaft oder

Fischerei leben konnten, widmeten sie sich gern dem militärischen Beruf; wir werden ihnen noch begegnen.
Aserbaidschan – hier verengt sich die Hochebene und führt alle Invasionsstraßen von Iran nach Kleinasien zusammen – besaß noch nicht die ethnische Eigenart, die es später durch die türkische Besiedlung erhielt, unterschied sich jedoch geographisch vom übrigen Iran durch eine Vielzahl getrennter Becken und Täler, eine Gegebenheit, die wiederum der politischen Zerstückelung Vorschub leisten mußte. Iranier, Kurden, Armenier und Araber lebten hier nebeneinander, und die Bevölkerung hatte infolge ihrer Nähe zur byzantinischen Grenze und zum Kaukasus mehr als ihre Nachbarn auf der Hochebene kriegerische Gewohnheiten angenommen, ganz besonders im äußersten Norden in der transkaukasischen Provinz Arrān. Zum islamischen Herrschaftsgebiet gehörten Tiflis und jenseits des östlichen Kaukasus die Ränder des Kaspischen Meeres bis zum Paß von Bāb al-Abwāb (›Tor der Tore‹), den ›Eisernen Toren‹ der Antike, zwischen Gebirge und Meer (pers. Derbend). Der Mazdakismus war mit Bābak verschwunden, und das Land bekannte sich im ganzen zum sunnitischen Islam.
Mehr oder weniger vom Kalifat abhängig war Armenien, dessen Regime seltsame Züge aufwies. Politisch gesehen setzte es sich aus einer Reihe von christlichen Lehnsherrschaften zusammen, in die sich einige arabische Vorposten eingeschoben hatten, und stand zwischen dem Einfluß von Byzanz und dem des Kalifats. Das Kalifat schuf hier, nicht ohne die Einwilligung von Byzanz, am Ende des 9. Jahrhunderts ein selbständiges Königtum und setzte die georgischen Bagratiden als Regenten ein, die damit die Führung aller, auch der islamischen Lehnsherren übernahmen. Die Hauptstadt war Ānī, eine große Stadt am Araxes. – Die Kurden saßen in den Bergen zwischen der nordiranischen Hochebene und Mesopotamien, ohne daß sich genaue Grenzen ihrer Siedlungsgebiete bestimmen ließen. Schon seit der Antike stellten sie nach Volkscharakter und Sprache eine geschlossene Gemeinschaft eigener Art dar, lebten als nomadische Hirten vom Almauftrieb und von ständigen Raubzügen. Sie wanderten häufig aus und verpflichteten sich gern als Soldaten; im allgemeinen waren sie Sunniten, einige aber wohl Mitglieder der synkretistischen Sekte der Yazīdīs, von der wir erst aus späterer Zeit Genaueres wissen. Im Süden der Straße Hamadān–Bagdad gab es Volksstämme, die von den Zeitgenossen wegen ihrer sprachlichen und kulturellen Verwandtschaft mit jenen ebenfalls Kurden genannt wurden, so z. B. die Luren, die aber nicht wirklich zu ihnen gehörten.
Im Süden der Ǧibāl lag Fārs, die ›Persis‹: unser Wort Persien kommt daher, und tatsächlich war es das Kernland der spezifisch persischen Dynastien der Achämeniden und Sassaniden ge-

wesen. Zwar hatte es zum unteren Iraq leichten Zugang, lag aber doch abseits der Brennpunkte des abbasidischen Staates, und daher blieb der Zarathustrismus sowie der Gebrauch des Pehlevī (seiner mittelpersischen Schriftsprache) hier bis ins 9. Jahrhundert weit verbreitet. In Fārs wurden damals jene Schriften in Pehlevī abgefaßt, denen wir die Kenntnis der zarathustrischen Lehre verdanken; sie sollten deren Anhängern in den Augen der Muslime ein Buch geben, das der jüdisch-christlichen Bibel vergleichbar wäre. Das Land islamisierte sich im 10. Jahrhundert, auch hier zugleich mit der politischen Emanzipation. Die frühere Hauptstadt Iṣṭaḫr verfiel, dafür blühte der zu neuem Leben erweckte alte Marktflecken Šīrāz auf. Im Osten war Fārs durch die Provinz Kirmān, die trockener als heute, aber gleichwohl intensiver bebaut war, mit Sīstān verbunden. In den Bergen des Südens saßen die Kūfen und die Balūčen, primitive, noch nicht bekehrte und raublustige Völker. Die schwer zugängliche und klimatisch heiße Küste des Persischen Golfs lebte, wie wir schon sahen, ganz vom Seehandel. Oman auf der arabischen Seite vor dem Eingang zum Golf stand mit dem gegenüberliegenden persischen Ufer in regerer Verbindung als mit Arabern. Mukrān, das Küstenland des Arabischen Meeres, zählte nur ein paar mittlere Häfen, die vorwiegend von Indern und Zanǧ bewohnt waren. Im Westen stand Fārs mit dem unteren Iraq über Chusistan oder Ahwāz in Verbindung; die wichtigste unter den aktiven Städten war hier Tustar. Die Bevölkerung war aus Arabern und Iraniern gemischt, doch waren auch Nestorianer und Juden darunter. Der Absatzmarkt war, wie für den Iraq, das nahe Basra. — Der Iraq war, obschon er zu den arabischen Ländern gehörte, immer dem Druck Irans ausgesetzt, und so teilt er auch im 10. Jahrhundert wieder die Geschicke der angrenzenden iranischen Gebiete.

Die Errichtung eines kleinen zaiditischen Staates in Ṭabaristān (864) war zunächst kaum von politischer Bedeutung, denn die Lehnsdynastien hatten dort niemals ihre Selbständigkeit verloren, und auch den Zaiditen gelang es nicht, sie zu verdrängen. Die Stunde, da sie zu größerer Macht gelangten, kam erst zu Beginn des 10. Jahrhunderts mit ihrem hervorragenden Fürsten und Imām al-Uṭrūš, dessen Lehre und Rechtspraxis sich aber in manchem von den übrigen (jemenitischen) Zaiditen unterschied. Seine Nachfolger sanken wieder auf die Stufe von Häuptern einer kleinen lokalen Dynastie herab, die in ihrer Freiheit durch die Mächte Chorasans und der Hochebene beschränkt war und einzig durch ihre an den Grenzen betriebene Propaganda von Bedeutung blieb.

In Aserbaidschan hatte das Kalifat — auch im Hinblick auf Armenien — Abū 's-Sāǧ eingesetzt, einen seiner türkischen Generäle, der aus derselben Gegend wie Afšīn stammte; seine Familie

vermochte sich dort von 890 bis 928 zu behaupten, konnte aber keinen selbständigen Staat gründen. Danach fiel Aserbaidschan in die Hand der Musāfiriden, einer iranischen Dynastie aus Dailam, die ihrerseits gegen Ende des 10. Jahrhunderts von den arabisch-kurdischen Rawwādiden verdrängt wurde; eine andere kurdische Familie, die der Šaddādiden, nahm Arrān mit der Hauptstadt Ganǧa in Besitz (971). Das ostkaukasische Šarwān (Derbend) schließlich, das seine Unabhängigkeit fast immer hatte wahren können, fiel an eine iranische Lokalmacht. Aber auch Kurdistān im Süden war in der zweiten Hälfte des 10. Jahrhunderts halbautonom; seine Herren, die Ḥasanwaihiden, besetzten sogar eine Zeitlang Hamadān, bis sie im 11. Jahrhundert den ʿAnnāziden weichen mußten. Andere Kurdenstämme breiteten sich Ende des 10. Jahrhunderts im oberen Mesopotamien aus.
Wir kommen zu Dailam, wo in Ṭārom eine alte ›königliche‹ Familie residierte, deren Macht durch die Musāfiriden und ihre Erben weitgehend beschränkt worden war. Die Dailamiten konnten zwar allein keine Armee aufstellen, denn Bergbewohner sind keine Reiter, sie waren jedoch ausgezeichnete Fußsoldaten; besonders geschickt waren sie in gebirgigem Gelände und wurden daher auch zur Verstärkung anderer Armeen (wie der des Kalifen) gern herangezogen. Gegen Ende des 9. Jahrhunderts wendeten sie sich dem Šīʿismus zu, zuerst in ihrer südkaspischen Heimat, und spielten von nun an eine Rolle in der großen islamischen Politik. Die Sāmāniden machten den Zaiditen die Provinz von Raiy streitig und damit den für beide wichtigen gemeinsamen Zugang zur Hochebene. Dabei wurden sie von weiteren Gegnern der Zaiditen unterstützt, am eifrigsten von dem gīlānischen Mardāwīǧ ibn Ziyār, der aber, als er um 930 fast alle südkaspischen Provinzen in seine Hand gebracht hatte, jede Rücksicht auf die Sāmāniden wie auf die Kalifen aufgab — er träumte, wie es scheint, von einem Reich, in dem sich eine zarathustrische Restauration mit Ideen der Ismāʿīlīya verbinden sollte. Der stärkste Teil seiner Streitkräfte bestand aus Dailamiten; ihre Hauptführer waren drei Brüder, Söhne des Būyeh (arab. auch Buwaih), die man gewöhnlich (mit ihren Nachkommen) die Būyiden nennt. ʿAlī, der älteste, entzweite sich mit Mardāwīǧ, besetzte Isfahan und eroberte das ganze Fārs, und der Kalif, der seine Provinz nicht verteidigen konnte, mußte ihn dort trotz seiner šīʿitischen Konfession als Herrn anerkennen. Bald danach wurde Mardāwīǧ von einem der türkischen Sklaven, mit denen er sich umgeben hatte, ermordet (935). Im Verlauf der verwirrenden Kämpfe, welche nun die verschiedenen Mächte um Iran austrugen, besetzte ʿAlīs Bruder Ḥasan Ǧibāl, und der dritte, Aḥmad, errang auf der einen Seite Kirmān, auf der anderen Chusistan und damit Zugang zum Iraq. Die Ziyāriden, die Familie von Mardāwīǧ, behielten nur Gurgān und Māzandarān

und vermochten darüber hinaus ihre Macht nicht mehr zu erweitern. Die Būyiden sind zu dieser Zeit noch bloße Condottieri, weniger Regenten ihrer Provinzen als vielmehr Truppenführer, die von der eroberten Beute leben.
Indessen war das Kalifat in eine immer verzweifeltere Lage gekommen; die Ursachen waren die aufeinanderfolgenden Aufstände der Zanǧ und der Qarmaṭen sowie der Prozeß des Abfalls der Provinzen und der militärischen Desorganisation, den wir oben in großen Linien aufgezeigt haben. Jede Armee, die eine Provinz besetzt hielt, suchte sich dort selbständig zu machen und von ihrem Ertrag zu leben, so daß die abbasidische Regierung sogar das obere Mesopotamien verlor, aus dem Bagdad versorgt wurde. In der Hauptstadt konnten die *amīr al-umarā'* nicht einmal mehr die Ordnung aufrechterhalten und verloren schließlich ihre Machtstellung selbst. Bedrängt von den verschiedenen Cliquen und Interessengruppen, unablässig dem Spiel von Protektion und Erpressung ausgesetzt, wußte der Kalif nicht mehr, an wen er sich halten sollte. Jede Gruppe hatte ihren mächtigen Beistand von außen: die einen stützten sich auf die weitgehend unabhängigen ›Pächter‹ von Basra, die Barīdīs (s. o. S. 195), andere auf die arabische Dynastie der Ḥamdāniden in Obermesopotamien, denen sie für drei Jahre die Macht in Bagdad selbst bestätigten, wieder andere aber, vielleicht die šī'itischen, arabisierten Iranier Bagdads, auf die Būyiden, als diese auftraten. Die Būyiden hatten die beste Armee und trugen den Sieg davon. Im Jahre 945 zog Aḥmad in Bagdad ein; der Iraq wurde dem Herrschaftsbereich der būyidischen Familie einverleibt, die Barīdīs wurden vertrieben, die Ḥamdāniden auf ihr ursprüngliches Gebiet Obermesopotamien zurückgedrängt. Das neue Regime sollte von Dauer sein: es bestand bis 1055.
In gewissem Sinne war das Ereignis von 945 nur der Schlußpunkt des Auflösungsprozesses, der seit mehr als einem Jahrhundert im Gange war, aber diesmal bis zum Zentrum des Reiches vordrang. Bemerkenswert war jedoch, daß die Būyiden als Anhänger der Šī'a zwar grundsätzlich die Rechtmäßigkeit des abbasidischen Kalifats nicht anerkennen konnten, in Wirklichkeit aber den Kalifen in seinem Amt beließen, wenn sie ihm auch die letzte Macht nahmen. Sie brauchten das Kalifat nicht nur zur Stützung ihrer eigenen Autorität bei den Sunniten und ihrer ›Außenpolitik‹ gegenüber den anderen islamischen Staaten, sondern auch aus prinzipiellen Gründen; denn sie hatten niemanden, den sie als legitimen Herrscher hätten ausrufen können. Die Būyiden waren, trotz der Rolle, welche zaiditische Missionare bei der Bekehrung ihres Volkes zum Šī'ismus gespielt hatten, zwar Šī'iten, aber keine Zaiditen mehr – als solche hätten sie ja die Macht einem Aliden übergeben müssen. Sie bezogen sich vielmehr auf die Theorie der Zwölfer-Šī'a, die ihnen entgegen-

kam, denn danach vertritt der faktische Inhaber der Macht den verborgenen Imām und nimmt bis zu dessen Wiederkunft seine Rechte wahr, solange er nur den wahren Islam bekennt. Ohne Zweifel hatte die Organisation der Zwölfer-Šīʿa dem būyidischen Regime viel zu verdanken; ihm sollten ja die šīʿitischen Gelehrten seinen tieferen und tragenden Sinn geben, und so erfuhren sie naturgemäß Schutz und Förderung.

Die politische Funktion des Kalifen besteht also darin, daß er dem būyidischen Fürsten den Mantel der Legitimität verleiht und ihm die tatsächliche Macht überträgt. Der Kalif behält Sekretäre, darunter Männer wie Abū Isḥāq aṣ-Ṣābī, einen angesehenen Literaten. Aber alle Regierungsorgane sind nun dem neuen *amīr al-umarāʾ* unterstellt, und er allein hat einen Wesir. Sein Rang wird dadurch hervorgehoben, daß man dem abgenutzten Titel des *amīr* einen Ehrennamen, *laqab*, hinzugefügt, der zum Ausdruck bringt, daß der Emir Stütze und Ruhm der *daula*, der Dynastie, und damit des Reiches, darstellt. Die Geschichte nennt ihn fortan mit diesem Namen; so erhält Aḥmad, der Eroberer Bagdads, den Namen Muʿizz-ad-Daula (›der den Ruhm des Reiches mehrt‹), während ʿAlī, der älteste Bruder, ʿImād-ad-Daula (›Säule des Reiches‹) heißt und Ḥasan, der andere Bruder, Rukn-ad-Daula (›Stütze des Reiches‹). Die Initiative allerdings zu diesem Brauch geht auf den Ḥamdāniden zurück, der sich Nāṣir-ad-Daula (›Helfer des Reiches‹) hatte nennen lassen, und bald ersuchten alle Fürsten den Kalifen um einen solchen *laqab*. Um nun die hervorragendsten auszuzeichnen, mußte man deren Titel wieder vermehren – sehr zum Verdruß der *kuttāb*. Als Ausgleich für den Verfall ihrer Macht wünschten die letzten Būyiden sogar einen *laqab* in Verbindung mit dem Wort *dīn*, ›Glauben‹, wie ihn andere Fürsten nach ihnen auch führten. Zuvor hatten es die Kalifen noch abgelehnt, sie, die doch Šīʿiten waren, als Verteidiger des wahren Glaubens zu proklamieren. Den persischen Titel *Šāhānšāh*, ›König der Könige‹, gaben sie sich selbst (in Iran) und knüpften damit an die sassanidische Tradition an. Ihnen schon den Titel *Sulṭān* beizulegen, wie es moderne Autoren tun, ist in gewisser Hinsicht verfrüht. Das Wort war zwar durchaus gebräuchlich, um in abstrakter Weise die reale politische ›Herrschaft‹ zu bezeichnen, enthielt jedoch noch nicht den Begriff der legalen und religiösen Sanktion eines regierenden Fürsten; die gottgegebene Macht lag zunächst allein beim Kalifen, und es war daher nicht nötig, sie durch einen besonderen Titel zu kennzeichnen. Erst als die Trennung zwischen Kalifat und tatsächlicher Macht zutage trat und offiziell akzeptiert war, wurde das Wort *Sulṭān* persönlicher Titel eines Herrschers, und erst den Selǧūqen wurde er ausdrücklich verliehen (11. Jahrhundert). Der Titel ›König der Könige‹ bedeutete keine Rangerhöhung gegenüber den Herrschern an-

derer Dynastien, sondern nur die Hoheitsstellung gegenüber den verschiedenen anderen Fürsten des būyidischen Hauses. Die būyidische Dynastie, die als Herrschaft der drei Brüder ins Leben getreten war, blieb immer in der Hand einer Familie; das Erbe wurde jeweils unter den Söhnen des Verstorbenen geteilt. Diese Erbauffassung finden wir danach ebenso bei den Selǧūqen und anderen Dynastien, die noch nicht lange islamisch waren, aber das Kalifat kannte sie so wenig wie andere territoriale Herrscherhäuser, von denen wir zu berichten hatten. Zwar vermochte es der ehrgeizige und fähige ʿAḍud-ad-Daula, der Sohn von Rukn-ad-Daula, dank der Gunst der Kriegsumstände, fast alle būyidischen Gebiete in seiner Hand zu vereinigen, aber nach seinem Tode (983) zerfiel die Einheit wieder; der höchste Titel stand nicht einmal immer dem Fürsten zu, der am Ort des Kalifen residierte. Nach einer Periode des inneren Streits und zunehmender Schwäche mußten schließlich die Būyiden in der Mitte des 11. Jahrhunderts der neuen Macht der Selǧūqen weichen.
In der inneren Struktur des Staates verstärkt das būyidische Regime eine Tendenz, die sich schon, wie wir gesehen haben, im zweiten Jahrhundert des abbasidischen Kalifats deutlich abgezeichnet hatte. In einer Vertauschung der Rollen, die vorauszusehen war, wird die Armee nicht mehr von der Regierung unterhalten, sondern übt selbst die Macht aus, nimmt sich aus Staatsbesitz, was sie braucht, und bedenkt darauf erst nach ihrem Belieben die anderen Regierungsorgane einschließlich des Kalifen selbst. Dieses bedeutet in der Praxis vor allem, daß die Entwicklung des *iqṭāʿ*-Wesens und seiner Ausweitung beschleunigt werden. Von nun an wird der Sold aller Offiziere, von besonderen Zuwendungen abgesehen, in Form steuerlicher *iqṭāʿ*-Güter bezahlt, womit dem Staat die Verfügung über einen bedeutenden Teil seines Bodenbesitzes entzogen wird. Dies fällt um so mehr ins Gewicht, als ja der *iqṭāʿ* für den Sold gedacht ist und es bequemer erscheint, ihn ohne Einbehaltung eines Zehnten zu berechnen, das heißt, die Verwaltung hat keine Kontrollmöglichkeit mehr und von ihren Steuerbezirken und deren Ertrag schließlich nur noch eine ungefähre Vorstellung. Trotzdem darf man nicht, wie es zu oft geschehen ist, vorschnell den *iqṭāʿ* als ›Lehen‹ bezeichnen, denn diese Einrichtung ist in mehr als einer Hinsicht anderer Art. Einmal bleiben trotz allem beträchtliche Domänen im Besitz des Staates. Da ferner der *iqṭāʿ* eine Form des Soldes darstellt, ist er der Lohn für einen Militärdienst, dessen Ausübung von den militärischen Führern sehr genau überwacht wird. Drittens erlaubt das Einkommen aus dem *iqṭāʿ* dem Offizier nicht, alle ihm unterstellten Truppen selbst zu versorgen, sondern diese empfangen ihren Sold weiterhin vom Staat. Schließlich ist der *iqṭāʿ* kein bleibender Besitz, sondern wird bei Aufgabe des Dienstes eingezogen; auch kann der *muqṭaʿ* einen

Wechsel beantragen, wenn er der Ansicht ist, daß der ihm zugeteilte *iqṭāʿ* nicht die fällige Summe einbringt. Im 10. Jahrhundert machen die Beamten die Feststellung, daß der *muqṭaʿ* im allgemeinen nicht den Wunsch hat, möglichst lange auf seinem *iqṭāʿ* zu bleiben (dann müßte er ja das Land rationell bewirtschaften), sondern daß er ihn nach Kräften ausbeutet, da er sein Gut, wenn es ihm paßt, jederzeit auswechseln und anderswo neu anfangen kann. Gewiß, die schon erwähnte Möglichkeit, über den *iqṭāʿ* leicht zu Eigenbesitz zu gelangen (s. o. S. 204), trägt auf die Dauer zu einer Stabilisierung bei, aber dazu kommt es erst im 11. Jahrhundert unter den Türken. Auch darf man nicht vergessen, daß das beschriebene Verfahren sich bei den Būyiden stärker als sonstwo ausprägt und durchsetzt und in dieser Weise noch nicht im ganzen Islam zur Regel wird.

Die Armee ist übrigens nicht ausschließlich dailamitisch. Wie schon gesagt, war es unvermeidlich, daß man dem Fußvolk der Dailamiten Türken zugesellte, die wenigstens bestimmte Kampfformen der Kavallerie beherrschten. Daneben fanden die Būyiden trotz ihrer dailamitischen Abkunft ihren Vorteil darin, das Gewicht der einen Gruppe durch das Gegengewicht der anderen auszugleichen und so eventuelle Widersetzlichkeiten zu neutralisieren.

Ohne Frage waren die Būyiden trotz manchen Schwächen ihres Regimes bedeutende Fürsten, unter denen die materielle und geistige Entwicklung der islamischen Kultur des Mittelalters ihren höchsten Stand erreichte. ʿAḍud-ad-Daula war selbst ein ausgezeichneter Organisator, und vor ihm hatten sein Vater und dessen Brüder, organisatorisch weniger begabt, es verstanden, äußerst tüchtige Wesire zu finden. Zwei vor allem haben sich als Wesire wie als Literaten einen Ruf erworben: Ibn al-ʿAmīd (gest. 970), Wesir unter Rukn-ad-Daula, und sein Schüler aṣ-Ṣāḥib Ibn ʿAbbād (gest. 995), Wesir unter zwei aufeinanderfolgenden Brüdern ʿAḍud-ad-Daulas. Was wir von ihrer Verwaltung wissen, zeugt von einem ungewöhnlichen Willen zur Ordnung und Genauigkeit. – Wir brauchen hier nicht noch einmal auf das wirtschaftliche Leben im allgemeinen einzugehen, sondern wollen nur darauf hinweisen, daß die Būyiden, ohne Bagdad zu vernachlässigen, im Hinblick auf ihre persischen Provinzen um Dezentralisation bemüht waren und in Fārs, besonders unter ʿAḍud-ad-Daula, eine außerordentliche Steigerung der wirtschaftlichen Erträge erzielten. In den Städten wiesen die Būyiden die *ʿayyārūn* in die Schranken. Durch monumentale Bauten in Isfahan und Schiras, aber auch in Bagdad bezeugen sie, welche Bedeutung sie diesen Städten beimaßen.

Ihrem religiösen Bekenntnis nach waren die Būyiden wie gesagt Šīʿiten. Ihre Personalpolitik, Bauten wie das Mausoleum ʿAlīs und die Einführung von Festen wie des ʿAšūrā-Tages zum Gedenken an das Martyrium von Kerbelā machten ihre Gesinnung deutlich. Aber sie waren es ohne Einseitigkeit, und ihr Ordnungswille griff gegen šīʿitische Unruhestifter ebenso rücksichtslos durch wie gegen sunnitische. Sie liehen ihre Unterstützung, wie wir sahen, der Entwicklung des imāmitischen (›Zwölfer‹-)Dogmas; sie bekämpften zunächst die extreme Šīʿa der Qarmaṭen, näherten sich ihr dann aber im Kampf gegen den gemeinsamen fāṭimidischen Feind – man erkennt, ihre Entscheidungen waren mehr politisch als religiös bestimmt. Sicher ist, daß die Unabhängigkeit hier wie andernorts die Islamisierung gefördert hat, selbst in Fārs gab es von nun an nur noch kleine zarathustrische Inseln.

Die Būyiden waren große Mäzene der Kultur, die in ihren Ländern aufgeblüht war, und förderten ihre Entwicklung auf allen Gebieten. Einerseits begegneten sie einer arabisierten Aristokratie und protegierten hier Werke und Gelehrte des arabischen Kulturkreises. Observatorien, Bibliotheken, Schulen und Krankenhäuser erregten allseitige Bewunderung, und man braucht nur die weiter unten angeführte Reihe berühmter Namen zu betrachten, um zu ermessen, wieviel Bedeutendes aus der Epoche der Būyiden hervorgegangen ist. Andererseits waren sie sehr darauf bedacht, die eigentlich persische Kultur zu erwecken; zwar reichen sie darin nicht an die Sāmāniden heran, aber dennoch ist ihre Leistung nicht zu übersehen. Die Kākōyiden, eine ihrer Zweiglinien, waren es, die Avicenna in Isfahan aufnahmen, wo er für den Emir ʿAlāʾ-ad-Daula eine kleine philosophische Enzyklopädie in persischer Sprache verfaßte. Von Zeugnissen der Kunst schließlich ist uns zu wenig erhalten, als daß wir genauer beurteilen könnten, was sie zu ihrer Förderung getan haben, aber gewiß war es nicht wenig.

Jedoch war die Blütezeit der Būyiden nicht von langer Dauer. Die Schuld für ihren Niedergang ruht nicht allein bei ihnen; so war es nicht in ihrer Macht, die Verlagerung des Handels nach dem Roten Meer zu verhindern, die sich etwa um das Jahr 1000 vollzog. Freilich konnte auf dem Boden des Islams, der doktrinär, sozial und ethnisch geteilt und von verfeindeten Militärgruppen beherrscht war, eine gesunde Ordnung nur durch die Einheit der Führung und das persönliche Ansehen des Oberhauptes gewährleistet werden. Eine solche Gestalt war ʿAḍud-ad-Daula gewesen, aber seine Nachfolger wußten nichts Besseres, als sich um das (nach dem erwähnten Erbrecht) zerteilte Erbe zu streiten. Jeder suchte die Unterstützung einer starken sozialen Gruppe, und so entstanden die gleichen inneren Kämpfe, sogar innerhalb der Armee, die den Ruin der Abbasiden herbeigeführt hatten. Die Autorität der Fürsten sinkt, und die Macht von Wesirdynastien beginnt sich geltend zu machen. Die Hilfsquellen nehmen ab, so daß Geldentwertung und Aufbegehren der geschädigten Truppen die Folge sind; alle Unruheelemente treten wieder auf den Plan, und es kommt zur Vernichtung des großen Volks- und Handwerkerviertels Karḫ in Bagdad und zur Zerstörung der Stadt Iṣṭaḫr. Mehrmals im Anfang des 11. Jahrhunderts machen sich die *ʿayyārūn* zu Herren Bagdads, und der vorletzte Būyide Abū Kālīǧār scheint sogar ihre Unterstützung gesucht zu haben. Derselbe öffnet auch, was keiner seiner Vorgänger getan hat, sein Ohr der verführerischen Werbung eines fāṭimidischen Missionars, des Iraniers al-Muʾaiyad Šīrāzī.

Gegen die Mitte des 11. Jahrhunderts fehlte also eine führende Macht, und während dieser Phase belohnte Kühnheit die Ehrgeizigen. Ein Onkel der Būyiden von mütterlicher Seite, Kākōyeh, gründete in Isfahan die kleine Dynastie, die ihm ihren Namen und durch die Dichter und Gelehrten, welche er an seinem Hofe beschäftigte, einen gewissen kulturellen Glanz verdankt. Die Kurden waren die Herren des ganzen iranischen Berglandes im Nordwesten und Westen. Die Linie der Ziyāriden hatte sich in Gurgān und Ṭabaristān erhalten; einer ihrer letzten Emire, Kaikāʾūs ʿUnṣur-al-Maʿālī (Enkel des Fürsten Qābūs ibn Wušmgīr), ist der Verfasser des *Qābūs-nāme*, eines ›Fürstenspiegels‹, der Ratschläge für einen jungen Aristokraten enthält, eines der Hauptwerke der neupersischen Literatur des 11. Jahrhunderts. Vor allem aber ließ der Verfall der būyidischen Macht einen gewissen Wiederaufstieg des Kalifats möglich werden, weckte zumindest den Gedanken daran. Die būyidischen Prätendenten stritten sich um die Investitur durch den Kalifen, und der letzte Būyide räumte ihm, um sie zu erlangen, das Recht auf Mitregierung im Iraq und auf einen eigenen Wesir ein. Dieser Wesir war Ibn al-Muslima, auf den wir noch zurückkommen (S. 290). Allerdings zeigten die wachsenden Unruhen unter den Truppen, daß man einen Schutzherrn dringend brauchte. Wenigstens war es nicht mehr utopisch, über die Prinzipien des Kalifats und die Bedingungen seiner Machtausübung aufs neue nachzudenken. In dieser politischen und geistigen Situation (die bisher in ihrer Eigenart nicht recht gesehen wurde) entstand das schon erwähnte staatsrechtliche Werk von al-Māwardī. Nun hört man auch von neuen, nicht mehr iranischen Mächten sprechen, die am Horizont auftauchten, den Ġaznawiden und den Selǧūqen. Die Lage im Iraq und in Iran kommt ihrem Siege entgegen. Das ›iranische Zwischenspiel‹ (V. Minorsky) geht zu Ende.

III. DAS ARABISCHE ASIEN (OHNE DEN IRAQ)

In der gleichen Epoche, in der sich die politische Befreiung des westlichen Iran vollzieht, bilden sich unabhängige arabische Dynastien im westlichen Asien. Es mag paradox erscheinen, daß das Arabertum zugleich auf der einen Seite zurückweicht und auf der anderen Fortschritte macht, aber beides hängt eng zusammen, denn es hat seinen Grund in dem Zusammenbruch des zentralisierten abbasidischen Systems: die regionalen Bevölkerungen, die iranischen hier, die arabischen dort, nehmen ihre Geschicke wieder selbst in die Hand. Außerdem muß man bedenken, daß vor allem die Beduinen — denn sie stellen unter den Arabern die einzige militärische Kraft dar — die neuen Staaten unterwandern und beeinflussen in einer Art Vergeltung dafür, daß sie im vorhergehenden Jahrhundert aus der abbasidischen Armee verdrängt worden waren. Im Hinblick auf diese Situation sei hervorgehoben, daß diese ›Beduinisierung‹ Westasiens gleichzeitig ihre Parallelen in Ägypten hat und vor allem, mit der Invasion der Hilāl, in Nordafrika; wenig später kommen die Türken hinzu, die ebenfalls vorwiegend Nomaden sind. Denkbar wäre also, daß der Vorgang der politischen Auflösung des abbasidischen Staates mit dem sozialen und wirtschaftlichen Prozeß einer Nomadisierung verquickt ist — eine Hypothese, die manches für sich hat, wenn sie vielleicht auch einer genaueren Untersuchung nicht standhalten wird.

Wir sahen, daß die meisten Araber des Fruchtbaren Halbmonds sich der Zwölfer-Šīʿa zugewandt hatten; in den obermesopotamischen Provinzen Diyār Moḍar und Diyār Bakr (heute Diyarbakïr; die dortige Dynastie war freilich kurdisch), im südlichen Syrien sowie in Palästina herrschte jedoch der Sunnismus. Das šīʿitische Bekenntnis hätte die Araber den Būyiden näherbringen sollen, aber sie bekämpften sie aus Gründen der Stammesrivalität und ähnlichen politischen Motiven ohne jede Rücksicht auf den Glauben, und vielleicht protegierten manche aus diesem Grunde den Nuṣairismus: jede Dynastie suchte ihre eigene Konfession.

Gegen Anfang des 10. Jahrhunderts bildeten die Taġlib im oberen Mesopotamien die wichtigste arabische Stammesgruppe, die dort schon vor dem Islam ansässig gewesen war. Die führende Familie waren die Ḥamdāniden. Einmal standen sie in Auflehnung gegen den Kalifen, dann wieder dienten sie ihm gegen Feinde in Mesopotamien und auch in Bagdad selbst; in der ersten Hälfte des 10. Jahrhunderts gelang es ihnen, das ganze obere Mesopotamien in ihre Gewalt zu bringen und sich als unabhängige Herrscher zu behaupten. Einer von ihnen, Ḥasan, war kurze Zeit *amīr al-umarāʾ* in Bagdad und erhielt als solcher den *laqab* Nāṣir-ad-Daula, unter dem er bekannt ist. Er war es, der die Verleihung solcher Titel einführte; er war auch verantwortlich dafür, daß die Armee die Hand auf alle *iqṭāʾ*-Güter legte, während er dem Kalifen nur einen kleinen Teil beließ. Da er aber nicht in der Lage war, die Ordnung aufrechtzuerhalten, zog er sich lieber zurück, um nicht möglicherweise alles

zu verlieren, und so konnten die Būyiden ihre Chance nutzen und das Bagdader Regime stabilisieren. Die Provinz Mossul behielt zwar Nāṣir-ad-Daula fest in seiner Hand, aber sein Nachfolger Abū Taġlib wurde von ʿAḍud-ad-Daula – damals auf der Höhe būyidischer Macht – geschlagen und vertrieben; das Jahr 979 brachte das Ende des ḥamdānidischen Fürstentums Mossul. Die Familie hätte in der Geschichte kaum mehr als beiläufige Erwähnung gefunden, wäre es nicht zu gleicher Zeit einem ihrer Mitglieder, dem Onkel Abū Taġlibs mit dem kalifalen *laqab* Saif-ad-Daula (reg. 945–967), gelungen, die Umstände nutzend ein selbständiges Fürstentum im oberen Syrien (Aleppo) zu gründen, das von den Herren des Iraq wie denen Ägyptens gleich weit entfernt war; ein bedeutender Herrscher, dem seine Kriege gegen Byzanz und, als Folge seiner Förderung der arabischen Literatur, der Glanz einer außerordentlichen kulturellen Blüte längeren Ruhm einbrachten.
Krieg mit Byzanz war unvermeidlich, weil Saif-ad-Daula in dem Augenblick zur Macht kam, als das dem Islam gegenüber lange Zeit fast passiv gebliebene Byzantinische Reich genügend innere Festigkeit gewonnen hatte, um in Asien und im Mittelmeer wieder die Offensive zu ergreifen. Bereits Ende des 9. Jahrhunderts hatte es den Hauptteil Süditaliens, dann im 10. Zypern und Kreta wieder in Besitz genommen und seine Grenze in Kleinasien bis zu der Linie Taurus–Melitene (Malatya)–Erzurum vorgeschoben, um dort schon auf Armenien überzugreifen. Nun waren es die Muslime, die, vollauf beansprucht von ihren inneren Kämpfen, zu einer Reaktion unfähig waren. Neue Kaiser, Nikephoros Phokas und Johannes Tzimiskes, gingen darauf über Kleinasien hinaus zum Angriff auf Kilikien, Syrien und Obermesopotamien über. Auch die stärkere Bedrohung vermochte nicht, die Kräfte mehrerer islamischer Gebiete zum Widerstand zu sammeln, und die aus Zentralasien herangeholten *ġāzīs* waren eher eine Quelle der Unordnung als der militärischen Kraft. So lag denn die Last des Kampfes fast einzig auf Saif-ad-Daula. Zwar verfügte er nicht über eine große Armee, aber wenigstens standen seine Truppen, soweit sie um seine Residenz Aleppo stationiert waren, in unmittelbarer Nähe des Kriegsschauplatzes und hatten hier eine strategische Schlüsselposition inne. Außerdem verstand er es, bei seinen Beduinen, die zwar den *ǧihād*, den Heiligen Krieg, nicht mehr gewöhnt waren, aber ihren lebhaften Kampfgeist behalten hatten, die alten Ruhmeserinnerungen zu wecken; und er wußte, daß diese Männer nur mit der Aussicht auf Krieg, Sieg und Beute fest zu führen waren und daß für sie die einzige Form eines erfolgreichen militärischen Widerstandes im Angriff lag. Sicher ist einige Übertreibung im Spiel, wenn die zahlreichen literarischen Ruhmredner die Begeisterung seiner Araber in den leuchtendsten Farben schildern. Doch ist die Kamp-

feslust sicher wie ein helles Feuer aufgelodert, auch wenn sie bald wieder erlöschen sollte – es war das letzte Aufflammen des *ǧihād* unter den Arabern des Orients bis in unsere Zeiten, denn in der Kreuzzugsepoche haben wir es nicht mehr mit arabischen Heeren zu tun. Diese Kriegsbegeisterung der Araber machte es Saif-ad-Daula möglich, den Byzantinern zwanzig Jahre lang zu widerstehen, ja ihnen im Anfang sogar mit einem Präventivkrieg zuvorzukommen. Die Eigenart seiner Armee schreibt ihm die besondere Form wie auch die Grenzen seiner Kriegsführung vor: wirkungsvolle, mit unerhörter Kühnheit geführte Überfälle im Inneren Kleinasiens, deren Ziel aber nur Plünderung und Beute, nicht Eroberung und nicht einmal die Vernichtung der feindlichen Armee sein kann. Das Hauptheer der Byzantiner steht außer Reichweite und wird gar nicht zur Schlacht gefordert; im Gegenteil: sein Verlangen, zum entscheidenden Rachefeldzug anzutreten, wird nur verstärkt. Schließlich erobert Byzanz Kilikien mit Tarsus und Nordsyrien mit Antiochien, bis nach Tortosa an der Küste, zurück (968). Im Osten verlief die sich allmählich konsolidierende Grenzlinie über die Hügel des rechten Orontesufers, umging Aleppo im Norden und folgte dem mittleren Euphrat am Fuße des östlichen Taurus bis fast zum Quellgebiet des Tigris hin. Aleppo selbst, von den Byzantinern belagert, gab auf, und Saif-ad-Daulas Sohn unterwarf sich ihrer Herrschaft eine Zeitlang als Vasall. Im 11. Jahrhundert annektierte Byzanz die Provinz Edessa (Urfa) bis über den Euphrat hinaus und die armenischen Königreiche bis zu den Euphratquellen, zum Van-See und zum Araxes (Aras), wobei die hier verstreut liegenden islamischen Lehnsherrschaften in seinen Besitz übergingen. Die Nachfolger von Saif-ad-Daula sahen sich der neuen Drohung der Fāṭimiden gegenüber und suchten im allgemeinen die byzantinische Unterstützung gegen deren Eroberungsdrang. Wenn Saif-ad-Daulas Kampf auch der bleibende Erfolg verwehrt war und das Reich nach seinem Tode zusammenbrechen sollte, so haben ihm doch seine Taten bis auf unsere Tage unvergänglichen Ruhm eingetragen. Er war nicht nur Heerführer, sondern zugleich ein nach arabischer Tradition gebildeter Fürst und Mäzen, dazu ein Mann, der die Kraft des Wortes für seine Sache zu nützen wußte. Bedeutende Köpfe sammelten sich um ihn: al-Fārābī, der Denker aus Transoxanien, vollendete unter seinem Patronat eine Philosophie hellenistischer Tradition; für ihn schrieben al-Mutanabbī, der Zauberer des dichterischen Wortes, der die alten arabischen Ideale wieder lebendig machte, und der Prinz Abū Firās, der den Leser noch heute mit der eindringlichen Darstellung seiner Leiden in byzantinischer Gefangenschaft zu Konstantinopel ergreift. Und nicht zufällig hat Abū 'l-Faraǧ al-Iṣfahānī sein *Buch der Lieder*, eine Sammlung alt- und klassisch-arabischer Gedichte, Saif-ad-

Daula gewidmet. Die volkstümliche Ritterdichtung schließlich, die in den Grenzgebieten entstand, haben wir schon erwähnt; zwar hat sie ihre Existenz nicht allein Saif-ad-Daula zu verdanken — sie hat vor ihm begonnen und lebte nach ihm weiter —, aber sie hat aus der kriegerischen Begeisterung seiner Regierungszeit neue Kraft geschöpft, und viele ihrer Züge werden nur aus den Stammeszusammenhängen des 10. Jahrhunderts verständlich.

Die arabischen Stämme stellten die Grundlage der ḥamdānidischen Macht, doch sollte man daraus nicht den Schluß ziehen, das nomadische Element sei das allein bestimmende gewesen. Die Taġlib betrieben seit langer Zeit Ackerbau und Viehzucht zugleich, und der Geograph Ibn Ḥauqal beschuldigt die Ḥamdāniden Mesopotamiens, die Bauern zum Verkauf ihres Bodens an sie gezwungen zu haben, um darauf im Hinblick auf den Handel lukrativere Kulturen anzulegen. Im übrigen begann Aleppo als Residenzstadt der Ḥamdāniden seine Rolle als nordsyrische Metropole, die es von nun an einnehmen sollte. Aber auch die arabischen Kräfte waren nicht einmütig; unter den Taġlib selbst gab es Parteien und Streitigkeiten, andere arabische Stämme traten hervor und suchten Einfluß, und so hörten die Rivalitäten nie auf. In Syrien vor allem, wo es wenig Taġlib gab, hatte Saif-ad-Daula mit dem herrschenden und vorwiegend beduinischen Stamm der Kilāb ein Bündnis schließen müssen. Der Gegensatz zu dem fremden Stamm, den seine kraftvolle Persönlichkeit ausgeglichen hatte, trat unter seinen Nachfolgern offen zutage. Er löste sich erst, als mit der Familie der Mirdāsiden die Kilāb selbst im 11. Jahrhundert (ab 1023) die Macht in Aleppo übernahmen. Dieselbe Entwicklung vollzog sich im oberen Mesopotamien. Hier war die Macht der Ḥamdāniden von ʿAḍud-ad-Daula vernichtet worden, aber den būyidischen Nachfolgern war es nicht gelungen, das Land unter ihrer Kontrolle zu halten, und so wurde es Ende des 10. Jahrhunderts zwischen den arabischen ʿUqailiden (in Mossul und Diyār Rabīʿa) und einer Familie arabisierter Kurden, den Marwāniden (in Diyār Bakr), geteilt. Beide regierten bis zur selǧūqischen Eroberung in der zweiten Hälfte des 11. Jahrhunderts.

Indessen sind Mirdāsiden, ʿUqailiden und Marwāniden nicht von gleicher Wesensart. Die beiden arabischen, šīʿitischen Dynastien, zu deren Gebiet nur wenige Städte gehören, überlassen dort die tatsächliche Macht den Vornehmsten der *aḥdāṯ* (s. o. S. 177). Ihre kulturelle Leistung ist sehr gering, und der blinde Dichter der Skepsis, Abū ʾl-ʿAlāʾ al-Maʿarrī (gest. 1057), schreibt abseits ihrer Höfe, wenn schon nicht unbewegt von den vergeblichen Intrigen und Kämpfen, die sich in seiner Umgebung abspielen. Die Marwāniden dagegen sind Sunniten, dazu Städter und Herren eines infolge seiner Landwirtschaft, seiner Bergwerke und seiner Industrie reichen Landes. Sie sind großzügige Mäzene, und ihre Hauptstadt Mayyāfāriqīn tritt in eine lange Phase regionaler Vorherrschaft.

Die Geschichte Arabiens braucht uns kaum noch zu beschäftigen, so nebensächlich ist die Heimat des Islams für seine weitere Entwicklung geworden. Zwar unternehmen alle Muslime, soweit sie die Mittel aufbringen können, wenigstens einmal in ihrem Leben die Pilgerfahrt zu den heiligen Städten, die diesem Umstand einen künstlichen Zuwachs an Lebenskraft und Wohlstand verdanken. Aber darum liegen sie doch abseits aller großen Bewegungen wie aller großen Straßen und sind für ihre Versorgung auf die Gunst Bagdads und vor allem Kairos angewiesen. Ihre reichsten Familien sind die der *Šarīfe*, der Abkommen ʿAlīs, und nach der öffentlichen Meinung steht diesen dort – ohne daß šīʿitische Gesinnung am Werk wäre – auch die örtliche Macht zu. Unter den übrigen Stämmen Arabiens ist die traditionelle Zwietracht samt dem ständigen Kleinkrieg in der alten Form wieder ausgebrochen. In einigen belebteren Zonen der Peripherie haben Flüchtlinge verfolgter Glaubenslehren Asyl gefunden. Die Ḫāriǧiten sind, obschon sich die Anlegehäfen in būyidischer Hand befinden, die Herren Omans; die Qarmaṭen herrschen in Baḥrain, besetzen 930 sogar Mekka und entführen den Schwarzen Stein, den sie erst dreißig Jahre später unter fāṭimidischem Druck zurückgeben. Wirkliche Bedeutung kommt nur dem Jemen zu, auch er ein Zufluchtsort; Zaiditen, Ḫāriǧiten und Ismāʿīliten haben sich hier eingefunden. Jedoch steht er über Aden mit der übrigen Welt in Verbindung, besonders, seit vom Ende des 10. Jahrhunderts an der Osthandel Ägyptens sich ausdehnt, dessen Weg notwendig hier vorbeiführt.
Aber die wahre arabische Macht, die stärkste der arabischen Welt, ist Ägypten geworden.

IV. ÄGYPTEN

Ägypten hatte in der vom Islam unterworfenen Welt immer ein eigenes Gesicht behalten: einmal, weil seine alte, antike Organisation weiterbestand, und zum anderen, weil es im Unterschied zu Iran ein Eigenleben wahrte und dies so sehr, daß es auf seine fremden Herren, die ihren Gewinn aus dem Lande zogen, keinen prägenden Einfluß ausübte. Im 9. Jahrhundert war die Mehrheit der Bevölkerung noch christlich, vor allem koptischer Konfession. Von den Städten Alexandrien und Fusṭāṭ abgesehen, hatte das Land überwiegend bäuerlichen Charakter, und der Nil bestimmte seinen Lebensrhythmus. Von den Pharaonen bis zu den Basileis hatte der Staat das Leben des Landes in hohem Maße geregelt, weil seine vom Nil abhängige Wirtschaft Einheitlichkeit und zentrale Planung notwendig machte; diese Eigenart blieb auch nach der Eroberung, ja sie erhielt sich im großen und ganzen unter allen islamischen Regierungen. Die Kopten hatten die öffentlichen Ämter noch fast allein in ihrem Besitz, aber kein Kopte übte ein solches Amt außerhalb Ägyptens aus. Die Araber, vor allem die Beduinen, waren in den wenigen Garnisonstädten und in den Randgebieten der Wüste zahlreich, nahmen aber viel weniger als ihre Brüder in Asien an dem kulturellen Aufschwung des Orients teil; nachdem sie ihre Streitkräfte für die Eroberung des Maghreb gestellt hatten, hielten sie sich hier bis zum 11. Jahrhundert ruhig. Als Sunniten hatten sie das mālikitische Recht im Westen eingeführt, waren aber nunmehr größtenteils Šāfi'iten geworden. Im allgemeinen wurde das Land von seinen Herren als eine zu wirtschaftlicher Ausbeutung bestimmte Kolonie behandelt und von Steuern hart bedrückt. Die Kopten lehnten sich, wie in der Antike, gegen diesen Druck auf, ohne daß jedoch ihre Aufstände einen autonomistischen oder konfessionellen Charakter gehabt hätten.

Dies war die Situation vor dem tiefgreifenden Wandel, der nach 868 durch das Auftreten der ersten Lokaldynastie ausgelöst wurde; diese kam jedoch nicht aus Ägypten, sondern von außen. Der Kalif hatte in jenem Jahre Aḥmad ibn Ṭūlūn, einen türkischen Offizier, mit weitgehenden Vollmachten zum Befehl über Ägypten abgeordnet. Der neue Gouverneur nützte die bedrängte Lage des Kalifats (Aufstand der Zanǧ, Kampf gegen die Ṣaffāriden u. a.), um sich so gut wie unabhängig zu machen, Ägypten nach seinem Willen neu zu organisieren, sich eine starke Armee zu schaffen und seine Macht nach Syrien bis zum Taurus auszudehnen. Obgleich der Kalif diese Neuerungen niemals formell anerkannte, gelang es ihm erst nach dem Tode Ibn Ṭūlūns (884) und der Schwächung des Regimes unter seinem Nachkommen, Ägypten zurückzugewinnen (905). Indessen brachte die Fortdauer der Unruhen das Kalifat in Schwierigkeiten, wie sie schon Ibn Ṭūlūn zustatten gekommen waren. Als 939 ein neuer türkischer Kommandeur, der unter dem Namen al-Iḫšīd, dem alten Adelstitel der Lehnsherren von Ferghana, bekannt ist, zum Befehlshaber in Ägypten ernannt wird, gewinnt das Land seine Unabhängigkeit zurück, und diese bleibt unter Iḫšīds Nachfolgern – der bedeutendste ist der schwarze Freigelassene Kāfūr – erhalten. Als deren Herrschaft 969 endet, fällt Ägypten jedoch nicht an das Kalifat, sondern an die neue Macht der Fāṭimiden.

Unter einem fremden Herrscher also erlangt Ägypten die seit den Ptolemäern eingebüßte Selbständigkeit zurück – ein Paradox, das sich freilich im Lauf der Geschichte mehrfach wiederholt – und hat sie bis zum 16. Jahrhundert behalten. Obwohl Fremde, verknüpfen Ibn Ṭūlūn und seine Nachfolger das Schicksal Ägyptens eng mit ihrem eigenen; sie lassen zwar das Land für sich arbeiten, aber sie investieren ihre Einnahmen auch wieder im Lande selbst. Ibn Ṭūlūn und sein Sohn Ḫumārawaih haben alles getan, um Fusṭāṭ der Kalifenresidenz Samarra, aus der sie kamen, ebenbürtig zu machen: der Vater aus politischem Ehrgeiz, der Sohn aus Liebe zum Prunk. Sicher wurde aus diesem Grunde das neue Viertel al-Qaṭā'iʿ, das zuerst für die Armee bestimmt war und später den Hof und zahlreiche Regierungsbauten aufnahm, bei der vorübergehenden Rückeroberung durch den Kalifen im Jahre 905 zerstört, aber die Moschee Ibn Ṭūlūns bleibt erhalten, und der zerstörte Stadtteil ersteht von neuem. Die Versorgung des Heeres mit seinen Türken, Landsleuten des Fürsten, seinen Schwarzen aus Nubien, seinen *rūmī*-Sklaven aus byzantinischem Gebiet (wie es sie auch in Nordafrika gab) und einer Zahl von Arabern ist kostspielig, und nicht weniger Geld verschlingen die Bauten. Aber die allgemeine wirtschaftliche Entwicklung und die strenge Kontrolle der Verwaltung und des Geschäftsverkehrs setzen Ibn Ṭūlūn in die Lage, die Situation der Bevölkerung zu verbessern und ohne Steuererhöhungen selbst ein großes Vermögen zu sammeln, das freilich sein Sohn nach seinem Tode verschleudern wird. Die Bewässerungsanlagen sind wiederhergestellt, Luxusindustrien ins Leben gerufen worden. Die Iḫšīdiden halten sich zwar mit ostentativen Aufwendungen zurück, dennoch unterscheidet sich ihr Regime wenig von dem der Ṭūlūniden; vielleicht ist ihre Armee nicht ganz so stark – Nordsyrien müssen sie den Ḥamdāniden überlassen, sind aber damit auch vom Kampf gegen Byzanz befreit. Dafür legen sie den Grund zum Aufbau einer Flotte.

Als militante Sunniten versuchen die Ṭūlūniden, den Einfluß der großen koptischen Familien zurückzudrängen, und sie heben ihr Prestige, indem sie Schriftsteller an ihren Hof ziehen. Vor allem aber sind die Ṭūlūniden, wie viele Türken, Politiker, die energische Maßnahmen ergreifen. Sieben Jahre lang bleibt das Amt des Großkadi suspendiert, weil sie mit ihm einen Herd des inneren Widerstandes beseitigen wollen. Die islamischen Finanzherren werden ebenso wie die christlichen von Ibn Ṭūlūn ausgeschaltet, unter ihnen der berühmte Ibn al-Mudabbir, der bei seiner Ankunft amtierte. Beim Sturz des Regimes treten sie wieder hervor, und die Familie Māḏarā'ī hat danach ein halbes Jahrhundert hindurch bis in die Zeit der Iḫšīdiden die Wirtschaftsführer Ägyptens gestellt. – Der Glaubenseifer der Iḫšīdiden war allerdings geringer, so daß sie den Juden und den Christen einen wichtigen Platz in ihrer Verwaltung einräumten.

Obwohl das Regime der Ṭūlūniden und Iḫšīdiden gute Seiten hatte, war es doch ein Fremdregime, dem die Bevölkerung passiv

Abb. 15: Minarett und Innenhof der Ibn-Ṭūlūn-Moschee in Kairo (Fusṭāṭ), erbaut 876–879

gegenüberstand. Sein Ansehen und sein Rückhalt hingen allein von dem Prestige des Herrschers ab. Ibn Ṭūlūn besaß es, auch al-Iḫšīd und Kāfūr, wenn schon in geringerem Maße, aber nach ihrem Hingang schwankte alles: die beiden Katastrophen von 905 und 969 waren die Folgen.

Wir haben von den Fāṭimiden im Zusammenhang mit der ismāʿīlitischen Doktrin, ihrer offiziellen Glaubenslehre, gesprochen, ebenso von ihren Anfängen in Nordafrika, wo sie in den beiden ersten Dritteln des 10. Jahrhunderts die Macht ausübten. Von dort waren sie zur Eroberung Ägyptens aufgebrochen, und 969 trat ihr General Ǧauhar seinen Siegeszug an. Vier Jahre später nahm auch der fāṭimidische Kalif al-Muʿizz Sitz im Lande; Hauptstadt wurde die neugegründete Militär- und Residenzstadt Kairo (al-Qāhira, ›die Siegreiche‹, zugleich der Name des Gestirns, in dessen Zeichen sie eingeweiht wurde). Den Maghreb hatten die Fāṭimiden einem Vasallen anvertraut; sie verließen zwei Jahrhunderte lang den Boden Ägyptens nicht. So wird ihre Dynastie, die ja arabischer Abkunft und nun ihrem Ursprung wieder näher ist, sehr viel entschiedener als ihre Vorgängerinnen zu einer ägyptischen, und unter ihrer Führung wird das Land endgültig zur unabhängigen Macht. Damit bringen die Fāṭimiden das Werk der Ṭūlūniden und Iḫšīdiden erst wahrhaft zur Vollendung. Ihre Herrschaft bleibt für Ägypten, auch in den Augen der Gegner ihrer Doktrin, die ruhmreichste seiner Geschichte.
Wie alle Herren Ägyptens griffen auch die Fāṭimiden sofort nach Syrien. Sie mußten sich aber gleich den Iḫšīdiden im wesentlichen mit der südlichen Hälfte begnügen, und selbst dort vermochten sie ihre Herrschaft niemals unangefochten auszuüben – dafür sorgten die Anarchie der Beduinen, die Widersetzlichkeit der Sunniten (vor allem in Damaskus), die Nähe der Byzantiner und sogar Feindseligkeiten der Qarmaṭen. Im 11. Jahrhundert konnten sie vorübergehend Aleppo gewinnen und die Mirdāsiden unter ihre Oberhoheit bringen, doch verloren sie nach 1071 ihren gesamten Besitz in Syrien und Palästina wieder an die Türken. Die letzten Häfen nahmen ihnen die Kreuzfahrer 1097 und in den nachfolgenden Kämpfen (Askalon fällt 1153), Jerusalem im Jahre 1099. Aber wenn auch Syrien für die Ägypter politisch und militärisch als Glacis seine Bedeutung hatte, wirtschaftlich konnten sie darauf verzichten, und die Mißerfolge fielen daher nicht schwer ins Gewicht. Dagegen kehrt der Jemen, und dies ist wirtschaftlich viel bedeutsamer, mit der Vasallendynastie der Ṣulaiḥiden in die Glaubensgemeinschaft und Untertänigkeit der Fāṭimiden zurück, die nun ihre Sendboten über den Indischen Ozean bis zum Indus schicken können. Vor dem Einzug der selǧūqischen Türken in Bagdad

sind die Fāṭimidenkalifen auch als Schutzherren der heiligen Städte Mekka und Medina anerkannt, zeitweilig auch später noch, und bis zum gleichen Ereignis hat auch, zumindest in formaler Abhängigkeit, Nordafrika zu ihrem Besitz gehört. Es hat also ein fāṭimidisches Reich, ja einen fāṭimidischen ›Imperialismus‹ gegeben.

Der imperiale Anspruch der Fāṭimiden ergibt sich aus ihrer Glaubensüberzeugung, ihrem Sendungsbewußtsein, und läßt eine ganze Propagandaorganisation entstehen. Ein weites Netz von Missionaren (*dāʿī*) sorgt für Information der fāṭimidischen Regierung, verbreitet ihre Anweisungen, arbeitet für sie mit Schmeichelei, Versprechungen, Drohungen, Korruption und weiß alle Krisen geschickt zu nutzen. So hat al-Mu'aiyad Šīrāzī, dessen amtliche Korrespondenz uns erhalten ist, nach dem Versuch, den Būyiden Abū Kālīǧār zu gewinnen, eine Koalition der Araber des Fruchtbaren Halbmonds gegen die selǧūqischen Eindringlinge zustande gebracht. Die geheime, aber darum nicht weniger wirksame Propaganda schuf eine Atmosphäre der Unruhe, die ein nicht geringes Machtmittel der Fāṭimiden darstellte. In allen Ländern Irans und der iranischen Einflußsphäre war diese Mission besonders rege; hier wirkte auch der große Philosoph Nāṣir-e Ḫosrau an ihr mit. Eine besondere Kraft ging nicht zuletzt deshalb von ihr aus, weil die übrigen Staaten ihrer Doktrin kaum eine andere von ähnlicher Geschlossenheit entgegenzusetzen hatten, da ja das Kalifat seit dem Sturz der Muʿtaziliten dazu nicht mehr befähigt war und im būyidischen Staat alle Linien der abbasidisch-alidischen Aristokratie offiziell gleichgestellt waren. Die Fāṭimiden dagegen hatten eine Staatsdoktrin: den Glauben an die Sendung ihres, des inspirierten Imāms. Zur Förderung und Verbreitung ihrer Doktrin gründeten sie bei ihrer Hauptmoschee al-Azhar zu Kairo eine Hohe Schule, die Geburtsstätte der späteren Universität, noch heute die ruhmreiche Hochburg traditioneller islamischer Theologie. Gewiß, die orthodoxe Welt hat mit der Errichtung ihrer *Medresen* (vgl. o. S. 219) nach und nach eine Antwort auf die heterodoxe Propaganda gegeben, aber es geschah spät, und niemals ist aus ihnen, wie aus den Schulen der Ismāʿīlīya, eine starke Organisation von Missionaren hervorgegangen.

Eine solche politische und religiöse Aktivität mußte sich natürlich auf eine festgefügte Struktur des Staatsinnern stützen. Hier brauchten die Fāṭimiden nicht viele Neuerungen einzuführen. Ihre ersten Herrscher sorgten dafür, daß die hohen Beamten, die man übernehmen mußte, kein selbständiges Wesirat schaffen konnten, so daß die letzten Entscheidungen immer ihnen selbst vorbehalten blieben. Aber unter ihren schwächeren Nachfolgern des 11. Jahrhunderts konnten die Folgen einer übersteigerten religiösen Stellung des Herrschers nicht ausbleiben.

So suchten die Fāṭimiden die Bevölkerung durch ihre Hofhaltung, durch Prunk und öffentliche Feste zu beeindrucken, die weit über allen Aufwand der Abbasiden hinausgingen. Dieses Zeremoniell, in dessen Schilderung die zeitgenössischen Autoren wetteiferten, vereinigte ägyptische Traditionen mit byzantinischen und abbasidischen Einflüssen. Wir hören auch von märchenhaften Schätzen, die von den Fāṭimiden aufgehäuft worden seien, und einige Zeugnisse davon finden sich noch in unseren Museen. Ihre Staatskanzlei und der gesamte Verwaltungsapparat standen hinter Bagdad in nichts zurück, und ihre wesentlichen Einrichtungen sollten, von bestimmten Seiten des religiösen Lebens abgesehen, allen Wechsel der Regierungen im Mittelalter überdauern.

Fraglos haben die Fāṭimiden durch die Bedürfnisse ihres Hofes wie durch ihre innere Politik überhaupt dem wirtschaftlichen Leben Ägyptens starke Impulse gegeben, ohne daß ihre Doktrin, wie man gemeint hat, hierbei eine bestimmende Rolle gespielt haben müßte. Aber es vollzieht sich zu ihrer Zeit auch eine Neuorientierung der Handelswege, die sie sicher gefördert haben, welche jedoch tiefere Gründe hat und ihnen zustatten kommt: der große Handel verlagert sich vom Persischen Golf nach dem Roten Meer. Eine äußere Katastrophe, ein Erdbeben, hatte Sīrāf zerstört, aber es wäre, hätten nicht andere Ursachen dagegengewirkt, wiederauferstanden; was jedoch an seiner Stelle entstand, war nur ein Korsarennest auf der Insel Qais. Dafür wurden Aden und Alexandria die großen Handelskontore der Welt.

Welches sind in diesem Wandel die allgemeineren, von der fāṭimidischen Politik unabhängigen Kräfte und Ursachen? Wohl mögen, wie man erwogen hat, die iraqischen Unruhen diese Entwicklung befördert haben, aber solange der Handel mit dem Iraq keinen bleibenden Ersatz fand, hatte er sich von allen Störungen immer wider erholt. Die zerstreute Lage der Fürstenhöfe und die wachsende Zahl neuer Zentren in Iran lenkten die Kaufleute in sehr viel mehr Richtungen als zuvor und beendeten so die Monopolstellung Bagdads, aber beides brauchte diejenigen nicht vom Iraq fernzuhalten, die ihre Geschäftsreise nach Westen fortsetzen wollten. Die byzantinische Eroberung Nordsyriens brachte zwar Schwierigkeiten für die Kaufleute, die ohne hinderliche Zollschranken einen Mittelmeerhafen erreichen wollten, aber die belebten Häfen von Tur (Tyrus) und Tripoli lagen ja weiter im Süden, und für Reisen nach Konstantinopel war die Grenzänderung sowieso ohne Bedeutung. Alle diese Umstände mögen mitgewirkt haben, aber die Hauptursache scheint eine andere gewesen zu sein. Wir sind in der Epoche, da Italien erwacht; die Handelsbeziehungen zwischen Amalfi und den Fāṭimiden in Nordafrika wurden schon erwähnt, und es kann kein Zufall sein, wenn man bald nach der fāṭimidischen Eroberung Ägyptens auch in Kairo zwei- bis dreihundert Kaufleute aus Amalfi findet. Angaben in den jüdisch-arabischen Dokumenten der Kairiner Geniza legen den Schluß nahe, daß ebenso die Juden in Ifrīqiya aus der Einnahme Ägyptens durch ihre früheren Herren von Mahdīya nicht geringen Nutzen für ihren Handel zogen. Mochten auch diese oder jene besondere Protektion genießen, eines steht außer Zweifel: von dem Augenblick an, da im Mittelmeer Kaufleute des europäischen Marktes erscheinen, mögen sie aus Cordoba oder aus Amalfi kommen, wird es bequemer, die Waren aus dem ferneren Osten nach den westlichen Ländern durch das Rote Meer und über Alexandria zu leiten als über den Iraq und über Konstantinopel. (Freilich bleibt Konstantinopel als Umschlagplatz nach Ost- und Mitteleuropa von Wichtigkeit. Hier brachte die türkische Eroberung Kleinasiens am Ende des 11. Jahrhunderts den Ägyptern vorübergehend Vorteile.) Ferner brauchen die Fāṭimiden ihrerseits Holz und Eisen, das sie nur von den Italienern ohne Mühe beziehen können, und so ist es verständlich, daß sie alles tun, um sie nach Alexandrien zu ziehen und Konstantinopel seine internationale Führungsstellung unter den Mittelmeermärkten streitig zu machen.

Diese Politik setzte gute Beziehungen zu den Christen und Juden der anderen Staaten voraus, aber solche waren um so leichter herzustellen, als die Fāṭimiden ihre eigenen christlichen und jüdischen Untertanen außerordentlich entgegenkommend behandelten. Die Gegner der Ismāʿīliten warfen ihnen einen häretischen Interkonfessionalismus vor, der aus den Prinzipien ihrer Lehre abgeleitet sei; für sie seien alle Religionen gültig als gemeinverständliche Formen der wahren, in ihrer Reinheit nur den Eingeweihten zugänglichen Religion. Dies ist eine Verleumdung, denn die Fāṭimiden waren ohne Einschränkung Muslime. Aber weil sie den Muslimen, die ihrer Doktrin nicht folgten — in Ägypten wie in Nordafrika die große Mehrheit —, nicht völlig vertrauen konnten, zogen sie es (wie auch andere Herrscher) vor, die Verwaltung weitgehend *ḏimmīs* zu übertragen. Da diese durch ihre Stellung zu großem Vermögen kamen, zumal ihnen die fiskalischen Verbote des islamischen Gesetzes nicht im Wege standen, waren sie ihren Herren ergebene Diener.

Diese Atmosphäre der Toleranz wurde durch das Zwischenspiel — mehr war es nicht — der Regierung al-Ḥākims (996–1021), des dritten Fāṭimiden Ägyptens, grausam gestört. Der exzentrische junge Herrscher sah die göttliche Natur in seiner Person vollkommener als in seinen Vorgängern verkörpert; er glaubte sich daher zu einer neuen, reineren Auslegung der ismāʿīlitischen Lehre berufen und zur Verwirklichung von Ideen befugt, welche die ersten Fāṭimiden nur angekündigt hätten. Von Anfang an erregten sein befremdliches, unberechenbares Verhalten, seine nächtlichen Wanderungen, später seine extreme Askese Betroffenheit und Unruhe bei seiner Umwelt. Zur Reinigung der Sitten traf er eine Reihe drakonischer Maßnahmen: Verbot aller vergorenen Getränke und bestimmter Speisen, Verbot öffentlicher Lustbarkeiten, Verfolgung der Astrologen, ferner Moralvorschriften, die ein Psychoanalytiker versucht sein könnte, auf seine verwirrten Gefühle gegenüber seiner Schwester zurückzuführen, und die zeitweilig so weit gingen, daß er Männern den nächtlichen Ausgang und Frauen sogar jeden Ausgang verbot und die Herstellung von Frauenschuhen untersagte. Alle Zuwiderhandlungen gegen diese Verbote waren mit der Todesstrafe bedroht. Plötzlich aber, während eine Lockerung dieser Vorschriften eintrat, begann Ḥākim, Schwestersohn der melkitischen Patriarchen von Jerusalem und Alexandrien, mit einer grausamen Verfolgung von Juden und Christen (1008). Er verbot ihnen Wein und Schweinefleisch, führte die diskriminierenden Kleidervorschriften wieder ein, nach denen die Juden z. B. eine Glocke um den Hals tragen mußten, ja er verbot den Muslimen jeden geschäftlichen Verkehr mit ihnen, zog die Besitzungen aller Kirchen und Synagogen ein und ließ mehrere von ihnen zerstören, ja sogar Hand an die Kirche des Heiligen Grabes legen. Pilger brachten die Kunde dieser Ereignisse nach Europa, und ihre Berichte sollten noch fast hundert Jahre später der Kreuzzugspropaganda Nahrung geben — lange nach dem Ende der Bedrängnis. Im Jahre 1013 hörte die Verfolgung unversehens auf, und wer sich nicht durch die Flucht gerettet hatte, wer unter dem Zwang der Umstände zum Islam übergetreten war, kehrte ruiniert zu seiner Religion zurück.

Ḥākim unterwarf sich nun allen Forderungen strengster Frömmigkeit, nahm kein Interesse mehr an der Regierung, vervielfachte die Almosen und ritt auf einem Esel umher. Zu diesem Zeitpunkt traten zwei Perser auf, Ḥamza und ad-Darazī, und verkündeten die Lehre, daß Ḥākim die göttliche Vernunft verkörpere, die höchste Inkarnation Gottes außerhalb seines unaussprechlichen Wesens. Ḥākim förderte die Verbreitung dieser Lehre und nahm grausame Rache an Aufständischen, die sich dagegen erhoben hatten. Doch fand sie bleibende Anhänger nur bei einer Gruppe der libanesischen Bevölkerung, die wir nach Darazī noch heute die Drusen (*Durūz*) nennen; sie leben jetzt in Ḥaurān. Für Ḥākims Verhalten gibt es, wenn man ihn nicht einen Wahnsinnigen nennen will, keine einleuchtende Erklärung. So blieb denn auch sein Tod von einem ungeklärten Geheimnis umgeben: er ging eines Abends fort, trennte sich von seinen Begleitern und verschwand — vielleicht wurde er das Opfer eines Mordes. Die Drusen jedoch glauben, er sei ›verborgen‹ und werde eines Tages wiederkehren.

Soweit in Kürze das traditionelle Bild der Ereignisse, das uns freilich über Ḥākims Motive wenig Aufschluß gibt; falls die Quellen nicht übertreiben, muß uns wundern, daß seine Anordnungen tatsächlich befolgt wurden. Auf alle Fälle haben sie Unruhe und Verwirrung gestiftet. Ḥākims Nachfolger kehrte zu einer gemäßigten Haltung zurück. Sogar mit Byzanz wurde Frieden geschlossen; es erhielt eine Art Protektorat über die Christen Jerusalems und die Erlaubnis, das Heilige Grab neu errichten zu lassen.

Trotzdem geriet auch das fāṭimidische Regime auf die verhängnisvolle Bahn des Niedergangs, und wiederum lag einer der Gründe bei der Armee. Das Berberheer der Anfangszeit stand in schlechtem Einvernehmen mit der Bevölkerung und konnte auch nur schwer ergänzt werden, vor allem nach dem Bruch mit den Zīriden. Zuerst um ein Gegengewicht zu schaffen, sodann um des Nachschubs willen wandte man sich, wie alle islamischen Herrscher der Zeit, an die Türken, auch, wie schon in Nordafrika, an die Schwarzen, ja sogar an Armenier, bekehrte und unbekehrte, welche infolge der byzantinischen Politik und der türkischen Eroberung damals über den Vorderen Orient verstreut waren; gelegentlich nahm man auch Araber wieder unter die Waffen. Alles das mußte die Begehrlichkeit rivalisierender Truppen und die inneren Spannungen und Kämpfe verstärken. Daß zum Widerstand gegen die Selǧūqen in Asien die äußersten Anstrengungen nötig wurden, verschärfte die Situation weiter und trieb sie der Katastrophe entgegen. In Bagdad waren infolge einer ähnlichen Entwicklung fremde Militärführer an die Macht gekommen, während die zivile Verwaltung in anderen Händen lag. In Kairo jedoch wurden die beiden höchsten Ämter, das Wesirat (zunächst von einheimischen oder eingebürgerten Männern ausgeübt) auf der einen Seite und das militärische Oberkommando auf der anderen, verschmolzen. Der bekehrte Armenier Badr al-Ǧamālī, der ›starke Mann‹ im letzten Viertel des 11. Jahrhunderts, war der erste, der sie in seiner Person vereinigte. Das Volk ließ sich nicht täuschen und nannte nicht mehr den Kalifen, sondern den wirklichen Machthaber Sultan.

Das fāṭimidische Kalifat konnte aber nicht einmal seine religiöse Autorität bewahren; sie wurde durch die immer wiederkehrenden Streitigkeiten über die Person des Imāms und die sich daraus ergebenden Schismen untergraben, so daß sie schließlich völlig schwand. Beim Tode von al-Mustanṣir (1094) wurde der von Badr in Ägypten eingesetzte Erbe al-Mustaʿlī von den auswärtigen Ismāʿīliten nicht anerkannt. Diese bekannten sich zu dem ursprünglich designierten älteren Sohn Nizār und gründeten in Iran die terroristische, den Fāṭimiden feindliche Sekte der sogenannten Assassinen, von der noch zu sprechen sein wird. Als im folgenden Jahrhundert beim Tode des Kalifen Āmir kein anderer Erbe da war als ein noch ungeborenes Kind, übernahm sein Bruder Ḥāfiẓ die Macht, während die Jemeniten das erwartete Kind proklamierten. Die sunnitische Bevölkerung Ägyptens war dieser Spiele müde. Badrs energische Neuordnung der Verwaltung zögerte das Ende hinaus, aber wahrscheinlich wäre das Regime dem Angriff der Selǧūqen erlegen, wenn nicht die Kreuzfahrer im rechten Augenblick zwischen die Fronten getreten wären. Die Fāṭimiden verdankten ihnen siebzig Jahre weiteren Regierens. Als dann ein neuer, ein sunnitischer Gegner auftrat, der Ayyūbide Saladin, war ihr Ende gekommen (1171). Die militärischen Kräfte, die sich von dem entmachteten Regime versorgen ließen, konnten es nicht halten, und die Bevölkerung sah in seinem Sturz kaum mehr als die Besiegelung der tatsächlichen Verhältnisse.

12. Der kulturelle Höhepunkt des klassischen Islams (von der Mitte des 9. bis zur Mitte des 11. Jahrhunderts)

Wir wiesen schon darauf hin, daß politische Zersplitterung und soziale Wirren der Entwicklung der islamischen Kultur nicht geschadet, sondern ihr vielmehr Anreize gegeben haben; das 10. Jahrhundert ist unbestreitbar ihr Goldenes Zeitalter oder, zieht man eine Parallele zur europäischen Geschichte, ihre ›Renaissance‹.

Die Fürstenhöfe waren für die Förderung der materiellen und geistigen Kultur ohne Frage von großer Bedeutung, dennoch unterscheidet sich die islamische Kultur von der europäischen derselben Epoche durch eine breitere soziale Streuung, die mit dem Aufblühen der Städte, auch mit der Papierfabrikation in enger Verbindung steht. Die meisten ›Gelehrten‹ betrieben ein Gewerbe. Keine Stadt, die nicht — auch ohne fürstliche Residenz zu sein — ihre Bibliothek oder Bibliotheken und ihre Schulen gehabt hätte, wo sich nicht Studenten um Moscheen oder private Gründungen zusammenfanden, denn jeder Beitrag zur Verbreitung der Wissenschaft war ein frommes Werk. Man ließ überall in der Welt nach wichtigen Handschriften aller Wissensgebiete suchen, und ein Heer von Kopisten arbeitete an ihrer Vervielfältigung; fromme Stiftungen (*waqf*) waren dazu bestimmt, ihren Unterhalt wie auch den der Lehrer und Schüler zu sichern, denn viele unter ihnen waren nicht begütert. Der Beruf des Buchhändlers war einträglich. Trotzdem gab es vor Beginn des 11. Jahrhunderts nirgends einen ›offiziellen‹ Unterricht, und so waren die bestehenden Einrichtungen von großer Vielfalt. Die Studenten, nicht selten bejahrte Leute, zogen von Meister zu Meister, von Stadt zu Stadt auf der Suche nach Wissen und Einsicht, mit dem großen Ziel, allwissend zu werden. Sie ›lasen unter‹ einem Lehrer, d. h. sie hörten und machten Notizen, wenn er einen wichtigen Text vortrug und kommentierte, und diskutierten darauf Fragen der Interpretation. Wer sein Können bewiesen hatte, durfte die Lehre des Meisters, auf dessen Autorität gestützt, weitergeben. Literaten und Gelehrte trafen sich zu Sitzungen in den ›Salons‹ der Mäzene, und trotz heftiger Dispute bewegte man sich in einer ungemein liberalen Atmosphäre. Nirgendwo sonst hat es in der Welt des Mittelalters, niemals hat es auch im Umkreis des Islams eine solche Weite und Freiheit des Forschens und Lehrens gegeben.

Wie im Hinblick auf die vorausgehende Epoche müssen wir auch hier daran erinnern, daß die islamische Geisteswelt zwischen dem religiösen Bereich, von dem wir oben sprachen, und dem literarisch-wissenschaftlichen, dem wir uns nun zuwenden, keine klare Trennung kannte. Man unterschied zwar die islamischen und die nichtislamischen Wissenschaften, aber es gab kaum jemanden, der neben dem einen nicht auch das andere gepflegt hätte; auf jeden Fall erwuchsen aus den Fragestellungen der Philosophen und Wissenschaftler notwendig religiöse Konsequenzen. Wir folgen also nur dem Gebot der übersichtlicheren Darstellung, wenn wir die beiden Gebiete getrennt behandeln.

Was die eigentlich literarische Arbeit anbetrifft, zunächst ein Wort zur Dichtung: Wir erwähnten schon den literarischen Kreis um Saif-ad-Daula, der sich dem Denken und den Formen der arabischen Frühzeit zuwendet, mit den Dichtern al-Mutanabbī (gest. 965) und Abū Firās al-Ḥamdānī (gest. 968), ferner dem Autor der klassischen Anthologie, des *Buches der Lieder*, Abū 'l-Farağ al-Iṣfahānī (gest. 967). Zu den östlichen Dichtern kommen nun westliche wie der Sizilianer Ibn Hāni' (gest. 973), der Panegyriker der Fāṭimiden, und vor allem die Dichter des Andalus. Zwar will Ibn ʿAbd-Rabbih (gest. 940) mit seiner großen Anthologie zunächst nur die Vorbilder des Ostens in Spanien bekannt machen. Im 11. Jahrhundert dagegen finden wir in Ibn Ḥazm (gest. 1064), den wir als Denker schon genannt haben, einen eigenständigen Dichter und Prosaiker von Rang, dessen Liebeskunst *Das Halsband der Taube* heute in viele Sprachen übersetzt ist. Im ganzen läßt sich wohl sagen, daß in der ›andalusischen‹ Dichtung die Freude an der Natur und der Sinn für die höfische Liebe (neben der sinnlichen) stärker ausgeprägt ist als in der des Ostens. Hier entwickelt sich die leichtere Gattung einer strophischen Volkspoesie, die den Formen der ›romanischen‹ Verskunst näher steht als den altarabischen. Seit langem diskutiert man darüber, welche Beziehungen zwischen dieser Dichtung und den Liedern der Troubadoure Südfrankreichs bestanden haben mögen. Freilich können benachbarte Völker zu gleichartigen Ausdrucksmitteln kommen, ohne daß Nachahmung vorliegen muß. Trotzdem ist nicht auszuschließen, daß bestimmte, auf der Halbinsel entstandene Formen zuerst die Nordspanier, dann die Südfranzosen beeinflußt haben. Erwiesen ist andererseits, daß die arabische Dichtung von der ›romanischen‹ Volkskunst Spaniens manches übernommen hat. Welche Einflüsse aber auch gewirkt haben mögen, die andalusische Dichtung hat ohne Zweifel Originalität und Eigenart; ihre selbständige Entwicklung führt indessen nicht, wie zur gleichen Zeit in Iran, zu einer Wiederbelebung der alten Nationalsprache (außer in den Regionen, die wieder zum christlichen Glauben zurückkehren).

Die Prosa bringt gegenüber der Generation des Ğāḥiẓ keine schöpferischen Neuerungen. Im großen lassen sich hinsichtlich der Form zwei Gruppen unterscheiden: die Erzähler und Denker, die einen klaren und schlichten Stil pflegen, und die Autoren, welche durch rhetorische Kunstmittel wie Assonanz, Rhythmus, Wortspiel und vor allem den Binnenreim (*saǧʿ*) eine ›erlesene‹ Sprache suchen, die zwischen Poesie und Prosa steht. Seltsamerweise wird diese Entwicklung, an der theoretische und gedankliche Bemühungen wenig Anteil haben, von den *kuttāb* gefördert, die mit solcher Stilkunst ihre Fähigkeiten ins rechte Licht setzen wollen. Je mehr das Ansehen ihres Standes bedroht ist, um so genauer legen sie seine Regeln und Konventionen fest und überlieferten diese ihren Nachkommen zur Erhaltung ihrer Vorrechte. Glücklicherweise verdrängte die *saǧʿ*-Prosa nicht alles übrige; köstlich in ihrer einfachen Sprache sind die Sammlungen von Anekdoten und Schwänken des Bagdader Kadi at-Tanūḫī (gest. 993), die vom Hundertsten ins Tausendste gehen, oder auch die delikat-pikante *Geschichte von Abū 'l-Qāsim*, die uns ein Sittenbild vom Leben reicher Snobs der bagdadischen Aristokratie gibt. Der vielseitige Abū Ḥayyān at-Tauḥīdī (gest. 1023), dessen Werk heute als Quelle der Literatur- und der Philosophiegeschichte sehr geschätzt wird, schildert uns das intellektuelle Milieu des būyidischen Bagdad. Kommentierte Anthologien und Lexika bezeugen das wachsende Verlangen, eine gelehrte Hochsprache zu beherrschen, die sich von der Alltagssprache immer mehr entfernt. Es gibt jedoch auch eine Volksliteratur; wir erwähnten schon die Ritterromane der Grenzländer. Aus Arabien stammt der ʿAntar-Roman, aus Indien und vom Persischen Golf kommen Seefahrergeschichten wie die Erzählungen von Sindbād, die dann in die Sammlung der Märchen aus Tausendundeiner Nacht eingehen.

Das 10. Jahrhundert bringt ferner, auch darauf wiesen wir bereits hin, die Geburt und erste Blüte der neupersischen Literatur. Sie entstand im wesentlichen unter den Sāmāniden; ihre Sprache setzt das Altpersische und das Mittelpersische oder Pehlevī fort, hat aber viele arabische Wörter entlehnt, ferner das arabische Alphabet, das um drei neue Zeichen vermehrt wurde. Das Arabische blieb die Sprache der Wissenschaft, der Religion und der Philosophie, während die Literatur im engeren Sinne zum Persischen zurückkehrt. Eine solche Wiedergeburt der nationalsprachigen Literatur ist weder im Westen noch bei den Kopten zu verzeichnen. Die Anfänge begannen sich schon am Ende des 9. Jahrhunderts abzuzeichnen, aber erst im 10. entstehen die ersten bedeutenden der uns erhaltenen Werke. Sie wollen vor allem – unter einem dünnen islamischen Firnis – die historisch-legendäre Überlieferung der nationalen Vergangenheit Irans wieder lebendig machen und verherrlichen; die wichtigste ihrer Quellen, eine mittelpersische Chronik, hatte Ibn al-Muqaffaʿ schon ins Arabische übertragen. Das poetische Meisterwerk ist das *Königsbuch* (*Šāhnāme*) des Firdausī (934–1020

[?]), das Nationalepos der Perser mit seinen 50000 Distichen, das noch in den Übersetzungen spüren läßt, mit welcher Kraft und Frische der Empfindung die Vergangenheit verlebendigt, mit wieviel Begeisterung und Sehnsucht die Erinnerung an die einstige Größe beschworen wird. Zu gleicher Zeit erscheint die Prosa, aber zunächst in Übersetzungen und Bearbeitungen aus dem Arabischen, so z. B. die Geschichte des Ṭabarī. Aber am Ende des 10. Jahrhunderts finden wir Geographen, die in persischer Sprache schreiben, und im 11. Historiker, unter denen Abū 'l-Faḍl Baihaqī (gest. 1077) mit seiner großen Ġaznawidengeschichte besonders zu erwähnen ist. Über Nāṣir-e Ḫosrau und den Verfasser des *Qābūs-nāme* wurde oben gesprochen (s. S. 216, 252).

In Wissenschaft und Philosophie spielen regionale Verschiedenheiten naturgemäß eine geringere Rolle. Wir sahen schon, wie Übersetzungen aus dem Griechischen die *falsafa*, die hellenistische Philosophie in arabischer Sprache, entstehen ließen. Ihre Vertreter (*falāsifa*) wurden allgemein von den ›Gelehrten‹ (*ʿulamāʾ*) der Religion und des Rechts deutlich unterschieden. Zwar vermögen wir heute zwischen den rationalen Problemen der Philosophie und den Glaubensfragen der Religion keine tieferen Wesensunterschiede mehr zu sehen; aber während die islamischen Theologen die heiligen Texte zur Grundlage ihrer Überlegungen machten, gingen die Philosophen bei ihren Betrachtungen von den nichtislamischen, antiken Autoren aus, so daß sie als Vertreter einer weltlichen Wissenschaft erschienen. Indessen war gewiß kein Philosoph gänzlich ungläubig, vielmehr waren die meisten von der Reinheit ihres Glaubens aufrichtig überzeugt. Wir wiesen schon darauf hin, daß der islamische Glaube keineswegs von Grund auf irrational ist; gerade die islamischen Philosophen konnten guten Gewissens behaupten, daß Vernunft und Glaube letztlich zu ein und derselben Wahrheit führten. Mit um so größerer Freiheit haben sie sich, und das ist wiederum charakteristisch für ihre Haltung, auf das eigene Vernunftdenken und die Seinslehre ihrer nichtislamischen Vorgänger gestützt.

Drei Namen bezeichnen die Höhepunkte dieser Philosophie: al-Kindī, al-Fārābī und Ibn Sīnā (Avicenna). Der erste war ein Araber aus dem Iraq und lebte zur Zeit der großen Übersetzer (gest. um 870); der zweite stammte aus Transoxanien, vielleicht aus einer türkischen Familie, und fand am Hofe Saif-ad-Daulas die Stätte seines Wirkens; er starb 950. Ibn Sīnā schließlich (geb. um 975 in Buchara, gest. 1037 in Hamadān), als Arzt wie als Philosoph gleichermaßen berühmt, wurde der Vollender, der wahre Lehrer im philosophischen Denken für Generationen islamischer Orientalen und danach auch für die christlichen Abendländer. Im Laufe eines bewegten Lebens, das ihn nach dem Sturz der sāmānidischen Dynastie von Residenz zu Residenz führte, vermochte er ein gewaltiges Werk zu schaffen. Es ist unmöglich, die Philosophie dieser drei Männer mit einigen Worten zu umreißen; auch von Miskawaih (gest. 1030), der zugleich Historiker war, und anderen müßte man sprechen. Die Probleme, mit denen sie sich auseinandersetzten, waren ihnen von Plato, Aristoteles und deren neuplatonischen Auslegern überkommen. Vergeblich hatten die Neuplatoniker versucht, die Gedanken der beiden Großen in Einklang zu bringen, und so blieben, wie schon in der Antike, in der islamischen Philosophie zwei Strömungen lebendig. Das Hauptproblem, das die Köpfe und die Herzen bewegte, war die Frage: Wie kann es eine Verbindung geben zwischen dem Sein an sich, das allein fähig ist, aus sich selbst heraus zu existieren, und den Einzelwesen, die diesem Urgrund alles Seins ihre zeitliche Realität verdanken? Eine Verbindung zwischen dem göttlichen Schöpfergeist und der Vielzahl der Geschöpfe, zwischen der Idee der Dinge und ihren wahrnehmbaren Verkörperungen? Sie vollzieht sich – dies die Antwort, die man von den Neuplatonikern übernimmt – in Stufen der Emanation aus dem absoluten Sein der Gottheit, denen folgend der Eingeweihte zu immer höherer Erleuchtung des Geistes emporsteigt, durch deren Erkenntnis er zur Erkenntnis des Einen und damit zum Heil der Seele gelangt. Da die verschiedenen Stufen zwischen Seinsgrund und Kreatur in den himmlischen Sphären, welche die Gestirne ›tragen‹, hypostasiert erscheinen, sind sie der visionären Schau in einem gewissen Grade unmittelbar zugänglich.

Dem sunnitischen Islam sind diese Gedanken fremd geblieben; bevor sie aber später bei der illuminativen Mystik, vor allem in Iran, Eingang finden, befruchten sie gegen Mitte des 10. Jahrhunderts die Lehre der Ismāʿīlīya, die von ihrer Auffassung der religiösen Inspiration her der gnostisch-neuplatonischen Gedankenwelt besondere Bereitschaft entgegenbringt. Für eine Religion, welche mit Nachdruck die göttliche Transzendenz lehrt, aber doch nicht wie das Christentum den hilfreichen Glauben an eine göttliche Inkarnation einschließt, muß die Frage, wie das Geschöpf mit seinem Schöpfer in Verbindung treten, wie also der Mensch zu seinem Heil kommen kann, von größter Wichtigkeit sein. Die Šīʿa hatte eine Lösung darin gesucht, daß sie dem Imām eine besondere göttliche Erleuchtung zuschrieb. Aber die Ismāʿīlīya entwickelt im Anschluß an die Konzeption des Imāmats ein geschlosseneres System, indem sie den Imām in eine Reihe aufeinanderfolgender prophetischer Zyklen hineinstellt. Von da blieb nur noch ein Schritt, der im 10. Jahrhundert vollzogen wurde, bis zur Herstellung einer gnostischen Konkordanz zwischen den prophetischen Zyklen und den himmlischen Sphären, den Emanationen des plotinischen Kosmos, welche der göttliche Geist aus sich entläßt. Im Zusammenhang mit dieser Gesamtvorstellung ist für den ismāʿīlitischen, vor allem den fāṭimidischen Glauben die politisch-religiöse Doktrin nur ein Gegenstück seiner Kosmogonie; die Philosophie ist wieder Glaube geworden. – Natürlich wurden solche Probleme und Vorstellungen nicht nur im Islam, sondern auch in den anderen Konfessionen diskutiert. Aber in den christlichen Kirchen des Orients entstand dadurch keine Erneuerungsbewegung der Lehre oder der Gemeinde; hier suchte man nun vor allem die Lehren der Kirchenväter auf arabisch zugänglich zu machen. Hervorzuheben ist jedoch, daß die eigenständige, *kalām* und *falsafa* vereinigende Entwicklung des arabischen Denkens nunmehr auch auf das Judentum übergreift, das bisher, von Philo von Alexandrien abgesehen, der Philosophie ferngestanden hatte; auch seine Gelehrten leisten nun – gleichfalls in arabischer Sprache – ihren Beitrag zur gemeinsamen Diskussion.

Weit enger noch ist die Zusammenarbeit auf dem Gebiet der Naturwissenschaft, wo Gelehrte aller Konfessionen, Juden, Christen, Ḥarrānier (die sich um das Jahr 1000 bekehrten) und einige Zarathustrier Seite an Seite tätig sind. Die Geschichte der ›arabischen‹ Wissenschaften steht noch in den Anfängen. Sie setzt das gründliche Studium einer Literatur voraus, die, nur den Fachkennern sowohl der Sprache als auch der Sache zugänglich, noch lange nicht genügend erschlossen ist. Hinzu kommt, daß zwischen Naturwissenschaft und Philosophie in Antike und Mittelalter nicht scharf unterschieden werden kann, zumal im allgemeinen dieselben Gelehrten, Ärzte in erster Linie, sich beiden Bereichen widmeten. Die Bedeutung der ›arabischen‹ Wissenschaft liegt, aufs Ganze der Wissenschaftsgeschichte gesehen, darin, daß sie das antike Erbe aufnahm und an das Abendland weitergab, aber doch keineswegs nur in der Rolle des passiven Vermittlers. Niemals zuvor hatte es eine so vielseitige und intensive Forschungstätigkeit gegeben, und niemals war der Fächer des zugänglichen Wissens so weit geöffnet worden. Zur griechischen Wissenschaft kamen Beiträge der altorientalischen Kulturen; alle Quellen der Tradition wurden in eine einzige Kultursprache, das Arabische, übertragen und konnten so in eine große Synthese eingehen. Zwar ging man von den antiken Texten aus, aber man verglich und übte Kritik, so daß diese Arbeit in mancher Hinsicht auch praktische Fortschritte und neue Erkenntnisse bringen mußte. Die islamischen Gelehrten besaßen wohl trotz ihres Intellektualismus nicht die abstrahierende Kraft und Tiefe der Griechen, dafür einen entwickelteren Sinn für die praktische Erprobung, für das Experiment, dessen Bedeutung die spätere Entwicklung der Wissenschaft aufs nachdrücklichste erwiesen hat. Die Wissenschaft, welche die ›Araber‹ weitergaben, war ein lebendiger Teil ihrer

Existenz, und nur so konnte sie fortleben und dauern. Einer ihrer hervorragendsten Vertreter, ar-Rāzī, hat die Überzeugung ausgesprochen, daß es in der Wissenschaft einen ständigen Fortschritt geben werde und müsse – ein erstaunlicher Gedanke in der Welt des Mittelalters, die sich zumeist vor der ausschließlichen und ewigen Gültigkeit der antiken Weisheit beugte.

Einer der Wissenschaftszweige, die mit großem Erfolg gefördert wurden, war die Mathematik. Nicht von ungefähr hat das Abendland von den Arabern das Dezimalsystem übernommen, mit ihm die Zahlzeichen, die wir die arabischen nennen (obwohl sie ursprünglich aus Indien kommen), und mit ihm die Wörter ›Ziffer‹ und *zéro* (aus arab. *ṣifr*, ›Leerstelle, Null‹). Wenn sich dieses System unter den Arabern selbst auch nur langsam verbreitete, weil sie, zumal in der Verwaltung, andere Verfahren des Zählens (Zahlbuchstaben) und Rechnens gewohnt waren, so wurde es doch von den Gelehrten gehandhabt, und von ihnen übernahm es der Westen vom 13. Jahrhundert an. Wir brauchen nur das schwerfällige Rechnen mit römischen Ziffern zum Vergleich heranzuziehen, um den Fortschritt zu erkennen. Auch die Algebra verdankt ihren Namen den islamischen Mathematikern; das Wort bezeichnet ursprünglich die von ihnen entwickelte Methode zur Umformung und Lösung von Gleichungen (*al-ǧabr wa'l-muqābala*). Für die Bedürfnisse der Praxis entwickelten und verfeinerten sie eine ganze Reihe arithmetischer und geometrischer Verfahren, um Oberflächen, Rauminhalte und Entfernungen zu berechnen, und schufen hier die Ansätze einer Trigonometrie; sie konnten damit technische Probleme für den Betrieb von Mühlen und Elevatoren lösen und darüber hinaus Fragen der Astronomie beantworten. Von den Mathematikern, die zugleich Astronomen waren, nennen wir nur zwei Gelehrte: der eine ist al-Ḫwārizmī, dessen Name in dem Wort Algorithmus → Logarithmus (volksetymologisch mit *logos* und *arithmos* verquickt) fortlebt; er war, wie sein Name sagt, Transoxanier und wirkte in der ersten Hälfte des 9. Jahrhunderts. Der andere ist Abū 'l-Wafā', ein Schützling der Būyiden, der am Ende des 10. Jahrhunderts starb.

Astronomie und Astrologie waren noch nicht grundsätzlich unterschieden; weder kann man für jene Zeit eine Trennung erwarten, die erst durch die spätere Entwicklung der Wissenschaft notwendig wurde, noch war das astrologische Denken bei dem damaligen Stand des Wissens ›unwissenschaftlich‹ zu nennen. Jedenfalls wurden beachtliche Fortschritte erzielt. Die islamischen Astronomen vervollständigten die Beobachtungen und Messungen der Alten, deren Anschauungsmaterial und Wissen schon durch die seit der Antike verflossenen Jahrhunderte erweitert worden waren, und konnten so wichtige

neue Konzeptionen einführen und überlieferte Erkenntnisse präzisieren, zum Beispiel das Vorrücken der Tag- und Nachtgleichen. Die Erfordernisse der Schiffahrt, ja sogar des Gottesdienstes führten zu einer außerordentlichen Erweiterung des Katalogs der Gestirne, welche die Griechen in ihren Breiten nicht alle hatten beobachten können, und zu einer Komplettierung der Sternhöhentafeln; man hatte das Astrolab vervollkommnet und die sphärische Trigonometrie weiterentwickelt. In der Nachfolge des Ptolemäus, aber mit wissenschaftlicher Originalität, arbeiten Gelehrte wie Abū 'l-Wafā', der große al-Baṭṭānī aus Ḥarrān (gest. 929), später Ibn Yūnus (gest. 1009) im fāṭimidischen Ägypten, und ihre Kollegen im Andalus geben die Astronomie des ›Albatenius‹ an das Abendland weiter. Al-Bīrūnī, dem wir noch einmal begegnen werden, veröffentlicht in Ġazna gegen 1000 eine bedeutsame astronomische Enzyklopädie, worin er zur Erklärung der beobachteten Gestirnbahnen sagt, daß die Bewegung der Erde um die Sonne logisch denkbar sei.
Der berühmteste Vertreter der Optik, die wie die Astronomie mit der Mathematik verbunden war, ist Ibn al-Haiṯam (gest. 1039); aus dem Iraq gebürtig, trat er Ende des 10. Jahrhunderts in den Dienst der ägyptischen Fāṭimiden und kann als einer der Vorläufer der modernen experimentellen Physik angesehen werden.
Die islamische Naturlehre bleibt, wie überall bis ins 18. Jahrhundert, von der antiken Vorstellung der vier Elemente beherrscht, des Warmen und Kalten, des Trockenen und Feuchten, deren verschieden proportionierte Mischungen die Vielfalt der Körper ergeben; diese lassen sich ineinander umwandeln, wenn es gelingt, die Mischung zu ändern. Der wissenschaftliche Fortschritt hat die Forschungen, die man auf dieser Basis anstellte, mit der abschätzigen Bezeichnung ›Alchimie‹ etikettiert und als solche der modernen Chemie gegenübergestellt, aber diese Mißachtung ist nicht sinnvoller als im Falle der Astrologie. Auch darf man umgekehrt nicht so weit gehen, etwa den Atomismus mancher islamischer Gelehrter als Vorläufer der modernen Atomtheorie zu bezeichnen; er geht nicht aus empirischen Untersuchungen hervor, sondern dient im allgemeinen der Lösung metaphysischer Aporien. Die Annahme einer atomaren Struktur des Seins soll einen räumlichen oder zeitlichen Bereich zwischen den Substanzen abgrenzen, in dem nicht eine abgeleitete Kausalität, sondern Gott als erste Ursache am Werk ist. Nach unserer heutigen Ansicht besteht der Grundirrtum der Alchimie darin, daß sie die unseren Sinnen wahrnehmbaren Eigenschaften der Gegenstände als ihre Wesensmerkmale angesehen hat; allein Avicenna scheint diese Schwäche intuitiv erkannt zu haben. Gewiß jagten die Alchimisten einer Illusion nach, wenn sie

glaubten, mit Hilfe eines besonderen Wirkstoffs, des Elixiers oder Steins der Weisen (arab. *al-iksīr* oder auch *al-kīmiyā'*, daraus ›Alchimie, Chemie‹), alle Substanzen in Gold verwandeln zu können. Aber bei den unermüdlichen Untersuchungen möglicher Verbindungen enthüllte der Zufall manchmal interessante Prozesse, die zur Darstellung neuer Stoffe, Säuren oder Alkoholverbindungen führten (Alkohol ist ja ein arabisches Wort). Die Messungen spezifischer Gewichte, die man vornahm, waren sehr genau, und man verbesserte die Waage, um größere Präzision zu erreichen. Schließlich haben die Alchimisten bestimmte Geräte entwickelt, die ganz Europa von ihnen übernahm, so z. B. den Destillierapparat (franz. *alambic* nach arab. *al-ambīk*). Inspiriert wurde die arabische Alchimie von den okkulten Schriften der Antike, wie der sogenannten hermetischen Literatur und den angeblichen Werken anderer, mehr oder weniger mythischer Vorläufer (Kleopatra z. B.), aber ihre Tätigkeit war neben der Nachahmung zugleich Fortführung, die neue Theorien und Erkenntnisse brachte. Da die Alchimisten ihre Ergebnisse verborgen hielten und sich hierzu einer geheimnisvollen Symbolsprache bedienten, hat man sie alle der Scharlatanerie verdächtigt — zu Unrecht. Von dem bedeutendsten, Ǧābir ibn Hayyān, dem Begründer der arabischen Alchimie, ist ein umfangreiches Oeuvre überliefert; über seine Biographie wissen wir nichts, nur eben daß er gelebt hat, wohl in der zweiten Hälfte des 8. Jahrhunderts. Die Schriften, die man ihm zuschreibt, sind vielleicht nur aus seiner Schule hervorgegangen und erst hundert Jahre später entstanden. Sein Ruhm drang bis nach Europa, wo alle Alchimisten von ›Geber‹ ausgingen.
Auch das Studium der belebten Natur hat Fortschritte gemacht, weniger in der Zoologie, sieht man von der Pferdeheilkunde ab, als in der Botanik, besonders der Pharmakologie, und in der Landwirtschaftskunde (s. o. S. 144 zu Ibn Waḥšīya). Die Medizin war von allen praktischen Wissenschaften der Zeit in ganz besonderem Maße interkonfessionell, und in den Anschauungen der Ärzte trifft man sowohl die höchste ›Philosophie‹ als auch den extremsten ›Materialismus‹. Natürlich bleiben Hippokrates und Galen die großen Vorbilder, aber man geht über sie hinaus, berichtigt und ergänzt ihre Lehren durch lebendige Erfahrung, die von der Entwicklung der Krankenhäuser begünstigt wird. Die Medizin des gesamten islamischen wie des christlichen Mittelalters ruht auf den Schriften von ar-Rāzī (Rhazes, gest. 925), dem *Kanon* (*al-Qānūn*) Avicennas und anderen, die Konstantin der Afrikaner gegen 1100 der Schule von Salerno durch Übersetzungen als erster zugänglich macht. Merkliche Fortschritte werden durch Ḥunain ibn Isḥāq und andere in der Augenheilkunde erzielt, was uns in Ländern, wo so viele Augenkrankheiten wüten, nicht erstaunen kann.

Mit der Geographie kommen wir zu einer vielseitigen Disziplin, deren Namen die Araber wie wir von den Griechen entlehnt haben, die aber bei ihnen z.T. andere Gegenstände umfaßte als heute. Da finden wir nebeneinander die Kosmographie der antiken Tradition (auch hier wie in der Astronomie ist Ptolemäus die grundlegende Autorität), Wegebeschreibungen zum unmittelbaren praktischen Gebrauch der Verwaltungsbeamten und Kaufleute, ja Arbeiten philosophischer Gelehrsamkeit, die etwa der Identifikation der Ortsnamen im Koran oder in der alten Dichtung dienen. Man nimmt die Anschauung der Sieben Klimata auf und die Gedanken des Ptolemäus über die Gestalt der Erde, doch mißt man den Erdmeridian neu aus und zeichnet genauere Karten. In der Erdbeschreibung haben die arabischen Geographen ein verdienstliches und für uns höchst wertvolles Werk geschaffen, das die Nachfolger im wesentlichen nur noch ausschöpfen und zu Kompilationen verarbeiten. Wir müssen hier aus der zweiten Hälfte des 9. Jahrhunderts Ibn Ḫordāḏbeh, Yaʿqūbī, Ibn Rosteh nennen und vor allem – aus dem 10. Jahrhundert – den Initiator Balḫī, dessen Werk verlorenging, seinen Schüler Iṣṭaḫrī, ferner Ibn Ḥauqal und den bedeutenden Muqaddasī, die Iṣṭaḫrīs Arbeiten auf den neuesten Stand bringen und wesentlich ergänzen. Man findet in ihren Büchern Beschreibungen der islamischen, aber auch anderer Länder, Darstellungen der physikalischen Geographie und darüber hinaus Angaben über Reiserouten, wirtschaftliche Produktionsverhältnisse, soziologische und ethnographische Besonderheiten und anderes mehr. Unter dem Sāmāniden Naṣr verfaßt der Wesir Ǧaihānī eine Geographie, deren Material uns in persischen Werken vom Ende des 10. Jahrhunderts und vom 11. Jahrhundert erhalten ist. Fügen wir hinzu, daß es kaum eine Stadtgeschichte gibt, die nicht mit einem mehr oder weniger begründeten Lob auf die Lage der Stadt beginnt. – Zu den erdkundlichen Darstellungen kommen die Reiseberichte: Ibn Faḍlān reist zu den Bulgaren an der Wolga, der Kaufmann Sulaimān nach China, Nāṣir-e Ḫosrau (der in persischer Sprache schreibt) von Chorasan nach Ägypten.

Ebensowenig wie die Geographie gehört die Geschichte zum kanonischen Lehrstoff der mittelalterlichen Schulen; im Gegensatz jedoch zu den anderen von der Antike überkommenen Disziplinen hat sie eine arabische Bezeichnung (*taʾrīḫ*), und ihre Werke spiegeln das arabisch-islamische Geschichtsdenken. Es gibt indessen kein anderes Gebiet der Literatur, das eifriger und fruchtbarer durch alle Epochen der islamischen Welt hindurch bearbeitet worden ist. Von den Anfängen war schon die Rede. Im 10. Jahrhundert nimmt das historische Schrifttum an Umfang und Vielfalt zu. Eine Reihe von Werken knüpft an die Annalen des Ṭabarī an und setzt sein Geschichtswerk chronologisch fort. Zu ihren Verfassern gehören die Ḥarrānier Ṯābit ibn Sinān,

Abū Isḥāq aṣ-Ṣābī und Hilāl aṣ-Ṣābī, alle drei halboffizielle Annalisten des Kalifats. Von einem anderen Geist jedoch als Ṭabarī geprägt, benutzen diese Autoren, die aus den Kreisen der *kuttāb* kommen, als Quellen vor allem die Archive der Kanzleien und geben gleichsam Journale, worin die Verwaltungsvorgänge einen entsprechenden Platz einnehmen. In der gleichen Periode verfaßt der schon als Philosoph erwähnte Miskawaih seine *Erfahrungen der Völker*, in denen er zu den Nachrichten schriftlicher Quellen alles das hinzufügt, was er aus persönlicher Erfahrung und mündlichen Berichten von Augenzeugen schöpft; über die Darstellung einzelner Fakten hinaus versucht er, mit der Absicht politischer Belehrung und philosophischer Erbauung eine Überschau und Deutung des Ganzen zu geben. Anderer Art sind die *Goldwäschen* des Masʿūdī (gest. 956); auch sie umfassen die gesamte islamische Geschichte, chronologisch gegliedert nach den Regierungen der Kalifen, schildern aber in diesem Rahmen höchst lebendig und persönlich aus reicher Erfahrung eine Vielfalt politischer und kultureller Vorgänge.
Andere Werke verfolgen bescheidenere Zwecke. Da gibt es Erinnerungen von Höflingen wie aṣ-Ṣūlī oder eines bagdadischen Kadis, des schon genannten Tanūḫī, und es gibt Geschichten eines Landes oder einer Dynastie, so von Musabbiḥī für die ersten ägyptischen Fāṭimiden, von ʿUtbī (in kunstvollem Arabisch) oder Baihaqī (in Persisch) für die ersten Ġaznawiden, von Ibn Ḥayyān für Spanien und noch manchen anderen. Auch behandelt man die Geschichte einzelner Städte wie Qumm in Iran, und man stellt biographische Lexika zusammen, die von Gelehrten und Literaten angelegt und entweder nach Städten oder nach Kategorien geordnet sind. Die Christen nehmen an diesem Schaffen teil; manche schreiben in arabischer Sprache, z. B. Yaḥyā von Antiochien (11. Jahrhundert), welcher die islamische Geschichte Ägyptens und des Iraq in Verbindung mit der byzantinischen bis zum Balkan darstellt, manche auch in syrischer und am Rande der islamischen Welt in armenischer Sprache.
Nicht ohne Willkür mußten wir in unserem allzu knappen Resümee manchen Autor als Vertreter eines einzigen Gebietes nennen, wenngleich er auf mehreren tätig war. Unmöglich ›einordnen‹ läßt sich nun aber ein so außergewöhnlich vielseitiger Mann wie al-Bīrūnī (975 bis um 1050). Er wurde unter den Sāmāniden in Chwarism geboren, wirkte in Raiy und Gurgān und kam dann in Ġazna unter Maḥmūd zu Rang und Ansehen. Erwähnt wurde er schon als Astronom; aber wir verdanken ihm unter anderem auch eine Darstellung der chronologischen Systeme aller ihm bekannten Völker, mit äußerst aufschlußreichen Bemerkungen über ihre Feste, ihre Religion und andere Details der Geschichte und Kulturgeschichte. Ferner verfaßte er ein Buch über Indien, das Maḥmūd zu erobern begann, ein

Buch, das nicht nur als gelehrte Leistung seiner Zeit, sondern auch für uns noch als wertvolle Informationsquelle von Bedeutung ist.
Die trockene Aufzählung, die wir gaben, ließe sich um viele weitere Namen von Rang vermehren. Die Fülle dieses Schaffens (mögen sich in den Werken auch manche Überschneidungen und Wiederholungen finden) zeugt von einem intensiven geistigen Leben, das uns, schauen wir zum Vergleich auf das nachkarolingische Europa oder gar auf das eben wieder erwachende Byzanz, mit Staunen und Bewunderung erfüllen muß.

In allen Epochen seiner Geschichte hat der Islam auf dem Gebiet der Kunst – offenkundig für Betrachter aus allen Kulturen – Bedeutendes geleistet. Die islamische Kunst hat sehr vielfältige Aspekte, erlebte Höhepunkte und Zeiten des Verfalls und ist ihren Vorläufern in vielem verpflichtet, dennoch besitzt sie im ganzen ein durchaus eigenes Gepräge, das wir auf wenigen Seiten nur anzudeuten vermögen. Vielleicht gelingt es uns, an einigen Bildern wenigstens ihren Zauber und Reichtum spüren zu lassen und im Leser den Wunsch zu erwecken, sie genauer kennenzulernen. Es ist nicht alles so gut erhalten, wie uns lieb wäre: Invasionen, Erdbeben, auch das trockene und heiße Klima, welches das wenig kohärente Baumaterial angreift, haben viele Ruinen hinterlassen, und man hat Ausgrabungen nicht mit dem gleichen Eifer betrieben oder betreiben können wie bei den älteren Kulturen in diesen Ländern. Trotzdem ist die islamische Welt reich genug, um uns an Ort und Stelle und in den Museen Kunstgegenstände aller Art und Dimension in großer Zahl zu liefern.
Von der weltlichen Architektur des klassischen Islams ist wenig erhalten. Wie oben erwähnt, stehen noch die imposanten Ruinen einiger umaiyadischer Residenzen; aus frühabbasidischer Zeit finden wir das Wüstenschlößchen Uḫaiḍir im Iraq. Was von der Glanzzeit der abbasidischen Epoche blieb, ist nicht das Bagdad al-Manṣūrs und seiner Erben (es bildet das Fundament der heutigen Stadt), sondern die zeitweilige Hauptstadt Samarra, die, nachdem die Kalifen sie verlassen hatten, zerfiel und nicht wiederaufgebaut wurde. So können wir uns ein Bild davon machen, wie der abbasidische Palast aussah, der in Wahrheit ein ganzer Komplex von Palästen und Häusern war, inmitten von Gärten und durch eine Mauer von der Zivilbevölkerung getrennt. Der Kontrast zur Stadt muß überwältigend gewesen sein, ob die Wohnungen des einfachen Volkes nun armselige Häuschen aus rohen Ziegelsteinen oder Mietshäuser mit mehreren Stockwerken waren. Die reichen Kaufleute und Würdenträger hatten jedoch auch in der Stadt herrschaftliche Häuser, die, abweisend nach außen, im Inneren durch ihren Luxus und ihre Schönheit überraschten. Der abbasidische Palast ähnelt seinen sassanidischen

Modellen und soll seinerseits dem byzantinischen des Theophilos in Konstantinopel als Vorbild gedient haben.
So verschieden Moschee und christliche Kirche nach ihrer kultischen Aufgabe angelegt sind, so haben sie doch auch Gemeinsamkeiten. Zwar wird die Anlage der Kirche durch die räumlichen Ansprüche der Liturgie bestimmt, aber auch sie ist zunächst ein großer Versammlungssaal; die Moschee ist dies in erster Linie, da in ihr kein dem christlichen vergleichbarer liturgischer Gottesdienst stattfindet. Das technische Hauptproblem, das für beide zu lösen war, betraf die Frage der Bedachung. In Ländern wie in Syrien, wo man in Stein baute und auch Holz beschaffen konnte, überdachte man die schweren Mauern der Gebäude mit flachem Gebälk. Aber im größten Teil der islamischen Welt wie auch in Konstantinopel baute man in leichten Ziegelsteinen; das Hauptstreben der Baumeister galt daher der Vervollkommnung der gemauerten Kuppel. Im Inneren des Raumes tragen Wälder von Säulen die auf ihnen ruhende Last. Zuweilen werden hier antike Säulenformen wiederbelebt, und über ihnen wölben sich verschieden gestaltete Bogen in Hufeisen- oder Rundbogenform, gebrochen, überhöht, gelappt: ihre Konstruktion soll dem Auge mehr ein Bild der Eleganz als den Eindruck wuchtiger Kraft vermitteln. Sehr bald werden den meisten Moscheen Minarette beigegeben, sei es als Gegenstück zu den christlichen Glockentürmen oder in Anlehnung an die spiraligen Türme Irans (die babylonischen Zikkurat). Sie waren im Orient kreisförmig und schlank, im Mittelmeerbereich in viereckigen und massiven Stockwerken gebaut. Nach den umaiyadischen Moscheen von Damaskus und Jerusalem sind aus dem 9. und 10. Jahrhundert im Westen die von Kairuan und Cordoba die bekanntesten, in Ägypten die Bauten von Ibn Ṭūlūn, al-Ḥākim und die Moschee al-Azhar. Im stärker heimgesuchten Iran haben wir weniger Zeugnisse aus der frühen Zeit, und die Moschee von Isfahan, im 9. Jahrhundert begonnen, wurde im 11. so stark umgebaut, daß von der ursprünglichen Form kaum noch etwas zu sehen ist.
In Zentralasien und Iran errichtete man Mausoleen in der Form kleiner Türme mit einem Kegeldach, die später bei den Türken sehr beliebt wurden. Von den Medresen wird unten noch die Rede sein. Religiösen Charakter haben auch gewisse Bauten, die militärischen oder anderen praktischen (oft sozialen) Zwecken gewidmet sind, wie die kleinen Grenzforts (*ribāṭ*) der *ġāzī*s und die Karawansereien der Kaufleute (s. o. S. 199 u. 187), die Krankenhäuser, später die Klöster.
Wie die Byzantiner ihrer Zeit kannten auch die islamischen Künstler keine Monumentalskulpturen in Hochrelief und keine Statuen, pflegten dagegen ausgiebig die Hohlziselur in Stein oder in Stuckverkleidungen. Es wird immer wieder gesagt, der

Islam verbiete die bildliche Darstellung von Menschen und Tieren, aber dogmatisch streng wurde dieses Verbot erst in späterer Zeit gehandhabt; bei den Iraniern wurde es gar nicht und bei den Arabern nur teilweise beachtet. Richtig ist, daß solche Darstellungen verbannt waren von Gebäuden spezifisch religiöser Bestimmung, die allein Gott gewidmet sein sollten, und hierin äußerte sich eine im Orient weitverbreitete Tendenz, die in Byzanz im 8. und 9. Jahrhundert zur Bewegung der Ikonoklasten (Bilderstürmer) führte: man war der Überzeugung, daß man den Schöpfer nicht unter dem Bilde des Geschöpfes darstellen könne. Daher strebte man nach einer eher abstrakten Kunst mit stilisierten Pflanzenformen, viel geometrischem Flechtwerk (›Arabesken‹) und ornamentaler Kalligraphie. Aber die islamischen Künstler haben sich keineswegs die Gelegenheit entgehen lassen, Privatwohnungen, Einrichtungsgegenstände oder Prunkhandschriften mit Tier- und sogar Menschenszenen zu schmücken; freilich sind uns nur wenige Beispiele erhalten. Bei den Türken entwickelte sich diese Neigung später in verstärktem Maße.

In der Antike wie in Byzanz war die Kunst des Mosaiks bekannt, und auch die Umaiyaden haben Mosaikarbeiten ausführen lassen. Während aber die Byzantiner mehr und mehr die Freskomalerei vorzogen, entwickelte der Islam, zuerst in Iran und auch in Ägypten, die Technik der bunten, emaillierten Fayence, die sogar zum Schmuck der Moschee von Kairuan verwandt wurde. Sie sollte den Wänden, für deren Verkleidung man den allzu seltenen Marmor nicht benutzen konnte, einen gewissen Glanz geben. Bis in unsere Zeit schenken diese Fayencen den islamischen Bauwerken die Licht- und Farbeffekte, für die im dunkleren Europa die bemalten Kirchenfenster sorgen. Die Nische, *miḥrāb*, welche in der Moschee den Gläubigen die Richtung nach Mekka zeigt, aber auch die Nischen der Kuppel und der Portale erfuhren eine besonders reiche Ausschmückung. Luxusstoffe trugen dazu bei, die innere Ausstattung zu ergänzen und zu verschönen. Wegen des heißen Klimas war die Moschee im allgemeinen weit geöffnet, und ihre inneren Tore gingen auf einen Hof, in dessen Mitte sich der Brunnen für die rituellen Waschungen befand. Doch gab man den Moscheen, die später in weniger heißen Ländern gebaut wurden, eine geschlossenere Anlage.

Die Skulptur, die aus der Monumentalkunst verbannt war, nahm dafür in der sogenannten Kleinkunst einen breiten Raum ein. Aus feingeschnitzten Edelhölzern stellte man die Kanzeln (*minbar*) der Moscheen her, ferner Truhen und ähnliche Gegenstände, die ihren Platz in einer an Möbel wenig gewöhnten Kultur behaupteten; die Kunst der Intarsien ist gerade dem Islam besonders eigen. Elfenbeinarbeiten, wie man sie in Byzanz

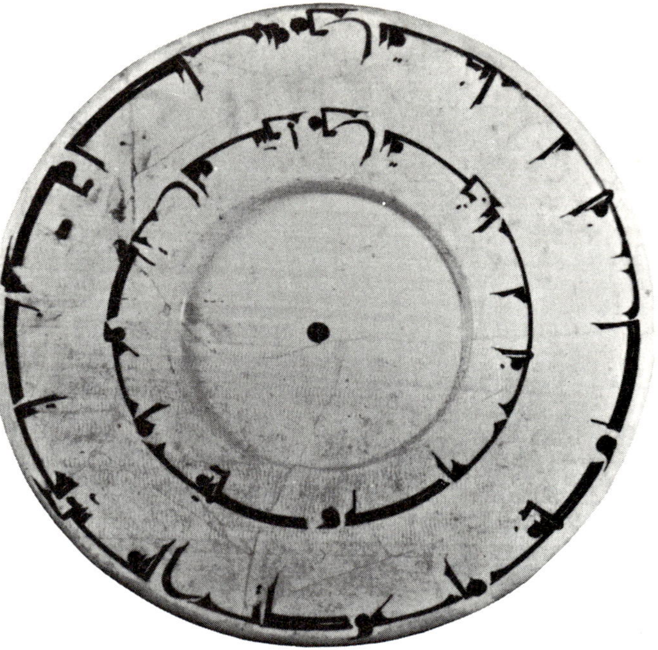

Abb. 16: Keramikteller aus Samarqand mit Dekor in kufischer Schrift (10. Jahrhundert)

kannte, gab es auch in der islamischen Kunst, zum Beispiel in Ägypten und in Spanien. Schalen, Wasserkannen, Lampen aus Bronze, Kupfer oder Messing erreichten überall eine Vollendung der Form und der Verzierung, sei es in Relief oder Gravur, von deren Ruhm die mehr oder weniger getreue Fortführung dieser Kunst bis in unsere Tage zehrt. Islamische Miniaturen aus der Zeit vor dem 12. Jahrhundert sind uns nicht erhalten, nur solche von christlichen Untertanen des Islams, doch ist es wohl möglich, daß diese Kunst, die in Iran zu ganz besonderer Blüte kommen sollte, schon eher begann; früh jedenfalls pflegte man die Kalligraphie. Die Keramik stellte neben der Dekoration für Bauwerke auch Tafelgeschirr mit verschiedenen Schmuckmotiven her; für die Glasbläserei und auch die Kristallfabrikation, eine mittelalterliche Erfindung, haben wir aus Mesopotamien, Ägypten und Spanien bemerkenswerte Zeugnisse. Die Luxusstoffe schließlich, deren Fertigung man von den beiden großen vorislamischen Kulturen gelernt hatte, wurden weiterhin in Ägypten, in Iran und den *ṭirāz*-Werkstätten von Kalifen und Fürsten der ganzen islamischen Welt hergestellt; ebenso wie dem Zwecke der Kleidung dienten sie dem Schmuck der Räume, denn zu dem geringen Mobiliar brauchte man einen ornamentalen Ausgleich. Wenn wir von ›Damast‹-Geweben sprechen, klingt darin die Berühmtheit der Damaszener Stoffe noch nach, wie auch die Ausdrücke Maroquin-Leder und Cordonnerie, die aus einer späteren Epoche auf uns gekommen sind, bis heute an die Kunstfertigkeit des Lederhandwerks in Marokko und im spanischen Cordoba erinnern. Die ›Orientteppiche‹ aus geknüpfter Wolle sind eine Erfindung aus der asiatischen Steppe, die in den letzten Jahrhunderten des Mittelalters durch die Türken verbreitet wurde, wenngleich man ähnliche Funde auch anderswo gemacht haben mag.

13. Die neuen Reiche und die Entwicklung vom 11. bis zum 13. Jahrhundert

Die Epoche, welche um die Mitte des 11. Jahrhunderts einsetzt, bringt im ganzen islamischen Gebiet tiefe Wandlungen mit sich; äußerlich sind sie durch die Entstehung des almoravidischen Reiches im Westen und – was von größerer Bedeutung ist – des selǧūqischen im Osten gekennzeichnet. Man hat die nachfolgenden Jahrhunderte der islamischen Geschichte zuweilen nur noch als ein trauriges Nachspiel vergangener Größe betrachten wollen, das sich ohne bedeutende Gestalten und Ereignisse hinziehe und kaum ein paar Seiten der Darstellung verdiene. Weil die islamische Kultur sich verändert hat, glaubte man, sie bestehe nicht mehr. Wie man auch über diese Entwicklung urteilen mag, folgendes bleibt zu bedenken: Man kann den Niedergang der orientalischen Staaten in der neueren Zeit nur erklären, wenn man alle Phasen seiner Vorgeschichte studiert und sich bewußt bleibt, daß der spätere Verfall nicht unbedingt vorherzusehen war. Die Türken waren die Herren geworden, aber sie waren im 19. Jahrhundert gegenüber Europa im Rück-

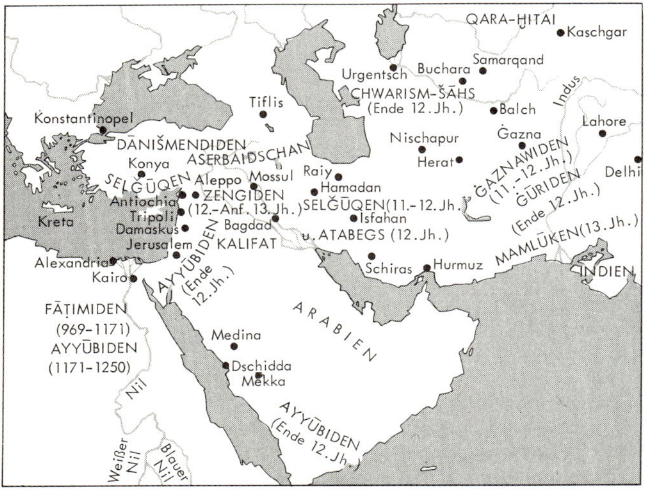

Abb. 17: Der islamische Orient im 12. Jahrhundert

stand; dies und die Tatsache, daß sie Europa die Stirn boten, hat ihnen die Verachtung des christlichen Abendlandes eingetragen, und so zog man den Schluß, alles Unglück der islamischen Geschichte gehe auf sie zurück. Bestenfalls glaubte man, die islamische Vergangenheit habe sich überlebt, sie aber hätten zu einer Erneuerung nichts beigetragen. Dies hat bei den modernen türkischen Wissenschaftlern dazu geführt, daß sie von vornherein auf türkischer Seite nur Tugenden und Verdienste sehen wollten. Es fehlt hier der Platz, die historische Abwegigkeit solcher Ansichten mit der nötigen Klarheit darzutun, wir müssen aber gleich zu Anfang vor jeder Einseitigkeit warnen.

Wir haben oben dargestellt, wo die soziale und kulturelle Entwicklung des islamischen Orients stand, als die Türken in sie eingriffen. Diese handelten ihrem Charakter und ihren Traditionen entsprechend, aber stets wirkten die Bedingungen der eigenen und der fremden Vergangenheit zusammen; dazu war der Islam, dem sie begegneten, nicht mehr der Islam des Propheten noch auch jener der ›goldenen Epoche‹ der Abbasiden.

Der Leser wird vielleicht erstaunt sein, daß wir als Zeitpunkt der türkischen Intervention das 11. Jahrhundert nennen, wo wir doch mehrfach die Rolle der Türken unter den vorausgehenden Regimen hervorgehoben haben. Aber hier muß man eine klare Unterscheidung treffen; ist sie auch nur graduell, so ist sie doch von wesentlicher Bedeutung. Bei den Türken, die wir seit der Zeit Muʿtaṣims in Bagdad und später auch in anderen Ländern antreffen, handelt es sich nur um einzelne, die fern ihrem Volk in der islamischen Gesellschaft aufwuchsen sowie in ihr und für sie wirkten. Ein türkisches Volk als staatlich organisiertes Gebilde eigener Tradition gab es damals nur außerhalb des Islams. Im 11. Jahrhundert dagegen siedeln sich ganze türkische Stämme auf islamischem Boden an, verändern den Charakter des Landes und leben den eigenen Bräuchen und der eigenen Art gemäß. Zwar wandeln sich mit der Zeit auch diese Türken selbst und passen sich an; fernerhin müssen wir ihre Siedlungsgebiete von anderen unterscheiden, wo die Türken nur die Führungskräfte stellen – so wie schon Ibn Ṭūlūn und der Iḫšīd die fremden Herren Ägyptens geworden waren, nur daß die politische und militärische Hegemonie der Türken sich jetzt sehr viel stärker und stetiger durchsetzt. Trotz dieser Unterschiede bekommt bis nach Ägypten hin jedes Land des islamischen Orients die Folgen der Bildung des selǧūqischen Reiches zu spüren. Schließlich gibt das Auftreten der Türken dem Islam in Kleinasien auf Kosten des Byzantinischen Reiches ein neues Herrschaftsgebiet außerhalb der klassischen islamischen Grenzen, das sich zur neuen ›Türkei‹, der späteren Ausgangsbasis für das Osmanische Reich, entwickelt.

Wir können hier nur mit einem Wort darauf verweisen, daß die

Türken schon ›Reiche‹ gekannt hatten, doch lediglich im Sinne großer, lockerer Verbindungen, deren wichtigste Bestandteile die Nomadenstämme darstellten. Neben den Türken hatten die Hunnen gewohnt (wahrscheinlich sind beide gleichen Ursprungs), und es hatte jedenfalls eine ganze Folge größerer oder kleinerer Staaten in Zentralasien auf der eurasischen wie auf der chinesischen Seite des Gebirges bestanden. Im 6. Jahrhundert finden wir sie im Besitz eines mächtigen Reiches, das zum erstenmal den Namen eines türkischen Reiches trägt und, wenn auch undeutlich, in der Erinnerung aller Völker weiterlebt, die zu ihm gehörten. Im ganzen waren diese Türken nomadische Hirten, aber ihre Kamele, an die Winterkälte gewöhnt, waren andere als die der Araber. Dürreperioden oder sonstige Katastrophen führten die Türken aus einer Weidezone in eine andere, wobei sie naturgemäß in Kämpfe verwickelt wurden. Blieben sie Sieger, so vertrieben sie die ursprünglichen Inhaber des Bodens, auf dem sie sich nun selbst niederließen, oder sie gingen mit ihnen eine Art losen Bündnisses ein. So kam es, daß sich dieselben Gruppen im Laufe der Geschichte an wechselnden Orten wiederfanden und daß in der uns hier interessierenden Epoche fast alle Türken, von mongoliden Stämmen aus dem Osten verdrängt, auf die eurasische Seite der Steppenzone übersiedelten. Weiter ergab sich daraus, daß gleiche Stammesnamen nicht immer einheitliche und gleichbleibende völkische Zusammensetzung bezeugen mußten, während sich umgekehrt unter wechselnden Namen auch weitgehend konsistente Gruppen nachweisen lassen. Die Einzelheiten der frühen türkischen Geschichte sind daher schwierig zu ermitteln. Am Vorabend der uns beschäftigenden Ereignisse stellten die Oġuzen oder Ġuzz den wichtigsten Volksstamm dar, dessen Siedlungsgebiet vom Syr-Darya bis zur Wolga an den Norden des islamischen Gebietes grenzte und der nach dem Balchasch-See hin von den Qarluqen, im Norden und Nordwesten von Qïpčaqen oder Komanen flankiert wurde (um nur die zu nennen, welche uns noch beschäftigen werden). Aber auch die Bulgaren des großbulgarischen Reiches an der mittleren Wolga und die Chasaren Südrußlands von der Krim bis zum Kaspischen Meer waren Türken, wenn auch mit eingesessenen Bevölkerungen mehr oder weniger vermischt, und beide waren seit mehreren Jahrhunderten dort heimisch.

Andererseits darf man nicht meinen, daß diese Turkvölker von ihren seßhaften Nachbarn sehr verschieden gewesen wären. Schon in der Mongolei und im ›chinesischen‹ Turkestan hatten sich städtische Siedlungen von längerer oder kürzerer Lebensdauer gebildet, und an der Grenze zwischen Steppe und bebautem Land, selbst entlang einiger Reise- und Handelsstraßen gab es kleine Marktstädte, welche die türkischen Führer gern aufsuchten und deren Einwohnerschaft nicht nur aus der alteingesessenen Bevölkerung bestand, z. B. Ǧand (Perovsk) am rechten Ufer des Syr-Darya. Schon vor dem Islam, natürlich zunehmend während seiner Ausbreitung, hatten ja Kaufleute in regelmäßigen Abständen diese Gebiete bereist, wo auch die Türken verkehrten. Sie hatten die Schrift mitgebracht, die sich dann dort eigenständig entwickelte: Zeugnisse sind uns in den alttürkischen Inschriften vom Orchon in der Mongolei (erste Hälfte des 8. Jahrhunderts) und in den religiösen Texten aus Chinesisch-Turkestan erhalten. Eben diese Kaufleute hatten dort auch ihre Religionen verbreitet, und so bestanden Buddhismus, Judentum, Manichäismus und nestorianisches Christentum neben den einheimischen Lehren und Bräuchen der Schamanen, von ihnen toleriert oder mit Gleichmut zur Kenntnis genommen. Auf diese Weise wurde nun auch der Islam dorthin gebracht.

Wie es dazu kam, daß die Bulgaren sich zu Beginn des 10. Jahrhunderts zum Islam bekehrten, und welche weitere Entwicklung sie nahmen, ist uns nur unzureichend bekannt; nicht viel besser sind wir darüber unterrichtet, in welchem Maße er bei den Chasaren Eingang fand, deren Oberschicht weitgehend judaisiert war. Aber diese Vorgänge lagen fernab und waren ohne weitere Rückwirkungen. Von größerer Bedeutung war in der zweiten Hälfte des 10. Jahrhunderts die Bekehrung der Türken, die an das islamische Zentralasien grenzten, der Qarluqen und der Oġuzen, und wenn wir auch die näheren Umstände nicht kennen, so vermögen wir doch einige Besonderheiten festzuhalten. Der Islam wird hier durch Kaufleute oder wandernde Eremiten verbreitet, und zwar beim einfachen Volk zunächst nur in der Form materieller Kulturgegenstände, darunter auch Amulette, und in seinen elementarsten Glaubensvorstellungen. Ein tieferes Verständnis des Islams bewirken, soweit die sprachlichen Schwierigkeiten es zulassen, die Kontakte mit führenden Männern, denen wohl vor allem bewußt wird, was diese Religion als politischer Macht- und Einigungsfaktor zu bedeuten vermag. Aber der Islam wird auch da als geistige Kraft wirksam, wo sich eine orthodoxe Reaktion gegen heterodoxe Strömungen zur Wehr setzt, und schließlich in der schlichten und militanten Form, die er bei den *ġāzīs* annimmt, in den Grenzgebieten also, wo man in Gefangenschaft geraten oder selbst Gefangene machen kann. Die Lebensart dieser *ġāzīs* entspricht den streitbaren Gewohnheiten der türkischen Nomaden, die nach ihrer Bekehrung oft selbst *ġāzīs* werden und gegen ihre ›heidnischen‹ Vettern in den Kampf ziehen. So kommt ein starkes türkisches Element in die Reihen der *ġāzīs*, die aber nun als Glaubensstreiter, die sie ja sind, nicht mehr gegen die islamisierten Türken kämpfen können. Damit wird es für diese mit der Zeit leicht, in alte islamische Länder einzudringen, sei es, daß man sie als Verbündete bei irgendwelchen Streitigkeiten zu Hilfe ruft, sei es,

daß sie aus eigener Initiative dorthin ziehen, wenn sie neue Weidegründe oder Zuflucht vor Feinden suchen. So ergibt sich der Ausgangspunkt für die Bildung des qaraḫānidischen wie des selǧūqischen Staates.
Leider besitzen wir zuwenig Unterlagen, um Genaueres über den Staat der Qaraḫāniden zu sagen, der sich in der zweiten Hälfte des 10. Jahrhunderts in den Steppengebieten beiderseits des zentralasiatischen Gebirges bildet, vom Tarim-Becken im Osten bis zur Senke des Balchasch-Sees im Westen. Wie wir schon sahen, nimmt er den Sāmāniden schließlich um das Jahr 1000 im Bündnis mit den Ġaznawiden das alte islamische Land Transoxanien, während Maḥmūd von Ġazna ihnen den im Süden des Amu-Darya verbliebenen Rest entreißt. So vereint der qaraḫānidische Groß-Chan in seiner Hand sowohl seit langem iranisierte und islamisierte als auch türkische Länder, die eben im Begriffe sind, den Islam anzunehmen. Diese geographisch bedingte Eigenart spiegelt sich in der Struktur wie in der Kultur des neuen Staates. Der an seiner Spitze stehende Chan ist anfangs noch ein im Zelt lebender Nomade, wenn er auch innerhalb fest umrissener Gebiete umherzieht. Die Herrschaft geht von einer Familie aus, deren Mitgliedern nach einem komplizierten hierarchischen System bestimmte Funktionen zufallen; dies mußte bei zunehmender Seßhaftigkeit freilich Anlaß zu politisch-territorialer Zersplitterung geben. Andererseits sind der Herrscher und seine ihm verwandten Vasallen Muslime, und sie legen Wert darauf, besonders in den Städten alter islamischer Kultur wie Buchara und Samarqand, dies durch fromme Stiftungen und die Errichtung von Bauten zu bekunden, welche ihnen die Gunst der religiösen Führungsschicht eintragen. Für die alteingesessene Bevölkerung bedeutet die neue Herrschaft weder in den lokalen Institutionen noch kulturell einen Bruch, doch bringt sie die Anfänge der islamisch-türkischen Literatur. Um 1070 entsteht unter den nicht iranisierten Türken das Lehrgedicht *Kutadġu Bilig* (›Glückbringendes Wissen‹), das erste uns bekannte türkische Werk in arabischer Schrift (die alte Schrift, welche die türkischen Laute besser wiedergab, aber nicht bei allen Türken verbreitet war, scheint vergessen zu sein).
Die Bedeutung des qaraḫānidischen Staates liegt darin, daß er der erste türkisch-islamische Staat war, doch bleibt sein Wirkungsbereich regional begrenzt. Ungleich bedeutungsvoller ist das Reich der Selǧūqen. Der Ahnherr Selǧūq stand schon in hohem Alter, als er, seiner Familie vorangehend, Muslim wurde. Die Familie, der er den Namen gab, gehörte zu einer Stammesgruppe der Oġuzen, die aus unbekannten Gründen in den Dienst des letzten Sāmāniden, dann eines qaraḫānidischen Herrschers in Transoxanien getreten war; von ihm kamen einzelne unter die Hoheit Maḥmūds von Ġazna und ließen sich in

Chorasan nieder, während andere unter der Führung von Čaġrï-Beg und Toġrïl-Beg in Chwarism blieben. Den Stammesgruppen, deren Führer diese beiden waren, beginnt man zu jener Zeit den Namen Turkmenen zu geben, für den man noch keine befriedigende Erklärung gefunden hat. Es war nicht einfach für die zugezogenen Nomaden, die rechte Form des Zusammenlebens mit der alten, seßhaften Bevölkerung eines Ackerbaulandes zu finden. Die Polizeiaktionen, die man gegen die Nomaden in Chorasan einleiten mußte, führten schließlich dazu, daß eine Gruppe bis nach Obermesopotamien abgedrängt und dort von den Beduinen und den kurdischen Hirten, die sich durch sie in ihrer Existenz bedroht fühlten, vernichtet wurde. Ihren Platz in Chorasan nahmen die Turkmenen unter Čaġrï und Toġrïl ein, und diese beiden Führer, die sich ohne Zweifel alsbald feste Ziele setzten und ihre Männer in der Hand hatten, ließen sich nicht wie ihre Vorgänger aus dem Wege räumen. Im Gegenteil: indem sie die Streitigkeiten, welche die Nachfolge Maḥmūds heraufbeschworen hatte, und die Nachlässigkeit seines ganz nach Indien orientierten Sohnes Masʿūd nützten, festigten sie ihren Einfluß im Lande so weit, daß die Bewohner der Städte, von den Nicht-Sunniten vielleicht abgesehen, es schließlich vorzogen, sich den Selǧūqen zu unterwerfen; denn einerseits waren sie es müde mitanzusehen, wie ihre Ernten verwüstet wurden, ohne daß die ġaznawidische Armee eingriff, und andererseits verkündeten die Selǧūqen mit Bedacht ihre militante sunnitische Rechtgläubigkeit, wie auch immer ihre Truppen zum Islam stehen mochten. Als Masʿūd sich, zu spät, zum Kampf entschloß, waren die Nomaden wie stets der schwerfälligen ġaznawidischen Armee überlegen, die zudem durch die Entbehrungen der Wüste und die fehlende Aussicht auf Beute demoralisiert war. Bei Dandānqān (1040) erlitt sie eine so schwere Niederlage, daß Masʿūd bis nach Indien floh. Iran stand nun den Selǧūqen praktisch offen.

Während Čaġrï-Beg seine Autorität in Chorasan konsolidierte und seine Grenze gegen die in die Berge geflüchteten Ġaznawiden sicherte, ging Toġrïl-Beg daran, Iran zu erobern, wo die letzten Būyiden noch einige ohnmächtige Anstrengungen zum Widerstand machten. Zwei große Straßen lagen vor ihm, jene, die über Aserbaidschan nach dem armenisch-byzantinischen Kleinasien führte, und die große Diagonale von Chorasan nach Bagdad. Die orthodoxen Muslime, so sehr sie sich über die Plünderungen der Turkmenen beunruhigen mochten, begannen die Hoffnung zu hegen, daß deren Aggression sich nun gegen die šiʿitischen Gegner der Sunna richten und ihnen selbst die bisher vergeblich gesuchte Möglichkeit verschaffen werde, die Ketzer zu vernichten. Wir haben keinen Grund zu bezweifeln, daß Toġrïl diese Überlegungen und Erwartungen in sein politisches

Spiel einbezog. Aber solche Politik interessierte die Turkmenen wenig. Sie wollten kämpfen, sowohl aus ererbter Gewohnheit des Plünderns als auch in ihrem neuen Eifer als *ġāzīs*, und da sie ihre Kamele nicht an das heiße Klima des Südens gewöhnen konnten, hatten sie im Sinn, gegen die Christen Kleinasiens Krieg zu führen. Wenn Toġrïl sie für andere Ziele gewinnen wollte, mußte er ihnen zum Ausgleich so oft wie möglich die Zügel locker lassen, ja, um Aufsässigkeiten zu verhüten und bei allen Muslimen den Ruhm des *ǧihād* zu erringen, mußte er selbst diesen Kampf in die Hand nehmen. So ergab sich eine doppelte bzw. wechselnde Zielsetzung. Als ganz Iran erobert war, befürworteten politische Führer in Bagdad selbst, an ihrer Spitze der Wesir des Kalifen, Ibn al-Muslima, ein Arrangement. Unter dem orthodoxen Protektorat der Selǧūqen, das die öffentliche Ordnung besser als der letzte Būyide würde aufrechterhalten können, sollte der Kalif einen Teil seiner früheren Vorrechte wiederbekommen — der Versuch einer solchen entgegenkommenden Politik erschien zumindest klüger, als die Gefahr einer kriegerischen Invasion heraufzubeschwören. Im Grunde war es das alte Spiel zum Vorteil neuer Männer, in bedrohter Lage an den äußersten Iran — wenn auch nun aus größerer Ferne — um Hilfe zu appellieren. Toġrïl verstand es, diese Besorgnisse wachzuhalten und Friedensgarantien zu geben. Im Jahre 1055 zog er in Bagdad ein, und bald empfing er, mit dem Titel eines Sultans und Königs des Ostens und Westens, Sanktion und Vollmachten des Kalifen. Feierlich verpflichtete er sich, die Ketzerei auszulöschen, vor allem also, den Heiligen Krieg gegen die Fāṭimiden vorzubereiten. Die beiden Jahre 1040 und 1055 bezeichnen den Beginn einer neuen Epoche.

Allerdings war es weder Toġrïl noch seinen beiden großen Nachfolgern Alp-Arslan (1063–1072) und Malik-Šāh (1072–1092) vergönnt, Ägypten zu erobern; dieses Ziel konnte erst ein Jahrhundert später erreicht werden. Doch gelang es diesen beiden ohne erhebliche Mühe, indem sie sich die Streitigkeiten zwischen den kleinen Machthabern geschickt zunutze machten und den Versuch einer fāṭimidisch-arabischen Koalition vereitelten, das ganze arabische Asien mit Ausnahme der äußersten Teile Arabiens zu annektieren und so fast die ganze östliche Hälfte der islamischen Welt unter ihrer Herrschaft zu vereinigen. Antiochia und Edessa wurden aus byzantinischem Besitz zurückerobert. Auf der anderen Seite setzten die Turkmenen ihre Angriffe auf Kleinasien in verstärktem Maße fort. Die Schwerfälligkeit der byzantinischen (wie zuvor der ġaznawidischen) Armee erlaubte ihnen schnelle Beutezüge, ohne daß sie zunächst auf eine ständige Besetzung des Landes ausgingen; das Reich, das kurz zuvor die armenischen Könige unterworfen und einen Teil der in die Kämpfe verwickelten Einwohner ins Innere Kleinasiens deportiert hatte, war außerstande, die Grenzen ohne ihre Hilfe wirksam zu verteidigen. Nach vergeblichen Versuchen friedliebender Herrscher, durch Verhandlungen mit den Sultanen den Grenzfrieden zu sichern (vergeblich, weil die Turkmenen nur ihrem eigenen Willen folgten), unternahm der Militärkaiser Romanos Diogenes einen Großangriff auf die islamischen Grenzen. Dieser endete in der Katastrophe von Mantzikert (1071), wo zum erstenmal in der Geschichte des Islams ein Basileus gefangengenommen wurde. Der Sieger Alp-Arslan dachte jedoch nicht an eine Eroberung Kleinasiens, denn da ihm dort die islamischen Führungskräfte fehlten, mußte er befürchten, die Kontrolle über seine undisziplinierten Turkmenen völlig zu verlieren. Da auch er die Eroberung Ägyptens im Auge hatte und nicht einmal jetzt an eine mögliche Vernichtung des ewigen ›römischen‹ Reiches glaubte, wünschte er eine Versöhnung der beiden Imperien. Nun vermochte aber Byzanz den Turkmenen keinen Widerstand mehr entgegenzusetzen, und so blieben diese – vor allem die gegen den Sultan aufsässigen Kräfte – im Lande. Den letzten Ausschlag gaben schließlich die byzantinischen Parteien, die in ihrem Kampf gegeneinander die Türken zu Hilfe riefen und ihnen die Städte öffneten. Im Laufe einiger Jahre wurde fast ganz Kleinasien besetzt, und wenn die Turkmenen auch noch nicht in der Lage waren, einen neuen Staat zu gründen, so wurde doch der alte durch sie zerstört. Die Grundlage einer neuen Bevölkerung und einer neuen Lebensweise war geschaffen, aus denen die spätere ›Türkei‹ hervorgehen sollte.

Toġrïl und Alp-Arslan sind als große Soldaten in das Gedächtnis der Nachwelt eingegangen, Malik-Šāh aber war, zusammen mit seinem iranischen Wesir Niẓām-al-Mulk, der große Organisator. Niẓām-al-Mulk, der schon unter Alp-Arslan Wesir war, ist uns besonders gut bekannt nicht nur weil er dreißig Jahre hindurch die Regierung mit führte, sondern auch weil er ein persisches ›Buch der Regierung‹, *Siyāsat-nāme*, verfaßt hat, in dem er anhand beispielhafter Geschichten und Anekdoten seine Auffassungen darlegt. Man hat darin zuweilen die Theorie einer spezifisch türkischen Regierung sehen wollen, die, weil dem türkischen Wesen gemäß, für alle türkischen Staaten Gültigkeit habe. In Wirklichkeit hat jedoch Niẓām-al-Mulk, als ġaznawidischer Beamter von der sāmānidischen Tradition des Chorasan geprägt, im wesentlichen die Praxis der chorasanischen Verwaltung fortgesetzt und sie zugleich auf die selǧūqischen Gebiete ausgedehnt, wo sie vorher unbekannt war. Ganz offenbar hat ihn dabei die türkische Eroberung vor neue Tatsachen und Probleme gestellt, und wir müssen unvoreingenommen herauszufinden versuchen, was die Türken in das Regime neu hineinbringen und was in ihm aus iranischer Tradition weiterlebt.

Neu ist natürlich zunächst die Dynastie, in der sich trotz fortschreitender Iranisierung die türkische Sprache und türkische Lebensgewohnheiten lange erhalten. Ihre Geschichte läßt im 11. und 12. Jahrhundert eine tiefer liegende Spannung erkennen zwischen dem aufkommenden Wunsch nach monarchischer Machtfülle und der überlieferten Machtverteilung auf die Glieder der Großfamilie unter der Oberhoheit des Ältesten. Nach dieser Tradition fielen den einzelnen bestimmte Erbteile zu, auf deren weitere Entwicklung wir zurückkommen werden. Vielleicht ist auch die Institution des *Atabeg* aus einem alten Brauch mancher Stämme hervorgegangen. Atabeg (*ata* = ›Vater‹) nannte man eine Person, die der Sultan mit der Erziehung und Interessenwahrung seiner minderjährigen Kinder beauftragte (grundsätzlich hatte jeder Prinz einen solchen Vormund) und der, falls der Fürst starb, die Mutter heiratete. Dieses Amt wird dann, allerdings erst nach Malik-Šāh, zum festen Privileg hoher Militärs, denen es einen für die kommende Entwicklung bedeutsamen Zuwachs an Macht sichert. Neben diesen Eigentümlichkeiten der Familienstruktur führen die Selǧūqen die *tuġra* als Symbol der Machtausübung ein; *tuġra* ist das Beglaubigungszeichen auf den vom Sultan kommenden Schriftstücken und hat in der alten zentralasiatischen Bogen-Pfeil-Symbolik seinen Ursprung, wird dann schließlich in seiner stilisierten Form zu jenem kunstvoll kalligraphierten Siegel, das bis in die Neuzeit von den osmanischen Urkunden her vertraut ist.
Bedeutsamer als diese Tatsachen ist die Rolle des turkmenischen oder oġuzischen Volkes und seiner militärischen Macht. Wichtig als starkes ethnisches Element wird es in den Gegenden seiner größten Bevölkerungsdichte, das heißt, wenn wir Kleinasien zunächst außer acht lassen, in Aserbaidschan, wo man noch heute den ›Āzerī‹ genannten türkischen Dialekt spricht, und in Diyār Bakr. Es besteht zum größten Teil aus Hirten, die sich einer landwirtschaftlichen und städtischen Kultur nicht ohne weiteres einfügen, und es verwandelt daher die ökonomisch-soziale Physiognomie des Landes. Dennoch scheint der Zuwachs des neuen Elements die Landwirtschaft nicht auf die Dauer beeinträchtigt zu haben; jedenfalls hatte sie hier nicht mehr als andernorts unter den Beduinen zu leiden – der Schaden, der ihr durch das Nomadentum zugefügt wurde, stammt aus späterer Zeit. Schließlich bringen die Turkmenen natürlich auch ihre Bräuche und religiösen Anschauungen mit, die wir in unserem Rahmen nicht näher betrachten können, die sich aber im Lauf der folgenden Jahrhunderte noch mehr oder weniger deutlich verfolgen lassen, während derer sie im Gewande religiöser Orden in Erscheinung treten und vor allem in türkischem Milieu lebendig bleiben.
Die Turkmenen legen den Grund zu Aufstieg und Macht der

Selǧūqen, weil deren Gegner über kein gleichwertiges militärisches Instrument verfügen. Sie stellen eine leicht bewaffnete, aber infolge ihres Umfangs starke und dazu sehr bewegliche Armee dar, die außerdem wenig kostet, solange es Beute zu erobern gibt. Die Selǧūqen geben ihr ein Gegengewicht und zugleich eine Ergänzung durch Schaffung einer Sklaven- oder Söldnerarmee der herkömmlichen Art; auch sie ist türkisch, später türkisch-kurdisch. Obwohl man über den Mangel an Disziplin unter den Turkmenen zu klagen hat, bleiben sie unentbehrlich. Um sich ihres Gehorsams zu versichern, versuchen die Herrscher, die Söhne der militärischen Führer als reguläre Soldaten in unmittelbaren, persönlichen Dienst zu nehmen, als Geiseln gleichsam. Jedenfalls ist ihre Armee stärker an Zahl als die ihrer Vorgänger, aber nicht nur absolut, weil ihr Reich ausgedehnter ist, sondern auch relativ zur Bevölkerung. So ist es den Selǧūqen möglich, das Land wirksamer zu besetzen, d. h. die lokalen Polizei- oder Milizkräfte können weitgehend durch türkische Garnisonen ersetzt oder solche können ihnen zugegeben werden, Garnisonen, die unter dem Kommando eines *šiḥne* genannten Präfekten stehen. Natürlich erfordert die Unterhaltung dieser Armee Geldmittel. Sie werden beschafft, indem man das *iqṭāʿ*-System auf das ganze Reich ausweitet, denn in manchen Teilen war es unter den vorausgegangenen Regierungen noch wenig praktiziert worden. Aber die auf arabische Historiker des späten Mittelalters gestützte Ansicht, daß Niẓām-al-Mulk ein ›Feudalsystem‹ geschaffen habe, indem er spezifisch türkische Traditionen auf den neuen Herrschaftsbereich der Türken übertrug, hält einer näheren Prüfung nicht stand. Der von ihm geübte *iqṭāʿ* entspricht dem der Būyiden, und erst nach ihm, unter den Wirkungen des Dynastieverfalls, nimmt er andere Formen an, die wir noch näher erläutern werden.

Hinsichtlich der Innenpolitik ist das selǧūqische Regime planmäßig um eine Erneuerung der islamischen Gesellschaft im Sinne des orthodoxen Glaubens bemüht. Doch muß man diese Politik im richtigen Lichte sehen und darf den neuen Herrschern nicht einfach geistige Enge und Despotismus vorwerfen. Gewiß haben die befehlsgewohnten großen Sultane wie nach ihnen so viele andere hervorragende Staatsmänner der türkischen Geschichte keine Form der Opposition dulden wollen, die zu Unruhen hätte führen können; außerdem waren weder Toġril noch Malik-Šāh Theologen. Doch haben sie keine Glaubensverfolgungen veranlaßt, und wo sie eingriffen, ging es ihnen um den öffentlichen Frieden und die Respektierung der ›Gelehrten‹ und ihrer Entscheidungen. Man denke auch daran, daß viele Türken nicht ›rechtgläubig‹ waren und daß andererseits die ›Orthodoxen‹ es waren, zumindest eine Gruppe unter ihnen, welche die türkische Eroberung herbeigewünscht hatten. Auch ganz unabhängig von den Türken war eine sunnitische Reaktion aufgekommen, deren Anfänge wir schon erwähnt haben, welche die Geister von den intellektuellen Diskussionen der ›heterodoxen‹ (extrem-šīʿitischen) Dogmatiker wegführte und den überlieferten Glauben propagierte. Dieser neuen Orthodoxie fügten sich übrigens Elemente ein, welche der abbasidischen fremd gewesen waren, vor allem der Ṣūfismus. Die Rolle der Türken bei all dem kann nur darin bestanden haben, daß sie eine vorhandene Bewegung förderten, nicht darin, daß sie diese erst hervorriefen: der Islam, den sie praktizierten, ist der, den man sie gelehrt hatte. Und nicht ein Türke, sondern ein Perser, nämlich der große Ġazālī (gest. 1111), hat das Bekenntnis der neuen Orthodoxie formuliert, die Verstand und Herz zu ihrem Recht kommen läßt und von doktrinären Verirrungen und geistiger Dürre gleich weit entfernt ist.

Die religiöse Politik der Dynastie findet überall im selǧūqischen Reich in Bauten ihren Ausdruck, die zugleich von der Macht ihrer Urheber zeugen: großartige Moscheen, zahlreiche Krankenhäuser, Karawansereien und andere Bauwerke. Fromme Stiftungen sichern ihre Unterhaltung und versehen sie mit reichen Mitteln und einer Unabhängigkeit, die ihnen eine direkte Versorgung aus dem Staatshaushalt in diesem Maße nicht hätte gewähren können. All diese Aufwendungen waren bei dem bestehenden Reichtum ohne die Gefahr einer Substanzminderung möglich. Die begüterten Militärführer schufen, aus Überzeugung oder um sich beliebt zu machen, in ihren Befehlsbereichen ähnliche Einrichtungen. Die wichtigsten und typischsten dieser Stiftungen sind die *ḫānqāh* genannten Institutionen zur Aufnahme von Ṣūfīs, die hier in ordensähnlichen Gemeinschaften zusammenlebten, und vor allem die Medresen (arab. *madrasa*). Wir haben schon auf diese Schulen hingewiesen, die offiziell dazu bestimmt waren, die orthodoxen Führungskräfte der Gesellschaft und des Regimes auszubilden. Sie nehmen jetzt einen außerordentlichen Aufschwung, und die bedeutendste unter ihnen ist die Gründung des selǧūqischen Wesirs Niẓām-al-Mulk, die als Niẓāmīya von Bagdad berühmt geworden ist.

Diese Gründungen bedeuten Verluste für die Šīʿa, die nichts Gleichwertiges aufzuweisen hat; im Inneren der Orthodoxie dagegen greift kein Sektierertum um sich. Es ist dies der Augenblick, da in der islamischen Theologie zwischen Ašʿariten und ihren Gegnern (s. o. S. 218) heftige Kämpfe ausgetragen werden. Die Gegner sind in Bagdad vor allem durch die Ḥanbaliten vertreten, während die Anhänger der Ašʿariten überwiegend aus den Reihen der Šāfiʿiten kommen; die Türken sind im allgemeinen Ḥanafiten. Trotzdem haben die ḥanafitischen Sultane dreißig Jahre lang einem ašʿaritischen Wesir, dem Šāfiʿiten Niẓām-al-Mulk, die Macht anvertraut, und umgekehrt hat dieser in seiner Niẓāmīya Lehrer aller Richtungen zugelassen.

Es mag überraschen zu sehen, daß Sultane, also Träger rein politischer Macht, wie man meint, in den religiösen Bereich eingreifen, der doch dem Kalifen vorbehalten scheint. Tatsächlich erliegt man leicht der Versuchung, ihre Kompetenz nach dem Bild von Papst und Kaiser im christlichen Abendland abzugrenzen, aber diese Vorstellung ist falsch. Wohl ist der Kalif in dieser Epoche vor allem eine Persönlichkeit der religiösen Führung, und es kommt ihm zu, sich mit Fragen des Glaubens und der öffentlichen Gerechtigkeit zu befassen; hier ist die Möglichkeit zu Kollisionen mit der Autorität des Sultans noch am wenigsten gegeben. Andererseits hat der Sultan in einer Gesellschaft, die eine klare Trennung zwischen zivilem und religiösem Gesetz nicht kennt, das Recht, auf beiden Gebieten seinen Willen geltend zu machen, und die Art seiner Zielsetzung kann von der des Kalifen durchaus verschieden sein. Unverrückbar aber bleibt, wenigstens in den Augen der alten Muslime, daß der Kalif grundsätzlich die einzige Quelle der Legitimität darstellt, und selbst ein Sultan mit absoluter Machtvollkommenheit braucht seine Investitur, sei sie auch nur noch bloße Form.

Ein anderer, seit Jahrhunderten verbreiteter Irrtum bedarf der Berichtigung. Weil die Kreuzfahrer gegen die Türken kämpften und die öffentliche Meinung des Abendlandes gegen diese als die Feinde des Christentums eingenommen wurde, hat man daraus auf eine besondere Intoleranz des neuen Regimes geschlossen – völlig zu Unrecht. Natürlich haben die *ḏimmīs*, da der Islam fast überall die Religion der Majorität geworden ist, im allgemeinen ihre frühere Schlüsselstellung verloren. Aber die einzige Verfolgung, von der wir wissen, ist jene von Ḥākim in Ägypten, also außerhalb der türkischen Herrschaft und zeitlich vor ihr gelegen und überdies ihren Umständen nach, wie wir sahen, ganz ungewöhnlich. Man hat Kleinasien, wo die Turkmenen Ausschreitungen begingen und mit ihren Überfällen der byzantinischen Kirche und manchmal auch den christlichen Einwohnern und Pilgern außerordentlichen Schaden zufügten, mit der übrigen selǧūqischen Welt verwechselt. Wir haben übergenug Zeugnisse dafür, daß die eingeborenen Christen von dem Augenblick an, da die Ordnung wiederhergestellt war, mit der Regierung der neuen Herren sehr zufrieden waren und niemals auf den Gedanken kamen, das Abendland um ›Befreiung‹ anzurufen.

Einzig und allein den Ismāʿīliten gegenüber haben sich die Selǧūqen unduldsam gezeigt, denn diese waren nicht nur die extremsten Vertreter der Heterodoxie, sondern vor allem auch Unruhestifter. Wie wir schon sahen, fällt die Zeit der Großselǧūqen in die Epoche eines ismāʿīlitischen Schismas. Die Iranier hatten dem Fāṭimiden Nizār die Treue bewahrt, während ein anderer Sohn des Mustanṣir in Ägypten Anerkennung und Macht erlangte. Diese iranische Sekte erstarkt unter der Führung des genialen Agitators Ḥasan-e Ṣabbāḥ, organisiert sich als terroristische Gruppe und setzt sich, von heimlichen Verbündeten unterstützt, in den Besitz befestigter Plätze und uneinnehmbarer Schlupfwinkel, deren wichtigster die Burg Alamūt in den südkaspischen Bergen ist. Ḥasan sichert sich die Ergebenheit seiner Männer angeblich durch Gewöhnung an Haschisch-Getränke (*ḥašīš* = ›Hanf‹), so daß sie den Beinamen Ḥašīšīyūn erhalten, und da sie vor Morden nicht zurückschrecken, wird der Name in der Form ›Assassinen‹ für die Europäer gleichbedeutend mit ›Mörder‹ (franz. und engl. *assassin*). Das Opfer des ersten folgenschweren Attentats, das die Sekte im Jahre 1092 verübt, ist Niẓām-al-Mulk.

Wenige Monate nach Niẓāms Ermordung stirbt auch Malik-Šāh. Damit beginnt der Abstieg des selǧūqischen Regimes, der ein Jahrhundert später das Ende ihrer Großmachtstellung herbeiführt. Streitigkeiten zwischen Familienmitgliedern hatten bei dem Regierungsantritt von Alp-Arslan wie auch von Malik-Šāh unterdrückt werden können, doch in dem nun folgenden Jahrhundert sollte die Einheit des Reiches zerfallen. Chorasan ging unter Sanǧar (1118–1157) seinen eigenen Weg, während die westiranischen und iraqischen Selǧūqen ihre Besitzungen in Syrien und Obermesopotamien an kleinere Seitenlinien verloren und dazu untereinander uneins waren. Unter diesen Bedingungen wurde das Schiedsamt des Kalifen ein umstrittenes Pfand rivalisierender Prätendenten. Zur Zeit der großen Sultane hatte es Interessenkonflikte zwischen Kalifat und Sultanat gegeben, aber die zwangsläufige Koexistenz war im ganzen befriedigend gewesen; jetzt aber machte der selǧūqische Herr des Iraq das Kalifat zum Werkzeug seiner Interessen, und der Kalif konnte nur hoffen und versuchen, seine verlorene Autorität zurückzugewinnen. Zwei Kalifen fanden den Tod, da sie den Versuch der Befreiung zu früh unternahmen. Dennoch wuchs der Einfluß des Kalifats stetig; die Rückkehr zur Selbständigkeit lag in der Logik der Dinge und wurde in der Mitte des 12. Jahrhunderts auch praktisch erreicht. Der Iraq war nun eine Art kleinen Staates, den der Kalif selbständig regierte, so wie anderswo Fürsten verschiedener Abstammung Herren ihrer Provinzen waren.

Stets in Kämpfe miteinander verwickelt, waren die Prätendenten gezwungen, sich starke Anhänger zu verpflichten, indem sie immer mehr *iqṭāʿ*-Domänen verteilten und den Militärführern Provinzialregierungen übertrugen. Die ersten, welche dabei bedacht werden mußten, waren die Atabegs der Sultanssöhne.

Große Herren geworden, vermochten sie der Versuchung nicht zu widerstehen, die jugendlichen Prinzen unter ihrer Obhut zu entmachten. So entstanden regionale Dynastien, deren berühmteste, die Zangiden in Mossul, auch weiterhin eine Rolle spielen sollte. Zu gleicher Zeit wurden die *iqṭāʿ*s sowohl *de facto* wie *de jure* zum erblichen Dauerbesitz, ebenso die Provinzialregierungen, die nun nicht mehr widerrufen und zurückgenommen werden konnten. Insofern kann man wohl von einer ›feudalen‹ Entwicklung sprechen, aber sie entsprang nicht einer planvollen Absicht, sondern der Schwäche der Zentralregierung; außerdem wurde sie durch die mongolische Eroberung unterbrochen. Schließlich nutzten Stammesführer die Unordnung in militärisch wenig gesicherten Gebieten und ergriffen die politische Macht; insbesondere kamen die turkmenischen Salġuriden in Fārs zur Selbständigkeit. Rein äußerlich gesehen bleibt das Sultanat bis zum Ende des 12. Jahrhunderts bestehen, in Wirklichkeit aber hat es um die Mitte des Jahrhunderts ausgespielt.

Wir sagten, das Kalifat habe daraus Nutzen gezogen. Über vierzig Jahre lang wurde um die Wende vom 12. zum 13. Jahrhundert das Amt erstmals wieder von einem souveränen Herrn seiner Regierung verwaltet: an-Nāṣir (1180–1225), dem Sohn einer türkischen Mutter. Wenn auch eine seltsame Erscheinung, war er doch die einzige wahrhafte Persönlichkeit an diesem Platze seit dem 9. Jahrhundert. Er suchte Mittel und Wege, dem Kalifat im Rahmen des damals Möglichen wieder eine gewisse Macht zu geben: er hatte eine Armee und unterhielt diplomatische Beziehungen. Besonders aber war er bemüht, alle ›geistigen Familien‹ des Islams um das Kalifat zu sammeln, einschließlich der Zwölfer-Šīʿiten, deren Lehre er gern zu einer Art fünfter offizieller Schule der Orthodoxie erhoben hätte. Es gelang ihm sogar, die Assassinen zu einer gewissen Anerkennung seiner Oberhoheit zu bringen. Er nahm Anteil an der Wahl der Kadis und Prediger und versuchte, als theologische Autorität Anerkennung zu gewinnen. Die meisten Anhänger, freilich auch Gegner schuf ihm jedoch seine Politik gegenüber der *futūwa*. Wir sahen, welch hohen ideellen Rang diese erreicht hatte; aber je mehr das Sultanat verfiel, um so mehr war sie in Bagdad und anderswo wieder zu einer Macht des Schreckens geworden. Nun war an-Nāṣir, in völligem Gegensatz zu allen früheren Regierungen, selbst in die Reihen der *futūwa* eingetreten, hatte es aber zugleich unternommen, sie zu erneuern, zu einigen, zu disziplinieren und die Aristokratie zum Eintritt zu bewegen. (Einen Anreiz bot dabei das der *futūwa* zuerkannte Privileg, bestimmte Sportarten auszuüben.) Es gelang ihm, den Adel zu gewinnen, ja es schlossen sich ihr sogar Fürsten aus der gesamten islamischen Welt an, und so wurde sie zu einer verbindenden Kraft für die ganze Gesellschaft. In Bagdad setzte die mongolische Eroberung

dieser Arbeit bald ein Ende; unerwartete Fortwirkungen sollte sie aber in den *aḫī*-Gilden des türkischen Kleinasien im 13. und 14. Jahrhundert haben.
Dem Chorasan hatte die lange Regierungszeit Sanǧars zuerst eine Epoche der Ruhe geschenkt, dann aber wurde das Land zum ersten Opfer der neuen, zum Teil von außen kommenden Ereignisse. Das den Mongolen verwandte Volk der Qara-Ḫitai, im Norden Chinas beheimatet (daher heißt China im Mittelalter Cathay, russisch Kitaj), war nach Westen vertrieben worden und hatte den Qaraḫāniden Māwarā'annahr (Transoxanien) weggenommen. Sanǧar, den man zu Hilfe rief, erlitt eine schwere Niederlage (1141). Zum erstenmal fiel ein beträchtlicher Teil des islamischen Machtbereiches in die Hände von Ungläubigen, die sich allerdings mit einer sehr lockeren Organisation ihrer Herrschaft begnügten und daher das staatliche und gesellschaftliche Gefüge nicht grundlegend veränderten. Unter den Ḫitai waren auch christliche Nestorianer. In den christlichen Kreisen des Orients lief das Gerücht um von der Rache am Islam, zu deren Werkzeug sich ein Priesterkönig aus Zentralasien gemacht habe, und dieses Gerücht drang auch nach Europa. So entstand die legendäre Gestalt des ›Priesters Johannes‹, den das Abendland nach einer der Launen geschichtlicher Überlieferung bei den Mongolen, später gar in Äthiopien suchte. Sanǧar hatte Chorasan behalten, aber seine Vasallen in Chwarism benahmen sich dort wie völlig unabhängige Fürsten, und die Oġuzen des Grenzgebietes wurden immer unerträglicher. Als Sanǧar 1053 den Versuch unternehmen mußte, sie in die Schranken zu weisen, geriet er in Gefangenschaft und starb vier Jahre später, ohne daß er seine Regierung wieder übernehmen noch auch einen fähigen Erben hätte einsetzen können. Dreißig Jahre lang war nun das Land den Verwüstungen oder der Ausbeutung durch die Oġuzen ausgesetzt, die zu dieser Zeit anscheinend keinen politischen Kopf aufzuweisen hatten. Einer der ihren zerstörte auch die kleine selǧūqische Dynastie, die sich schlecht und recht in Kirmān behauptet hatte. Doch Chwarism war in seinem Sandgürtel weiterhin eine Oase des Friedens, und die übriggebliebenen Ackerbauern und Städter suchten seinen Schutz. Fähige Chwarism-Šāhs machten sich diese Umstände am Ende des 12. Jahrhunderts zunutze und errichteten ein Reich, das dem der Selǧūqen (deren letzten Erben sie besiegten und töteten) fast gleichkam, mit dem Unterschied freilich, daß der Kalif an-Nāṣir, der sie vielleicht nach Iran gerufen hatte, sie außerhalb der arabischen Länder zu halten wußte. So blieb es, bis die Mongolen diese Gefahr beseitigten, dafür allerdings selbst eine weit größere Bedrohung wurden. Da die Chwarism-Šāhs inmitten der sie umgebenden Gefahren genötigt waren, ihre militärische Macht zu vergrößern, rekrutierten sie ihre Verstärkungen bei

den benachbarten Qïpčaqen, hatten aber keine Zeit, deren barbarische Sitten zu zivilisieren, und so wurde diese ›chwarismische‹ Armee – die näheren Umstände werden wir noch kennenlernen – zum Schrecken des ganzen Orients.

Weitere Veränderungen hatten sich in den östlichen Grenzgebieten Irans vollzogen. Dort hatten die Ġūriden, ein kriegerisches und noch nicht lange zum Islam bekehrtes Bergvolk, die Ġaznawiden gestürzt und Ġazna zerstört (1150), an dessen Stelle für kurze Zeit jenes Fīrūzkūh oder Ǧām trat, dessen Lage lange unbekannt war und wo man erst vor einigen Jahren ein ungewöhnliches, gewaltiges Minarett gefunden hat. Die Ġūriden wurden bald nach 1200 von ihren türkischen Sklaven gestürzt, die damit an die Tradition der ersten Ġaznawiden anknüpften. Dynastien von Mamlūken (›Sklaven‹) – ähnlich jenen bekannteren, die später über Ägypten herrschten – lösten einander ab, bis die Afghanen kamen, und da der Krieg Lebensgesetz der Sklavenkönige war, trugen sie nach und nach die islamische Herrschaft, die im Norden Indiens von den Ġaznawiden eingeleitet worden war, fast über den ganzen Subkontinent. Doch wurde die Struktur der eingeborenen Gesellschaft nicht nach dem Bild der alten islamischen Länder umgeformt, und nur eine Minderheit der Bevölkerung trat zum Islam über.

Von der anderen Seite des islamischen Orients ist zu berichten, daß die Kreuzfahrer in der Zeit des selǧūqischen Niederganges (ihn zugleich beschleunigend) sich in Syrien und Palästina festsetzten und über den Euphrat hinaus bis nach dem armenisch-griechischen Edessa vordrangen. Wir wiesen schon darauf hin, welche irrigen Vorstellungen von der islamischen Politik gegen die Christen den Anstoß zu diesem Unternehmen gegeben hatten, und was die Muslime selbst betraf, so sahen sie in diesen ›Franken‹ nur neue Vertreter der ›Rūm‹, d. h. der Byzantiner, mit denen man sich seit vier, fünf Jahrhunderten ohne allzu große Verluste schlug. Syrien war im Ausgang des 11. Jahrhunderts politisch und religiös gespalten, an interkonfessionelle Bündnisse im Kampf der gegnerischen Gruppen gewöhnt, während der Gedanke an eine Erneuerung des Heiligen Krieges der Vergangenheit gar nicht aufkam. Darum vermochten die Franken leicht Fuß zu fassen, was freilich auch zu blutigen Kämpfen und Vertreibungen führte, aber sehr bald suchten die kleinen Fürsten, die sich unabhängig gemacht und von der Hilfe des Sultans mehr zu fürchten als zu hoffen hatten, nach einem *modus vivendi*; die Linie der großen Städte am Rande der Wüste blieb jedoch islamischer Bereich. Die Fāṭimiden, die sich natürlich über jede den Nachfahren der Selǧūqen zugefügte Niederlage gefreut, aber dann versucht hatten, ihren Besitz Palästina gegen die Kreuzritter zu verteidigen, hatten sich ebenfalls schnell, gutwillig oder nicht, an diese Nachbarschaft gewöhnt, die ihnen

schließlich auch Vorteile brachte: einen Schutzwall gegen die Türken und eine Förderung fruchtbarer Handelsbeziehungen mit dem Abendland.
Dennoch wurde, so begrenzt auch die Zahl der fränkischen Eindringlinge und das von ihnen besetzte Gebiet sein mochte, nach und nach deutlich, daß der in ihrer Hand befindliche Zugang zur See von großer wirtschaftlicher Bedeutung war und daß sie sich nicht so leicht wie viele ihrer Vorgänger von ihrem neuen Milieu absorbieren ließen. In wechselnden Abständen lebten die Kämpfe wieder auf, auch neigten die Franken im ganzen keineswegs zur Toleranz. So erwachte in zunehmendem Maße der Wille zu einem Heiligen Krieg wenigstens in defensivem Sinne. Aber jene, die von solchem Widerstandsgeist erfüllt waren, litten unter der Gleichgültigkeit und Selbsterniedrigung, die sie ringsum feststellen mußten, auch unter der politischen Uneinigkeit, die man mit der religiösen in Zusammenhang brachte und die einer größeren, geschlossenen Aktion gegen die Franken im Wege stand. Man erkannte, daß man so lange nichts gegen die Franken würde unternehmen können, als die Auflehnung sich nur auf den syrischen Randstreifen beschränkte, und daß man mindestens das obere Mesopotamien für den Kampf gewinnen müsse, das Ausrüstung und Truppen, türkische und kurdische, stellen könnte. Die Entwicklung brauchte Zeit, aber der neue Geist setzte sich durch, zuerst in Aleppo, später in Damaskus. Zu Führern des Unternehmens machten sich Zangī, der unabhängige Atabeg von Mossul und Aleppo, und nach ihm Nūraddīn, sein Sohn und Nachfolger in Aleppo, Zangī gelang es, mit den vereinigten Kräften von Mossul und Aleppo den Franken die Stadt Edessa abzunehmen (1144). Sein Sohn, der von Aleppo aus *de facto* auch die Domäne seines Bruders in Mossul beherrschte, vermochte das ganze islamische Syrien unter seinem Oberbefehl zu einigen und dem zweiten Kreuzzug, der durch den Fall von Edessa ausgelöst worden war, Einhalt zu gebieten, darauf die Franken so weit zurückzudrängen, daß ihnen fast nur noch das Bergland westlich des Jordan und des Orontes verblieb. Wichtiger noch als diese Teilerfolge war, daß Nūraddīn in seinem ganzen Wirken den neuen Geist des Heiligen Krieges verkörperte, daß er die düstere Glut, die ihn erfüllte und in den Augen der Mit- und Nachwelt charakterisiert, anderen mitteilte. Er war zugleich entschlossen, die geistige Einheit des Islams wiederherzustellen, und das Mittel dazu sah er in der Stärkung der orthodoxen Bewegung, z. B. durch die Schaffung von Medresen; bisher hatte diese Tätigkeit in seinem Gebiet, das von den selǧūqischen Zentren her gesehen zu weit am Rande lag, noch wenig Aufschwung genommen. Während es unter den Syrern, in deren Mitte er lebte, noch zahlreiche Šīʿiten gab, fand er zur Erfüllung dieser Aufgabe bei seiner

türkisch-iranischen Umgebung Unterstützung. Nūraddīn verkündete ferner, daß die Voraussetzung des Sieges die politische Einheit sei, mit anderen Worten, daß man all jene Fürsten, die nur Gleichgültigkeit zeigten, unterwerfen oder vertreiben müsse. Natürlich verband sich mit der inneren Überzeugung Nūraddīns auch persönlicher Ehrgeiz, in dem man zuweilen die einzige Triebfeder seines Handels hat sehen wollen. Nun hatten die inneren Wirren Ägyptens die Franken Jerusalems ermutigt, dort einzugreifen. Unmöglich aber konnte man zulassen, daß sie in den Besitz aller Reichtümer dieses Landes kamen. Daher entsandte Nūraddīn eine starke türkisch-kurdische Armee nach Ägypten, der es gelang, das Land zu besetzen. Zwar starb ihr Kommandant, der kurdische General Šīrkūh, unterdessen, aber sein Neffe Ṣalāḥaddīn – unser Saladin – trat an seine Stelle und wurde der Wesir des Fāṭimiden. Nach zwei Jahren konnte er seinen Sieg durch die Aufhebung des ismāʿīlitischen Kalifats sanktionieren (1171); Revolten der fāṭimidischen Armee und ihre Unterstützung durch die Franken und Byzantiner blieben erfolglos. Ägypten kehrte in den Schoß der sunnitischen Gemeinde zurück, von der sich die große Masse der Bevölkerung niemals wirklich gelöst hatte.

Saladin wurde im Abendland durch den dritten Kreuzzug als Gegenspieler von Philipp August und Richard Löwenherz bekannt; darum, aber wohl auch, weil er die stärkere Persönlichkeit war, ist hinter ihm Nūraddīn im Gedächtnis der Nachwelt zurückgetreten. Ihre Politik hingegen war ganz die gleiche, nur die geographischen Positionen hatten gewechselt, und Saladins Erfolge waren von größerer Tragweite. Nach dem Tode Nūraddīns (1174) schaltete Saladin, um die notwendige Einheit aller Kräfte im *ǧihād* zu erzwingen, die unfähigen Erben Nūraddīns aus; die ayyūbidische Familie, zu der er gehörte, erweiterte ihre Herrschaft bald bis zum höchsten Norden Mesopotamiens und seinem Menschenreservoir. Doch das Zentrum ihrer Macht ist nun im Süden, in Ägypten, und von dort aus führt Saladin seine Angriffe gegen die Franken. Nach der Schlacht von Ḥaṭṭīn (1187) gewinnt er Jerusalem – auch für ihn noch eine ›heilige‹ Stadt – dem Islam zurück, so daß den Franken nur die Küstenfestungen bleiben. Der dritte Kreuzzug stellt die fränkische Herrschaft an der Küste rund um ihren neuen Stützpunkt Akka wieder her (1191), ohne daß jedoch der erneute Vorstoß ins Innere und die Einnahme Jerusalems gelingen.

Schließlich machen aber die Ayyūbiden, die in Ägypten bis 1249, in Aleppo bis 1260 regieren, nach dem Tode Saladins (1193) den Versuch einer friedlichen Politik der Koexistenz. Obwohl die Kreuzzüge ihr Ziel nicht erreicht hatten, ließen sie doch die mächtige Reaktion des Abendlandes erkennen; außerdem wußte die Bevölkerung die Vorteile friedlicher Handelsbeziehungen zu schätzen. Wurde die Waffenruhe durch Kämpfe unterbrochen, so ging die Initiative dazu vom christlichen Heer aus, das im 5. und 6. Kreuzzug Ägypten angriff, um auf diesem Wege Jerusalem aufs neue zu erobern; der sechste war der Zug Ludwigs des Heiligen, der für kurze Zeit Damiette einnahm (1249). Der Friedenswille des Sultans al-Kāmil (1218–1238) wurde aber auch von dem sizilianisch-deutschen Kaiser Friedrich II., dem Erben der Krone von Jerusalem, geteilt; innerpolitische Schwierigkeiten in Syrien taten das ihre, so daß Kāmil so weit ging, Friedrich die heilige Stadt der Christen zu überlassen, unter der Bedingung freilich, daß sie entmilitarisiert und die Freiheit der Religionsausübung gewährleistet würde. Diese Abmachung, die auf beiden Seiten gleich viel Empörung auslöste, sollte infolge der Intervention chwarismischer Türken nicht von langer Dauer sein, doch offenbart ihr Zustandekommen, wie groß die Chancen einer verständigungsbereiten Politik waren. Freilich hätte die mongolische Invasion auch eine dauerhaftere Lösung bald in Frage gestellt.

Syrien ist nunmehr, paradox genug, zum Mittelpunkt der islamischen Welt geworden. Das Erscheinen des Kalifen an-Nāṣir, der dem Kampf gegen die Kreuzfahrer übrigens recht gleichgültig gegenüberstand, änderte nichts an der Tatsache, daß die selǧūqische Eroberung mit ihren Folgen die Kluft zwischen Iran und der arabischen Welt letztlich vertieft, Iran innerhalb der östlichen Provinzen des Islams ein neues Gewicht gegeben hatte, so daß Bagdad nunmehr am Rande der einen wie der anderen dieser beiden Sphären lag. Die Intensivierung der Handelsbeziehungen mit dem Westen, wohl auch der Heilige Krieg selbst hatten Energien aktiviert und zum Aufbau einer Organisation geführt, in deren Gefolge Syrien zu erhöhter Bedeutung kam. Zwar zählte Ägypten politisch ebensosehr oder noch stärker als Syrien, aber eine geistige Symbiose zwischen den eingewanderten Elementen, Türken und Kurden mit selǧūqischer Tradition, und den unterworfenen Eingeborenen war – zum Schaden der kulturellen Entwicklung – nicht zustande gekommen. Für das staatliche Gefüge Ägyptens hatte die Eroberung des Landes zweierlei zur Folge gehabt: die Herrschaft einer neuen Armee und die Einführung einer orthodoxen Politik nach syrischem Vorbild. Die Soldaten hatten, wie es der selǧūqischen Praxis entsprach, einen Teil des Landes als *iqṭā'*-Güter zur freien Verfügung empfangen, doch hatte sich an der zentralistischen Form der ägyptischen Verwaltung, da sie in der Hand der koptischen Beamtenschaft geblieben war, nichts geändert, und selbst das *iqṭā'*-Land konnte hier niemals die Bedeutung und Unabhängigkeit annehmen, zu der es sich sonst entwickelte. Die Autonomie des Staatsapparates, in Ägypten alte Tradition und während des fāṭimidischen Regimes noch verstärkt, blieb von dem Wechsel der Dynastien und ihrer religiösen Orientierung unberührt und sollte sich bis zur osmanischen Eroberung und darüber hinaus erhalten.

Schließlich entsteht in der selǧūqischen Epoche, außerhalb der traditionell islamischen Territorien, ein neuer islamischer Staat, dem eine große Zukunft beschieden ist: die Türkei Kleinasiens.

Die Turkmenen, die sich am Ende des 11. Jahrhunderts außerhalb der selǧūqischen Hoheitsgebiete in der asiatischen Hälfte des Byzantinischen Reiches festsetzten, hatten kein klares politisches Ziel; sie suchten lediglich einen Raum, in dem sie ihren Lebensgewohnheiten treu bleiben konnten. Die eingeborenen Bauern und Städter, die zurückgeblieben waren, und die Kriegsbeute aus den Grenzgebieten boten ihnen die Grundlage der Existenz. Zwar bestand die byzantinische Staatshoheit theoretisch noch immer, aber ihre politische Apparatur war zerstört, auch wenn es eine byzantinische Partei gewesen war, welche die Türken, die assimilieren zu können man ohne Zweifel geglaubt hatte, zu ihrer Unterstützung herbeigerufen hatte – bis in Städte, zu denen sie von sich aus gar nicht vorgedrungen wären. (Eine Zeitlang entfalteten sogar die Türken, die sich an der Küste der Ägäis niedergelassen hatten, mit Hilfe seegeübter Eingeborener eine Korsarentätigkeit und gaben eine erste Probe vom Unwesen türkischer Seeräuber, das sich mehr als zweihundert Jahre später vom Ende des 13. Jahrhunderts an entwickeln sollte.) Der erste Kreuzzug erlaubte dem Kaiser Alexios Komnenos indessen, die Küsten Kleinasiens und dessen westliche Seite wieder in seine Hand zu bringen und die Türken auf die Hochebenen im Innnern zurückzuwerfen. Zur gleichen Zeit schnitten die Franken, die mit den Armeniern den ganzen Südhang des Taurus innehatten, die Türken von den arabischen Ländern des Südens ab, andererseits erschwerte die politische Zerstückelung die Anknüpfung engerer Beziehungen zu Mesopotamien. So wurden die Türken aus der traditionellen islamischen Welt heraus in ein Land ohne islamische Geschichte und Staatsorganisation abgedrängt und damit gezwungen, selbst eine festere Form des Zusammenlebens zu finden. Vielleicht wären auch sie, wie gewisse türkische Stämme des östlichen Europa, von ihrer Umgebung assimiliert worden, wenn Byzanz den Willen und die Kraft besessen hätte, eine solche Entwicklung zu fördern, aber daran fehlte es. Vom Ende des 11. Jahrhunderts an bildeten sich nach und nach kleine, von den Turkmenen beherrschte Fürstentümer, so in Armenien, in Obermesopotamien (unter den Artuqiden) und vor allem an den Straßen des nordanatolischen Zentrums. Hier zog ein Mann die politische Führung an sich, dessen Name Dānišmend (›der Weise‹) die halbreligiöse Autorität bezeugte, auf die er seine Stellung gründete. Andererseits hatten sich nach Anatolien die Nachkommen von

Qutlumuš geflüchtet, eines selğūqischen Fürsten, der vergeblich gegen Alp-Arslan rebelliert hatte; diese ›Selğūqen von Rūm‹ hatten offenbar, auch wenn sie anfangs eine rein turkmenische Macht darstellten, einige klarere staatliche Vorstellungen. Die politische Geschichte Kleinasiens in den ersten drei Vierteln des 12. Jahrhunderts war erfüllt von der Rivalität und den Kämpfen zwischen Rūm-Selğūqen und Dānišmendiden, bis die ersteren den Sieg davontrugen. Die beiden türkischen Mächte und ebenso die Byzantiner hatten alle diplomatische Kunst aufgewandt, um einander zu überlisten und in die Enge zu treiben, aber im Jahre 1176 schien dem Kaiser Manuel Komnenos, der auf den Gipfel einer eindrucksvollen Macht gelangt war, der Zeitpunkt gekommen, endlich den Byzanz geraubten Boden zurückzuerobern. Die Schlacht von Myriokephalon brachte ihm eine vernichtende Niederlage und zeigte ein Jahrhundert nach dem Ereignis von Mantzikert, daß die damals angebrochene Entwicklung unaufhaltsam und unwiderruflich war. Mit der Zeit hatten die Selğūqen einen Staat mit der Hauptstadt Konya als Mittelpunkt errichtet. Zwar war der Machtbereich des Sultanats an den Grenzen, bis zu denen die Turkmenen vorgedrungen waren, nicht scharf umrissen, aber in den zentralen Regionen hatten alle Teile der Bevölkerung, die bekehrten und nichtbekehrten Eingeborenen, die eingewanderten Iranier sowie die seßhaft gewordenen Türken (auch sie mehr oder weniger iranisiert), zum Aufbau eines neuen Staates mit allen dazugehörigen Einrichtungen beigetragen. Traditionen der byzantinischen Vergangenheit verbanden sich hier mit islamisch-iranischen Vorbildern des großselğūqischen Reiches und eigenen Neuerungen. Der kaum wissenschaftlich zu nennende Streit darum, ob der iranische oder der byzantinische Einfluß dabei stärker gewesen sei, ist im Grunde gegenstandslos, da er einmal die schöpferische Kraft des Regimes selbst, zum anderen den Zwang der Umstände außer acht läßt, welcher die drei Elemente zusammenschmolz; hervorzuheben ist jedoch, daß der Staat sowohl in seiner Spitze wie in seinem gesamten Aufbau von islamischem Geist getragen war.

Dieser eindeutig islamische Charakter bedeutet indessen nicht, daß die Muslime eine erdrückende Mehrheit dargestellt hätten und daß die Nichtmuslime benachteiligt gewesen wären; auch hier gilt es, alte Mißverständnisse zu zerstreuen, mögen sie aus gutem Glauben oder böser Absicht entstanden sein. Die turkmenische Invasion war, wir sagten es schon, für die Betroffenen hart, ja teilweise verheerend, aber sobald das Regime, von einzelnen immer wieder aufflammenden Grenzkämpfen abgesehen, gefestigt und gesichert war, wurden die eingeborenen Christen — die Griechen im Westen, die Armenier und auch die monophysitischen Syrer im Osten — ebenso tolerant behandelt, wie es ihnen in den alten islamischen Staaten *de jure* zustand. Faktisch war ihre Lage schon durch das bloße Gewicht ihrer dauernden zahlenmäßigen Überlegenheit vielfach besser als dort. Der selǧūqische Staat in Kleinasien stellt also eine aus sehr verschiedenen Elementen zusammengesetzte Gemeinschaft dar, eine Symbiose, in der es offenbar keine wirkliche Unzufriedenheit gegeben hat. Niemand sehnte sich nach der byzantinischen Herrschaft zurück, die ja, was Steuern und religiöse Duldsamkeit betraf, nicht nur gute Erinnerungen hinterlassen hatte. Vertreter der iranisierten Führungsschicht sind auch literarisch tätig; freilich nehmen die Türken innerhalb dieser Mischkultur keinen besonders ehrenvollen Platz ein. Jedoch sind die Türken, die Turkmenen eingeschlossen, das in allen Landesteilen gemeinsame und, wenn man will, das charakteristische Element, und sicher ist es kein Zufall, wenn die abendländischen Reisenden vom dritten Kreuzzug an das Land nach dem Durchzug des deutschen Heeres Barbarossas die ›Türkei‹ nennen, was sie bei keinem anderen Staat mit einem türkischen Herrscher tun.

Zweifellos hat Kleinasien in der ersten Hälfte des 13. Jahrhunderts, freilich nur für kurze Zeit, einen der seltenen glücklichen Höhepunkte seiner Geschichte erlebt. Die Ordnung ist wiederhergestellt, und dank dem Reichtum des Bodens wie seiner Fruchtbarkeit, dank auch der Tatsache, daß das Land aus und für sich selbst lebt, unabhängig von größeren Mächten und kein Feld ihrer Auseinandersetzungen, bietet seine Wirtschaft in jeder Hinsicht ein Bild des Wohlstandes. Die Städte blühen auf und schmücken sich mit Bauten, die trotz des iranischen Einschlages ihren eigenen Stempel tragen und von dem sicheren Geschmack einer hochentwickelten Kultur zeugen. Die islamische, hier vorwiegend iranische Bildung durchdringt das Land und läßt Werke eigener Art entstehen. Der Zusammenbruch des Byzantinischen Reiches im Gefolge des vierten Kreuzzuges (1204) hatte dem selǧūqischen Staat jede Bedrohung von Westen her genommen. Er konnte nun mit Antalya und der ganzen Südküste zwischen Kilikien und Rhodos, ferner Sinope und Samsun auf der Seite des Schwarzen Meeres die bisher fehlenden Ausfuhrhäfen an sich bringen. Dort, wo seine Grenzen Iran und die arabische Welt berührten, von Armenien bis nach Syrien, machte er seinen politischen Einfluß geltend. Kaiqubād (1219–1237) war einer der bedeutendsten und mächtigsten Herrscher der Zeit, auch in den Augen der Nachwelt die hervorragende Gestalt der Dynastie.

Freilich hat der selǧūqische Staat auch seine Schwächen. Die hervorstechendste ist die wachsende Distanz zwischen der städtischen, durch ihre Bildung dem türkischen Erbe entfremdeten Aristokratie und dem turkmenischen Volksteil, der ungebildet und sozial abgeschlossen bleibt. Dieser Übelstand, bis zum

Beginn des 13. Jahrhunderts ohne größere Bedeutung, verschärft sich jedoch, als eine neue Invasion aus dem Osten über den Vorderen Orient hereinbricht. Im Jahre 1220 zerschlagen die Mongolen des Čingiz-Ḫān (Dschingis-Khan) die chwarismische Macht in Zentralasien, und bald darauf stoßen sie auf die iranische Hochebene vor. Indessen sammelt ein Sohn des letzten Chwarism-Šāhs, Ǧālāladdīn, die oben (S. 299) erwähnte ›chwarismische‹ Armee aus qïpčaqischen Soldaten. Auf der Suche nach einem Land, wo er eine neue und vor den Mongolen gesicherte Herrschaft errichten kann, verbreitet er als genialer und gefürchteter Condottiere von Indien bis nach Kleinasien und Georgien Angst und Schrecken. Seine Eroberungen werden von der politischen Auflösung des Iran begünstigt, sind aber infolge des Vormarsches der Mongolen alle nur von kurzer Dauer. Im Jahre 1230 greift er Kleinasien an, muß aber von Kaiqubāḏ, der ein Bündnis mit den Ayyūbiden zustande bringt, bei Erzinǧan eine Niederlage hinnehmen. Wenig später fällt er, nachdem er den ganzen Orient fünfzehn Jahre lang hat erzittern lassen, dem Mordanschlag eines kurdischen Hirten zum Opfer. Doch die chwarismische Armee bleibt, und damit sie nicht in den Dienst anderer Herren trete, siedelt Kaiqubāḏ sie in Kleinasien an, zugleich in der Absicht, sie gegen eine mongolische Bedrohung einzusetzen. Seinem Nachfolger allerdings wird sie unerträglich; er weist die Chwarismier aus dem Land, und sie treten in den Dienst des Ayyūbiden aṣ-Ṣāliḥ Ayyūb, wo wir ihnen noch begegnen werden. Alle diese Veränderungen und Erschütterungen hatten iranische Städter wie auch Turkmenen aus dem Osten vertrieben, und sie strömten nach Kleinasien, dem Zufluchtsort des Friedens. Daraus ergab sich offenbar für die dortigen Turkmenen eine mißliche Lage, und die wachsende Unzufriedenheit kam besonders heftig in der Revolte eines religiösen Volkspredigers namens Bābā Isḥāq zum Ausdruck (1240). Nur mit Hilfe fränkischer Söldner konnte man seiner Herr werden, und die Spuren seiner Tätigkeit lassen sich noch in verschiedenen politisch-religiösen Bewegungen verfolgen, die indirekt auf ihn zurückgehen. Wir sehen: Der selǧūqische Staat war in seiner Kraft erschüttert, als er 1243 von den Mongolen angegriffen wurde.

Es ist hier nicht unsere Aufgabe, die Ursprünge des mongolischen Reiches aufzuzeigen. Ein Volk, das bis dahin kaum bekannt gewesen war, trat plötzlich machtvoll in Erscheinung. Geeint und diszipliniert unter Čingiz-Ḫān vernichtete es in wenigen Jahren die Chwarism-Šāhs, überflutete Iran, erreichte den Kaukasus und Georgien, durchquerte Rußland und Polen und drang für kurze Zeit bis nach Deutschland und Ungarn vor. Verschiedene Umstände mögen diese Siege der Mongolen erklären: ihre hervorragende Organisation, ihre außerordentliche Beweglichkeit, ihr ausgedehntes Spionagenetz, vor allem aber das namenlose Entsetzen, welches das bloße Erscheinen der unbesieglichen Barbaren hervorrief, die sich des schlimmsten Mordens und der furchtbarsten Verwüstungen seit Menschengedenken schuldig machten. Für die Muslime war die Katastrophe um so schrecklicher, als nun auf dem ruhmreichsten Boden der islamischen Geschichte eine Herrschaft von Ungläubigen errichtet wurde. Die Schlacht am Köse-Dağ beendete in wenigen Stunden für immer die Unabhängigkeit der Rūm-Selğūqen in Kleinasien. Im Jahre 1256 wurden die Assassinen, die anderthalb Jahrhunderte dem Islam die Stirn geboten hatten, ausgelöscht, und 1258 ging Bagdad in einem Blutbad unter. Der letzte Vertreter des fünfhundertjährigen Kalifats wurde auf Befehl des Siegers Hülegü hingemordet. Darauf begann die Eroberung Obermesopotamiens und Syriens. Einige der Fürsten leisteten Widerstand, andere warfen sich dem Sieger zu Füßen und beteiligten sich an der Vernichtung ihrer Glaubensbrüder. Die Armenier und die Franken von Antiochien, die in den Mongolen den entscheidenden Verbündeten gegen den Islam zu finden gehofft hatten, boten von sich aus ihre Gefolgschaft an und nahmen an der Belagerung von Aleppo und der Einnahme von Damaskus teil. Weil es unter den Mongolen nestorianische Christen gab, äußerten manche der eingeborenen Christen – unklug genug – ihre Sympathien für die Sieger. Man konnte den Eindruck haben, daß die neuen Ereignisse den endgültigen Untergang des Islams bedeuteten.

Ägypten blieb indessen bewahrt und wurde zum Asyl und zur Hoffnung von Flüchtlingen jeder Herkunft. Es war nicht mehr das Ägypten der großen Ayyūbiden. Einer der letzten, aṣ-Ṣāliḥ, hatte seine militärische Macht auf die Chwarismier gestützt, danach auf eine Garde von türkischen Sklaven (›Mamlūken‹), die er in großer Zahl gekauft hatte. Mit Hilfe jener hatte er seine syrischen Vettern und Rivalen geschlagen und Jerusalem zurückerobert, diesen verdankte er seinen Sieg über Ludwig den Heiligen, den er gefangennehmen konnte. Aber nach seinem Tode ergriffen die Mamlūken selbst die Macht. Mehr noch als zuvor stand nun alles unter der Herrschaft der Armee, die noch weitgehend unzivilisiert geblieben war und die sich nun zum Krieg, dem heiligen und rettenden Krieg gegen die Mongolen rüstete. Das mongolische Reich begann die Folgen seiner übermäßigen Ausdehnung zu spüren; die Größe der an den einzelnen Stellen verfügbaren Streitkräfte hatte abgenommen, und die Sieger hatten das Heer durch einheimische Untertanen verstärken müssen. Ende 1260 konnte die mamlūkische Armee bei ʿAin Ğālūt in Palästina eine mongolische Truppe vernichtend schlagen. Obwohl die Niederlage militärisch gesehen nur von lokaler Bedeutung war, hatte sie moralisch ungeheure Folgen. Ganz Syrien konnte zurückerobert werden, und der mittlere Euphrat

Abb. 18: Soldat der Mamlūkenarmee nach einer Darstellung des 19. Jahrhunderts

wurde zur endgültigen Grenze zwischen der mongolischen und der arabischen Welt. Zugleich wurde Kairo der Sitz eines neuen, wenn auch politisch machtlosen Kalifats, das der Legitimation der Mamlūken-Sulṭāne diente.

Die Ereignisse im Osten, die wir zusammenfassend zu überschauen versuchten, haben, sieht man von der zuletzt erwähnten Wendung ab, ihre Parallelen im Westen. Der politisch zerrissene und religiös erschlaffte islamische Okzident des 11. Jahrhunderts wurde nahezu vollständig durch die Almoraviden wieder geeint, die zwar keine ganz fremde Macht darstellten, aber doch aus dem Grenzbereich stammten. *Al-Murābiṭūn* (so die arabische Bezeichnung, die wir in der hispanisierten Form kennen) nannte man, wie schon erwähnt, die Soldaten jener ordensähnlichen Garnisonen, die in Festungen (*ribāṭ*) der äußersten

Grenzen stationiert waren und die von Mauretanien bis zum Senegal und zum Niger unter den nomadischen Ṣanhāǧa-Berbern rekrutiert wurden. Sie waren noch nicht lange islamisiert und vertraten einen recht schlichten, äußerlichen und zugleich militanten Islam — verständlich, daß sie gegen die ›verderbte‹ Kultur der maghrebinischen Staaten einen starken Widerwillen empfanden. Ibn Yāsīn, ein mālikitischer Propagandist, gewann aus ihren Reihen eine schnell wachsende Gemeinschaft von Anhängern, die eine buchstabengetreue Frömmigkeit übten und einen ›Heiligen Krieg‹ gegen ›schlechte‹ Muslime führten. Die Partei der mālikitischen Gelehrten des Maghreb sah in ihnen das Werkzeug einer möglichen Erneuerung des Islams in ihrem Sinne. Der Befehlshaber und Organisator Yūsuf ibn Tāšfīn wurde zum Eroberer und gründete die Dynastie, die unter seiner Führung fast den gesamten islamischen Westen außer Ifrīqiya in ihre Gewalt brachte. In der zweiten Hälfte des 11. Jahrhunderts wurde nicht nur ganz Marokko erobert (Hauptstadt wird 1062 das neugegründete Marrakesch) und der zentrale Maghreb eingenommen, sondern bald vollzogen die Almoraviden auch den Schritt hinüber nach Spanien. Die lokalen ›Ṭā'ifa-Könige‹ (s. o. S. 234), an ein friedliches Zusammenleben mit dem christlichen Spanien gewöhnt, waren dem Geist der ›Reconquista‹ nicht gewachsen, der im Norden der Halbinsel immer mächtiger wurde und in den Reihen jener französischen Ritter Unterstützung fand, die bald zu den Kreuzzügen gegen Osten aufbrechen sollten. Zwar verspürten die gebildeten und kultivierten Andalusier wenig Zuneigung zu den unzivilisierten Almoraviden; als aber Toledo gefallen war, konnten sie nicht verhindern, daß man Ibn Tāšfīn zu Hilfe rief. Die Schlacht von Zallāqa (1086) rettete das islamische Spanien. Dennoch wurde es dem almoravidischen Reich nicht sogleich eingegliedert; einzelne Fürstentümer bestanden weiter, darunter in Valencia jenes eigenartige und doch typische des Rodrigo Diaz, des Cid (arab. *saiyidī, sīdī,* ›mein Herr‹). Der historische Cid war nicht die romantische Gestalt, welche die glorifizierende Legende in einem verwandelten Milieu aus ihm gemacht hat; er war ein christlicher Lehnsherr, der, vom Vertrauen aller getragen, in einem Fürstentum beider Religionen herrschte. Aber zu Beginn des 12. Jahrhunderts war nach erneuten Kämpfen die Hoheit der Almoraviden im ganzen islamischen Teil der Halbinsel anerkannt. Mit ihnen zog in Spanien ein Geist der Intoleranz gegen die Nichtmuslime ein, die man (was im Osten nie geschehen war) des Einverständnisses mit dem äußeren Feind verdächtigte. Dabei waren vier Jahrhunderte eines guten Einvernehmens vorausgegangen! Ja, es gewannen engstirnige Juristen die Oberhand, deren Diktatur das echte religiöse Leben beeinträchtigte und nicht einmal die schlichten Männer der Füh-

rung vor der moralischen ›Verderbnis‹ bewahren konnte, die zu bekämpfen sie gekommen waren.
Die Fehler des Regimes führten vor allem in Marokko zu einer gefährlichen Reaktion berberischer Rivalen. Unter den Bergbewohnern des Atlas entstand die Bewegung der Almohaden (*al-Muwaḥḥidūn,* ›Bekenner des Einen‹); ihr religiöser Vorkämpfer war der ›Mahdī‹ Ibn Tūmart (gest. 1130), und ihr politischer Organisator wurde dessen Schüler ʿAbdalmuʾmin (1130–1163). Wir können hier weder die Etappen einer langsamen Eroberung noch die politische Entwicklung schildern, die von einer strengen hierarchischen Form der Stammesrepublik zur herkömmlichen Monarchie führte. Territorial gesehen hatten die Almohaden am Ende des 12. Jahrhunderts das Werk der Almoraviden vollendet. In Spanien hatte das Wiederaufleben der christlichen Gefahr zum gleichen Hilferuf geführt, wie er zuvor an die Almoraviden ergangen war. In Ifrīqiya hatten die Almohaden sich des Fürstentums der Banū Ḥammād bemächtigt und des benachbarten der Zīriden; diese waren, durch den Einfall der Hilāl-Araber geschwächt, weder den Angriffen der almoravidischen Banū Ġāniya von den Balearen gewachsen gewesen noch konnten sie die Eroberung von Küstenplätzen durch die sizilianischen Normannen verhindern; so wurden sie eine leichte Beute der neuen Macht. Damit brachten die Almohaden, zum ersten und einzigen Mal in der islamischen Geschichte, eine politische Einigung der Länder des Maghreb zustande. – Gegen Nichtmuslime waren sie kaum toleranter als die Almoraviden, und daher wanderten in dieser Zeit viele Juden, darunter der große Gelehrte Maimonides, nach dem Orient aus. Innerhalb des Islams aber ließ – ohne daß sie dabei den Mālikiten ihre Autorität im positiven Recht streitig machten – ihr tieferes Verständnis für eine lebendige Religiosität eine Freiheit des Geistes und der Wissenschaft zu, von der die großen Namen der spanisch-arabischen Philosophie Zeugnis ablegen. Zugleich konnte sich in der breiten Masse des Volkes eine Art Ṣūfismus entwickeln, ähnlich dem des Orients, aber doch mit einer ›Heiligenverehrung‹ von durchaus eigenem Charakter, wie er seitdem den ›berberischen‹ Islam kennzeichnet. Auf dem Gebiet der Kunst schließlich ist die almohadische Zeit eine große, vielleicht die größte Epoche des westlichen Islams. Eben damals beginnt das Abendland, sein Augenmerk der arabisch-islamischen Kultur zuzuwenden und zu fragen, was diese ihm geben könne, und natürlich ist der Kontakt zu dem nahen Spanien besonders lebhaft, wo Religionen und Sprachen sich mischen. Daher lernt Europa den Islam vor allem in der dort entwickelten Form kennen, und so ist uns die almohadische Periode auch in dieser Hinsicht von besonderem Interesse.
Doch sollte das Reich der Almohaden so wenig wie das almoravidische und selǧūqische von Dauer sein, und sein Verfall war

angesichts der expansiven Kraft der angrenzenden Christenheit besonders folgenschwer. Im Maghreb waren die Banū Hilāl vorübergehend neutralisiert und zerstreut worden, hatten aber gerade dadurch einen größeren Radius für das Unwesen gefunden, das sie weiterhin trieben. Die separatistischen Tendenzen waren unterdrückt, aber nicht verschwunden, so daß der Maghreb in der zweiten Hälfte des 13. Jahrhunderts wieder in jene drei Teile auseinanderfiel, die im Lauf der Geschichte schon immer nach Selbständigkeit gestrebt hatten: Marokko gehörte den Marīniden, die Mitte und der Westen des heutigen Algerien den ʿAbdalwādiden von Tlemcen, der Osten vom heutigen Ostalgerien an den Ḥafṣiden. In Spanien hatte nach der Schlacht von Las Navas de Tolosa (1212) die christliche Rückeroberung von neuem und mit endgültigem Erfolg eingesetzt. Zahlreiche Muslime, die sog. *mudéjares*, blieben in den unterworfenen Gebieten und wurden dort zwei Jahrhunderte lang gut behandelt; sie konnten ihre Gebräuche und ihre Kultur teilweise erhalten und sollten zugleich auf ihre christlichen Herren und Nachbarn einen befruchtenden Einfluß ausüben. Unabhängig blieb nur das Königreich der Zīriden von Granada (seine Fürsten waren entfernt verwandt mit der Zīriden-Dynastie von Ifrīqiya). Obwohl es eine hochentwickelte Kultur bewahrte, von deren Verfeinerung die Alhambra seiner Hauptstadt glanzvolles Zeugnis ablegt, wird deutlich, daß die meisten spanischen Muslime vom 13. Jahrhundert an fühlten, wie exponiert ihre Stellung am Rande, fast außerhalb des Islams war, die über kurz oder lang verlorengehen mußte. Wer konnte, emigrierte in den Maghreb, besser noch in das Syrien oder Ägypten der Ayyūbiden, wo die Emigranten mit der sizilianischen Diaspora zusammentrafen. Sie brachten, und die Kreuzzüge trugen das ihre dazu bei, dem Osten die Existenz eines islamischen Westens wieder recht zu Bewußtsein, aber dessenungeachtet war die bedeutungsvolle Epoche, in der dieser Westen in fast autonomer Entwicklung seinen eigenen politischen und kulturellen Rang erreicht hatte, abgelaufen. Das lebendige Zentrum des arabischen Islams war von nun an, trotz des Mongoleneinfalls, der ayyūbidische und danach der mamlūkische Staat.

Die Zeit, die wir in großen Umrissen dargestellt haben, mußte bedeutende Wandlungen auf dem Gebiet der Bildung und Kultur bringen, besonders augenfällige Wandlungen vor allem dort, wo Fremdbevölkerungen in die islamische Kultur eingriffen. Allerdings war die Intervention von außen, wie wir sahen, zum guten Teil die Folge einer inneren Entwicklung: traditionelle Kräfte hatten sich erhoben, den fremden Mächten den Weg bereitet und Umstände wie Auswirkungen ihres Eingreifens mitbestimmt. Keinesfalls auch darf man die einsetzenden Veränderungen allzu einseitig beurteilen, so als sei die islamische Kultur mit dem 11. Jahrhundert praktisch zum Stillstand gekommen und danach bis in unsere Zeit hinein immer weiter abgesunken. Zunächst sollte man den einzelnen Etappen gerecht werden und nicht nur Dekadenz erblicken wollen in einer Periode, die einige der größten Geister des Islams und einige seiner schönsten Kunstwerke hervorgebracht hat. Unleugbar sind manche Zweige der Geisteskultur seit dem 12. Jahrhundert im Niedergang begriffen, doch aufs ganze gesehen läßt sich nicht nur ein Abstieg, sondern auch eine Neuorientierung beobachten. Ebenso wie in anderen Kulturen wandeln sich im Laufe der gesellschaftlichen Entwicklung die Formen des geistigen Ausdrucks. Die allgemeine politische Tendenz ist der rationalistischen Philosophie nicht günstig, dafür blüht unter einem spontanen Drang der Zeit die Mystik auf und weist der philosophischen Reflexion neue Wege. Zwar nimmt die Wissenschaft keinen neuen Aufschwung, doch bezeugen Enzyklopädien und ›Summen‹ des erreichten Wissens das Interesse, das für sie weiter besteht. Eine gewisse Stagnation ist überall unausweichlich, wo nicht ein neues geistiges Prinzip schöpferische Kräfte auslöst — nur im westlichen Europa finden wir vom 16. Jahrhundert an einen solchen Neubeginn. Wie der Islam waren auch Byzanz und der Ferne Osten zu einem erneuten Aufbruch nicht in der Lage, und wenn das Abendland dieser Stagnation nicht anheimgefallen ist, so auch darum, weil es später erwachte. Wir haben es dabei mit einer historischen Gesetzmäßigkeit zu tun, so daß den Islam hier kein besonderer Vorwurf trifft.

Die letzte Phase der philosophischen und wissenschaftlichen Arbeit in Spanien, bevor es in den christlichen Kulturkreis zurückkehrte, war zugleich einer ihrer höchsten Glanzpunkte. Es ist die Zeit, da Ibn Ṭufail (gest. 1185) in seinem philosophischen Roman *Ḥaiy ibn Yaqẓān* (›Der Lebende, Sohn des Wachenden‹) eine philosophische Naturreligion entwickelt, die Zeit, da Ibn Bāǧǧa (gest. 1138) und vor allem Ibn Rušd (Averroes, gest. 1198) mit Nachdruck die Autonomie philosophischer Erkenntnis gegenüber der Religion behaupten und den arabischen Intellektualismus aristotelischer Prägung zur Vollendung bringen. Die Werke der beiden letzteren, insbesondere die Aristoteleskommentare des Averroes, finden in lateinischer Übersetzung vom 13. Jahrhundert an im christlichen Abendland große Verbreitung. In Spanien selbst regen diese Bücher auch das jüdische Denken an, und unter seinen Vertretern ist der schon erwähnte Maimonides der größte und zugleich der letzte Philosoph des jüdischen Rationalismus mediterraner Tradition. Astronomen, Ärzte, Pharmakologen (Ibn al-Baiṭār), Agronomen (Ibn al-ʿAwwām), Reisende (Ibn Ǧubair) überlieferten uns eine Fülle weitgespannten Wissens, und ihre wie andere Werke geben den

christlichen Nacheiferern mannigfache Anregungen. Im Maghreb ist das geistige Leben weniger intensiv, aber auch hier gibt es gelehrte Schulen, die sich vor allem juristischen Fragen zuwenden. Und selbst dort treibt die islamische Wissenschaft noch kräftige Blüten, wo ihre Vertreter unter fremder Herrschaft leben: für Roger II. von Sizilien verfaßt al-Idrīsī in der Mitte des 12. Jahrhunderts eines der berühmtesten Werke der mittelalterlichen Geographie. Zu all dem kommt die Dichtung, z. B. die Verse des vagabundierenden Poeten Ibn Quzmān in der volkstümlichen *zaǧal*-Strophe, die zur gleichen Zeit wie die Gedichte unserer Minnesänger entstehen.
Im Orient bleibt das geistige Schaffen, was den Umfang des hervorgebrachten Schrifttums angeht, auf eindrucksvoller Höhe. Zwar hat die Philosophie nach Ġazālī (s. o. S. 222) keinen Vertreter von Rang mehr aufzuweisen, mit der Mystik dagegen verbinden sich bedeutende Namen. In Iran (seine Literatursprache ist nun das Persische) finden wir den großen Farīduddīn ʿAṭṭār, ferner wirkt dort Suhrawardī Maqtūl (›der Getötete‹), ein Erleuchteter, den Theologen im syrischen Aleppo hinrichten ließen (1191); auf arabischem Boden und im arabischen Sprachbereich treffen wir den eingewanderten Spanier Ibn ʿArabī (gest. 1240) und den Ägypter Ibn al-Fāriḍ (gest. 1235). Die schönsten poetischen Werke entstehen in persischer Sprache: der Mathematiker und Dichter ʿOmar Ḫayyām (gest. 1131) ist durch seine Vierzeiler mit ihrem skeptischen, geistreichen Pessimismus berühmt geworden, und Niẓāmī (gest. 1209) ist der Verfasser epischer Gedichte, in denen Reinheit des Gefühls, gedankliche Tiefe und sprachliche Kunst gefangennehmen. Das Arabische, das in Iran nur noch die Gebildeten verstehen, bleibt weiterhin die Fachsprache der theologischen Wissenschaften und der Philologie; einer ihrer bekanntesten Vertreter ist az-Zamaḫšarī in Zentralasien (s. o. S. 218). Auf arabischem Boden finden wir das Arabische in Werken überfeinerter Stilkunst wie den *Standreden* des Ḥarīrī und den Schriften von ʿImādaddīn al-Iṣfahānī, ferner in den oben erwähnten mystischen Dichtungen. Seinen Glanz aber entfaltet es vor allem in der Geschichtsschreibung (obwohl es auch eine persische Historiographie gibt). Von Usāma ibn Munqiḏ, einem kleinen Lehnsherrn in der Nachbarschaft der Franken, haben wir fesselnde Lebenserinnerungen aus der Zeit der Kreuzzüge; von Ibn al-Qalānisī eine lebendige Geschichte von Damaskus; von ʿImādaddin eine blumige, aber wertvolle Chronik der Ära Saladins; von al-Qifṭī und Ibn Abī Uṣaibiʿa gesammelte Biographien von Gelehrten und Ärzten, ohne die unsere Kenntnis der Geistesgeschichte des Islams um vieles ärmer wäre; von Ibn Wāṣil schließlich eine noch nicht genug gewürdigte Geschichte der Ayyūbiden, und so wären noch viele Namen zu nennen. Der unbestritten größte aller arabischen

Historiker dieser Epoche, einer der zwei oder drei ganz Großen der arabischen Historiographie überhaupt, ist Ibn al-Aṯīr (gest. 1233), dessen *Kāmil* (›die Summe‹) uns durch die Breite und Zuverlässigkeit der Information über alle Teile der islamischen Welt ebenso beeindruckt wie durch die Klarheit und das verständnisvolle Urteil der Darlegungen. Neben ihm finden wir einen Ibn Mammātī, dem wir eine vorzügliche Darstellung der Institutionen der ägyptischen Staatsverwaltung verdanken, einen ʿAbdallaṭīf, den Arzt, Philosophen und Verfasser aufschlußreicher Memoiren; und den weitgereisten Yāqūt (gest. 1229), einen Freigelassenen griechischer Abstammung, von dem wir umfassende Sammelwerke besitzen: einmal ein Lexikon der Philologen und Literaten des Islams, zum anderen ein geographisches Wörterbuch, das unter philologischen und historischen Gesichtspunkten alle ihm bekannten Orte des Islams, wirkliche oder literarische, aufführt und beschreibt. Diese und andere Namen, die wir nicht alle erwähnen können, bezeugen eine kulturelle Lebenskraft, die wir an dieser Stelle nur bis zum Mongolensturm verfolgen wollen, die aber trotz der Erschütterungen des sozialen und politischen Lebens ohne Bruch weitergeht und weiterwirkt. Selbst das Türkische gelangt mit den Gedichten von Aḥmed Yesevī in Zentralasien zum Rang einer Literatursprache, deren Themen freilich in hohem Maße von der iranischen Mystik beeinflußt sind.

Die Blüte der Kunst steht hinter der literarischen nicht zurück. Die Verbindung von Kraft und Anmut kennzeichnet die frühislamische Architektur des Westens, mag man den Alcazar (das Umaiyadenschloß von Cordoba), die Moschee Kutubīya von Marrakesch oder den sogenannten Giralda-Turm der Großen Moschee in Sevilla als Beispiel betrachten. Im Osten erlebt die Baukunst unter den Selǧuqen eine große Zeit; diese waren ihr mehr als der Literatur zugetan, deren Werke ihnen kaum verständlich und daher zu ihrer Verherrlichung wenig geeignet waren. In gleicher Weise fördern die Zangiden, Ayyūbiden und andere Herrscher, ihrer religiösen Haltung entsprechend, die Kunst, und all diese Werke haben den Vorzug, daß sie uns besser erhalten sind als die der vorausgehenden Epochen. Was in dieser Kunst alte iranische bzw. jüngere türkische Tradition ist und was noch als schöpferische Neuerung hinzukommt, läßt sich nur schwer bestimmen; in jedem Falle erhält sie von den neuen Herren bedeutsame Anregungen. Mit der Selǧūqenherrschaft findet die islamische Kunst auch in Kleinasien Eingang. Von den religiösen Bauten hat vor allem die prächtige Moschee in Isfahan große Beachtung gefunden; sie besitzt nach den Hofseiten vier monumentale Vorhallen (*īwān*), im Innern einen dem Sultan vorbehaltenen Pavillon und ein schlankes, rundes Minarett, wie es sich im ganzen Orient verbreiten sollte, mit

Abb. 19: Die Giralda in Sevilla, früher Minarett der Großen Moschee; etwa 1190. Der obere Aufsatz wurde 1560–1568 erbaut.

einem durchbrochenen Balkon für den *mu'aḏḏin* zum Anruf der Gläubigen. Die Rundmausoleen, die es bis dahin nur in Zentralasien gab, finden wir nun an vielen Orten, so jenes von Sanǧar in Merw und andere bis nach Anatolien hin. Die Medrese stellt mit ihren Vorlesungssälen und Wohnungen ein neuartiges Bauwerk dar, in dem später auch das Grab des Gründers seinen Platz findet. In Iran und den umliegenden Ländern, in denen der Ziegelstein das herkömmliche Baumaterial ist, nützt der Architekt dieses Mittel als spielerisches Element der Außendekoration, während im Innern die verfeinerte Kunst der polychromen Glasur und Stuckskulptur zu hoher Vollendung kommt. Bei der Verbindung von Rundkuppel und viereckiger Halle sowie zur Ausschmückung der Portalbögen entwickelt man gestufte Nischenfüllungen (›Stalaktiten‹), den sogenannten *muqarnas*-Dekor,

Abb. 20: Eingang zur Zitadelle von Aleppo aus dem 13. Jahrhundert; die Anlage wurde mehrfach zerstört, restauriert und erweitert.

der bis zum Maghreb hin beliebt wird. Die Bauinschriften verwenden die gewöhnliche Kursivschrift, bereichern sie aber durch ein verschnörkeltes Flechtwerk, das ihre Leserlichkeit mindert. In Kleinasien, wo man vorwiegend in Stein baut, entstehen zahlreiche Moscheen, Medresen, Mausoleen und Karawansereien. Hier verschmelzen armenische Gebräuche wie etwa die Reliefdekorationen mit den aus dem Osten kommenden Einflüssen. Die außerordentliche Häufigkeit tierischer, ja menschlicher Abbildungen geht möglicherweise auf türkische Tradition zurück.
Über die militärische Architektur weiß man weniger Bescheid, aber in Ländern, wo allenthalben neue Festungen entstehen, ist auch sie von Bedeutung. Zwar ist in Syrien die Ayyūbidenzitadelle von Aleppo, in Ägypten jene von Kairo wohlbekannt, aber noch wenig erforscht ist die gegenseitige Beeinflussung zwischen der Architektur der Kreuzfahrer und der muslimischen, die in Burgen, deren Besitzer wechselten, öfter Verbindungen eingegangen sind.
Auch die Kleinkunst steht in voller Blüte. Über die Ursprünge der islamischen Miniaturmalerei wissen wir wie gesagt wenig, doch erlebt sie in der Epoche, von der wir sprechen, in Iran und Mesopotamien eine besondere Pflege, die vielleicht eine Renais-

sance darstellt. Allgemein bekannt sind die herrlichen Schöpfungen der Kupferindustrie, die vor allem in Mossul angesiedelt ist; Zeugnis dafür ist z.B. das Baptisterium Ludwigs des Heiligen in der Sainte Chapelle von Paris, das mit lebensgetreuen gravierten Szenen geschmückt ist.

Die Turkmenen waren gewiß nicht immer friedliche Nachbarn, aber dennoch wäre es, wie man sieht, ungerecht, wollte man die literarisch und künstlerisch so reiche ›türkische‹ Epoche im ganzen als kulturfeindlich bezeichnen.

14. Von den Mongolen zu den Osmanen

Am Beginn der zwei oder drei Jahrhunderte des ausgehenden Mittelalters (eine dem Orient wenig angemessene Bezeichnung) steht die mongolische Invasion. Zwar kennt die Geschichte nie absolute, sondern nur relative Einschnitte, aber die mongolische Zäsur war tief, stärker als die türkische. Das gesamte Gefüge des Nahen und Mittleren Orients wurde erschüttert, und zwar ebensosehr in den Staaten, die dem eindringenden Feind widerstanden, wie in jenen, die unterworfen wurden. Andere Umstände kamen hinzu, um der islamischen Geschichte eine entscheidende Wendung zu geben, vor allem die aufstrebende Kraft des Abendlandes sowie der Verfall und der Untergang des Byzantinischen Reiches, an dessen Stelle das osmanische trat. Aber schon bevor die Osmanen ihre Herrschaft voll entfalteten, haben die großen Entdeckungen des Westens den Umsturz des wirtschaftlichen Systems, auf dessen Grundlagen das mediterrane Mittelalter ruhte, und damit den Niedergang seiner Kultur besiegelt.

Wir sahen, wie die islamische Welt sich den mongolischen Angreifern gleichsam als Beute dargeboten hatte. Anders als die Türken, die halb islamisiert und schon vor ihrem Aufstieg zur Macht keine Unbekannten mehr waren, erschienen die Mongolen in den Augen der Muslime wie der Christen des Orients als Fremde und völlige Barbaren. Gewiß, einige dieser Christen hatten sich zu ihren Knechten und Helfern gemacht, und moderne Historiker haben Europa mit falschem Bedauern vorgeworfen, daß es die zur Vernichtung des Islams sich bietende Chance nicht zu nützen gewußt habe. Sie vergessen dabei eines, daß nämlich das Blutbad, welches die Mongolen unter den Christen im östlichen Europa anrichteten, dem in nichts nachstand, das sie den Muslimen in Vorderasien bereiteten. Die vom Mongolensturm verschonten, außerhalb ihres Staates lebenden Muslime konnten denen nicht verzeihen, die sich als Nachbarn oder Untertanen zu Helfershelfern des Volkes gemacht hatten, durch welches der Islam samt seiner Kultur beinahe ausgelöscht worden wäre. Die Bereitschaft zur Koexistenz, die sich den syrischen Franken gegenüber eingestellt hatte, wich nun einer wilden Entschlossenheit, sie zum Meere zurückzuwerfen; ihre armenischen Verbündeten von Kilikien, die keine Zufluchtsstätte hatten, wurden nach und nach ausgerottet, die eingeborenen Christen, ständigem Mißtrauen ausgesetzt, wurden von nun an gedemütigt, so wie manchmal, wenn auch aus anderen Gründen, die Juden.

Freilich vollzieht sich in allen Nationen eine konfessionelle Verhärtung, und das Europa der Inquisition hat dem Islam nichts vorzuwerfen. Auch nach der Schwächung der Mongolen blieb im Orient infolge des europäischen Wachstums der Argwohn gegen die Glaubensgenossen der Italiener, Katalanen und Provenzalen, die nun die Herren des Mittelmeeres waren, erhalten. Aber wir werden sehen, wie schon die mongolische Herrschaft selbst auf ihre Weise zum Verfall der nichtislamischen Gemeinschaften beiträgt. Am Ende des Mittelalters sind die nichtislamischen Religionen — die europäischen Gebiete des Osmanischen Reiches natürlich ausgenommen — teils verschwunden, teils zur Bedeutungslosigkeit herabgesunken.

Die endgültige Grenzlinie zwischen den Mongolen und Mamlūken verläuft zwischen Syrien und Mesopotamien, während Kleinasien eine Zeitlang unter mongolischem Einfluß bleibt. Die mamlūkische Grenze schiebt sich langsam wieder nach Nordosten vor, ohne daß die neue Teilung der islamischen Welt dadurch merklich verändert würde. Iran mit seinen Einflußzonen und der syrisch-ägyptische Staat bilden nunmehr zwei völlig getrennte Sphären, und das arabische Mesopotamien, das unter der Herrschaft der iranischen Mongolen steht, ist kaum mehr als ein zerstörtes Vorfeld. So vollendet sich ein langwährender Polarisationsprozeß, der die islamische Welt des Orients einerseits um die großen Städte des nordwestlichen Iran, andererseits um Syrien bzw. jetzt um Kairo zentriert.

Daß gerade Ägypten nun für die arabischen Länder Zuflucht der Hoffnung und Mittelpunkt der Kultur wird, mag erstaunen, wenn man bedenkt, daß es von Halbbarbaren regiert wird, die durch Sklavenhändler vom Schwarzen Meer importiert wurden. Die Herrschaft der Mamlūken, in ihren Augen vom Kalifat legitimiert, ruht auf der Diktatur ihrer Armee, welche die eingeborene Bevölkerung hart für sich arbeiten läßt und in sich selbst keineswegs immer einig ist. Jedenfalls hat diese Armee Ägypten und zeitweilig auch Syrien eine Einheit, Festigkeit und relative Ordnung der Verwaltung gegeben, um die viele Nachbarstaaten sie beneiden konnten. Zeugnisse dafür liefern uns die umfangreichen Handbücher der Staatskanzlei wie jenes von al-Qalqašandī, die uns von ihrem Regime ein umfassendes Bild vermitteln. Die Armee lebt von ihren *iqṭāʿ*-Domänen, aber es sind nur einfache Steuerzuweisungen, über die der Staat weiterhin eine genaue Kontrolle ausübt. Das Heer führt ein hartes Regiment, hält aber, zumindest im Anfang, auch in den eigenen Reihen strenge Disziplin. Vom Kampf gegen die mongolische Gefahr aufs äußerste angespannt, duldet es die christlichen Fürstentümer nicht mehr, mit welchen die Ayyūbiden sich abgefunden hatten; vom 13. Jahrhundert an werden die Franken der syrisch-palästinensischen Küste, im 14. die kilikischen Armenier vertrieben, und auch das vom Meer geschützte Zypern wird im Jahre 1426 tributpflichtig. Das Bindeglied zwischen der fremden Militäraristokratie und der zivilen Bevölkerung sind die *ʿulamāʾ*, die Religions- und Rechtsgelehrten, die in immer größerer Zahl in den Genuß von *waqf*-Pfründen kommen. Wie schädlich sich dieses *waqf*-System für die Wirtschaft auswirkte, da es ihre Beweglichkeit allzusehr einschränkte, sollte man erst nach und nach erkennen.

Wenn das Regime sich fast drei Jahrhunderte halten kann, verdankt es dies zum großen Teil den Mitteln, die ihm aus dem internationalen Handel zufließen. Die politische Spannung zwischen Christenheit und Islam hindert den Aufschwung des italienischen, provenzalischen und katalanischen Handels, wie man weiß, in keiner Weise. Wenn schon die westlichen Kaufleute den größten Nutzen daraus ziehen, so gewinnen doch auch lange Zeit die Ägypter dabei, weil sie das Monopol der Seeverbindungen nach dem Osten in der Hand behalten. Die Konkurrenz des lateinischen Orients ist ausgeschaltet, und jene der Nordstraßen, die unter mongolischer Kontrolle stehen, sollte in den Jahren 1330–1440 durch den Zerfall der Reiche der Īlḫāne und der Goldenen Horde zunichte werden. Vor allem die mächtige Gruppe der sogenannten Kārimī-Kaufleute füllt ihre Truhen und daneben die Kassen der Zollbehörde, und sie bringt die *sūqs* von Kairo zu einem Wohlstand, an den man sich noch lange erinnert. Es ist nicht Schuld der Mamlūken, wenn dennoch Schatten aufziehen, wenn, da die nubischen Goldquellen sich erschöpfen und die Europäer das Gold aus dem westlichen Sudan auf dem Weg über den Maghreb an sich ziehen, Ägypten nur noch eine Währung von Scheidemünzen hat, deren Wert laufend sinkt (worin allein man noch kein Zeichen der Not sehen muß). Es ist nicht ihre Schuld, wenn Europa nun zu einem Aufstieg ansetzt, mit dem der Orient unter Aufbringung aller Kräfte und doch ohne wirklichen Erfolg zu konkurrieren versucht. Auch können sie nicht verhindern, daß an der Wende vom 14. zum 15. Jahrhundert in einer neuen Invasion von Osten die Mongolen Tīmūrs Syrien verwüsten und so das ägyptische Budget mit Verlusten und Schulden überladen. Der Sultan Barsbai macht den Versuch, die finanzielle Krise durch eine Politik des Protektionismus und der Monopolwirtschaft zu überwinden, aber diese Maßnahmen stehen notwendig unter einem ungünstigen Stern, und er muß sie unter dem Druck der Venezianer aufgeben. Indessen macht der Jemen sich selbständig und leistet sogar bald darauf eine Zeitlang den Portugiesen Hilfe. Als schließlich am Ende des 15. Jahrhunderts der direkte Seeverkehr zwischen Portugal und Indien aufgenommen, als Amerika entdeckt wird, ist die Wirtschaft des Mamlūkenstaates tödlich getroffen; er ist nun der neuen Großmacht der Osmanen nahezu wehrlos ausgeliefert und fällt 1516/17 in die Hand Selīms. – Die mamlūkische Regierung war nicht schlechter als andere in ihrer Umgebung, aber zuviel stürmte auf sie ein. Von Unruhen erschüttert, von mangelndem Wissen und Können vielfach gefährdet, unfähig vor allem, angesichts der schweren Krise zu einer Erneuerung zu finden und den Angriffen zu Wasser und zu Lande rasch und wirksam zu begegnen, unterlag das Regime den Belastungen, die alle gleicherweise seine Kraft überschritten.

Doch war Ägypten eine Pflegestätte der Kunst und des Geistes geblieben, obwohl die theologische und juristische Orthodoxie eine strenge und eifersüchtige Herrschaft ausübte und obwohl man selten eine geistige Aufwärtsentwicklung in Zeiten wirtschaftlichen Rückgangs findet. In der Staatsauffassung des Ḥanbaliten Ibn Taimīya (gest. 1328), nach welcher Militär und Klerus sich in die Regierung teilen, begegnet uns eine verschärfte Haltung der Intoleranz, die sich gegen die Minderheiten, ja sogar gegen die Fremden richtet (die man nötig hat, die sich aber oft wie Piraten benehmen). Trotzdem bleibt das geistige Leben in mehreren Bereichen aktiv; zwar ist es es mehr enzyklopädisch und didaktisch als schöpferisch, aber es kommt den Bedürfnissen eines bildungshungrigen Publikums entgegen. In dieser Zeit entstehen die großen, bis heute maßgeblichen Sammelwerke der arabischen Lexikographie, und in der Geschichtsschreibung finden sich neue Darsteller der Vergangenheit und der Gegenwart. Wir nennen unter den Historikern den vielseitigen Syrer aḏ-Ḏahabī (gest. 1348), den Chronisten Ägyptens Ibn Taġribirdī (gest. 1469), den ›Journalisten‹ Ibn Iyās (gest. um 1524), vor allem aber jenen Maqrīzī (gest. 1442), dessen unermüdlichem und mit hoher Bildung gepaartem Forscherdrang wir fast all unser Wissen über das mittelalterliche Ägypten verdanken, sei es über die archäologische Vergangenheit des Landes, über Institutionen und ihre Denkmäler, über das Münzwesen oder sei es über Epidemien und konfessionelle Minderheiten. Zu erwähnen sind auch der Enzyklopädist an-Nuwairī (gest. 1332) und der Polyhistor as-Suyūṭī (gest. 1505) oder der fürstliche Historiker und Geograph Abū 'l-Fidā' (gest. 1331). Im Ägypten dieser Epoche schließlich findet die Sammlung der Märchen aus Tausendundeiner Nacht, aus der Überlieferung des gesamten Orients gewachsen, ihre eigentliche Form.

Vielleicht noch reicher, zumindest origineller, ist das künstlerische Schaffen. Grabdenkmäler der Sultane und Kalifen, Moscheen und Medresen sind Zeugen einer regen Bautätigkeit. In zunehmendem Maße entstehen Bauten, die mehreren frommen Zwekken dienen, so in Kairo die Grabmoschee des Sultans Qalā'ūn (mit einem Hospital); die Moschee des Sultans Ḥasan, zugleich Medrese und Mausoleum, die in ihren vier Flügeln Unterrichtsräume für die vier juristischen Schulen beherbergt; ferner die

Abb. 21: Grabmoschee des Mamlūkensultans Barqūq, erbaut 1400 bis 1410; Blick vom nördlichen Minarett auf den alten Friedhof

Moschee und Medrese von Qā'itbai aus der Spätzeit des Regimes mit ihrer überhöhten und arabeskengeschmückten Kuppel, ihrer loggiaverzierten Fassade und ihrem Minarett, das, von der viereckigen Basis zum Achteck und zum Kreis übergehend, von besonderem Reiz ist. Aber auch die Krankenhäuser, die Klöster der Ṣūfīs, die Karawansereien und die Bäder darf man nicht vergessen, vielfach Bauwerke, in denen Schönheit und Eleganz, Tradition und Neuerung glücklich vereint sind. Der aus der iranisch-selǧūqischen Kunst stammende *muqarnas*-(Stalaktiten-)Dekor verbreitet sich überall; Arbeiten aus Holz, aus Metall (Waffenschmuck) und aus Glas halten sich auf dem Niveau, das sie in der fāṭimidischen Epoche erreichten.
Inzwischen findet von Ägypten aus die Verbreitung des Islams rings um den Indischen Ozean ihren Abschluß, während die nordindischen Reiche ihm den Zugang zum Subkontinent öffnen. Zwar scheinen die ostafrikanischen Handelskolonien – trotz den notwendigen Stützpunkten im Jemen – eine selbständige Stellung besessen zu haben (dafür zeugt allein die Entwicklung einer eigenen Sprache, des Suaheli, das sich erhalten hat), dennoch kommen die Muslime, die damals einen Teil Javas, Sumatras, Malakkas und der Molukken bekehren, letztlich aus Ägypten. Das läßt sich schon daraus erkennen, daß die šāfiʿitische Schule, seit frühabbasidischer Zeit in Ägypten vorherrschend,

Abb. 22: Minarett der Grabmoschee und Medrese des Sultans Qā'itbai; erbaut 1472–1474

heute dort die meisten ihrer Anhänger besitzt. Wie anderswo bestimmt auch hier der Islam die Formen der politischen Organisation, kann aber das soziale Gefüge des Landes nicht erschüttern. – Als der Islam an den Küsten Ostafrikas festen Fuß faßt, zieht sich das äthiopische Königreich zwar zurück, festigt aber dafür seine innerpolitische Struktur und seine koptisch-christliche Kirche.
Mit außerordentlicher Kraft und Schnelligkeit vermochte sich der iranische Islam wiederaufzurichten, und er zeigte sich der ägyptisch-arabischen Vitalität durchaus ebenbürtig. Gegen 1260 wurde das von den Mongolen eroberte Imperium in vier Königreiche aufgeteilt: das Reich der Īlḫāne (der Nachkommeen Hülegüs) in Iran und Mesopotamien, das uns eingehender beschäftigen wird; die Reiche der Goldenen Horde in Rußland und der Čaġatayiden in Zentralasien, die für uns weniger bedeutsam sind; und das Reich in China, von dem hier nur zu sagen ist, daß zu seiner Zeit infolge der innermongolischen Beziehungen der Islam nach China eindrang. Die Īlḫāne, die sich anfangs allen Religionen gegenüber aufgeschlossen oder gleichgültig zeigten, dabei politisch den Nichtmuslimen und den Šīʿiten geneigt waren, islamisierten sich unter dem doppelten Einfluß der iranischen Kultur und der Fusion mongolischer und turkmenischer Stämme. Ihre anfängliche Toleranz machte es den Šīʿiten möglich, ihre Glaubenslehre wieder so weit zu beleben und zu verbreiten, daß sie später zur nationaliranischen Form des Islams überhaupt wurde. Das Christentum indessen erlebte auf dem flachen Land einen allgemeinen Rückgang, verursacht durch das Kriegswüten der mongolischen Nomaden und die ökonomische Schwächung der landwirtschaftlichen Gemeinwesen.
Das ethnische Bild wurde durch die mongolische Eroberung weit weniger verändert als durch die türkische. Sie führte nicht zu einer Mongolisierung, vielmehr auffälligerweise zu einer Türkisierung bestimmter Teile des unterworfenen Landes: zuerst von den Mongolen zurückgedrängt, dann von der Gewalt ihres Vordringens mitgerissen, waren von neuem Turkmenen in großer Zahl nach dem Westen geströmt. Infolge des engen Zusammenlebens mußte sich ihr Einfluß auf die Mongolen bemerkbar machen, und vor allem deren Islamisierung ist die Folge. Ferner verschwindet, wie wir es auch sonst beobachten können, das politisch dominierende Element aus vielen Gegenden, weil es zahlenmäßig gering und durch die Kriegführung an den Fronten in Anspruch genommen ist. Andererseits scheinen sich die neuen mongolischen bzw. türkischen Bevölkerungsteile sehr viel schlechter als die erste Schicht türkischer Einwanderer in die soziale Struktur einer noch vorwiegend bäuerlichen Gesellschaft eingeordnet zu haben, und so hat das mongolische Regime schließlich, ohne daß seine Herren es wollten, zum Verfall der

Landwirtschaft beigetragen und dem Hirtenleben neuen Auftrieb gegeben. Diese Entwicklung, die schon bei der Invasion der Hilāl im Westen zu beobachten war, mag allerdings noch tiefere, bisher wenig geklärte Ursachen gehabt haben.

Während die Selǧūqen noch wenig Veränderung gebracht hatten, überlagern mongolische Beiträge und Neuerungen und damit vielfach chinesische Einflüsse in der Regierungsführung und Verwaltung, soweit wir davon Kenntnis haben, die alten iranischen Traditionen. Die allgemeine Verwaltung bleibt aber in den Händen eingeborener Wesire jeder Abstammung. Der bedeutendste ist der konvertierte Jude Rašīdaddīn Faḍlallāh unter dem Īlḫān Ġāzān (um 1300), zugleich der Geschichtsschreiber der Dynastie. Der Herrscher ist der Führer der Armee, und er trifft, unterstützt von dem *qurïltai*, der Versammlung der mongolischen Fürsten, nach dem Gesetz, *yasa*, des Čingiz-Ḫān die politischen Entscheidungen. Manche Neuerungen, vor allem solche der äußeren Form, haben die Zeitgenossen beeindruckt, so die *yarlïġ* genannten Diplome und Erlasse der Regierung, die Metallplakette *paiza*, die den Befehlshabern und Gouverneuren als Zeichen ihrer Vollmacht verliehen wurde, und die *tamġa*, ein der selǧūqischen *tuġra* vergleichbares Emblem oder Siegel. Im Anfang wurden alle örtlichen Angelegenheiten durch den Machtspruch der Despoten entschieden, aber je mehr sich das Regime festigte, desto mehr kehrte man zu einer normalen Verwaltung zurück und bemühte sich, die offenen Wunden zu heilen. Im Besitz des eroberten Landes schuf der Sieger, seinen eigenen Traditionen gemäß, eine große Staatsdomäne, *inǧü;* die daraus fließenden Einnahmen lieferten, mehr als die Steuereinkünfte, den Sold für die Armee, die anfangs nicht durch Verleihung individueller ›Lehns‹-Güter, sondern in Geld oder Naturalien entlohnt wurde. Die städtische Steuer wurde, vielleicht nach chinesischem Muster und sicher zum Zweck besseren Ertrages, vereinfacht, doch auf dem Lande wurden die Prinzipien der bisherigen Regelung beibehalten. Da sich die wirtschaftlichen Verhältnisse im ganzen nicht besserten, mußte aber das neue Regime bald auf dieselben Schwierigkeiten wie seine Vorgänger stoßen. Weil die Geldmittel der entwerteten Münzwährung nicht ausreichten, versuchte man am Ende des 13. Jahrhunderts nach chinesischem Vorbild ein Papiergeld einzuführen, freilich ohne Erfolg, denn hier fehlten die notwendigen Voraussetzungen. So blieb kein anderer Weg, als zum System des *iqṭāʿ*, nun *soyurġal* genannt, zurückzukehren und die Truppen durch Zuweisung von Staatsdomänen zu bezahlen.

Die Mongolen ermöglichten es, und man rechnet es ihnen als Verdienst an, daß von einem Ende Asiens bis zum anderen Handelsbeziehungen entstanden. Ihre Toleranz erlaubte es der römischen Kirche, vom Schwarzen Meer bis nach China Missionsbistümer einzurichten. Italienische Kaufleute, die nach dem vierten Kreuzzug zu Herren des Schwarzmeerhandels geworden waren und es trotz der Wiedereinnahme Konstantinopels durch die Griechen (1261) blieben, konnten über die Krim und die untere Wolga oder auf dem Wege über Trapezunt, über Āyās im armenischen Kilikien und Aserbaidschan bis nach Indien und China vordringen (Marco Polo ist der bekannteste von ihnen, aber nicht der einzige). Schließlich gelangten Botschafter der Mongolen von Zeit zu Zeit durch Zentralasien oder Iran bis zum Mittelmeer und dem westlichen Europa, einmal sogar bis nach Paris. Dies war neu, und es hat die Kenntnisse der Europäer wie der Asiaten außerordentlich erweitert; in derselben Epoche, da Marco Polo dem Abendland den Blick für China öffnet, schreibt Rašīdaddīn im Zusammenhang mit seiner Geschichte der Mongolen auch von den Chinesen und den ›Franken‹. Trotzdem darf man die wirtschaftliche Bedeutung dieser Entwicklung für den Orient nicht überschätzen. Einige Verschiebungen der Reiserouten, die nur von regionalem Gewicht waren, hatten noch keine erhebliche Wandlung des Handels im Gefolge, und obwohl nun Europäer selbst an diesem Handel teilnehmen, mögen doch die Waren, die vormals in zwei oder drei Etappen durch mehrere Hände gingen, letztlich die gleichen geblieben sein. Der europäische Aufschwung hat das Handelsvolumen fraglos gehoben, dennoch brauchte die Entwicklung eines Tausch- und Transithandels im Vorderen Orient nicht die Produktionskraft der einheimischen Wirtschaft zu stärken – im Gegenteil, sie konnte ihren Niedergang verdecken. Niemals auch, nicht einmal auf dem Höhepunkt ihrer Macht und trotz der Unterstützung ihrer chinesischen Vettern, vermochten die Mongolen mit Ägypten zu konkurrieren und seine führende Stellung im Handel zwischen Indien und dem Abendland zu erschüttern. Schließlich währte die Erfahrung nur kurz, und als die Reiche der Īlḫāne und der Goldenen Horde in den Jahren 1330–1440 zusammenbrachen, wurde es unmöglich, die angeknüpften Verbindungen zu erhalten: die europäischen Missionare und Kaufleute verschwanden von den Straßen Asiens.

Angesichts des niedrigen Kulturniveaus der Mongolen wird erklärlich, daß in dem Augenblick, da die Katastrophe der Eroberung vorüber war, die Überlebenden dort wieder ansetzen mußten, wo die Entwicklung des geistigen Lebens zuvor unterbrochen worden war. Im Übergang von der vormongolischen zur mongolischen Epoche entsteht in Schiras das Werk Saʿdīs, des nach Firdausī berühmtesten persischen Dichters, von dem wir neben lyrischer Dichtung unter anderem den *Gulistān*, ›Rosengarten‹, eine Sammlung moralischer Fabeln besitzen. Und unter den letzten Mongolen wirkt dort in der Mitte des folgenden Jahrhunderts der ihm nacheifernde Ḥāfiẓ, der Meister des

Ghasels (gest. 1390). Auf dem Gebiet der Wissenschaft und Enzyklopädie geht indessen die Arbeit unvermindert weiter; als hervorragende Vertreter sind aus der Mitte des 13. Jahrhunderts der universale Naṣīraddīn aṭ-Ṭūsī und aus dem 14. der Geograph und Historiker Ḥamdallāh Mustaufī Qazwīnī zu nennen. Die Geschichtsschreibung erweitert ihre Horizonte; noch bevor Rašīdaddīn das geographisch umfassendste Geschichtswerk des Islams schreibt bzw. herausgibt, verfaßt Hülegüs Sekretär Ǧuwainī historische Darstellungen der mongolischen Eroberung und der Chwarism-Šāhs, daneben eine bemerkenswert objektive Geschichte der Assassinen. Dies alles ist natürlich persisch geschrieben: außer einigen Spezialisten kennt in Iran niemand mehr das Arabische, die Entwicklung der Nationalsprache ist abgeschlossen. – Ein Zeitgenosse jener iranischen Historiker des 13. Jahrhunderts ist der syrische Bischof Barhebraeus; seine in syrischer und arabischer Sprache veröffentlichte Chronik schöpft sowohl aus arabischen wie auch aus syrischen und persischen Quellen.

Im Bereich des Glaubens werden durch Unglück und Not die mystischen Tendenzen genährt. Von Bedeutung ist in dieser Epoche weniger der Gegensatz zwischen Šīʿa und Sunna, die sich immer mehr gegenseitig durchdringen, auch nicht die Vertiefung des mystischen Denkens, sondern die Entwicklung jener mystischen Orden, welche die islamische Lehre mit rituellen Praktiken verbinden, die von Völkern Zentralasiens herrühren und oft genug seltsam anmuten. Zu erwähnen sind hier vor allem die berühmten Qalender, unter denen es natürlich genausoviel Scharlatane wie wahrhaft Überzeugte gab. Aus einem der seriöseren dieser Derwischorden, der durch die Anhäufung frommer Stiftungen in seinem Besitz zu territorialer Macht kam, sollte später die Dynastie der Ṣafawiden entstehen, die um 1500 mit turkmenischem Militär das moderne Persien gründete.

Größeren Gewinn brachte die neue Herrschaft der Kunst, wenn auch die Bauwerke, welche die mongolischen Führer zu ihrer Verherrlichung in Auftrag gaben, gegenüber der selǧūqischen Periode lediglich eine Fortführung der Tradition darstellten. Wir nennen nur die berühmtesten der erhaltenen Bauten: das Mausoleum des Īlḫān Ölǧeytü in der von ihm gegründeten Hauptstadt Sulṭānīya in Aserbaidschan, die Moschee von Veramin bei Teheran und die Moschee von Yazd. Alle sind mit Fayencen aus Qāšān geschmückt, die jetzt ihre höchste Vollendung erreichen. Die Miniaturmalerei jedoch entwickelt neue Formen; sie war in Iran zuvor nicht unbekannt, aber es scheint nun zwischen iranischen und chinesischen Künstlern zu einem Austausch formaler und technischer Anregungen gekommen zu sein, der für beide Seiten besonders fruchtbar war. Landschaften und menschliche Szenen, wie sie jetzt von iranischen Künstlern geschaffen werden, sind von einer Vielfalt und Reinheit der Farbgebung, die bei ihren Vorgängern nicht ihresgleichen hatten, die aber auch den Leistungen der ersten europäischen Künstler dieser Zeit überlegen sind.

Das Reich der Īlḫāne sollte jedoch nicht länger als ein dreiviertel Jahrhundert dauern. Zwar trugen die Streitigkeiten zwischen einzelnen Gliedern der Dynastie dazu bei, seine Stellung zu erschüttern; die Hauptursachen aber lagen tiefer. Eine Verschmelzung der zahlenmäßig unterlegenen Mongolen mit der eingeborenen Bevölkerung erwies sich als unmöglich; die Landwirtschaft verfiel, so daß die staatlichen Einnahmen zurückgingen und die kriegerischen Hirtenvölker wie die Kurden sozial und militärisch zu wachsender Bedeutung kamen. Schließlich lebten in dieser Atmosphäre der Auflösung alte partikularistische Tendenzen wieder auf. So entstand eine Reihe von Fürstentümern, mongolische, turkmenische und ›eingeborene‹, mit allen Gegensätzen, die nun im Laufe des 14. Jahrhunderts offen zutage traten. Die einen, wie die mongolischen Ǧalāyiriden im nordwestlichen Iran und in Mesopotamien oder die Musāfiriden Südpersiens, sind um die Kontinuität der etablierten Institutionen bemüht. Die anderen, gestützt auf nomadische Truppen, lehnen sich praktisch gegen sie auf, so die Turkmenenbünde der ›Weißen Schafe‹ (Aq-Qoyunlu) und der ›Schwarzen Schafe‹ (Qara-Qoyunlu), die sich in der zweiten Hälfte des 14. bis zum Ende des 15. Jahrhunderts die Herrschaft im östlichen Kleinasien streitig machen. Religiöse Gegensätze kommen hinzu: die ›Weißen Schafe‹ sind Sunniten, die ›Schwarzen‹ Šīʿiten.

Die übrigen mongolischen Imperien nehmen zum Teil, obwohl unter ethnisch und sozial wesentlich anderen Umständen, eine ähnliche Entwicklung. Die Herrschaft der Goldenen Horde währte in den Ländern der unteren Wolga bis zum 16. Jahrhundert, befand sich aber schon seit der Mitte des 14. Jahrhunderts gebietsweise in Auflösung; nur die Schwäche ihrer Gegner verlängerte ihre Existenz, bis ihr schließlich von den moskowitischen Russen ein Ende bereitet wurde. Auch dort hatte der Islam den Sieg davongetragen, nicht weil der Einfluß der früheren Bevölkerung sich durchgesetzt hätte, denn diese war christlich bzw. ›heidnisch‹, sondern dank der stetig fortschreitenden Bekehrungsarbeit unter den Nomaden, die seit langem auf türkischem Gebiet im Gange war. Der mongolische Volksteil verschwand so sehr hinter dem türkischen, daß das Wort ›tatarisch‹, welches ursprünglich im Sinne von ›mongolisch‹ benutzt wurde, heute Volksgruppen türkischer Sprache und Rasse bezeichnet. Der Handelsverkehr durch ihr Gebiet nach dem fernen Asien, den die ersten Herrscher in Konkurrenz mit ihren Vettern in Iran sehr gefördert hatten, erlosch mit dem Zerfall des Regimes, und einen selbständigen kulturellen Mittelpunkt von Rang hat

der Staat der Goldenen Horde niemals entwickelt. Dennoch hat er eine historisch bedeutsame Rolle gespielt; er war nicht nur an den Ursprüngen des modernen Rußland beteiligt, er hat auch die Geschichte des Islams mitgestaltet, und zwar auf doppelte Weise: durch seinen Bruch mit den Īlḫānen unterstützte er indirekt den Widerstand der Mamlūken gegen jene, vor allem aber lieferte er ihnen die türkischen, später die tscherkessischen Sklaven, mit denen sie in Ägypten ihre den Staat beherrschende Armee aufbauten. (Die Vermittler waren genuesische Kaufleute, die von der Krim aus das byzantinische Gebiet durchquerten.)
Der Staat der Čaġatayiden hat von einem der Söhne Čingiz-Ḫāns seinen Namen (Čaġatayisch nennt man auch den Turkdialekt, welcher sich in seinem Bereich entwickelte). Obwohl die alten islamischen Gebiete Transoxaniens zu seiner Herrschaft gehörten, war dieser Staat der schwächste und kulturell wie wirtschaftlich rückständigste; es fehlten ihm eigene Absatzmärkte nach außen, das nomadische Element war hier besonders stark, und die Ausgangsbasis der eindringenden Stämme zu nahe, als daß die Bevölkerung zu Ruhe und Einheit hätte finden können. Auch hier unterwarf mit der Zeit der Islam seine Besieger, allerdings in einer besonders veräußerlichten und dabei starren Form. Hier wurde Tīmūr Leng (›der Hinkende‹) geboren, unter dem Namen Tamerlan weltweit bekannt und berüchtigt.
Dieser Mann, der sich – grausamer noch als Čingiz-Ḫān – den Ruf des größten Menschenschlächters der Geschichte erwarb, war ungebildet und brutal, aber ein großer Heerführer. Indem er mongolische Traditionen mit Tugenden seines islamischen Glaubens vereinigte, wußte er eine anfangs kümmerliche, jedoch fanatisierte Armee zur Eroberung der Welt und Vernichtung der politischen und religiösen Feinde mitzureißen. Während der letzten Jahre des 14. Jahrhunderts verbreitete er vom Inneren Rußlands bis nach Nordindien, von den Grenzen Chinas bis nach Syrien und Kleinasien Entsetzen und Tod. Seine Taten beschäftigten die Phantasie der Welt; überall sprach und schrieb man von ihm. Nicht nur seine iranischen und arabischen Biographen aus dem Osten, sondern auch der westliche Muslim Ibn Ḫaldūn und der Gesandte Clavijo aus dem christlichen Spanien schilderten seine Taten. Dennoch kann sich sein Werk nicht mit dem Čingiz-Ḫāns vergleichen. Auch die ersten Mongolen richteten zwar ungeheure Verwüstungen an, aber sie schufen doch ein Reich, das seine positiven Seiten hatte und eine gewisse Zeitlang von Bestand war. Tīmūr hinterließ nichts als Ruinen. Wohl fühlte er, daß er zur Verherrlichung seines Ruhmes eine glanzvolle Hauptstadt brauchte, und so deportierte er eine gewaltige Zahl von Handwerkern und Künstlern aus allen eroberten Ländern, um seine Residenz Samarqand ausbauen und prächtig schmücken

Abb. 23: Fassade und Grabkuppel des Mausoleums Gūr-i-Mīr (›Grab des Fürsten‹) in Samarqand, Grabmal des Mongolenherrschers Tīmūr; erbaut 1490–1501

zu lassen. Aber es konnte nur eine künstliche Schöpfung werden, deren Lebensdauer hundert Jahre nicht überschritt und die mit dem Blut und den Tränen des halben Orients erkauft war. Allenthalben gab die sinnlose Zerstörung des Landes und seiner Ordnungen dem Nomadentum und dem Autonomiestreben turkmenischer Stammesorganisationen so starken Auftrieb, daß nach Tīmūrs Tod (1405) die Macht der Nachfolger bald zerfiel.

Dennoch stand das Wirken der Tīmūriden, die sich rasch iranisierten, noch im Zeichen der außerordentlich reichen und lebendigen islamisch-persischen Kultur. In ihrer Zeit wurde der Gūr-e-Mīr von Samarqand erbaut, das Grabmal Tīmūrs, das mit seiner gewaltigen blauen Kuppel noch heute steht. Šāh-Ruḫ (1405–1447) und Ḥusain Baiqara (1470–1506) umgaben sich in Herāt mit Künstlern und Schriftstellern, ebenso Uluġ-Beg (1447–1449) in Samarqand. Reisende der Zeit berichten von prächtigen Palästen, von (zum Teil noch heute erhaltenen) Moscheen mit den neuen riesigen Zwiebeltürmen in Tabrīz, Isfahan und dem šīʿitischen Heiligtum Mešhed, das an die Stelle der alten Hauptstadt Nischapur trat – Zeugnisse von dem Glanz einer Kultur, die in Turkestan die letzte Blüte bis zur Neuzeit erlebte und die auch in Iran selbst niemals wieder ihresgleichen gefunden hat. Während in Iran der Dichter Ǧāmī, der Historiker Mīrḫwānd mit noch anderen Geschichtsschreibern und der fürstliche Astronom Uluġ-Beg Literatur und Wissenschaft der Epoche auf eine letzte Höhe bringen, schaffen die Miniaturisten von Herāt mit ihrem Meister Behzād, einem Zeitgenossen der italienischen Renaissance, die schönsten Werke der mittelalterlichen iranischen Malerei. Die türkische, von der iranischen herkommende Mystik findet in der Sprache der Čaġatai ihren Dichter in ʿAlī Šīr Nevāʾī, der heute noch oder wieder als der Nationaldichter der Turkmenen angesehen wird. Als politische Kraft waren die tīmūridischen Staaten seit dem Ende des 15. Jahrhunderts verschwunden, doch vom Geschick begünstigt, gelang es einem Abkommen der Dynastie im 16. Jahrhundert, in Indien das Reich der ›Groß-Moguln‹ zu gründen.

In Indien hatten die Nachfolger der Ġaznawiden allmählich, wie schon erwähnt, fast die ganze Halbinsel der Herrschaft des Islams unterworfen, wenn sie auch in vielen Gegenden unter der Bevölkerung die islamische Religion und ihre sozialen Formen nicht durchsetzen konnten. Die Islamisierung wurde durch die mongolischen und die tīmūridischen Eroberungen gefördert, da diese einen Strom iranischer Flüchtlinge nach Indien wie auch nach Kleinasien in Bewegung setzten. Auf diese Weise gewann der iranische Islam eine neue Provinz. Die Sprache der historischen, dichterischen und religiösen Literatur dieser Epoche, soweit ihre Autoren islamischen Kreisen angehören, ist ausschließlich das Persische. In der Kunst dagegen blieben die ein-

Abb. 24: Qūwat-ul-Islām-Moschee in Delhi, erbaut nach der Eroberung der Stadt durch die Ġūriden 1193; die Säulen sind Teile eines Hindu-Tempels, der in den Bau der Moschee einbezogen wurde.

heimischen Schöpfer der nun entstehenden Werke selbst beim Bau von Moscheen und muslimischen Grabmälern den Traditionen ihrer Vorfahren lange noch so treu, wie es nur irgend möglich war. Nach einer ereignisreichen politischen Entwicklung wurden die verschiedenen islamischen Königreiche, aus denen Indien zu Beginn des 16. Jahrhunderts bestand, durch die Dynastie der ›Mogulkaiser‹, begründet durch den Tīmūriden Bābur (1526–1530), vereinigt und erlebten eine glanzvolle Erneuerung, über die an anderer Stelle berichtet werden muß.
Am anderen Ende der mongolischen Welt, in Kleinasien, vollzogen sich äußerlich zunächst geringfügige, aber für die allgemeine Geschichte folgenschwere Wandlungen. In Kleinasien hatten die Mongolen nur ein Protektorat errichtet, das keineswegs dazu bestimmt war, die selǧūqische Staatsverfassung zu zerstören. Da ihr Regime immer neue iranische Beamte ins Land brachte, verstärkte es in mancher Hinsicht nur den persischen Einfluß, der ohnehin schon beträchtlich war. Zu Beginn dieses Protektorats gründet der gebürtige Chorasanier Ǧalāladdīn Rūmī (gest. 1273) in Konya den ṣūfischen Orden der Mevlevīs, der noch heute existiert und als ›Orden der tanzenden Derwische‹ bekannt ist, und schreibt in persischer Sprache einige der schönsten mystischen Gedichte der Weltliteratur. Gleichfalls in der Frühzeit der mongolischen Hegemonie beobachten wir, wie die Herren des Landes darin wetteifern, dem Land mit großzügiger Freigebigkeit Karawansereien und Festungen, Moscheen, Medresen, Mausoleen und Krankenhäuser zu geben. Die Īlḫāne sind noch mächtig genug, um ihre Bedeutung zeigen zu wollen und zu können, ebenso sind ihre Minister bemüht, sich ihren muslimischen Untertanen gegenüber als gute Muslime ins rechte Licht zu setzen, und die türkischen Fürsten von Rūm wollen nicht hinter ihnen zurückstehen. Wir wiesen schon darauf hin, welchen Nutzen Anatolien daraus zog, daß es am Ausgangspunkt der Straßen lag, die zum Kernland der Īlḫāne führten.
Trotzdem waren die Mongolen die Hauptschuldigen am Zerfall des ersten türkischen Staates. Bis 1277 ließen sie das Land durch den Selǧūqenwesir, bekannt unter dem Titel *Parwāne*, regieren, zu dem sie volles Vertrauen hatten. Aber dann veranlaßte sie die Schwächung und Gefährdung ihres Staates dazu, an die Stelle des Protektorats ein Regime der direkten Verwaltung zu setzen, das zugleich mit ihrer Herrschaft sein Ende fand. Die ersten Nutznießer der Auflösung des Sultanats waren der *Parwāne* und die kleine Gruppe seiner mächtigsten Gouverneure, die aus ihren umfangreichen Verwaltungsbezirken eigene Fürstentümer machten. Auf lange Sicht gesehen aber waren andere die wirklichen Gewinner. In den anatolischen Städten waren es die *aḫī*-Gilden, die türkischen Nachkommen der *futūwa*-Bünde (vgl. o. S. 298); auf dem flachen Land, an der

Peripherie ganz Anatoliens und besonders an den Grenzen des Byzantinischen Reiches (das jetzt mehr mit dem Kampf gegen seine Rivalen auf dem Balkan als mit der Überwachung seiner Grenzmarken in Asien beschäftigt war) profitierten Turkmenen, um deren Unterwerfung sich die Ilḫāne kaum bemüht hatten. So entstand eine Reihe türkischer Fürstentümer. Das mächtigste war eine Zeitlang das der Qaramāniden im Süden; die größte Zukunft aber sollte der Herrschaft der Osmanlïs oder Osmanen beschieden sein, die im Nordwesten Anatoliens in der Nähe des Bosporus begann. Was diese Turkmenen von den herrschenden Kreisen der Selǧūqen trennte, haben wir schon dargelegt. Während die Städte sich recht und schlecht mit dem neuen Regime abfinden, prägt sich die besondere Art der Turkmenen in der Abwehrstellung gegenüber dem mongolischen Feind noch stärker aus. In ihrer Mitte entsteht der Orden der Bektāšī, dem später im Osmanischen Reich eine so große Bedeutung zufiel und der vielleicht von den Bābā'īs (s. o. S. 306) abstammte. In diesem Kreis entwickelt sich eine mystische und epische Literatur in türkischer Sprache (neben ihr besteht freilich die kultiviertere persischsprachige Literatur noch lange Zeit fort). Und hier, an den Grenzen des Byzantinischen Reiches, das sich dem Feind überläßt, ja schlimmer noch, ihn herbeiruft, bleibt der *ġāzī*-Geist des Glaubenskampfes lebendig, der die osmanischen Türken bis an die Küsten des Ägäischen Meeres führt. So stellen sie beim Zusammenbruch des mongolischen Reiches die lebendigste und expansivste Kraft Anatoliens dar.

Eine Weile übte das stärkste der turkmenischen Fürstentümer von Westanatolien, das von Aidïn, dank seiner von der einheimischen Bevölkerung ererbten Flotte eine Schreckensherrschaft im ägäischen Archipelagos aus und mischte sich auch in die byzantinischen Belange ein. Doch setzte das Meer seinem Expansionsdrang Grenzen, während der — anfangs sehr bescheidene — Ehrgeiz der Osmanlïs, nach Konstantinopel und dem Balkan zu greifen, von der Lage und den Umständen begünstigt war, ob sie im Dienste byzantinischer Parteien intervenierten oder gegen das Reich zu Felde zogen. In erster Linie aber gab das außerordentliche politische Geschick ihrer Führer den Ausschlag und führte im Laufe des 14. Jahrhunderts zu einem Aufstieg, dessen Stetigkeit erstaunt und der nicht von den inneren Unruhen gefährdet wurde, die in den benachbarten Fürstentümern an der Tagesordnung waren. Die Chronisten, welche im darauffolgenden Jahrhundert die Geschichte der Osmanen schrieben, haben sie sicher ausgeschmückt, aber sie haben nichts erfunden.

Zu Beginn der Neuzeit erreicht das Osmanische Reich den Höhepunkt seiner Entwicklung, und die Quellen erlauben eine ausführliche Darstellung. Sie wird im folgenden Bande dieser Sammlung einen breiten Raum einnehmen müssen, und wir brauchen hier um so weniger darauf einzugehen, als die Entstehungsgeschichte des Reiches auf Gebiete führt, die dem Islam neu gewonnen werden und von denen wir bisher nicht zu sprechen hatten. Wir wollen nur mit wenigen Worten die Rückwirkungen des osmanischen Wachstums auf die alten islamischen Länder skizzieren, von denen mehrere in dem neu entstehenden Reich aufgehen.

Werfen wir einen kurzen Blick auf die Etappen der territorialen Entwicklung. Zunächst war fast unmerklich eine turkmenische Gruppe in den südöstlich vom Marmarameer gelegenen Teil des Byzantinischen Reiches eingedrungen. Das hier begründete Fürstentum Osmans umfaßte in der Mitte des 14. Jahrhunderts Nizäa, Nikomedien und Bursa, seine erste Hauptstadt, in der das Kunstkleinod der Grünen Moschee entstand. Um die Jahrhundertmitte überschritt Osmans Sohn Orḫān mit griechischer Hilfe die Dardanellen; von Gallipoli richten sich nun Überfälle gegen Thrazien, das in raschem Fortschreiten erobert wird. Im Jahre 1366 verlegt Murād I. seine Hauptstadt von Bursa nach Adrianopel (Edirne) und bekundet damit seinen Willen, als europäischer Herrscher aufzutreten. Das Byzantinische Reich ist von nun an durchschnitten und eingekreist. Das bedeutete freilich noch nicht seinen Untergang. Dazu war seine internationale Stellung zu stark und die Abwehrkraft Konstantinopels, der alten ›römischen‹ Hauptstadt, zu groß; der Westen konnte auf dem Seewege jederzeit Hilfe schicken, vor allem aber hielt das politische Kalkül die Sultane selbst zurück. Immerhin gewannen die Osmanen mit den Balkanstaaten, die leichter zu erobern sowie von größerem Wert waren und vor Ende des Jahrhunderts unterworfen und annektiert wurden, einen erheblichen Zuwachs an Macht. Zweifellos wurde dieser Erfolg durch mehrere Umstände begünstigt: durch das Einverständnis, ja nicht selten die aktive Mitwirkung vieler Christen, durch die feindselige Stimmung gegenüber dem lateinischen Byzanz, durch die Hilferufe, welche verfeindete Gruppen und Parteien an die Türken richteten. Nicht zuletzt kam ihnen das Gefühl entgegen, daß die Unterwerfung unter einen starken und gegen die Besiegten toleranten Staat das kleinere Übel sei, ja im ganzen die beste Überlebenschance biete, zumal wenn dieser Staat in seiner Verfassung und Organisation dem nicht nachstand, an dessen Stelle er trat. Daher verwundert es nicht, wenn wir unter den Helfern der ersten Osmanen zum Islam bekehrte und christliche Eingeborene finden. Erstaunlich trotz aller Gunst der Umstände bleibt jedoch, wie schnell die Osmanen aus den verschiedenartigen Elementen der unterworfenen Bevölkerungen ein kampfstarkes Heer und eine zuverlässige und einheitliche Verwaltung aufzubauen verstanden. Anfangs beruhte die militärische Kraft der Osmanen ausschließlich auf ihren turkmenischen *ġāzīs*. Die werbende Wirkung des Erfolges brachte einen wachsenden Zustrom von Freiwilligen aus den Nachbarstaaten, damit aber auch die Gefahr des Ungehorsams, denn jede Gruppe operierte weitgehend in eigener Initiative. Nach bewährtem Vorbild schufen die Osmanen nunmehr aus Sklaven, die auf dem Schlachtfeld gefangen oder auf den herkömmlichen Handelswegen erworben waren, eine militärische Kerntruppe, die ihnen persönlich verpflichtet und ergeben war und ein Gegengewicht zum turkmenischen Teil des Heeres bildete. Dies war nichts Ungewöhnliches; neu aber war, daß sie — wir wissen nicht, seit wann — die Rekrutierung von Soldaten durch die Aushebung von Knaben aus der unterworfenen Bevölkerung ersetzten, die islamisch erzogen und für Ämter am Hof und in der Armee ausersehen wurden. Diese ›Knabenlese‹, türkisch *devširme,* diente zum Aufbau der ›Neuen Armee‹, *yeni čeri,* in Europa als Truppe der ›Janitscharen‹ bekannt. Ganz gewiß hat man unter den Christen dieses Verfahren als hart empfunden, ebenso sicher hatte es aber auch vorteilhafte Seiten und wurde weitgehend akzeptiert. Jedenfalls lieferte es dem osmanischen Staat die nötigen Kräfte für seine Armee wie auch die geeigneten Köpfe für einen administrativen Apparat, der geschlossen hinter dem Herrscher stand. Zugleich wurde so eine Führungsschicht herangezogen, die eine gegenseitige Durchdringung von Siegern und Besiegten förderte und damit dem Zusammenhalt des Staatsganzen diente. Die neue Elitetruppe hatten Murād und sein Sohn Bāyazīd zum Vorstoß nach Osten benützt, und sie brachten bis zum Ende des 14. Jahrhunderts alle turkmenischen Fürstentümer des westlichen und mittleren Kleinasien in ihre Hand. Daraus ergab sich ein weiterer Vorteil: die Sultane konnten, was ihren balkanischen Untertanen gegenüber von Bedeutung war, eine angemessene türkische Streitmacht behalten. Ein Bevölkerungsaustausch von Slawen und Griechen einerseits, die nach Kleinasien gebracht, Türken andererseits, die in Europa angesiedelt wurden, festigte überall das notwendige Gleichgewicht der Kräfte und Reserven und bereitete dem Werk der Islamisierung den Boden.

Einen Augenblick lang allerdings schien es, als sollte alles zusammenbrechen. Tīmūr Leng fiel in Kleinasien ein und schlug 1402 das osmanische Heer bei Ankara; Bāyazīd wurde deportiert und starb in der Gefangenschaft. Sogleich setzten sich alle turkmenischen oder sonstigen Fürsten Kleinasiens, die auf die Stunde der Rache warteten, wieder in den Besitz ihrer ehemaligen Herrschaftsgebiete, und Bāyazīds Söhne stritten sich um das Erbe, über das der Vater keine Verfügung mehr hatte treffen können. Aber die Entscheidung war noch nicht gefallen. Zwar erhielten sich in Kleinasien die wiedererstandenen Staaten kürzere oder längere Zeit, und im Osten erhob sich der große Turkmenenbund der ›Weißen Schafe‹ (Aq-Qoyunlu) als eine neue

Macht, die 1467 über die ›Schwarzen Schafe‹ (Qara-Qoyunlu) des westlichen Iran siegte und sich zur gleichen Zeit mit Venedig im Kampf gegen die Osmanen verbündete. Auch brachte šīʿitische Propaganda Unruhen in die turkmenische und kurdische Bevölkerung Ost- und Mittelkleinasiens. Besonders aktiv waren die türkischen Qïzïlbaš (›Rotköpfe‹, nach ihrer Kopfbedeckung), die zu Anfang des folgenden Jahrhunderts den Ṣafawiden die Gründung ihres Königreiches in Iran ermöglichten. Die Tatsache schließlich, daß die Eroberungen aufhörten und damit die Kriegsbeute plötzlich versiegte, hatte bald soziale Unruhen wie den Aufstand des Kadi Badraddīn aus Simāwnā (1416) zur Folge. Aber weder Byzanz noch Europa noch auch die Balkanvölker konnten oder wollten entschlossen die Gelegenheit zur Vernichtung der Osmanen nützen, bevor diese ihre Macht wieder aufrichteten. Dies geschah recht bald, und als Herr des neu erstandenen und geeinten Reiches vollbrachte Moḥammad Fātiḥ (Mehmet der Eroberer) 1453 die glorreiche Eroberung Konstantinopels. Dies war das Ende des tausendjährigen Oströmischen Reiches. Mehmet konnte die noch bestehenden kleinen griechisch-lateinischen oder anderen Staaten in Kleinasien (Trapezunt) und auf der Balkanhalbinsel hinzugewinnen, und seine Nachfolger eroberten weitere Gebiete in Europa jenseits der Donau. Langsam wuchs ganz Kleinasien unter osmanischer Führung wieder zu einer Einheit zusammen. Konflikte mit den Mamlūken und den iranischen Fürsten waren unvermeidlich. Zu Beginn des 16. Jahrhunderts gelang es den Osmanen, sich zu Herren in ganz Mesopotamien zu machen, und 1517 bereitete Selīm dem Staat der Mamlūken ein Ende, von dessen Abwärtsentwicklung wir schon berichtet haben. Seinen Sieg verdankte er nicht zuletzt den überlegenen Feuerwaffen seines Heeres, wogegen die Mamlūken den Aufbau einer Artillerie vernachlässigt hatten. Unter Selīm (1512–1520) und Sulaimān (1520–1566) gelangte das Reich auf den Gipfel seiner Macht. Als die Osmanen bis zum Jemen und nach Algerien vordrangen, lag die Herrschaft fast der gesamten arabisch sprechenden Welt in ihrer Hand, und die Eroberung von Rhodos (1522), Zypern (1570) und Kreta (1669) brachte auch die Seefahrt im Mittelmeer unter ihre Kontrolle.

Ein Teil des islamischen Westens war also im Begriff, in die islamische Gemeinschaft des Mittelmeeres zurückzukehren. Hier hatte sich *mutatis mutandis* in mancher Hinsicht eine ähnliche Entwicklung vollzogen wie im Osten. Seit dem Sturz der Almohaden umfaßte der Islam in Spanien nur noch das Königreich Granada. Im Maghreb bestanden drei selbständige Staaten: derjenige der Ḥafṣiden im Osten mit Tunis und Constantine, jener der Marīniden im Westen (Marokko) und der dritte unter weniger festen und mächtigen Dynastien in Tlemcen, denen das westliche Algerien gehörte. Marokko bleibt stärker vom Berbertum geprägt. Tunis ist mehr arabisch, doch überall herrscht ein strenger Mālikismus. Er wird in den Medresen gelehrt und genießt wachsendes Ansehen sowohl bei der Bevölkerung wie bei mystischen Bruderschaften orientalischen oder einheimischen Ursprungs, die sich um ihre *zāwiya*, eine Art Kloster, oft mit einer Schule ausgestattet, scharen. Lebendig ist überall auch der Handel, der durch Karawanen vom Sudan, welche die Sahara durchqueren, neuen Auftrieb erhält, doch letztlich in der Hand der Europäer an der Küste liegt. Im Königreich Granada verteidigen die, welche nicht emigriert sind, mit Stolz ihre Kultur, wenn sie auch – angesichts der christlichen Reconquista – fühlen, daß deren Tage gezählt sind.

In dieser Atmosphäre werden noch einige der letzten, aber zugleich der bedeutendsten Kunstwerke des islamischen Westens, ja des Islams überhaupt geboren. Die Alhambra, die Residenz der Naṣriden von Granada, eines der seltenen unversehrt erhaltenen Erzeugnisse der profanen Architektur des mittelalterlichen Islams, ist zugleich eines der berühmtesten; in ihr, zumal in ihrem ›Löwenhof‹, verbinden sich Zartheit und Fülle, Leichtigkeit und Kraft zu höchster Harmonie, ein Vermächtnis gleichsam der gesamten künstlerischen Tradition des islamischen Spanien. Trotzdem darf man darüber die der spanischen Kunst verwandten Schöpfungen der Marīniden nicht vergessen: die Große Moschee der Neustadt von Fes und die Medresen der Altstadt wie al-ʿAṭṭārīn, die heute noch die Glanzpunkte der traditionellen marokkanischen Kultur darstellen. Mit ihren metallisch spiegelnden Fayencen (die Technik wurde aus Iran importiert), ihren berühmten Waffen- und Lederwaren hat die spanisch-maurische Kunst, die vielleicht weniger reich als die orientalische ist, aber einen sehr sicheren Geschmack verrät, Spanien ein Erbe hinterlassen, auf das sie stolz sein kann. Es wirkte weiter in den Ländern, die von den Christen wiedererobert wurden und in denen anfangs das neue Regime den zurückgebliebenen Muslimen, den *mudéjares*, dieselbe Freiheit gewährte, wie sie die Muslime den Mozarabern gelassen hatten. *Mudéjares* errichteten in Fortsetzung ihrer Traditionen, aber zugleich von der gotisch beeinflußten Kunst des spanischen Nordens inspiriert, neue Bauten wie den Alcazar von Sevilla, der für einen christlichen Herrscher bestimmt war.

Die Lebenskraft der Literatur war von geringerer Dauer, und ihr Erbe war schwerer zu erhalten. Dennoch kam sie in Spanien mit dem Historiker Lisānaddīn ibn al-Ḫaṭīb und im Maghreb mit den bekannteren Ibn Baṭṭūta und Ibn Ḫaldūn zu einem letzten Glanz. Der aus Tanger stammende Ibn Baṭṭūṭa, zwei

Generationen jünger als Marco Polo, hat uns von den Reisen, die ihn von Kanton bis nach Timbuktu führten, Erinnerungen hinterlassen, die an fesselndem Reiz nicht hinter den Berichten seines venezianischen Kollegen zurückstehen. Ibn Ḫaldūn (1322–1406), Sproß einer arabisch-spanischen Familie, die nach Tunis emigrierte, beschloß seine Laufbahn zu Beginn des 15. Jahrhunderts als Oberkadi in Ägypten, nachdem er in verschiedenen westislamischen Königreichen gewirkt hatte. Seine Geschichte der Berber ist für uns eine unerschöpfliche Fundgrube wertvoller Informationen. Sie ist Teil einer allgemeinen Geschichte, die als solche weniger interessant ist; seine eigentliche Bedeutung erhält das Werk durch die umfangreiche Einleitung, *Muqaddima*, welche ihm der Autor vorausgeschickt hat. Zum erstenmal tritt uns hier ein Historiker entgegen, der das Leben der menschlichen Gesellschaft nicht moralisch kommentieren, sondern wissenschaftlich analysieren will, wie es der moderne Soziologe tut. Das Werk wurde von seiner Zeit, die das Neue daran nicht zu würdigen vermochte, kaum verstanden und sank daher in Vergessenheit, wird aber heute als eine der höchsten Leistungen des mittelalterlichen Denkens anerkannt.

Der Rückzug des islamischen Westens vollzog sich im 15. Jahrhundert mit beschleunigtem Rhythmus. Im Jahre 1492 erlag das Königreich Granada, und auf der Halbinsel, die nun ganz unter christlichen Herrschern geeint war, entwickelte sich ein neues Klima der Intoleranz, das schließlich zur Vertreibung der ›Mauren‹ und Juden führte. Ein Gutes hatte diese Tragödie insofern, als die aus Spanien Verbannten ihre in vielem überlegene Kultur an den Maghreb vermittelten; aber dieser selbst war im Niedergang begriffen. Spanische Christen überwachten, um das Piratenunwesen auszurotten, die Mittelmeerküste Nordafrikas, und die Portugiesen taten das gleiche vor Marokko. Die fortschreitende Kontrolle der afrikanischen Küsten gab den Christen zugleich die Möglichkeit, das sudanesische Gold, dessen Transport immer durch den Maghreb gegangen war, in ihre Hände zu leiten. Tunesien und Algerien blieben als islamische Territorien erhalten, indem sie sich dem Osmanischen Reich eingliederten. Marokko überlebte aus eigener Kraft, aber der mit den großen Entdeckungen und dem europäischen Aufstieg verbundene wirtschaftliche Umsturz brachte es in Schwierigkeiten, die es auf die Dauer allein nicht zu meistern vermochte.

Zur selben Zeit gleicht der Islam die Verluste im Mittelmeer dadurch aus, daß er bei den primitiven Kulturen im schwarzen Afrika wie auch in Südostasien neuen Boden gewinnt. Seit langem durch die maghrebinischen Karawanen in den Sudan getragen, war er durch den Druck des almoravidischen Reiches dort noch tiefer eingedrungen, und örtliche Machthaber hatten in seinen Grundsätzen und Lehren ein Mittel entdeckt, bei der zum

Teil noch heidnischen Bevölkerung Herrschaftsformen von einer bis dahin unbekannten Stabilität zu errichten. Im 14. und 15. Jahrhundert erweiterten zwei Reiche, das von Mali mit dem Zentrum Timbuktu und das nachfolgende von Gao, ihren Einflußbereich vom Urwald bis zu den saharisch-maghrebinischen Oasen, und mit Hilfe von Gelehrten aus dem Maghreb und Emigranten aller Art aus dem Andalus breitete sich der Islam stetig weiter aus. Nach dem Tschad hin trafen maghrebinische und ägyptische Einflüsse zusammen. Bald sollten europäische Menschenhändler eine kulturelle Entwicklung unterbrechen, die – lange vor der Berührung mit dem Abendland – vom Islam ausgelöst worden war.

Schluß

Die Geschichte des klassischen Islams geht hier zu Ende, denn was von der islamischen Kultur weiterlebt bis zu dem Augenblick, da die großen Veränderungen der neuesten Zeit einsetzen, ist entweder tief gesunken oder schon tiefgehend gewandelt. In Marokko, in Persien, in Indien wirken noch Werte und Kräfte der Vergangenheit fort, aber die arabische Welt ist schwer getroffen. Das halb europäische Reich der Osmanen sowie die neu islamisierten Länder Afrikas und Indonesiens genügen den Vorstellungen und Forderungen nicht mehr, die für den mittelalterlichen Islam verbindliche Gültigkeit besaßen. In ferner Zukunft liegt noch das Wiedererwachen des Islams, der sich in unserer Zeit bemüht, seinen Platz in einer gründlich verwandelten Welt zu finden. In allen Epochen seiner Geschichte aber bewies der Islam eine bewundernswerte Fähigkeit, nach Katastrophen neu zu beginnen. Ebenso eindrucksvoll ist, wie aus dem Werk einer kleinen, ganz auf sich gestellten Schar die weltweite Gemeinschaft der Völker erwuchs, die der Islam für sich gewann und die ihm unverbrüchliche Treue bewahrten. Moderne christliche Missionare wissen, wie schwierig es ist, Muslime zu bekehren. Und nicht selten hat die Kraft dieses Glaubens einfache Männer, die nicht aus eigenem Streben, sondern unter dem Zwang der Umstände zu Herrschern islamischer Staaten wurden, befähigt, dem ihnen zugefallenen hohen Amt gerecht zu werden.

Bei aller Objektivität wird der Historiker den Verfall einer Kultur mit Trauer beobachten, die trotz aller Schwächen und Verirrungen eine große Leistung, einen bedeutsamen Augenblick im Abenteuer des Menschen darstellt. Die Geschichte ließ keine Rückkehr des klassischen Islams zu, aber wir dürfen fragen, warum er versunken ist. Mag er auch langsamer und nicht so vollständig untergegangen sein, wie man geglaubt hat — seine großen Tage waren unwiederbringlich dahin. Daran änderte auch die Zeit der Auferstehung nichts, die er im Istanbul der Osmanen erfuhr. Die Ursachen seines Erlöschens sind äußerer und innerer Art, und es wäre ungerecht, nur die einen oder die anderen verantwortlich zu machen. Die europäische Entwicklung der neuen und neuesten Zeit nahm — das ist unbestreitbar — denen, die ihr nicht zu folgen vermochten, die Möglichkeit einer dauerhaften Selbstbehauptung, und die Konkurrenz und spätere Herrschaft des Abendlandes mußte dem Islam den wirtschaftlichen Ruin bringen und ihn damit auch von seiner kulturellen Höhe herabstürzen. Ist auch die Frage müßig, warum Europa, warum nicht der Islam den Aufbruch zur Neuzeit begann, so bleibt doch die andere: Warum vermochte der Islam nicht, als es noch Zeit war, Europa zu folgen und es seinerseits herauszufordern? Wie haben einige portugiesische Schiffe, die von weither kamen, die tausendjährige Hegemonie zerstören können, welche die Seefahrer aus dem Nahen Osten im Indischen Ozean errungen hatten? Der Islam steht mit solchen Zeichen des Verfalls nicht allein da; wir finden sie ebenso in der Geschichte Indiens und Chinas, sogar im Byzanz des christlichen Europa. Indessen haben sie überall ihren eigenen Charakter und ihre besondere Ursache. Ohne irgendein Volk anklagen zu wollen, müssen wir feststellen, daß die Invasionen, welche den Orient erschütterten und die Verbindung mit dem Mittelmeer teilweise zerstörten, für den Verfall des Islams mit verantwortlich sind. Vielleicht war er schon deshalb unvermeidlich, weil der Islam selbst gealtert und in seiner Tradition erstarrt war, weil er nur das reiche Erbe kultiviert hatte, so daß er Überlebtes nicht abwerfen und keine neuen Wege beschreiten konnte. Jede Kultur hat ihren Aufstieg und ihren Untergang, aber jede zeugt von der lebendigen Kraft des Volkes, das sie geschaffen hat und neu schaffen kann. Das Abendland darf nicht vergessen, daß es mit Avicenna und Averroes denken gelernt hat und daß noch seine Kunst dem islamischen Vorbild Anregung und Bereicherung verdankt – die französische Kathedrale von Le Puy ist ohne die Moschee von Cordoba nicht vorstellbar.

Stamm- und Herrschertafeln

DIE FAMILIE DES PROPHETEN

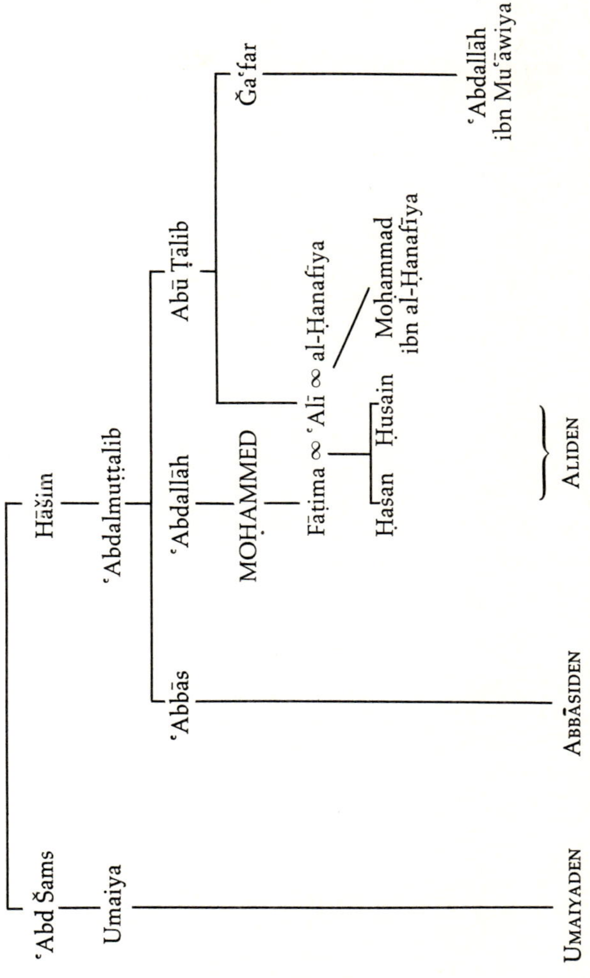

Imāme der Šīʿa

1. ʿAlī ibn Abī Ṭālib (gest. 661)

2. Ḥasan (gest. 669)
3. Ḥusain (gest. 680)
4. Zain-al-ʿĀbidīn (gest. 712)

Zaid (gest. 740)
5. Moḥammad al-Bāqir (gest. 731)
6. Ǧaʿfar aṣ-Ṣādiq (gest. 765)

Ismāʿīl (gest. 760)
7. Mūsā al-Kāẓim (gest. 799)
8. ʿAlī ar-Riḍā (gest. 818)
9. Moḥammad at-Taqī (gest. 830)
10. ʿAlī an-Naqī (gest. 868)
11. Ḥasan al-ʿAskarī (gest. 873)
12. Moḥammad al-Mahdī (gest. 873)

Die Kalifen

Die ›rechtgeleiteten‹ Kalifen (632–661)

632–634	Abū Bakr
634–644	ʿOmar ibn al-Ḫaṭṭāb
644–656	ʿOṯmān ibn ʿAffān
656–661	ʿAlī ibn Abī Ṭālib

Die Umaiyaden (661–750)

661–680	Muʿāwiya I. ibn Abī Sufyān
680–683	Yazīd I. ibn Muʿāwiya
683(–684?)	Muʿāwiya II. ibn Yazīd
684–685	Marwān I. ibn al-Ḥakam
685–705	ʿAbdalmalik ibn Marwān
705–715	al-Walīd I. ibn ʿAbdalmalik
715–717	Sulaimān ibn ʿAbdalmalik
717–720	ʿOmar ibn ʿAbdalʿazīz
720–724	Yazīd II. ibn ʿAbdalmalik
724–743	Hišām ibn ʿAbdalmalik
743–744	al-Walīd II. ibn Yazīd ibn ʿAbdalmalik
744	Yazīd III. ibn al-Walīd ibn ʿAbdalmalik
744–745	Ibrāhīm ibn al-Walīd ibn ʿAbdalmalik
745–750	Marwān ibn Moḥammad ibn Marwān

Die Abbasiden (749–1258)

749–754	Abū 'l-ʿAbbās as-Saffāḥ
754–775	al-Manṣūr
775–785	al-Mahdī ibn al-Manṣūr
785–786	al-Hādī ibn al-Mahdī
786–809	Hārūn ar-Rašīd ibn al-Mahdī
809–813	al-Amīn ibn Hārūn ar-Rašīd
813–833	al-Maʾmūn ibn Hārūn ar-Rašīd
833–842	al-Muʿtaṣim ibn Hārūn ar-Rašīd
842–847	al-Wāṯiq ibn al-Muʿtaṣim
847–861	al-Mutawakkil ibn al-Muʿtaṣim
861–862	al-Muntaṣir ibn al-Mutawakkil
862–866	al-Mustaʿīn ibn Moḥammad ibn al-Muʿtaṣim
866–869	al-Muʿtazz ibn al-Mutawakkil
869–870	al-Muhtadī ibn al-Wāṯiq
870–892	al-Muʿtamid ibn al-Mutawakkil
892–902	al-Muʿtaḍid ibn al-Muwaffaq ibn al-Mutawakkil
902–908	al-Muktafī ibn al-Muʿtaḍid
908–932	al-Muqtadir ibn al-Muʿtaḍid
932–934	al-Qāhir ibn al-Muʿtaḍid
934–940	ar-Rāḍī ibn al-Muqtadir
940–944	al-Muttaqī ibn al-Muqtadir
944–946	al-Mustakfī ibn al-Muktafī
946–974	al-Muṭīʿ ibn al-Muqtadir
974–991	aṭ-Ṭāʾiʿ ibn al-Muṭīʿ
991–1031	al-Qādir ibn Isḥāq ibn al-Muqtadir
1031–1075	al-Qāʾim ibn al-Qādir
1075–1094	al-Muqtadī ibn Moḥammad ibn al-Qāʾim
1094–1118	al-Mustaẓhir ibn al-Muqtadī
1118–1135	al-Mustaršid ibn al-Mustaẓhir
1135–1136	ar-Rāšid ibn al-Mustaršid
1136–1160	al-Muqtafī ibn al-Mustaẓhir
1160–1170	al-Mustanǧid ibn al-Muqtafī
1170–1180	al-Mustaḍīʾ ibn al-Mustanǧid
1180–1225	an-Nāṣir ibn al-Mustaḍīʾ
1225–1226	aẓ-Ẓāhir ibn an-Nāṣir
1226–1242	al-Mustanṣir ibn aẓ-Ẓāhir
1242–1258	al-Mustaʿṣim ibn aẓ-Ẓahir

Für Herrschertafeln der zahlreichen Lokaldynastien sei auf die im Literaturverzeichnis auf S. 353 genannten Nachschlagewerke verwiesen.

Zeittafel

um 570	Geburt Mohammeds in Mekka
622	Die *Hiğra*, Mohammeds Emigration nach Medina
630	Eroberung von Mekka
632	Tod des Propheten
632–634	Der Kalif Abū Bakr
633	Eroberung von Südmesopotamien
634–644	Der Kalif ʿOmar
635	Eroberung von Damaskus.
636	Niederlage des persischen Heeres bei Qādisīya Niederlage der Byzantiner am Yarmūk
639–642	Eroberung Ägyptens (642 Einnahme von Alexandria)
640–642	Eroberung von Persien (642 Entscheidungsschlacht von Nihāwand)
644–656	Der Kalif ʿOṯmān
656–661	Der Kalif ʿAlī
656	Die Kamelschlacht: ʿAlī im Kampf gegen Ṭalḥa und Zubair
657	Schlacht von Ṣiffīn zwischen ʿAlī und Muʿāwiya
661–750	Kalifat der umaiyadischen Dynastie
661–680	Muʿāwiya I.
670	ʿUqba ibn Nāfiʿ erobert Nordwestafrika Gründung von Kairuan
674–678	Belagerung von Konstantinopel
680–683	Yazīd I.
680	Tod des Ḥusain ibn ʿAlī bei Kerbelā
683–692	Gegenkalifat des ʿAbdallāh ibn az-Zubair in Mekka
685–705	ʿAbdalmalik
685–687	Aufstand des Muḫtār im Iraq
705–715	Walīd I.
711	Die Araber in Spanien
711/712	Eroberung von Sind und Transoxanien
717–720	ʿOmar II.
724–743	Hišām
732	Schlacht von Tours und Poitiers (Karl Martell)
740	Revolte und Tod des Zaid ibn ʿAlī in Kufa
749/750	Die ›abbasidische Revolution‹
749–1258	Kalifat der abbasidischen Dynastie
749–754	Abū 'l-ʿAbbās as-Saffāḥ
751	Niederlage eines chinesischen Heeres am Talās
754–775	al-Manṣūr
756–788	Der Umaiyade ʿAbdarraḥmān, Emir von Cordoba
762/763	Alidische Aufstände im Iraq und in Medina (Moḥammad ibn ʿAbdallāh)
762	Gründung von Bagdad (seit 763 Residenz des Kalifen)

775–785	al-Mahdī
776–779	Erhebung des Muqannaʿ in Chorasan
777–909	Ḫāriǧitisches Fürstentum der Rustamiden in Tāhert (Westalgerien)
786–809	Hārūn ar-Rašīd
789–926	Idrīsiden in Marokko
800–812	Ibn al-Aġlab Gouverneur von Ifrīqiya (Aġlabiden 800–909)
803	Sturz der Barmakidenwesire Hārūns
809–813	al-Amīn
813–833	al-Maʾmūn
816	Aufstandsbewegung des Bābak beginnt in Aserbaidschan
817–819	Gegenkalifat des Ibrāhīm ibn al-Mahdī
821	Ṭāhir Gouverneur von Chorasan (Ṭāhiriden 821–873)
827–849	Lehre der Muʿtazila wird Staatsdogma: die *Miḥna*
833–842	al-Muʿtaṣim. Türkische Garde in Bagdad
836	Gründung der Residenz Samarra
837	Der General Afšīn bezwingt Bābak
842–861	al-Mutawakkil, 861 durch einen türkischen General ermordet
868–883	Aḥmad ibn Ṭūlūn Gouverneur von Ägypten (Ṭūlūniden 868–906)
873	*Gaiba* des 12. Imāms der Šīʿiten
873	Yaʿqūb aṣ-Ṣaffār (867–879 in Sīstān) nimmt den Ṭāhiriden Chorasan
877	Aḥmad ibn Ṭūlūn besetzt Syrien
900	Der Sāmānide Ismāʿīl (892–907, Gouverneur von Transoxanien) unterwirft den Ṣaffāriden und gewinnt Chorasan
909	Gründung des Fāṭimiden-Kalifats in Nordafrika (Hauptstadt Mahdīya)
912–961	ʿAbdarraḥmān III. von Cordoba (929 Annahme des Kalifentitels)
913–942	Der Sāmānide Naṣr II.
928	Die Qarmaṭen besetzen Mekka
939	Der Iḫšīd Herr von Ägypten
945	Der Būyide Muʿizz-ad-Daula (936–967) in Bagdad als ›Schutzherr‹ des Kalifats
945–967	Der Ḥamdānide Saif-ad-Daula Herrscher von Nordsyrien (Aleppo) und Obermesopotamien
968	Byzanz erobert Kilikien und Nordsyrien zurück
973–1071	Die Fāṭimiden-Kalifen in Ägypten
992–1124	Die Qaraḫāniden in Transoxanien und Ostturkestan
996–1021	Der Fāṭimide al-Ḥākim
998–1030	Maḥmūd von Ġazna
1023–1079	Die Mirdāsiden in Aleppo
1036/1037	Die Selǧūqen Toġrïl-Beg und Čaġrï-Beg erobern Chorasan
1040	Die Selǧūqen schlagen Masʿūd von Ġazna bei Dandānqān
ab 1050	Invasion der Hilāl-Beduinen in Nordafrika
1055	Toġrïl-Beg in Bagdad

1061–1106	Der Almoravide Yūsuf ibn Tāšfīn in Nordafrika (1062 Gründung von Marrakesch) und Spanien (ab 1090)
1063–1072/	Der Selǧūqe Alp-Arslan
1071	Schlacht von Mantzikert: Byzanz unterliegt gegen die Selǧūqen
1071	Der Turkmenenführer Dānišmand in Anatolien
1072–1092	Der Selǧūqensultan Malik-Šāh. Sein Wesir Niẓām-al-Mulk
1077–1307	Die Selǧūqen von Rūm (Anatolien)
1086	Sieg der Almoraviden unter Ibn Tašfīn über Alfonso VI. bei Zallāqa
1092	Die Assassinen ermorden Niẓām-al-Mulk
1099	Kreuzfahrer erobern Jerusalem
1107–1130	Moḥammad ibn Tūmart Mahdī der Almohaden
1118–1157	Der Selǧūqe Sanǧar in Chorasan
1127–1146	Der Atabeg Zangī in Mossul und Aleppo
1130–1269	Die Almohaden in Nordafrika und (bis 1212) in Spanien
1141	Sanǧar unterliegt gegen die Qara-̱itai
1144	Zangī erobert Edessa von den Kreuzrittern zurück
1146–1174	Nūraddīn Zangī in Damaskus (1154) und Aleppo
1150	Ġūriden zerstören Ġazna
1153	Askalon fällt an die Franken
1171	Der Ayyūbide Saladin (1169–1193) stürzt die Fāṭimiden in Ägypten
1176	Schlacht von Myriokephalon: Vernichtung des byzantinischen Heeres durch die Rūm-Selǧūqen
1180–1225	Der Kalif an-Nāṣir
1187	Schlacht von Ḥaṭṭīn: Saladin gewinnt Jerusalem zurück
1196–1549	Marīniden in Marokko
1200–1220	Der Chwarism-Šāh ʿAlāʾaddīn Moḥammad
1204	Eroberung Konstantinopels durch die Kreuzfahrer
1212	Schlacht von Las Navas de Tolosa: die Reconquista führt zum Rückzug der Almohaden aus Spanien (1225)
1218–1238	Der Ayyūbide al-Kāmil in Ägypten
1220–1231	Ǧalāladdīn, der letzte Chwarism-Šāh
1220	Die Mongolen unter Čingiz-Ḫān erobern Transoxanien und Chwarism
1228–1574	Ḥafṣiden in Ifrīqiya
1230–1492	Naṣriden von Granada
1240	Revolte des Bābā Isḥāq in Anatolien
1243	Schlacht am Köse-Daġ: Mongolen unterwerfen die Rūm-Selǧūqen
1249	Ludwig IX. der Heilige von Frankreich in Damiette
1250–1517	Regime der Mamlūken in Ägypten
1256–1353	Īlḫāne in Iran und Iraq (1256–1265 Hülegü)
1258	Der Mongole Hülegü erobert Bagdad. Ende des Abbasidenkalifats
1260	Sieg der Mamlūken über die Mongolen bei ʿAin Ǧālūt (Palästina)
1326	Der Osmane Orḫān in Bursa

1360–1389 Der Osmane Murād I. (1366 Hauptstadt Adrianopel)
1370–1405 Der Mongole Tīmūr Leng, zunächst in Transoxanien und Chorasan, erobert Fārs, Iran und Rußland 1395, Indien 1398

Literaturverzeichnis
(Stand: März 1987)

Allgemeines

Allgemeine und bibliographische Einführungen:
PFANNMÜLLER, GUSTAV, Handbuch der Islamliteratur. Berlin u. Leipzig 1923
SPULER, BERTOLD, und FORRER, LUDWIG, Der Vordere Orient in islamischer Zeit. Bern 1954 (Wissenschaftliche Forschungsberichte; Bd. 21: Orientalistik; T. 3) (Forschungsbericht 1939–1953)
CAHEN, CLAUDE, Introduction à l'histoire du monde musulman médiéval, VIIe–XVe siècle: méthodologie et éléments de bibliographie. Paris 1982 (Initiation à l'Islam; I^{2})

Eine Einführung nebst Bibliographie und Chronologie gibt:
ENDRESS, GERHARD, Einführung in die islamische Geschichte. München 1982

Bibliographie, Buchkunde und historische Hilfswissenschaften:
Arab Islamic bibliography: the Middle East Library Committee Guide; based on Giuseppe Gabrieli's Manuale di bibliografia musulmana. [Hrsg.:] Diana Grimwood-Jones, Derek Hopwood, James Douglas Pearson. Hassocks 1977

Die islamkundlichen Beiträge europäischer Zeitschriften und Sammelwerke, seit 1976 auch Monographien verzeichnet:
PEARSON, JAMES DOUGLAS, Index Islamicus: 1906–1955; a catalogue of articles on Islamic subjects in periodicals and other collective publications. Cambridge 1958. – Supplement 1: 1956–1960. Cambridge 1962. 2: 1961–1965. Cambridge 1968. 3: 1966–1970. London 1972. 4: 1971–1975. London 1977. 5: 1976–1980 (part 1: Articles, 2: Monographs / compiled by J. D. Pearson and W. Behn). London 1983
The Quarterly Index Islamicus: current books, articles and papers on Islamic studies. London 1977 ff
(Vierteljährliche Fortführung, die in Fünfjahres-Kumulationen zusammengefaßt wird)

Rezensionen der Neuerscheinungen enthalten die Fachzeitschriften; eine Auswahl:
ARABICA. Leiden 1954 ff
BIBLIOTHECA ORIENTALIS. Leiden 1943 ff
BULLETIN OF THE SCHOOL OF ORIENTAL AND AFRICAN STUDIES. London 1917 ff
DER ISLAM. Straßburg 1910–19;; Berlin 1920 ff
JOURNAL ASIATIQUE. Paris 1822 ff
JOURNAL OF THE AMERICAN ORIENTAL SOCIETY. New Haven 1843 ff

Journal of the Royal Asiatic Society of Great Britain and Ireland. London 1834 ff
Journal of the Economic and Social History of the Orient. Leiden 1958 ff
Oriens: Zeitschrift der Internationalen Gesellschaft für Orientforschung. Leiden 1948 ff
Orientalistische Literaturzeitung. Berlin 1898 ff
Revue des Études Islamiques. Paris 1927 ff
Enthält die jährliche, analytische Bibliographie Abstracta Islamica.
Rivista degli Studi Orientali. Roma 1907 ff
Zeitschrift der Deutschen Morgenländischen Gesellschaft. Leipzig 1847–1944; Wiesbaden 1945 ff
sowie zahlreiche weitere Zeitschriften aus Europa, den Vereinigten Staaten, Ost- und Südosteuropa sowie aus den Ländern der islamischen Welt.

Das grundlegende Nachschlagewerk zur Geschichte und Kultur des Islams ist die

Enzyklopaedie des Islām: Geographisches, ethnographisches und biographisches Wörterbuch der muhammedanischen Völker. Bd. 1–4. Leiden; Leipzig 1913–34. – Ergänzungsband. 1938

Eine Auswahl mit denjenigen Artikeln, die sich besonders auf den Islam als Religion beziehen, enthält das

Handwörterbuch des Islam. Leiden 1941. – [Englische Ausgabe:] The Shorter Encyclopaedia of Islam. Leiden; London 1953; Nachdr. 1964

Eine neue Ausgabe erscheint gleichzeitig in englischer und französischer Sprache:

The Encyclopaedia of Islam. New edition. – Encyclopédie de l'Islam. Nouvelle édition. Leiden 1954 ff.
Zur Zeit (1987) bis Band 6, Buchstabe M gediehen. – Das Werk – im folgenden zitiert als EI[1] und EI[2] – enthält eingehende, vielfach die besten und nicht selten die einzigen Auskünfte über Grundbegriffe, Ereignisse und Gestalten, Städte und Länder der islamischen Geschichte und Kultur.

Zusammenfassende Darstellungen der islamischen Geschichte des Mittelalters:

In deutscher Sprache:

Brockelmann, Carl, Geschichte der islamischen Völker und Staaten. 2. Aufl. München, Berlin 1943; Nachdr. Hildesheim 1977
Grunebaum, Gustav Edmund von: Der Islam. In: Propyläen Weltgeschichte; Bd. 5. Berlin 1963, S. 21–179; Nachdr. Frankfurt a. M., Berlin 1976 (Ullstein Taschenbuch; Nr. 4729). – [Auch als:] Der Islam in seiner klassischen Epoche, 622–1258. Zürich, Stuttgart 1966 (Die Bibliothek des Morgenlandes)
Geschichte der arabischen Welt / hrsg. von Ulrich Haarmann unter Mitw. von Heinz Halm, Barbara Kellner-Heinkele, Helmut Mejcher,

Tilman Nagel, Albrecht Noth, Alexander Schölch, Hans-Rudolf Singer und Peter von Sivers. München 1987

In französischer Sprache:

Sourdel, Dominique; Sourdel-Thomine, Janine, La civilisation de l'Islam classique. Paris 1968
(mit Beiträgen über Gesellschaft und Wirtschaft, Archäologie und Kunst, reich illustriert)

Elisséeff, Nikita, L'Orient musulman au moyen âge. Paris 1977
(besonders ausführlich für die Seldschuken- und Kreuzzugszeit)

In englischer Sprache:

The Cambridge History of Islam / ed. by P. M. Holt, Ann K. S. Lambton, Bernard Lewis. Vol. 1: The central Islamic lands. 2: The further Islamic lands. Islamic society and civilization. Cambridge 1970

Lewis, Bernard, The Arabs in history. Revised ed. London ^{4}1958

Hodgson, Marshall G. S., The venture of Islam: conscience and history in a world civilization. Vol. 1–3. Chicago, London 1974

Kennedy, Hugh, The Prophet and the age of the Caliphates. London 1986 (A history of the Near East / ed. by P. M. Holt). – Ergänzt durch: P. M. Holt, The age of the Crusades. 1986 (s. u. S. 367)

The Muslim World: a historical survey. Leiden 1960–82.
1: Spuler, Bertold, The age of the Caliphs. 1960; ^{2}1968.
2: Spuler, Bertold, The Mongol period. 1960; ^{2}1969.
3: The last great Muslim empires / with contributions by H. J. Kissling [u. a.]. 1969.
4: Modern times / with contrib. by Helmuth Scheel [u. a.]. Fasc. 1. 1981.

Einzeldarstellungen der Geschichte islamischer Länder und Regionen:

Lévi-Provençal, Évariste, Histoire de l'Espagne musulmane. T. 1–3. Paris 1944–53 (1.2: ^{2}1950)
Standardwerk; bis zum Ende des Kalifats von Cordoba (1031)

Julien, Charles-André, Histoire de l'Afrique du Nord: Tunisie, Algérie, Maroc. 2: De la conquête arabe à 1830. 2ème éd. / revue et mise à jour par Roger Le Tourneau. Paris 1952; Nachdr. 1978

Abun-Nasr, Jamil, A history of the Maghrib. Cambridge ^{2}1975

Marçais, Georges, La Berbérie musulmane et l'Orient au moyen-âge. Paris 1946

Brignon, Jean, u. a., Histoire du Maroc. Paris 1967

The Cambridge History of Iran. Vol. 4: The period from the Arab invasion to the Saljuqs / ed. by R. N. Frye. Cambridge 1975. – Vol. 5: The Saljuq and Mongol periods / ed. by J. A. Boyle. 1968. – 6: The Timurid and Safavid periods / ed. by P. Jackson and L. Lockhart. 1985

Barthold, Wilhelm, Turkestan down to the Mongol invasion. 2nd ed., transl. from the Russian. London 1928. 3rd ed. with an additional chapter / ed. by C. E. Bosworth. London 1968, ^{4}1977 (E. J. W. Gibb Memorial Series; N. S. 5)

Spuler, Bertold, Iran in frühislamischer Zeit: Politik, Kultur, Verwaltung und öffentliches Leben zwischen der arabischen und der seldschukischen Eroberung, 633–1055. Wiesbaden 1952 (Veröffentlichungen der Orientalischen Kommission / Akademie der Wissenschaften und der Literatur; 2)

Der Umrechnung islamischer Daten (Ära nach der Hiğra) dienen die
Wüstenfeld-Mahler'schen Vergleichungstabellen zur muslimischen und iranischen Zeitrechnung / unter Mitarbeit von Joachim Mayr bearbeitet von Bertold Spuler. Wiesbaden 1961

Von Interesse für die nicht-islamischen Ären des Vorderen Orients ist auch:

Grumel, Venance, Traité d'études byzantines. Publié par Paul Lemerle. 1: La chronologie. Paris 1958

Die Herrscherfolgen der islamischen Dynastien sind zusammengestellt in

Zambaur, Edouard de, Manuel de généalogie et de chronologie pour l'histoire de l'Islam. Hannover 1927

Bosworth, Clifford Edmund, The Islamic dynasties: a chronological and genealogical handbook. Edinburgh 1967; rev. ed. 1980 (Islamic Surveys; 5) (weniger umfassend als Zambaur, doch auf dem neuesten Stand)

Historische Geographie und Kulturgeographie der islamischen Welt:

Tübinger Atlas des vorderen Orients. Teil A: Geographie. Teil B: Geschichte. Wiesbaden 1977 ff

Planhol, Xavier de, Kulturgeographische Grundlagen der islamischen Geschichte / aus dem Franz. [1968] übertr. von Heinz Halm. Zürich u. München 1975. (Die Bibliothek des Morgenlandes)
(anregende, nicht durchweg gesicherte Hypothesen)

Vgl. auch Miquel, La géographie humaine (s. u. S. 356).

Religions- und Kulturgeschichte des Islams:

Eine verfrühte, aber noch immer lesenswerte Gesamtdarstellung gab:

Kremer, Alfred von, Culturgeschichte des Orients unter den Chalifen. Bd. 1.2. Wien 1875–77.

Erwähnung verdienen auch Goldzihers klassische, wenngleich in Teilen veraltete Schriften über Religion und Recht des Islams:

Goldziher, Ignaz, Vorlesungen über den Islam. 2. Aufl. Heidelberg 1925; Nachdr. Heidelberg 1963

–, Muhammedanische Studien. Th. 1.2. Halle 1889–90. Nachdr. Hildesheim 1961

Neuere Darstellungen von Religion, Recht und Gesellschaft des Islams:

Arkoun, Mohammed, La pensée arabe. Paris 1975; ²1979 (Que sais-je?; 915)

Gardet, Louis, Islam / aus dem Franz. von S. Summerer u. G. Kurz. Köln 1968

Gibb, Hamilton A. R., Islam: a historical survey. 2nd ed. Oxford 1975

–, Studies in the civilization of Islam. London 1962; Nachdr. 1969

FAZLUR RAHMAN, Islam. London 1966; [2]1979
GRUNEBAUM, GUSTAV EDMUND VON, Der Islam im Mittelalter. Zürich u. Stuttgart 1963 (Die Bibliothek des Morgenlandes)
–, Studien zum Kulturbild und Selbstverständnis des Islams. Zürich u. Stuttgart 1969
LEWIS, BERNARD [Hrsg.], u. a., Die Welt des Islam: Geschichte und Kultur im Zeichen des Propheten. Braunschweig 1976
(mit Beiträgen einzelner Autoren über die Hauptthemen der islamischen Religion und Kultur)
WATT, WILLIAM MONTGOMERY, u. a., Der Islam. 1: Mohammed und die Frühzeit. Islamisches Recht. Religiöses Leben / von W. M. Watt; Alford T. Welch. 2: Polit. Entwicklungen und theolog. Konzepte / von W. M. Watt; Michael Marmura. (Übers. von S. Höfner.) Stuttgart 1980–85 (Die Religionen der Menschheit; 25)

Aufschlußreiche Beiträge zu einzelnen Fragen bringen die Sammelwerke:
UNITY AND VARIETY IN MUSLIM CIVILIZATION / ed. by G. E. von Grunebaum. Chicago 1955
CLASSICISME ET DECLIN CULTUREL DANS L'HISTOIRE DE L'ISLAM: Actes du Symposium international d'histoire de la civilisation musulmane (Bordeaux 1956), organisé par R. Brunschvig et G. E. von Grunebaum. Paris 1957
KLASSIZISMUS UND KULTURVERFALL: Vorträge / hrsg. von G. E. von Grunebaum und Willy Hartner. Frankfurt 1960

Politisch-religiöse Gruppen und Sekten, Theologie, Mystik:
ESS, JOSEF VAN, Zwischen Ḥadīṯ und Theologie: Studien zum Entstehen prädestinatianischer Überlieferung. Berlin 1975 (Studien zur Sprache, Geschichte und Kultur des islamischen Orients: N. F.; Bd. 7)
COOK, MICHAEL, Early Muslim dogma: a source-critical study. Cambridge 1981
GARDET, LOUIS; ANAWATI, M. M. [GEORGES C.], Introduction à la théologie musulmane: essai de théologie comparée. Paris 1948 (Études de philosophie médiévale; 37)
LAOUST, HENRI, Les schismes dans l'Islam: introduction à une étude de la religion musulmane. Paris 1965
STROTHMANN, RUDOLF, Schiiten und Charidschiten. In: Handbuch der Orientalistik: Abt. 1; Bd. 8; Abschn. 2: Religionsgeschichte des Orients im Zeitalter der Weltreligionen. Leiden, Köln 1961, S. 476–95
CORBIN, HENRY, En Islam iranien: aspects spirituels et philosophiques. T. 1–4. Paris 1971–72
ARBERRY, ARTHUR JOHN, Sufism. London 1950.
ANAWATI, GEORGES C.; GARDET, LOUIS, Mystique musulmane: aspects et tendences – expériences et techniques. Paris 1961; [3]1976 (Études musulmanes; 8)
SCHIMMEL, ANNEMARIE, Mystische Dimensionen des Islam. Düsseldorf 1986
TRIMINGHAM, J. SPENCER, The Sufi orders in Islam. Oxford 1971

Recht und Staat:
SCHACHT, JOSEPH, An introduction to Islamic law. Oxford 1964
TYAN, EMILE, Histoire de l'organisation judiciaire en pays d'Islam. 2e éd. Leiden 1960
GARDET, LOUIS, La cité musulmane: vie sociale et politique. Paris 1954; 4e éd., augmentée d'une préface. 1976 (Études musulmanes; 1)
LAMBTON, ANN K. S., State and government in medieval Islam: an introduction to the study of Islamic political theory; the jurists. London 1981 (London Oriental Series; 36)
NAGEL, TILMAN, Staat und Glaubensgemeinschaft im Islam: Geschichte der politischen Ordnungsvorstellungen der Muslime. Bd. 1.2. Zürich u. München 1981

Ausgewählte islamische Quellentexte in deutscher Übersetzung:
SCHACHT, JOSEPH, Der Islam (mit Ausschluß des Qor'āns). Tübingen 1931 (Religionsgeschichtliches Lesebuch. 2. Aufl.; 16)
STIEGLECKER, HERMANN, Die Glaubenslehren des Islam. Paderborn 1962
LEWIS, BERNARD, Der Islam von den Anfängen bis zur Eroberung von Konstantinopel / übers. von H. Fähndrich. Bd. 1.2. Zürich u. München 1981–82

Beziehungen zwischen Islam und Nichtmuslimen:
FATTAL, ANTOINE, Le statut légal des non-musulmans en pays d'Islam. Beyrouth 1958 (Recherches / Institut de lettres orientales de Beyrouth; 10)
BARON, SALO WITTMAYER, A social and religious history of the Jews. 2nd ed. New York 1952–60 (bes. Bd. 3–8)
LEWIS, BERNARD, Die Juden in der islamischen Welt: vom frühen Mittelalter bis ins 20. Jahrhundert / aus dem Engl. v. L. Julius. München 1987

Gesellschaft, Wirtschaft, Handel:
HEYD, WILHELM, Histoire du commerce du Levant au moyen âge. 1.2. Leipzig 1885–86; Nachdr. Amsterdam 1959
WIRTSCHAFTSGESCHICHTE DES VORDEREN ORIENTS IN ISLAMISCHER ZEIT. T. 1. Mit Beiträgen von B. Lewis, M. Rodinson, G. Baer, H. Müller, A. S. Ehrenkreutz, E. Ashtor, B. Spuler. A. K. S. Lambton [u. a.]. Leiden, Köln 1977 (Handbuch der Orientalistik: Abt. 1; Bd. 6; Abschn. 6)
CAHEN, CLAUDE, Economy, society, institutions. In: The Cambridge History of Islam. Cambdrige 1970. Vol. 2, S. 511–38.
–, Les peuples musulmans dans l'histoire médiéval. Damas 1977 (Gesammelte Aufsätze)
DURI, ABDALAZIZ, Arabische Wirtschaftsgeschichte / aus d. Arab. übers. v. J. Jacobi. Zürich u. München 1979 (Die Bibliothek des Morgenlandes)

Zur Einführung in das geistige Leben, bes. die Philosophie und die Weiterbildung der antiken Wissenschaften im Islam:
DAS VERMÄCHTNIS DES ISLAMS / hrsg. von Joseph Schacht u. Clifford Edmund Bosworth; nach der engl. Ausg. [The legacy of Islam. 1974] hrsg. von H. Fähndrich. Bd. 1.2. Zürich u. München 1980 (Die Bibliothek des Morgenlandes)
KRAEMER, JÖRG, Das Problem der islamischen Kulturgeschichte. Tübingen 1959

GRUNBEBAUM, GUSTAV EDMUND VON, Der Islam im Mittelalter. Zürich u. Stuttgart 1963 (Die Bibliothek des Morgenlandes)
ROSENTHAL, Das Fortleben der Antike im Islam. Zürich u. Stuttgart 1965 (Die Bibliothek des Morgenlandes) (Ausgewählte Texte in Übersetzung)
–, Knowledge triumphant: the concept of knowledge in medieval Islam. Leiden 1970
WATT, WILLIAM MONTGOMERY, Islamic philosophy and theology. Edinburgh 1962 (Islamic Surveys; 1)
CORBIN, HENRY, Histoire de la philosophie islamique. 2e éd. Paris 1986 (besonders über die Theosophie des Spätmittelalters, v. a. im schiitischen Iran, etwas einseitig)
FAKHRY, MAJID, A history of Islamic philosophy. New York; London 1970; ²1983
LEAMAN, OLIVER, An introduction to medieval Islamic philosophy. Cambridge 1985
WALZER, RICHARD, Greek into Arabic. Oxford 1962
DICTIONARY OF SCIENTIFIC BIOGRAPHY / ed.: Charles Coulston Gillispie. Vol. 1–16. New York 1970–80.
ARNALDEZ, ROGER; MASSIGNON, LOUIS; YOUSCHKEVITCH, A. P., La science arabe. In: Histoire générale des sciences. T. 1: La science antique et médiévale. 2ème éd. Paris 1966, S. 440–525
ULLMANN, MANFRED, Die Medizin im Islam. Leiden, Köln 1970 (Handbuch der Orientalistik: Abt. 1; Erg.-Bd. 6,1)
–, Islamic medicine. Edinburgh 1978 (knappere Einführung)
–, Die Natur- und Geheimwissenschaften im Islam. Leiden, Köln 1970 (Handbuch der Orientalistik: Abt. 1; Erg.-Bd. 6,2)

Über die exakten Wissenschaften s. a. das Kapitel von A. I. SABRA in LEWIS u. a., Die Welt des Islam (s. o. S. 354), S. 181–200.

Über die arabischen Geographen:
MIQUEL, ANDRÉ, La géographie humaine du monde musulman jusqu'au milieu du 11e siècle: géographie et géographie humaine dans la littérature arabe des origines à 1050. T. 1–3. Paris, La Haye 1967–80 (Civilizations et sociétés; 7)

Musik und Musiktheorie bei den Arabern:
FARMER, GEORGE HENRY, A history of Arabian music, to the XIIIth century. London 1929; Nachdr. 1967
JARGY, SIMON, La musique arabe. Paris 1971 (Que sais-je?; 1436)

Sprachen und Literaturen:
GRUNDRISS DER ARABISCHEN PHILOLOGIE. Hrsg. von Wolfdietrich Fischer und Helmut Gätje. Bd. 1: Sprachwissenschaft. Bd. 2: Literaturwissenschaft. Wiesbaden 1982–87
IRANISTIK. Abschnitt 1: Linguistik. Leiden, Köln 1958. (Handbuch der Orientalistik: Abt. 1; Bd. 4,1)
PHILOLOGIAE TURCICAE FUNDAMENTA / [Hrsg.:] Jean Deny [u. a.]. Bd. 1.2. Wiesbaden 1959–64

Turkologie / mit Beiträgen von A. van Gabain [u. a.]. Leiden, Köln 1963 (Handbuch der Orientalistik: Abt. 1; Bd. 5,1)

Brockelmann, Carl, Geschichte der arabischen Literatur. 2., den Supplementbänden angepaßte Aufl. Bd. 1.2. Leiden 1943–49. [Nebst:] Supplementband 1–3. Leiden 1937–42
(Weniger eine literarhistorische Darstellung als ein großes Inventar der Autoren und ihrer Werke in Handschriften und Drucken)

Sezgin, Fuat, Geschichte des arabischen Schrifttums. Bd. 1 ff. Leiden 1967
(Im Anschluß an Brockelmann mit einer Fülle neuen Materials, z. Z. [1987] 9 Bände über die Literatur der islamischen Disziplinen, Grammatik und Lexikographie, Poesie und das naturwissenschaftliche Schrifttum)

Gibb, Hamilton A. R.; Landau, Jacob M., Arabische Literaturgeschichte. Zürich u. Stuttgart 1986

Storey, Charles Ambrose, Persian literature: a bio-bibliographical survey. Vol. 1 ff. London 1927 ff
(Bd. 1. 1927–53 verzeichnet die Autoren und Werke aus Historiographie und Biographie)

Rypka, Jan, Iranische Literaturgeschichte / unter Mitarbeit von Otakar Klíma, Věra Kubicková, Jiří Cejpek, Ivan Hrbek, Leipzig 1959. – [Erweiterte engl. Bearbeitung:] History of Iranian literature. Ed. by Karl Jahn. Dordrecht 1968

Browne, Edward Granville, A literary history of Persia. 1.–4. London; Cambridge 1902–24 (u. Nachdrucke)

Bausani, Alessandro, La letterature persiana. Milano 1968

Bombaci, Alessio, Storia della letteratura turca. Milano 1956. – [Erweiterte franz. Bearb.:] Histoire de la littérature turque / trad. par Irène Mélikoff. Paris 1967

Die Geschichtsschreibung:

Historians of the Middle East / ed. by Bernard Lewis and P. M. Holt. London 1962

Rosenthal, Franz, A history of Muslim historiography. Leiden 1952; 2nd rev. ed. 1968.

Cahen, Claude, L'historiographie arabe des origines au VIIe s.H. In: Arabica 33 (1986), S. 133–98

Spuler, Bertold, Die historische und geographische Literatur in persischer Sprache. In: Handbuch der Orientalistik: Abt. 1; Bd. 4: Iranistik; Abschn. 2, Lfg. 1. Leiden, Köln 1968, S. 100–67

Babinger, Franz, Die Geschichtsschreiber der Osmanen und ihre Werke. Leipzig 1927

Die arabischen Bau-, Grab- u. a. Inschriften sind gesammelt im:

Répertoire chronologique d'Épigraphie arabe. Publié par M. Cohen sous la direction de Étienne Combe, Jean Sauvaget, Gaston Wiet [u. a.]. T. 1–17. Le Caire 1931–82 [nebst] Index géographique. Le Caire 1975

Einführungen in die arabische Paläographie, Epigraphik, Numismatik und Papyrologie enthält der Grundriß der Arabischen Philologie, Bd. 1 (s. o. S. 356); zur Papyrologie siehe auch:

Grohmann, Adolf, Arabische Chronologie. Arabische Papyruskunde. Mit Beiträgen von Joachim Mayr und Walter C. Till. Leiden, Köln 1966 (Handbuch der Orientalistik: Abt. 1; Erg.-Bd. 2,1)

Zur islamischen Kunst:

Kühnel, Ernst, Die Kunst des Islam. Stuttgart 1962

Otto-Dorn, Katharina, Kunst des Islam. Baden-Baden 1964 (Kunst der Welt: Die außereuropäischen Kulturen)

Die Kunst des Islam / von Janine Sourdel-Thomine und Bertold Spuler; mit Beiträgen von Klaus Brisch [u. a.]. Berlin 1973 (Propyläen Kunstgeschichte; Bd. 4)

Pope, Arthur Upham; Ackermann, Phyllis, [u. a.], A survey of Persian art from prehistoric times to the present. Vol. 1–6. London 1938–39. – 2nd ed. Vol. 1–13 (with corrigenda and addenda). 14. London, Tokyo 1964–67. – 3rd ed. Vol. 1–16 (15. 16: Bibliography. Index). Ashiya (Japan) 1977

Marçais, Georges, Manuel d'art musulman: l'architecture; Tunisie, Algérie, Maroc, Espagne, Sicile. 1.2. Paris 1926–27

Ettinghausen, Richard, Arabische Malerei. Genf 1962 (Die Kunstschätze Asiens)

Gray, Basil, Persische Malerei. Genf 1961 (Die Kunstschätze Asiens)

Die Geschichte der Islamwissenschaften im Westen behandeln:

Fück, Johann, Die arabischen Studien in Europa bis in den Anfang des 20. Jahrhunderts. Leipzig 1955

Rodinson, Maxime, Die Faszination des Islam / deutsch v. I. Riesen. München 1985

Es folgen ausgewählte Literaturangaben zu den einzelnen Kapiteln des vorliegenden Bandes.

Kap. 1: Die Araber vor dem Islam.

Grohmann, Adolf, Arabien. München 1963 (Handbuch der Altertumswissenschaft: Abt. 3; T. 1; Bd. 3,3,4)

Altheim, Franz; Stiehl, Ruth, Die Araber in der Alten Welt [mit Beiträgen zahlreicher Mitarbeiter]. Bd. 1–5. Berlin 1964–69

Dussaud, René, La pénétration des Arabes en Syrie avant l'Islam. Paris 1955 (Bibliothèque archéologique et historique / de l'Institut français d'archéologie de Beyrouth; 5)

Lammens, Henri, Le berceau de l'Islam: l'Arabie occidentale à la veille de l'Hégire. 1: Le climat; les bédouins. Rome 1914

–, L'Arabie occidentale avant l'Hégire. Beyrouth 1928

–, La Mecque à la veille de l'Hégire.: In: Mélanges de l'Université Saint-Joseph 9 (1924), S. 99–439

Kister, Meir Jacob, Studies in Jāhiliyya and early Islam. London 1980 (Collected Studies Series; 123)

EI², Art. »ʿArab« (A. Grohmann, W. Caskel, B. Spuler, G. Wiet, G. Marçais); »ʿArab, Djazīrat al-. vii: History« (G. Rentz); »Badw« (C. S. Coon, H. von Wissmann, F. Kussmaul, W. M. Watt)

Auch die Kenntnis der Geschichte der umliegenden Völker, mit denen der Islam bei seiner Expansion in Berührung kam, ist nützlich für das Verständnis seiner Entstehung und Entwicklung. Hierzu seien genannt:

CHRISTENSEN, ARTHUR, L'Iran sous les Sassanides. 2ᵉ éd. Copenhague, Paris 1944 (Annales du Musée Guimet: Bibliothèque d'études; 48)

OSTROGORSKY, GEORG, Geschichte des byzantinischen Staates. 3. Aufl. München 1963 (Byzantinisches Handbuch; T. 1; Bd. 2)

MAIER, FRANZ GEORG, Die Verwandlung der Mittelmeerwelt. Frankfurt, Hamburg 1968 (Fischer Weltgeschichte; Bd. 9)

KAP. 2: MOHAMMED

ANDRAE, TOR, Muhammed: sein Leben und sein Glaube. Göttingen 1932

BUHL, FRANTS, Das Leben Muhammeds/dt. von H. H. Schäder. Leipzig 1930; Nachdr. Darmstadt 1961

PARET, RUDI, Muhammed und der Koran: Geschichte und Verkündigung des arabischen Propheten. Stuttgart 1957, [5]1980 (Urban-Bücher; 32)

RODINSON, MAXIME, Mahomet. Paris 1961; [2]1968. – [Deutsch:] Mohammed. Luzern, Frankfurt 1975

WATT, WILLIAM MONTGOMERY, Muhammad at Mecca. Oxford 1953

–, Muhammad at Medina. Oxford 1956

Standardwerke der neueren Forschung, deutsch zusammengefaßt in WATT, Der Islam (s. o. S. 354), Bd. 1.

SELLHEIM, RUDOLF, Prophet, Chalif und Geschichte. In: Oriens 18–19 (1965–66), S. 33–91

(über die klassische arabische Prophetenbiographie von Ibn Isḥāq)

Der Koran:

Der Koran/aus dem Arabischen übertragen von Max Henning. Leipzig 1901. – [Neuausgabe mit] Einleitung und Anmerkungen v. Annemarie Schimmel. Stuttgart 1960; [2]1970 (Reclams Universal-Bibliothek; 4206–10)

Der Koran/Übersetzung von Rudi Paret. Stuttgart 1966. – [Überarb. Taschenbuchausg.:] 1979; [2]1980

(die zuverlässigste wissenschaftliche Übersetzung)

NÖLDEKE, THEODOR, Geschichte des Qorāns. 2. Aufl./bearb. von Friedrich Schwally (3: Die Geschichte des Korantextes/von G. Bergsträßer u. O. Pretzl). Bd. 1–3. Leipzig 1909–38; Nachdr. Hildesheim 1961, 1970

BELL, RICHARD, Bell's Introduction to the Qur'ān/completely revised and enlarged by W. Montgomery Watt. Edinburgh 1970 (Islamic Surveys; 8)

PARET, RUDI [Hrsg.], Der Koran. Darmstadt 1975 (Wege der Forschung; Bd. 326)

(Sammlung wichtiger Arbeiten der neueren Forschung)

WANSBOROUGH, JOHN, Quranic studies: sources and methods of scriptural interpretation. Oxford 1977 (London Oriental Series; 31)

EI², Art. Ḳur'ān (A. T. Welch; J. D. Pearson)

Kap. 3: Die Gründung des arabisch-islamischen Reiches

Caetani, Leone, Annali dell'Islam. 1–10. Milano 1905–18, (9.10:) Roma 1926
(Zusammenfassung der seinerzeit verfügbaren Quellenberichte in chronologischer Folge über die Ereignisse der Jahre 1–40 der islamischen Ära = 622–661 n. Chr.)

Wellhausen, Julius, Prolegomena zur ältesten Geschichte des Islams. In: Wellhausen, Skizzen und Vorarbeiten; 6. Berlin 1899, S. 1–160

Veccia Vaglieri, Laura, The Patriarchal and Umayyad caliphates. In: The Cambridge History of Islam. Cambridge 1970. 1, S. 57–103.

Die islamisch-arabischen Eroberungen:

Becker, Carl Heinrich, Die Ausbreitung der Araber im Mittelmeergebiet. In: Becker, Islamstudien. Leipzig 1924–32. 1, S. 66–145

Donner, Fred McGraw, The early Islamic conquests. Princeton, N. J. 1981

Hill, Donald Routledge, The termination of hostilities in the early Arab conquests, A. D. 634–656. London 1971

Butler, Alfred J., The Arab conquest of Egypt and the last thirty years of the Roman dominion. (First publ. 1902.) 2nd ed. by P. M. Fraser. Oxford 1978

Kap. 4: Die Zeit der Umaiyaden (660–750)

Caetani, Leone, Chronographia Islamica ossia riassunto chronologico della storia di tutti i popoli musulmani. Vol. 1–5. Paris 1913–23
(chronologischer Konspektus der Ereignisse bis zum Ende des Umaiyadenkalifats)

Wellhausen, Julius, Das arabische Reich und sein Sturz. Berlin 1902

Lammens, Henri, Étude sur le règne du Calife omaiyade Moʿâwiya Ier. In: Mélanges de la Faculté orientale/Université Saint-Joseph 1 (1906), S. 1–108; 2 (1907), S. 1–172; 3 (1908), S. 145–312. – [Auch selbständig:] Paris 1908

–, Le califat de Yazîd Ier. Ebd. 4 (1910), S. 233–312; 5(1911), S. 79–267, 588–724

–, Études sur le siècle des Omayyades. Beyrouth 1930, S. 163–210

Becker, Carl Heinrich, Islamstudien: vom Werden und Wesen der islamischen Welt. Leipzig 1924–32 (bes. die in Bd. 1 vereinigten Aufsätze)

Dennet, Daniel C., Conversion and the poll-tax in early Islam. Cambridge, Mass. 1950

Sellheim, Rudolf, Der zweite Bürgerkrieg im Islam (680–692): das Ende der mekkanisch-medinensischen Vorherrschaft. Wiesbaden 1970

Rotter, Gernot, Die Umayyaden und der zweite Bürgerkrieg (680 bis 692). Wiesbaden 1983 (Abhandlungen für die Kunde des Morgenlandes; 45,3)

Eickhoff, Ekkehard, Seekrieg und Seepolitik zwischen Islam und Abendland: das Mittelmeer unter byzantinischer und arabischer Hegemonie (650–1040). Berlin 1966

(vgl. auch die weiteren, oben zu Kap. 3 genannten Arbeiten über die arabischen Eroberungen)
MORONY, MICHAEL G., Iraq after the Muslim conquest. Princeton, N. J. 1984

Die Anfänge der islamischen Literatur und Kunst:

BLACHÈRE, RÉGIS, Histoire de la littérature arabe. 1.–3. Paris 1952–66 (behandelt die vor- und frühislamische Literatur bis zum Ende der Umaiyadenzeit)
THE CAMBRIDGE HISTORY OF ARABIC LITERATURE. [1:] Arabic literature to the end of the Umayyad period / ed. by A. F. L. Beeston [u. a.]. Cambridge 1983
CRESWELL, KEPPEL ARCHIBALD CAMERON, Early Muslim architecture: Umayyads, early ʿAbbāsids and Ṭūlūnids. 1. 2. Oxford 1932–40; Nachdr. New York 1979.
GRABAR, OLEG, Die Entstehung der islamischen Kunst. Köln 1977

KAP. 5: DIE ENTWICKLUNG IN DER MITTE DES 8. JAHRHUNDERTS UND DIE »ABBASIDISCHE REVOLUTION«

CAHEN, CLAUDE, Points de vue sur la »révolution ʿabbâside«. In: Revue historique ann. 87, t. 230 (1963), S. 295–338 = CAHEN: Les peuples musulmans dans l'histoire médiévale. Damas 1977, S. 105–60
SHABAN, MUHAMMAD ABDALHAYY, The ʿAbbāsid revolution. Cambridge 1970
SHARON, MOSHE, Black banners from the East: the establishment of the ʿAbbāsid state – incubation of a revolt. Jerusalem, Leiden 1983 (The Max Schloessinger Memorial Series; 2)
LASSNER, JACOB, The shaping of ʿAbbāsid rule. Princeton, N. J. 1979

KAP. 6: DAS ERSTE ABBASIDISCHE JAHRHUNDERT

KENNEDY, HUGH, The early Abbasid caliphate: a political history. London 1981
LASSNER, The shaping of ʿAbbāsid rule (s. o. unter Kap. 5)
LASSNER, JACOB, The topography of Baghdad in the early Middle Ages. Detroit 1970
DANIEL, ELTON LEE, The political and social history of Khurasan under Abbasid rule, 747–820. Minneapolis, Chicago 1979
VASILIEV, ALEKSANDR ALEKSANDROVIČ, Byzance et les Arabes / éd. française préparée par Henri Grégoire et Marius Canard. 1. 2,2. 3 (3: ERNST HONIGMANN, Die Ostgrenze des byzantinischen Reiches von 363–1071). Bruxelles 1935–50
SOURDEL, DOMINIQUE, Le vizirat abbaside 749–936. 1. 2. Damas 1959–60
–, La politique religieuse du calife ʿabbāside al-Maʾmūn. In: Revue des études islamiques 30 (1962), S. 27–48
Über die Entwicklung des Kalifats und seiner Institutionen vgl. auch NAGEL, Staat und Glaubensgemeinschaft im Islam (s. o. S. 355).

PATTON, WALTER MELVILLE, Aḥmed ibn Ḥanbal and the Miḥna: a biography of the Imām including an account of the Moḥammedan inquisition called the Miḥna, 218–234. Leiden 1897

Gesetz, Recht und Steuerwesen:

JUYNBOLL, GUALTERUS H. A., Muslim tradition: studies in chronology, provenance and authorship of early ḥadīth. Cambridge (usw.) 1983

SCHACHT, JOSEPH, The origins of Muhammadan Jurisprudence. Oxford 1950
und dessen »Introduction« (s. o. S. 354)

LØKKEGAARD, FREDE, Islamic taxation in the classic period; with special refence to circumstances in Iraq. Copenhagen 1950; Nachdr. 1970

Über das Steuerwesen s. auch EI², Art. »Ḍarība« ⟨1.⟩ (C. Cahen); »Dīwān« ⟨1.⟩ (A. A. Duri); »Djizya« ⟨1.⟩ (C. Cahen); »Ḥisba« ⟨1.⟩ (C. Cahen, M. Talbi)

Theologie und religiöse Bewegungen:

L'ÉLABORATION DE L'ISLAM: colloque de Strasbourg, 12–14 juin 1959. Paris 1961

ARENDONK, CORNELIUS VAN, Les débuts de l'imāmat zaidite au Yémen / trad. française par J. Ryckmans. Leiden 1960.

MADELUNG, WILFRED, Der Imām al-Qāsim ibn Ibrāhīm und die Glaubenslehre der Zaiditen. Berlin 1965

WATT, Der Islam (s. o. S. 354), Bd. 2

KAP. 7: DER AUFSTIEG EINER NEUEN KULTUR

PELLAT, CHARLES, Le milieu basrien et la formation de Ǧāḥiẓ. Paris 1953

–, Arabische Geisteswelt: ausgewählte und übersetzte Texte von al-Ǧāḥiẓ / unter Zugrundelegung d. arab. Originaltexte aus dem Franz. übertr. von Walter W. Müller. Zürich u. Stuttgart 1967 (Die Bibliothek des Morgenlandes)

Über die griechisch-arabische Überlieferung und Übersetzungstätigkeit und die Anfänge von Philosophie und Wissenschaften s. WALZER, Greek into Arabic (s. o. S. 356); ROSENTHAL, Das Fortleben der Antike im Islam (s. o. S. 355); ferner:

WALZER, RICHARD, L'éveil de la philosophie islamique. In: Revue des études islamiques 38 (1970), S. 7–42, 207–42

ENDRESS, GERHARD, Die wissenschaftliche Literatur. In: Grundriß der Arabischen Philologie. Wiesbaden 1982–87. Bd. 2, S.400–506.

Über die frühabbasidische Kunst s. die oben genannten Werke von CRESWELL, Early Muslim architecture (S. 361), GRABAR, Die Entstehung der islamischen Kunst (S. 361) und POPE, Survey of Persian art (S. 358).

Kap. 8: Wirtschaft und Gesellschaft der klassisch-islamischen Welt (bis zum 11. Jahrhundert)

Siehe auch die oben S. 355 genannten Werke über die allgemeine Wirtschafts- und Sozialgeschichte des islamischen Mittelalters.

Soziale Struktur:

Goitein, Shlomo Dov, Studies in Islamic history and institutions. Leiden 1966

–, A mediterranean society: the Jewish community of the Arab world as portrayed in the documents of the Cairo Geniza, Vol. 1–5. Berkeley 1967 ff.

Mez, Adam, Die Renaissance des Islâms. Heidelberg 1922

Müller, Hans: Sklaven. In: Wirtschaftsgeschichte des Vorderen Orients (s. o. S. 355), S. 53–83

Staatswirtschaft und Lehnswesen:

Cahen, Claude, L'évolution de l'Iqṭāʿ du IXe au XIIIe siècle: contribution à une histoire comparée des sociétés médiévales. In: Annales: économies, sociétés, civilisations 8 (1953), S. 25–52 = Cahen: Les peuples musulmans dans l'histoire médiévale. Damas 1977, S. 231–69

Samarrâî, H. O., Agriculture in Irak during the third century. Beirut 1972

Schmucker, Werner, Untersuchungen zu einigen wichtigen bodenrechtlichen Konsequenzen der islamischen Eroberungsbewegung. Bonn 1972 (Bonner Orientalistische Studien: N. S.; Bd. 24)

Lambton, Ann K. S., Landlord and peasant in Persia. London 1953

Gesellschaft und Wirtschaft der islamischen Stadt:

The Islamic City: a colloquium / ed. by Albert H. Hourani and S. M. Stern. Oxford [etc.] 1970 (Papers in Islamic History; 1)

Cahen, Claude, Mouvements populaires et autonomisme urbain dans l'Asie du moyen âge. In: Arabica 5 (1958), S. 225–50; 6 (1959), S. 233–65

–, Zur Geschichte der städtischen Gesellschaft im islamischen Orient des Mittelalters. In: Saeculum 9 (1958), S. 59–76

Taeschner, Franz, Futuwwa, eine gemeinschaftsbildende Idee im mittelalterlichen Orient und ihre Erscheinungsformen. In: Schweizerisches Archiv für Volkskunde 52 (1956), S. 122–58

–, Zünfte und Bruderschaften im Islam: Texte zur Geschichte der Futuwwa. Zürich u. München 1979 (Die Bibliothek des Morgenlandes)

EI[1] u. Suppl., Art. »Ṭirāz« (A. Grohmann): EI[2], Art. »Ḥisba« ⟨1.⟩ (C. Cahen, M. Talbi); »Futuwwa« ⟨1.⟩ (C. Cahen)

Rodinson, Maxime, Islam und Kapitalismus / aus dem Franz. von R. Schubert. Frankfurt a. M. 1971

Sauvaget, Jean, Alep: Essai sur le développement d'une grande ville syrienne. [1:] Texte. [2:] Album. Paris 1941.

Gaube, Heinz; Wirth, Eugen, Aleppo: historische und geographische Beiträge zur baulichen Gestaltung, zur sozialen Organisation und zur wirtschaftlichen Dynamik einer vorderasiatischen Fernhandelsmetropole. [1:] Textband. [2:] Karten. Wiesbaden 1984 (Tübinger Atlas des Vorderen Orients: Beihefte; Reihe B; Nr. 58)

GARCIN, JEAN-CLAUDE, Une ville de Haute-Égypte: Qūṣ. Le Caire 1976
LE TOURNEAU, ROGER, Fès avant le Protectorat: étude économique et sociale d'une ville de l'occident musulman. Casablanca 1949 (Publications de l'Institut des hautes-études marocaines; t. 45)

Der internationale Handel:
CAHEN, CLAUDE, Quelques problèmes concernant l'expansion économique musulmane au haut moyen âge. In: Settimane di studio del Centro italiano di studi sull'alto medioevo; 12: L'Occidente e l'Islam nell'alto medioevo. Spoleto 1965. 1, S. 391–432 = CAHEN, Les peuples musulmans dans l'histoire médiévale. Damas 1977, S. 323–57
GOITEIN, A mediterranean society (s. o. S. 362/363)
UDOVITCH, AVROM L., Partnership and profit in medieval Islam. Princeton, N. J. 1970
HÜBINGER, PAUL EGON [Hrsg.], Bedeutung und Rolle des Islam beim Übergang vom Altertum zum Mittelalter. Darmstadt 1968 (Wege der Forschung; 202)
mit neueren Beiträgen zu HENRI PIRENNE, Mahomet et Charlemagne (1937)
LEWIS, ARCHIBALD R., Naval power and trade in the Mediterranean, A. D. 500–1100. Princeton, N. J. 1951
FAHMY, ALY MOHAMED, Muslim seapower in the eastern Mediterranean from the 7th to the 10th century A.D.: studies in naval organisation. London 1967
HOURANI, GEORGE F., Arab seafaring in the Indian Ocean in ancient and early medieval times. Princeton, N. J. 1951

KAP. 9: DIE ARMEE UND DIE POLITISCHEN UND SOZIALEN WANDLUNGEN VON DER MITTE DES 9. BIS ZUR MITTE DES 10. JAHRHUNDERTS

CAHEN, CLAUDE, The body politic. In: Unity and variety in Muslim civilisation. Chicago 1955, S. 132–63
–, L'évolution de l'Iqṭāʿ (s. o. zu Kap. 8)
CRONE, PATRICIA, Slaves on horses: the revolution of the Islamic polity. Cambridge 1980
PIPES, DANIEL, Slave soldiers and Islam: the genesis of a military system [A. D. 600–900]. New Haven, London 1981
HERZFELD, ERNST, Geschichte der Stadt Samarra. Hamburg 1948 (Die Ausgrabungen von Samarra; 6)

KAP. 10: DIE ENTWICKLUNG DER POLITISCH-RELIGIÖSEN BEWEGUNGEN VON DER MITTE DES 9. BIS ZUR MITTE DES 10. JAHRHUNDERTS

LAOUST, HENRI, Les schismes (s. o. S. 354)
–, La profession de foi d'Ibn Baṭṭa. Damas 1958
MAKDISI, GEORGE, Ashʿarī and the Ashʿarites in Islamic religious history. In: Studia Islamica 17 (1962), S. 37–80; 18 (1963), S. 18–39
–, The rise of colleges: institutions of learning in Islam and the West. Edinburgh 1982

LEWIS, BERNARD, The origins of Ismāʿīlism: a stuy of the historical background of the Fāṭimid Caliphate. Cambridge 1940
STERN, SAMUEL MIKLOS, Studies in early Ismailism. Jerusalem, Leiden 1983 (Max Schloessinger Memorial Series: Monographs; 1)
MADELUNG, WILFERD, Das Imamat in der frühen ismailitischen Lehre. In: Der Islam 37 (1961), S. 43–135
–, Religious schools and sects in medieval Islam. London 1985 (Collected Studies Series; 213)
MASSIGNON, LOUIS, La passion de Husayn ibn Mansûr Hallâj, martyr mystique de l'Islam exécuté à Bagdad le 26 Mars 922. T. 1–4. Paris 1922; ²1975
SCHIMMEL, ANNEMARIE, Al-Halladsch, Märtyrer der Gottesliebe: Leben und Legende, ausgewählt, übersetzt und eingeleitet. Köln 1968
ANDRAE, TOR, Islamische Mystiker / deutsch von H. Kanus-Credé. Stuttgart 1960 (Urban-Bücher; 46)

KAP. 11: DIE POLITISCHE ZERSPLITTERUNG DER ISLAMISCHEN WELT

Vgl. CAMBRIDGE HISTORY OF IRAN (s. o. S. 352), Bd. 4; SPULER, Iran (s. o. S. 352/353); BARTHOLD, Turkestan (s. o. S. 352); LÉVI-PROVENÇAL, Espagne (s. o. S. 352); JULIEN, Afrique du Nord (s. o. S. 352); GOITEIN, Mediterranean society (s. o. S. 362/363)

WIET, GASTON, L'Égypte arabe de la conquête arabe à la conquête ottomane, 642–1517. Paris 1937 (Histoire de la nation égyptienne / Gabriel Hanoteaux [Hrsg.]; 4)
HASSAN, ZAKY MOHAMED, Les Tulunides: étude de l'Égypte musulmane à la fin du IXᵉ siècle, 868–905. Paris 1933
MADELUNG, WILFERD, Fatimiden und Baḥrainqarmaṭen. In: Der Islam 34 (1959), S. 34–88
WÜSTENFELD, FERDINAND, Geschichte der Fatimiden-Chalifen, nach arabischen Quellen. Göttingen 1881 (Abhandlungen der Kgl. Gesellschaft der Wissenschaften; 26. 27)
BRYER, DAVID, The origins of the Druze religion. In: Der Islam 52 (1975), S. 47–84, 239–62; 53 (1976), S. 5–28
CANARD, MARIUS, Histoire de la dynastie des H'amdanides de Jazīra et de Syrie. 1. Alger 1951
BUSSE, HERIBERT, Chalif und Großkönig: die Buyiden im Iraq (945–1055). Beirut; Wiesbaden 1969 (Beiruter Texte und Studien; 6)
BOSWORTH, CLIFFORD EDMUND, The Ghaznavids: their empire in Afghanistan and eastern Iran, 944–1040. Edinburgh 1965
MOTTAHEDEH, ROY P., Loyalty and leadership in an early Islamic society. Princeton, N. J. 1980
DOZY, REINHARDT, Geschichte der Mauren in Spanien bis zur Eroberung Andalusiens durch die Almoraviden (711–1110). 1. 2. Leipzig 1874; Nachdr. Darmstadt 1965
HOENERBACH, WILHELM, Islamische Geschichte Spaniens; Übersetzung der Aʿmāl al-aʿlām [des Ibn al-Ḫaṭīb] und ergänzender Texte. Zürich u. Stuttgart 1970 (Die Bibliothek des Morgenlandes)

AMARI, MICHELE, Storia dei Musulmani di Sicilia. Secunda ed. / a cura di C. A. Nallino. 1.–3. Catania 1933–39
TALBI, MOHAMED, L'émirat aghlabide, 184–296 / 800–909: histoire politique. Paris 1966 (Publications de la Faculté des Lettres, Tunis)
JULIEN, Histoire de l'Afrique du Nord (s. o. S. 352)
TERRASSE, HENRI, Histoire du Maroc des origines à l'établissement du Protectorat français. 1.2. Casablanca 1949–50

KAP. 12: DER KULTURELLE HÖHEPUNKT DES KLASSISCHEN ISLAMS (VON DER MITTE DES 9. BIS ZUR MITTE DES 11. JAHRHUNDERTS)

Über Literatur, Philosophie, Wissenschaften und Kunst siehe auch die zusammenfassenden Darstellungen, oben S. 355 ff.

WALZER, RICHARD, Al-Farabi on the perfect state: Abū Naṣr al-Fārābī's Mabādi' ārā' ahl al-madīna al-fāḍila; a revised text, with introduction, translation and commentary. Oxford 1985
GOICHON, AMÉLIE-MARIE, La philosophie d'Avicenne et son influence en Europe médiévale. Paris 1953
VERBEKE, GÉRARD, Avicenna: Grundleger einer neuen Metaphysik. Opladen 1983 (Vorträge / Rheinisch-Westfälische Akademie der Wissenschaften; G 263)
STROHMAIER, GOTTHARD, Denker im Reich der Kalifen. Leipzig [usw.] 1981
SCHRAMM, MATTHIAS, Ibn al-Haythams Weg zur Physik. Wiesbaden 1963 (Boethius: Texte und Abhandlungen zur Geschichte der exakten Wissenschaften; Bd. 1)
VERNET, JUAN, Die spanisch-arabische Kultur in Orient und Okzident / übers. von K. Maier. Zürich u. München 1984
NÖLDEKE, THEODOR, Das iranische Nationalepos. 2. Aufl. Berlin, Leipzig 1920
KÜHNEL, ERNST, Die Kunst Persiens unter den Buyiden. In: Zeitschrift der Deutschen Morgenländischen Gesellschaft 106 (1956), S. 78–92
SCHLUMBERGER, DANIEL, Le palais ghaznévide de Lashkari Bazar. In: Syria 29 (1952), S. 251–70
CRESWELL, KEPPEL A. C., The Muslim architecture of Egypt. 1.2. Oxford 1952–59; Nachdr. New York 1977

KAP. 13: VOM 11. BIS ZUM 13. JAHRHUNDERT. DIE NEUEN REICHE. DIE SOZIALE UND KULTURELLE ENTWICKLUNG

BARTHOLD, WILHELM, Zwölf Vorlesungen über die Geschichte der Türken Mittelasiens. Berlin 1935
GESCHICHTE MITTELASIENS / mit Beiträgen von K. Jettmar, H. W. Haussig, B. Spuler, L. Petech. Leiden, Köln 1966 (Handbuch der Orientalistik: Abt. 1; Bd. 5,5)
GABAIN, ANNEMARIE VON, Einführung in die Zentralasienkunde. Darmstadt 1979

THE CAMBRIDGE HISTORY OF IRAN; Vol. 5: The Saljuq and Mongol periods / ed. by J. A. Boyle. Cambridge 1968

ISLAMIC CIVILIZATION, A. D. 950–1150 / ed.: D. S. Richards. Oxford 1973 (Papers on Islamic History; 3)

MORAVCSIK, GYULA, Byzantinoturcica. 1.2. Berlin ²1958 (Berliner Byzantinistische Arbeiten; Bd. 10.11) (über byzantinische Quellen für Geschichte und Sprache der Türkvölker)

Die Seldschukenzeit im Osten und in Anatolien:

CAHEN, CLAUDE, The Turkish invasion: the Selchükids. In: A history of the Crusades / ed. by K. S. Setton. 1. Madison, Wisc. ²1969, S. 135–76

–, The Turks in Iran and Anatolia before the Mongol invasions. Ibid. 2. Madison, Wisc. ²1969, S. 661–92.

–, Pre-Ottoman Turkey: a general survey of the material and spiritual culture, c. 1071–1330 / transl. from the French by J. Jones-Williams. London, New York 1968

HOLT, PETER MALCOLM, The age of the Crusades: the Near East from the eleventh century to 1517. London 1986

VRYONIS, SPIROS, Jr., The decline of medieval hellenism in Asia Minor and the process of islamization from the XIth through the XVth century. Los Angeles 1971

BOSWORTH, CLIFFORD EDMUND, The later Ghaznavids: splendour and decay. Edinburgh 1977

MAKDISI, GEORGE, L'Islam hanbalisant. In: Revue des études islamiques 42 (1974), S. 211–44; 43 (1975), S. 45–76

–, The rise of colleges: institutions of learning in Islam and the West. Edinburgh 1982

MARICQ, ANDRÉ; WIET, GASTON, Le minaret de Djām: la découverte de la capitale des sultans Ghorides (XIIᵉ–XIIIᵉ siècles). Paris 1959

HARTMANN, ANGELIKA, An-Nāṣir li-dīn Allāh (1180–1225): Politik, Religion, Kultur in der späten ʿAbbāsidenzeit. Berlin [usw.] 1975 (Studien zur Sprache, Geschichte und Kultur des islamischen Orients; N. F. Bd. 8)

Vgl. auch die Studien von C. CAHEN und F. TAESCHNER über die *futūwa*, s. o. zu Kap. 8, S. 363

Zengiden, Aiyūbiden und die Kreuzzüge:

RUNCIMAN, STEVEN, Geschichte der Kreuzzüge / [aus dem Engl.] übertr. von P. de Mendelssohn. 1–3. München 1957–60

A HISTORY OF THE CRUSADES / ed.: Kenneth M. Setton. 1.2: Philadelphia 1955–62, ²Madison, Wisc., 1969; 3–5: Madison, Wisc., 1975–85

MAYER, HANS EBERHARD, Geschichte der Kreuzzüge. Stuttgart 1965 (Urban-Bücher; 86)

PRAWER, JOSHUA, Histoire du royaume latin de Jérusalem. 1.2. Paris 1969–74; ²1975

–, The Latin Kingdom of Jerusalem: European colonialism in the Middle Ages. London 1972

SIWAN, EMMANUEL, L'Islam et la Croisade: idéologie et propagande dans les réactions musulmans aux Croisades. Paris 1968

ÉLISSÉEFF, NIKITA, Nūr ad-Dīn: un grand prince musulman de Syrie au temps des Croisades (511–569 H. / 1118–1174). T. 1–3. Damas 1967

SAUVAGET, Alep (s. o. zu Kap. 8, S. 363)
EHRENKREUTZ, ANDREW STEFAN, Saladin. Albany, N.Y. 1972
MÖHRING, HANNES, Saladin und der dritte Kreuzzug: aiyubidische Strategie und Diplomatie im Vergleich vornehmlich der arabischen mit den lateinischen Quellen. Wiesbaden 1980 (Frankfurter Historische Abhandlungen; Bd. 21)
GOTTSCHALK, HANS L., Al-Malik al-Kāmil von Egypten und seine Zeit: eine Studie zur Geschichte Vorderasiens und Egyptens in der ersten Hälfte des 7./13. Jahrhunderts. Wiesbaden 1958
HUMPHREYS, R. STEPHEN, From Saladin to the Mongols: the Ayyubids of Damascus, 1193–1260. Albany, N.Y. 1977
HODGSON, MARSHALL G. S., The order of Assassins: the struggle of the early Nizârî Ismâîlîs against the Islamic world. 's-Gravenhage 1955
LEWIS, BERNARD, The Assassins: a radical sect in Islam. London 1968
WATT, WILLIAM MONTGOMERY, Muslim intellectual: the struggle and achievement of al-Ghazali. Edinburgh 1963
RITTER, HELLMUT, Das Meer der Seele: Mensch, Welt und Gott in den Geschichten des Farīduddīn ʿAṭṭār. Leiden 1955; ²1978
YOUSCHKEVITCH, ADOLF P.; ROZENFELD, BORIS A., al-Khayyāmī. In: Dictionary of Scientific Biography. New York 1970–80. 7, S. 323–34 (über ʿUmar al-Ḫayyām als Mathematiker)

Der Westen:
GUICHARD, PIERRE, Structures sociales »orientales« et »occidentales« dans l'Espagne musulmane. Paris, La Haye 1977 (Civilisations et sociétés/École des hautes études en sciences sociales; 60)
MENÉNDEZ PIDAL, RAMÓN, La España del Cid. Madrid 1929. – [Deutsch:] Das Spanien des Cid. 1.2. 1936–37
IDRIS, HADY ROGER, La Berbérie orientale sous les Zirides, Xᵉ–XIIᵉ siècles. T. 1.2. Paris 1962 (Publications de l'Institut d'études orientales/Faculté des lettres et sciences humaines d'Alger; 22)
MARÇAIS, GEORGES, Les Arabes en Berbérie du XIᵉ au XIVᵉ siècle. Constantine; Paris 1913
BOSCH VILÁ, JACINTO, Los Almorávides. Tetuán 1956
HUICI MIRANDA, AMBROSIO, Historia politica del Imperio almohade. 1.2. Tetuán 1956–57.
LE TOURNEAU, ROGER, The Almohad movement in North Africa in the twelfth and thirteenth centuries. Princeton, N. J. 1969
GONZÁLES PALENCIA, ÁNGEL, Historia de la litteratura arábigo-española. Barcelona 1928; ²1945
LEMAY, RICHARD, À propos de l'origine arabe de l'art des troubadours. In: Annales; économies, sociétés, civilisations 21 (1966), S. 990–1011
ARNALDEZ, ROGER, Grammaire et théologie chez Ibn Hazm de Cordue: essai sur la structure et les conditions de la pensée musulmane. Paris 1956
GAUTHIER, LÉON, Ibn Roshd (Averroès). Paris 1948
TORRES BALBÁS, LEOPOLDO, Arte almohade, arte nazarí, arte mudéjar. Madrid 1949 (Ars Hispaniae; 4)
MARÇAIS, GEORGES, L'architecture musulmane d'Occident. Paris 1954
TERRASSE, HENRI, L'art hispano-mauresque des origines au XIIIᵉ siècle. Tours 1932

Kap. 14: Von den Mongolen zu den Osmanen

Siehe auch die allg. Werke zur Geschichte und Kulturgeschichte (s. o. S. 351 ff.); ›Geschichte Mittelasiens‹ und ›The Cambridge History of Iran; 5: The Saljuq and Mongol periods‹ (s. o. zu Kap. 13, S. 366)

Mongolensturm und Mongolenreiche:

Spuler, Bertold, Die Mongolen in Iran: Politik, Verwaltung und Kultur der Ilchanzeit, 1220–1350. 3. Aufl. Berlin 1968

–, Die Goldene Horde: die Mongolen in Rußland, 1223–1502. 2. Aufl. Wiesbaden 1965

The Cambridge History of Iran; vol. 6: The Timurid and Safavid periods; ed. by Peter Jackson and Laurence Lockhart. Cambridge 1985 (mit den Beiträgen von Hans Robert Roemer, The Jalāyirids, Muẓaffarids and Sarbadārs; Tīmūr in Iran; The successors of Tīmūr; The Türkmen dynasties. S. 1–188)

Die Mamlūken in Ägypten und Syrien:

Irwin, Robert, The Middle East in the Middle Ages: the early Mamlūk sultanate, 1250–1382. Carbondale, Ill., 1986

Darrag, Aḥmad, L'Égypte sous le règne de Barsbay, 825–841/1422–1438. Damas 1961

Holt, The age of the Crusades (s. o. S. 367)

Ayalon, David, Gunpowder and fire-arms in the Mamluk kingdom: a challenge to medieval society. London 1956

–, Studies on the Mamlūks of Egypt. London 1977 (Collected Studies Series; 62)

–, Mamluk military society. London 1979 (Collected Studies Series; 104)

Laoust, Henri, Essai sur les doctrines sociales et politiques de Taḳī-d-Dīn Aḥmad b. Taimīya, canoniste ḥanbalite né à Ḥarrān en 661/1262, mort à Damas en 728/1328. Le Caire 1939

Lapidus, Ira Marvin, Muslim cities in the later Middle Ages. Cambridge, Mass., 1967

Der Aufstieg der Osmanen:

Wittek, Paul, The rise of the Ottoman Empire. London 1938; repr. 1965 (Royal Asiatic Society Monographs; vol. 23)

Werner, Ernst, Die Geburt einer Großmacht – die Osmanen (1300–1481): ein Beitrag zur Genesis des türkischen Feudalismus. Berlin 1966; [3]1978 (Forschungen zur mittelalterlichen Geschichte; Bd. 13)

Inalcik, Halil, The Ottoman Empire: the classical age, 1300–1600/transl. by N. Itzkowitz and C. Lumber. London 1973

Der Westen (Ḥafṣiden, Marīniden, Naṣriden):

Brunschvig, Robert, La Berbérie orientale sous les Hafsides. 1.2. Paris 1940–47

Le Tourneau, Roger, Fes in the age of the Marinids. Norman, Oklahoma 1964

Kably, Mohamed, Société, pouvoir et religion au Maroc à la fin du moyen-âge (XIVe–XVe siècle). Paris 1986 (Islam d'hier et d'aujourd'hui; 28)

ARIÉ, RACHEL, L'Espagne musulmane au temps des Naṣrides (1232–1492). Paris 1973
IBN ḪALDŪN, The Muqaddima: an introduction to history / Ibn Khaldun; transl. from the Arabic by Franz Rosenthal. 1–3. London; New York 1958; [2]1967 (Bollingen Series; 43)
SIMON, HEINRICH, Ibn Khaldûns Wissenschaft von der menschlichen Kultur. Leipzig 1959 (Beiträge zur Orientalistik; 2)
SIVERS, PETER VON, Khalifat, Königtum und Verfall: die politische Theorie Ibn Khaldūns. München 1968 (Schriftenreihe zur Politik und Geschichte / hrsg. v. Eric Voegelin)
MAUNY, RAYMOND, Tableau géographique de l'ouest africain au moyen âge d'après les sources écrites, la tradition et l'archéologie. Dakar 1959
BOVILL, EDWARD WILLIAM, The golden trade of the Moors. 2nd ed., rev. and with additional material / by Robin Hallett. London 1968
BERTHIER, PAUL, Les anciennes sucreries du Maroc et leurs réseaux hydrauliques: étude archéologique et d'histoire économique. 1.2. Rabat 1966
SERJEANT, ROBERT BERTRAM, The Portuguese off the South Arabian coast: Ḥaḍramī chronicles; with Yemeni and European accounts of Dutch pirates off Mocha in the 17th century. Oxford 1963; Nachdr. Beirut 1974

Verzeichnis und Nachweis der Abbildungen

1 *Seite aus einem Koran (9. Jahrhundert) in ›kufischer‹ Schrift:* Foto Stiftung Preußischer Kulturbesitz, Staatliche Museen, Museum für Islamische Kunst, Berlin

2 *Die arabischen Eroberungen im 7. Jahrhundert:* nach einer Vorlage des Autors

3 *Das Jagd- und Badeschlößchen Quṣair ʿAmra:* Foto Holle Bildarchiv, Holle Verlag, Baden-Baden

4 *Qubbat aṣ-Ṣaḫra, der Felsendom in Jerusalem; erbaut 689–691/692:* Foto Holle Bildarchiv, Holle Verlag, Baden-Baden

5 *Große Moschee in Damaskus, erbaut von dem Umaiyaden Walīd in den Jahren 706 bis 714/715;* Foto Prof. Dr. Rudolf Sellheim, Frankfurt am Main

6 *Plastik aus dem Palast Ḫirbat al-Mafǧar, erbaut gegen Ende der Umaiyadenzeit:* Foto Holle Bildarchiv, Holle Verlag, Baden-Baden

7 *Ruinen des Wüstenschlosses Uḫaiḍir südlich von Bagdad:* Foto Prof. Dr. Rudolf Sellheim, Frankfurt am Main

8 *Minarett der Moschee Sūq al-Ġazl, 902–908 vom Kalifen al-Muktafī erbaut:* Foto Prof. Dr. Rudolf Sellheim, Frankfurt am Main

9 *Islamische Münzen:* Foto Propyläen Verlag, Berlin

10 *Wasserräder bei Hama (Syrien):* Foto Prof. Dr. Rudolf Sellheim, Frankfurt am Main

11 *Auf dem Dach eines Hauses in Kairo (17. Jahrhundert):* Foto Prof. Dr. Rudolf Sellheim, Frankfurt am Main

12 *Minarett (die ›Malwīya‹) der Großen Moschee von Samarra, erbaut Mitte des 9. Jahrhunderts:* Foto Prof. Dr. Rudolf Sellheim, Frankfurt am Main

13 *Die islamische Welt im 10. Jahrhundert:* nach einer Vorlage des Autors

14 *Cordoba, Große Moschee; Innenansicht (10. Jahrhundert):* Foto Holle Bildarchiv, Holle Verlag, Baden-Baden

15 *Minarett und Innenhof der Ibn-Ṭūlūn-Moschee in Kairo (Fusṭāṭ), erbaut 876–879:* Foto Prof. Dr. Rudolf Sellheim, Frankfurt am Main

16 *Keramikteller aus Samarqand mit Dekor in ›kufischer‹ Schrift (10. Jahrhundert):* Foto Holle Bildarchiv, Holle Verlag, Baden-Baden

17 *Der islamische Orient im 12. Jahrhundert:* nach einer Vorlage des Autors

18 *Soldat der Mamlūkenarmee nach einer Darstellung des 19. Jahrhunderts:* nach einer Vorlage von Prof. Dr. Rudolf Sellheim, Frankfurt am Main

19 *Die Giralda in Sevilla, etwa 1190:* Foto Holle Bildarchiv, Holle Verlag, Baden-Baden

20 *Eingang zur Zitadelle von Aleppo aus dem 13. Jahrhundert:* Foto Prof. Dr. Rudolf Sellheim, Frankfurt am Main

21 *Grabmoschee des Mamlūkensultans Barqūq, erbaut 1400–1410:* Foto Prof. Dr. Rudolf Sellheim, Frankfurt am Main

22 *Minarett der Grabmoschee und Medrese des Sultans Qā'itbai; erbaut 1472–1474:* Foto Prof. Dr. Rudolf Sellheim, Frankfurt am Main

23 *Fassade und Grabkuppel des Mausoleums Gūr-e-Mīr (›Grab des Fürsten‹) in Samarqand, erbaut 1404–1501:* Foto Holle Bildarchiv, Holle Verlag, Baden-Baden

24 *Qūwat-ul-Islām-Moschee in Delhi, erbaut 1193:* Foto Prof. Dr. Rudolf Sellheim, Frankfurt am Main

Register

Die Bearbeitung des Registers erfolgte durch die Redaktion der Fischer Weltgeschichte.

Aaron, Bankier 195
ʿAbbās ibn ʿAbdalmuṭṭalib 58, 68
– – al-Aḥnaf 124
Abbasiden 42 f, 47, 52 f, 60 ff, 123, 126, 128 f, 133 f, 139, 145, 151, 154 ff, 159, 163, 195, 197, 203, 205, 208 f, 215 f, 219, 221, 224 ff, 228 f, 233 ff, 242 f, 245, 247, 251, 262 f, 279, 285, 294
ʿAbdallāh ibn Muʿāwiya 59 ff
– – Sabāʾ 57
– – Ṭāhir 96, 98
ʿAbdallaṭīf ibn Yūsuf (Ibn al-Labbād) 314
ʿAbdalmalik, Sāmānide 240
– ibn Marwān 37 f, 40 ff, 49
ʿAbdalmuʾmin, Schüler Ibn Tūmarts 310
ʿAbdalwādiden 311
ʿAbdarraḥmān I. ibn Muʿāwiya 71, 224
– III., an-Nāṣir 233
– ibn Rustam 225
Abraham 15, 69, 213
Abū ʾl-ʿAbbās 60, 63, 65, 73
– ʿAbdallāh, Missionar des ʿUbaidallāh 215, 227 f
– ʾl-ʿAlā al-Maʿarrī 256
– ʾl-ʿAtāhiya 123
– Bakr, erster Kalif 21
– ʾl-Farağ al-Iṣbahānī 255, 269
– ʾl-Fidāʾ 321
– Firās al-Ḥamdānī 255, 269
– Ḥanīfa 81 f
– Hāšim ʿAbdallāh ibn Muḥammad 60
– ʾl-Ḫaṭṭāb, Ismāʿīlit 212
– Kālīğār 252, 262
– Muslim 63, 68 ff, 73, 88 f, 96 f, 100 f, 228, 236
– Nuʿaim 222
– Nuwās 123
– ʾs-Sāğ 245
– Salama 63, 73, 100
– ʾs-Sarāyā 91
– Taġlib 254
– Ṭālib, Onkel Mohammeds 14, 58, 134
– Tammām 123
– ʿUbaida ibn al-Ğarrāḥ 23
– ʿUbaidallāh, Wesir von al-Mahdī 89
– ʾl-Wafāʾ 274 f
– Yazīd 208, 229
– – (Bāyezīd) Bisṭāmī 221
– Yūsuf Yaʿqūb 81, 85, 104, 108
Achämeniden 244
adab (›Lebensart, Feine Bildung‹) 122, 125
Adam 17, 69
Aden 257, 263
Adria 182, 231
Adrianopel (Edirne) 335
ʿAdruḥ 31
ʿAḍud-ad-Daula 249 ff, 254, 256
Afghanistan, Afghanen 33, 237, 240, 242, 299
Afšīn 97 f, 200, 245
ʿAǧāʾib al-Hind (›Wunder Indiens‹) 188
Ägäisches Meer 303, 334
Agha Khan 211
Aġlabiden 215, 225 ff
ağnād 27, 198
Ägypten 7, 22, 24, 27, 29, 34, 40 f, 46 f, 54, 63, 67, 70, 81 f, 91, 96, 102, 109 ff, 116, 119, 121, 127, 140, 143 f, 146 ff, 151, 154, 157, 159, 166, 168, 170, 172, 177 f, 181, 183, 185, 187 f, 190 f, 195, 197 f, 203, 212, 215 f, 223, 227 ff, 241, 253 f, 257 ff, 275, 277 f, 280 ff, 285, 290 f, 295 f, 299, 301 f, 307, 311, 316, 319 ff, 326, 329, 339 f
aḥdāt (Milizen) 177, 256
aḫī-Gilden 298, 333
Aḥmad ibn Buwaih s. Muʿizz-ad-Daula
– – Ḥanbal s. Ibn Ḥanbal
Aḥmed Yesevī 314
Aḫṭal 50
Ahwāz 38, 245
ʿAiḏāb 181
Aidīn 334
ʿAin Ğālūt 307
ʿĀʾiša, Tochter Mohammeds 21, 29 f
Akka 182, 301
ʿAlāʾ-ad-Daula 251
Alamūt 296
ʿAlawiten 211
Alcazar 314, 338
Alchimie 275 f
Aleppo 177, 254 ff, 261, 300 f, 313, 316
Alexander der Große 127
›Alexanderroman‹ 130
Alexandria 24, 96, 128 f, 131, 177, 182, 257, 263 ff
Alexios Komnenos 303
Algebra 274
Algerien 225, 229, 311, 337 ff
Alhambra 311, 338
ʿAlī ibn Abī Ṭālib 15, 29 ff, 37, 39 f, 57 f, 60, 68 f, 72, 74, 91, 134, 176, 209, 211, 213, 215, 250, 257
– – Buwaih s. ʿImād-ad-Daula
– – ʿĪsā 117, 206
– – Moḥammad, Führer der Zanğ 137
– – Mūsā ar-Riḍā s. Riḍā
– an-Naqī 211
– Šīr Nevāʾī 331
Aliden 38 ff, 52, 58, 60 ff, 66, 68, 72 ff, 87, 91, 96, 135, 137, 209, 213, 224 ff, 247, 262
ʿAllāf, Abū ʾl-Huḏail al- 91
Allāh 14, 16 f, 18, 23
Almanzor 233 f
Alméria 233
Almohaden (al-Muwaḥḥidūn = ›Bekenner des Einen‹) 310, 337
Almoraviden (al-Murābiṭūn) 199, 224, 226, 234, 284, 308 ff, 339
Alp-Arslan 290 f, 296, 304
Alptigin 240 f
Altai 34
Altes Testament 15, 17
Amalfi 182, 229, 263 f
ʿamīd 238
ʿāmil (Finanzgouverneur) 110
amīn 170
Amīn ibn Hārūn ar-Rašīd 66, 90, 92
Āmir, Fāṭimidenkalif 266
amīr al-umarāʾ (›Emir der Emire‹, Oberbefehlshaber der Armee) 204, 206, 247 f, 253
amīrdād 238
ʿAmr ibn al-ʿĀṣ 23 f, 29, 48 f
– – ʿUbaid 87 f
amṣār 27, 49, 160
Amu-Darya 100, 235 f, 241, 288
Anatolien 183, 303, 315, 333 f

Andalus, -ier, -ien 146, 226, 231 ff, 269, 275, 309, 340
Ānī 244
Ankara 336
ʿAnnāziden 246
anṣār 15
Anṣārier 211
Antalya 305
›ʿAntar-Roman‹ 270
Antike 93, 122, 127 ff, 141, 144, 161, 167, 169, 171, 180, 192, 216, 244, 258, 271 ff, 276, 280 f
Antiochien 177, 181, 255, 290, 307
Aq-Qoyunlu 328, 336
Aqṣā-Moschee 49
Araber 9 ff, 15 f, 19, 21 ff, 26 f, 29, 32, 34 ff, 39, 44, 49, 54 ff, 58, 61, 66 f, 71 f, 74, 76, 90, 98, 102, 120 ff, 125, 127 f, 133, 138, 143 f, 154, 159 ff, 169, 171, 176, 180, 184, 197 ff, 205, 209 f, 225 f, 230 f, 234, 243 ff, 252 ff, 258 f, 261 f, 266, 273 f, 277, 281, 290
Arabien 9 ff, 16, 19, 21, 25, 27 f, 30, 32, 35, 38, 43, 46, 48, 54, 66, 71, 73 f, 81, 90 f, 128, 148 f, 160, 181, 183, 213 f, 257, 270, 290
Aralsee 7, 236
Aramäer 22
Araxes (Aras) 244, 255
Archimedes 131
Architektur s. Baukunst
ʿarīf 170
Aristoteles 131, 272, 312
Armee (s. a. ağnād, ğaiš) 163, 172, 175, 196 ff, 219, 233 f, 238, 240, 242, 246 f, 249 ff, 253 ff, 258 f, 266, 289 f, 293, 297, 299, 301 f, 319, 325, 329, 335 f
Armenien, Armenier 24, 33, 183, 244 f, 254 f, 266, 289 f, 303 f, 305, 307, 316, 318 f, 326
Arrān 244, 246
Artuqiden 303
ʿaṣabīya (Bewußtsein der sozialen Solidarität) 141, 175
Ašʿarī 218, 222
Ašʿariten 294
Aserbaidschan 70, 91, 96 f, 160, 203, 243 ff, 289, 292, 326 f
Askalon 261
ʿaskar 198
Assassinen 266, 296 f, 307, 327
Astrolab 187, 275
Astrologie 274 f
Astronomie 274 f, 277
ʿAšūrā-Tag 250
Atabeg 292, 296, 300
Äthiopien, Äthiopier 7, 11 f, 15, 180 f, 298, 324
Atlantik 34, 36
ʿAṭṭār, Farīduddīn 313
ʿAṭṭārīn 338
Aurās 34
Auzāʿī 80 f
Averroes s. Ibn Rušd
Avicenna s. Ibn Sīnā
ʿawāṣim (›Schutzfesten‹) 96
Āyās 326
Ayyām al-ʿArab 11, 126 f
ʿayyārūn (›Vagabunden‹) 174, 176 f, 198, 237, 239, 250, 252
Ayyūbiden 151, 267, 301, 306 f, 311, 313 f, 316, 319
Azhar 219, 262
Azraqiten 38

Bāb al-Abwāb 244
Bābā Isḥāq, Bābāʾī-Bewegung 306, 334
Bābak, gen. der Ḫurramī 96 ff, 244
Bābur 333
Babylon (Äg.) 24
Baḏḏ 97
Badr al-Ğamālī 266 f
Badraddīn aus Simāwnā 337
Bagdad 66, 68, 73, 76, 82 f, 87, 89 ff, 95, 101, 103, 109, 114, 119, 121, 125, 137 f, 159 ff, 166, 168, 172, 175, 178, 180 f, 183, 188, 200, 202, 204, 210, 214, 219, 225, 235, 240, 243 f, 247 f, 250, 252 f, 257, 261, 263, 266, 270, 279, 285, 290, 294, 297, 302, 307
Bagratiden 244
Bahrain 214, 257
Baihaqī, Abū ʾl-Faḍl 271, 278
Bait al-Ḥikma (›Haus der Wissenschaft‹) 128, 130
– al-Māl (Staatskasse) 115
Balāḏurī 117
Balch 100, 236, 240
Balchasch-See 286, 288
Balearen 310
Balḫī 277
Balkan 33, 278, 334 ff
Balutschen 33, 245
Banū Ġāniya 310
– Ḥammād 310
– Hilāl 253, 310 f, 325
– Mūsā 130
Barbahārī 219
Barbarossa 305
Barhebraeus 327
Bari 182, 226
barīd (›Post‹) 103
Barīdī 195, 247
Barmak 100
Barmakiden 90, 100 f, 166
Barqūq 322
Barsbai 320
Basra 27, 30, 36 ff, 49, 74, 87, 89, 91, 121, 124 ff, 137, 180, 186, 193, 195, 245, 247
Baššār ibn Burd 89
Baṭṭānī 275
Baukunst (s. a. muqarnas) 48 f, 242, 250, 259, 279 ff, 294, 305, 314 ff, 321, 327, 332 f, 338
Bāwandiden 243
Bāyazīd (Yïldïrïm) 336
bazzāz (Stoffhändler) 167
Beduinen 9 f, 50, 54, 56, 120, 123, 134, 141, 143, 159, 198, 205, 208, 230, 237, 243, 253 f, 261, 289, 292
Behzād 331
Beirut 182
Bektāšī-Orden 334
Berber 34 f, 45, 53, 56, 71 f, 74, 136, 138, 143, 197, 205, 208, 215, 225 ff, 231, 234, 266, 310, 338 f
Bergbau 157 f, 227, 232, 239, 256
Bergwāṭa 225
Berufsgenossenschaften 168 ff, 214
Bih-Āfriḏ 70, 89
Bīrūnī 240, 242, 275, 278
Boḫtīšūʿ 130
Bolin, Sture 178
Bosporus 334
Brahmanen 241
Bruderschaften 174 f, 199
Bryson 132
Buchara 183, 236 f, 242, 271, 288
Buddhismus, Buddhisten 33, 98, 100, 184, 220, 236, 241, 287
Buḫārī 83
Buḥturī 123
Bulgaren 277, 286 f
burda (Mantel des Propheten) 75
Bursa 335
Bust 237
Būyeh (arab. a. Buwaih) 246
Būyiden 168, 173, 191, 204 ff, 238, 240 ff, 246 ff, 253 f, 256 f, 262, 270, 274, 289 f, 293
Buzurg ibn Šahriyār as-Sīrāfī 188
Byzanz, Byzantiner, Byzantinisches Reich 7, 11, 21 ff, 32 ff, 41 f, 44 f, 49, 51, 65 f, 70, 76, 96 f, 119, 124 f, 134, 136, 138, 140, 144, 154, 156, 169, 177 ff, 182, 184 f, 191, 193 f, 197, 199, 206, 211, 213, 226, 244, 254 f, 259, 261, 263, 266, 278 f, 280 f, 285, 289 ff, 295, 299, 301, 303 ff, 312, 318, 329, 334 f, 337, 342

Čaġatai 331
Čaġatayiden 324, 329
Čaġrï-Beg 289
Carcassonne 35
Cäsarea 23
Ceylon 180
Chaldäer 144
Chanat 288
Chasaren 183, 185, 236, 286 f
China 7 f, 34, 166, 181, 183 ff, 189, 234, 236, 239, 277, 286, 298, 325 f, 329, 342
Chorasan (Ḫorāsān), -ier 33,

60f, 63, 66f, 68, 71, 88, 90f, 96ff, 100ff, 154, 183, 197ff, 234ff, 237f, 240f, 243, 245, 277, 289, 291, 296, 298
Christen, -tum 11f, 16f, 19, 22f, 25, 27, 41, 43, 50f, 70, 77, 121, 125, 129, 131, 135, 138, 140f, 150, 164, 184f, 195, 208, 220, 226, 230f, 236, 244f, 257, 259, 264ff, 269, 272f, 278, 280, 287, 290, 295, 298f, 302, 304, 307, 311, 313, 318ff, 324f, 328, 335f, 338f, 341, 383
Chusistan 74, 137, 146f, 172, 195, 245f
Chwarism, -ier 183, 236, 241f, 289, 298, 302, 306f
Chwarism-Šāhs 238, 298, 306, 327
Cid 309
Čingiz-Ḫān (Dschingis Khan) 306, 325, 329
Clavijo 329
commenda 193
Constantine 337
Cordoba 8, 159, 166f, 172, 218, 232, 234, 264, 280, 283, 314, 342
cordonnerie 167, 283
Cyrenaica 24, 34
Cyrus 24

Ḏahabī 321
dāʿī (›Missionar‹) 262
Dailam, -iten 33, 74, 82, 138, 200, 205, 210, 243, 246, 250
Damaskus 8, 23, 29, 32, 37, 41, 49f, 61, 159, 161, 166, 177, 182, 261, 280, 307, 313
Damiette 302
ḍāmin 110
Dandānqān 289
Dānišmend (›der Weise‹) 303f
dār al-ḥarb (›Kriegsland‹) 136
Darazī 265
Dardanellen 335
daula (Dynastie) 248
Delhi 332
Demos (Byzanz) 177
Derbend 244
Derwischorden 327
Deutschland 306
devširme (›Knabenlese‹) 336
›Digenes Akritas‹ (byzantin. Epos) 199
Dihqāne 154f, 237
ḏikr 222
ḏimma, ḏimmīs (Nichtmuslime) 139f, 191, 295
dīn (›Glauben‹) 248
dīnār 42, 112, 116f, 118f
Dīnawarī, Abū Ḥanīfa ad- 127
Dionys von Tell-Maḥrē 156, 168
Dioskurides 131
dirham 42, 112, 116ff, 168
Dīwān 27, 102f, 108, 115, 149, 151, 172, 197f, 203
dīwānī-Ziffern 114
ḍiyāʿ 46, 108, 114, 150
Diyār Bakr 253, 256, 292
– Moḍar 253
– Rabīʿa 256
Dogma 86f, 94, 128
Donau 337
Drusen (Durūz) 211, 265
Dschingis Khan s. Čingiz-Ḫān
Ḏū 'n-Nūn 221

Ebro 35
Edessa (Urfa) 255, 290, 299f
Ehe u. Familie 18, 43, 65, 76, 133f, 231
Elburz 243
›Elemente d. Theologie‹ s. Proklos
Emir (›Kommandant, Gouverneur‹) 224, 233, 238, 248
›Enneaden‹ s. Plotin
Erbfolge 209
Erzurum 254
Euklid 131
Eunuchen 134, 136, 231
Euphrat 11, 30, 37, 180, 214, 255, 299, 307
Europa 166, 168, 178, 182ff, 189f, 230f, 234, 239, 264, 271, 273ff, 279, 284f, 295, 298, 300f, 303, 310, 312, 318, 320, 326, 337f, 340ff

Faḍl ibn ar-Rabīʿ 90
– – Sahl 90f, 101
– – Yaḥyā al-Bamarkī 100
Faḫḫ 74, 225
faiʾ (Beute) 26, 149
falāsifa 271
fallāḥ (Fellache) 156
Familie s. Ehe
Fārābī 255, 271
Farazdaq 50
Fārs (die Persis) 244ff, 250f, 297
fatā s. fityān
Fatalismus 165
Fāṭima, Tochter d. Propheten 14, 29, 36, 39, 58, 215
Fāṭimiden 159, 198, 212, 215ff, 227ff, 233, 241, 251f, 255, 257f, 261ff, 269, 273, 275, 278, 280, 290, 296, 299, 301, 322
fatwā 84
Felsendom s. Qubbat aṣ-Ṣaḫra
Ferghana 146, 183, 200, 236, 258
Fes 138, 159, 226, 338
fiqh 77f, 82ff, 106f, 140, 170, 191f, 194, 227
Firdausi 240, 242, 270, 326
Fīrūzkūh 299
fitna (›Heimsuchung‹ durch den Bürgerkrieg) 30, 87
fityān 173ff
Franken 136, 299ff, 303, 306f, 313, 318f, 326
Frankreich 8, 35, 182ff, 269
Frauen Mohammeds 17
Friedrich II., dt. Kaiser 302
›Fruchtbarer Halbmond‹ 143, 181, 205, 253, 262
fulūs 119
funduq 191, 383
fuqahāʾ (Rechtsgelehrte) 77f, 80, 102, 164
Fürstenspiegel 131
furūʿ 217
Fusṭāṭ 24, 27, 49, 146, 257, 259f
futūwa 171, 173ff, 222, 297, 333

Ǧābir ibn Ḥayyān 276
Ǧaʿfar ibn Abī Ṭālib 58
– aṣ-Ṣādiq 73, 212
– ibn Yaḥyā al-Barmakī 100
ǧahbaḏ 110, 194
Ǧāhilīya 10
Ǧāḥiẓ 124f, 162, 200, 269
Ǧahm ibn Ṣafwān 88
Ǧahmiten 88
ġaiba 209
Ǧaihānī 238, 277
Ǧaiḥūn s. Amu-Darya
ǧaiš 103, 198
Ǧalāladdīn Rūmī 333
Ǧalāyiriden 328
Galen 131, 276
Gallien 7
Gallipoli 335
Ǧām 299, 367
Ǧāmī 331
Ǧamna-(Yamunā-)Becken 241
Ǧand (Perovsk) 287
Ganǧa 246
Gangesbecken 241
ġanīma (Beute) 26
Gao 340
Ǧarīr 50
Garonne 35
Ġassāniden 11, 22
Ǧauhar 229, 261
ǧavānmardān (s. a. fityān) 177
ǧawālī (Steuerflüchtige) 112f
Ġazālī 222, 294, 313
Ġāzān 325
ġāzī 199, 239ff, 254, 280, 287, 290, 334f
Ġazna 240, 242f, 275, 299
Ġaznawiden 219, 237f, 240ff, 252, 270, 278, 288ff, 299, 331
ġazwa (Beutezug) 199
Geber s. Ǧābir ibn Ḥayyān
Gelbe Nomaden 7
Geld- u. Finanzwesen (s. a. ʿāmil, ḫāṣṣ, ḥawāla, istīfāʾ, ribā, ṣairafī, ṣakk, suftaǧa) 18, 26, 55, 103, 107, 114f, 118f, 165, 190, 192ff, 203, 227, 238f, 240, 251, 259, 293, 320, 325

Gelehrte s. ʿulamāʾ; fuqahāʾ
Geniza von Kairo 185, 264
Genuesen 329
Geographie 277, 312 ff
Georgien 244, 306
Geschichtsschreibung (s. a. taʾrīḫ) 277 f, 313 f, 321, 326 f, 331, 339
Gesellschaft 133 ff
Ghasel 327
Ǧibāl 243 f, 246
Gibraltar 35
Ǧidda 181
ǧihād (›Heiliger Krieg‹) 16, 18, 36, 54, 57, 69, 96 f, 99, 136, 197, 199, 226, 240, 254 f, 287, 290, 299 ff, 307, 309, 334
Gīlān 243, 246
Giralda 314 f
ġiṭrīfī-Dirhams 240
ǧizya (Kopfsteuer) 47, 108, 111 ff, 116, 153
Gnosis 131, 272
Goitein, Shlomo Dov 99, 362
Goldene Horde 320, 324, 326, 328 f
Goldziher, Ignaz 80, 353
Golf von Alexandrette 187
– Bengalen 180 f
Gondēšāpūr 130
Granada 234, 311, 337 ff
Griechen 226, 273, 277, 304, 326, 336
Groß-Moguln 331
ġulāt 57
Gūr-e-Mīr 330 f
Ǧurǧān 243, 246, 252, 278
Ǧūriden 299, 332
Ġūṭa von Damaskus 48
Ǧuwainī 327

ḥabba (Münze) 119
Hādī 66, 74
Ḫadīǧa 14 f, 17
Ḥadīṯ 14, 50, 79 ff, 86, 93, 122, 126 f, 220
Ḥāfiẓ 267
Ḥafṣiden 311, 337
ḥaǧǧ 18, 32, 188, 257
Ḥaǧǧāǧ ibn Yūsuf 41, 47
ḥāǧib (›Kämmerer‹) 76, 233
Ḫaibar 16
›Ḥaiy ibn Yaqẓān‹ 312
Ḫaizurān 66
Ḥākim, Fāṭimidenkalif 264 ff, 280, 295
Ḫālid ibn Barmak 100
– – al-Walīd 23
ḫalīfa s. Kalif
Ḥallāǧ 221
Hamadān 183, 241, 244, 246, 271
›Ḥamāsa‹ 123
Ḥamdallāh Mustaufī Qazwīnī 327
Ḥamdān Qarmaṭ 213
Ḥamdāniden 211, 247 f, 253 f, 256, 259
Ḥammādiden 229 f
ḥammām (Bad) 162, 322
Ḥamza ibn ʿAli (al-Hādī) 265
– – Āḏarak 71
Ḥanafiten 82 ff, 236, 294
Ḥanbaliten 83, 164, 175, 217 ff, 294, 321
Handel 11, 105 f, 111, 113 f, 118, 125, 137, 142, 156, 158, 162, 164, 168 ff, 177 ff, 226 f, 229 f, 233, 236, 239, 245, 251, 263 f, 300 ff, 320, 322, 325 f, 328, 338, 383
Handwerk, -er 113, 140, 164, 166 ff, 171, 174, 329
Ḥanīfen 12
ḫānqāh 294
ḫarāǧ (Grundsteuer) 46 ff, 81, 85, 103, 108 ff, 114, 116, 149 f, 203
Ḫāriǧiten 31, 36 ff, 54, 56, 59, 61, 68, 71 f, 74, 77, 87, 96, 208, 210, 224 f, 228 f, 237, 257, 383
Ḥarīrī 313
Ḥarrān, -ier 61, 130, 273, 275, 277
Hārūn ar-Rašīd 65 f, 70 f, 81, 90 f, 96, 99 f, 104, 108, 123, 140, 199, 225, 235, 240
Ḥasan al-Baṣrī 88, 220
– ibn ʿAlī 36, 39, 58, 209
– – Buwaih s. Rukn-ad-Daula
– – an-Nuʿmān 34
– – Sahl 90 f
Ḥasan-e Ṣabbāḥ 296
Ḥasaniden 58, 73, 91, 209
Hasanwaihiden 246
Ḥašīšīyūn 296
ḫāṣṣ 115
Ḥaṭṭīn 301
Ḥaurān 265
ḥawāla 192
Hedschas s. Ḥiǧāz
Hedschra s. hiǧra
›Heiliger Krieg‹ s. ǧihād
Hephtaliten 33
Herakleios 23 f
Herat 69, 71, 235, 331
›Hermetische Literatur‹ 276
Ḥiǧāz (Hedschas) 11, 41 f, 50, 74, 125
hiǧra (Hedschra; = Emigration) 15, 38
Hilmand 237
ḥimā-Land 149
Hindukusch 119, 235
Hippokrates 131, 276
Ḥīra 130
Ḫirbat al-Mafǧar 49, 53
Hišām ibn ʿAbdalmalik 48, 52, 61
– – al-Kalbī 126
ḥisba 105 f, 169 f
ḥiyal (›Rechtskniffe‹) 84
Hofhaltung 76, 121
Homosexualität 134
Ḫorāsān s. Chorasan
ḥubus (habous) 150
huertas (›Gärten‹) 146, 232
ḥuǧǧa 213
Hülegü 307, 324, 327
Ḫumārawaih 259
Ḥunain ibn Isḥāq 130, 132, 276
Hunnen 286
Ḫurramīya 97
Ḥusain Baiqara 331
– ibn ʿAlī 36 ff, 58, 91, 209
Ḥusainiden 58, 73, 91, 209
Ḫwārizmī 274

Ibāḍiten 72, 225 f, 229
Ibn ʿAbdalḥakam 127
Ibn ʿAbd-Rabbih 269
Ibn Abī Duwād 94
Ibn Abī ʾs-Sāǧ 203
Ibn Abī Uṣaibiʿa 313
Ibn al-ʿAmīd 250
Ibn al-ʿArabi 313
Ibn al-Aṯīr 314
Ibn al-ʿAwwām 312
Ibn al-Azraq 38
Ibn Bāǧǧa 312
Ibn al-Baiṭār 312
Ibn Baṭṭūṭa 338
Ibn Faḍlān 239, 277
Ibn al-Fāriḍ 313
Ibn al-Furāt 206, 211
Ibn Ǧubair 312
Ibn al-Haiṯam 275
Ibn Ḫaldūn 141 ff, 230, 329, 338 f
Ibn Ḥanbal, Aḥmad 70, 82 f, 94, 175, 218, 220
Ibn Hāniʾ 269
Ibn al-Ḫaṭīb, Lisānaddīn 338
Ibn Ḥauqal 256, 277
Ibn Ḥayyān 278
Ibn Ḥazm 218
Ibn Hišām 126
Ibn Ḫordāḏbeh 185, 277
Ibn Isḥāq 14, 126
Ibn Iyās 321
Ibn Māǧid 187
Ibn Mammātī 314
Ibn Masarra 218
Ibn al-Mudabbir 259
Ibn al-Muqaffaʿ 89, 124, 130, 270
Ibn al-Muslima 252, 290
Ibn al-Muʿtazz 124, 204
Ibn Nuṣair 211
Ibn al-Qalānisī 313
Ibn Qutaiba 125, 127
Ibn Quzmān 313
Ibn Rosteh 277
Ibn ar-Rūmī 124
Ibn Rušd (Averroes) 312, 342
Ibn Rustam 72
Ibn Saʿd 126
Ibn Šākiya 74
Ibn Sīnā (Avicenna) 8, 240, 242, 251, 271, 275 f, 342
Ibn Ṭabāṭabā 91
Ibn Taġribirdī 321
Ibn Taimīya 321
Ibn Ṭufail 312
Ibn Ṭūlūn, Aḥmad 203, 258 f, 261, 280, 285

Ibn-Ṭūlūn-Moschee 259 f
Ibn Tūmart 310
Ibn Waḥšīya 122, 144, 156, 214, 276
Ibn Wāṣil 313
Ibn Yāsīn 309
Ibn az-Zaiyāt 214
Ibn az-Zubair, ʿAbdallāh 37 f, 41, 49, 52
Ibn az-Zubair, Muṣʿab 38, 40
ʿibra 110
Ibrāhīm ibn ʿAbdallāh 74
– – al-Aġlab 225
– – al-Mahdī 91
Idrīs 74, 224 f
Idrīs II. 225
Idrīsī 313
Idrīsiden 159, 225 f
Ifrīqiya 34 f, 146, 158, 225 ff, 230, 234, 264, 309 ff
īġār 111
iǧmāʿ (Konsensus d. Rechtsgelehrten) 78 f, 92 ff
iǧtihād 80, 84
Iḫšīd 258, 261, 285
Iḫšīdiden 259, 261
Iḫwān aṣ-Ṣafāʾ (›Brüder der Reinheit‹) 216
Ikonoklasten (Bilderstürmer) 281
ʿilǧ 156
ilǧāʾ s. talǧiʾa
Īlḫāne 320, 324 ff, 333 f
ʿilm 77
ʿImād-ad-Daula 246, 248
ʿImādaddīn al-Iṣfahānī 313
Imām, -at 40, 57 ff, 68, 72 f, 75, 77, 89, 91 f, 209 ff, 212 f, 215, 218, 221, 225, 227, 229, 245, 248, 262, 266, 272
Imāmiten s. Zwölfer-Šīʿa
Imraʾalqais 11
Indien 7 f, 32, 73, 136, 138, 146, 157, 166, 179 ff, 184, 186, 189, 211 f, 241 f, 270, 274, 278, 289, 299, 306, 320, 322, 326, 329, 331 f, 341 f
Indische Literatur 124, 130
Indischer Ozean 11, 137, 158, 180, 184 f, 186, 188 ff, 241, 261, 322, 342
Indochina 181
Indonesien 341
Indus 33, 237, 240 f, 261
inǧü 325
inšāʾ 103
iqṭāʿ 111, 150, 203 f, 239, 242, 249 f, 253, 293, 296 f, 302, 319
Iran, -ier 7, 24, 27, 33, 37 f, 41, 45, 52, 54, 60 f, 63, 66 ff, 74, 90 f, 96 ff, 109, 115, 119 ff, 127, 137 f, 143, 146 ff, 154, 157 ff, 174, 176 f, 180, 183, 197, 204, 208, 210, 219, 222, 225, 234 ff, 240 ff, 248, 251 f, 257, 262 f, 269 f, 272, 278, 280 ff, 288 ff, 298 f, 301 f, 305 f, 313 ff, 319, 324 ff, 331, 337 ff
Iranische Sprache u. Lit. (s. a. Pehlevī) 124, 126, 130, 156, 177, 240, 252, 270, 277 f, 291, 313, 326 f, 331, 333 f
Iraq 7, 23 f, 27, 30, 36, 40 f, 47 ff, 54, 66 f, 71, 88, 90 f, 101 f, 119, 126, 129, 137 f, 140, 145 ff, 151, 168, 174, 179 f, 190, 199, 211, 213 f, 218, 235, 237, 239, 243, 245 ff, 252, 254, 263 f, 271, 275, 278 f, 296
ʿĪsā ibn Mūsā 65
Isfahan 243, 246, 250 f, 256, 280, 314, 331
Isḥāq, gen. der ›Türke‹ 69
– ibn Ḥunain 130
Ismāʿīl ibn Ǧaʿfar aṣ-Ṣādiq 212
Ismāʿīliten 171, 175, 211 ff, 214 ff, 219, 227 ff, 257, 261 f, 264, 266, 272 f, 295 f, 383
isnād 83
Ispahbad 98, 243
Iṣṭaḫr 245, 252
Iṣṭaḫrī 277
istīfāʾ 115
Italien, -er 147, 182, 184, 187, 193, 226 f, 229 ff, 254, 263 f, 319 f, 326

Janitscharen 336
Java 322
Jaxartes s. Syr Darya
Jemen, -iten 9 ff, 37, 73, 96, 160, 180 f, 209, 212 f, 215, 257, 261, 267, 320, 322, 337
Jerusalem 23, 28, 49, 86, 261, 265 f, 280, 301 f
Jesus 17 ff, 69, 213, 221
Johannes Damascenus 41, 50 f, 86, 128
– Philoponos 131
– Tzimiskes 254
Jordan 23, 300
Juden, -tum 12, 15 ff, 22, 25, 43, 57, 77, 121, 125, 131, 136, 138, 140 f, 183 ff, 193 ff, 208, 227, 231, 236, 245, 259, 264 f, 273, 287, 310, 312, 318, 325, 339

Kaʿba 10, 37
Kabylien 228
Kadi 27, 78, 80 f, 94, 104 ff, 151, 164, 170, 217, 238, 259, 297
kāfirkubāt 40
Kāfūr 258, 261
Kāhina 34
Kaikāʾūs ʿUnṣur-al-Maʿālī 252
Kaiqubād 305 f
Kairo 24, 103, 159, 161 ff, 188, 219, 229, 257, 260 f, 264, 266, 308, 316, 319 ff
Kairuan 34, 49, 72, 159, 172, 226 ff, 280 f
Kaisān, -īya 40
Kākōyeh 252
Kākōyiden 251 f
kalām 86, 96, 220, 273
Kalbiten 37, 70
›Kalender von Cordoba‹ 144
Kalif, -at 21, 25, 28, 36, 40, 56, 59, 65, 67, 71, 75 ff, 92, 94, 99, 103, 106 f, 115, 136, 142, 170, 196, 202, 204 ff, 209, 216, 221, 223, 227, 229, 233, 235, 237 ff, 244 f, 247 ff, 252 f, 258, 262, 266, 290, 295 ff, 307 f, 319
Kalīla und Dimna 130
›Kamelschlacht‹ 30
Kāmil, Sultan 302
Kanauǧ 241
Kanton 181, 339
Karawansereien 187, 240, 280, 294, 316, 322, 333
Karḫ 252
Kārimī-Kaufleute 320
Karl der Große 99
Karl Martell 35
Karrāmīya 383
Karthago 34, 159
Kaspisches Meer 74, 143, 148, 157, 185, 235, 243 f, 286
Katalanen 319 f
Kaufleute 155, 164 f, 168 ff, 171 f, 177, 179 ff, 187 f, 190 ff, 237, 239 f, 263 f, 277, 279 f, 287, 320, 326, 329
Kaukasus 183, 236, 244, 306
Kerbelāʾ 36 f, 250
Ketāma 228
Kiew 183
Kilāb 256
Kilikien 23, 182, 197, 254 f, 305, 318 f, 326
Kilwa 181
Kinda 11
Kindī 132, 271
Kirchenväter 273
Kirmān 245 f, 298
Kleidervorschriften 26
Kleinasien 244, 255, 264, 285, 289 ff, 295, 298, 303 ff, 314, 316, 319, 328 f, 331, 333, 336 f
Komanen 286
Komoren 181
Konstantin der Afrikaner 276
Konstantinopel 7, 11, 33, 47, 49, 159 ff, 178, 182 f, 255, 263 f, 280, 326, 334 f, 337
Konversion, Konvertiten 43 ff, 86, 128 f, 139, 153
Konya 304, 333
Kopten 22, 70, 96, 102, 122, 129, 257 ff, 270, 302, 324
Koran 10, 13 ff, 17, 28, 30, 50, 78, 82, 86, 88, 93 f, 120, 123, 125, 127, 218, 220, 225, 277
Köse-Daġ 307
Kremer, Alfred von 116, 353
Kreta 96, 182, 254, 337
Kreuzzüge, Kreuzfahrer 128, 234, 255, 261, 265, 267, 295, 299 ff, 303, 305, 309, 311, 313, 316

Krim 286, 326, 329
Ktesiphon 11, 24, 49, 66, 159, 178, 183
Kufa 27, 30 f, 36 ff, 44, 49, 59 f, 63, 66, 81, 87, 121, 125
Kūfen 245
Kurden 33, 71, 138, 143, 156, 205, 242, 244, 246, 252 f, 256, 289, 293, 300 ff, 328, 337
Kurdistan 71, 97, 243, 246
Kusaila 34
›Kutaḏġu Bilig‹ (›Glückbringendes Wissen‹) 288
kuttāb (›Sekretäre‹) 101 ff, 121 f, 140, 163, 205, 238, 248, 270, 278
Kutubīya 314

La Fontaine 130
La Garde-Freinet 182
Laḫmiden 11, 22, 130
Lakkadiven 186
Landwirtschaft (s. a. fallāḥ u. ʿilǧ) 109 f, 142 ff, 152, 154 f, 166, 224 f, 227, 232, 237, 239, 256, 289, 292, 298, 328
laqab (›Ehrenname‹) 248, 253 f
Laškari-Bāzār 243, 366
Las Navas de Tolosa 311
Legitimität, Legitimation 29, 31, 36, 40, 55, 58, 62, 65, 70, 75, 87, 142, 209, 216, 219, 226 f, 229, 238, 242, 247 f, 252, 257, 295, 308, 319
Lehnswesen (s. a. iqṭāʿ) 204, 229, 243, 249
Le Puy 342
Lévi-Provençal, É. 232
Libanon 70, 265
›Liber de Causis‹ 131
Literatur 11, 49 f, 122 ff, 157, 220, 222, 232 f, 254 f, 269 f, 312 ff, 321, 331, 338
Lombard, Maurice 178
Ludwig der Heilige 302, 307, 317
Luren 244

Madagaskar 181
Madāʾin 24
Madāʾinī 126
Māḏarāʾī 195, 259
maḏhab (›Rechtsschule‹) 80
Maġāzī (Kriegszüge des Propheten) 126
Maghreb, -inier 54, 71 f, 83, 119, 127, 146, 158 f, 182 ff, 208, 215, 226 ff, 233, 258, 261, 309 ff, 313, 316, 320, 337 ff
›Maǧnūn wa-Lailā‹ 50
Mahdī, Mahdī-Glaube 57, 73, 75, 210, 213, 215, 227, 310
Mahdī ibn al-Manṣūr 65, 74 f, 81, 88, 97, 99 f, 106, 115
Mahdīya 229, 264
Maḥmūd von Ġazna 241 f, 278, 288 f
maḫzan (Magazin) 115
Maimonides 310, 312
Malaien 181, 184, 186
Malakka 181, 322
Malāmaṭīya 222
Malediven 186
Mali 340
Malik-Šāh 290 ff, 296
Mālik ibn Anas, Mālikiten 73, 81, 83 f, 218, 227, 228 f, 258, 309 f, 338
Mamlūken 241, 299, 307 f, 311, 319 ff, 329, 337
Maʾmūn 66, 90 ff, 96, 98 f, 101, 128, 130, 197, 199, 235
Manichäer, Manichäismus 33, 88 f, 123 f, 184, 236, 287
manqūš (ital. mancus) 42
Manṣūr 65 f, 68, 73, 75 f, 89, 97, 99, 101, 124, 279
Mantzikert 291, 304
Manuel Komnenos 304
Maqrīzī 321
Mardaiten 34
Mardāwīǧ ibn Ziyār 246
Marǧ Rāhiṭ 37
Maʾrib 9
Marīniden 311, 338
Marktaufsicht s. ḥisba, muḥtasib
Marmarameer 335
Marokko 74, 159, 167, 183, 225 f, 229, 234, 283, 309 ff, 338 f, 341
Maroqin-Leder 283
maroquinerie 167
Marrakesch 309, 314
›Märtyrer von Cordoba‹ 231
Marwān I. 37, 70
– II. 61, 63
Marwāniden 37, 71, 256
Massignon, Louis 170
Masʿūd ibn Maḥmūd al-Ġaznawī 289
Masʿūdī 278
›Materia Medica‹ 131
matǧar (Monopol) 190
Mathematik 274 f
Māturīdī 218
maulā amīr al-muʾminīn (›Klient des Fürsten der Gläubigen‹) 238
Mauretanien 309
mawālī 39, 43 ff, 52, 55, 60 f, 67, 101 f, 141, 236
Māwarāʾannahr s. Transoxanien
Māwardī 70, 85, 217, 252
Mayyāfāriqīn 257
maẓālim 106, 238
Māzandarān (Ṭabaristān) 243, 246
Mazdak, -iten 22, 70, 88 f, 96 f, 125, 141, 244
Māzyār 96, 98, 156, 243
Medīna 12, 15 f, 25, 28 f, 32, 36 f, 40, 49 f, 73, 80 f, 125 f, 135, 178, 181, 257, 262, 383
Medizin 131, 276
Medresen 219, 262, 280, 294, 300, 315 f, 321 ff, 333, 338
Mehmet der Eroberer 337
Mekka 10 f, 16 ff, 28, 30, 32, 37, 49 f, 73, 125, 135, 160, 178, 181, 183, 257, 262, 281
Melitene (Malatya) 182, 254
Melkiten 265
Merw 24, 69, 82, 91, 235, 315
Meschhed 91, 331
Mesopotamien 9, 22, 24, 30, 37, 40, 61, 71, 96, 129 f, 141, 144, 146, 148, 156 ff, 182 f, 185, 188, 205, 210 f, 244, 246 f, 253 f, 256, 282, 289, 296, 300 f, 303, 307, 316, 319, 324, 328, 337
Mevlevī-Orden 333
Midrāriden 72
Miḥna 94
miḥrāb (Gebetsnische) 281
milk (private Güter) 148, 150 f
minbar (Kanzel) 281
Minorsky, V. 252
Mirdāsiden 256, 261
Mīrḫwānd 331
misāḥa 109
Miskawaih 272, 278
Mittelmeer 7, 32, 178 ff, 183 ff, 189, 199, 235, 254, 263 f, 319, 326, 337, 339, 342
mōbeḏ 107
mōbeḏān-mōbeḏ 104
Mogadiscio 181
Mogulkaiser 333
Mohammed, der Prophet 10, 12 ff, 21, 29, 38, 57 f, 62, 69, 78 ff, 126, 141, 164, 211, 213, 215, 220 f, 285
Mohammad s. Muḥammad
Molukken 322
›Mond-dīwān‹ 114
Mongolen 32, 103, 143, 230, 237, 286 f, 297 f, 302, 306 f, 311, 314, 318 ff, 324 ff, 333 f
Monophysiten 22, 129, 304
Moses 15, 69, 213
Mossul 38, 254, 256, 293, 300, 317
Mozaraber (arab. mustaʿrib = arabisiert) 231, 338
Mšattā 49
Muʾaiyad Šīrāzī 252, 262
Muʿāwiya I. 29, 30 ff, 36 f, 41, 383
– II. 37
Mubaiyiḍa (die ›Weißgekleideten‹) 69
Mubarqaʿ 70
muḍāraba 193 f
mudéjares 311, 338
muftī (Rechtsgelehrter) 84
muġārasa 152
muhāǧirūn 15
Muḥammad Fātiḥ s. Mehmet der Eroberer
– ibn ʿAbdallah (Nafs az-Zakīya) 73, 75, 81
– – ʿAlī, Abbaside 60
– – – an-Naqī 211
– – al-Ḥanafīya 39 f, 57 f, 60, 69

– – Ismāʿīl ibn Ǧaʿfar aṣ-Ṣādiq 212f, 215
Muḥāsibī 221
Muḫtār 38ff, 44f, 52, 60
muḥtasib 105f, 162, 169f
Muʿizz, Fāṭimidenkalif 261
Muʿizz-ad-Daula 246ff
mukātaba 136
Mukrān 245
mukūs 113
Mulūk aṭ-Ṭawāʾif s. Ṭāʾifa-Könige
Muʾnis 204, 206
Münzwesen (s. dirham, dīnār, fulūs, ḥabba, manqūš, qīrāṭ) 114, 116–119, 170, 190, 192, 194, 238ff, 320f, 325, 383
Muqaddasī 277
Muqannaʿ 69
muqarnas 315, 322
muqāsama 109, 110
muqāṭaʿa 110f
Muqauqis s. Cyrus
muqṭaʿ 204, 249f
Muqtadir 117, 204, 211
murābiṭūn 199, 308
Murād I. 335f
Murǧiʾiten 59, 87f
murūwa (= lat. virtus) 173
Mūsā ibn Muḥammad s. Hādī
– – Noṣair 35
– al-Kāẓim 212
mušāʿa 152
Musabbiḥī 278
Musāfiriden 246, 328
musāqāt 152
Muslim ibn al-Ḥaǧǧāǧ 83
Musnad 83
Mustaʿīn 202
Mustaʿlī 266, 383
al-Mustanṣir 266, 296
mustaufī 115, 238
mutakallimūn 86, 91, 128
Muʿtamid 202
Mutanabbī 255, 269
Muʿtaṣim 66, 94, 96ff, 197, 199f, 202, 235, 285, 383
Mutawakkil 94, 130, 202
Muʿtazila, Muʿtaziliten 59, 75, 86ff, 91ff, 99, 104, 120, 124, 128, 209, 217ff, 226, 262
Muʿtazz 202
muṭṭauwiʿa (Freiwillige) 198
muwallad 231
muzāraʿa 152
muzāriʿ 152
Myriokephalon 304
Mystik 164f, 176, 219f, 222, 272, 312ff, 327, 331, 338
Mzāb 72, 208

Nabatäer 11, 144, 214
Nabatäische Inschriften 10
›Nabatäische Landwirtschaft‹ 122, 144, 214
Nafs az-Zakīya 73
Naǧrān 12, 16
Nahrawān 31
naqīb (›Anwalt‹) 134
Narbonne 35
Nāṣir ibn al-Mustaḍīʾ 297f, 302
Nāṣir-ad-Daula 248, 253f
Nāṣir-e Ḫosrau 216, 262, 271, 277
Naṣr, Sāmānide 277
Naṣriden 338
Nationalitäten 67, 69, 138, 224, 235f, 270f, 324, 328
Naturwissenschaft 131, 273f
Nautik 186f
nawāzil (›Rechtsfälle‹) 84
Naẓẓām 91
Nestorianer 22, 33, 102, 129, 236, 245, 287, 298, 307
Neuplatoniker 131, 272
Neuphythagoräer 131
Niger 227, 309
Nihāwand 24
Nikephoros Phokas 254
Nikomedien 335
Nil 110, 146, 173, 188, 257f
Nischapur 183, 235, 331
Nizäa 335
Niẓām-al-Mulk 291, 293f, 296
Niẓāmī 313
Niẓāmīya 294f
Nizār, -īs 211, 266, 296
Nizāriden 10
Noah 69, 213
Nordafrika 183, 215, 226f, 229f, 234, 253, 259, 261ff, 266, 339
Normannen 183, 185, 226, 239, 310
Nubien 158, 259, 320
Nūraddīn 300f
Nuṣairier 211, 213, 253
Nuwairī 321

Obolla 180
Oġuzen (Ġuzz) 286ff, 292, 298
›Oikonomikos‹ 132
Ölǧeytü 327
Oman 9, 72, 180, 208, 257
ʿOmar s. ʿUmar
Orchon 287
Orḫān 335
Orontes 255, 300
Osman 335
Osmanen, Osmanisches Reich 32, 103, 285, 303, 318f, 320, 322, 334ff, 339, 341
Ostafrika 72, 180f, 189, 208, 322, 324
Ostsee 239
Oxus s. Amu-Darya

paiza 325
Palästina 23f, 63, 81, 211, 216, 253, 261, 299, 307, 319
Palermo 172, 226f
Palmyra 11
›Pañčatantra‹ 130
Pandschab 241
Papier 166, 189, 268
Papyrus 41, 166, 227
Paris 326
Parwāne 333
Paulizianer 140
Pechina 233
Pehlevī 129f, 132, 245, 270
Pentapolis (Cyrenaica) 24
Persien, Perser s. Iran, -ier
Persischer Golf 11, 33, 38, 147, 158, 162, 179ff, 185, 189, 245, 263, 270
Petra 11
Philipp August 301
Philo von Alexandrien 273
Philosophie 132, 271ff
Phineas 195
Pilgerfahrt s. ḥaǧǧ
Pirenne, Henri 178, 364
Platon 131, 272
Plotin 131
Poitiers 35
Polen 306
Polizei s. šurṭa
Polo, Marco 326, 339
Portugal, Portugiesen 320, 339, 342
Postwesen s. barīd
Prädestination 17, 56, 59
›Priester Johannes‹ 298
Proklos 131
Provenzalen 319f
Pseudo-Kallisthenes 130
Ptolemäer 258
Ptolemäus 131, 275, 277

qabāla 110f, 116
Qābūs ibn Wušmgīr 252
›Qābūs-nāme‹ 252, 271
Qadar, Qadariten 88
Qaddāḥ, ʿAbdallāh ibn Maimūn al- 212f
qāḍī s. Kadi
– ʾl-quḍāt (›Oberkadi‹) 104
Qādisīya 24
Qāhir 204
Qāhira s. Kairo
Qāʾim (s. a. Mahdī) 213
Qais 263
qaisarīya 169
Qaisiten 10, 37, 41, 61, 66, 96
Qāʾitbai 322f
Qalā 181
Qalʿat Banī Ḥammād 230
Qalāʾūn 321
Qalender 327
Qalqašandī 319
qānūn 114
Qaraḫaniden 241, 288, 298
Qara-Ḫitai 298
Qaramāniden 334
Qara-Qoyunlu 328, 337
Qāriniden 98
Qarluqen 286f
Qarmaṭen 138, 156, 202, 213ff, 221, 228, 236, 247, 251, 257, 261
Qāšān 327
qaṣīda 123
Qāsim ibn Ibrāhīm 209
Qaṣr al-Ḥair 49
qaṭāʾiʿ 45, 108, 111, 149ff, 162, 203

qaṭīʿa s. qaṭāʾiʿ
Qifṭī 313
Qïpčaqen 286, 299, 306
qirād 193, 196
qīrāṭ 119
qiyās (Analogie) 80, 82
Qïzïlbaš (›Rotköpfe‹) 337
Qubbat aṣ-Ṣaḫra 49 f
Qudāma ibn Ǧaʿfar 103, 198
Qumm 243, 278
Quraiš, -iten 11, 14 f, 16, 28, 30, 37, 59, 70
qurïltai 325
qurrāʾ (›Koranleser‹) 27
Quṣair ʿAmra 48
Qušairī 222
Qusṭā ibn Lūqā 130
Qutaiba ibn Muslim 34
Qutlumuš 304
Qūwat-ul-Islām-Moschee 332

Rāhdāniten 184 f
raʾīs (Führer) 177
Ramaḍān 18
rasāʾil 103
›Rasāʾil Iḫwān aṣ-Ṣafāʾ 216
Rašīdaddīn Faḍlallāh 325 ff
Rassī, al-Qāsim ibn Ibrāhīm ar- 209
raṭl 168
Rāwanditen 68 f
Rawwādiden 246
raʾy 78, 80, 82, 183, 241 f, 246, 278
Rāzī (Rhazes) 274, 276
Recht (s. a. fatwā, fiqh, fuqahāʾ, furūʿ, ḥiyal, Kadi, muftī, nawāzil, qiyās, raʾy, šarīʿa, šuhūd, uṣūl) 76 ff, 98, 105 ff, 135, 139, 148 f, 151 ff, 158, 172, 179, 195, 217 f, 227, 238, 245, 258, 271, 310
Reconquista 234, 309, 338
Rhodos 305, 337
Rhone 35
ribā (›Wucher‹) 194 f
ribāṭ (Fort) 199, 227, 239, 280, 308
Richard Löwenherz 301
Riḍā, ʿAli ibn Mūsā ar- 91 f
ridda 21, 25
Ritterromane 199, 256, 270
Roderich 35
Rodinson, Maxime 196, 363
Rodrigo Diaz 309
Roger II. von Sizilien 313
Rom 180, 199
Romanos Diogenes, byz. Kaiser 291
Rotes Meer 11 f, 158, 180 f, 185, 251, 263 f
›Rubāʿiyāt‹ 313
Rukn-ad-Daula 246, 248 ff
Rūm (s. a. Byzantinisches Reich) 299, 304, 333
Rūm-Selǧūqen 304, 307
rūmī-Sklaven 259
Rußland 183 ff, 239, 286, 324, 328 f
Saba 11
Ṣābī, Abū Isḥāq aṣ- 248, 278
–, Hilāl aṣ- 278
Sabier 130
Saʿd ibn Abī Waqqāṣ 24
ṣadaqa 108
Šaddādiden 246
Saʿdī 326
Ṣafaïtische Inschriften 10
Ṣafawiden 327, 337
Saffāḥ s. Abū ʾl-ʿAbbās
Ṣaffāriden 176, 237 f, 258
Šāfiʿī, Šāfiʿiten 81–83, 236, 258, 294, 322
saǧʿ (Binnenreim) 270
Šāh-Ruḫ 331
Šāhānšāh (›König der Könige‹) 248
Sahara 72, 183, 225, 230, 338, 340, 383
Ṣāḥib Ibn ʿAbbād 250
Šāhnāme (›Königsbuch‹) 270
Saḥnūn 83, 227
šahristān 240
Šaibānī 81
Saif-ad-Daula 254 ff, 269, 271
šaiḫ 10
Saiḥūn s. Syr-Darya
ṣairafī 194
saiyid 135
Saiyid al-Baṭṭāl 199
ṣakk 192
Saladin 267, 301, 313
Salamīya 213
ṣalāt 18
Salerno 276
Salġuriden 297
Ṣāliḥ Ayyūb 306 f
Salmān 176
Sāmāniden 219, 237 ff, 246, 251, 270, 272, 277 f, 288, 291
Samarqand 166, 236, 282, 288, 329 ff
Samarra 159 f, 200 ff, 226, 259, 279
Samsun 305
Ṣanʿā 116
Sanǧar 296, 298, 315
Ṣanhāǧa-Berber 229, 309
Sansibar 137, 181
šarīʿa (›Gesetz‹) 77, 81, 84, 105 f
šarīf 135
Šarīfe 257
Šarwān (Derbend) 246
Sassaniden 7, 11 f, 21 f, 24, 32 f, 42, 44 f, 89, 99, 101, 109, 118, 129 f, 134, 154, 169, 176 f, 179 f, 238, 244, 248, 279
ṣaum (Fasten) 18
ṣawāfī 149
Schacht, Joseph 79 f, 362
Schamanen 287
Schia s. Šīʿa
Schiffsbau 186 f, 189 f
Schiras 245, 250, 326
Schlumberger, D. 243, 366
Schwarzes Meer 143, 183, 305, 325 f
Schweden 239
Sebüktigin 241
See Genezareth 23
Seeräuber 182, 199, 230, 303, 339
Sekten 57, 68 ff, 96 f, 134, 139, 208 ff, 225, 236, 244, 296
Selǧūqen 242, 248 f, 252, 256, 261 f, 266 f, 284 f, 288 ff, 298 ff, 302 ff, 314, 325, 327, 333 f
Selīm I. 321, 337
Senegal 7, 309
Seth 69
Sevilla 234, 314 f, 338
Šīʿa, Šīʿiten, Šīʿismus (s. a. Imām, Mahdī; Assassinen, Fāṭimiden, Ismāʿīliten, Nuṣairier, Qarmaṭen, Zaiditen, Zwölfer-Šīʿa) 30 f, 36 f, 39 f, 42, 58 ff, 73, 75, 77, 83, 85, 89, 91, 94, 175 f, 208 ff, 213, 215 ff, 219, 221, 226, 228, 234, 236, 238, 241 ff, 246 ff, 250 f, 253, 256, 272, 289, 294, 300, 327 f, 337
Sībawaih 125 f
Siebener-Šīʿa 212 f
Ṣiffīn 30, 56
siǧill 103
Siǧilmāsa 72, 224, 228
šiḥne (Präfekt) 293
simsār 191
Sindbād aus Nischapur 69
Sindbād-Erzählungen 188, 270
Singapur 181
Sinope 305
sīra 126
Sīrāf 162, 180, 263
širka 193
Šīrkūh 301
Sīstān 71, 176, 237, 240, 245
Sizilien 7, 147 f, 182, 226 f, 229
Sklaven 76, 133 ff, 138, 155, 157, 165, 167, 189 f, 200, 204, 231, 234, 240 f, 246, 259, 293, 299, 307, 319, 329, 336
Slawen 7, 136, 205, 229, 231, 336
Sogdien, Sogdier 199, 236
solidus 42
Somalis 181
›Sonnen-dīwān‹ 114
Sourdel, Dominique 100, 361
soyurġal 325
Soziale Frage 18, 44, 54 f, 61, 68 f, 97 f, 137 f, 141, 156, 173, 208 f, 214, 218 f, 221, 234, 337
Spanien, Spanier 7, 34 f, 54, 67, 71, 74, 82 f, 119, 123 f, 147 f, 157 f, 160, 170, 182 ff, 205, 218, 224, 226 f, 230 ff, 278, 282, 309 ff, 337 ff
Staatsbegriff 19, 56, 62, 75, 77, 85, 142, 206 f
Städtebau 161 f, 240
Steuerwesen (s. a. ḍāmin, ǧawālī, ǧizya, ḫarāǧ, ʿibra, īǧār,

misāḥa, muqāsama, muqāṭa'a, muqṭa', qabāla, qānūn, ṣadaqa, talǧi'a, zakāt, Zehnter) 25 f, 28, 41, 45 ff, 54 f, 70 f, 81, 96, 103. 106 ff, 112 ff, 118, 140, 144, 146, 148 ff, 153, 155 f, 172 f, 191 f, 196, 203, 227 ff, 238. 249, 258 f, 305, 319, 325
Stoiker 131
Suaheli 322
Sudan 7, 158, 183 f, 199, 225, 227, 229, 320, 338 f
Südarabien 10 f, 158
Sueben 231
Suez 185 f
Ṣūfīs, Ṣūfismus 220 ff, 294, 310, 322, 333, 383
suftağa 192
Sufyāniden 71
Suhrawardī Maqtūl 313
šuhūd (›Zeugen‹) 104
Sulaiḥiden 261
Sulaimān I. 337
Ṣūlī 278
Sultan, -at 206, 248, 266, 290, 292 f, 295 ff, 299, 304, 308, 314, 333
Sulṭānīya 327
Sumatra 322
sunna 29, 58, 78
Sunniten 221 f, 253, 293 f, 301, 327
Sūq al-Ġazl 95
Suren 13, 15
šurṭa 39, 105, 175 f, 235
Šurūṭ 84
Šu'ūbīya (›Nationalismus der nichtarabischen Völker‹) 122, 124 f, 144, 234
Suyūṭī 321
Syr-Darya 7, 34, 36, 146, 236, 286 f
Syrien, Syrer 7, 9, 11, 14, 22 ff, 27, 29 f, 32 ff, 36 f, 40 f, 49, 54, 60, 67, 70 f, 82, 90, 96, 101, 109, 112, 119, 121, 126, 129, 140 f, 145 ff, 159, 170, 177 f, 182, 185 f, 205, 210 ff, 253 ff, 258 f, 261, 263, 280, 296, 299 f, 302, 305, 307, 311, 316, 319 f, 329
›Syrisch-Römische Rechtsbücher‹ 141

Ṭabaqāt (›Buch der Klassen‹) 126
Ṭabarī 127, 277
Tabaristan 69. 97 f, 170, 209, 245, 252
Ṯābit ibn Qurra 130
– – Sinān 277
Tabrīz 331
Taġlib 253, 256
Tāhert (Tiaret) 72, 224 f
Ṭāhir 90, 235 f
Ṭāhiriden 98 101, 199, 237 ff
Ṭā'ifa-Könige 234, 309
Talās 34, 166
talǧi'a 109, 155
Ṭalḥa ibn 'Ubaidallāh 30
Ṭālibiden 134
Tamerlan s. Tīmūr Leng
tamġa 325
Tanger 338
Tanūḫī 270, 278
›Tanzende Derwische‹ 333
taqīya 210
ta'rīḫ (›Chronographie‹) 127, 277 f
Tarim-Becken 288
Ṭāriq 35
Tārom 246
Tarsus 199, 255
Tataren 328
Tauḥīdī, Abū Ḥayyān at- 270
Taurus 33, 182, 254 f, 258, 303
›Tausendundeine Nacht‹ 99, 177, 188, 270, 321
tauwābūn (›Büßer‹) 38
Teheran 327
Textilgewerbe 167 ff, 172 f, 189 f, 227, 282 f
Thamudische Inschriften 10
›Theologie des Aristoteles‹ 131
Theophilos 280
Thrazien 335
Tiflis 244
Tigris 11, 66, 188, 255
Timbuktu 339 f
Tīmūr Leng (›der Hinkende‹) (Tamerlan) 320, 329 ff, 336
Tīmūriden 331, 333
Tinnīs 168, 173
ṭirāz 41, 172 f, 227, 283
Tlemcen 72, 224, 311, 338
Toġril-Beg 289 ff, 293
Toledo 35, 231, 233, 309
Totes Meer 11
Tours 35
Transkaukasien 34
Transoxanien 33, 69, 73, 160, 236 f, 241, 255, 271, 288, 298, 329
Trapezunt 183, 326, 337
Tripolis 72, 182, 263
Tschad 340
Tscherkessen 329
tuġra 292, 325
ṯuġūr (›Grenzpässe, Festungen‹) 96
Ṭūlūniden 242, 259, 261
Tunesien 225, 227, 339
Tunis 337 ff
Tur (Tyrus) 263
Türkei 291, 303, 305
Türken 33, 69, 136, 143, 154, 199 f, 202, 204 f, 222 f, 226, 235 f, 238, 240 ff, 245 f, 250, 253, 258 f, 261, 264, 266, 271, 280 f, 283 ff, 291, 293 ff, 299 ff, 307, 314, 316 ff, 324, 328 f, 333 ff
Turkestan 97, 286 f, 331
Türkische Sprache u. Lit. 288, 292, 314, 334
Turkmenen 289 ff, 295, 297, 303 ff, 317, 324, 327 f, 331, 334 ff
Ṭūsī, Naṣīraddīn aṭ- 327
Tustar 245
Tyrrhenisches Meer 230
Tyrus 182

'Ubaidallāh, Begründer der Fāṭimiden 215, 227 f
Übersetzungen 129 ff, 198, 270 f, 273, 276
Uḫaiḍir 62, 279
'ulamā' (›Gelehrte‹) 77, 164, 205, 210, 225, 234, 237, 268, 271, 274, 293, 320
Uluġ-Beg 331
Umaiyaden 31 ff, 52 f, 59, 61, 63 ff, 75 f, 78 f, 85 f, 88, 96, 98, 101, 105 ff, 123 f, 145, 155, 159, 179 f, 197, 224, 234, 279 ff
'Umar Ḫayyām 313
– ibn 'Abdal'azīz 42, 47
– – al-Ḫaṭṭāb 21, 23 ff, 49, 79
– an-Nu'mān 199
umma 141 f
Ungarn 306
'Uqailiden 256
'Uqba ibn Nāfi' 34
'urafā' 27
Usāma ibn Munqiḏ 313
'ušr s. Zehnter
Ustāḏsīs 69 f
uṣūl 217
'Utbī 278
'Uṯmān 28 ff, 34, 383
Uṭrūš 245

Valencia 234, 309
Van-See 255
Vasco da Gama 187
Venedig 182, 337
Venezianer 136, 320, 339
Veramin 327
Verwaltung 25 ff, 41 ff, 54 f, 69, 77 f, 85, 98, 100 ff, 107, 111, 113 ff, 140, 142, 161 ff, 203 ff, 233, 238, 242, 249 f, 258 f, 263 f, 266 f, 274, 277 f, 291, 302, 314, 319, 325, 333, 335 f
Volubilis 225
vuzurg framāḏār 99

Wādī al-'Allāqī 158
Waffen 190, 198 f, 337
wakīl (Verwalter) 155
Walīd I. ibn 'Abdalmalik 51
waqf (›Stiftung‹) 115, 149 ff, 268, 320
Wāqidī 126
Wāṣil ibn 'Aṭā' 87 f
Wāṯiq 94, 116
wazīr s. Wesir
Wellhausen, Julius 52, 360
Wesir, -at 99 ff, 115, 140, 204 ff, 233, 238, 248, 250 ff, 262, 266, 291, 294, 325, 333
Westgoten 35, 231
Wissenschaft 268 f, 271, 273 f
Wolga 183, 239, 277, 286, 326, 328

Yaḥyā von Antiochien 278
– ibn ʿAbdallāh, Alide 74, 81 f
– – Ḫalid al-Barmakī, Erzieher des Kalifen Hārūn ar-Rašīd 100 f
Yaʿqūb ibn Laiṯ (gen. as-Ṣaffār = der Kupferschmied) 327
Yaʿqūbī 127, 277
Yāqūt 314
yarlïġ 325
Yarmuk 23
yasa 325
Yaṯrib 12, 15
Yazdegerd (Yazdkart) 24
Yazīd I. ibn Muʿāwiya 36 ff, 71, 327
Yazīdīs 71, 244, 383
yeni čeri (›Neue Armee‹) 336
Yūsuf ibn Tāšfīn 309

zaǧal 313
Ẓāhiriten 82
Zaid ibn ʿAlī ibn al-Ḥusain 57, 59 f, 83, 209
Zaiditen 60, 73, 87, 92, 137, 170, 209, 215, 226, 245 ff, 257
zakāt 18, 46 f, 108, 111, 113, 115, 134, 149 f, 192
Zallāqa 309
Zamaḫšarī 94, 218, 313
zandaqa s. Zindīqentum
Zanǧ (›Neger‹) 118, 137 f, 155, 202, 209, 213 f, 237, 245, 247, 258
Zanǧabār s. Sansibar
Zangī 300
Zangiden 297, 314
Zarafšān 236
Zaranǧ 237
Zarathustrier, Zarathustrismus (s. a. Mazdak) 22, 41, 43, 69 f, 88 f, 101, 129, 139, 184, 195, 208, 236, 245 f, 251, 273
zāwiya 338
Zehnter (Steuer) 108 ff, 113, 192, 203, 249
Zeitrechnung 111 f
Zenobia 11
Zentralasien 68, 88, 94, 96, 136, 143, 145, 168, 183 ff, 197 ff, 212, 217 ff, 223, 234 ff, 254, 280, 286, 306, 313 ff, 326 f
Ziffern 274
Zigeuner 138
zimām 115, 238
Zindīqentum 88 f
Zīriden 227, 229 f, 266, 310 f
Ziryāb 233
Ziyād ibn Abīhi 36
Ziyāriden 246, 252
Zoroastrier s. Zarathustrier
Zubair ibn al-ʿAwwām 30, 37
Zubairiden 40
Zünfte 168 ff, 214
zunnār (Gürtel) 140
Zwölfer-Šīʿa 209 ff, 247 f, 251, 253, 297
Zypern 33, 254, 320, 337

Nachträge und Berichtigungen

Die folgenden Ergänzungen konnten wegen ihres Umfangs nicht in den Text eingearbeitet werden.

Zu S. 15, Z. 16: Medina scheint schon in vor- und frühislamischer Zeit diesen Namen (neben Yaṯrib) getragen zu haben: ›die Stadt‹ inmitten der Steppe.

Zu S. 29, Z. 10ff: Muʿāwiya war schon vom Kalifen ʿUmar zum Gouverneur von Syrien ernannt worden; hier traf seinen Nachfolger ʿUṯmān kein Vorwurf.

Zu S. 36, Z. 16ff: In den Augen der Ḫāriǧiten hatte ʿUṯmān das Kalifat durch rechtswidrige Amtsführung verwirkt; sie lehnten die Umaiyaden ab, weil diese sich weigerten, ʿUṯmān zu verurteilen.

Zu S. 66, Z. 14f: Der dritte zur Nachfolge designierte Sohn Hārūns war nicht der spätere Kalif al-Muʿtaṣim, sondern al-Qāsim al-Muʾtaman.

Zu S. 71, Z. 9: Die kurdische Religionsgemeinschaft der Yazīdīs heißt ursprünglich nicht nach Yazīd ibn Muʿāwiya, sondern eher nach pers. *ēzad* ›Gott‹.

Zu S. 118, Z. 21: Unbeschadet des Münzmonopols wurde das Geld in verschiedenen Provinzwerkstätten geprägt. – *Z. 4 v. u.:* Jedenfalls gab es mehr oder weniger große Unterschiede zwischen dem offiziellen, für die Angelegenheiten des Staates fixierten Münzwert und dem individuell ausgehandelten Wert auf dem freien Markt.

Zu S. 183, Z. 11: Auf den westafrikanischen Handel durch die Sahara vor der Almoravidenzeit haben die Ausgrabungen von Jean Devisse in Aoudaghost (Mauretanien) neues Licht geworfen (Comptes-rendus de l'Académie des inscriptions, 1982).

Zu S. 191, Z. 19: Zur Erklärung des Wortes *funduq* wird neuerdings auch byz.-griech. *fundax* ›Zollspeicher, Zollhafen‹ herangezogen (D. Gazagnadou in Studia Islamica 64. 1986, S. 165–67).

Zu S. 208, Z. 20: Vor allem in Ägypten und im oberen Mesopotamien hat sich das Christentum einen erheblichen Anteil bewahrt.

Zu S. 211, Z. 11 v. u.: Eine starke ismailitische Gemeinde gibt es auch in Ostafrika. In Indien ist neben den Nizārī auch die Mustaʿlī-Gruppe der Bohorā zu nennen [vgl. S. 266].

Zu S. 222, Z. 10: Andere Ṣūfīs standen asketisch-pietistischen Sekten nahe wie der Karrāmīya, die sich seit der Mitte des 9. Jahrhunderts in Iran ausbreitete.

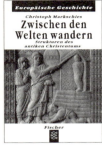

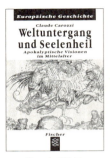

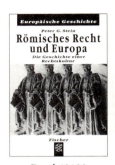